ILS ONT FAIT L'HISTOIRE DU MONDE

De l'Antiquité au Moyen Âge

ILS ONT FAIT L'HISTOIRE DU MONDE

De l'Antiquité au Moyen Âge

DE 1800 AV. J.-C. À 1492

LAROUSSE

21, rue du Montparnasse 75283 Paris cedex 06
www.larousse.net

Conception éditoriale
François Trémolières
Catherine Ritchie

Édition
Carl Aderhold
Janine Faure
et
Laure Talamon
Christiane Oschner

Assistante d'édition
Danielle Cretien

Conception graphique
henri-françois Serres Cousiné

Direction artistique
Uli Meindl

Iconographie
Laurence Vacher
Marie-Annick Réveillon

Lecture-correction
Service de lecture-correction Larousse

Cartographie
CART

Mise en pages et compogravure
Nord Compo : Olivier Chamberlain

Fabrication
Martine Toudert

Rédaction

Christophe Badel, maître de conférences à l'université de Rennes-II ; Agnès Bérenger-Badel, maître de conférences à l'université de Bourgogne ; Bruno Cabanes, enseignant aux Facultés libres d'Angers ; Sandrine Kott, maître de conférences à l'université de Poitiers ; Bruno Laurioux, maître de conférences à l'université Paris-I ; Jean-Marie Le Gall, maître de conférences à l'université Paris-I ; Grégory Quénet, enseignant à l'université Paris-VIII ; Renaud Thomazo, historien.

Avec le concours de

Frédéric Bourigault, Ulrich Bréheret, Pérette Buffaria, Erwan Le Bail, Marion Sens, Jean-Lou Thierry.

Dépôt légal : avril 2001
ISBN : 2-03-505025-1

SOMMAIRE

SOMMAIRE

SOMMAIRE

PRÉFACE

Comment expliquer la création et l'essor du monde hellénistique sans s'interroger sur la personnalité même d'Alexandre le Grand ? Qu'en aurait-il été de l'histoire de l'Europe sans Auguste ni Charlemagne ? Du destin de l'Angleterre sans Guillaume le Conquérant ?

Et hors du champ politique, l'histoire des sciences, de l'art, de la philosophie, des religions, n'est-elle pas prioritairement celle des ingénieurs, des scientifiques, des artistes, des philosophes, des penseurs et des prophètes ?

Telle est l'interrogation, simple en apparence, mais ô combien complexe, qui a guidé les auteurs de cet ouvrage.

Chaque époque a ses grands hommes ou, pourrait-on dire, chaque grand homme a son époque, tant événement et mutation sont indissolublement liés à ceux qui les ont fait naître ou réalisés.

L'histoire du monde et celle des hommes et des femmes d'exception avancent d'un même pas.

Ainsi l'émergence des premières grandes religions et des premières organisations sociales cohérentes s'accompagnent de l'apparition de « pères fondateurs », personnages à la biographie plus ou moins mythique (Abraham, Hammourabi, Bouddha, Lao-tseu…). De même, les premiers apogées de royaumes, de dynasties ou de civilisations ont pour visage, qui celui d'un pharaon (Akhenaton, Ramsès), qui celui d'un Grand Roi (Darius Ier), qui celui d'un poète (Homère). Le « miracle grec », au cours des siècles suivants (Ve-IVe siècle av. J.-C.), qui voit l'invention de la politique, l'essor de la pensée philosophique, de la tragédie et de la comédie, a pour noms Périclès, Socrate, Platon, Aristote, Sophocle… Les premières grandes constructions étatiques sont l'œuvre d'Alexandre le Grand, d'Ashoka, l'unificateur de l'Inde, de Qin Shi Huangdi et de Liu Bang, les pères de la Chine, de César, d'Auguste, dont l'unité religieuse de l'empire se voit finalement renforcée par l'apparition d'une nouvelle religion, le christianisme, avec la révélation apportée par Jésus et diffusée par Paul ou par Augustin notamment.

Les ruptures politiques, sociales et culturelles qui accompagnent le passage entre l'Antiquité et le Moyen Âge s'incarnent dans des personnages d'exception. D'Attila à Clovis se dessinent l'éclatement et la lente reconstruction qui suivit les grandes invasions, tandis que l'empereur byzantin Justinien ou l'archevêque Isidore de Séville tentent de conserver l'héritage politique et culturel romain. Mais le grand bouleversement de cette période, c'est l'émergence d'une nouvelle religion monothéiste, l'islam, avec la prédication de Mahomet, et son extension géographique, comme en témoignent les grands souverains (Haroun al-Rachid, Saladin…) ou les penseurs (Avicenne) musulmans. Le dynamisme de l'Occident chrétien est politique (Charlemagne, Hugues Capet, Frédéric II…), philosophique ou culturel (Abélard, Giotto, Lulle, Thomas d'Aquin…) tandis que le culte des saints (Hildegarde de Bingen, François d'Assise) connaît un formidable essor avec le développement de la spiritualité chrétienne. Les premiers ensembles nationaux voient le jour en Europe, avec des monarques à la forte personnalité (Philippe Auguste, Alphonse X de Castille, Charles V le Sage, Ladislas II Jagellon…). Alors que la puissance ottomane (Bayezid) se renforce et que les fêlures religieuses s'élargissent (Jan Hus), la fin de la période annonce la Renaissance, ses princes (Laurent de Médicis, Mathias Corvin), ses ingénieurs et ses savants (Gutenberg).

Mais déjà d'autres horizons s'ouvrent : d'autres hommes et d'autres femmes, qui par leur volonté, leur courage ou leur génie ont influé sur l'histoire de l'humanité, s'apprêtent à entrer en scène.

ABRAHAM

« Lève les yeux au ciel et dénombre les étoiles si tu peux les dénombrer. Telle sera ta postérité. » C'est la promesse qu'entendit Abraham, quand il reçut la révélation du Dieu unique. Sa figure sera honorée par les trois grandes religions monothéistes : judaïsme, christianisme et islam.

▲ Le récit biblique du sacrifice d'Abraham fait écho, symboliquement, à la crucifixion du Christ : ne faut-il pas accepter la mort pour que naisse la vie ?

◄ Pour les premiers chrétiens, il est le « père des croyants », que la Bible appelle *Abram* (« père noble »). Quand Dieu conclut une alliance avec lui, il le nomma alors Abraham, « père d'une multitude ».

LE PLUS ANCIEN PATRIARCHE

La vie d'Abraham est décrite dans la Genèse (XII-XXV), après le récit du Déluge et l'épisode de la tour de Babel. Elle se situe donc aux confins de la légende et de l'histoire. Abraham, le premier patriarche de l'histoire d'Israël, serait l'ancêtre commun des Hébreux et des Arabes. En effet, Ismaël, le fils qu'Abraham avait eu avec Agar, une esclave d'origine égyptienne qu'il avait expulsée dans le désert sur la demande de son épouse Sarah, jalouse, serait l'ancêtre de douze tribus arabes, et Mahomet prétendait descendre de lui. Quant à Isaac, le fils de Sarah, il devint l'héritier de l'alliance conclue entre Dieu et son père Abraham, et ses descendants devaient recevoir en possession le pays de Canaan, l'actuelle Palestine.

LE PÉRIPLE D'ABRAHAM

La Genèse présente Ur, en Chaldée, comme le lieu de naissance d'Abraham, au sein d'une famille de propriétaires de troupeaux, riches et idolâtres. Son père Tèrah, après la mort de son autre fils, Haran, émigre avec sa famille à Harran, au nord de la Mésopotamie. Cette migration peut s'expliquer par les liens étroits qu'entretenaient alors les tribus chaldéennes de la région d'Ur et les tribus araméennes qui vivaient autour d'Harran ; de plus, les deux cités étaient vouées au culte du dieu lunaire Sin. Mais il ne s'agit là que d'une étape : après la mort de Tèrah, Abraham, alors âgé de soixante-quinze ans, reprend la route avec sa femme Sarah et son neveu Lot et pénètre dans le pays de Canaan. Il s'y déplace librement avec son groupe, qui devait compter alors plusieurs centaines de membres, jusqu'à ce qu'une disette les contraigne à se rendre en Égypte. De retour dans le pays de Canaan, le clan, devenu trop nombreux, se scinde ; Lot et les siens s'installent à Sodome, le groupe d'Abraham à Mambré, près d'Hébron. Or ce périple suit les circuits des semi-nomades bédouins de cette époque tels que les décrivent les tablettes retrouvées à Mari.

ABRAHAM ET DIEU

Toutefois, ce parcours n'obéit pas seulement à des exigences économiques et s'explique avant tout par la « vocation » d'Abraham, qui reçut à Ur la vision de Dieu ; il obéit à son ordre : « Quitte ton pays, ta parenté et la maison de ton père ; je ferai de toi un grand peuple. » C'est donc cette révélation mystique qui déclenche une émigration favorisée par d'autres circonstances. Les promesses divines sont pourtant longues à se réaliser, et ce n'est qu'à l'âge de cent ans qu'Abraham devient le père d'Isaac. L'alliance avec Dieu est symbolisée par la circoncision d'Abraham lui-même et de tous les mâles qui l'entourent, et Dieu promet à ses descendants le pays de

vers -1800

Abraham reçoit la vision de Dieu

Dieu lui ordonne de quitter la Mésopotamie pour le pays de Canaan et promet de faire de lui « un grand peuple ».

▲ Le sacrifice d'Isaac est une épreuve ordonnée par Dieu pour éprouver la foi d'Abraham. Quand il vit que celui-ci lui obéissait, il renouvela sa promesse de lui accorder une nombreuse descendance.

Canaan. Mais une dernière épreuve l'attend : Dieu lui demande de sacrifier Isaac, son fils unique. Abraham s'y résigne, faisant preuve d'une absolue obéissance envers Dieu, qui n'arrête sa main qu'au dernier moment, substituant à la victime humaine un bélier.

L'historicité du récit biblique

De nombreux éléments dans le récit de la Genèse peuvent être mis en parallèle avec des faits attestés par d'autres sources. Ainsi, le clan d'Abraham a adopté des coutumes d'inspiration babylonienne : Sarah, stérile, offre à son mari comme concubine sa servante Agar, afin que les enfants éventuels soient, de droit, attribués à la maîtresse ; or dans le Code d'Hammourabi, qui date de la même époque, plusieurs articles prévoient le cas de la stérilité de l'épouse comme motif pour que celle-ci offre une esclave à son mari. En revanche, certains aspects sont de l'ordre de la légende, comme la maternité plus que tardive de Sarah, alors nonagénaire, ou la longévité exceptionnelle prêtée à Abraham, qui serait mort à 175 ans ! De telles affirmations ont avant tout une valeur symbolique, insistant sur un privilège qui leur est réservé, en tant qu'ancêtres du peuple de Dieu. Les aventures de Sarah, qui éveille à un tel point la concupiscence d'un pharaon puis celle du roi de Gerar, Abimelek, que ceux-ci la font enlever alors qu'elle a atteint un âge canonique, paraissent aussi peu crédibles. La critique moderne tend donc à considérer l'historicité des personnages comme un petit noyau de départ autour duquel s'est tissée la légende, sous l'action de divers facteurs, en particulier religieux.

► **Hammourabi** / 1755 av. J.-C.
► **Moïse** / 1250 av. J.-C.

Le tombeau des patriarches

Après la mort de Sarah, Abraham aurait acquis, pour l'ensevelir, le champ et la grotte d'Éphron, à Makpéla, près d'Hébron, qui devint le tombeau familial. Y furent enterrés par la suite Abraham, Isaac et Rébecca, Jacob et Léa. Le sanctuaire lui-même remonte à l'époque du roi Hérode. Ce lieu de culte juif fut par la suite adopté par les musulmans. Le tombeau des patriarches reste un sujet fort sensible pour les communautés musulmane et juive, comme est venu le rappeler, encore récemment, le massacre perpétré par un colon juif, Baruch Goldstein, le 25 février 1994, en plein cœur de la mosquée qui s'élève sur le site.

CHRONOLOGIE

Premiers palais et début de l'écriture en Crète. Installation des Hittites en Anatolie et des Indo-Européens en Iran.	**vers 2000 av. J.-C.**
Règne de Sésostris III en Égypte.	**vers 1877-1843**
Règne de Samsi-adad Ier en Assyrie.	**vers 1813-1781**
Premières cités-palais et début de l'écriture en Chine du Nord.	**vers 1800**
Abraham reçoit la vision de Dieu.	**vers 1800**
Règne d'Hammourabi.	**1792-1750**
Fin de la XIIe dynastie et du Moyen Empire en Égypte.	**vers 1785**
Code d'Hammourabi.	**vers 1755**
Naissance d'Isaac. Fin de la civilisation de l'Indus.	**vers 1750**
Règne du roi kassite Agoum Ier.	**vers 1726-1715**
Fondation de la dynastie Tchang en Chine.	**vers 1722**
Mort d'Abraham.	**vers 1700**

La Circoncision prescrite par Dieu à Abraham, dessin de Marc Chagall, 1931. ►

▲ Le code d'Hammourabi, gravé sur une stèle de basalte noir, conservée au musée du Louvre. C'est l'un des plus vieux codes civils de l'humanité, qui allait servir de modèle durant mille ans.

HAMMOURABI

Au terme d'un règne long de quarante-trois ans, Hammourabi, à la vue du véritable empire qu'il a conquis et auquel il a donné un code législatif resté célèbre, peut à bon droit s'exclamer : « Je suis le roi qui a été rendu prépondérant parmi les rois. »

UNE MÉSOPOTAMIE EN PROIE À DE GRAVES CONFLITS

Au début du IIe millénaire avant notre ère, la Mésopotamie est le théâtre de graves conflits, qui voient les villes s'affronter pour affirmer leur suprématie. Elles ne résistent donc pas à la progression des Amorrites, peuplades semi-nomades, qui arrivent du désert syrien et descendent le long de l'Euphrate. Vers 1894 av. J.-C., un prince amorrite, Soummou-aboum, s'installe à Babylone (en akkadien, *Babilim*), bourgade de la rive gauche de l'Euphrate, et fonde une dynastie dont le sixième et le plus célèbre représentant est Hammourabi (« Le dieu Hammu guérit »). Quand il succède à son père, Sin-mouballit, en 1792, son royaume est encore de dimensions modestes, et entouré de voisins bien plus puissants. Au sud, le roi de Larsa, Rim-Sin, domine le pays de Sumer. Au nord, Shamshi-Adad et ses fils gouvernent Mari et Assur. À l'est, le royaume d'Eshnounna, où règne Dadousha, occupe la rive gauche du Tigre, et bénéficie du soutien de l'Élam, aux mains, depuis 1850, de princes belliqueux qui désirent intervenir en Mésopotamie.

L'UNIFICATEUR DE LA MÉSOPOTAMIE

Comme ses prédécesseurs, Hammourabi est déterminé à étendre son territoire, mais il attend d'avoir suffisamment affermi son pouvoir pour attaquer ses voisins. Il lance alors son offensive dans trois directions : il arrache Isin au roi de Larsa, traverse le Tigre et écrase l'armée de Malgoum, ville clé de cette zone. À l'ouest, il s'empare de Rapiqoum sur l'Euphrate. La mort de Shamshi-Adad Ier, en 1781 av. J.-C., a d'importantes conséquences : son fils Iasmah-Adad, vice-roi de Mari, en est rapidement chassé par Zimri-Lim, qui reprend le royaume de son père et noue des relations amicales avec Hammourabi. Tous deux s'unissent contre un ennemi commun, Ibal-pi-El II d'Eshnounna. Mais en 1761, pour une raison inconnue, Hammourabi marche contre son allié, qui devient son vassal, puis, deux ans plus tard, ses troupes pénètrent dans Mari et détruisent le palais de Zimri-Lim. En dix ans de luttes, Hammourabi a donc éliminé ses principaux rivaux et constitué un immense royaume qui s'étend sur Babylone et l'Assyrie, mais dont l'influence va bien au-delà, de la Syrie jusqu'à l'Élam.

UN LÉGISLATEUR AMBITIEUX

Le document le plus célèbre qui reste de son règne est l'ensemble de lois connu sous le nom de « Code d'Hammourabi ». Il était gravé sur une stèle de basalte, au sommet de laquelle le roi est représenté s'inclinant devant Shamash, dieu du Soleil et de la Justice. D'abord placée dans le temple du dieu, à Sippar, la stèle fut emportée à Suse par les Élamites au XIIe siècle av. J.-C., et se trouve actuellement au musée du Louvre. Le Code comprend 282 articles, regroupés par thèmes. Hammourabi a voulu harmoniser la législation antérieure, et introduit en Mésopotamie la « loi du talion », qui apparaît par ailleurs dans l'Ancien Testament. Cer-

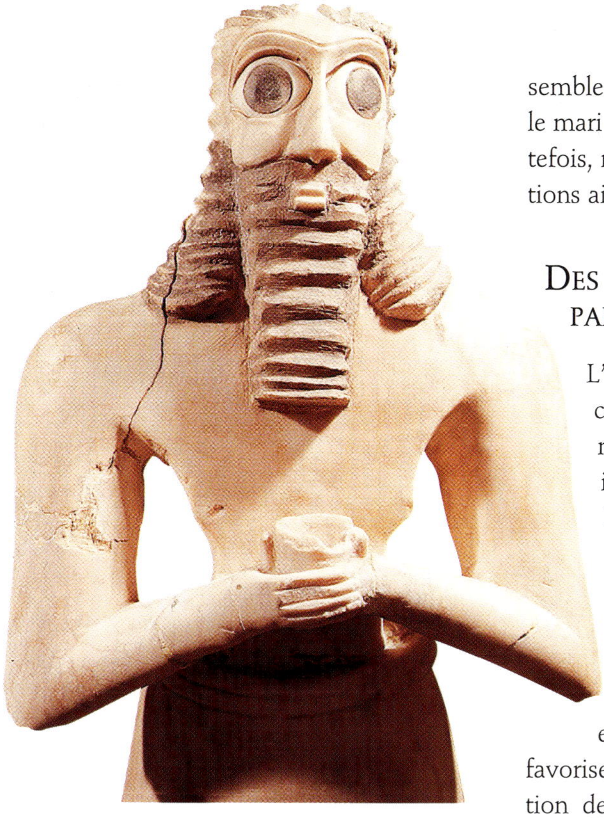

▲ Figure babylonienne en calcaire provenant de Tell Asmar.

taines dispositions paraissent cruelles : ainsi, si une maison mal construite s'effondre et tue le fils du propriétaire, c'est le fils du maçon fautif qui sera mis à mort. En cas de flagrant délit d'adultère, la femme coupable et son amant doivent être liés ensemble et jetés dans le fleuve, à moins que le mari n'accorde sa grâce aux fautifs. Toutefois, rien ne prouve que de telles dispositions aient été couramment appliquées.

Des réformes entravées par le temps

L'étendue du royaume nouvellement conquis implique d'établir une administration centralisée. Dans les villes importantes, Hammourabi conserve le système municipal déjà en place qui est chargé d'assurer l'ordre public et de percevoir les impôts, mais il y installe une garnison et des fonctionnaires polyvalents qui dépendent directement de lui et font appliquer ses ordres. Afin de favoriser l'agriculture, il veille à la construction de canaux d'irrigation. Dans le domaine religieux, s'il fait construire de nombreux temples, le roi accorde une place particulière à Mardouk, dieu national de Babylone, auquel il attribue ses victoires. Mardouk figure, dans le prologue de son Code, parmi les grands dieux, les Igigi, et accède à la troisième place du panthéon mésopotamien, derrière Anoum, dieu du Ciel, et Enlil, dieu du Souffle. Mais Hammourabi meurt quatre ans après sa dernière victoire, et n'a pu consacrer assez de temps à consolider ses réformes : son royaume ne lui survivra pas longtemps.

Les archives royales de Mari

Sous le règne de Zimri-Lim (vers 1780-1759 av. J.-C.), Mari est une grande capitale, et un relais important sur la route commerciale qui lie la Syrie à la basse Mésopotamie. Après la prise et la destruction de la ville, le site fut abandonné, ce qui a permis la conservation des dépôts d'archives du palais. Ils renfermaient plus de 25 000 tablettes en terre cuite, retrouvées lors de fouilles françaises sur le site de Mari, depuis 1933. Cette découverte capitale a permis de fixer précisément les dates du règne d'Hammourabi, mais aussi de connaître le nom du dernier roi de Mari. Elle dévoile son activité diplomatique, grâce aux lettres qu'il échangeait avec les autres souverains et avec ses espions. Les inventaires et rapports administratifs témoignent de l'économie florissante de la ville.

◄ Statue de Itur exhumée lors des fouilles entreprises à Mari.

vers -1755

Code d'Hammourabi

En faisant rédiger ce code de 282 articles, gravé sur une stèle, le roi babylonien tente d'harmoniser la législation antérieure, et introduit en Mésopotamie la « loi du talion ».

CHRONOLOGIE ◄

Soummou-aboum s'installe à Babylone.	**1894 av. J.-C.**
Avènement de Shamshi-Adad Ier en Assyrie.	**1813**
Rim-Sin, roi de Larsa, s'empare d'Isin.	**1794**
Mort de Sin-mouballit ; accession au pouvoir d'Hammourabi.	**1792**
Hammourabi prend Isin et occupe Ourouk et Our.	**1787**
Fin de la XIIe dynastie et du Moyen Empire en Égypte ; campagne d'Hammourabi en Iamoutbal.	**1786**
Hammourabi écrase l'armée de Malgoum ; Ibal-pi-El II succède à Dadousha.	**1784**
Hammourabi prend Rapiqoum sur l'Euphrate.	**1783**
Mort de Shamshi-Adad Ier et avènement d'Ishme-Dagan en Assyrie.	**1781**
Début du règne de Zimri-Lim à Mari.	**vers 1780**
Ibal-pi-El II arrache Rapiqoum aux Babyloniens.	**1777**
Fondation du royaume hittite.	**vers 1775**
Prise de Larsa.	**1763**
Zimri-Lim devient vassal d'Hammourabi.	**1761**
Prise de Mari ; l'Assyrie devient vassale d'Hammourabi.	**1759**
Prise d'Eshnounna.	**1756**
Code d'Hammourabi.	**vers 1755**
Mort d'Hammourabi ; Samsou-ilouna lui succède.	**1750 av. J.-C.**

AKHENATON

Pharaon d'Égypte à l'apogée de sa puissance, Akhenaton est l'instigateur d'une réforme religieuse imposant le dieu solaire Aton comme divinité suprême et défiant par là même le puissant clergé d'Amon. Mais son entreprise échoue et affaiblit l'Égypte.

◄ Incarnation du Soleil, le pharaon Akhenaton tenta d'imposer à son peuple la supériorité du culte d'Aton sur tous les autres dieux.

La fondation d'une nouvelle capitale

« Sa Majesté leva son bras vers le ciel, vers celui qui l'avait mis au monde, disant : "J'ai fait Akhetaton pour Aton, mon père, pour que cette ville soit en sa résidence. Pour lui, j'ai établi les limites d'Akhetaton en son Midi et son Septentrion, en son Ponant et en son Levant". » Dans un de ses hymnes, le pharaon Aménophis IV relate ainsi la fondation de sa nouvelle capitale, réalisée en l'an 4 de son règne. Cette décision crée une véritable rupture dans l'histoire de la XVIIIe dynastie, car elle entraîne l'abandon de Thèbes, qui en avait été le berceau. Deux siècles plus tôt (vers 1552), le pharaon Ahmosis, fondateur de la famille, était parti de Thèbes, en Haute-Égypte, pour chasser les envahisseurs Hyksos qui opprimaient le pays. À partir de cette capitale, les pharaons de la XVIIIe dynastie ont créé un vaste empire s'étendant de la Nubie au sud à l'Euphrate au nord. Dans la ville affluent les ambassadeurs des princes clients de Syrie comme ceux du souverain rival des Hittites (Anatolie). Mais cette métropole est aussi la cité d'Amon, le dieu à tête de bélier. Profitant de l'ascension de la ville, celui-ci s'est imposé comme la principale divinité de l'Égypte. Comblé par les pharaons, investi d'un rôle au sein de l'État, le clergé d'Amon est devenu une puissance redoutable. C'est pour fuir Amon qu'Aménophis quitte Thèbes, pour s'installer plus au nord, au centre de l'Égypte. Avec sa femme , la reine Néfertiti, il fonde Akhetaton.

Le schisme atonien : une révolution religieuse ?

Cet abandon inaugure une réforme religieuse. Baptisée « l'Horizon d'Aton » (Akhetaton, actuellement Tell al-Amarna), la nouvelle capitale est en effet consacrée à un nouveau dieu, Aton. Polythéiste, la religion égyptienne connaît une multitude de dieux. Le dieu du Soleil, Rê, jouit d'une position prédominante, et les prêtres d'Amon ont pu assurer l'hégémonie de leur dieu en l'assimilant à celui-ci (Amon-Rê). Au détriment d'Amon, Aménophis impose Aton comme divinité suprême. Dieu solaire, Aton est représenté sous la forme d'un disque dont les rayons sont terminés par des mains. C'est le principe divin supérieur, le créateur de toute chose, et le pharaon est son émanation sur terre. Celui-ci joue aussi un rôle de prophète, composant des hymnes en son honneur. Répudiant le nom d'Aménophis (« Amon est satisfait »), il se fait appeler Akhenaton (« Celui qui est agréable à Aton »).

Dans sa capitale, il élève à Aton des temples à ciel ouvert, pour accueillir la lumière du soleil. Peut-on parler de révolution monothéiste ? Les historiens en discutent, car Akhenaton semble avoir accepté les autres dieux en tant que manifestations d'Aton. Il est de fait évident qu'il a radicalisé des traditions antérieures : les Égyptiens ont toujours cru à la prédominance d'un dieu solaire (Rê) et considéré le pharaon comme le fils de celui-ci.

▲ Relief mural de Tell al-Amarna représentant les chars du pharaon et de la reine sous la protection du dieu solaire Aton.

vers -1368

Fondation de Tell al-Amarna

Aménophis IV abandonne Thèbes et installe sa nouvelle capitale en Moyenne-Égypte, à Akhetaton (actuellement Tell al-Amarna).

CHRONOLOGIE

Avènement d'Aménophis III. Apogée de la XVIIIe dynastie. **vers 1408 av. J.-C.**

Destruction des palais de Cnossos en Crète et fin de la civilisation minoenne. **vers 1385**

Aménophis III associe au trône son fils unique, Aménophis IV. **vers 1380**

Mort d'Aménophis III. Début du règne personnel d'Aménophis IV. **vers 1372**

Fondation de Tell al-Amarna. Aménophis IV change son nom en Akhenaton. Début du schisme atonien. **vers 1368**

Le roi d'Assyrie, Assour-ouballit Ier, installe son petit-fils Kurigalzu II sur le trône de Babylone. L'Assyrie devient la première puissance de Mésopotamie. **vers 1360**

Fin de la construction du premier noyau du sanctuaire d'Aton à Tell al-Amarna. Début de la construction du temple proprement dit. **vers 1358**

Le roi hittite Souppilonlioumа, maître de l'Anatolie, installe son hégémonie sur la Syrie du Nord, au détriment de l'Égypte. **vers 1355**

Mort d'Akhenaton. Son gendre Semenkharê (Toutankhamon) lui succède. **vers 1354**

Le naufrage du rêve mystique

La religion atonienne baigne dans une atmosphère de joie de vivre et d'amour de la nature. Les hymnes à Aton célèbrent les bienfaits du Soleil sur la terre d'Égypte et l'art « amarnien » multiplie les scènes de la vie quotidienne. La révolution religieuse s'accompagne d'une révolution artistique. On fixe de nouveaux canons pour représenter le souverain : visage chevalin, épaules étroites, hanches énormes. Mais Akhenaton compromet le succès de son entreprise par son intolérance religieuse et son inaction diplomatique. Lançant une violente persécution contre les anciens dieux, il ferme leurs temples et s'acharne sur Amon, dont le nom est partout effacé. Enfermé dans son rêve mystique, il reste sans réaction devant l'agressivité des royaumes rivaux. Le roi hittite Souppilonlioumа substitue sa domination à celle de l'Égypte en Syrie du Nord, reportant la frontière de l'Euphrate à l'Oronte. Le règne d'Akhenaton se termine dans une impopularité grandissante du pharaon. Il semble que celui-ci, conscient de son échec, ait cherché à se réconcilier avec le clergé d'Amon à la fin de sa vie. Trois ans après sa mort, son gendre et successeur Toutankhaton se réinstalle à Thèbes. Accomplissant le geste d'Akhenaton en sens inverse, il prend le nom de Toutankhamon. Amon avait vaincu.

► **Ramsès II** / 1286 av. J.-C.

Les mystères de la reine Néfertiti

Les bustes de la reine Néfertiti, d'une beauté hiératique, figurent parmi les chefs-d'œuvre de l'art amarnien. On sait en fait peu de choses sur l'épouse d'Akhenaton dont l'origine reste incertaine, princesse du Mitanni, en Haute-Mésopotamie, ou fille d'aristocrate égyptien. Elle est très souvent représentée sur les bas-reliefs de Tell al-Amarna, avec ses six filles. De fait, elle fut associée à l'action sacerdotale de son mari, l'assistant lors des cérémonies en l'honneur d'Aton. Sa fin reste enveloppée de mystère. Pour certains historiens, elle mourut avant son mari. Mais d'autres pensent que le dernier carré des fidèles d'Aton se regroupa autour d'elle après la disparition d'Akhenaton.

Akhenaton et la belle Néfertiti. Le couple royal eut six filles, mais pas de garçon. Le clergé égyptien y vit un signe de réprobation des dieux à l'encontre du pharaon. ►

Ramsès II

Ramsès II guerroie contre les Hittites avant de conclure avec eux une paix durable, qui marque pour l'Égypte le début d'une longue ère de stabilité et de prospérité. Il put ainsi se consacrer à son œuvre de bâtisseur en élevant des monuments grandioses dont la plupart sont parvenus jusqu'à nous.

▲ La bataille de Qadesh contre les Hittites, bas-relief du Ramesseum, le temple funéraire de Ramsès II. Au terme de cette bataille indécise, le pharaon obtint quarante années de paix pour son peuple.

◄ Le colosse d'Horus, à l'entrée du temple d'Amon à Karnak, témoigne de la formidable puissance d'un pharaon bâtisseur devenu pour ses sujets l'égal des dieux.

Qadesh : mythe et réalité

« Alors Sa Majesté se lève, tel son père Montou ; après avoir saisi sa parure de combat, il revêt sa cotte d'armes ; il est comme Baal en son heure. Le grand attelage qui porte Sa Majesté s'appelle "Victoire-dans-Thèbes" et appartient à la grande écurie de Ousermaâtrê-setepenrê, aimé d'Amon. Il se lance au galop et pénètre au milieu des ennemis venus du Hatti. Il est complètement seul, personne d'autre n'est avec lui. » C'est ainsi que Pentaour, scribe de cour, relate le début de la bataille de Qadesh, livrée par le pharaon Ramsès II contre le roi des Hittites Mouwatalli, en l'an 5 de son règne (1286). Pour chanter sa gloire, Ramsès a fait graver ce poème sur les parois des grands temples égyptiens, de Karnak à Abou-Simbel. En réalité, la magie du verbe métamorphose une demi-victoire en triomphe éclatant. Maîtres de l'Anatolie et de la Syrie du Nord, les Hittites menacent la domination égyptienne en Syrie méridionale. Bien décidé à les refouler, Ramsès intervient dans la région pour provoquer des défections parmi les princes soumis aux Hittites. Le choc, devenu inévitable, se produit devant la ville fortifiée de Qadesh, qui occupe une position stratégique très importante assurant à celui qui la possède la maîtrise de toute la Syrie. Forte de 20 000 hommes, l'armée égyptienne est composée de quatre divisions portant chacune le nom d'un dieu, Amon, Rê, Ptah et Seth. À la tête de l'armée d'Amon, Ramsès parvient près de la ville de Qadesh, sur l'Oronte, alors que les trois autres colonnes sont restées en arrière. Le rusé Mouwatalli en profite et attaque. Encerclé, abandonné par ses troupes, le pharaon aurait alors adressé une prière fervente au dieu Amon, qui lui accorde une force surhumaine.

Les 2 500 chars hittites sont mis en fuite et Ramsès peut se dégager. Le lendemain, la bataille reprend brièvement mais les deux armées ne parviennent pas à se départager. Le pharaon renonce à Qadesh et abandonne la région.

Les Ramesoides, restaurateurs de la puissance égyptienne

Cet épisode, si amplifié soit-il par la propagande, témoigne du réveil de la puissance égyptienne, après un demi-siècle d'éclipse. En effet, alors qu'aux grandes heures de la XVIIIe dynastie (1552-1306), l'Empire égyptien s'étendait de l'Euphrate, en Syrie, à la quatrième cataracte du Nil, en Nubie, il déclina sous le règne d'Akhenaton (1372-1354). Négligeant les affaires extérieures pour se consacrer à l'exaltation de son dieu solaire, Aton, le pharaon mystique Akhenaton a permis aux Hittites, peuple indo-européen basé en Anatolie, d'accéder au rang de grande puissance. Leur roi Souppiloulioma a vassalisé Chypre, mis la main sur le nord de la Syrie, et a incité les princes de Syrie centrale à rejeter la suzeraineté égyptienne (vers 1355). Le secret de l'ascension hittite

-1286

Bataille de Qadesh

Sur le point d'être battu par les Hittites de Mouwatalli, Ramsès II parvient à redresser la situation et à mener ses troupes à la victoire.

L'armée égyptienne sous Ramsès II

L'armée égyptienne de Qadesh rassemblait des contingents d'origines diverses. Les soldats égyptiens étaient des militaires de carrière ou des conscrits, recrutés localement, suivant un certain pourcentage par village. Ils étaient renforcés par des mercenaires étrangers, Shardanes, originaires d'Asie Mineure, ou Nubiens, venus du sud de l'Empire. L'arme essentielle des Égyptiens restait l'arc, alors que les mercenaires gardaient leur armement originel, matraque de bois dur pour les Nubiens ou glaive long pour les Shardanes. La charrerie constituait les unités d'élites. Faits d'une simple coquille de bois, tirés par deux chevaux, les chars étaient regroupés en escadrons de 25 unités. Le déroulement du combat était organisé autour d'eux. Force de choc, les chars chargeaient l'ennemi, suivis par les archers, qui le criblaient de flèches. Les autres fantassins occupaient ensuite le terrain. Les grandes batailles opposaient des milliers de chars, comme lors de la bataille de Qadesh.

réside dans leurs armes de fer – le minerai abonde en Anatolie –, bien supérieures aux armes de bronze des royaumes voisins. Affaiblie par ces revers militaires, tout comme par l'échec de la révolution religieuse d'Akhenaton, la XVIIIe dynastie disparaît obscurément (1306). L'heure est aux guerriers, et le dernier pharaon de la dynastie, Horemheb, lègue le pouvoir à son général, Ramsès Ier. Si le fondateur de la XIXe dynastie ne reste que peu de temps sur le trône, son fils Séti Ier se montre à la hauteur de la tâche. Dès le début du règne, il rétablit la domination égyptienne sur la Palestine et atteint l'Oronte. Monté sur le trône à l'âge de 25 ans (1290), son fils Ramsès II hérite d'un royaume en pleine renaissance. C'est tout naturellement que le « Fils de Rê, aimé d'Amon » tourne ses armes vers la Syrie.

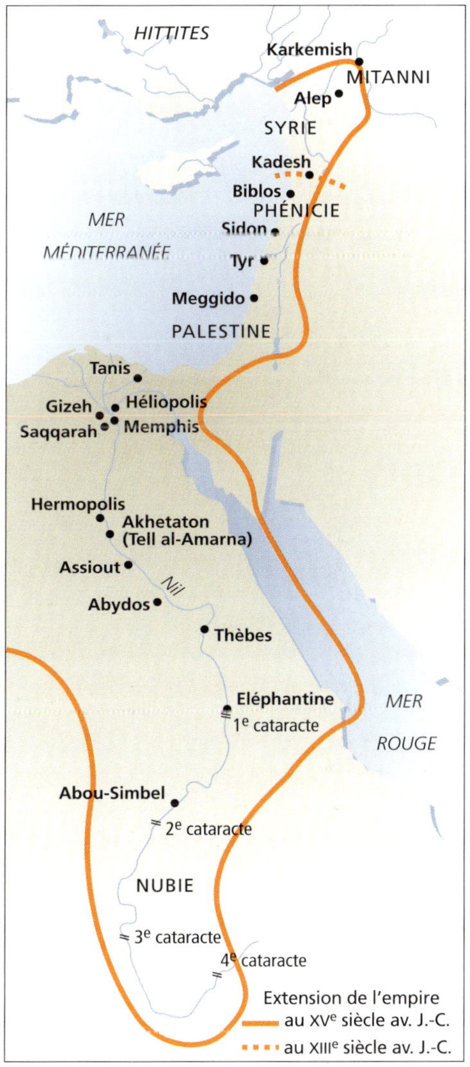

Le duel avec l'Empire hittite

La victoire de Qadesh, qui constitue l'un des premiers faits d'armes du jeune souverain, l'auréole de gloire mais ne change pas le sort du conflit. Pendant quinze longues années, Ramsès va devoir guerroyer en Asie. À l'instigation des Hittites, les princes vassaux de Palestine ne cessent de se révolter et le pharaon doit mener une patiente guerre de sièges, dans la région désertique de la mer Morte, pour forcer les rois de Moab et d'Édom à la soumission. Les ins-

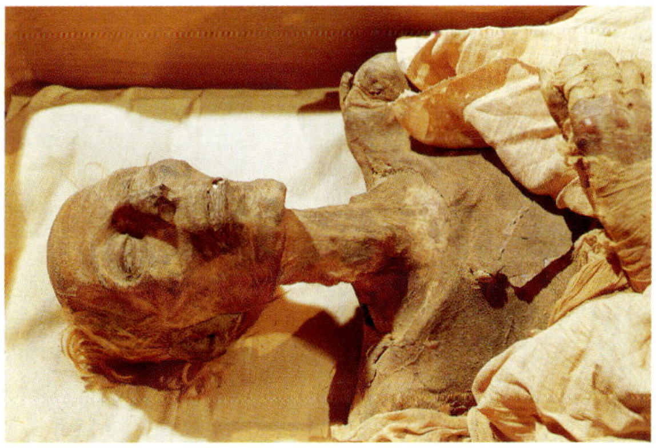

◄ Momie de Ramsès II. Le pharaon n'aurait pu connaître dans la mort le destin des simples mortels. Son corps a traversé les siècles grâce au savoir des embaumeurs égyptiens.

CHRONOLOGIE◄

Naissance de Ramsès II. **vers 1315 av. J.-C.**

Avènement de Ramsès Ier, fondateur de la XIXe dynastie. **1306**

Séti Ier succède à Ramsès Ier. **1304**

Première bataille de Qadesh entre Séti Ier et Mouwatalli, roi des Hittites. **1302-1301**

Ramsès II est associé au pouvoir. **1299**

Mort de Séti Ier et avènement de Ramsès II. La capitale est transportée de Thèbes à Pi-Ramsès. **1290**

Bataille de Qadesh. **1286**

Mort de Mouwatalli, roi des Hittites. Son fils Moursili III lui succède. **1285**

Révolte de la Nubie. **1276-1275**

Le roi des Hittites Moursili III est détrôné par son oncle Hattousili III. **vers 1275**

Paix entre Ramsès II et Hattousili III. **1270**

Mariage de Ramsès avec une fille de Hattousili III. **1257**

Mort d'Hattousili III. **vers 1250**

Prise de Troie par les Mycéniens. **vers 1240**

Mort de Ramsès II. Son fils Mineptah lui succède. **1224**

Déclin de l'Empire hittite. **1200**

Fin de la XIXe dynastie. **1186**

▲ Brasero rituel de Ramsès II. Le souverain sacrifiait aux cultes des divinités égyptiennes, mais il se préoccupa surtout d'organiser son propre culte. Pour ses sujets, il est l'incarnation du Soleil, et vénéré comme tel.

Temple de Louqsor. ▼

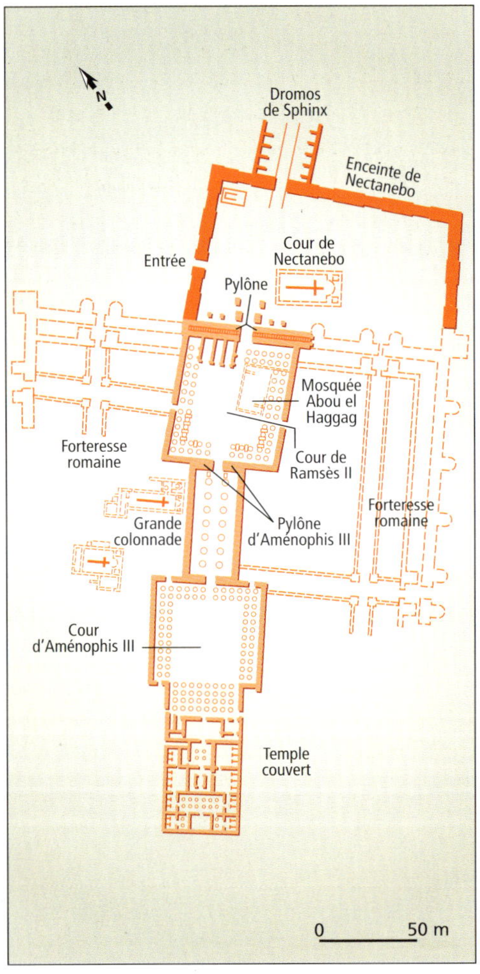

Un père de famille nombreuse

Ramsès se maria cinq fois, tout en possédant un harem de plusieurs centaines de concubines. Parmi les reines, on compte sa sœur et une de ses filles, inceste pratiqué couramment dans la famille royale. Mais la « grande épouse royale » préférée, Nefertari, honorée à Abou-Simbel, n'était pas sa parente. Une centaine d'enfants sont mentionnés par les sources. En raison de sa longévité, ses deux premiers héritiers décédèrent avant lui, et son successeur, Mineptah, n'était que le treizième de ses fils.

criptions des temples peuvent dès lors chanter les victoires de Ramsès, « étoile au cœur des multitudes », « taureau d'or », « faucon au cœur du ciel ». L'affirmation d'une nouvelle puissance, l'Assyrie, en Mésopotamie permet finalement de trouver une issue pacifique. En effet, s'installant sur les rives de l'Euphrate, elle menace le royaume hittite, dont le roi Hattousili III, frère et successeur de Mouwatalli, préfère conclure une paix avec l'Égypte (1270). Le texte du traité a été trouvé aussi bien sur les parois des temples égyptiens que dans les tablettes d'argile de la capitale hittite, Bogazköy : c'est le premier traité de l'histoire dont nous possédions l'original. Les deux États concluent non seulement un pacte de non-agression, mais aussi une alliance défensive, la frontière commune ayant été fixée à hauteur de Damas, laissant ainsi la Syrie méridionale à l'Égypte. Un demi-siècle de paix commence. Alors que Ramsès et Hattousili échangent des lettres cordiales, les Hittites procurent au pharaon du fer pour ses armées et des femmes pour son harem. À deux reprises, celui-ci épouse des princesses hittites, filles de Hattousili. Le dieu-soleil de l'Égypte et le dieu de l'Orage des Hittites veillent sur ces unions.

Un grand bâtisseur

Durant ses soixante-sept années de règne, Ramsès s'affirme également comme l'un des plus grands bâtisseurs de l'Égypte ancienne. Abandonnant Thèbes, en Haute-Égypte, qui

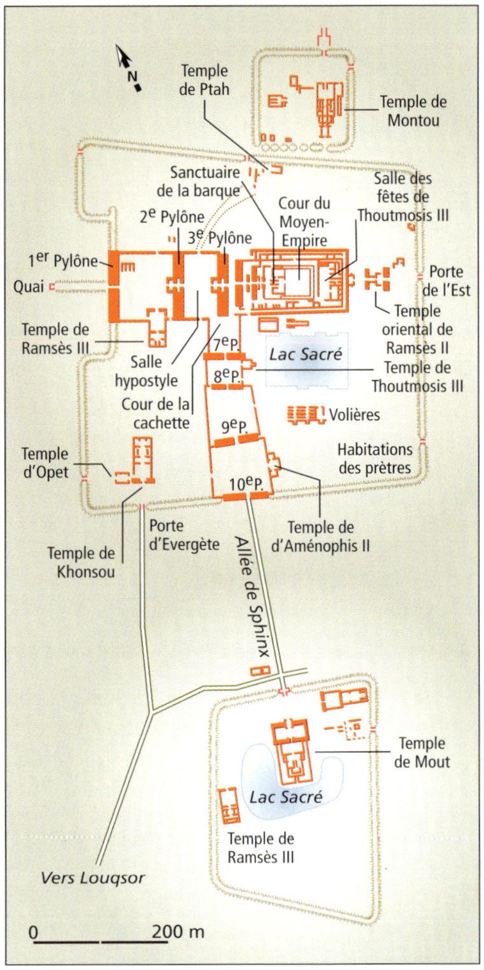

▲ Temple de Karnak.

était la capitale du royaume depuis deux siècles et demi, il édifie une nouvelle capitale, à l'est du Delta, Pi-Ramsès, « La maison de Ramsès ». Surgis par la grâce des canaux, des jardins luxuriants entourent les résidences. Le roi n'en continue pas moins d'embellir les temples de Thèbes, Louqsor et Kar-

▼ Pectoral en or et pierres précieuses de Ramsès II. Ce bijou, porté uniquement par le pharaon, comptait parmi les plus belles pièces de l'orfèvrerie égyptienne.

◄ Temple d'Abou-Simbel. Ramsès coiffé du Némès et paré des ornements.

nak. À Thèbes, sur la rive gauche du Nil, il fait édifier un gigantesque « château des Millions d'Années », temple réservé à son culte funéraire, le Ramesseum. De manière plus originale, un véritable réseau de monuments quadrille la Nubie (Soudan actuel), comme pour y enraciner la domination égyptienne. Les deux temples d'Abou-Simbel forment l'ensemble le plus grandiose. Creusés dans la falaise comme des grottes, ils dominent la vallée du Nil, sur une hauteur de 33 m. Le culte associe une divinité et un souverain, le dieu Amon-Rê et Ramsès II pour l'un (Sud), la déesse Hathor et la reine Nefertari, épouse préférée de Ramsès, pour l'autre (Nord). Quatre colosses de grès, hauts de 20 m, flanquent la porte d'entrée du temple Sud. Ils représentent Ramsès II et sa famille et proclament la gloire de l'Égypte aux yeux des Nubiens soumis.

L'éclat éternel d'un roi-soleil

Les travaux du bâtisseur reflètent les projets du politique. Si le changement de capitale peut s'expliquer par l'origine de la dynastie, issue de Tanis, dans le Delta, il obéit aussi à des impératifs stratégiques. En effet, Pi-Ramsès, située aux portes de l'Asie, est mieux placée pour surveiller les affaires de Syrie. En outre, le roi acquiert enfin une liberté plus grande envers le clergé d'Amon, tout-puissant à Thèbes. Sans remettre en cause la prééminence d'Amon, Ramsès promeut d'autres dieux, Rê et Ptah. Les trois divinités sont d'ailleurs assimilées, dans une logique syncrétiste. Les pharaons se sont toujours proclamés « Fils de Rê », mais Ramsès insiste particulièrement sur son lien charnel avec le dieu solaire Rê. Sur les murs des temples, on peut contempler l'union de sa mère, Touy, avec le dieu, et son propre allaitement par la déesse nourricière Hathor. D'essence divine, ce fils de Rê peut se targuer d'être un véritable « roi-soleil ». Cet éclat dissimule toutefois une œuvre fragile. Lorsque le souverain disparaît à plus de 90 ans (1224), l'Égypte bascule à nouveau dans la guerre. Son fils Mineptah (1224-1214) doit affronter l'invasion des « Peuples de la Mer », venus du nord de la Méditerranée. Par la suite, des souverains pâlots défileront sur le trône et la XIXe dynastie s'effacera rapidement, en moins de trente ans (1186). Le souvenir de Ramsès II n'en fascine pas moins ses successeurs. Tous essaieront de l'imiter, et neuf pharaons porteront après lui le nom de Ramsès. Le soleil de Qadesh ne s'est jamais couché.

► **Akhenaton** / 1368 av. J.-C.

Le sauvetage des temples d'Abou-Simbel

En 1960, l'Unesco lança une campagne de sauvetage des temples d'Abou-Simbel, qui devaient être recouverts par les eaux du lac Nasser, en raison de la construction d'un barrage à Assouan. Il fallut d'abord dégager les temples en arasant la falaise, jusqu'à 80 cm de leurs plafonds. Ils furent ensuite découpés en 1 035 blocs, renforcés par des injections de résine, car le grès en était friable. Le grand temple (au sud) représentait 11 500 tonnes et le petit temple (au nord), 3 500. Dans un deuxième temps, ils furent reconstruits 64 m plus haut. Les blocs furent fixés sur une superstructure de béton, en respectant l'orientation originelle des temples. On recouvrit ensuite les monuments d'une voûte de béton, destinée à supporter un revêtement rocheux semblable à la falaise de départ. Les travaux durèrent de 1963 à 1968. Leur retentissement fut tel qu'Abou-Simbel appartient maintenant au patrimoine de l'humanité. Le visage du colosse de Ramsès II du temple Sud décore de nombreux timbres.

▼ La déesse Hathor, l'une des nombreuses protectrices de Ramsès II, était surnommée « la dame de l'Occident », c'est-à-dire la maîtresse des morts.

MOÏSE

Dans la Bible, Moïse fut celui qui réussit à délivrer de l'esclavage les Hébreux installés en Égypte, et qui les mena, après quarante années dans le désert, au seuil de la Terre promise, le pays de Canaan, où il ne devait jamais pénétrer lui-même.

▲ *Moïse sauvé des eaux*, tableau de Nicolas Poussin (XVIIe siècle).

◄ Moïse brandit le Décalogue, les dix commandements, que Dieu lui a remis sur le mont Sinaï.

MOÏSE, LÉGENDE ET HISTOIRE

Le récit de la vie de Moïse figure dans le Pentateuque (ensemble des cinq premiers livres de la Bible), postérieur de plusieurs siècles aux événements qu'il relate. Aussi comporte-t-il de nombreux traits légendaires. Aujourd'hui, l'unique certitude que nous ayons à propos de Moïse est son existence historique ; les dates de sa vie sont incertaines, même si l'on tend actuellement à la situer sous le règne de Ramsès II. La Bible elle-même se montre avare de renseignements, et ne décrit pas son aspect physique. De même, son enfance et son adolescence sont passées sous silence, alors que sa généalogie et ses liens de famille sont détaillés, précision au reste très classique dans la Bible. Il semble que des bergers sémites aient migré en Égypte aux XVIIIe-XVIIe siècles av. J.-C., puis que certaines tribus aient décidé, sous le règne de Ramsès II, de retourner en Palestine. Elles se seraient ensuite groupées au sein d'une confédération. Autour de leur guide, Moïse, un faisceau de récits plus ou moins légendaires s'est constitué et progressivement amplifié, insistant tout particulièrement sur ses pouvoirs thaumaturgiques. Moïse apparaît alors comme le libérateur d'Israël et un grand meneur d'hommes, ainsi qu'un législateur et un orateur brillant. Mais que penser de l'assertion selon laquelle il mourut à l'âge de 120 ans, ou de sa capacité à fendre les flots de la mer Rouge avec son bâton ?

UN ENFANT MIRACULÉ

Installées depuis environ 1700 av. J.-C. en Égypte, des tribus hébraïques sont réduites en esclavage par un nouveau souverain, qui décide de faire mettre à mort tous les enfants mâles des Hébreux afin d'éviter tout soulèvement ; la mère et la sœur de Moïse décident de le soustraire à la mort, en le cachant jusqu'à l'âge de trois mois, puis en le confiant au Nil, dans une corbeille de papyrus enduite de poix. Une fille du pharaon, venue se baigner dans le fleuve, découvre l'enfant et décide de l'élever. Elle lui donne le nom de Moïse ; si l'on a longtemps cru que ce nom dérivait de l'hébreu *machah*, qui a pour sens « retirer », Moïse ayant été tiré de l'eau, les linguistes ont reconnu il y

a un siècle qu'il s'agissait en fait du dernier élément des noms théophores égyptiens, signifiant « celui qui est né », et que l'on retrouve par exemple dans le nom du pharaon Thoutmosis, « le fils de Thot ». Par la suite, les chefs religieux d'Israël ont choisi de cacher que le prophète avait porté un nom impliquant une relation avec un dieu égyptien. La jeunesse de Moïse à la cour du pharaon est passée sous silence par le récit biblique, qui reprend seulement au moment où Moïse tue un surveillant égyptien qui maltraitait un esclave hébreu. Après ce meurtre, il est contraint de s'enfuir et s'exile au pays de Madian, au-delà des confins orientaux du Delta, où se réfugiaient les personnes fuyant l'Égypte. Là, il vient en aide aux filles du prêtre Jéthro, agressées par des bergers, et il reste une quarantaine d'années auprès de cet homme qui lui a donné en mariage sa fille Sephora.

Le passage de la mer Rouge

Le caractère miraculeux du passage de la mer Rouge est très net dans la Bible, mais de nombreux historiens ont tenté de donner une explication scientifique à ce phénomène. Il apparaît en effet que, à l'époque de Moïse, la mer Rouge s'étendait bien plus au nord qu'actuellement, et communiquait par une longue baie avec les lacs Amers, et peut-être aussi avec le lac de Timsah. Cette baie, peu profonde, devait avoir des gués empruntés par les caravanes, et les Hébreux auraient utilisé l'un d'eux. Le gué en question devait se trouver dans la zone de Migdol, mentionnée par la Bible, qui doit correspondre à l'actuelle Abu Hasan, mais certains auteurs le situent à côté de l'actuelle Suez. Quant à l'erreur des Égyptiens, elle s'expliquerait par la nature même du gué, instable et mouvant. Au reste, l'armée du pharaon semble avoir subi une perte grave, mais pas le désastre irréparable dont parle la Bible, puisque le détachement englouti par les flots ne comprenait qu'une partie des chars royaux.

La sortie d'Égypte

C'est dans la région du mont Horeb (autre nom du mont Sinaï), où il faisait paître le troupeau de Jéthro, que Dieu lui apparaît dans un buisson ardent, qui pourtant ne se consume pas, et lui dévoile sa volonté de l'envoyer en Égypte pour libérer son peuple. Moïse se montre d'abord réticent, mais Dieu lui intime l'ordre de s'adresser à ses compatriotes en leur disant : « Lui-est (Yahvé), le Dieu de vos pères, m'a envoyé vers vous », et le munit de pouvoirs thaumaturgiques. De retour en Égypte, Moïse se présente devant le pharaon pour lui demander de laisser partir le peuple dans le désert durant trois jours, pour sacrifier à Yahvé. Mais le pharaon refuse et accentue son oppression contre le peuple hébreu. Yahvé ordonne alors à Moïse de frapper l'Égypte de dix plaies : l'eau du Nil se

◄ Le passage de la mer Rouge (détail d'un psautier byzantin du Xe siècle), l'un des épisodes les plus célèbres de la Bible.

vers -1250

Les Hébreux sortent d'Égypte

Conduits par Moïse, les Hébreux parviennent à quitter l'Égypte et à échapper à la domination du pharaon.

CHRONOLOGIE ◄

Avènement de Ramsès Ier, fondateur de la XIXe dynastie.	**1306 av. J.-C.**
Séti Ier succède à Ramsès Ier.	**1304**
Mort de Séti Ier et avènement de Ramsès II.	**1290**
Moursili III succède à Muwatalli, comme roi des Hittites.	**1285**
Moursili III est détrôné par Hattousili III.	**vers 1275**
Salmanasar Ier, roi d'Assyrie, conquiert le royaume du Mitanni et atteint l'Euphrate. Paix entre Ramsès II et Hattousili III.	**1270**
Les Hébreux sortent d'Égypte. Mort d'Hattousili III.	**vers 1250**
Tukulti-Ninurta succède à Salmanasar Ier en Assyrie.	**1244**
Tukulti-Ninurta d'Assyrie occupe Babylone et domine toute la Mésopotamie.	**1234**
Mort de Ramsès II et avènement de son fils Mineptah.	**1224**
Conquête de Jéricho.	**vers 1210**
Assassinat du roi Tukulti-Ninurta d'Assyrie par son fils. Effondrement de l'Empire assyrien.	**1208**
Fin de la civilisation mycénienne. Dislocation de l'Empire hittite. Destruction de la ville syrienne d'Ougarit.	**vers 1200**
Fin de la XIXe dynastie.	**1186**

Moïse et les magiciens égyptiens

À plusieurs reprises, Moïse est confronté aux magiciens égyptiens, dont la renommée était immense dans tout le monde méditerranéen. Ainsi, quand le pharaon refuse de laisser partir les Hébreux, Moïse jette à terre devant lui son bâton, qui se change en serpent. Les mages égyptiens réussissent le même prodige, mais leurs serpents sont avalés par celui de Moïse. Leur patron, Thot, le Dieu à la tête d'ibis, est lui-même un redoutable magicien. Les Égyptiens connaissent de nombreux moyens – prières, invocations et malédictions – pour obtenir l'intervention des puissances magiques. Les amulettes sont aussi réputées très efficaces : des formules sont écrites sur du papyrus qui est ensuite mis dans une petite boîte portée par la personne concernée. De telles amulettes ont été retrouvées dans tout le bassin méditerranéen. Il était aussi courant de placer un charme sur une momie, afin de forcer l'esprit du défunt à exécuter les ordres du jeteur de sorts.

▼ Les dix plaies d'Égypte (miniature du XIVe siècle). Inspirés par Dieu, Moïse et son frère Aaron exigent du Pharaon qu'il laisse le peuple d'Israël quitter l'Égypte. À chaque refus du prince, le bâton d'Aaron déclenche une calamité.

change en sang, puis des grenouilles, des moustiques et des taons infestent le territoire. Le bétail meurt, les hommes sont couverts de pustules, la grêle s'abat sur l'Égypte, les sauterelles dévorent les moissons, et des ténèbres épaisses recouvrent le pays. À chaque fois, le pharaon promet de laisser partir le peuple, mais dès que la calamité cesse, son cœur s'endurcit. Alors Moïse annonce la mort de tous les premiers-nés, et ordonne à ses compatriotes d'immoler, pendant la nuit du 14 au 15 d'Abib (mars-avril), un agneau mâle âgé d'un an dans chaque famille. Son sang sera répandu sur les montants de la porte, afin de désigner les maisons des Hébreux, qui sont les seules épargnées par la désolation. La victime et par la suite le rite sont appelés *pessah*, « pâque », c'est-à-dire « passer au-delà ». Au matin, le pharaon cède et ordonne aux Hébreux de partir.

Révolte et châtiment des Hébreux

Sous la conduite de Moïse et de son frère Aaron, les Hébreux prennent la route du désert vers la mer Rouge, mais ils sont bientôt rejoints par l'armée du pharaon, qui se repent de les avoir laissés partir. Alors que Yahvé les protège avec une colonne de feu, Moïse étend sa main sur la mer qui s'écarte. Les Hébreux traversent à sec, entre les murs d'eau, puis, quand les Égyptiens se lancent à leur poursuite, la mer retourne dans son lit et recouvre les chars et les cavaliers. Commence alors la longue pérégrination des Hébreux dans le désert du Sinaï. Un mois après la sortie d'Égypte, le manque de vivres commence à se faire sentir, provoquant la colère du peuple. Or, le lendemain matin, les Hébreux découvrent une poudre granuleuse sur le sol appelée la manne ; cet aliment, au goût de galette au miel, leur permettra de survivre jusqu'à la sortie du désert. À l'appel de Yahvé, Moïse se rend au sommet du mont Sinaï, où il reçoit les dix commandements (ou Décalogue), qui forment les principes de la morale hébraïque. Si Yahvé apparaît alors comme un Dieu unique et jaloux, de nombreux parallèles existent néanmoins entre le Décalogue et d'autres législations de peuples voisins. Ainsi, la loi du talion – « œil pour œil, dent pour dent » – se retrouve dans le Code d'Hammourabi (1755 av. J.-C.). Alors que Moïse retourne sur le mont et y demeure quarante jours et quarante nuits, le peuple demande à Aaron de lui faire un Dieu. Aaron fond l'or des bijoux et coule une statue de veau, devant laquelle les Hébreux se prosternent en lui offrant des sacrifices : ils se rendent ainsi coupables d'idolâtrie, formellement interdite par Yahvé. Furieux, Moïse brise les Tables de la Loi qu'il venait de recevoir et brûle le Veau d'or. Alors que les Hébreux approchent du pays de Canaan,

▲ *Les Hébreux adorent le Veau d'or*, tableau de Marc Chagall. Toute l'histoire de Moïse est un combat pour détourner le peuple d'Israël des fausses divinités et susciter en lui la crainte du seul Dieu.

Moïse envoie des éclaireurs qui reviennent en s'extasiant sur la fertilité du pays, mais affirment aussi que les murs des cités cananéennes arrivent jusqu'au ciel. Le peuple, irrité, menace de lapider Moïse. Yahvé, furieux, annonce alors qu'aucun de ces hommes qui ne lui ont pas obéi ne verra la Terre promise. Leurs cadavres tomberont dans le désert, et seuls leurs petits-enfants pourront entrer dans le pays de Canaan.

Quarante ans dans le désert

C'est le début de quarante années d'errance dans le désert, jusqu'à la disparition de cette génération maudite. Le texte biblique ne relate que deux épisodes durant cette longue période : à Coré un soulèvement éclate contre le gouvernement monarchique de Moïse, mais Yahvé confirme miraculeusement sa prééminence et engloutit dans le sol les révoltés. À Meriba, le peuple se plaint du manque d'eau, et Moïse fait jaillir de l'eau d'un rocher en le frappant avec son bâton. Lorsque reprend le voyage vers Canaan, les Hébreux doivent contourner le royaume d'Édom, qui leur a refusé le passage. C'est le début des conquêtes : ils s'emparent du royaume de Sehon, roi amorrite, puis de celui d'Og, roi de Basan. Désormais, les Hébreux sont maîtres de la Transjordanie. Alarmé, Balac, roi de Moab, fait appel à un magicien, Balaam. Mais ce dernier est inspiré par Yahvé et bénit les Hébreux au lieu de les maudire. Les tribus de Ruben et de Gad sont installées en Transjordanie, et le reste du peuple s'apprête à pénétrer sur la Terre promise. La tâche de Moïse est donc achevée. Ses derniers actes sont encore ceux d'un législateur : il fixe la législation mise en place pendant l'Exode, puis prononce une bénédiction sur chaque tribu et monte sur le mont Nébo, d'où il peut apercevoir le pays de Canaan. Il meurt là, à l'âge de 120 ans. C'est à Josué, l'un de ses compagnons, qu'il reviendra de mener les Hébreux en Terre promise.

▶ **Abraham** / vers 1800 av. J.-C.
▶ **Ramsès II** / 1286 av. J.-C.
▶ **David** / vers 1005 av. J.-C.
▶ **Salomon** / vers 968 av. J.-C.

◄ *Les Dix Commandements*, de Cecil B. De Mille, ou la Bible revisitée par Hollywood à grand renfort de décors spectaculaires. Ici, le pharaon pleure la mort de son fils premier-né.

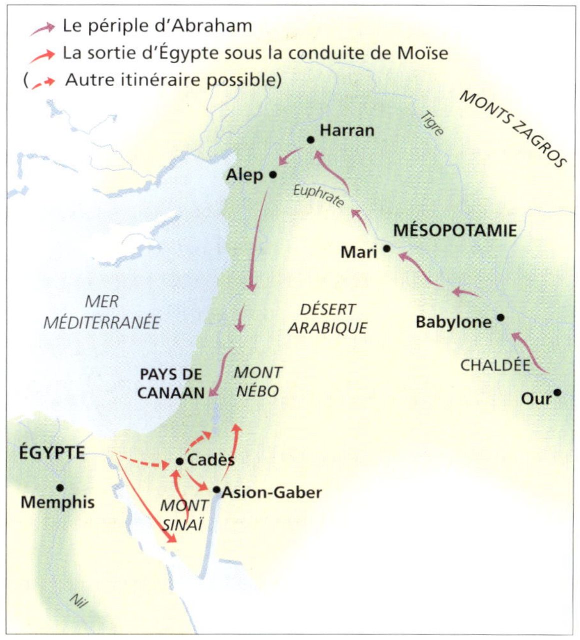

Moïse dans les péplums

La Bible a inspiré plusieurs films à grand spectacle, dont l'un des plus célèbres reste *les Dix Commandements*, réalisé en 1956 par Cecil B. De Mille. Moïse, incarné par Charlton Heston, y est opposé au fils du pharaon, campé par Yul Brynner. Le scénario repose en partie sur l'antagonisme personnel qu'il suppose entre les deux hommes, amoureux de la même femme, et sur la jalousie maladive du futur pharaon qui redoute que son père ne choisisse Moïse pour lui succéder.

DAVID

David, qui régna près de quarante ans, fut le vrai fondateur de la monarchie en Israël, après la tentative ratée de Saül. S'il ne réussit pas à unifier les diverses tribus, sa perspicacité politique lui permit de les contenir dans un cadre commun.

▲ David vainqueur de Goliath, par Verrocchio (XVe siècle). Le prophète Nathan ayant affirmé à David que Dieu avait conclu une alliance éternelle avec sa maison, il devient roi de droit divin. Dans la tradition biblique, cette promesse est à l'origine de la venue du Messie.

L'INSTAURATION DE LA MONARCHIE ISRAÉLITE

Depuis le XIIe siècle avant J.-C., Israël apparaît comme une confédération de douze tribus, qui ne constituent pas encore un État, mais plutôt une sorte de ligue sacrale, autour d'un sanctuaire où elles se rassemblent pour interroger la divinité avant d'entreprendre toute action importante. Le principal facteur d'union est donc religieux, car le peuple d'Israël a conscience d'avoir conclu une alliance avec son dieu, Yahvé, qui l'a fait sortir d'Égypte. Mais vers la fin du XIe siècle apparaît une nouvelle menace, celle des Philistins, qui, repoussés par Ramsès III, s'installent sur la côte cananéenne et étendent leur domination grâce à une puissante armée. Pour leur résister, les douze tribus doivent s'unir et se donner un chef. Saül, à la prestance physique remarquable, est désigné par le prophète Samuel et se fait acclamer roi par le peuple. Mais, s'il remporte des succès militaires sur les Philistins, il offre l'holocauste en l'absence de Samuel, ce qui amène ce dernier à rompre avec lui et à oindre en secret un serviteur du roi : David.

L'ÉMERGENCE D'UN NOUVEAU HÉROS

C'est le moment où émerge une nouvelle figure charismatique : David, issu de la tribu de Juda, a été appelé à la cour de Saül pour calmer les accès de mélancolie du roi en jouant de la cithare et devient son écuyer. Une action d'éclat le révèle. Il tue avec sa fronde un géant philistin, Goliath, dont la mort provoque la fuite des ennemis. Cette victoire le rend populaire mais suscite la jalousie de Saül quand celui-ci entend les femmes chanter : « Saül a tué mille hommes, mais David en a tué dix mille. » Le roi cherche donc à l'éliminer en lui confiant des missions dangereuses : il lui promet sa fille Mikal à condition qu'il apporte en dot cent prépuces de Philistins. Le piège ne fonctionne pas, puisque David en ramène deux cents et qu'il épouse la fille du roi. Mais l'animosité de Saül continue à croître, si bien que David doit s'enfuir, passant au service des ennemis d'Israël. Le roi de Gath, Akish, l'établit à Ziklag, près de Gaza, d'où il lance des razzias contre les Amalécites et d'autres tribus du désert.

L'ACCESSION AU POUVOIR

La bataille du mont Gelboé est fatale à Saül, poursuivi et tué par les Philistins. À cette nouvelle, David se fait oindre roi de Juda à Hébron, où il avait de nombreux partisans, tandis qu'Ishbaal, fils de Saül, règne sur le reste du royaume. Cette partition est temporaire, car Ishbaal est assassiné deux ans plus tard. Les anciens du peuple se rassemblent alors à Hébron et élisent David roi d'Israël. Les Philistins, qui jusque-là ne témoignaient pas d'hostilité à celui qu'ils considéraient comme un roitelet inoffensif, voient d'un mauvais œil ce surcroît de puissance et l'attaquent. Mais David leur inflige de nombreuses défaites, et leur puissance finit par s'effondrer. Les autres États de

vers -1005

David devient roi d'Israël

Après l'assassinat d'Ishbaal, le fils de Saül, David est élu roi par les anciens du peuple hébreu réunis à Hébron.

▲ Le combat de David contre le Philistin Goliath symbolisera longtemps la victoire du peuple élu sur ses ennemis, puis de la foi chrétienne sur les infidèles. Miniature d'un psautier du XIIIe siècle.

Transjordanie sont annexés ou transformés en royaumes tributaires. Le nouveau royaume avait besoin d'une capitale, et David choisit la forteresse de Sion-Jérusalem, stratégiquement bien située, qu'il conquiert sur les Jébuséens. Il y fait transporter l'arche d'alliance, créant ainsi un sanctuaire national sous son contrôle.

Des innovations mal perçues

Ce royaume est le plus fort et le plus étendu qu'ait jamais connu Israël, ce qui conduit David à instaurer une monarchie centralisée. Il a sa cour, son harem, sa garde, composée de mercenaires, et met en place une véritable chancellerie. Mais certaines nouveautés choquent les esprits, comme le recensement à but fiscal : David considère donc le royaume comme sa possession personnelle, et non comme la propriété de Yahvé ! Pire encore, le roi commet un adultère avec Bethsabée, la femme d'un officier, Urie, que David fait exposer en première ligne avec l'intention délibérée de causer sa mort. Il est tué, et sa femme entre dans le harem de David, ce qui provoque un scandale, vite étouffé. Des opposants se déclarent : son propre fils, Absalon, se fait proclamer roi à Hébron et parvient à occuper Jérusalem, mais la révolte est matée et Absalon tué. Le dernier acte politique de David fut de désigner comme successeur son fils cadet Salomon, fils de Bethsabée, au détriment de son aîné Adonias, et sans appuyer son choix sur la désignation divine.

▸ **Abraham** / 1800 av. J.-C.
▸ **Moïse** / 1250 av. J.-C.
▸ **Salomon** / 968 av. J.-C.

L'arche d'alliance

L'arche d'alliance était l'objet le plus sacré pour les Hébreux ; mais il est délicat de déterminer ce qu'elle contenait vraiment, même s'il est sûr que ceux-ci considéraient que Yahvé y était effectivement présent. Lors de la bataille d'Apheq (vers 1050), ils l'apportèrent avec eux afin de favoriser la victoire ; mais elle fut prise par les Philistins, portée comme trophée à Asdod et déposée dans le temple du dieu Dagon, où elle provoqua une épidémie et une invasion de souris. Les Philistins finirent par s'en débarrasser en la mettant sur un char tiré par des vaches, qui prirent aussitôt la direction d'Israël, où elle fut rapportée sept mois après sa capture. Après d'autres avatars, elle finit à Cariath-iarim, où elle resta jusqu'à l'époque de David.

▲ Le roi David fait transporter l'arche d'alliance, contenant, selon la légende, les Tables de la Loi données par Dieu à Moïse, dans sa nouvelle capitale, Jérusalem, qui devient le centre de la vie religieuse juive. Miniature du XIIIe siècle.

CHRONOLOGIE

Les « Peuples de la Mer » sont arrêtés par Ramsès III à la frontière égyptienne ; les Philistins s'installent dans la Pentapole du Carmel.	**vers 1190 av. J.-C.**
Mort de Ramsès III.	**vers 1166**
Les Élamites prennent Babylone.	**vers 1160**
Fin de la dynastie kassite en Babylonie.	**vers 1153**
Fondation de la XXIe dynastie par Smendès.	**vers 1085**
Défaite des Hébreux près d'Apheq ; les Philistins s'emparent de l'arche d'alliance.	**vers 1050**
Saül est désigné comme roi par Yahvé.	**vers 1030**
Début du règne de Simbar-shipak en Babylonie.	**vers 1026**
Mort de Salmanasar II ; début du règne d'Assur-ninâri IV en Assyrie.	**vers 1019**
Mort d'Assur-ninâri IV ; Assur-rabi II lui succède.	**vers 1014**
Bataille du mont Gelboé ; mort de Saül et de trois de ses fils ; David est oint roi de Juda.	**vers 1012**
Mort de Simbar-shipak ; Ea-mukînzeri prend le pouvoir à Babylone.	**vers 1009**
Assassinat d'Ishbaal ; **David devient roi d'Israël.**	**vers 1005**
Prise de Jérusalem.	**vers 1003**
Début de l'âge du fer.	**vers 1000**
Mort d'Assur-rabi II.	**vers 973**
Mort de David ; début du règne de Salomon.	**vers 970**

SALOMON

▲ Bâtisseur du Temple de Jérusalem, Salomon prépare l'éclatement d'Israël par sa politique. Statue colonne provenant du portail de l'église Notre-Dame de Corbeil (vers 1180-1190).

Au cours d'un règne de quarante ans, Salomon réussit à accroître le prestige de son royaume, en développant des liens diplomatiques et commerciaux avec de nombreux États, et surtout en faisant construire le Temple auquel son nom restera lié.

Les difficultés du début de règne

À la fin de sa vie, David décide de léguer son trône à son fils cadet Salomon, qu'il avait eu de sa concubine Bethsabée, mais face à lui se dresse un autre parti soutenant son fils aîné Adonias. Afin d'arrêter les ambitions de ce dernier, il doit donc conduire lui-même Salomon au trône. À la mort de son père, celui-ci hérite d'une situation intérieure troublée. Pour imposer son autorité, il suit les recommandations laissées par David, et lance une série de purges et d'exécutions. Il se débarrasse ainsi une fois pour toutes du parti de son frère et rival, en faisant tuer ce dernier, ainsi que le vieux général Joab. Il peut alors consacrer ses efforts à la défense du territoire d'Israël : il fait fortifier Jérusalem et les villes qui commandent les principaux accès au pays, comme Tamar, au sud de la mer Morte, et réorganise l'armée pour la rendre plus mobile, en y ajoutant 12 000 cavaliers et 1 400 chars.

Des rapports fructueux avec les pays voisins

À la différence de David, Salomon se montre diplomate dans ses relations avec l'extérieur, et obtient même en mariage la fille d'un pharaon, sans doute Siamon, avant-dernier pharaon de la XXIe dynastie, qui donne en dot à sa fille la cité de Gezer. Les bonnes relations avec Hiram Ier, le roi de Tyr, riche cité portuaire phénicienne, continuent et se renforcent. Salomon tient également à développer les relations commerciales avec l'extérieur, ce qui le conduit à établir des postes fortifiés pour protéger les routes caravanières. Ainsi, il importe de Cilicie des chevaux, qu'il revend ensuite aux princes araméens et hittites. Il fait construire une flotte destinée à aller chercher des produits de luxe dans le pays d'Ophir (situé par les historiens en Inde ou en Arabie méridionale). Les navires en reviennent chargés d'or, d'argent et d'ivoire. Le port d'Ezion-Gabar devient un important centre commercial, mais aussi industriel – on y a retrouvé les vestiges de la plus grande raffinerie de cuivre de l'Orient ancien. Le voyage à Jérusalem de la reine de Saba (actuel Yémen) illustre l'importance de ces relations commerciales.

Des réalisations de prestige

Afin de montrer la grandeur de son royaume, Salomon se lance dans des constructions imposantes. Dans la quatrième année de son règne, il entreprend l'édification du Temple de Jérusalem, destiné à devenir le centre cultuel de toutes les tribus d'Israël et à symboliser la présence divine. Il décide de le construire sur la colline de Moriah, où David avait fait élever un autel, et où se trouve actuellement le Dôme du Rocher. Comme son père, il s'adresse à Hiram de Tyr. Le roi phénicien lui envoie des artisans spécialisés, ainsi que des matériaux précieux : cèdres du Liban, cyprès et or. L'édifice, composé de trois pièces, est de forme rectangulaire. À l'intérieur, les murs sont recouverts de bois de

▲ *Le Jugement de Salomon*, tableau de Nicolas Poussin (1649).

vers **-968**

Début de la construction du Temple

Symbole du prestige du règne de Salomon, il deviendra le centre religieux d'Israël.

cèdre plaqué d'or. Dans le Saint des Saints, ultime pièce, se trouve l'Arche d'alliance, qui est considérée comme la demeure de Yahvé. Juste à côté au sud-est, est édifié ensuite le Palais, relié au temple. Vingt ans ont été nécessaires pour terminer cet ensemble architectural, sept pour le temple et treize pour le palais. Sa splendeur marque bien l'éclat du règne de Salomon.

Un mécontentement croissant

Mais cette magnificence ne peut masquer les nombreux problèmes que connaît le royaume. Ainsi, tributaire d'une dette de 120 talents d'or à Hiram, Salomon doit donner à ce dernier vingt cités de Galilée. Afin de financer ses constructions, l'armée et le luxe de la cour, il augmente les impôts et impose des corvées. Le mécontentement du peuple s'accentue, d'autant plus que la tribu de Juda, celle du roi, est exemptée de ces charges. Plus grave encore, Salomon est accusé d'avoir introduit des idoles, car il tolère l'implantation de cultes étrangers, et construit non loin de Jérusalem des sanctuaires aux dieux cananéens. C'est dans ce contexte tendu qu'éclate la rébellion d'un certain Jéroboam, surintendant de travaux, qui, menacé de mort par Salomon, s'enfuit en Égypte, où il reste jusqu'à la mort du roi qui laisse le champ ouvert aux compétitions. Son fils, Roboam, monte sur le trône, mais il n'est pas reconnu par les tribus du Nord, contre lesquelles il fait preuve d'intransigeance ; elles élisent alors pour roi Jéroboam. C'est ainsi que s'opère la division entre deux royaumes, le royaume de Juda, au sud, et le royaume d'Israël, bien plus grand, au nord.

Le jugement de Salomon

Si ses contemporains ont manifesté un certain mécontentement à son égard, la postérité a idéalisé sa figure : Salomon a été présenté comme l'incarnation du souverain parfait, caractérisé par sa magnificence et sa sagesse. De nombreuses légendes insistent sur ce dernier trait. Salomon serait ainsi l'auteur de trois mille proverbes. L'épisode le plus célèbre est assurément celui du « Jugement de Salomon » : deux femmes se présentent devant le souverain, prétendant chacune être la mère du même enfant. Afin de déterminer qui est la vraie mère, Salomon décide que l'enfant sera partagé en deux. Pour le sauver, l'une des deux femmes refuse et préfère qu'il soit laissé à l'autre femme. Salomon lui rend alors l'enfant.

► **David** / vers 1005 av. J.-C.

CHRONOLOGIE

Règne du pharaon Siamon, dont Salomon épouse sans doute la fille.	**984-950 av. J.-C.**
Mort de David et avènement de Salomon.	**vers 972**
Arrivée au pouvoir d'Hiram Ier à Tyr.	**vers 969**
Début de la construction du Temple.	**968**
Formation du royaume araméen du Bit Adini.	**vers 950**
Avènement en Égypte de Sheshonq Ier, qui fonde la XXIIe dynastie libyenne.	**vers 945**
Mort d'Hiram de Tyr.	**vers 936**
Mort de Salomon.	**vers 932**
Scission des royaumes d'Israël et de Juda ; Jéroboam devient le premier roi d'Israël.	**vers 931**

Salomon et la reine de Saba, souveraine mythique d'un royaume prospère (aujourd'hui le Yémen). La légende affirme que de leur union serait né Ménélik, souverain éthiopien. Vitrail de l'église Saint-Thomas de Strasbourg (vers 1270). ►

HOMÈRE

Tous les Grecs ont appris à lire dans l'Iliade *et* l'Odyssée, *épopées attribuées à un poète aveugle, Homère, mais de nombreuses questions demeurent sans réponse à son sujet : qui était-il ? A-t-il même vraiment existé ? Quel est le monde peint dans ses poèmes ?*

▼ Au panthéon des écrivains, Homère, malgré le mystère qui entoure son existence, demeure le père de toute la littérature occidentale. Tableau de Jean Auguste Dominique Ingres, 1827.

La légende de l'aède aveugle

Pour tous les Grecs, *l'Iliade* et *l'Odyssée* ont été composées par le poète Homère, mais les diverses traditions à son sujet sont contradictoires. Ainsi, de nombreuses cités de la côte anatolienne et des îles voisines se disputent l'honneur de l'avoir vu naître, en particulier Chios, Smyrne, Kymè et Colophon. L'époque où il aurait vécu est aussi flottante, et varie entre celle de la guerre de Troie, vers 1200 av. J.-C., et celle de Gygès, roi de Lydie, cinq siècles plus tard, même si la tradition la plus répandue la situe au VIIIe siècle av. J.-C. Pour certains, il était le fils de la muse Calliope, pour d'autres celui d'une obscure jeune fille victime d'un viol. Après avoir été recueilli par l'aède Phémios, il aurait mené une vie itinérante, qui l'aurait même conduit jusqu'en Espagne. Frappé de cécité, ce qui lui vaut son nom (Homère signifie l' « Aveugle » en dialecte éolien), il voit ce qui est invisible pour les autres hommes. La légende le fait mourir à Ios, une île des Cyclades, désespéré de n'avoir pas trouvé la réponse à une énigme posée par de jeunes pêcheurs.

L'auteur de *l'Iliade* et de *l'Odyssée* ?

Les deux épopées attribuées à Homère relatent les aventures de héros grecs. *L'Iliade* est centrée sur la colère d'Achille et ses conséquences funestes pendant la guerre de Troie, alors que *l'Odyssée* raconte les tribulations d'Ulysse, pendant son retour à Ithaque après la guerre de Troie. Enfin rentré chez lui, il doit encore éliminer les prétendants à la main de sa femme, Pénélope. Une question cruciale a retenu l'attention des historiens : un seul auteur a-t-il composé les deux œuvres ? Des études stylistiques semblent prouver le contraire, et soulignent des différences de vocabulaire. En outre, la part du merveilleux est bien plus importante dans *l'Odyssée*. Mais les tenants d'un auteur unique soulignent des similitudes dans la structure, avec l'utilisation de formules stéréotypées, les « épithètes homériques ». Ainsi, Ulysse est toujours « aux mille ruses », Achille « aux pieds rapides ». Certains ont même été jusqu'à nier l'existence d'un seul auteur pour chaque épopée. Toutes deux ne seraient qu'une compilation tardive de poèmes qui se transmettaient jusque-là oralement.

Le monde homérique

Le monde d'Homère ne reflète pas une réalité historique précise ni une époque déterminée. Il se caractérise par la combinaison d'éléments divers, qui vont des temps mycéniens jusqu'au VIIIe siècle av. J.-C., sans que ce mélange obéisse à un souci de rigueur historique. Ainsi, dans *l'Iliade*, les héros utilisent des chars, mais seulement pour se rendre sur le lieu de la bataille et en repartir. Ils s'affrontent ensuite à pied, en combat singulier. Il semble ici que l'aède ait tenté d'insérer un souvenir du monde mycénien, où de véritables batailles de chars avaient lieu, mais sans se préoccuper de l'usage militaire qui en était fait. Si les

◄ Attaché au mât de son navire, Ulysse tente de résister à l'appel des sirènes. Il n'est guère d'épisodes de *l'Odyssée* qui ne soient encore aujourd'hui connus de tous. Mosaïque découverte à Dougga (Tunis). Musée du Bardo.

vers -800

L'Iliade et *l'Odyssée*

Attribués à un poète aveugle, Homère, les deux textes marquent la naissance de l'épopée occidentale.

armes des héros sont le plus souvent en bronze, Homère mentionne également de nombreux outils en fer, alors que ce métal était encore très rare à l'époque mycénienne. Il ne faut donc pas rechercher une véritable cohérence historique dans la description de ce monde épique.

Des œuvres fondatrices de la littérature grecque

Dès le VIe siècle av. J.-C., le texte des deux épopées est fixé et elles sont récitées durant la grande fête des Panathénées à Athènes. À cette époque, et même sans doute plus tôt, l'œuvre d'Homère est au centre de l'éducation grecque, et les enfants y apprennent à lire. Tous les Grecs sont imprégnés par *l'Iliade* et *l'Odyssée*, et certains se vantent même d'en connaître par cœur les quelque 27 000 vers. La tragédie grecque en reprend les héros, comme l'*Agamemnon* d'Eschyle, qui raconte l'assassinat du roi par son épouse Clytemnestre à son retour de Troie, ou l'*Hécube* d'Euripide, dont le personnage principal est la vieille reine de Troie, déchue et prisonnière, qui assiste au meurtre de ses enfants. Alexandre le Grand adopte *l'Iliade* comme livre de chevet et la considère comme un exemple de valeur guerrière. Cette place centrale dans la culture hellénique a suscité pourtant des critiques. Ainsi, le philosophe Platon reproche au poète son immoralité et son impiété, et l'accuse de détourner ses lecteurs de la recherche de la vérité.

► **Sophocle** / 468 av. J.-C.
► **Platon** / 387 av. J.-C.

La guerre de Troie a-t-elle eu lieu ?

À la fin du XIXe siècle, Heinrich Schliemann, un riche négociant allemand fasciné par l'épopée homérique, décide d'en prouver la réalité historique. En 1870, il entame des fouilles sur la colline d'Hissarlik, en Turquie, où selon certaines sources antiques se serait trouvée Troie. Il y découvre de riches tombes, qu'il pense être celles du roi Priam et de sa famille, mais elles datent en fait des années 2300-2200, soit un millénaire avant la date présumée de la guerre de Troie. Quelques années plus tard, Schliemann découvre à Mycènes de riches tombes, qui recèlent des masques mortuaires en or. Il pense d'abord avoir découvert la sépulture d'Agamemnon, mais doit admettre que ces tombes sont, elles aussi, antérieures à la guerre de Troie.

▲ Témoignage de la grande vogue des récits homériques dans l'Antiquité, ce cratère de bronze décoré de l'épisode du cheval de Troie dans lequel les Grecs se sont dissimulés pour entrer dans Troie.

CHRONOLOGIE

Début de la céramique de style géométrique en Grèce.	vers 900 av. J.-C.
Fondation de Carthage.	vers 814
Composition de ***l'Iliade*** et de ***l'Odyssée*** ; installation des Étrusques en Toscane.	vers 800
Création des jeux Olympiques.	776
Début de la céramique géométrique récente.	vers 775
Fondation de Rome.	753
Fondation de Cumes, en Campanie ; les Grecs adoptent l'alphabet phénicien.	vers 750
Naissance du poète Hésiode.	vers 740
Les Spartiates envahissent la Messénie.	vers 735
Fondation de Syracuse.	734
Début de l'art orientalisant en Grèce.	730
Colonisation de la Chalcidique par les Grecs.	vers 700
Gygès fonde la dynastie des Mermnades en Lydie.	vers 687
Constitution de Lycurgue à Sparte.	vers 675
Fondation de Byzance.	vers 660
Législation de Dracon à Athènes.	vers 621
Le tyran Clisthène de Sicyone interdit la récitation des poèmes homériques.	vers 600

Romulus et Remus

Un récit légendaire attribue la fondation de Rome à deux jumeaux, Romulus et Remus, allaités par une louve. Bien que de vives critiques lui aient dénié tout fonds historique, d'autres sources sont venues confirmer certaines de ses assertions.

La légende des jumeaux

Selon la légende, la ville de Rome fut fondée le 21 avril 753 av. J.-C. par deux jumeaux, Romulus et Remus, fils du dieu Mars et d'une jeune fille, Rhea Silvia. Cette dernière était la fille de Numitor, roi d'Albe la Longue (Latium), qui avait été détrôné par son frère cadet, Amulius. Par leur mère, Romulus et Remus descendaient d'Énée, le héros troyen, fils d'Anchise et de Vénus, la déesse de la Beauté. Afin d'éviter que des descendants de son frère ne viennent un jour lui réclamer le trône usurpé, Amulius contraint sa nièce à devenir une vestale, prêtresse consacrée à Vesta, la déesse du Foyer domestique. Vouées à la chasteté, les Vestales encouraient la mort si elles rompaient leurs vœux ou laissaient s'éteindre le feu sacré. Or Rhea Silvia est séduite par Mars, le dieu de la Guerre, qui lui apparaît sous les traits d'un beau jeune homme. Enceinte, elle est condamnée à être emmurée vivante. Sauvée par sa cousine, elle accouche de jumeaux, qu'Amulius fait abandonner sur la rive du Tibre afin qu'ils y soient dévorés par les bêtes sauvages. Mais, allaités par une louve, à l'ombre du

▼ Deux enfants élevés par une louve sont à l'origine d'une ville qui devait jouer dans l'histoire du monde un rôle unique. Romulus et Remus, détail de l'*Allégorie du Bon Gouvernement* de Lorenzetti (1337-1339).

-753

Fondation de Rome

La légende raconte que Romulus traça, le 21 avril de cette année, le sillon délimitant l'enceinte de la future cité.

Le site de Rome

Le site où fut fondée Rome présentait de multiples avantages. Si le Tibre est sujet à des inondations violentes et imprévisibles, il constitue néanmoins une voie navigable qui relie la plaine du Latium à la mer. Sur la rive gauche du fleuve, lieu du premier noyau urbain, l'érosion a découpé dans le tuf volcanique des collines, parmi lesquelles le Capitole et le Palatin, qui jouèrent un rôle fondamental dès les débuts de Rome : en cas de danger, celles-ci offrent des endroits où se réfugier. Entre les deux collines se situe une vallée marécageuse, qui deviendra le Forum, centre politique de Rome. Mais l'importance stratégique de ce site vient avant tout de ce qu'il se situe au point de croisement du Tibre et d'une importante route continentale, qui reliait l'Étrurie, au nord, et la Campanie, au sud, en passant par le pont Sublicius. Ce dernier, le plus ancien de Rome, construit en aval de l'île Tibérine, revêtait un caractère sacré. Il était entièrement en bois, et aucun instrument de métal ne devait être utilisé pour le réparer.

▲ Protectrices du feu sacré qu'elles entretenaient, les vestales, au nombre de dix, vénéraient Vesta, déesse du foyer, durant les trente années de leur sacerdoce. Gravure du XIXe siècle.

figuier Ruminal, et recueillis par un porcher, Faustulus, et sa femme Acca Laurentia, ils parviennent à survivre. Devenus des jeunes gens robustes, ils s'opposent aux brigands de la région. Accusé à tort d'avoir volé les troupeaux de Numitor, Remus est conduit devant ce dernier, qui découvre, en l'interrogeant, que lui et son frère sont ses petits-fils. Peu après, les jumeaux organisent une rébellion, tuent Amulius et rétablissent sur le trône d'Albe leur grand-père. Mais ils décident d'aller fonder leur propre cité, à l'endroit même où ils avaient été abandonnés.

La fondation de Rome

Les deux frères commencent bientôt à se quereller, afin de savoir lequel d'entre eux sera le fondateur officiel de la ville. Ils décident alors de prendre les augures en observant le vol des oiseaux. Installé sur la colline du Palatin, Romulus voit passer douze vautours, alors que Remus, sur l'Aventin, n'en aperçoit que six. Le 21 avril, jour de la fête des Parilia, en l'honneur de la déesse Palès, protectrice des troupeaux, Romulus commence à tracer un sillon avec une charrue, selon les rites étrusques, pour délimiter l'enceinte sacrée de la nouvelle ville *(Roma quadrata)*. Furieux, Remus se moque de son frère en sautant des deux côtés du tracé. Une bataille éclate entre les deux jumeaux et leurs partisans, au cours de laquelle Remus est tué, de la main même de Romulus. Déclarant « Ainsi périsse quiconque osera jamais offenser Rome ! », celui-ci enterre néanmoins son frère avec tous les honneurs. Afin de peupler la nouvelle ville, il accueille les esclaves fugitifs et les hors-la-loi. Mais il se retrouve bientôt à la tête d'une communauté entièrement masculine et peu recommandable, à laquelle les habitants des villes voisines refusent de donner en mariage leurs filles. Aussi, Romulus recourt à la ruse pour se procurer des épouses : invitant à une

▲ *Romulus et Remus recueillis par Faustulus et sa femme Acca Laurentia* (tableau de Pietro da Cortona architecte et peintre italien du XVIIe siècle).

CHRONOLOGIE

Fondation de Carthage.	**vers 814 av. J.-C.**
Composition de *l'Iliade* et de *l'Odyssée*. Installation des Étrusques en Toscane.	**vers 800**
Premiers établissements sur le mont Palatin.	**VIIIe siècle**
Fondation des jeux Olympiques.	**776**
Début de la céramique géométrique récente.	**vers 775**
Fondation de Rome.	**753**
Fondation de Cumes, en Campanie. Les Grecs adoptent l'alphabet phénicien.	**vers 750**
Trois rois sabins se succèdent à la tête de Rome.	**715-616**
Tarquin l'Ancien est le premier roi étrusque de Rome.	**616-578**
Servius Tullius, second roi étrusque, donne à Rome une Constitution.	**578-534**
Chute de la royauté.	**509**

▲ *L'Enlèvement des Sabines*, tableau de J. L. David (1799). Cet épisode capital de la fondation de Rome a pour fonction d'expliquer comment les peuples du Latium ont su se mêler pour donner naissance à un seul et même peuple.

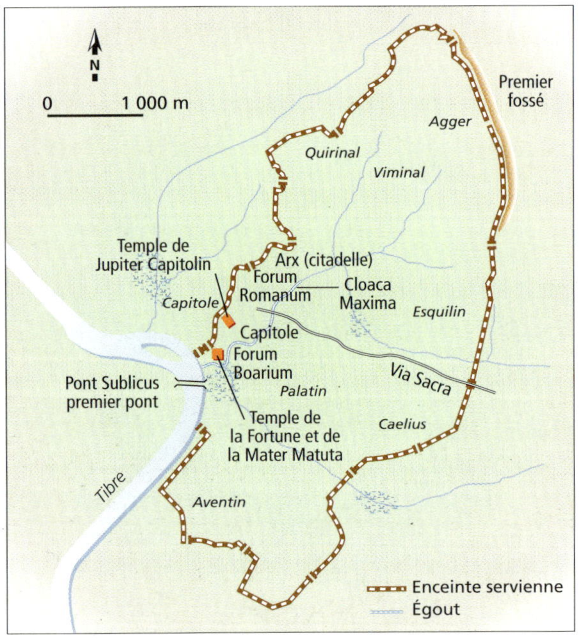

▲ Plan de la Rome royale.

grande fête les Sabins, peuple voisin, il ordonne à ses hommes d'enlever leurs femmes, les Sabines, qui finissent par épouser leurs ravisseurs. Mais, revenus en force sous le commandement de leur roi Titus Tatius, les Sabins entament le combat contre les Romains, combat interrompu par les Sabines qui ne veulent pas que leurs époux et pères s'entretuent. Au terme d'un traité, les deux peuples fusionnent et les deux rois partagent le pouvoir.

Après un règne de quarante ans, Romulus disparaît mystérieusement, au milieu d'une nuée. Il reçoit un culte, et est assimilé au dieu sabin Quirinus.

La formation de la légende

S'il est impossible de dater précisément l'apparition de la légende qui relate la fondation de Rome, nous savons néanmoins qu'elle existait déjà au IIIe siècle av. J.-C. En effet, un groupe statuaire en bronze de la louve allaitant Romulus et Remus fut dédié en 296 par Quintus et Cnaeus Ogulnius, deux magistrats d'origine étrusque. Des didrachmes, monnaies romaines, frappés en 269 portent la même scène sur leur revers. Quant à la première mention connue du nom de Romulus, on la trouve au IVe siècle, chez Alkimos, un disciple de Platon, mais celui-ci en fait le fils d'Énée et d'une Étrusque, Tyrrhénia. Cette légende de fondation, avec ses différentes variantes, nous a été transmise par des auteurs qui ont écrit plusieurs siècles plus tard, comme Tite-Live et Denys d'Halicarnasse, deux historiens de l'époque augustéenne. Ils manquaient totalement d'écrits contemporains de cette période, car l'incendie de Rome par Brennus et ses Gaulois, en 390, avait détruit presque tous les documents, publics ou privés, qui pouvaient subsister. Aussi ont-ils été longtemps critiqués, et, dans une perspective hypercritique, de nombreux historiens du XIXe siècle leur ont même dénié la moindre valeur. Des découvertes récentes ont cependant conduit à revaloriser leur témoignage.

La Louve du Capitole

La plus célèbre représentation de la louve romaine est sans nul doute une statue actuellement conservée au musée du palais des Conservateurs, à Rome, et qui vient de faire l'objet d'une restauration. La statue de la louve elle-même, d'origine étrusque, date du Ve siècle, et ne doit donc pas être identifiée avec celle que les frères Olgunii avaient dédiée en 296 av. J.-C. Les figures de Romulus et de Remus sont l'œuvre d'un artiste inconnu de la Renaissance, et ont sans doute été ajoutées vers 1471.

▲ La Louve, bronze étrusque (Ve siècle av. J. -C.).

L'apport de l'archéologie

Les données archéologiques permettent ainsi de nuancer et parfois de confirmer la légende. Ainsi des fouilles sur le Palatin ont dégagé en 1948 les restes de trois cabanes, proches de l'endroit où était censée se situer la maison de Romulus *(casa Romuli)*, à l'angle sud-ouest de la colline. Il s'agit de cabanes oblongues, dont le fond était taillé dans le tuf de la colline. Des trous indiquent l'emplacement des poteaux qui soutenaient le toit. D'autre part, des tessons de céramique datant du milieu du VIIIe siècle ont été dégagés sur le Palatin, ce qui correspond à la date légendaire de la fondation de Rome. Cette forme de maison, de type rectangulaire ou ovale, se retrouve dans des urnes-cabanes en terre cuite, découvertes dans des tombes de la même époque, et qui contenaient des cendres. D'autres fouilles, menées en 1985 au pied du Palatin, sur le Forum, ont permis de dégager les traces de trois murs successifs, dont le plus récent est daté des années 550-530. Au-dessous de ces murs fut découvert un mur encore plus ancien, dont les fondations de tuf reposaient sur la terre vierge. Dans ces fondations, on a retrouvé des fragments de vases et de fibules (broches) qui permettent de dater ce mur des années 730-720. Quinze mètres en amont avait été édifiée une palissade de bois, dont l'existence est attestée seulement par l'empreinte des pieux qui la constituaient. Ces différentes découvertes ont confirmé que la colline du Palatin a bien été le berceau de Rome, et qu'elle fut très tôt protégée par une enceinte. La dépression du Forum, marécageuse, était utilisée comme nécropole.

Rome, une fondation étrusque

Au VIIIe siècle, le peuplement humain de Rome, qui s'apparente alors plus à un ensemble de villages qu'à une vraie ville, reste assez lâche. Celle-ci n'est réellement fondée qu'au VIe siècle, comme le prouvent les vestiges, encore apparents par endroits, d'une enceinte construite en blocs de *cappellaccio* (tuf granulaire friable), qui était destinée à protéger la cité, selon les coutumes étrusques. Or, selon les sources littéraires, la plus ancienne muraille urbaine aurait été édifiée sous le règne de Servius Tullius (578-534), l'avant-dernier roi étrusque de Rome. Originaires de l'actuelle Toscane, les Étrusques se sont en effet implantés à l'époque sur ce site d'un réel intérêt stratégique. On leur doit l'assèchement de la zone insalubre de la vallée du Forum et la construction du grand égout, la *Cloaca maxima*. Beaucoup d'éléments tendent à confirmer l'importance de leur influence, surtout sensible dans le domaine religieux. Ainsi, les rites de fondation qu'aurait accomplis Romulus sont ceux qu'impose la religion étrusque, en particulier l'observation du vol des oiseaux et le tracé d'un sillon qui délimite le *pomoerium*, zone sacrée à l'intérieur de laquelle il est interdit d'inhumer les morts. L'haruspicine, examen des entrailles des victimes, grâce à laquelle il est possible de prédire l'avenir, est directement héritée de la religion étrusque. En outre, le mot latin pour désigner une ville, *urbs*, est sans doute d'origine étrusque. On pourrait ainsi multiplier les exemples à l'infini. Mais l'histoire romaine, par orgueil patriotique, a refusé de conserver le souvenir d'une ville fondée par des étrangers. Ainsi s'explique la réécriture de l'histoire par la légende, faisant de Rome une ville unifiée avant l'arrivée des Étrusques.

▶ **Virgile** / 19 av. J.-C.

L'anniversaire de la fondation de Rome

Le jour anniversaire *(dies natalis)* de la fondation de la ville de Rome était traditionnellement fixé le 21 avril, mais il ne devient une fête importante que tardivement, au IIe siècle apr. J.-C. C'est l'empereur Hadrien qui, pour la première fois, fait célébrer solennellement cet anniversaire en 121, et, sans doute la même année, décide de mettre en chantier la construction du temple de Vénus et de Rome, qui s'élèvera sur le Forum. Ce sanctuaire est destiné à symboliser l'union de la ville et de la déesse qui porte son nom. Le millénaire de Rome, en 248, est l'occasion pour l'empereur Philippe l'Arabe d'offrir aux Romains une cérémonie d'un éclat particulier. Les fêtes durent trois jours et trois nuits, au cours desquels ont lieu des chasses *(venationes)* spectaculaires au Cirque. De nombreux animaux exotiques y sont exhibés, en particulier des éléphants et des hippopotames, afin de symboliser l'étendue de la domination romaine. Ces cérémonies ont également pour fonction de régénérer la Ville et l'Empire pour un nouveau cycle de mille ans.

▼ Vestiges du Forum romain. Sans cesse remanié tout au long de l'histoire de la cité, le Forum en était le centre à la fois religieux, politique et administratif.

ASSOURBANIPAL

Le règne d'Assourbanipal a certes vu de sanglantes répressions infligées à ses ennemis vaincus, mais ce roi volontiers cruel et inflexible a aussi porté à son apogée la civilisation assyrienne et a été le créateur d'une bibliothèque exceptionnelle.

LES SARGONIDES

La dynastie formée par les descendants de Sargon II a gouverné l'Assyrie pendant près d'un siècle (704-609 av. J.-C.). Après les règnes de Sennachérib (704-681) et d'Assarhaddon (681-669), Assourbanipal accède au trône sans connaître de contestation. En effet, son père, se souvenant de la grave crise qui avait marqué sa propre accession au trône, prépare sa succession en proclamant Assourbanipal prince héritier dès mai 672 avant notre ère, et un autre de ses fils, Shamash-Shoum-Oukin, roi de Babylone ; il fait prêter à tous les Assyriens un serment de fidélité au futur roi. Le jeune souverain hérite d'un royaume prospère, en pleine croissance, qui s'étend sur tout le Croissant fertile, une partie de l'Anatolie et de l'Iran, mais aussi agité par de nombreuses révoltes, soutenues par deux peuples voisins, les Égyptiens et les Élamites.

◄ Prince lettré, soldat de valeur, Assourbanipal a été le dernier grand souverain à régner sur l'Assyrie et donna naissance à la figure légendaire de Sardanapale.

LA DÉLICATE REPRISE EN MAIN DE L'ÉGYPTE

L'Égypte représentait un ennemi dangereux pour l'Assyrie, même si elle ne l'attaquait pas frontalement. Aussi les Sargonides avaient-ils pour ambition de la conquérir : c'est ce que tente Assarhaddon lors d'une grande expédition en 671, mais il se heurte à une vive résistance du pharaon Taharka. Assourbanipal tente d'achever le dessein de son père et met sur pied en Égypte une imposante armée. Avant même de pouvoir lancer une offensive sur la Haute-Égypte, il doit faire face à une révolte des rois de Basse-Égypte, et, au lieu de châtier ceux-ci, tente de les rallier, avec un certain succès, en particulier auprès de Néchao, roi de Saïs. En 664, nouvelle alerte : Tanoutamon, le fils de Taharka, s'empare sans coup férir de Thèbes et de Memphis ; alors l'armée assyrienne marche sur Thèbes et la pille, emportant un lourd butin. Désormais l'Assyrie contrôle toute l'Égypte, en s'appuyant sur le fils de Néchao, Psammétique Ier.

LES DANGERS À L'EST

Ces succès ne signifient pas pour autant une période de paix. En effet, Assourbanipal doit faire face à d'autres dangers. Si son père avait désigné Shamash-Shoum-Oukin comme roi de Babylone, c'était avec le dessein de donner une certaine autonomie aux Babyloniens, et donc de les calmer. Mais le nouveau souverain, après seize ans de loyauté, tente d'organiser une coalition contre son frère, regroupant entre autres les Phéniciens, les Chaldéens et les Élamites. Après trois ans de guerre, Assourbanipal s'empare de Babylone et la détruit en 648, tandis que Shamash-Shoum-Oukin périt dans l'incendie de son palais.

Des luttes à répétition sont également menées contre les rois d'Élam, Urtaki, puis son successeur Teumman, qui est vaincu à Tulliz, et dont la tête est pendue à un arbre du jardin du palais royal. Durant la révolte orchestrée par Shamash-Shoum-Oukin, les princes élamites le suivent, mais ils ne savent pas mettre fin à leurs dissensions et ne parviennent pas à s'unir contre l'Assyrie ; l'année 647 voit la destruction de leur capitale, Suse, dont la ziggourat, un temple en forme de pyramide, est détruite. Les jardins sacrés sont rasés, les dieux emmenés en captivité et, suprême injure, les cendres des souverains sont dispersées dans le désert ! En ruinant de la sorte la cité rivale, Assourbanipal atteint au sommet de sa puissance.

Un triomphe fragile

Toutes ces victoires sont célébrées par de nombreux bas-reliefs qui ornent le palais d'Assourbanipal, tel celui représentant la déportation des Élamites après le sac de Suse. Mais ce triomphe apparent est en réalité bien fragile, et menacé par de nouveaux dangers. Le territoire dominé par les Assyriens a diminué, en raison de la perte de l'Égypte, après la révolte de Psammétique Ier en 653 av. J.-C., à laquelle ils n'ont pu riposter, empêtrés dans les guerres contre l'Élam et Babylone. L'armée est épuisée par des campagnes incessantes, et la menace que représentent les tribus de nomades scythes et cimmériens, endémique depuis le début du VIIe siècle, devient préoccupante. Mais Assourbanipal refuse de prêter l'oreille aux avertissements de Gygès, roi de Lydie, qui périt en combattant les Cimmériens. Plus grave, un puissant royaume se construit au même moment, celui des Mèdes, qui occupent le plateau iranien, et que Cyaxare réussit à fédérer sous son autorité ; ce sont eux qui causeront la perte de l'Assyrie, moins de vingt ans après la mort d'Assourbanipal.

La bibliothèque de Ninive

En 1852, l'archéologue Hormuz Rassam découvre, dans le palais d'Assourbanipal à Ninive, des milliers de tablettes d'argile couvertes d'écriture cunéiforme. Il ne s'agissait pas seulement de documents d'archives, mais aussi, dans une large majorité, de textes religieux, dont de nombreux traités de divination, d'exorcisme et d'incantation, ainsi que des textes littéraires (récits de mythes et de légendes). Assourbanipal profita d'ailleurs de son expédition contre Babylone pour enrichir sa bibliothèque des œuvres qui l'intéressaient, en incitant leurs propriétaires à des dons plus ou moins forcés. Les tablettes étaient rangées par sujets, sur des planches, et soigneusement numérotées quand elles faisaient partie d'une série.

▲ Dictionnaire des synonymes gravé sur une tablette d'argile. Miraculeusement conservée, la bibliothèque de Ninive a légué des témoignages uniques sur la civilisation assyrienne.

◄ Soldats assyriens, bas-relief du palais royal de Ninive.

-647

Prise et destruction de Suse

Assourbanipal écrase l'Élam, pillant sa capitale, déportant de nombreux Élamites et emportant les statues de leurs dieux.

CHRONOLOGIE ◄

Assourbanipal est proclamé prince héritier.	**672 av. J.-C.**
Expédition d'Assarhaddon contre l'Égypte.	**671**
Début du règne d'Assourbanipal. La statue du dieu Mardouk est ramenée à Babylone.	**668**
Expédition de Tanoutamon, fils du pharaon Taharka, qui reprend Thèbes et Memphis. Arrivée au pouvoir de Psammétique Ier, fondateur de la XXVIe dynastie.	**664**
Prise et pillage par les Assyriens de Thèbes et de Memphis.	**663**
Les Grecs entrent en contact avec l'Égypte.	**vers 663**
Prise de Tyr.	**662**
Fondation de Byzance.	**vers 660**
Révolte de Psammétique Ier.	**653**
Arrivée au pouvoir de Cyaxare en Médie.	**vers 653**
Attaque des Cimmériens contre Gygès, roi de Lydie ; révolte de Shamash-Shoum-Oukin à Babylone.	**652**
Prise de Babylone et mort de Shamash-Shoum-Oukin.	**648**
Prise et destruction de Suse.	**647**
Mort d'Assourbanipal. Avènement de Nabopolassar ; fondation de la dynastie chaldéenne à Babylone.	**627**

Nabuchodonosor

Nabuchodonosor II est le plus prestigieux des rois de l'Empire néobabylonien. En guerre contre le royaume de Juda, il prit et détruisit Jérusalem et son Temple, puis, embellissant Babylone, en fit une capitale à sa mesure.

La revendication de l'héritage assyrien

Nabuchodonosor II est le fils de Nabopolassar, premier roi de l'Empire néobabylonien. Originaire de la Chaldée, au sud de la Mésopotamie, ce dernier a profité des troubles lors de la succession d'Assourbanipal pour s'emparer de Babylone en 626 et détruire peu à peu l'Empire assyrien. Projetant ensuite de récupérer les anciennes possessions assyriennes de Syrie et de Palestine, il se heurte aux ambitions du pharaon Néchao. Chargé de la campagne, Nabuchodonosor écrase l'armée égyptienne en 605, à Karkemish, localité qui commande la route pour la Palestine et l'Égypte. Par cette victoire éclatante, la Syrie et une grande partie de la Palestine passent automatiquement sous la suprématie de Babylone, puisque Néchao, qui s'était réfugié en hâte à l'intérieur de ses frontières, n'en sortira jamais plus.

Apprenant la mort de son père, Nabuchodonosor retourne aussitôt à Babylone pour ceindre la couronne. Après avoir affermi son pouvoir, le nouveau souverain revient, dès 601, vers la Syrie et la Palestine, et obtient des princes de ces régions qu'ils reconnaissent sa suprématie. Parmi ces derniers se trouve sans doute Joiaqim, roi de Juda, qui devient ainsi le vassal de Nabuchodonosor.

La fin du royaume de Juda

Les relations entre les deux souverains se dégradent rapidement et Joiaqim se révolte ouvertement contre Nabuchodonosor trois ans plus tard. Craignant la propagation de la révolte, pourtant non soutenue par le pharaon, le Babylonien décide de réagir rapidement. Aussi, quand Nabuchodonosor arrive devant Jérusalem, le nouveau roi, Joiaqin, qui venait de succéder à son père, se rend presque aussitôt. Il est expédié en captivité à Babylone, où il restera prisonnier trente-sept ans. De nombreux notables et ouvriers, ainsi que le prophète Ézéchiel, sont déportés avec lui. Le nouveau roi de Juda, Sédécias, faible et indécis, finit par se rallier à la coalition autour de l'Égypte, malgré les objurgations de Jérémie. Quand il apprend la nouvelle, Nabuchodonosor lance ses troupes contre le royaume de Juda, et met le siège devant Jérusalem : nous sommes en décembre 588. La contre-offensive du pharaon Hophra n'apporte qu'un court répit : après une grave défaite, il rentre

▼ Selon la légende, illustrée par ce tableau, les jardins suspendus de Babylone furent construits à la demande de Sémiramis. Mais cette reine n'a jamais existé et les jardins furent en fait l'œuvre de Nabuchodonosor.

▲ Des lions de terre cuite émaillée ornaient les vingt kilomètres de murailles qui protégeaient Babylone. La capitale de Nabuchodonosor était alors la plus puissante cité d'Orient.

vers -587

Chute de Jérusalem

Après un long siège, Jérusalem tombe aux mains de Nabuchodonosor, qui ordonne de piller la ville et de l'incendier. Le Temple est détruit et la population déportée à Babylone.

en Égypte, abandonnant ses alliés à leur triste sort. Finalement, après dix-huit mois de siège, Jérusalem s'incline, ravagée par la famine et les épidémies. Sédécias réussit à s'enfuir, mais il est repris près de Jéricho et subit un châtiment terrible : Nabuchodonosor fait égorger devant lui tous ses enfants, puis lui fait crever les yeux, et l'envoie enchaîné à Babylone où il mourra. Avec lui s'éteint le dernier roi de la dynastie de David. Jérusalem est dépouillée et incendiée, et sa population déportée.

La restauration intérieure

Malgré ces campagnes incessantes, Nabuchodonosor se préoccupe aussi de restaurer son royaume. Ainsi, s'il s'intéresse particulièrement aux sanctuaires, c'est par piété, mais également afin de favoriser le développement économique, les temples contrôlant la production et les revenus de vastes territoires qu'ils administrent directement. Toutefois, le roi prodigue surtout ses soins à Babylone, dont il veut faire une capitale digne de sa gloire. La ville, qui s'étend sur les deux rives de l'Euphrate, est protégée par une double muraille et un canal. Parmi les huit portes qui en commandent l'accès, la plus célèbre est celle d'Ishtar, au nord, ornée de taureaux, de dragons et de lions jaunes et bleus, qui se détachent sur un fond de briques émaillées bleues. Les célèbres jardins suspendus qui s'étendent au nord-est sont alors considérés comme l'une des Sept Merveilles du monde. De nombreux sanctuaires dédiés aux divinités du panthéon babylonien sont élevés, parmi lesquels l'Esagila, sans doute le plus éclatant : consacré à Mardouk, il est associé à une ziggourat, tour haute d'une centaine de mètres. Mais cet éclat ne masque pas entièrement une certaine instabilité, que laisse deviner par exemple la hâte avec laquelle Nabuchodonosor rentre à Babylone à la nouvelle du décès de son père. D'ailleurs, après sa propre mort, en 562, l'Empire babylonien connaît un rapide déclin. Son fils Awel-Mardouk est éliminé dès 560, après seulement deux ans de règne, par son beau-frère, le général Nériglissar. Vingt ans plus tard, en 539, le roi de Perse Cyrus s'empare de Babylone.

▶ **David** / vers 1005 av. J.-C.
▶ **Assourbanipal** / 647 av. J.-C.

JÉRÉMIE

Le prophète

Jérémie naît dans une famille sacerdotale d'Anatoth, près de Jérusalem. Dès 627, il se fait remarquer par des oracles menaçants. Il met ses compatriotes en garde et prédit la chute de Jérusalem et la destruction du Temple. Seul le repentir du peuple pourrait écarter d'eux le châtiment divin. Après la première déportation à Babylone, Jérémie déambule dans les rues avec un joug sur le cou, pour montrer que la domination de Nabuchodonosor continuera à s'exercer sur le royaume de Juda. Lors du siège de Jérusalem, Sédécias le fait jeter en prison, puis dans une citerne boueuse en compagnie d'un chien, mais le prophète ne se tait pas pour autant, et continue à affirmer que la destruction du royaume est imminente. Après la chute de la ville, Jérémie est traité avec respect par les Chaldéens – autre nom des Babyloniens – qui l'autorisent à rester sur place.

CHRONOLOGIE

Avènement de Nabopolassar à Babylone	**626 av. J.-C.**
Alliance de Nabopolassar et des Mèdes.	**614**
Les Mèdes et les Babyloniens prennent et détruisent Ninive.	**612**
Mort du pharaon Psammétique Ier. Son fils Néchao détrône Josias de Juda.	**609**
Victoire de Nabuchodonosor sur Néchao à Karkemish.	**605**
Mort de Nabopolassar et avènement de Nabuchodonosor II.	**604**
Avènement de Cambyse Ier, roi des Perses.	**600**
Siège et prise de Jérusalem.	**598**
Chute de Jérusalem. Déportation des Juifs à Babylone. Annexion du royaume de Juda.	**vers 587**
Nabuchodonosor s'empare de Tyr après dix ans de siège.	**573**
Avènement d'Amasis en Égypte.	**568**
Mort de Nabuchodonosor. Avènement d'Awel-Mardouk.	**562**
Mort de Cambyse Ier. Cyrus II devient roi des Perses.	**559**
Avènement de Nabonide, dernier roi de Babylone.	**556**

Crésus

Devenu légendaire par ses richesses, le roi Crésus a, sous son règne, mené la Lydie au sommet de sa puissance. Le premier, il fait frapper des monnaies d'or. Mais ses ambitions se heurtent à celles du roi perse Cyrus, et leur affrontement entraîne la perte de Crésus.

◄ Le roi Crésus sur son bûcher. Amphore grecque attribuée au peintre de Myson (début du Ve siècle av. J.-C.). Après un règne très brillant, Crésus connut une chute brutale, vaincu par Cyrus, le roi des Perses. Condamné au bûcher après sa défaite, il est gracié in extremis par Cyrus.

L'apogée du royaume de Lydie

Ce royaume situé dans la partie occidentale de l'Asie Mineure s'étend de la côte ionienne au fleuve Halys, à l'est, qui, depuis les accords passés en 585 entre le roi Alyatte et le roi mède Astyage, représentait la frontière entre les deux puissances. Il est gouverné depuis 687 par la dynastie des Mermnades, fondée par Gygès, un usurpateur qui assassine le roi Candaule et épouse sa veuve et dont Crésus est le dernier représentant. Fils du roi Alyatte (vers 610-561 av. J.-C.), qui a conquis Smyrne, il élimine son demi-frère Pantaléon pour accéder au trône. Sous son règne, la Lydie atteint l'apogée de sa puissance, et sa capitale, Sardes, devient une ville importante, avec près de 50 000 habitants.

La richesse proverbiale de Crésus lui vient des mines d'or et d'argent lydiennes, même si une légende tenace l'attribue exclusivement à l'or charrié par la rivière nommée le Pactole, qui arrosait Sardes. La monnaie est peut-être une invention lydienne, comme l'affirmait l'historien Hérodote (vers 490-430 av. J.-C.). En effet, les plus anciennes monnaies connues ont été retrouvées sur le site du temple d'Artémis à Éphèse et, parmi elles, nombreuses sont celles qui présentent une tête de lion de profil, symbole royal des souverains de Lydie. Crésus fait aussi frapper les premières monnaies d'or, les criséides, qui portent son nom, et semble avoir réussi à imposer son étalon monétaire, signe de la puissance de son royaume.

Des rapports ambigus avec les Grecs

Désireux d'étendre son royaume, Crésus soumet les cités grecques implantées sur la côte d'Asie Mineure, en commençant par assiéger Éphèse. Certaines doivent lui verser un tribut, d'autres concluent une alliance avec lui. Après avoir soumis les cités de la côte, il équipe une flotte pour attaquer les îles, mais décide de renoncer à ce projet et préfère s'allier avec les Ioniens des îles. Au total, il finit par soumettre l'Anatolie dans son ensemble, à l'exception de la Lycie et de la Cilicie.

Cette politique de conquêtes ne l'empêche pas d'entretenir des relations suivies avec la Grèce continentale, en particulier avec Sparte. Il consacre des offrandes somptueuses à l'oracle de Delphes, dont un grand cratère d'argent avec une soucoupe de fer soudé, et le consulte à plusieurs reprises. Il est vrai que Crésus est très influencé par la culture hellénique, et que, comme la haute société de son royaume, il s'exprime en grec.

À sa cour se rassemblent de nombreux poètes et philosophes. Selon une légende rapportée par l'historien grec Hérodote, il aurait reçu une visite du législateur athénien Solon, auquel il montra avec fierté ses trésors, tout en lui demandant qui était à son avis le plus fortuné des hommes qu'il avait rencontrés. Le sage athénien lui aurait alors cité des noms d'obscurs Grecs décédés, en soulignant qu'il n'était pas possible de qualifier un homme d'heureux avant sa mort. Les événements qui suivirent montrèrent qu'il avait raison.

L'affrontement entre Crésus et Cyrus

Le nouveau roi perse, Cyrus, fils de Cambyse, prend l'initiative des hostilités contre les Mèdes dès 553. Au terme d'une dure campagne, il défait l'armée du roi Astyage et s'empare d'Ecbatane en 550. Cette première conquête change l'équilibre des puissances en Asie Mineure, et préfigure déjà l'affrontement futur entre Cyrus et Crésus. Ce dernier, inquiet de la puissance grandissante des Perses, et désireux d'étendre son royaume à l'est de l'Halys, lance une offensive. Mais Cyrus dispose d'une armée nettement supérieure en nombre, et de machines de siège. Crésus est pourtant confiant : l'oracle de Delphes, qu'il a consulté, lui a répondu que, s'il faisait la guerre aux Perses, il détruirait un grand royaume. Il compte aussi sur le soutien de Sparte et du pharaon Amasis, ses alliés. Après des combats peu décisifs, Cyrus attaque durant l'hiver, par surprise, et contraint le roi de Lydie à se réfugier dans la citadelle de Sardes, réputée inexpugnable. La ville tombe pourtant après quatorze jours de siège, à la suite d'une ruse. Crésus, promis à la mort et déjà attaché sur un bûcher, s'exclame alors : « Ô Solon, Solon ! » Cyrus lui demande de s'expliquer, et comprend alors l'instabilité du destin humain. Aussi laisse-t-il la vie sauve à Crésus, qui finira ses jours en exil, comme conseiller du roi perse, puis de son fils Cambyse II.

Le roi Minos et le Pactole

Selon une légende, Dionysos, dieu du Vin, aurait proposé à Minos, roi de Phrygie, d'exaucer un de ses vœux pour le remercier d'un service qu'il lui avait rendu. Minos demande que tout ce qu'il touche soit changé en or. Il est exaucé, mais le rêve tourne vite au cauchemar : il ne peut plus ni manger ni boire, car chaque aliment devient de l'or pur avant qu'il ne puisse le porter à sa bouche. Affamé et assoiffé, il supplie alors le dieu de lui retirer ce cadeau empoisonné. Dionysos lui enjoint de se baigner dans l'eau du Pactole. Depuis, le sable de ce fleuve charrie des paillettes d'or.

-546

Capitulation de Crésus

Les armées du roi perse Cyrus affrontent celles de Crésus. Assiégée, Sardes doit capituler. C'est la fin du royaume de Lydie.

CHRONOLOGIE

Avènement d'Alyatte, père de Crésus.	**610 av. J.-C.**
Mort du pharaon Psammétique Ier. Son fils Néchao II détrône Josias de Juda.	**609**
Mort de Nabopolassar et avènement de Nabuchodonosor II.	**604**
Fondation de Marseille ; début de la céramique attique à figures noires.	**vers 600**
Avènement de Cambyse Ier, roi des Perses.	**600**
Naissance de Crésus.	**vers 596**
Archontat de Solon à Athènes et abolition des dettes.	**594**
Siège et destruction de Jérusalem et du Temple. Déportation des Juifs à Babylone. Annexion du royaume de Juda.	**588-587**
Avènement de Crésus. Pisistrate s'empare de la tyrannie à Athènes.	**561**
Mort de Cambyse Ier. Cyrus II devient roi des Perses.	**559**
Cyrus lève une armée contre le roi mède Astyage.	**553**
La Médie est soumise. Occupation d'Ecbatane.	**550**
Cyrus envahit l'Asie Mineure et prend Sardes. **Capitulation de Crésus.**	**546**
Cyrus étend son empire vers l'est.	**545-540**
Cyrus envahit la Babylonie.	**540**
Mort de Cyrus. Son fils Cambyse II lui succède.	**530**

PYTHAGORE

Maître d'un ordre à Crotone, en Italie du Sud, Pythagore fut l'un des pères de la philosophie, conçue comme une connaissance totale de l'univers. Il marqua la pensée antique jusqu'à la fin de l'Empire romain.

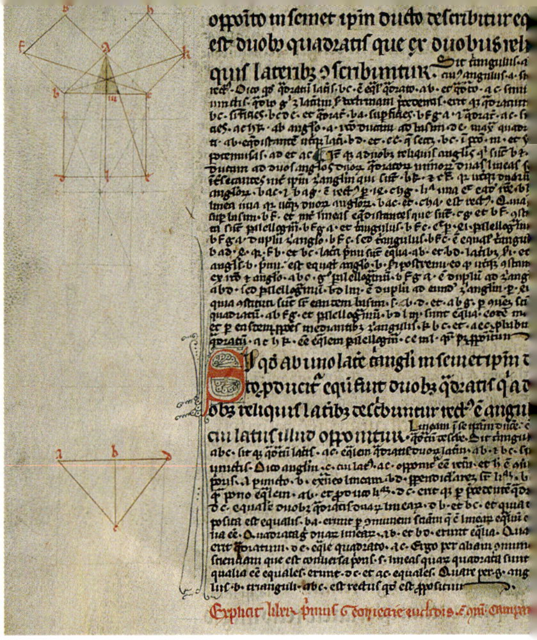

▲ Manuscrit du XIVe siècle exposant, outre les *Éléments* d'Euclide, le théorème de Pythagore qui établit que tout triangle de côtés proportionnels à 3, 4 et 5 est un triangle rectangle.

FONDATION DE L'ORDRE

On sait peu de chose de la vie de Pythagore avant son arrivée à Crotone, en 530 av. J.-C. Né à Samos, une île de la mer Égée, il aurait voyagé en Égypte et en Mésopotamie, s'initiant aux sagesses et aux religions de ces régions. Mais il s'agit sans doute là de légendes, destinées à lui procurer le profil du sage idéal. En revanche, il est bien établi qu'en 530 av. J.-C., en raison de la tyrannie de Polycrate, il émigra à Crotone, colonie grecque d'Italie du Sud. Là, il prêche et convertit sans mal 2 000 personnes. S'adressant à tous, femmes, magistrats, il suscite immédiatement l'enthousiasme. Ses disciples le tiennent pour une incarnation divine, fils d'Apollon ou d'Hermès, lequel lui donna la faculté de se souvenir de ses vies antérieures. Jouant de son magnétisme, Pythagore organise une « hétairie », une communauté de vie et de pensée, plus proche d'un ordre religieux que d'une école philosophique. On y entre au bout d'un noviciat de cinq ans, pendant lequel l'initié, l'« acousmatique », reçoit les leçons du Maître, caché derrière un rideau, et pratique une vie d'austérité. Accepté dans l'association, l'« ésotérique » lui abandonne ses biens et mène une vie communautaire. Vêtus de lin blanc, les ésotériques commencent et terminent leur journée par un examen de conscience. Leur vie ascétique est ponctuée de méditations, d'exercices physiques et de sacrifices religieux.

L'INVENTEUR DE LA PHILOSOPHIE

On prête à Pythagore l'invention du mot « philosophie », mais ce terme désigne chez lui la connaissance totale de l'univers, comparable à une expérience religieuse. Ses idées sont mal connues car les ésotériques sont tenus au secret. En outre, elles nous sont parvenues à travers des biographies, rédigées à l'époque romaine, aux IIe et IIIe siècles apr. J.-C., soit 800 ans après sa mort. On sait cependant que le pythagorisme postule une unité fondamentale de l'univers, qui fait que tous les êtres vivants,

◄ Pythagore voyait dans les nombres la loi de l'univers, si bien qu'on lui doit beaucoup aujourd'hui, tant dans le domaine de la philosophie que dans celui des mathématiques.

y compris les animaux, possèdent une parcelle de divin. Les nombres recèlent les secrets de cet ordre cosmique, origine des nombreux travaux de l'école dans le domaine des mathématiques. Une formule mathématique, la Tétraktys, résume les lois de l'univers. Pythagore croit également en la métempsychose, qui veut que l'âme immortelle puisse se réincarner dans n'importe quelle créature. Afin de la préserver de toute impureté, les pythagoriciens pratiquent un régime alimentaire frugal, marqué par un végétarisme plus ou moins strict. Pythagore déjeune de rayons de miel et dîne d'un pain de mil, de galettes et de légumes. La fève tombe sous le même interdit, parce qu'elle est considérée de même nature que les êtres vivants. Voyant un bœuf brouter un champ de fèves, près de Tarente, Pythagore horrifié arrête l'animal en lui parlant à l'oreille.

Des prolongements politiques

Son enseignement vaut à Pythagore un immense prestige dans toute l'Italie du Sud et des hétairies pythagoriciennes éclosent dans de nombreuses cités de Grande-Grèce. Il se diffuse largement, car des cours sont aussi dispensés à des auditeurs libres, les « exotériques ». Un halo de merveilleux entoure le Maître, auquel sont prêtés des dons d'ubiquité et de prophétie. On raconte ainsi qu'il parle aux fleuves et aux animaux. Un tel rayonnement n'est pas sans implication politique. Estimant que la société doit refléter la structure hiérarchisée de l'univers, Pythagore soutient le parti aristocratique. Il exerce une profonde influence sur le gouvernement de Crotone et, par l'intermédiaire de ses disciples, sur celui de nombreuses cités italiques. En 510, le tyran de Sybaris persécute les aristocrates et massacre les membres de l'hétairie pythagoricienne locale. Crotone intervient et ses troupes, conduites par Milon, le gendre de Pythagore, remportent la victoire. Mais celle-ci est aussitôt source de tensions : alors que les démocrates, menés par Cylon, veulent partager les terres de Sybaris avec les habitants de Crotone, Pythagore préconise de les rendre aux aristocrates sybarites. Cylon déchaîne alors la guerre civile et Pythagore est contraint de s'exiler à Métaponte, où il meurt. Malgré cette défaite, la pensée pythagoricienne va influencer la philosophie jusqu'à la fin de l'Antiquité, les derniers grands penseurs de l'Empire romain se nommant eux-mêmes « néopythagoriciens ».

Les théorèmes de Pythagore

Inspiré par sa théorie philosophique des nombres, Pythagore mena d'intenses recherches en mathématiques. On lui prête la découverte de quantité de théorèmes, mais certains sont dus à ses disciples du Vᵉ siècle. Outre le fameux « théorème de Pythagore » (sur le carré de l'hypothénuse), on doit aux pythagoriciens la première théorie sur les proportions, la classification des nombres, la découverte des nombres irrationnels, la table de multiplication ou le système décimal. Lorsqu'il découvrit son célèbre théorème, Pythagore remercia les dieux en leur sacrifiant un bœuf, mais un bœuf en pâte, par fidélité à ses convictions philosophiques.

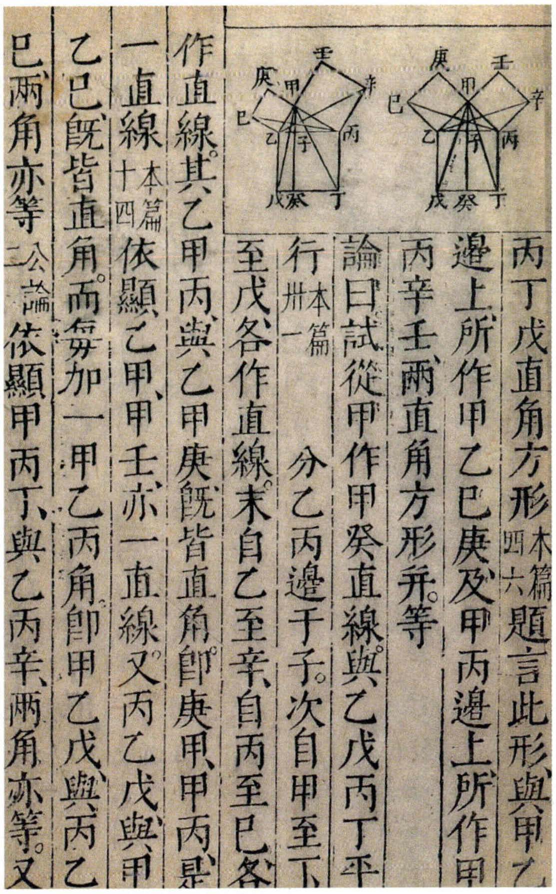

◄ Manuscrit chinois du XVIIᵉ siècle présentant le théorème de Pythagore. La perfection géométrique déduite de ce théorème à partir des nombres entiers explique, selon les disciples du Maître, le principe de toute chose.

vers -530

Pythagore arrive à Crotone

Il y fonde un ordre qui connaîtra un grand succès.

CHRONOLOGIE ◄

Naissance de Pythagore à Samos.	**vers 570 av. J.-C.**
Début de la tyrannie de Pisistrate à Athènes.	**561-560**
Mort du roi de Rome, Servius Tullius, renversé par Tarquin le Superbe.	**535**
Polycrate devient tyran de Samos.	**533**
Pythagore arrive à Crotone.	**vers 530**
Naissance de l'auteur tragique athénien Eschyle.	**vers 526**
Bouddha commence sa prédication.	**525**
Naissance du poète grec Pindare.	**vers 518**
Rédaction du *Tao-tö-king* par Lao-tseu.	**517**
Prise de Samos par les Perses.	**516**
Victoire de Crotone sur Sybaris. Le sort de Sybaris oppose Pythagore aux démocrates et entraîne son départ. Chute des Pisistratides, tyrans d'Athènes.	**510**
Renversement du roi de Rome, Tarquin, et fondation de la République romaine.	**509**
Fondation de la démocratie athénienne par Clisthène.	**508**
Pythagore meurt à Métaponte.	**vers 500**

BOUDDHA

Face à une religion brahmanique sclérosée par le système des castes, le Bouddha a élaboré une morale qui enseigne l'extinction des désirs comme voie vers le salut. Ouverte à tous, prêchant amour et compassion, c'est la première doctrine universaliste.

◄ Bouddha de Syokulam (Corée du Sud). Pour les uns, il est un dieu, pour les autres, un moraliste athée ; son message n'en a pas moins donné naissance à une spiritualité qui connaît aujourd'hui une certaine faveur en Occident.

LE SERMON DE BÉNARÈS : ACTE FONDATEUR DU BOUDDHISME

Un jour de l'année 525 avant notre ère, le parc aux Daims de Bénarès, au nord-est de l'Inde, est le théâtre d'une étrange confrontation. L'ermite Siddharta Gautama, qui parcourt l'Inde depuis cinq ans, rencontre cinq autres ascètes, qui autrefois ont été ses compagnons. Les sages l'accablent de leur mépris : Gautama a abandonné les macérations rituelles qu'il pratiquait autrefois avec eux. L'accusé leur répond par un sermon qui rejette la pratique des austérités comme voie vers le salut. Il leur explique les quatre « Vérités saintes » sur la douleur et la voie qui mène à sa disparition. Le *nirvana*, le bonheur suprême, ne peut être atteint que par l'anéantissement de tout désir et par l'extinction de toute passion. Gautama s'est « éveillé » à cette vérité, quelques mois plus tôt, après 49 jours de méditation passés sous un figuier, à Bodh-Gaya, dans le village d'Uruvilva, au nord de Pataliputra. Il est devenu ainsi un « bouddha », c'est-à-dire un « Éveillé ». À l'écoute du discours, « la poussière et les taches » qui recouvraient les esprits des cinq ascètes tombent : ils se convertissent. Pendant plusieurs jours, le Bouddha leur enseigne la loi, le *dharma*. Pendant que certains écoutent le sage, les autres mendient la nourriture nécessaire à tous. Ainsi est fondée la première communauté de moines bouddhistes.

UNE ORIGINE NOYÉE DANS LA LÉGENDE

Qui est ce sage ? La jeunesse du Bouddha est entourée d'un halo doré de légendes. Son père, Shuddhodana, règne sur le puissant royaume des Shakyas, au nord de Bénarès, à la frontière actuelle de l'Inde et du Népal. Sa conception est annoncée à sa mère, la reine Maya, par le rêve d'un éléphant blanc, signe d'un destin illustre. À sa naissance, la terre tremble, le tonnerre gronde, des jets de lumière fusent jusqu'au bout de la Terre : les dieux manifestent ainsi leur joie. Jaillissant du flanc droit de sa mère, le bébé bondit sur ses pieds et proclame sa grandeur future. Enfant prodige, expert dans les exercices du corps et de l'esprit, le jeune homme gagne sa femme, la belle Yashodhara, à la suite d'un concours de tir à l'arc. Il justifie ainsi son prénom de Siddharta, « Celui qui a atteint son but ». Le jeune couple coule des jours heureux, car Shuddhodana dissimule à son fils les malheurs de ce monde. Mais ses sorties lui révèlent la dure réalité de la condition humaine. Tour à tour, il rencontre un vieillard, un malade et un cadavre, principaux visages de la douleur. Une quatrième

◄ Fresque du temple d'Ubosot, à Petchaburi, en Thaïlande. Bouddha y est représenté, à gauche, méditant, et, au centre, sous l'arbre de l'illumination de Bodh-Gaya.

promenade le met au contact d'un ascète, dont la sérénité le frappe. Voilà la voie de la sagesse ! Le jeune prince quitte secrètement son palais et embrasse la vie d'un ascète errant... Ces beaux contes n'ont en fait aucun fondement historique. Il s'agit de légendes forgées par la tradition orale après la mort du Bouddha, pérennisées lorsque le message bouddhiste fut mis par écrit aux alentours de l'ère chrétienne. La réalité est bien plus modeste. Les Shakyas ne sont qu'une petite tribu, vassale des rois de Koshala, et le lieu natal de Gautama, Kapilavastu, un simple village. Membre de la caste des guerriers, le père du Bouddha n'est qu'un obscur hobereau. On ne sait pas quel motif pousse celui-ci à embrasser la voie de l'ascétisme, à l'âge de vingt-neuf ans (vers 530 av. J.-C.).

Une réponse à la sclérose du brahmanisme

Le message va apparaître novateur en raison des blocages de la religion et de la société indiennes. Depuis le milieu du IIe millénaire, l'Inde du Nord a été progressivement occupée par des tribus aryennes, de langue indo-européenne, venues de l'ouest. Leurs clans se sont regroupés en de multiples royaumes ou républiques aristocratiques. Cet éparpillement est cependant remis en question par la montée du royaume de Magadha, qui unifie progressivement le cours inférieur de la vallée du Gange, sous la conduite du roi Bimbisara (vers 538-486). De structure aristocratique, la société est divisée en castes, qui ont tendance à se rigidifier. Les brahmanes (prêtres) et les *ksatriyas* (guerriers) constituent les deux castes supérieures. Les rois, les fonctionnaires et les propriétaires fonciers font partie des *ksatriyas*. Mais beaucoup de guerriers vivent une existence précaire, et plusieurs réformateurs, dont Gautama, vont sortir de ce groupe. La pensée religieuse s'est donc moulée dans le système des castes. Religion polythéiste, le brahmanisme honore une multitude de dieux, qui se confondent souvent avec les forces de la nature. Selon les textes religieux rédigés en sanskrit, le Veda, la destinée humaine est régie par le principe de la transmigration des âmes (*samsara*) et des réincarnations successives. Au fil des réincarnations, l'âme d'un individu (*atman*) doit s'améliorer pour se fondre finalement dans l'âme universelle, le dieu total embrassant l'Univers (*brahman*). La qualité de la réincarnation, repérable à la position sociale, dépend des actions des vies antérieures. C'est dire que l'âme d'un *ksatriya* est

Le Bouddha ou des bouddhas ?

Attribué à Gautama, le terme « bouddha » est devenu un nom personnel. Mais toute personne qui s'est « éveillée » à la vérité est un bouddha. Gautama lui-même enseignait que six bouddhas l'avaient précédé et annonçait la venue d'un ultime bouddha qui achèverait son œuvre. Par la suite, les bouddhistes ont adoré une multitude de bouddhas, considérés comme des manifestations du Bouddha originel. Ils ont une vénération particulière pour les *bodhisattva*, qui se sont arrêtés au seuil du nirvana pour aider les autres à progresser dans la même voie.

▲ Fresque de la « grotte aux mille bouddhas » à Ajanta. La multiplication des bouddhas provoqua de nombreux schismes et scinda le bouddhisme en deux voies principales, le mahayana ou « Grand Véhicule » et le hinayana ou « Petit Véhicule ».

-525

Le Sermon de Bénarès

Devant cinq ascètes qui vont se convertir, il fait sa première prédication, appelée « la Roue de la Loi », qui jette les bases de la nouvelle foi.

CHRONOLOGIE◄

- **vers 560 av. J.-C.** Naissance de Gautama à Kapilavastu, au nord de Bénarès.
- **vers 551** Naissance de Confucius en Chine.
- **vers 540** Naissance de Vardhamana, dit le Mahavira, futur fondateur du jaïnisme, mouvement de réforme du brahmanisme.
- **vers 538** Avènement de Bimbisara, roi du Magadha. Il va étendre son hégémonie sur tout le nord-est de l'Inde.
- **vers 530** Gautama commence une vie d'ascète itinérant.
- **525** « Éveil » de Gautama : il devient un bouddha. Il prononce **le Sermon de Bénarès**. Organisation de la communauté monastique bouddhiste.
- **vers 486** Bimbisara est renversé par son fils, Ajatashatru, qui lui succède.
- **vers 480** Mort du Bouddha à Kushinagara, au nord de Pataliputra (Patna).

DIFFUSION DU BOUDDHISME EN EXTRÊME-ORIENT

Le bouddhisme n'a commencé sa diffusion hors de l'Inde que trois siècles après la mort du Bouddha. C'est l'empereur maurya Ashoka (268-233) qui envoie la première mission d'évangélisation à Ceylan. À partir de cette île, le bouddhisme gagne l'Indonésie (IIe s. apr. J.-C.), la Birmanie (Ve-VIe s.), la Thaïlande (XIVe s.) et le Cambodge (XVe s.). L'expansion vers la Chine se fait à partir de l'Inde du Nord, par la route de la soie, qui traverse l'Asie centrale. Les premiers missionnaires arrivent en 61 de notre ère, mais le bouddhisme ne commence à se répandre que sous la dynastie des Wei, d'origine turque (Ve-VIe s.). Sous l'influence de la Chine, il gagne le Viêt Nam, la Corée et surtout le Japon (VIe s.). Mais l'expansion de l'islam le refoule d'Indonésie à partir du XIIe siècle, et la méfiance de la dynastie Ming envers les influences étrangères entraîne son déclin en Chine à partir du XVIIe siècle. Paradoxalement, une « contre-réforme » brahmanique le fait disparaître de l'Inde (VIIe-XIIe s.).

▲ La naissance du Bouddha. Aussitôt né, raconte la légende, celui-ci aurait marché et fait un pas en direction de chacun des quatre points cardinaux, manifestant ainsi sa volonté de prendre possession de l'Univers.

meilleure que celle d'un esclave et plus proche de la fusion dans le *brahman*. Le système religieux justifie donc la hiérarchie sociale et laisse peu d'espoir aux castes inférieures, aussi bien dans le domaine social que sur le plan religieux.

LA MORALE BOUDDHISTE : UNE « VOIE MOYENNE »

Un système aussi figé provoque au VIe siècle av. J.-C. une intense effervescence religieuse. Des ascètes parcourent le pays, vivant d'aumônes et recherchant le salut par les macérations. Ils restent toutefois fidèles à la logique des castes, car ils se recrutent parmi les brahmanes et les *ksatriyas*. Issu de ce milieu, le Bouddha va rapidement constater la stérilité de leur démarche. Il est obsédé par la souffrance humaine, qui découle de l'existence et donc de la chaîne des réincarnations. Pour éliminer la douleur, il faut éteindre en soi le désir, toujours insatisfait, qui en est la cause profonde. L'extinction des passions et le renoncement à soi-même procurent la sérénité, le *nirvana*, et brisent le cycle des réincarnations. Tout homme peut y parvenir, quelle que soit sa caste. Rejetant l'austérité comme la jouissance, la morale bouddhiste apparaît comme une « voie moyenne », s'adressant à tous les hommes. Elle préconise l'amour d'autrui et la compassion envers tous les êtres. Le Bouddha conteste donc fondamentalement le système socio-religieux des castes. Le recrutement des moines bouddhistes le montre bien, qui mêle brahmanes et gens modestes. Avant le christianisme et l'islam, le bouddhisme apparaît donc comme le premier mouvement religieux universaliste. Il ne s'agit toutefois pas d'une religion mais plutôt d'une morale, élaborée dans le cadre du brahmanisme. Indifférent au panthéon brahmanique, le Bouddha le laisse néanmoins subsister, et les dieux védiques peupleront par la suite les mythes bouddhistes.

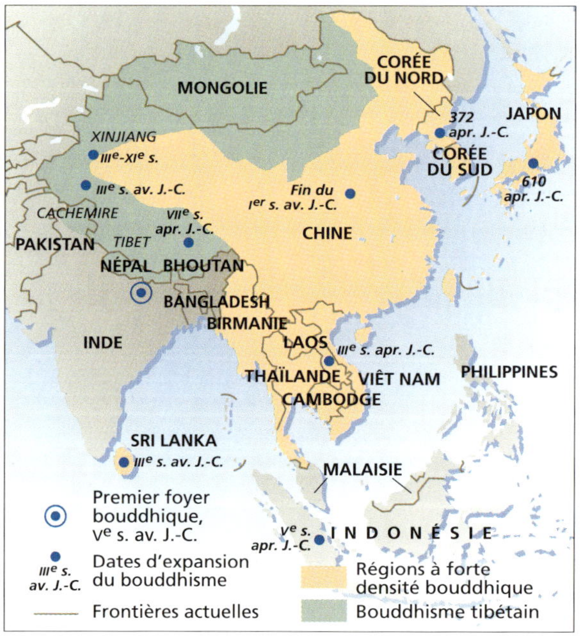

LA PRÉDICATION DU *DHARMA*

À la suite du Sermon de Bénarès, le Bouddha consacre le reste de sa vie, cinquante ans selon la tradition, à la prédication. Il par-

▲ Les sept étapes de la réincarnation. La sagesse bouddhique doit conduire au *nirvana* afin de briser la roue infinie des renaissances, source de souffrances. Fresque du monastère de Hemis au Ladakh.

court tout le nord-est de l'Inde, recrutant des moines mais provoquant également des sympathies chez des gens qui restent en dehors de la communauté. Ces laïcs peuvent être aussi bien des marchands que des courtisanes ou même des souverains, tel le roi du Magadha, Bimbisara. Ils offrent des parcs au Bouddha, au voisinage des grandes villes, qui servent de lieux de retraite aux moines. Le Jetavana, dans la banlieue de Cravasti, capitale du Koshala, est son préféré. Installé dans une hutte légère, il s'y réfugie pendant les trois mois de la saison des pluies et approfondit l'enseignement de ses disciples. À la demande des femmes de sa famille, il crée une communauté de nonnes. Selon la tradition, des conflits auraient surgi chez les moines, mais il s'agit en général d'histoires apocryphes, inventées pour justifier les règles du code monastique. Comme pour ses débuts, le récit de la prédication est riche de nombreuses légendes. Le Bouddha terrasse un génie du feu, proche du dragon européen, le Naga d'Uruvilva. Capable de se déplacer à une vitesse extraordinaire, il va cueillir un fruit à l'autre bout du monde et le rapporte à un ascète en une minute. À plusieurs reprises, les dieux lui rendent hommage. Ces histoires soulignent le caractère divin du Bouddha. Elles ont été élaborées après sa mort, mais il est probable que beaucoup de ses contemporains aient vu en lui un être surhumain. Le personnage historique s'éclipse pour laisser la place à un véritable dieu, que les bouddhistes vont honorer d'un culte fervent. À sa mort, survenue à Kushinagara, les souverains des États voisins viennent se recueillir devant sa dépouille, avant de se quereller au sujet de ses reliques. Celles-ci seront partagées en dix et déposées dans des *stupas* (tumulus).

► **Ashoka** / 258 av. J.-C.

MAHAVIRA

Le fondateur du jaïnisme

À l'époque du Bouddha, le brahmanisme connaît un autre mouvement de réforme, le jaïnisme. Vardhamana (vers 540-477 av. J.-C.), surnommé le Mahavira (« le Grand Héros ») ou le Jina (« le Victorieux »), appartient aussi à la caste des *ksatriyas*. Il organise de même un ordre monastique. Pour atteindre la délivrance, le Mahavira préconise une séparation absolue de l'esprit avec la matière. Ce dualisme entraîne un ascétisme rigoureux et un refus de l'action, qui peuvent déboucher sur la mort par inanition. Respectueux de toutes les formes de vie, le jaïnisme interdit de nuire à toute créature vivante (*ahimsa*) : les moines jaïns balaient ainsi le sol devant eux pour éviter d'écraser les insectes. Sans connaître l'expansion du bouddhisme, le jaïnisme s'est toutefois maintenu en Inde jusqu'à nos jours, spécialement à Bombay, dans les milieux de la bourgeoisie marchande. À l'époque contemporaine, il a influencé la doctrine de la non-violence de Gandhi.

Un pèlerin bouddhiste, tenant dans une main un chasse-mouche, dans l'autre le khakkara, l'insigne des moines. L'observation scrupuleuse de la doctrine bouddhiste est réservée à une certaine élite spirituelle, chargée de montrer la voie aux laïcs. ►

LAO-TSEU

Ouvrage fondateur du taoïsme, le Lao-tseu *fut attribué à un personnage légendaire du même nom. Préconisant la contemplation du tao et l'« activité passive », il constitue l'un des pôles principaux de la pensée chinoise, avec le confucianisme.*

◄ Lao-tseu, vieillard légendaire à l'origine d'une spiritualité encore très vivante en Chine, malgré le mépris affiché par le pouvoir communiste.

UN HOMME POUR UN LIVRE

Les historiens chinois de l'Antiquité débattaient doctement de la durée de vie de Lao-tseu : 160 ou 200 ans ? Ils assuraient tout aussi doctement que sa gestation avait duré soixante-douze années et qu'il était né avec les cheveux blancs d'un vieillard, origine de son surnom (le « vieux maître », compris ici comme le « vieil enfant »). Autant dire que le personnage de Lao-tseu appartient à la légende. À l'origine, on trouve un recueil d'aphorismes, le *Lao-tseu*, anthologie de textes des VIe et IVe siècles avant notre ère, réunie vers 300 av. J.-C. Il lui fallait un auteur. Sima Qian, historien de la dynastie Han (IIe siècle av. J.-C.), entreprit de lui donner figure historique. Né dans le Ho-nan vers 604, appelé Li Eul, il vit à l'époque des « Royaumes combattants ». En ces temps troublés, la Chine est divisée en une multitude de principautés, qui se livrent des guerres continuelles. Reclus dans sa capitale, Loyi, le roi de la dynastie Zhou se contente de célébrer les rites religieux nécessaires à la marche harmonieuse du monde. Archiviste impérial, Lao tseu acquiert une réputation de sagesse qui lui vaut d'être consulté par Confucius, en visite à Loyi (518). Écœuré par la décadence des Zhou, le vieillard finit par quitter la capitale et part vers l'Occident, monté sur un bœuf (517). À la frontière, le capitaine du poste le supplie de laisser un témoignage de sa sagesse : il lui dicte alors son traité et disparaît pour toujours...

LE TAOÏSME : UNE PHILOSOPHIE DE L'« ACTIVITÉ PASSIVE »

Ce bref traité, en deux sections et 5 000 caractères, révèle l'émergence d'un nouveau courant philosophique, le taoïsme. Avec Lao-tseu, il se donne un héros fondateur. Le second titre du livre, *Daodejing* (le « Livre du Dao ou du tao et du tö »), forgé au Ier siècle apr. J.-C., en résume les principes. Dans la culture chinoise, le *tao* (la « voie ») désigne un principe d'ordre universel, alors que le *tö* correspond à un pouvoir de réalisation dans un domaine particulier. Entité primordiale, le *tao* est à l'origine de l'Univers. Il est inaccessible aux sens et ne peut être nommé : « Le *tao* dont on peut parler n'est pas le *tao* éternel. » Par la discipline des sens et des passions, le sage cherche à embrasser le *tao* dans son unité.

vers -517

Rédaction du *Lao-tseu*

Avant son départ légendaire pour l'Occident, Lao-tseu aurait écrit ce traité, connu aussi sous le nom de Tao-tö-king (*Daodejing*), qui fonde le taoïsme.

▲ Des copistes s'affairent à reproduire le Tao-tö-king (*Daodejing*). Très vite répandu à travers la Chine, c'est à partir du IIe siècle que le taoïsme se constitua en religion populaire.

À l'image du *tao*, le sage doit renoncer à l'action, car « le *tao* reste toujours sans action et pourtant réalise tout ». Grâce à cette absence d'action, le *wou-wei*, le saint taoïste attire à lui les êtres et les convertit au bien sans même qu'ils s'en rendent compte. C'est ainsi qu'il acquiert un *tö* supérieur. La sainteté étant inséparable de la vitalité, le *Lao-tseu* recommande la pratique des techniques de longue vie, gymnastiques et diététiques. Grâce à cette ascèse contemplative, le sage va conserver la vitalité du petit enfant le plus longtemps possible.

Une alternative au confucianisme

Tout semble opposer le taoïsme à l'autre grande philosophie chinoise, le confucianisme, qui apparaît précisément à la même époque. Les sages taoïstes vivent à l'écart des cours princières et se consacrent à leur salut individuel ; Confucius conseille les souverains et veut restaurer l'État et la société troublés par l'anarchie féodale des Royaumes combattants. Les premiers sont individualistes alors que le second insiste sur les principes d'ordre et de hiérarchie. Le *Lao-tseu* brocarde les valeurs du confucianisme, dont l'universalité est illusoire, et place ses vertus tout en bas de la hiérarchie des *tö*. Le respect des rites, central chez Confucius, excite en particulier son mépris.

Les Turbans jaunes : une révolte taoïste

Sous les Han, les techniques de longue vie des sages taoïstes dégénérèrent en pratiques magiques destinées à assurer l'immortalité (Ier s. av. J.-C - IIe s. apr. J.-C.). Des sectes taoïstes animées par des magiciens pullulèrent dans l'Empire. Vers 174 apr. J.-C., Tchang-kio fédéra les groupes du nord-est de la Chine en une véritable Église. Exploitant la crise des petits paysans, il les enrôla dans sa secte et les souleva dans une gigantesque jacquerie (184). Ils portaient le turban jaune, couleur symbolique de la terre. Tchang-kio annonçait l'avènement immédiat d'une ère de prospérité et d'égalité, la « Grande Paix ». La révolte gagna huit des treize provinces de la Chine et le pouvoir impérial eut le plus grand mal à la réprimer.

Toutefois, la théorie du *wou-wei* n'est pas absente du confucianisme : pour Confucius, le sage communiant avec la nature n'a plus besoin d'agir pour se faire obéir. De son côté, le taoïsme ne se désintéresse pas totalement de la politique et propose aussi au souverain un mode de gouvernement, inspiré par le *wou-wei*. Moins le prince agira, plus son action sera efficace et bienfaisante. Il l'emportera dans les conflits, car « le souple et le faible l'emportent sur le dur et le fort », à l'instar de l'eau, qui use toute autre matière. À son image, le peuple se corrigera de lui-même et s'enrichira. Plus qu'antagonistes, confucianisme et taoïsme apparaissent complémentaires, révélant les deux visages de l'âme chinoise.

► **Confucius** / 483 av. J.-C.

CHRONOLOGIE

Début de la période des Hégémons en Chine. La principauté de Qi obtient l'hégémonie sur les autres principautés.	**667 av. J.-C.**
L'hégémonie en Chine passe à la principauté de Qin.	**632**
Naissance légendaire de Li Eul dans le Ho-nan.	**vers 604**
La principauté de Chu s'empare de l'hégémonie en Chine.	**597**
Naissance de Confucius.	**vers 551**
Le Bouddha commence sa prédication en Inde du Nord.	**525**
Rencontre légendaire de Lao-tseu avec Confucius à Loyi, capitale de la Chine.	**518**
Départ légendaire de Lao-tseu pour l'Occident. **Rédaction du *Lao-tseu*.**	**517**
Selon certaines légendes, Lao-tseu (sous le nom de Tan) prédit au prince de Qin la gloire future de sa dynastie (elle unifiera la Chine en 221).	**374**
Zhuang Zhou, ministre du prince de Wei, se retire dans la montagne pour mener une vie contemplative. Il est l'auteur du *Zhuangzi*, traité fondateur du taoïsme avec le *Lao-tseu*.	**vers 340**
Le prince de Qin termine la conquête de la Chine occidentale.	**316**
Confection du *Lao-tseu* à partir de textes antérieurs.	**vers 300**

◄ Un immortel au paradis. Selon l'enseignement de Lao-tseu, la « voie » ou *tao* doit permettre d'accéder à la sérénité puis à l'immortalité.

DARIUS Ier

Arrivé au pouvoir dans des conditions étranges, Darius a su porter l'Empire perse à sa plus grande extension et lancer une série de réformes qui améliorent l'efficacité de son gouvernement. Mais il meurt avant d'avoir pu réaliser ses rêves de conquêtes en Occident.

LA PREMIÈRE GUERRE MÉDIQUE

En 490, si l'on en croit les affirmations des Athéniens, un événement majeur se produit : l'armée de Darius Ier, le Grand Roi, souverain de l'immense Empire perse, est battue, dans la plaine de Marathon, par une armée grecque bien inférieure en nombre.

La cause de cet affrontement est à rechercher dix ans plus tôt : en 499, Aristagoras, tyran de Milet, s'est révolté contre Darius, entraînant dans son mouvement d'autres cités grecques d'Asie. Les Ioniens mènent un raid contre la ville de Sardes, dont ils incendient les temples. Malgré l'aide militaire apportée par Athènes et Érétrie, la rébellion est écrasée par une offensive perse, qui s'appuie sur une puissante cavalerie, et Milet est incendiée en représailles. Darius est obsédé par le désir de punir la Grèce pour son soutien aux révoltés ; aussi lance-t-il une expédition. Après avoir pris Náxos, l'armée perse, conduite par Datis, débarque et se concentre dans la plaine de Marathon. À cette nouvelle, dix mille Athéniens et mille Platéens, sous le commandement de Miltiade, se dirigent vers Marathon – les Spartiates, eux, prétextent une fête religieuse qui les empêche de quitter leur cité. Durant la bataille, les ailes perses sont enfoncées, et l'armée en déroute rembarque en hâte pour l'Asie Mineure. Un messager court quelque 42 kilomètres jusqu'à Athènes et expire d'épuisement après avoir annoncé le triomphe sur Darius.

Pour les Athéniens, cette victoire devient mythique, surtout parce qu'elle permet d'affirmer leur poids militaire et politique face aux Spartiates. Mais elle n'affaiblit pas pour autant la puissance de Darius. Celui-ci décide de lancer des préparatifs pour une nouvelle expédition, mais sa mort en 486 met un terme au projet.

◄ Héritier par la force d'un gigantesque empire, le Grand Roi perse permet à la dynastie achéménide de connaître son âge d'or. Mais ses rêves d'extension à l'ouest lui seront fatals.

UNE MYSTÉRIEUSE ACCESSION AU POUVOIR

Cette expédition contre les Grecs s'explique par la volonté expansionniste de Darius, arrivé au pouvoir une trentaine d'années plus tôt. L'année 522 est, pour le royaume perse, riche en événements, mais ces derniers restent fort énigmatiques pour les historiens. Au printemps, le roi Cambyse, qui mène une expédition en Égypte,

▲ Les ruines de l'Apadana, le palais royal érigé par Darius à Persépolis. La capitale des Perses sera ravagée par Alexandre le Grand.

est informé d'une usurpation ; alors qu'il repart vers la Perse, il meurt en chemin d'une blessure gangrenée. S'ensuit une période troublée par des problèmes successoraux, Cambyse n'ayant laissé aucun enfant mâle vivant. Si les sources présentent bien des contradictions, il en ressort que Cambyse aurait fait assassiner son propre frère, Bardiya (ou Smerdis), et qu'un mage, Gaumata, qui ressemblait physiquement à ce dernier, aurait pris sa place afin de dissimuler le meurtre. Après la mort de Cambyse, le faux Bardiya se serait emparé du royaume. C'est à la suite de l'élimination de cet usurpateur par des conjurés que Darius, l'un d'entre eux, aurait accédé au pouvoir. En fait, les historiens actuels pensent que toute cette histoire retrouvée est une invention de Darius lui-même, qui aurait voulu dissimuler aux yeux de la postérité qu'il a renversé Bardiya, fils de Cyrus et frère de Cambyse, afin de légitimer son accession au trône. Pour asseoir son pouvoir, Darius affirme descendre d'une lignée royale, prétention sans réel fondement, mais qu'il réitère à l'envi dans les inscriptions qui le glorifient. Il se rattache au roi Cyrus, en épousant deux de ses filles, Atossa, sœur et femme de Cambyse, et Artystonè. Pour étendre ses garanties, il se proclame le protégé du dieu Ahura-Mazda et s'appuie sur la noblesse perse, qui va former le « noyau dur » de l'armée et de l'administration.

La lutte contre les soulèvements

Les premières années du règne de Darius sont marquées par une série de révoltes qu'il va devoir mater. Après des soulèvements en Élam et en Babylonie, le mouvement s'est étendu et semble avoir touché tout l'empire. Darius se vante d'avoir remporté dix-neuf victoires en un an, mais, n'ayant pu se trouver en personne sur tous les théâtres d'opérations, le rôle de ses lieutenants a dû être prépondérant. L'année 521, à elle seule, est ponctuée par plusieurs victoires : en mai, sur le roi mède Frawartish ; à la mi-juillet, sur la révolte de la Perse menée par Vahyazdata ; en novembre, sur

La poste royale

Afin d'assurer la circulation des nouvelles entre le roi et ses subordonnés à travers l'immensité de l'Empire perse, Cyrus avait mis en place un système de courriers à cheval. Des relais étaient disposés le long des principales routes, à des intervalles correspondant à la distance que pouvait parcourir un courrier en une journée. Cette institution fut maintenue par ses successeurs et impressionnait vivement les auteurs anciens par son efficacité. Les historiens grecs Xénophon et Hérodote, qui décrivent tous deux le système affirment même que les courriers circulaient sans interruption, jour et nuit. Pour une transmission encore plus rapide, on recourait à des signaux phoniques, les ordres étant criés de proche en proche par des hommes à la voix puissante, ou à des relais optiques, au moyen de feux allumés sur des endroits élevés. Cette technique, déjà utilisée au début du IIe millénaire dans le royaume de Mari, se diffusa en Grèce au IVe siècle et dans l'Égypte lagide.

-490

Bataille de Marathon

La défaite des Perses face à l'armée commandée par les Athéniens marque la fin de l'expédition de Darius contre la Grèce.

CHRONOLOGIE ◀

Naissance de Darius.	**vers 550 av. J.-C.**
Polycrate instaure la tyrannie à Samos.	**533**
Mort de Cyrus ; avènement de Cambyse II.	**530**
Conquête de l'Égypte par Cambyse.	**525**
Révolte de Bardiya ; insurrection de Gaumata ; mort de Cambyse ; Darius succède à Cambyse ; révolte de Nidintu-Bel à Babylone ; exécution de Polycrate, tyran de Samos.	**522**
Victoires de Darius sur le roi mède Frawartish, sur Vahyazdata en Perse et sur Babylone. Darius fait graver l'inscription de Béhistoun.	**521**
Nouvelle révolte en Élam ; expédition contre les Saces ; conquête de Samos.	**519**
Expédition contre les Scythes.	**513**
Soulèvement de Milet et d'autres cités grecques d'Ionie ; incendie de Sardes.	**499**
Révolte et soumission de la Carie et de Chypre par les Perses.	**498-496**
Prise et destruction de Milet.	**494**
Expédition de Mardonios en Thrace et conquête de la Macédoine.	**492**
Darius lance une expédition contre la Grèce.	**491**
Bataille de Marathon.	**490**
Mort de Darius ; son fils Xerxès lui succède.	**486**

◀ Combat entre Grecs et Perses, vase grec du Ve siècle av. J.-C.

LA GARDE ROYALE : LES « IMMORTELS »

Cyrus a créé une garde qui comprenait dix mille lanciers (doryphores), composée de Perses d'humble naissance ; ils étaient chargés d'assurer la sécurité du roi en faisant des rondes autour du palais quand il y résidait, en l'escortant dans ses déplacements et en gardant sa tente. Ils étaient surnommés les « Immortels », car, quand l'un d'entre eux mourait, un autre homme prenait aussitôt sa place. Leurs lances étaient ornées de grenades en argent ; ils étaient vêtus, avec un luxe particulier, de robes pourpre et jaune et portaient des bijoux en or. Parmi eux, un détachement de mille archers constituait un corps d'élite, commandé par le chiliarque, un homme de confiance du Grand Roi, qui bénéficiait d'une position avantageuse. Ils avaient le privilège de porter des lances parées de pommes d'or, ce qui leur valut d'être appelés *mélophoroi* (« porteurs de pommes »). Les gardes royaux de Darius sont représentés sur des reliefs de briques émaillées de Suse et sur des frises de Persépolis.

▲ Archers perses, détail d'un panneau de céramique du palais de Darius à Suse. Darius commandait une armée puissante où s'illustraient les guerriers scythes. Quand les Perses se lancèrent à la conquête de la Grèce, ils armèrent au moins 600 vaisseaux. Dans la plaine de Marathon, Darius aligna plus de 100 000 fantassins.

les Babyloniens conduits par Arkha. Même si la situation n'est pas définitivement stabilisée (une nouvelle révolte éclate en Élam dès 519), les succès de l'armée royale démontrent sa supériorité tactique sur des insurgés qui n'ont pas su coordonner leurs efforts. Ces révoltes se distinguent par un aspect dynastique marqué. En effet, chaque rebelle se proclame roi et tente de se rattacher à la dynastie antérieure à la domination perse. Il est difficile de savoir si ces mouvements ont été suivis par les populations locales, mais des impôts excessifs peuvent avoir catalysé les mécontentements. En tout cas, la répression perse fut féroce ; les rois rebelles bénéficient d'un traitement particulier : beaucoup sont empalés, certains écorchés vifs, après avoir été amputés du nez et des oreilles. Une large publicité est faite à ces exécutions, afin de décourager toute tentative à l'avenir. Sur la falaise de Béhistoun, dans la région d'Ecbatane, capitale de la Médie, Darius fait graver un relief qui représente les rois rebelles

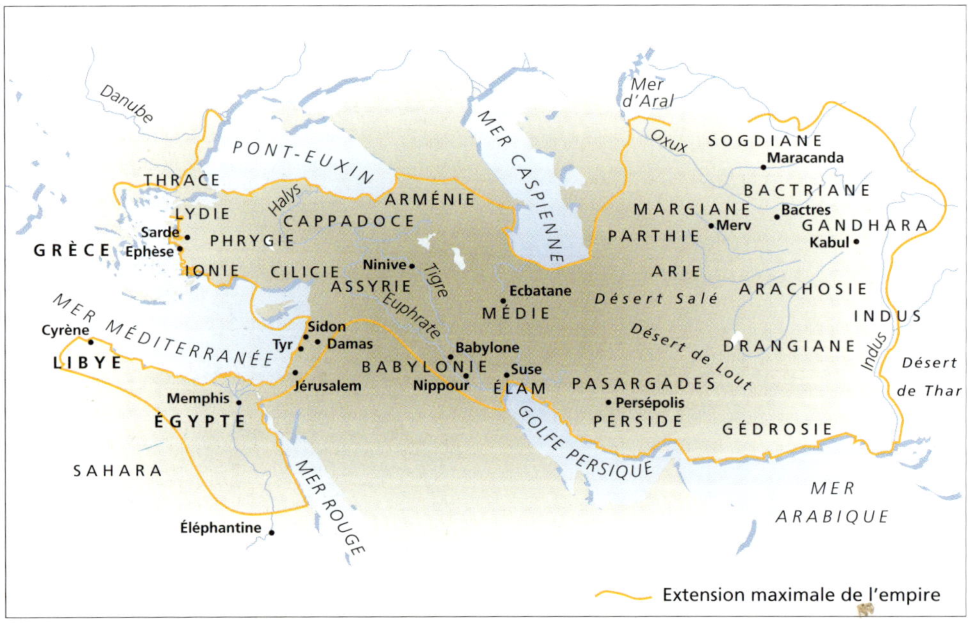

la corde au cou devant lui. Leur infériorité est exprimée par leur taille, bien plus réduite que celle de leur vainqueur. Au-dessus, la figure du dieu Ahura-Mazda, protecteur de Darius, domine la scène. Une inscription trilingue monumentale détaille ses victoires.

L'extension territoriale de l'empire

En 522, l'Empire perse s'étend sur un territoire considérable en Asie : Cyrus avait annexé le royaume des Mèdes, la Lydie et la Babylonie, et Cambyse II avait entrepris la conquête de l'Égypte. Une fois celle-ci achevée, Darius tourne ses appétits de domination vers les îles de la mer Égée. Afin de reconnaître le terrain, il envoie d'abord une expédition sous la conduite de Démokédès, un médecin de Crotone fait prisonnier par les Perses et devenu l'un de ses favoris. Celui-ci serait allé jusqu'à Tarente, en Italie du Sud, mais cette anecdote, d'une historicité douteuse, semble surtout destinée à prouver l'intérêt de Darius pour le monde grec. L'affaire de Samos, vers 519, le confirme : après l'exécution de Polycrate, tyran de Samos, l'un de ses frères, Syloson, demande à Darius de l'aider à imposer son autorité sur l'île ; celui-ci envoie une expédition qui s'empare du pouvoir et y installe Syloson, désormais obligé du Grand Roi. Toutefois, sa volonté d'étendre son royaume l'amène à se tourner vers d'autres directions : Darius lance en 519 une expédition contre les Saces, en Asie centrale, dont il défait le roi Skunkha. Peut-être à la suite de cette campagne, il conquiert aussi la vallée de l'Indus.

En 513, il réunit 600 navires et 700 000 soldats pour marcher contre les Scythes, peuple situé sur la rive nord de la mer Noire. Mais ceux-ci opposent une résistance opiniâtre, et il doit se résoudre à une retraite peu glorieuse. Cependant, l'expédition est loin de se solder par un échec, puisque son armée conquiert alors la Thrace, riche en forêts et en mines d'argent. Des garnisons y sont installées, et les Perses parviennent à imposer le versement d'un tribut en argent. Désormais, l'Empire perse a atteint sa plus grande extension, de la Macédoine à l'Indus.

Darius et l'organisation de l'empire

◄ Redoutables guerriers, les cavaliers perses étaient craints de leurs ennemis. 10 000 d'entre eux avancèrent jusqu'à 6 lieues des remparts d'Athènes, mais ils seront défaits par Miltiade.

Une fois l'ordre restauré, Darius peut entreprendre la reconstruction que nécessitait la récente anarchie en s'appuyant sur les structures déjà existantes. Il divise le territoire de l'empire en vingt satrapies, gouvernées par des satrapes, nobles perses. Pour faire régner l'ordre, ceux-ci disposent de garnisons. Mais les cités grecques et les villes babyloniennes conservent une autonomie certaine. Ce système subsistera pendant toute la période achéménide et même après celle-ci. La fiscalité est renforcée, et le montant du tribut annuel que doit verser chaque peuple est désormais fixé avec précision. Darius fait de Suse la capitale de son empire. Il remodèle entièrement la ville élamite en restaurant les fortifications mais aussi en faisant construire des ouvrages nouveaux, en particulier un palais. Il crée une autre capitale, Persépolis, qui doit symboliser l'unification de son empire. L'ensemble s'élève sur une gigantesque terrasse, et Darius commence la construction d'un palais qui sera achevé par son fils Xerxès. Afin d'affirmer sa gloire pour la postérité, il se fait bâtir un tombeau rupestre à Naqsh-i-Roustem, près de Persépolis ; la façade sculptée au flanc d'une falaise représente le roi entouré de sa cour. Au-delà de ces représentations monumentales d'un pouvoir monarchique, l'empire de Darius est un État pluriethnique, donnant un statut privilégié aux Perses. Faut-il y voir une fédération assez lâche de pays gardant une relative autonomie ou un État de plus en plus centralisé et acculturé ?

► **Alexandre le Grand** / 333 av. J.-C.

Le dieu Ahura-Mazda

« Ce que j'ai fait en une seule année, c'est par la puissance d'Ahura-Mazda que je l'ai fait. Ahura-Mazda m'a apporté son soutien. » C'est en ces termes que Darius exalte le dieu sous la protection duquel il s'est placé. Le roi s'affirme comme l'intermédiaire entre le monde divin et les humains. Ahura-Mazda est le dieu souverain et le créateur du ciel et de la terre ; son emblème est un disque ailé, parfois surmonté d'un personnage barbu. Des sacrifices lui sont offerts sur les sommets des montagnes.

Le tombeau monumental de Darius, creusé dans la roche. L'évasement en forme de croix grecque est haut de 20 mètres. Sur la partie supérieure sont gravées deux rangées de personnages symbolisant les trente peuples soumis à la Perse de Darius. ►

CONFUCIUS

Sage engagé dans la politique, Confucius chercha à lutter contre les désordres de la Chine à l'époque des Royaumes combattants. Il ne connut que des échecs, mais sa pensée contribua à l'élaboration de la culture chinoise et forgea un véritable humanisme.

UN PARADIS POLITIQUE À L'ÉPOQUE DES ROYAUMES COMBATTANTS

Pendant quatre ou cinq ans, le duché de Lu, au nord-est de la Chine, aurait été un havre de paix grâce à l'action du sage Confucius (501-496). D'abord gouverneur d'un district, il restaure les coutumes du passé, réglant la répartition de la nourriture entre les générations comme la séparation des sexes dans la rue. Appelé ensuite au ministère de la Justice (500), il bride la puissance des féodaux des « trois familles » et démantèle leurs forteresses. Cette harmonie retrouvée contraste avec le tumulte du reste de la Chine. Depuis le VIIIe siècle, celle-ci est divisée en une multitude de principautés et les rois de la dynastie Zhou ne jouent plus qu'un rôle religieux. Ces États se livrent à des guerres permanentes qui leur valent le nom de « Royaumes combattants ». La féodalisation de la société sape les traditions ancestrales et déchaîne l'instabilité. L'œuvre de Confucius est toutefois de courte durée. Le suzerain de Lu prend ombrage du redressement de son vassal et lui envoie une troupe de danseuses pour le détourner de son devoir. Captivé, le duc néglige les affaires de l'État et tarde à accomplir le sacrifice au Ciel. Confucius démissionne alors et prend le chemin de l'exil. Telle est du moins la vision, utopique et moralisante, transmise par les textes confucéens.

UN SAGE DANS LE SIÈCLE

Quoique idéalisé, cet épisode représente le seul moment où le sage put réaliser son idéal. *Kong Qiu*, connu en Occident sous le nom de Confucius (forme latinisée de *Kongfuzi*, « Maître Kong »), descend de la dynastie royale des Shang, mais son père n'est guère plus qu'un noble besogneux du duché de Lu. À vingt et un ans, il ouvre une école (530), et son enseignement lui vaut un prestige croissant. Selon les conceptions chinoises, la connaissance des rites ancestraux est indispensable au bon gouvernement et Confucius les maîtrise parfaitement. Les princes sollicitent ses conseils, qu'il prodigue volontiers, car il estime que

◄ Père d'une sagesse dont il voulut faire une philosophie politique fondée sur le respect des valeurs morales, Confucius a donné naissance non à une religion, mais à une spiritualité qui contribua beaucoup à l'unification de la Chine.

-483

Retour de Confucius à Lu

Après plusieurs années d'exil, il rentre dans le duché de Lu, où il se consacre à la mise en ordre des *Cinq Classiques*, l'un des fondements de la culture chinoise traditionnelle.

▲ Le temple de Confucius, bâti à Pékin en 1302. Depuis la disparition de Confucius, sa pensée n'a jamais cessé d'évoluer dans toute l'Asie, se mêlant aux influences bouddhiques ou taoïstes, pour devenir une sorte de religion.

le sage doit s'engager dans la vie publique. Mais il n'obtient pas de poste de responsabilité, en raison de l'hostilité des conseillers princiers, les « légistes ». Le respect des traditions défendu par Confucius gêne en effet ceux-ci, qui prônent la toute-puissance de l'État jusqu'à l'arbitraire. Après son départ de Lu (496), le sage erre parmi les cours de la Chine du Nord, sans réussir à acquérir une influence durable. En 483, un de ses élèves devenu général ducal obtient son rappel à Lu. Il est honoré mais toujours inutilisé. Au printemps 480, on lui amène une licorne, qui était déjà apparue lors de sa naissance : sa corne porte toujours le ruban que la mère de Confucius lui avait fixé. Celui-ci se prépare alors à la mort.

À la recherche d'un humanisme chinois

L'épisode de la licorne clôt le *Lunyu*, souvent appelé les *Entretiens*, recueil de notes prises par un de ses élèves. C'est le seul document contemporain de Confucius exposant sa doctrine, car il n'a jamais écrit de traités philosophiques. Son œuvre littéraire fondamentale consiste en la mise en ordre, à partir de 483, des *Cinq Classiques*, ouvrages hérités de la haute Antiquité. De cette manière, il joue un rôle capital dans l'élaboration de la culture chinoise, car les *Cinq Classiques* sont l'un des fondements. Cette démarche illustre bien les deux caractères essentiels du confucianisme : pragmatisme et conservatisme. Il ne bâtit pas une théorie philosophique mais fournit des conseils à propos d'un problème précis. Face à l'anarchie féodale, Confucius préconise le retour aux rites anciens, le culte des ancêtres, le loyalisme au prince. Il ne faut pas pour autant minorer l'ampleur de la réflexion confucéenne : il s'agit bien d'un véritable humanisme. Il propose aux gouvernants le modèle du *Junzi*, l'« être noble », accédant à la vertu (*ren*), qui lui dévoile le principe spirituel du monde, la « Voie du Ciel ». Ce sage connaît alors le « milieu juste », l'harmonie de l'âme. Parvenu à cet état, il communie avec le monde, devine l'avenir, n'a même plus besoin d'agir pour se faire obéir. Le pragmatisme confucéen débouche sur une véritable « conscience magique » du monde.

► **Lao-tseu** / 517 av. J.-C.

Épée en bronze et or, incrustée de turquoise et de jade, de l'époque des Royaumes combattants. L'un des mérites du confucianisme est d'avoir fait valoir la vertu sur le droit des armes, aidant ainsi à la pacification d'un pays ravagé par les guerres. ►

Le confucianisme

La doctrine confucéenne ne connut son triomphe que trois siècles après la mort de son initiateur. Le fondateur de la dynastie Han, Liu Bang, se tourna alors vers les confucéens, car il avait besoin d'une pensée pour légitimer son pouvoir : il vint s'incliner sur le tombeau de Confucius en 195. Mais ce fut l'empereur Han Wudi (141-87) qui fit du confucianisme une véritable philosophie officielle : il fonda un collège de lettrés confucéens (136) et instaura un système d'examens pour les fonctionnaires dont les épreuves portaient sur les classiques confucéens (125). À la même époque, Sima Qian, le grand historien des Han, écrivit une biographie de Confucius, et le lettré Dong Zhongshu (175-105) fixa l'orthodoxie confucéenne. Le confucianisme se sclérosait en même temps qu'il triomphait.

CHRONOLOGIE ◄

Naissance de Confucius à Tseou, bourgade du duché de Lu.	**vers 551 av. J.-C.**
Confucius ouvre une école.	**530**
Le Bouddha commence sa prédication en Inde du Nord.	**525**
La principauté de Jin termine la conquête des royaumes barbares du Nord. Elle domine la Confédération des principautés de Chine du Nord, dont Lu fait partie.	**519**
Séjour de Confucius à Loyi, capitale des Zhou, pour étudier les rites et la musique.	**518**
Date légendaire de la réaction du *Daodejing* par Lao-tseu, fondateur du taoïsme.	**517**
Le duc Zhao de Lu s'exile dans la principauté de Q'i à la suite d'une révolte féodale. Confucius le suit.	**516-509**
Face à la menace de Jin, la principauté de Zhou, à la tête de la Confédération de la Chine du Sud, s'allie à celle de Qin, puissance montante de la Chine de l'Ouest.	**506**
Confucius devient gouverneur de district.	**501**
Confucius est ministre de la Justice du duché de Lu.	**500**
Confucius s'exile de Lu et entame une errance en Chine du Nord.	**497-496**
Retour de Confucius à Lu.	**483**
Mort du Bouddha.	**480**
Mort de Confucius.	**vers 479**

SOPHOCLE

Au cours de sa longue carrière, Sophocle a pris une part active à la vie politique d'Athènes. Vainqueur de très nombreux concours de tragédie, il a apporté des innovations qui ont profondément modifié la tragédie grecque.

▲ L'œuvre de Sophocle, puisant dans les plus anciennes légendes, a traversé les âges, offrant au spectateur moderne quelques figures exemplaires, telles que Œdipe et Antigone. (Portrait en bronze du IIIe siècle av. J.-C.).

UN HOMME POLITIQUE GREC

Fils de Sophillos, un riche armurier de Colone en Attique, le jeune Sophocle reçoit une éducation soignée. Il se distingue rapidement par ses dons musicaux. En 480 av. J.-C., il conduit le chœur en l'honneur de la victoire remportée sur les Perses à Salamine. Il entretient des relations amicales avec Périclès, et joue, sans doute grâce à ce dernier, un certain rôle dans la vie politique d'Athènes, alors au sommet de sa puissance. Ainsi, en 443, il est élu hellénotame, et doit à ce titre gérer la caisse alimentée par les tributs que ses alliés versent à Athènes. Il est aussi désigné à deux reprises comme stratège, magistrat chargé de conduire la guerre. Ses concitoyens lui témoignent encore leur confiance lors de la crise de 413 : après le désastre de l'expédition de Sicile, et malgré ses quatre-vingt-trois ans, il fait partie des dix *probouloi* choisis par les Athéniens parmi les citoyens qui ont dépassé l'âge du service militaire pour exercer le pouvoir. Accusé de démence sénile par un de ses fils, qui cherchait à obtenir le contrôle de sa fortune, Sophocle se défend alors en lisant devant les juges un passage de sa dernière tragédie, *Œdipe à Colone,* et gagne aussitôt son procès.

UN GRAND POÈTE TRAGIQUE

Sophocle est l'auteur de 123 tragédies, dont sept ont été conservées jusqu'à notre époque. Il puise ses sujets dans les récits légendaires, en particulier dans le cycle de la guerre de Troie : trois tragédies *(Antigone, Œdipe roi, Œdipe à Colone)* reprennent les légendes du cycle de Thèbes, autour d'Œdipe, qui tue son père et épouse sa mère, Jocaste. Au travers de ces légendes, il n'hésite pas à faire l'apologie d'Athènes. Ainsi Thésée, roi d'Athènes, offre un asile à Œdipe en exil dans *Œdipe à Colone*. Sa renommée parmi ses contemporains se mesure à l'aune des nombreuses victoires qu'il remporta lors des concours de tragédies. Soixante-douze de ses pièces furent couronnées aux Grandes Dionysies, fêtes célébrées au mois de mars en l'honneur du dieu du Vin et du Théâtre. À l'occasion de ce concours, chaque concurrent présentait une tétralogie, ensemble de quatre pièces, soit trois tragédies et un drame satyrique. La première victoire de Sophocle intervient en 468, alors qu'il a pour rival Eschyle (525-456), et la dernière lui est décernée à titre posthume, lorsque son petit-fils Sophocle le Jeune fait représenter *Œdipe à Colone* en 401. Même lorsqu'il n'est pas couronné, il est classé second, et ne descend jamais au troisième rang. Aucun autre poète tragique n'a connu un succès si net et sur une aussi longue période. Au reste, Sophocle ne

◄ Situé sur le flanc de l'Acropole, le théâtre de Dionysos, à Athènes, date dans son état actuel de l'époque romaine.

-468

Première victoire de Sophocle

Premier prix au concours des Grandes Dionysies, Sophocle l'emporte sur son rival Eschyle.

se contente pas d'écrire des tragédies, il se produit aussi sur scène, en particulier en chantant et en jouant de la lyre.

L'apport de Sophocle à la tragédie

Selon Aristote, Sophocle a enrichi la tragédie grecque sur trois points. Alors qu'auparavant seules les scènes à deux personnages pouvaient être présentées, il introduit un troisième acteur, permettant ainsi des intrigues plus complexes ; chaque acteur peut également interpréter plusieurs rôles, d'autant plus aisément que son visage est dissimulé par un masque. S'il augmente le nombre des choreutes, qui passent de douze à quinze, il réduit leur rôle dans l'action. Le chœur reste un spectateur engagé et se contente d'exprimer les sentiments du public et de donner parfois des conseils aux héros. Enfin, Sophocle aurait été le premier à utiliser des panneaux peints amovibles pour figurer le décor. Il aurait dit : « Je peins les hommes tels qu'ils doivent être, Euripide les peint tels qu'ils sont. » Il fait une place plus large que ses prédécesseurs à la volonté humaine, et insiste sur la fragilité du bonheur humain et sur l'importance des revirements du sort. Même si l'homme croit être libre, il est en fait le jouet des dieux. Le héros de Sophocle peut tout au plus prendre conscience de cela, et affirmer sa liberté par un acte ultime, le suicide, comme le fait Ajax, ou par la révolte contre ce qu'il juge injuste. Ainsi, dans *Antigone,* l'héroïne, fille d'Œdipe, défie son oncle, le roi Créon, en enterrant son propre frère Polynice malgré l'interdiction formelle d'accorder une sépulture aux ennemis de Thèbes. Elle paiera de sa vie cette rébellion contre la raison d'État.

Le théâtre de Dionysos à Athènes

Le théâtre de Dionysos est sans doute le plus ancien lieu de spectacle à Athènes, mais, dans son état actuel, il date de l'époque romaine. Il a été édifié sur la pente sud de la colline de l'Acropole, à côté du temple de Dionysos Eleutheros, et comprenait un autel consacré à ce dieu, sur lequel on sacrifiait un cochon de lait afin de purifier le lieu. Le spectacle avait lieu en plein air et se déroulait dans l'*orchestra,* une aire circulaire, où évoluaient le chœur et les acteurs. Ces derniers se distinguaient des choreutes par leurs chaussures à semelle épaisse, les cothurnes, qui ont fini par symboliser la tragédie. Les spectateurs sont assis sur des gradins, à flanc de colline, grossièrement taillés dans le roc.

CHRONOLOGIE ◄

Naissance de Sophocle.	**496 av. J.-C.**
Eschyle fait représenter *les Perses.*	**472**
Naissance de Socrate.	**vers 470**
Première victoire de Sophocle.	**468**
Mort d'Eschyle. Premières tragédies d'Euripide.	**456**
Représentation d'*Ajax.*	**vers 445**
Sophocle est hellénotame.	**443**
Antigone est représentée.	**vers 441**
Sophocle est stratège pendant l'expédition de Samos, dirigée par Périclès.	**440**
Début de la guerre du Péloponnèse.	**431**
Mort de Périclès. Naissance de Platon.	**429**
Représentation d'*Œdipe roi.*	**vers 420**
Début de l'expédition de Sicile. Représentation d'*Électre.*	**415**
Révolution oligarchique des Quatre-Cents.	**411**
Représentation de *Philoctète.*	**409**
Mort de Sophocle.	**406**
Sophocle le Jeune, son petit-fils, fait représenter *Œdipe à Colone.*	**401**

◄ Masques tragiques (détail d'une mosaïque hellénistique de Sosos, IIe siècle). Les comédiens, ou *hypocrites,* portaient des masques destinés à exprimer les sentiments. L'ouverture de la bouche était doublée de cuivre pour amplifier la voix.

HÉRODOTE

Grec d'Asie, Hérodote raconta les guerres médiques dans ses Histoires. *Son rationalisme et son attention à la causalité en font le fondateur de la discipline historique. Curieux des mœurs des peuples non grecs, ce grand conteur conserva toutefois pour les Barbares le regard d'un Grec.*

LE DERNIER HAVRE D'UN VOYAGEUR

Au printemps 443, plusieurs milliers de colons grecs débarquent en Italie du Sud, pour y fonder une nouvelle cité, Thourioi. Sous le patronage d'Athènes, alors à l'apogée de sa puissance, l'entreprise rassemble des hommes venus de tout le monde grec. Parmi les plus célèbres, on remarque Hérodote, natif d'Halicarnasse, sur la côte d'Asie Mineure.

Son existence n'a été qu'un perpétuel voyage. À sa naissance (vers 490), la Méditerranée orientale est divisée entre deux mondes, l'Empire perse, qui domine l'Asie, et les cités grecques, disséminées de la Sicile aux côtes de l'Anatolie. Halicarnasse est à la jonction des deux univers, car elle vit sous la suzeraineté perse. On comprend dès lors que l'enfance d'Hérodote ait été particulièrement marquée par les guerres médiques, qui voient s'affronter Perses et Grecs (490-479).

Après la victoire grecque, Halicarnasse tombe sous l'hégémonie athénienne, mais Hérodote commence alors sa destinée de voyageur. Il sillonne l'Empire perse, visitant Babylone et remontant le Nil jusqu'à la première cataracte. Sa curiosité le mène dans la plaine d'Ukraine, habitée par les Scythes

◄ « Hérodote d'Halicarnasse présente ici les résultats de son enquête afin que le temps n'abolisse pas les travaux des hommes. » C'est ainsi que commencent les *Histoires* (ou *Enquêtes*). « Père de l'histoire » pour Cicéron, manquant de « science sérieuse » pour Plutarque, Hérodote demeure aujourd'hui encore la principale source pour étudier les guerres médiques.

-443

Fondation de Thourioi

Avec d'autres colons grecs, Hérodote s'installe dans cette nouvelle cité d'Italie du Sud, où il va rédiger ses *Histoires* ou *Enquêtes*.

Hérodote et l'Égypte

« L'Égypte est un don du Nil » : c'est sans doute la formule la plus célèbre d'Hérodote. On ne saurait s'en étonner, car la description de l'Égypte constitue l'un des passages les plus longs de ses *Histoires* ou *Enquêtes* (tout le livre II). Cette civilisation le fascine, car elle est barbare (c'est-à-dire non grecque) tout en étant raffinée. À bien des égards, l'Égypte apparaît comme un monde inversé : les femmes y urinent debout, et les prêtres y ont le crâne rasé, alors qu'en Grèce ils portent les cheveux longs. Hérodote a rassemblé une masse d'informations très importante sur le pays : il est le premier à décrire la crue du Nil, les techniques de momification ou la construction des pyramides. Son tableau n'est cependant pas exempt d'erreurs. Il croit en effet que le cours supérieur du Nil est parallèle au Danube.

barbares. Il séjourne aussi beaucoup en Grèce, spécialement à Athènes, où il intègre le cénacle culturel formé autour de Périclès, chef politique alors tout-puissant. Telle est l'explication de sa participation à la fondation de Thourioi, grand projet, associant tous les Grecs, organisé par Périclès. Ce sera le terme de ses voyages.

Le « père de l'histoire »

À Thourioi, il trouve enfin la retraite propice à la rédaction de ses *Histoires* (*Historiè* en grec). Le but est de conserver le souvenir des glorieux épisodes des guerres médiques, ce mémorable conflit qui a marqué son enfance. Mais il s'agit aussi d'en comprendre les causes. « Les chroniqueurs, chez les Perses, disent que les Phéniciens furent responsables de la querelle », assure Hérodote dans son prologue. En faisant de la recherche des causalités l'axe directeur de son livre, il joue un rôle fondamental dans la naissance de la méthode historique. Il mérite ainsi le surnom de « père de l'histoire », décerné par l'orateur romain Cicéron, quatre siècles plus tard.

Profondément rationnelle, sa démarche ne considère que les actes des hommes, sans avoir besoin de faire appel à l'intervention divine. Elle s'inscrit dans cet avènement de la Raison, qui accompagne la floraison de l'âge classique en Grèce au Ve siècle av. J.-C. Puisque son ouvrage est une enquête, Hérodote se veut un témoin, rapportant ce qu'il a vu et entendu. Longtemps, cependant, il a fait sourire, car on le taxait de naïveté. Délicieux conteur, il aime en effet raconter de « belles histoires », qui semblent trop belles pour être vraies. Mais les progrès de la recherche moderne lui ont souvent donné raison : son récit de l'avènement du roi Darius de Perse a été en partie confirmé par les inscriptions gravées par le roi sur la falaise de Béhistoun.

Un regard d'ethnologue ?

Mais ses *Histoires* ne se limitent pas au récit des guerres médiques. Elles sont remplies de digressions nombreuses, souvent fort longues, sur les pays du Proche-Orient et les mœurs de leurs habitants. D'une grande ouverture d'esprit, Hérodote ne manifeste pas le mépris habituel des Grecs pour les Barbares. Toutes les coutumes locales (*nomoï*) lui semblent a priori respectables. Les Babyloniens ont l'habitude de vendre aux enchères les filles nubiles les plus belles, afin d'employer l'argent ainsi recueilli pour trouver des époux aux plus laides : voilà qui est excellent ! Lorsqu'il décrit les pratiques guerrières des Scythes, Hérodote ne cille pas. Pourtant, ils boivent le sang de leurs ennemis morts et tissent des manteaux avec leurs scalps.

Ce regard tout à la fois curieux et compréhensif fait songer à celui des ethnologues, et Hérodote peut apparaître aussi comme le père de cette discipline. Toutefois, il aborde ces peuples barbares avec des schémas de pensée grecs. Il n'est pas choqué par les rites des Scythes, qui n'ont ni temple ni autel, mais interprète leur religion à partir de notions grecques. Leurs dieux sont ainsi systématiquement assimilés à des dieux du panthéon grec. Sa neutralité n'est donc en fait qu'apparente. Son œuvre souligne au contraire le clivage fondamental entre Grecs et Barbares.

► **Darius Ier** / 490 av. J.-C.
► **Périclès** / 438 av. J.-C.

CHRONOLOGIE

Naissance d'Hérodote à Halicarnasse.	**vers 490 av. J.-C.**
Première guerre médique : victoire des Athéniens à Marathon.	**490**
Mort de Darius Ier, roi de Perse. Son fils Xerxès lui succède.	**486**
Deuxième guerre médique : victoire des Grecs à Salamine.	**480**
Persécutée par le tyran d'Halicarnasse, la famille d'Hérodote se réfugie dans l'île de Samos.	**vers 479**
Fondation de la ligue de Délos, alliance de cités grecques des îles et d'Asie, dirigée par Athènes.	**478-477**
Mort du roi de Perse, Xerxès Ier. Son fils Artaxerxès lui succède.	**465**
Réformes d'Éphialtès à Athènes, établissant définitivement la démocratie.	**462-461**
Chute de la tyrannie à Halicarnasse. La cité entre dans la ligue de Délos. Hérodote revient brièvement à Halicarnasse avant de commencer ses voyages.	**vers 454**
Paix de Callias, traité terminant les guerres médiques.	**449**
Début de la construction du Parthénon.	**447**
Fondation de Thourioi, nouvelle cité d'Italie du Sud : Hérodote figure parmi les colons. Après l'exil de son rival, Thucydide, Périclès devient le chef politique prédominant à Athènes.	**443**
Début de la guerre du Péloponnèse entre Athènes et Sparte.	**431**
Mort d'Hérodote à Thourioi.	**vers 430**

PÉRICLÈS

La domination de Périclès sur la vie politique d'Athènes pendant quinze ans fut telle qu'il donna son nom au siècle le plus brillant de la Grèce classique, le « siècle de Périclès ». S'il approfondit la démocratie et favorisa la vie culturelle, son impérialisme agressif provoqua la guerre du Péloponnèse.

▲ Vase grec orné d'une scène de combat entre Grec et Perse. Développement des arts et guerre permanente, deux aspects de l'époque de Périclès.

◄ Figure emblématique de la démocratie athénienne, Périclès gouverna avec sagesse une cité appelée à dominer le monde grec. Buste du Ve siècle avant Jésus-Christ.

ORAISON FUNÈBRE D'UNE CITÉ ET D'UN HOMME

« En un mot, je l'affirme, notre cité dans son ensemble est l'école de la Grèce. » Ces mots prononcés par Périclès sont trompeurs. En effet, en cet hiver 431, Athènes célèbre les funérailles de ses soldats, tombés dans la première année d'une nouvelle guerre avec Sparte, la guerre du Péloponnèse. Au milieu des lamentations des femmes, des chars ont convoyé dans le cimetière du Céramique dix cercueils de cyprès, un par tribu. Après l'inhumation, Périclès, qui est encore l'homme politique le plus influent de son temps, prononce l'éloge funèbre des guerriers. Il en profite pour exalter le régime athénien et célébrer la démocratie, fondée sur l'égalité et la liberté, insistant sur le modèle que représente Athènes pour toute la Grèce. Il fait par là son apologie personnelle, puisque c'est lui qui, depuis une quinzaine d'années, domine la cité. Son discours s'apparente plutôt à un chant du cygne, car la situation est dramatique. Exaspérée par l'impérialisme athénien, Sparte, principale rivale d'Athènes, vient de lui déclarer la guerre, suivie par ses alliés du Péloponnèse, péninsule méridionale de la Grèce. Si la flotte athénienne est la plus puissante, Sparte possède la meilleure armée. Conscient de la faiblesse de son infanterie, Périclès compte sur la supériorité de sa marine. Il ordonne aux Athéniens de s'enfermer dans leur ville fortifiée, tandis que leur flotte harcèle les côtes du Péloponnèse. Ne rencontrant pas de résistance, les Spartiates ravagent les campagnes d'Athènes, coupant les oliviers et les pieds de vigne. En outre, l'entassement de la population dans la ville favorise la propagation d'une peste, arrivée d'Égypte (430), dont Périclès meurt à l'automne 429.

ATHÈNES, « L'ÉCOLE DE LA GRÈCE »

La formule de Périclès, « l'école de la Grèce », résume bien l'hégémonie athénienne au Ve siècle. Elle prend sa source dans le rôle capital qu'a tenu Athènes au cours des guerres médiques livrées par la Grèce, menacée d'invasion, à l'Empire perse. Ainsi, à Marathon, les hoplites athéniens, abandonnés par les contingents des autres cités, ont rejeté à la mer un débarquement perse (490), et, dans la baie de Salamine, la flotte athénienne a assuré l'essentiel de la victoire grecque (480). Lorsque Sparte, satisfaite des victoires, abandonne la lutte, Athènes prend la tête d'une confédération, la ligue de Délos, formée contre les Perses (477). Regroupant les cités des Cyclades, de Thrace et d'Asie Mineure, elle assure à Athènes la suprématie dans le monde grec et fait de la mer Égée un lac athénien. Parallèlement, un nouveau modèle politique est élaboré : le législateur Clisthène réorganise l'espace et le corps

-438

Achèvement du Parthénon

Construit à l'initiative de Périclès, il témoigne du rayonnement culturel de la cité athénienne au Ve siècle.

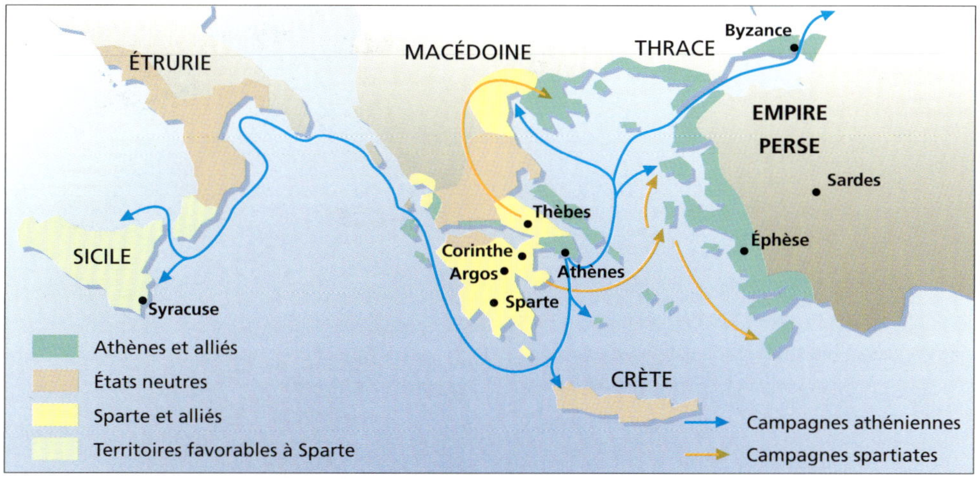

civiques, divisés en dix tribus (508-507). Il brise ainsi les cadres de domination aristocratique et fait triompher le principe d'isonomie, l'égalité des droits. La démocratie sort graduellement de cette réforme, centrée autour de l'ecclésia, l'assemblée du peuple qui rassemble tous les citoyens. Opposé à ces réformes, le parti aristocratique se rassemble autour de l'Aréopage, assemblée composée des anciens archontes, magistrats choisis parmi les plus riches. Mais le chef du parti démocratique, Éphialtès, le désarme en privant l'Aréopage de ses compétences politiques (462-461). Après l'assassinat de ce dernier, Périclès lui succède à la tête du parti démocratique et poursuit son combat.

Périclès ou la « tyrannie » de l'éloquence

Ainsi, la démocratie qui commence à se mettre en place à Athènes va trouver son guide en Périclès. De par son héritage familial, ce dernier est à la fois issu d'une lignée aristocratique et le dépositaire de traditions démocratiques. Sa mère, une Alcméonide, n'est autre que la nièce du réformateur Clisthène, alors que son père, Xanthippos, a été ostracisé (exilé) pour son appartenance au parti démocratique. Il doit à cette origine

La guerre du Péloponnèse

Périclès joua un rôle important dans le déclenchement de la guerre du Péloponnèse, mais disparut dès les débuts d'un conflit qui devait durer plus de vingt-cinq ans (431-404). Longtemps incertain, en raison du caractère équilibré des forces en présence, il bascula avec l'expédition de Sicile (415-413). À l'instigation d'Alcibiade, chef du parti démocratique et parent de Périclès, Athènes lança une expédition contre Syracuse, principale cité de Sicile, et alliée de Sparte. Mal mené, le siège de Syracuse tourna au désastre et vit la mort de 50 000 Athéniens et alliés. Les prisonniers finirent leurs jours dans les carrières de pierre des Latomies. À la suite d'une nouvelle défaite à Aigos-Potamos (405), Athènes dut accepter une paix humiliante (404). La ligue de Délos fut dissoute et la Grèce passa sous l'hégémonie spartiate. Sous la pression de Sparte, la démocratie fut supprimée et Athènes tomba provisoirement sous la tyrannie des Trente, de tendance aristocratique.

▲ Monnaie d'argent frappée de la chouette, animal consacré à Athéna, déesse protectrice des Grecs. Le regard de la chouette, perçant l'obscurité, symbolise l'intelligence qui pénètre les ténèbres.

CHRONOLOGIE

Naissance de Périclès à Cholargos (Athènes). **vers 494 av. J.-C.**

Victoire de Marathon. **490**

Ostracisme de Xanthippos, père de Périclès. **484**

Victoire de Salamine. **480**

Fondation de la ligue de Délos. **477**

Victoire de Syracuse sur les Étrusques à Cumes. **474**

Périclès assume la chorégie (organisation) des *Perses*, tragédie d'Eschyle. **472**

Réforme de l'Aréopage par Éphialtès. **462-461**

Périclès devient chef du parti démocratique. **461**

Transfert du trésor de la Ligue à Athènes. **454**

Décret de Périclès sur la citoyenneté. **451-450**

Paix de Callias : fin de la guerre avec la Perse. **449**

Périclès fonde une colonie panhellénique (commune aux Grecs) à Thourioi en Italie. **444-443**

Ostracisme de Thucydide, chef du parti aristocratique. **443**

Sophocle fait jouer sa tragédie *Antigone*. **441**

Révolte de Samos contre Athènes. **440**

Achèvement du Parthénon. 438

Début de la guerre du Péloponnèse. Fin de la construction des Propylées. Euripide fait jouer sa tragédie *Médée*. **431**

Peste d'Athènes. **430**

Mort de Périclès à Athènes. **429**

PÉRICLÈS

L'OSTRACISME

C'était une procédure qui permettait d'exiler pendant dix ans un homme considéré comme dangereux pour la démocratie. Elle était votée à l'agora, avec un quorum de 6 000 voix. Le vote s'effectuait avec des tessons de terre cuite (*ostrakon* en grec, origine du terme). Les Grecs attribuaient son invention à Clisthène, mais le premier cas date de 488-487. À l'époque des guerres médiques, tous les grands chefs politiques le subirent, Miltiade, vainqueur de Marathon, comme Thémistocle, vainqueur de Salamine.

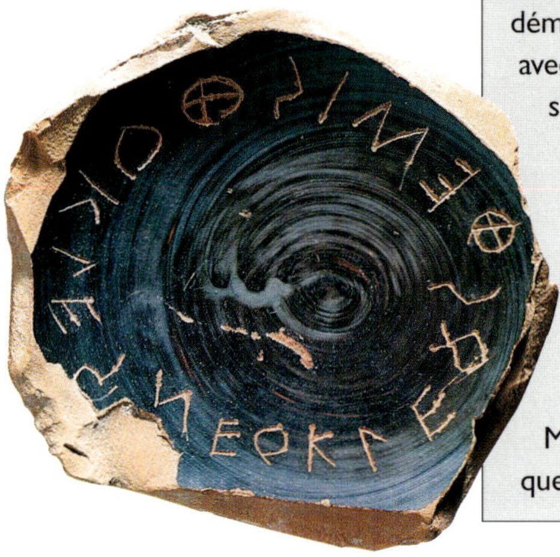

▲ Un *ostrakon*, morceau de terre cuite sur lequel était gravé le nom de la personnalité à bannir, ici, Thémistocle, fils de Néoclès.

un maintien réservé et distant, qui lui vaut le surnom d'« Olympien » par référence aux dieux de l'Olympe. Simple lieutenant d'Éphialtès en 462, il doit attendre une dizaine d'années pour accéder au premier plan, et doit affronter jusqu'à son ostracisme en 443 l'opposition systématique du chef aristocratique Thucydide. C'est alors que commence vraiment le « gouvernement de Périclès ». Pendant quinze ans (443-429), il est constamment réélu stratège, magistrat chargé de la guerre et de la diplomatie. Son influence vient principalement de son éloquence, qui lui permet de subjuguer l'ecclésia. Son rival malheureux Thucydide le constate ironiquement : « Quand je le terrasse à la lutte, il nie être tombé et par la persuasion fait changer d'opinion les spectateurs. » Pour être informel, ce pouvoir apparaît si fort que ses adversaires le qualifient de « tyrannie ». L'accusation est injuste, car critiques et attaques n'ont jamais cessé. Les auteurs comiques brocardent son crâne allongé en forme d'oignon, qu'il cache sous un casque, et plusieurs de ses amis sont condamnés à l'exil, tel le sculpteur Phidias, accusé d'avoir détourné de l'or.

DÉMOCRATIE ET IMPÉRIALISME

Au-delà de ses qualités personnelles, Périclès doit son aura à son programme politique, qui vient combler les désirs profonds du peuple. Il renforce le caractère démocratique de la cité en instituant le versement d'une indemnité aux jurés des tribunaux ; ainsi deux oboles par jour seront versées aux héliastes, ce qui permettra aux plus pauvres de siéger à l'Héliée, le tribunal d'Athènes ; il ouvre l'archontat aux paysans aisés, et assure la gratuité des spectacles aux indigents par la création de la caisse du théorique. Toutefois, la démocratie se ferme sur elle-même : en 451-450, Périclès fait voter un décret excluant de la citoyenneté les enfants d'unions mixtes. Les privilèges de la démocratie ne doivent pas être partagés avec des demi-Athéniens ! Cette arrogance se retrouve dans les relations

▼ Plan de l'Acropole (littéralement « la ville au sommet ») d'Athènes. Édifié sur ordre de Périclès et bâti par le célèbre sculpteur Phidias, le Parthénon en est le centre religieux.

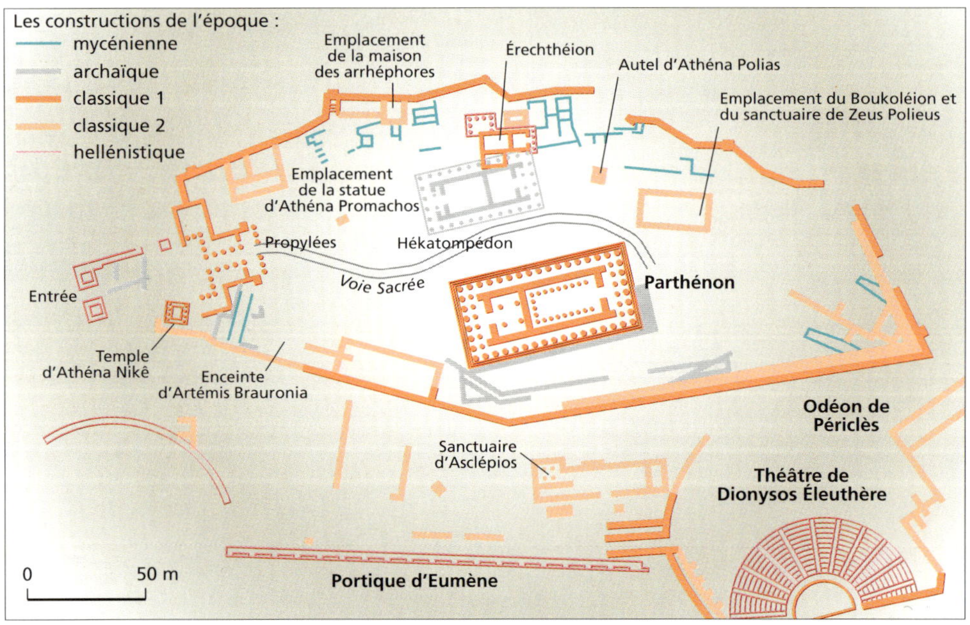

▲ Athènes au temps de Périclès (gravure du XIXe siècle). Cette vision romantique du monde grec idéalise les vertus de la démocratie athénienne où chacun peut s'exprimer sur l'*agora*, la place publique.

d'Athènes avec les alliés de la ligue de Délos. En effet, trop pauvres séparément pour monter une flotte, ces derniers ont préféré verser un tribut (*phoros*) à Athènes, qui centralise l'équipement de la flotte commune. Mais Athènes transfère le trésor de la Ligue sur l'Acropole (454) et ses fonds servent de plus en plus à financer les dépenses proprement athéniennes. Périclès ose même les affecter à la construction des monuments. « Avec les contributions versées pour la guerre, nous dorons et embellissons la ville comme une mijaurée », proteste vainement Thucydide. En outre, Athènes installe des clérouques, colons militaires, chez ses alliés, et progressivement la Ligue se mue en Empire athénien. Toute contestation est réprimée, telle celle de Samos, qui refuse une médiation athénienne lors d'un conflit avec Milet (440). Samos doit livrer sa flotte et les prisonniers samiens sont marqués au front d'une samienne (navire samien). Si impérialisme et démocratie vont de pair, les richesses de l'Empire profitant au peuple, la brutalité du premier se trouve à l'origine directe de la guerre du Péloponnèse.

Un artisan du « miracle grec »

L'action culturelle de Périclès reflète la même ambiguïté. Sincèrement passionné par les choses de l'esprit – dans sa jeunesse, il a suivi l'enseignement du musicien Damon et du philosophe Anaxagore, représentants du rationalisme –, il compte sur le prestige des réalisations culturelles pour affirmer la grandeur d'Athènes dans toute la Grèce. Au faîte de son pouvoir, il fréquente les plus grands intellectuels de son temps – l'historien Hérodote et l'architecte Hippodamos, l'auteur tragique Sophocle et le sculpteur Phidias –, et conduit Athènes à l'apogée de sa civilisation. Pour exalter la puissance d'Athènes, il fait édifier deux superbes monuments sur l'Acropole, le Parthénon, temple d'Athéna, déesse protectrice de la cité (447-438), et les Propylées, portique monumental marquant l'entrée de la colline (438-432). Financées par l'argent des alliés, ces constructions sont perçues par les contemporains comme un nouvel abus de l'impérialisme athénien. Construit par Phidias assisté de nombreux artistes, dont Ictinos et Callicratès, le Parthénon continue de symboliser toute la splendeur du « miracle grec ».

▶ **Sophocle** / 468 av. J.-C.

▶ **Socrate** / 399 av. J.-C.

ASPASIE

Courtisane ou concubine ?

Périclès ne faillit pas à la règle selon laquelle les Athéniens prenaient une épouse pour faire des enfants, mais recherchaient le plaisir auprès d'une concubine ou d'une courtisane. Il fut marié à une cousine, qui lui donna deux fils, mais Aspasie fut la femme de sa vie. Les auteurs comiques en firent une courtisane en jouant sur son nom (« Celle qui accueille »), mais elle fut en fait sa concubine. Originaire de Milet, cité grecque d'Asie Mineure, elle appartenait au groupe des métèques, étrangers résidant à Athènes, et ne pouvait épouser Périclès, puisqu'elle n'était pas fille de citoyen. Son intelligence égalait sa beauté. Elle tenait une sorte de « salon littéraire », fréquenté par les intellectuels de son temps. Elle aurait poussé Périclès contre Samos, ennemie de Milet (440). Selon la tradition, elle fut accusée d'impiété et sauvée grâce aux larmes de son amant, qui implora le tribunal. Elle eut un fils de Périclès, qui ne put devenir citoyen, en vertu du décret de son père.

▼ Le Parthénon abritait la monumentale statue chryséléphantine (or et ivoire) d'Athéna, haute de 12 mètres, sculptée par Phidias. Le temple fut gravement détérioré en 1687 lors de la guerre gréco-vénitienne.

HIPPOCRATE

Hippocrate fait figure de père de la médecine. Son nom recouvre en fait l'œuvre d'une école médicale qui, sous le double signe du rationalisme et de l'observation, établit une approche du corps humain affranchie de considérations religieuses ou magiques.

◄ Avec Galien, Hippocrate de Cos restera la principale autorité médicale tout au long du Moyen Âge et même encore au XVIIe siècle. En faisant effectivement reposer le diagnostic sur l'observation raisonnée, il fut l'un des artisans de la naissance de la médecine occidentale. Miniature byzantine du XIVe siècle.

L'AURA EXTRAORDINAIRE D'UN MÉDECIN

En 413, un différend surgit entre Athènes, la cité la plus puissante de la Grèce, et Cos, située sur une île proche de la côte méridionale de l'Asie Mineure. Chose surprenante, Cos ne choisit pas un homme politique pour plaider sa cause, mais un médecin, Hippocrate. Cet homme est en effet l'enfant le plus prestigieux de la cité et suscite l'admiration de toute la Grèce. Depuis longtemps déjà, Hippocrate ne vit plus à Cos, mais en Thessalie, au nord de la Grèce. Il n'intervient pas directement, mais envoie son fils, Thessalos, en ambassade à Athènes. Son aura agit à distance et la querelle s'apaise.
Ce rayonnement dépasse largement les frontières du monde grec. Le roi de Perse, Artaxerxès, le prie de s'installer à sa cour, mais le patriotisme d'Hippocrate l'amène à refuser, car les Perses sont les ennemis héréditaires des Grecs. Décimé par une peste, le peuple barbare des Illyriens, installé au nord-ouest de la Grèce, réclame son aide. Hippocrate refuse, par mépris des Barbares, mais utilise les renseignements ainsi obtenus pour combattre l'épidémie lorsqu'elle menace les Grecs à leur tour. Éperdue de reconnaissance, Athènes lui offre alors une couronne d'or. Dans un de ses dialogues,

Le serment d'Hippocrate

« Je jure par Apollon médecin, par Esculape, par Hygie et Panacée, par tous les dieux et toutes les déesses, les prenant à témoin, que je remplirai, suivant mes forces et ma capacité, le serment et l'engagement suivants ». Tel est le début du serment prêté actuellement par les médecins, à leur entrée dans l'Ordre. Intégré dans la *Collection hippocratique*, il était demandé aux candidats qui étaient admis dans l'école médicale de Cos à l'époque d'Hippocrate. On pense qu'il fut élaboré lorsque l'école s'ouvrit à des personnes étrangères au clan familial des Asclépiades. Il invoque les dieux grecs de la médecine, dont Asclépios (« Esculape »), mais ne signifie pas pour autant qu'Hippocrate avait une conception « religieuse » de la médecine.

Protagoras, le philosophe Platon lui exprime son admiration et compare sa célébrité à celle du sculpteur Phidias. Après sa mort, les nourrices prennent l'habitude d'appliquer du miel sur sa tombe et d'en frotter ensuite les lèvres des bébés dont elles ont la charge pour les guérir.

Un homme ou un moment ?

Comment expliquer une telle aura ? Sa vie ne nous aide pas beaucoup, car elle est très mal connue : on ignore ses dates précises (vers 460-370) et même l'âge de sa mort, 85 ou 109 ans selon les versions. Elle a de plus suscité de nombreuses légendes. Les esprits perfides ne racontent-ils pas qu'il a dû quitter Cos parce qu'il avait brûlé la bibliothèque qui lui faisait concurrence ?

À la vérité, l'homme compte moins que la tradition familiale. Hippocrate est issu du *genos* (clan) des Asclépiades, qui prétendent descendre du dieu de la Médecine, Asclépios, et exercent héréditairement cette activité depuis des générations. Sa pratique ne fait que synthétiser la somme de leurs observations, rassemblées depuis des décennies. Il en est de même pour l'œuvre d'Hippocrate. Sous le nom de *Collection hippocratique*, on range une soixantaine d'ouvrages de natures diverses, traités ou simples notes. La moitié, tout au plus, peut lui être attribuée et certains lui sont postérieurs. Cette collection rassemble en fait tout le savoir de l'école médicale de Cos. Certains écrits proviennent même de Cnide, école rivale dirigée par une autre branche des Asclépiades. À travers cette somme, c'est la médecine qui se constitue, en tant que pensée et en tant qu'« art » (pratique). Parce qu'il a illustré ce nouveau statut du médecin avec éclat, Hippocrate s'est vu attribuer la paternité de l'« art médical ».

La médecine : du diagnostic à la sagesse

En raison de sa diversité, la *Collection hippocratique* offre parfois des conceptions divergentes sur certaines questions. Ainsi, des textes préconisent de s'inspirer des principes philosophiques, alors que d'autres les rejettent pour leur simplisme, affirmant l'autonomie de la médecine par rapport à la philosophie. Il n'en reste pas moins que des principes communs émergent. Fondamentalement rationnelle, la démarche hippocratique ne fait pas plus appel aux dieux, pour comprendre la cause de la maladie, qu'à la magie, pour la guérir. Utilisant l'observation, elle rassemble le maximum d'éléments pour établir le diagnostic. L'absence de dissection entraîne toutefois des erreurs : Hippocrate ne cite pas le cœur à propos du système sanguin et croit en l'existence d'un sperme féminin.

Sa théorie médicale s'appuie sur la notion de nature (*physis*). Chaque être a sa nature propre, régie par des rapports constants entre ses éléments. La maladie apparaît quand un déséquilibre s'installe au profit d'un élément et le médecin doit rétablir l'équilibre, en faisant jouer les éléments contraires. Ainsi est justifiée la pratique de l'allopathie, qui va conditionner la médecine pendant des siècles. Cette réflexion inscrit évidemment la médecine dans le triomphe du rationalisme, qui marque le classicisme grec. Elle la rapproche aussi de la philosophie et les traités hippocratiques sont parsemés d'aphorismes, tel le fameux : « La vie est courte, mais l'art est long. » Pour cette raison, Hippocrate a fait figure de « sage » aux yeux des Grecs.

▶ **Hérodote** / 443 av. J.-C.

-413

Querelle entre Cos et Athènes

Choisi par la cité d'Asie Mineure comme avocat, Hippocrate envoie son fils en ambassade à Athènes et apaise le conflit.

CHRONOLOGIE

Naissance d'Hippocrate à Cos. **vers 460 av. J.-C.**

Paix de Callias, terminant les guerres médiques entre Grecs et Perses. **449**

Le sculpteur Phidias achève la statue de Zeus à Olympie. **448**

Périclès devient l'homme politique dominant d'Athènes. Hérodote s'installe à Thourioi, en Italie du Sud, et commence ses *Histoires* ou *Enquêtes*. **443**

Fin de la construction du Parthénon. **438**

Début de la guerre du Péloponnèse entre Athènes et Sparte. **431**

L'historien Thucydide est exilé d'Athènes : il va commencer son *Histoire de la guerre du Péloponnèse*. **424**

Querelle entre Cos et Athènes. 413

Fin de la guerre du Péloponnèse. Sparte, vainqueur, devient la cité hégémonique à la place d'Athènes. **404**

Procès et mort du philosophe Socrate à Athènes. **399**

Fondation de l'Académie par le philosophe Platon. **387**

Victoire de Thèbes sur Sparte à Leuctres. Thèbes s'assure l'hégémonie en Grèce. **371**

Mort d'Hippocrate à Larissa, en Thessalie. **vers 370**

SOCRATE

Considéré comme l'un des plus grands philosophes grecs, Socrate n'est connu qu'à travers le témoignage de ses disciples, car il n'a laissé aucun écrit. Sa condamnation à mort en a fait le symbole des injustices commises par la démocratie athénienne.

▲ *La Mort de Socrate*, par J. L. David. Le philosophe s'apprête à boire la ciguë : cette peine capitale, réservée aux condamnés politiques, leur permettait de mourir sans souffrance, entourés de leurs proches.

LE MAÎTRE DE JEUNES ARISTOCRATES

Socrate est né à Athènes vers 470 av. J.-C., dans un milieu modeste : son père, Sophroniscos, est un simple sculpteur, et sa mère, Phainarète, sage-femme. Petit et très laid, le nez camus, il ressemble à un silène, compagnon de Dionysos, ce qui ne l'empêchera pas de fasciner les plus beaux jeunes gens d'Athènes. Il abandonne très vite le métier de son père pour se consacrer à la philosophie. Il discute avec ses disciples en déambulant dans n'importe quel endroit d'Athènes : le long des rives de l'Ilissos, sur l'agora ou dans les rues de la ville. À la différence des sophistes, il ne fait pas payer ses leçons, et vit dans la pauvreté. Celle-ci est cependant toute relative, puisqu'il sert comme hoplite (fantassin lourdement armé) pendant la guerre du Péloponnèse, ce qui supposait qu'il avait une fortune minimale. Il aime à s'entourer de jeunes gens, le plus souvent de familles célèbres par leur noblesse ou leur richesse – Platon, Alcibiade, Xénophon –, mais apprécie aussi de discuter avec de simples artisans.

UN BUT : LA RECHERCHE DE LA VÉRITÉ

L'enseignement dispensé par Socrate est avant tout oral. Il élabore sa pensée en discutant avec ses disciples, mais ne couche rien par écrit. C'est donc uniquement grâce aux témoignages laissés par deux d'entre eux, Xénophon et Platon, que l'on peut connaître sa philosophie, mais comme tous deux en avaient une vision différente, il est difficile de la reconstituer avec précision. Socrate apparaît comme un sage, avant tout soucieux de trouver la vérité. L'importance du dialogue est prépondérante : en discutant avec son interlocuteur, Socrate, avec une subtile ironie, l'amène peu à peu à prendre conscience des faiblesses de ses affirmations. Selon le philosophe, chacun porte la

◄ Double buste du Romain Sénèque et de Socrate (marbre romain Ier-IIIe siècle). Ces modèles de sagesse ont mis tous les deux en avant la vertu et la recherche de la liberté individuelle.

vérité en soi et doit en accoucher. Socrate joue simplement le rôle d'accoucheur des âmes : c'est la maïeutique. Dans le dialogue de Platon qui porte son nom, Ménon, un noble thessalien, compare Socrate à une torpille marine, qui engourdit tous ceux qu'elle touche, car le philosophe provoque le doute chez tous ceux qui l'approchent.

Une rectitude intacte face aux troubles politiques

À l'époque où Socrate enseigne, Athènes connaît de graves troubles. Elle avait formé en 478 av. J.-C. la ligue de Délos, une alliance militaire regroupant de nombreuses cités grecques contre les Perses, mais elle l'a transformé en un empire où elle exerce seule le pouvoir. Cette politique impérialiste est à l'origine de la guerre du Péloponnèse, qui éclate en 431 et l'oppose à Sparte, sa grande rivale. À l'issue de la guerre, en 404, Athènes est ruinée, et son territoire, dévasté. Plus grave encore, elle a perdu son empire. La défaite entraîne la tyrannie d'un groupe d'aristocrates, les Trente, dont certains sont des élèves de Socrate. Chargés d'élaborer une nouvelle constitution, ils instaurent un régime de terreur et pourchassent les partisans de la démocratie, qui sont exilés ou mis à mort. Mais Socrate ne se laisse pas gagner par l'hystérie belliciste pendant la guerre, puis décide de ne pas collaborer avec les Trente : quand ces derniers lui demandent d'aller chercher un certain Léon de Salamine pour le mettre à mort, il refuse de leur obéir.

La mort de Socrate : un crime de la démocratie

Après quelques mois, l'un des démocrates exilés, Thrasybule, réussit à revenir en Attique et à chasser les Trente. Même si l'accord qu'il conclut avec les Athéniens prévoit l'amnistie pour ceux qui n'ont pas pris part aux crimes des Trente, le climat reste tendu à Athènes dans les années qui suivent. Socrate est rendu suspect par son admiration pour Sparte. En 399, trois citoyens l'accusent de ne pas reconnaître les mêmes dieux que la cité et de corrompre la jeunesse. Ami d'Alcibiade et de certains des Trente, Socrate passe en effet pour le mauvais conseiller d'hommes qui ont nui à la démocratie. Considérant que toute sa vie plaide pour lui, il refuse de préparer sa défense et d'apitoyer les juges en faisant défiler sa famille en pleurs. Une courte majorité le condamne à mort. Ses amis le pressent de s'enfuir, mais Socrate leur répond qu'il détruirait la cité s'il ne respectait pas son jugement. Il s'empoisonne en buvant une coupe de ciguë après un dernier entretien avec ses disciples. Ces derniers donneront à sa mort un caractère exemplaire, en le présentant comme la victime de la démocratie.

▶ **Platon** / 387 av. J.-C.

ALCIBIADE

Un élève de Socrate

Jeune aristocrate de l'entourage de Socrate, issu de l'illustre famille des Alcméonides, Alcibiade appartient à la jeunesse dorée d'Athènes. En 416 av. J.-C., il se fait remarquer en prônant l'intervention armée pour soutenir la cité d'Égeste contre Syracuse, et il est désigné pour être l'un des chefs de l'expédition de Sicile. Mais Alcibiade est compromis dans une affaire de sacrilège : des Hermès, bornes de pierre surmontées de la tête du dieu, ont été mutilés. Il est rappelé à Athènes pour y être jugé, mais il fuit et se réfugie à Sparte, où il prodigue ses conseils aux ennemis de sa patrie. En 407, il réussit à revenir à Athènes, après une série de victoires, mais l'hostilité qu'il y rencontre le conduit à s'exiler en Thrace, puis en Phrygie, où il est assassiné.

-399

Mort de Socrate

Accusé de corrompre la jeunesse et condamné à mort, Socrate met fin à ses jours en buvant une coupe de ciguë.

CHRONOLOGIE

Naissance de Socrate à Athènes.	**vers 470 av. J.-C.**
Mort d'Eschyle.	**456**
Construction du Parthénon.	**447-438**
Naissance d'Aristophane.	**vers 445**
Début de la guerre du Péloponnèse.	**431**
Peste d'Athènes.	**430**
Mort de Périclès. Naissance de Platon.	**429**
Naissance de Xénophon.	**428**
Alcibiade entraîne Athènes dans l'expédition de Sicile. Il est accusé de sacrilèges.	**415**
Alcibiade passe du côté de Sparte.	**414**
L'expédition de Sicile se solde par un échec.	**413**
Les oligarques établissent à Athènes le régime des Quatre-Cents.	**411**
Alcibiade revient à Athènes.	**407**
Bataille des Arginuses : victoire navale des Athéniens sur les Spartiates.	**406**
La flotte athénienne est défaite à l'embouchure de l'Aigos-Potamos.	**405**
Athènes capitule. Tyrannie des Trente.	**404**
La démocratie est rétablie à Athènes.	**403**
Mort de Socrate.	**399**

PLATON

Renonçant à la carrière politique, le jeune aristocrate Platon décide de se consacrer à la philosophie et devient un fervent disciple de Socrate. Hostile à la démocratie, il élabore le modèle d'une cité idéale, et fonde une école, l'Académie, qui rencontrera un vif succès.

▲ L'allégorie de la Caverne, présentée par Platon dans *la République*, peint l'âme qui monte de l'ignorance à la vérité.

LES TRIBULATIONS D'UN ARISTOCRATE

Né vers 429 av. J.-C. dans une famille riche et illustre d'Athènes, le jeune Aristoclès est surnommé « Platon » (du grec *platus*, « large »), en raison de son large front. Il reçoit une solide instruction, suit les leçons des sophistes et, surtout, devient en 408 le disciple de Socrate. Si ses origines le prédestinent à une brillante carrière politique, le spectacle des conflits qui déchirent sa patrie et particulièrement la condamnation à mort de Socrate en 399 le détournent de la vie politique athénienne. Il commence une vie d'exil à Mégare, avec d'autres compagnons de Socrate, puis se rend en Sicile, à Syracuse, où règne alors le tyran Denys Ier l'Ancien, qui finira par le chasser. Durant son voyage de retour vers sa patrie, Platon est capturé par une de ces bandes de pirates qui infestent alors la Méditerranée ; il est vendu comme esclave avant d'être racheté par un ami. Une fois revenu à Athènes, vers 387, il fonde une école de philosophie dans les jardins consacrés au héros Académos (d'où le nom d'« Académie » pour cette école).

À LA RECHERCHE DU MONDE DES IDÉES

À l'exception de son dernier ouvrage, *les Lois*, son œuvre est dominée par la figure de Socrate, qu'il met en scène dans de nombreux dialogues. S'efforçant de définir des notions comme le mensonge, le devoir, la sagesse, le courage ou encore la piété, il expose la méthode socratique, la « maïeutique », par laquelle Socrate, tout en maniant l'ironie, amène son interlocuteur à se contredire et à remettre en cause ses idées préconçues. Selon la philosophie de Platon, le monde sensible n'est qu'une copie dégradée du monde authentique des Idées, des formes pures. Il développe ses conceptions à travers diverses allégories, dont la plus célèbre est celle de la Caverne : l'homme est prisonnier de son corps comme un captif dans une profonde caverne. De même que ce dernier ne peut apercevoir que les ombres des choses réelles, l'homme ne perçoit que le pâle reflet des Idées. L'âme peut toutefois retrouver ces Idées, car avant d'être enfermée dans le corps, elle a vécu avec les pures formes célestes. Grâce à la philosophie, elle peut se remémorer les Idées. Cette réminiscence est rendue possible par la dialectique, qui consiste à formuler pour chaque problème les questions qui permettront de le résoudre.

◄ Platon nous a non seulement légué l'inestimable héritage de la pensée socratique, mais il est également aux sources de la philosophie occidentale.

Une utopie politique : *la République* de Platon

Platon éprouve une violente aversion pour la démocratie, qui est responsable de la mort de Socrate. Dans son traité intitulé *la République*, il trace le plan d'une cité idéale, qui sacrifie l'individu à la collectivité. La cité doit être divisée en trois classes : au bas de la hiérarchie se trouve la classe des travailleurs, qui comprend les artisans, les commerçants et les paysans. Les membres de la deuxième classe, celle des « gardiens », ou guerriers, ne devront rien posséder en propre, et vivront en communauté. Ils feront l'objet d'une sévère sélection dès l'enfance et recevront une formation solide, à base de gymnastique et de musique. Leur rôle sera d'assurer l'ordre à l'intérieur de la cité et de défendre son intégrité. Enfin, au sommet de la hiérarchie se trouvent les philosophes, chargés de faire régner la justice, sans avoir à justifier leurs décisions. Ils peuvent se montrer impitoyables, si besoin est. Les femmes ne seront pas exclues des travaux communs, et pourront être gardiennes. Il n'y aura que des mariages provisoires, décidés par les philosophes, et les enfants seront élevés en commun.

Un essai de réalisation : les expériences syracusaines

Après la mort de Denys Ier en 367 av. J.-C., Platon retourne à deux reprises à Syracuse. Lors d'un premier séjour, auprès de Denys II le Jeune, il espère jouer le rôle de conseiller du prince, peut-être pour appliquer ses idées politiques, mais ses espoirs sont déçus. En 361, il retourne à Syracuse pour tenter de réconcilier Denys et son beau-frère Dion ; ami de Platon, qui l'avait converti à la philosophie lors de son premier voyage à Syracuse, Dion avait été accusé de trahison et banni par le tyran. Là encore, son entreprise échoue, et il risque même la mort, n'y échappant que grâce à l'intervention du philosophe pythagoricien Archytas de Tarente. Au bout de quelques mois, le tyran consent enfin à le laisser repartir. De retour à Athènes, Platon se consacre exclusivement à l'enseignement de la philosophie à l'Académie, qui connaît un vif succès. Il en lègue la direction à son neveu et disciple Speusippe.

Les sophistes

L'arrivée à Athènes de sophistes célèbres, comme le fameux Protagoras, que Platon met en scène dans un de ses *dialogues*, suscite l'enthousiasme des jeunes aristocrates. Ces professeurs itinérants, d'origine étrangère pour la plupart, font payer fort cher leurs leçons, ce que Platon leur reproche. Le savoir qu'ils dispensent permet, dit-on, de se sortir de toutes les embûches en retournant la situation à son avantage, et donc de faire une brillante carrière politique. Ils affirment le caractère relatif des lois qui régissent les sociétés humaines, allant jusqu'à professer que « la justice n'est que l'intérêt du plus fort ». Pour eux, il n'y a pas de vérités absolues, mais seulement des vérités relatives, les *doxai*.

▶ **Socrate** / 399 av. J.-C.
▶ **Aristote** / 335 av. J.-C.

◄ L'Académie de Platon (mosaïque de Pompéi). La célèbre école philosophique jouira d'un immense prestige dans tout le monde antique jusqu'à sa fermeture par l'empereur Justinien, en 529 apr. J.-C.

vers -387

Fondation de l'Académie

Créée par Platon, elle devait dispenser à la jeunesse la formation philosophique et scientifique indispensable à la bonne conduite de la cité.

CHRONOLOGIE ◄

Guerre du Péloponnèse. **431-404 av. J.-C.**
Naissance de Platon. Mort de Périclès. **429**
Naissance de Xénophon. **428**
Représentation des *Nuées* d'Aristophane. **423**
Paix de Nicias. **421**
Début de l'expédition de Sicile. **415**
Trahison d'Alcibiade. **414**
Désastre de l'expédition de Sicile. Les Spartiates occupent la forteresse de Décélie. **413**
Révolution oligarchique des Quatre-Cents. **411**
Platon devient le disciple de Socrate. **408**
Retour d'Alcibiade à Athènes. **407**
Bataille des Arginuses et procès des stratèges. **406**
Défaite d'Aigos Potamos. **405**
Fin de la guerre du Péloponnèse et capitulation d'Athènes. **404**
Tyrannie des Trente à Athènes. **404-403**
Procès et condamnation à mort de Socrate ; Platon s'exile à Mégare. **399**
Mort de l'historien Thucydide. **vers 395**
Platon quitte Syracuse et retourne à Athènes. **Fondation de l'Académie.** **387**
Naissance d'Aristote. **384**
Mort de Denys Ier ; deuxième séjour de Platon à Syracuse. **367**
Troisième séjour de Platon à Syracuse. **361**
Avènement de Philippe II de Macédoine. **359**
Mort de Platon à Athènes. **347**

ARISTOTE

Disciple de Platon, Aristote fonda cependant une école philosophique en rupture avec la pensée platonicienne. Maître d'Alexandre, il échoua dans son rôle de conseiller des princes, mais son œuvre encyclopédique posa les bases du rationalisme occidental.

▲ L'œuvre d'Aristote a très vite été diffusée dans tout le monde méditerranéen. Une page de l'unique manuscrit conservé sur papyrus, daté du IIe siècle apr. J.-C.

▲ Pour Aristote, rien n'existe sans la raison. Il ouvre ainsi la voie aux philosophes qui ont vu dans le monde un ensemble logique dont l'homme serait le centre.

LE LYCÉE CONTRE L'ACADÉMIE

Un terme célèbre, devenu ambigu, qualifie l'école d'Aristote : l'école péripatéticienne. À la vérité, ce qualificatif, qui signifie « marcher autour », concerne toutes les écoles philosophiques grecques, puisque les maîtres enseignaient en marchant autour d'un portique ou d'un jardin. La fondation du Lycée, en 335, dans un gymnase de la banlieue d'Athènes, résonne comme une déclaration de guerre. Dans sa jeunesse (366-347), Aristote a suivi les leçons de l'Académie, dirigée par Platon. Parti d'Athènes à la mort de Platon, il retrouve, à son retour, une Académie sclérosée, qui de surcroît est dirigée par un concurrent. Le Lycée se pose donc en rival de l'Académie. De sa voix zézayante, Aristote y prodigue son enseignement, le matin au cours de promenades, l'après-midi dans des cours magistraux. Accentuant une tendance de Platon, il abandonne le dialogue comme instrument pédagogique. Son succès auprès de la jeunesse en fait le principal maître de philosophie d'Athènes, mais lui attire des jalousies. En 323, il est accusé d'impiété, comme Socrate. Prévenant la condamnation, il s'enfuit en Eubée, mais ne tarde pas à y mourir d'un ulcère, qu'il a essayé, en vain, de soigner par des bains d'huile.

MAÎTRE ET CONSEILLER DES PRINCES

Dans la tradition de son maître Platon, qui avait cherché à conseiller le tyran Denys de Syracuse, Aristote pense que le philosophe doit guider les princes. Après la mort de Platon, il passe trois années à la cour d'Hermias, tyran d'Assos en Asie Mineure, ancien élève de l'Académie (347-344). Le tyran lui donne sa nièce en mariage, et Aristote, reconnaissant, compose un *péan* (poème) en son honneur. Mais Hermias périt assassiné par les Perses. En 342, le roi Philippe II de Macédoine lui confie l'éducation de son fils adolescent, Alexandre. Il s'agit d'un retour aux sources, car Aristote est natif de Stagire, cité grecque de Macédoine, et son père fut médecin des rois de ce pays. À son contact, Alexandre acquiert une solide culture générale, mais se révèle réfractaire à la philosophie proprement dite. Aristote espère devenir par la suite son principal conseiller, mais l'avènement d'Alexandre déçoit son attente (336). Repartant pour Athènes, il laisse son neveu, l'historien Callisthène, à la cour de Macédoine (335). Opposé au despotisme du roi, celui-ci finit par être enfermé dans une cage de fer, où il croupit, rongé par la vermine, avant d'être jeté aux lions. L'action d'Aristote auprès des princes se solde donc par un échec cuisant. De plus, ses liens avec la Macédoine lui causent ensuite, à Athènes, de nouveaux déboires : son exil de 323 survient au lendemain de la mort d'Alexandre, alors que la Grèce se révolte contre la domination macédonienne.

Une encyclopédie du savoir humain

Dans l'*Éthique à Nicomaque*, ouvrage de morale adressé à son fils, Aristote déclare qu'il éprouve du chagrin à combattre des amis, mais que la recherche de la vérité est prioritaire. Tout en étant marqué par Platon, Aristote s'est en effet opposé à son ancien maître. Hostile à la théorie des Idées, il estime que la philosophie est la science des choses et de leurs causes. Il rassemble dès lors toutes les connaissances sur le monde, dans un projet encyclopédique, qui traite aussi bien de biologie que de morale, de poésie que de politique. Réunis par ses disciples, ses traités sont publiés seulement trois siècles après sa mort, à l'époque romaine. Une telle enquête sur le vivant fait une place majeure aux préoccupations scientifiques, liant science et philosophie, et requiert un réel esprit d'observation. La logique organise l'ensemble de l'œuvre, guidant la classification des connaissances et la compréhension des causalités. L'étude des causes permet de remonter jusqu'à Dieu, moteur de toute chose, conçu comme mouvement. Avec son primat de la logique, Aristote met en place les structures essentielles du rationalisme occidental, au moment où son élève Alexandre ouvre de nouveaux territoires à l'hellénisme.

Sa pensée, accordant la primauté à la raison et à l'empirisme, restera vivante pendant des siècles, et, au Moyen Âge, l'Église s'en inspirera pour étayer son entreprise de rationalisation de la foi.

► **Platon** / 387 av. J.-C.
► **Alexandre le Grand** / 333 av. J.-C.
► **Avicenne** / 1015
► **Thomas d'Aquin** / 1256

Le grand philosophe du Moyen Âge

Ce sont les Arabes qui ont transmis à la postérité l'œuvre d'Aristote dans toute son ampleur. À la fin de l'Antiquité, les Occidentaux ne connaissent plus que les ouvrages de logique. Aux VIIIe-IXe siècles, les Arabes traduisent l'ensemble des traités, qui inspirent les œuvres d'Avicenne (XIe s.) et d'Averroès (XIIe s.), inventeurs du rationalisme en milieu musulman. Par l'intermédiaire de textes arabes venus d'Espagne, l'Occident chrétien découvre un « nouvel Aristote », au XIIe siècle. Il joue un rôle majeur dans l'éclosion de la philosophie en Europe, mais pose le problème de sa conciliation avec la pensée chrétienne. Au XIIIe siècle, Thomas d'Aquin articule foi chrétienne et raison aristotélicienne. Mais cette pensée se sclérose en scolastique et doit affronter la contestation humaniste à la Renaissance.

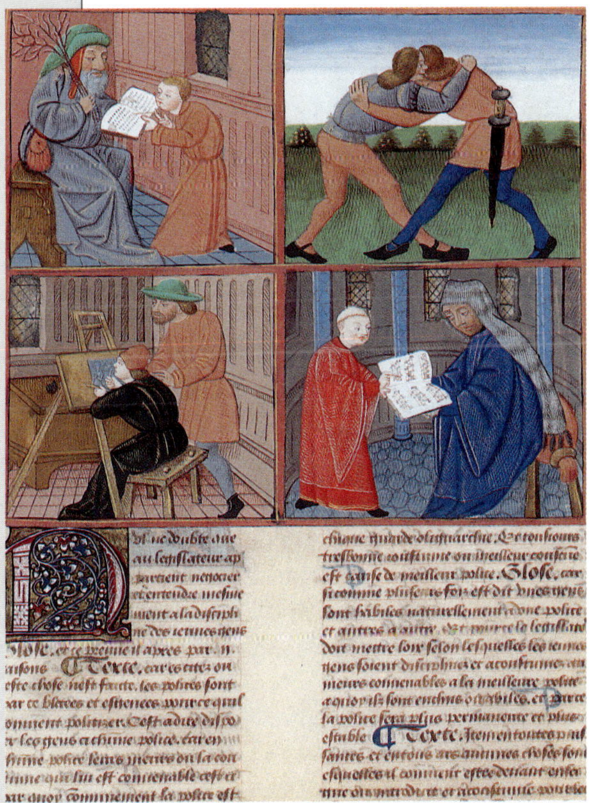

▲ Page de la *Politique* d'Aristote (manuscrit du XVe siècle), où l'homme est décrit comme un « animal politique » à éduquer. Ici, l'éducation scolaire, militaire, artistique et religieuse.

-335

Aristote fonde le Lycée

Son école se pose en rivale de l'Académie créée par Platon. Aristote y enseignera pendant douze ans.

CHRONOLOGIE

Naissance d'Aristote à Stagire, en Macédoine. **384 av. J.-C.**

Victoire des Thébains sur les Spartiates à Leuctres. Hégémonie thébaine sur la Grèce. **371**

Études à Athènes dans l'Académie de Platon. **366-347**

Philippe II roi de Macédoine. **359**

Démosthène, le plus grand orateur athénien, prononce son premier discours contre les projets d'expansion de Philippe II en Grèce (*Philippique*). **351**

Mort de Platon. **347**

Séjour auprès d'Hermias, tyran d'Assos. **347-344**

Séjour à Mytilène, dans l'île de Lesbos. **344-342**

Aristote devient le précepteur d'Alexandre, fils de Philippe II, roi de Macédoine. **342**

Victoire de Philippe II sur les Grecs à Chéronée. Hégémonie macédonienne sur la Grèce. **338**

Alexandre accède au trône de Macédoine. **336**

Aristote fonde le Lycée, après son retour à Athènes. **335**

Mort d'Alexandre et révolte de la Grèce contre l'hégémonie macédonienne. Aristote doit fuir Athènes, mais laisse ses traités dans la bibliothèque du Lycée. **323**

Mort d'Aristote à Chalcis, en Eubée. **322**

ALEXANDRE
LE GRAND

Roi de Macédoine et maître de la Grèce, Alexandre a conquis l'Empire perse de l'Asie Mineure à l'Inde. Devenu l'héritier des rois perses, il ouvrit une ère de brassages par la diffusion de l'hellénisme en Orient et le rapprochement des aristocraties.

LA BATAILLE D'ISSOS : NAISSANCE D'UN CONQUÉRANT

En novembre 333, dans la plaine d'Issos, à la frontière de la Cilicie et de la Syrie, le roi de Macédoine Alexandre III et le roi de Perse Darius III sont pour la première fois face à face. Il y a un an déjà que le Macédonien a envahi l'Empire perse, en débarquant sur la côte nord-ouest de l'Asie Mineure. Il conduit une armée non seulement macédonienne mais aussi grecque, car il agit en tant que chef de la ligue de Corinthe, rassemblant les cités helléniques. Darius l'a traité de haut, lui envoyant un fouet, une balle et quelques pièces d'or, comme à un enfant. Hanté par les exploits d'Achille, son héros, Alexandre écrase les mercenaires du Grand Roi au Granique (printemps 334) et s'empare des cités grecques de la côte. À Gordion, en Phrygie, un oracle promet la domination à celui qui dénouera le nœud d'un attelage votif : Alexandre le tranche de son épée ! Descendant vers la Syrie, il s'enfonce dans les profondeurs de l'Empire perse. Inquiet, Darius décide donc d'intervenir et prend Alexandre à revers, le coupant de l'Anatolie. Alexandre est contraint à la bataille en mauvaise posture.

◄ Sous le burin du sculpteur Ménas, Alexandre le Grand semble un dieu de la mythologie grecque, pareil à son héros Achille dont il disait être le descendant.

Plus de cent mille soldats perses se retranchent derrière des palissades de bois, dominés par la figure de Darius, debout sur son char, constellé de pierreries. Forte seulement de trente mille hommes, l'armée macédonienne présente en son centre son infanterie lourde, la phalange, rangée sur seize rangs de profondeur. À chaque aile évolue la cavalerie. Placé à l'aile droite, entouré de ses compagnons, qui lui servent à la fois de gardes du corps et d'état-major, Alexandre charge avec impétuosité. Il disperse l'infanterie asiatique, enfonce le flanc de la garde royale, cherchant à atteindre le char de Darius, toujours impassible. Bien que blessé à la cuisse, il touche au but, lorsque le Grand Roi disparaît dans un nuage de poussière. Constatant la fuite de leur souverain, les Perses se débandent. La mobilité de la cavalerie gréco-macédonienne l'a encore emporté. Le soir, Alexandre mange, dans la tente de Darius, le repas préparé pour le Grand Roi.

L'HÉRITIER DE PHILIPPE II

Ce jeune homme de vingt-trois ans est le maître d'une puissance récente. Située au nord de la Grèce, la Macédoine s'est progressivement hellénisée et ses souverains revendiquent son appartenance au monde grec. Constamment menacée par les Barbares du Nord, un moment vassale de la Perse, elle n'a pendant longtemps joué qu'un rôle modeste sur la scène internationale. Mais le roi Philippe II (359-336) va changer sa destinée. Colosse barbu et

-333

Victoire d'Issos

La victoire sur le roi des Perses Darius III ouvre à Alexandre la voie de la conquête de la Syrie et de l'Égypte.

▲ Miniature du *Roman d'Alexandre* (XVe siècle) représentant le jeune souverain suivant la leçon de son maître Aristote. Une version du *Roman d'Alexandre*, composée en vers de 12 syllabes, a donné son nom au vers alexandrin.

pansu, rendu borgne et boiteux par les blessures, il sait déployer autant d'énergie que de ruse. Après avoir éliminé la menace illyrienne et étendu son influence sur la Thrace, il décide de profiter de la division des cités grecques. Vingt ans de manœuvres affaiblissent ses ennemis et une dernière bataille, la victoire de Chéronée sur les Athéniens et les Thébains, lui livre la Grèce (338). À Corinthe, il organise une ligue des cités dont il est l'*hégémon* (« chef »). Pour unifier les Grecs derrière lui, il leur donne un but : la guerre contre la Perse. Alexandre entretient des rapports complexes avec son père. Philippe lui procure le meilleur maître du temps, le philosophe Aristote (342), et lui confie le commandement de la cavalerie à Chéronée. Mais Alexandre lui reproche les mauvais traitements qu'il inflige à sa mère, Olympias, une princesse d'origine épirote. La reine laisse d'ailleurs entendre qu'il n'est pas le fils de Philippe mais de Zeus, roi des dieux, venu la féconder sous la forme d'un serpent. En 338, Philippe prend une deuxième femme, Cléopâtre, et suggère qu'Alexandre est un bâtard. Sa mort dénoue la situation : en août 336, il tombe assassiné par un officier des gardes, lors d'une représentation théâtrale. Alexandre se saisit du pouvoir et Olympias oblige sa rivale à se pendre. Ont-ils guidé le bras du meurtrier de Philippe ? En tout cas, Alexandre as-

La phalange macédonienne

La phalange, formation compacte de fantassins lourds, fut l'un des instruments majeurs des conquêtes d'Alexandre. Elle appartient à l'histoire militaire de la Grèce depuis l'époque archaïque (VIIe s.), mais Philippe II lui apporta des modifications importantes. Il donna à l'hoplite (soldat lourd) un armement plus léger pour le rendre plus mobile et le dota d'une longue lance de cinq à sept mètres selon le rang, la *sarisse*. Il créa par ailleurs un corps de fantassins d'élite, les *hypaspistes*, chargés d'entraîner la phalange. La formation pouvait se déployer en « double phalange », les troupes placées en deuxième ligne étant susceptibles de se retourner vers l'ennemi en cas d'encerclement. Serrés les uns contre les autres, bouclier contre bouclier, les hoplites constituaient un véritable mur de fer mais possédaient donc également des qualités de souplesse. À l'époque hellénistique, la phalange devint plus rigide, origine de ses défaites face aux légions romaines.

▲ Philippe II, roi de Macédoine et père d'Alexandre (médaille du IVe siècle av. J.-C.).

CHRONOLOGIE

Naissance d'Alexandre à Pella. **356 av. J.-C.**

Rome fonde la colonie maritime d'Ostie. **350**

Première guerre de Rome contre les Samnites. **343-340**

Le philosophe Aristote devient le précepteur d'Alexandre. **342**

Victoire de Philippe II de Macédoine sur les Grecs à Chéronée : l'hégémonie macédonienne s'étend sur la Grèce. **338**

Assassinat de Philippe II et avènement d'Alexandre III. **336**

Aristote ouvre le Lycée à Athènes. **335**

Invasion de l'Empire perse et débarquement en Asie Mineure. Victoire du Granique. Alexandre tranche le nœud gordien. **334**

Victoire d'Issos sur le roi des Perses Darius III. **333**

Conquête de la côte phénicienne, prise de Tyr, principal port de l'Empire perse. Alexandre en Égypte. **332**

Fondation d'Alexandrie d'Égypte. Victoire d'Arbèles sur Darius, en Mésopotamie. **331**

Occupation de la Perse et incendie de Persépolis. Alexandre poursuit Darius en Iran oriental, où il est assassiné. Le procès de l'affaire de la Couronne oppose à Athènes Démosthène et Eschine. **330**

Pacification de l'Iran oriental. **329-327**

Invasion de l'Inde. Une mutinerie oblige Alexandre à rebrousser chemin. Début de la deuxième guerre entre Rome et les Samnites. **326**

Retour à Babylone par la côte méridionale de l'Iran. **325**

Noces de Suse. **324**

Mort d'Alexandre à Babylone. **323**

ALEXANDRE

DÉMOSTHÈNE

L'ennemi de la Macédoine

Meilleur orateur grec de son temps, l'Athénien Démosthène (384-322) dénonça les projets de Philippe dans ses discours, les *Philippiques*. Participant de la bataille de Chéronée, il s'enfuit honteusement mais conserva son influence (338). Accusé de s'être laissé acheter par Harpale, l'intendant d'Alexandre en fuite, il s'exila mais rentra en triomphe après la mort d'Alexandre et appela la Grèce à la révolte (323). L'échec du soulèvement l'amena à s'empoisonner pour ne pas tomber aux mains des Macédoniens.

Démosthène ne peut, malgré son éloquence, ▲ s'opposer à l'essor de la puissance macédonienne.

sume l'héritage du défunt et lance la guerre contre la Perse. S'étendant de l'Asie Mineure aux frontières de l'Inde, l'Empire perse est la première puissance du temps. Ses souverains, les Achéménides, tiennent une cour fastueuse dans leur palais de Persépolis. Depuis les guerres médiques, qui virent l'invasion de la Grèce par les Perses (Ve s.), l'antagonisme qui oppose les deux peuples est permanent. C'est donc une entreprise chère au cœur des Grecs qui mène Alexandre jusqu'à Issos.

LE VENGEUR DU GRAND ROI

La victoire d'Issos ouvre à Alexandre le chemin de la Syrie et de l'Égypte. Pendant l'hiver 332-331, il occupe la vallée du Nil. Les Égyptiens le saluent comme un libérateur : Alexandre sacrifie en l'honneur du taureau sacré Apis et se fait sans doute couronner pharaon à Memphis selon les rites traditionnels. S'enfonçant dans le désert, il va chercher confirmation de son origine divine au temple d'Amon de l'oasis de Siwa : l'oracle du dieu – assimilé à Zeus par les Grecs – le reconnaît bien comme son fils. Conforté dans sa légitimité religieuse, il peut s'attaquer au cœur de l'Empire perse et franchir l'Euphrate au printemps 331. Pour obtenir la paix, Darius propose de lui aban-

donner les terres situées à l'ouest de l'Euphrate, mais Alexandre refuse dédaigneusement, à la stupeur de ses généraux. « J'accepterais les propositions de Darius si j'étais Alexandre », déclare le vieux Parménion. « Et moi aussi, je les accepterais si j'étais Parménion », rétorque Alexandre. Une nouvelle victoire à Arbèles (ou Gaugamèles) fait tomber entre ses mains les grandes capitales de la Perse : Babylone, Persépolis, Ecbatane. Lors d'un banquet, à la demande d'une courtisane athénienne, le palais de Persépolis flambe (printemps 330). Le sac d'Athènes par les Perses lors des guerres médiques, deux siècles plus tôt, est vengé. Mais Darius fuit vers les satrapies de l'Iran oriental et Alexandre se lance à sa poursuite. Sur le point d'être rejoint, le Grand Roi tombe assassiné par Bessos, satrape (gouverneur) de Bactriane (Afghanistan actuel). Découvrant le corps, Alexandre lui fait des funérailles royales et pourchasse Bessos pour venger Darius. En quelques mois, l'entreprise du conquérant vient de connaître une inflexion majeure. Champion du panhellénisme, il combattait jusqu'ici pour venger l'invasion de la Grèce lors des guerres médiques. Il agit maintenant en héritier des rois perses, en vengeur de Darius, en constructeur de l'empire universel.

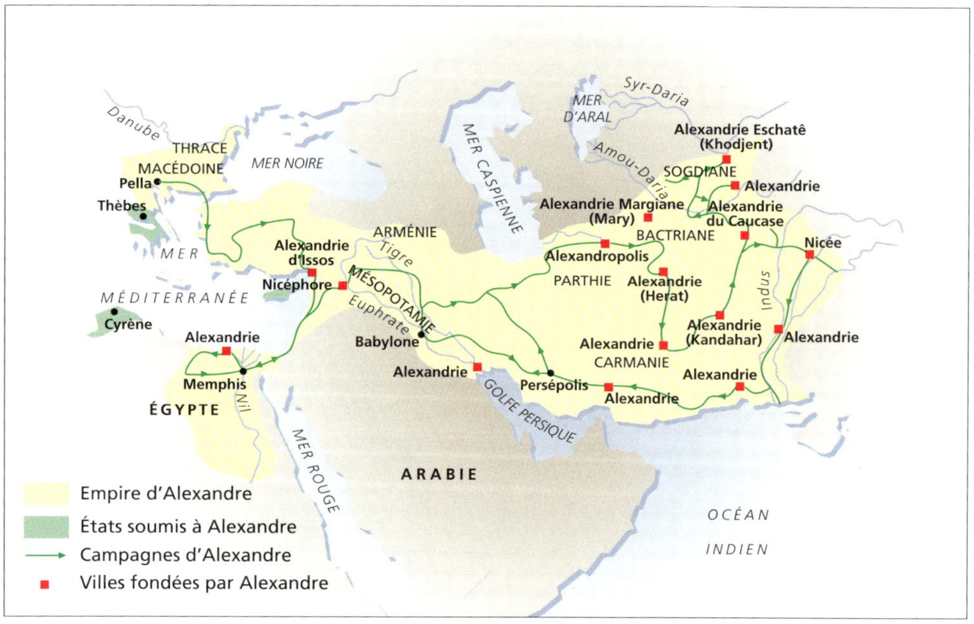

◄ *La Bataille d'Issos*, mosaïque de Pompéi. Lors de cette bataille, chargeant à la tête de sa phalange, Alexandre (à gauche) donne naissance à sa légende de stratège conquérant.

Bucéphale, le cheval d'Alexandre

Bucéphale était un cheval noir dont la tache blanche sur le front avait la forme d'une tête de bœuf (origine de son nom). Personne ne pouvait le domestiquer, mais Alexandre, à l'âge de treize ans, réussit à le dresser car il comprit que l'animal avait peur de son ombre : il le plaça donc front vers le soleil pour le monter. Bucéphale porta Alexandre dans toutes ses conquêtes, mais mourut lors d'une bataille contre le roi indien Pôros (326). Alexandre fonda dans la région une ville en son honneur : Bucéphalie.

Le mirage de l'empire universel

La marche du conquérant change dès lors de nature, alors même que les difficultés s'amoncellent. Pendant trois ans (330-327), il guerroie péniblement dans les montagnes de l'Iran oriental. Bessos est vite rattrapé et supplicié selon le châtiment réservé aux régicides : il est écartelé entre deux arbres, dont le faîte se relève. Mais l'armée s'épuise à prendre d'assaut chaque piton rocheux de Sogdiane et manifeste son irritation. Maître de l'Iran, l'insatiable Alexandre dévale vers la plaine de l'Indus. La conquête de l'Inde n'a pas d'intérêt stratégique, mais il pense bientôt toucher aux bornes du monde, réalisant ainsi le rêve de l'empire universel. Les armées des roitelets de l'Indus sont redoutables, à cause de leurs éléphants de guerre, et Alexandre soumet difficilement le plus puissant d'entre eux, Pôros (326). Il arrive aux portes de la vallée du Gange, lorsqu'une mutinerie le cloue sur place. Après trois jours de bouderie dans sa tente, le conquérant déçu ordonne la retraite et érige une colonne de bronze sur les bords de l'Hyphase, l'affluent le plus oriental de l'Indus. « Ici s'est arrêté Alexandre », proclame l'inscription gravée sur la colonne. Lors du retour, le long des côtes méridionales de l'Iran, l'armée est décimée par le soleil et la soif. Rentré en Perse, Alexandre doit se consacrer aux problèmes de la Grèce (325). Le régent de Macédoine, Antipater, a des velléités d'indépendance et Athènes prépare une révolte, accueillant l'intendant d'Alexandre en fuite, Harpale, avec son trésor. Le roi prépare pourtant de nouvelles expéditions, vers l'Arabie et l'Occident, lorsqu'une fièvre le terrasse à Babylone, le 13 juin 323, à l'âge de trente-deux ans. Il a traversé le ciel de l'histoire comme un météore, mais son œuvre n'en est pas pour autant éphémère.

Traître ou propagateur de l'hellénisme ?

À partir de la mort de Darius, Alexandre a assumé l'héritage des rois perses. Pour paraître plus majestueux aux yeux de ses sujets, il se vêt à l'orientale et adopte le diadème. Il lui faut compenser en effet la petitesse de sa taille, défaut physique dans la conception orientale de la royauté. Sa crinière blonde, ses yeux vairons (bleu et brun) et sa manie de pencher sa tête sur l'épaule

▲ Alexandre chevauchant Bucéphale, monture devenue mythique à l'instar de Pégase, le cheval ailé de Bellérophon.

Une fondation d'Alexandre : Alexandrie d'Égypte

La plus célèbre des fondations d'Alexandre fut créée lors de son séjour en Égypte, à l'hiver 332-331. La côte semblait inhospitalière, mais le site présentait le meilleur mouillage de la région et la ville pouvait s'appuyer sur le lac Maréotis au sud. Comparé à une chlamyde macédonienne, manteau à bout rond, le plan s'inspirait des conceptions géométriques d'Hippodamos de Milet. Une jetée reliait la côte à l'île de Pharos, délimitant deux ports de mer. La ville dut en fait l'essentiel de ses constructions à Ptolémée Ier (305-284), successeur d'Alexandre, qui en fit la capitale de l'Égypte. Sous les Ptolémées, elle était divisée en cinq quartiers, dont le quartier juif. À l'époque hellénistique (IIIe-Ier s.), elle devint la première ville grecque. Son emplacement en fit un carrefour pour le commerce avec l'Orient. Un phare construit vers 180 sur l'île de Pharos signalait ses ports. Grâce à son musée et à sa bibliothèque, elle fit figure de capitale culturelle de l'hellénisme.

composent par ailleurs un physique remarquable. Une odeur suave se dégage de son corps, caractère habituel des dieux. Adoptant plusieurs traits de l'étiquette perse, il réclame de ses sujets, aussi bien grecs que perses, l'hommage de la proskynèse, inclinaison du buste plus que véritable prosternation. Séduit par la polygamie orientale, il recrute un véritable harem en épousant des princesses perses. L'histoire galante a gardé le souvenir de son coup de foudre pour Roxane, fille d'un aristocrate de Sogdiane, capturée lors de la chute de la forteresse de son père (327). Mais ses noces les plus importantes ont lieu à Suse, lorsqu'il épouse en même temps deux princesses achéménides, filles des rois Artaxerxès III et Darius III (324). La même inspiration perse l'amène enfin à l'innovation la plus capitale, la demande d'honneurs divins dans les cités grecques (« rescrit de Suse », 324). Un tel ralliement au modèle de la monarchie orientale choque nombre de ses compagnons, qui voient en lui un traître à l'hellénisme. Certains de ses amis le lui font comprendre, mais Alexandre tolère de plus en plus mal la critique. Lors d'un banquet, égaré par l'alcool, il transperce de son épée son frère de lait, Cleitos le Noir, qui lui reproche d'abaisser les Macédoniens (328). Une épuration brutale frappe les opposants les plus déclarés à l'orientalisation, tels Parménion, vieux général de Philippe II (330), ou Callisthène, historiographe du roi, enfermé dans une cage (328). Mais l'œuvre d'Alexandre assure aussi la diffusion future de l'hellénisme par la fondation de nombreuses villes, peuplées de colons grecs. Pour assurer la maîtrise stratégique de l'empire, il multiplie les colonies, surtout en Iran oriental, qui portent en général son nom. De l'Égypte à l'Afghanistan, soixante-dix Alexandries voient le jour. Elles seront autant de foyers de l'hellénisme après la mort d'Alexandre.

Les « noces de Suse »

L'adoption de coutumes orientales amène naturellement le nouveau Grand Roi à s'appuyer sur ses sujets perses. Face au mécontentement croissant des soldats gréco-macédoniens, Alexandre se met à recruter des contingents perses, les « épigones », à partir de 328-327. Ils sont non seulement équipés comme les hoplites grecs, mais apprennent aussi la langue grecque. Certains des anciens satrapes de Darius deviennent des conseillers du roi et reçoivent des fonctions officielles. Le sommet de cette politique de rapprochement a lieu lors des « noces de Suse », au printemps 324. À l'occasion de son mariage avec les deux princesses perses, Alexandre organise une série de mariages mixtes à Suse, ancienne capitale achéménide, à l'ouest de la Perse. Dans les jardins du palais, une immense tente de brocart d'or, soutenue par des colonnes de vermeil et d'argent, abrite une salle de festin de cent lits et cent chambres

▲ Le phare d'Alexandrie, classé parmi les Sept Merveilles du monde antique, tire son nom de la presqu'île de Pharos où il a été érigé sous Ptolémée II, vers 280 av. J.-C. Monnaie romaine en bronze.

nuptiales. En même temps qu'Alexandre, une centaine de dignitaires gréco-macédoniens épousent des jeunes femmes de l'aristocratie perse. Suivant le rite perse, les jeunes femmes entrent dans la tente après les hommes et chacune vient s'asseoir à côté de son promis. Le même jour, le roi reconnaît l'union de dix mille soldats grecs qui ont pris une concubine orientale et offre à chacun un cadeau de noce. Cette cérémonie choque les Gréco-Macédoniens, soldats comme généraux. Les époux grecs des noces de Suse, pourtant compagnons d'Alexandre, ont été contraints par lui d'épouser des femmes qu'ils répudieront dès la mort du conquérant. On mesure l'audace du souverain à cette résistance ; mais cette politique peut-elle être qualifiée d'« universaliste » ? Pendant longtemps, les historiens ont vu en Alexandre un homme d'État cosmopolite, désireux de rassembler tous les hommes dans une même communauté politique. En fait, il cherche plutôt à associer les aristocraties de deux peuples, Grecs et Perses, dans la domination de l'empire, sans tenir compte des autres. Ce bâtisseur d'empire ne remet pas non plus en cause le modèle de la cité, puisqu'il en fonde beaucoup. Il n'en a pas moins fait exploser les frontières géographiques et culturelles de son temps, préparant les brassages de l'époque hellénistique qui verra naître une des plus brillantes civilisations.

Alexandre le Grand meurt à Babylone en 323, affaibli par la malaria et les blessures reçues lors d'innombrables batailles. Son empire ne lui survivra pas, et, douze ans après sa mort, sa famille a entièrement disparu. Mais son souvenir demeurera longtemps. La dépouille momifiée du conquérant sera vénérée jusqu'au IVe siècle apr. J.-C. sur l'agora d'Alexandrie.

► **Aristote** / 335 av. J.-C.

▲ Le retour victorieux d'Alexandre en Macédoine, miniature du *Roman d'Alexandre* (XIVe siècle). Attribué à Callisthène, le récit de l'épopée du conquérant connut de multiples versions jusqu'au XVIe siècle.

Les diadoques

À sa mort, Alexandre laissait une femme enceinte, qui accoucha d'un fils, Alexandre IV. Le gouvernement de l'empire fut assuré par ses généraux, les *diadoques* (« successeurs »). Issus de la noblesse macédonienne, ils firent partie de la cavalerie d'élite des *hétairoi* (« compagnons »), à la fois bande de camarades, état-major militaire et vivier de responsables pour les hautes charges. Ils se partagèrent les satrapies mais ne tardèrent pas à s'entredéchirer. Les conflits furent d'abord provoqués par ceux qui voulaient rétablir l'unité à leur profit. Le régent Perdiccas (321) puis le satrape de Phrygie Antigone le Borgne (301) tentèrent cette aventure et échouèrent. Les guerres vinrent ensuite du partage des zones d'influence. Ptolémée en Égypte et Séleucos en Asie sortirent grands vainqueurs de cette lutte (301), rejoints ensuite par Antigone Gonatas, petit-fils du Borgne, en Macédoine (276). Après la mort d'Alexandre IV, les diadoques s'étaient emparés du titre de roi (305).

◄ *Entrée d'Alexandre le Grand dans Babylone*, ou *le Triomphe d'Alexandre*, tableau de Charles Le Brun (XVIIe siècle). Archétype du grand chef militaire et politique, Alexandre le Grand a longtemps inspiré les artistes, qui lui prêtaient les traits du souverain dont ils vantaient la gloire. Sous le pinceau de Le Brun, Alexandre est ici à l'image de Louis XIV.

ASHOKA

Maître du premier grand empire de l'histoire indienne, Ashoka a voulu forger son unité spirituelle en adoptant les principes du Bouddha. Il a inauguré ainsi l'expansion du bouddhisme en Asie, mais n'a pu empêcher la dislocation de son État après sa mort.

▲ Après avoir réuni son empire par l'épée, Ashoka a cherché à réaliser l'unité de l'Inde par l'observation des préceptes bouddhistes.
Détail du grand stupa de Sanci.

LA CONVERSION D'UN PRINCE CRUEL

« Cent cinquante mille personnes furent arrachées à leur maison, cent mille furent tuées en bataille et beaucoup plus encore moururent par la suite. » C'est ainsi que le roi Ashoka présente sa conquête du Kalinga, sur la côte orientale de l'Inde (l'actuel Orissa), réalisée dans la huitième année de son règne. Il ne le fait pas sur un ton d'orgueil, mais avec un profond sentiment d'affliction. Les atrocités de la campagne sont en effet à l'origine de la conversion d'un prince jusqu'alors féroce. Troisième monarque de la dynastie maurya, puissance dominante de l'Inde du Nord, Ashoka n'a pas hésité à éliminer ses frères pour succéder à son père Bindusara (268 av. J.-C.). Son couronnement n'a pu se faire qu'au terme de quatre années de guerre civile. Il applique les mêmes méthodes dans la conquête du Kalinga, mais le dégoût le submerge alors et le conduit à adopter le bouddhisme. Le brahmanisme, à caractère panthéiste et comprenant plusieurs dieux, constitue la religion dominante de l'Inde, mais sa sclérose a entraîné plusieurs mouvements de réforme. Né au VIe siècle avant J.-C., le bouddhisme véhicule un message de paix et d'amour, qui apporte une réponse à la crise de conscience d'Ashoka. Dès lors, le prince transfiguré va multiplier les inscriptions, sur des piliers ou des parois rocheuses, qui relatent sa conversion et proclament les principes du bouddhisme. Souvent placées à la périphérie de l'empire, ces inscriptions vont doubler la frontière politique d'une frontière spirituelle.

L'ASCENSION DU ROYAUME MAURYA

Ce tournant spirituel sanctionne l'ascension du royaume maurya en Inde. À la fin du IVe siècle, deux générations avant Ashoka, la

Détail de l'architrave du grand stupa de Sanci.▼
Ashoka rend hommage à Bodh-Gaya, le « Bouddha éveillé ».

vallée du Gange est divisée en une multitude de royaumes, dont le Magadha est le plus puissant. De leur côté, les principautés des régions occidentales, vallée de l'Indus et Pendjab, gravitent dans l'orbite de l'Empire perse. Les *rajas* (rois) se livrent à des guerres continuelles, dominées par le roi des batailles indiennes, l'éléphant caparaçonné. L'expédition d'Alexandre le Grand déstabilise totalement l'équilibre de la région (326). Au terme de sa conquête de l'Empire perse, Alexandre surgit dans le Pendjab et triomphe, après une lutte difficile, des éléphants du roi Pôros. Mais la révolte de ses soldats arrête le conquérant aux portes de la vallée du Gange et le force à la retraite. Un aventurier met alors à profit le reflux des Grecs. Guerrier déchu appuyé par un audacieux brahmane (prêtre), Chandragupta recrute une armée parmi les pâtres des montagnes. En quinze ans (320-305 av. J.-C.), il s'empare du trône du Magadha, unifie l'Inde gangétique et met la main sur le Pendjab. Pataliputra, ancienne capitale du Magadha, devient sa résidence. La dynastie maurya étend ainsi son emprise sur l'ensemble de l'Inde du Nord, d'une mer à l'autre.

Lorsque les Grecs tentent un retour offensif, en la personne de Séleucos Ier, héritier d'Alexandre en Perse, Chandragupta désamorce la menace par un accord avisé. Séleucos reconnaît son royaume contre la livraison de cinq cents éléphants de guerre, cette « arme » tant enviée par les Grecs (305). Mais les Maurya aspirent à dominer toute l'Inde. Chandragupta et son fils Bindusara (vers 293-268 av. J.-C.) prennent pied dans le Deccan, plateau central de l'Inde. C'est cette logique impériale qui pousse Ashoka à envahir le Kalinga, épisode qui va changer sa vie comme son empire.

Le « Constantin » du bouddhisme ?

De retour de la guerre du Kalinga, Ashoka marque publiquement sa conversion en réunissant un grand « concile » bouddhiste dans sa capitale, Pataliputra (258). Il fait alors publier quatre « édits de l'Ordre », diffusés par des inscriptions gravées dans la pierre, qui recommandent à ses sujets d'adopter les principes inspirés du bouddhisme et leur interdisent les pratiques contraires à cette doctrine, comme la consommation de viande (257). Ses textes prêchent le droit, la paix et l'amour. Il se présente comme le père de ses sujets et considère toute mort violente comme un malheur pour l'empire. Son engagement est vivifié par un pèlerinage effectué sur les lieux saints du bouddhisme de l'Inde du Nord (256). Doit-on comparer son action à celle de Constantin, abandonnant le paganisme pour le christianisme ? En réalité, si paganisme et christianisme s'opposent, brahmanisme et bouddhisme, au contraire, sont liés, le second étant issu du premier. Une fois converti, Ashoka garde d'excellents rapports avec les brahmanes et les associe à son œuvre de pacification. D'ailleurs, bien qu'inspirée du Bouddha, la nouvelle doctrine de l'empire ne se présente pas comme explicitement bouddhiste. Si le souverain est personnellement bouddhiste, on ne peut dire que l'Empire maurya soit officiellement un État bouddhiste. De plus, l'empereur fait montre d'un autoritarisme peu compatible

Le pilier d'Ashoka : emblème de l'Inde moderne

Comme support pour ses inscriptions, Ashoka éleva des piliers de pierre d'une douzaine de mètres. Ils sont couronnés par un chapiteau en lotus renversé, portant un lion. Le style s'inspire de la décoration des palais perses de la dynastie achéménide. Le texte, proclamant les principes bouddhiques, est gravé sur le fût conique. On en a retrouvé six aux frontières de l'empire. Après l'indépendance, ce pilier fut choisi comme emblème par l'Union indienne.

◄ Le chapiteau aux lions de Sarnath surmontait une colonne érigée par Ashoka dans la ville où le Bouddha a prononcé son premier sermon.

-258

« Concile » de Pataliputra

Ashoka convie des moines bouddhistes afin de rétablir la vraie doctrine. À la suite de ce concile, des missionnaires sont partis convertir certaines régions de l'Inde.

CHRONOLOGIE

Mort de Chandragupta. Avènement de son fils Bindusara.	**vers 293 av. J.-C.**
Avènement d'Ashoka.	**268**
Conquête du Kalinga et conversion d'Ashoka au bouddhisme.	**261**
« Concile » de Pataliputra.	**258**
« Édits de l'Ordre », imposant les principes bouddhiques aux sujets de l'empire.	**257**
Pèlerinage d'Ashoka dans les lieux saints du bouddhisme.	**256**
Création des *dhamma-mahamatras*, pour répandre la doctrine d'Ashoka. Envoi d'ambassadeurs dans les royaumes grecs.	**253**
Diodote, satrape de Sogdiane et Bactriane (Afghanistan), rejette la tutelle des rois séleucides et fonde le royaume grec de Bactriane, au nord-ouest de l'Empire maurya.	**250**
Mort d'Ashoka.	**vers 233**

ASHOKA

Les Grecs en Inde

Le passage d'Alexandre en Inde a eu plus de répercussions que sa brièveté ne pourrait le laisser croire. Si les Grecs évacuèrent l'Inde au bout de quelques mois, ils se sont maintenus à sa frontière nord-ouest, en Bactriane (Afghanistan actuel), soutenus par les colonies fondées par Alexandre. À l'époque d'Ashoka, le satrape (gouverneur) de Bactriane se révolte contre le roi séleucide, héritier d'Alexandre, et fonde un royaume indépendant (vers 250 av. J.-C.). Après - 200, profitant de la décadence maurya, les Grecs interviennent à nouveau en Inde. Le roi de Bactriane, Ménandre (155-130 av. J.-C.), conquiert le Pendjab et occupe un moment Pataliputra. Les Grecs demeurent en Inde jusqu'au milieu du Ier siècle av. J.-C. Le royaume gréco-indien de Bactriane a été un lieu de synthèse culturelle : Ménandre se convertit au bouddhisme et l'art du Gandhara, au Pendjab, produisit des statues de Bouddha au style influencé par la sculpture grecque. Longtemps après la mort d'Alexandre et d'Ashoka, les héritages des deux empereurs se mêlaient.

avec les enseignements du Bouddha. Irrité par la désobéissance du peuple à ses édits, il nomme de hauts officiers, les *dhammamahamatras*, chargés de briser les résistances, d'enseigner les principes du droit et de tenir informé le souverain (253). Son appel à la fraternité entre les hommes ne l'amène pas non plus à supprimer le système des castes. La population reste donc divisée en sept groupes fonctionnels, des brahmanes aux artisans.

L'unificateur de l'Inde ?

Même s'il regrette les atrocités causées par la conquête, Ashoka ne renonce pas à la possession du Kalinga. Jamais un État indien n'a atteint une telle puissance que l'Empire maurya sous son règne. Dans la mémoire indienne, il reste comme le premier unificateur de l'Inde. En réalité, il s'en faut de beaucoup qu'Ashoka gouverne tout le sous-continent. Le sud du pays échappe à sa domination. Quant aux territoires officiellement sous son pouvoir, ils présentent de larges zones en réalité insoumises, spécialement les forêts de l'est du pays. C'est plutôt l'œuvre administrative d'Ashoka qui en fait le premier unificateur de l'Inde. L'empire est divisé en cinq grandes régions. À côté de la zone centrale, correspondant au Magadha, directement administrée par le souverain, des vice-rois gouvernent les quatre autres districts, dans leurs capitales de Taxila (Nord-Ouest), Ujjain (Ouest), Tosali (Est) et Suvarnagiri (Sud). Il ne faut toutefois pas s'imaginer un État fortement centralisé. Les vice-rois jouissent d'une grande autonomie, et cette organisation ne s'applique qu'au cœur de l'empire. Pour assurer l'unité, Ashoka compte surtout sur les principes spirituels diffusés par ses édits. Sa conversion au bouddhisme est autant politique que religieuse : la légitimité morale, et non la force brutale, peut seule assurer la pérennité de la domination maurya et l'action religieuse doit renforcer l'emprise politique. Les *dhammamahamatras* apparaissent à la fois

▲ Selon la légende, les reliques du Bouddha furent l'objet d'âpres querelles. De même Ashoka ne put-il empêcher les dissensions entre les différentes sectes bouddhiques. La guerre des reliques, détail du grand stupa de Sanci.

comme des « missionnaires » et comme des espions au service du souverain : ils peuvent demander audience à Ashoka dans son palais de Pataliputra, à n'importe quel moment du jour ou de la nuit.

L'initiateur de l'expansion bouddhiste

Ashoka ne se contente pas de diffuser la doctrine bouddhiste dans ses États. Fait sans précédent dans l'histoire antique, il patronne une activité missionnaire à l'échelle du monde de son temps. Les inscriptions placées aux frontières de l'empire doivent d'abord révéler l'enseignement bouddhique aux royaumes voisins, Cholas et Pandyas de l'Inde méridionale, Grecs postés au nord-ouest du sous-continent. Surtout, Ashoka envoie des ambassadeurs-missionnaires dans les grandes puissances connues des Indiens. En 253 av. J.-C., une ambassade part vers l'ouest et visite les principaux souverains hellénistiques : Antiochos de Syrie, Ptolémée II d'Égypte, Antigone de Macédoine. Vers le sud, le propre fils d'Ashoka, Mahinda, mène une mission à Ceylan. Si le monde grec reste réfractaire à la doctrine, Ceylan l'adopte. Le bouddhisme inaugure son expansion, qui le mènera jusqu'en Extrême-Orient. En dépê-

chant ainsi des « surintendants des frontières », Ashoka espère faire accepter sa loi par les souverains étrangers, ce qui lui vaudra par la suite le surnom de « Constantin du bouddhisme ». Le bilan politique est, en revanche, négatif. La réforme religieuse ne renforce pas la solidité de l'empire, contrairement au vœu du prince. Les dernières années d'Ashoka sont obscures, et certaines régions lui échappent peut-être à cette époque. Après sa mort qui survient vers 233, l'empire se décompose et se rétracte au seul Magadha. Il est possible que le mouvement ait été accéléré par la division de l'État entre les fils d'Ashoka. Le dernier Maurya tombe sous les coups d'un général, lors d'une parade de ses troupes, en 185 av. J.-C. Le règne d'Ashoka laisse cependant aux Indiens le souvenir d'une première unité de la péninsule, par le droit et non par la force.

► **Bouddha** / 525 av. J.-C.
► **Alexandre le Grand** / 333 av. J.-C.

PATALIPUTRA, CAPITALE D'ASHOKA

Placée au confluent du Gange et du Sone, Pataliputra, l'actuelle Patna, s'étendait sur une longueur de quinze kilomètres et sur une largeur de trois, ce qui représente le double de la superficie de Rome à l'apogée de l'Empire. Elle a donc été sans doute la plus grande ville de l'Antiquité. Le Grec Mégasthènes, ambassadeur du roi Séleucos Ier auprès de Chandragupta, en a laissé une description (vers 300 av. J.-C.), que l'on a complétée grâce à des fouilles archéologiques. La ville était entourée d'une enceinte en brique crue, munie de 570 tours et de 64 portes monumentales. Le palais royal était composé d'édifices à deux étages, couverts en berceau ou en coupole, s'ouvrant sur l'extérieur par des balustrades et des vérandas hypostyles sur un jardin peuplé d'oiseaux et de poissons. Alors que la structure du bâtiment est typiquement indienne, la décoration s'inspire du palais de Darius à Persépolis. Sa splendeur n'avait rien à envier à celle des résidences des rois achéménides de Perse.

◄ L'un des stupas de Sanci. Le stupa est un mausolée hémisphérique qui, selon la tradition, contient des reliques du Bouddha. Ashoka en fit édifier plus de 80 000 dans tout l'empire.

QIN SHI HUANGDI

Roi du pays de Qin, Zheng unifia la Chine et créa l'empire, prenant alors le nom de Shi Huangdi. Ses conceptions autocratiques entraînèrent la chute rapide de sa dynastie, mais il joua un rôle fondateur dans la formation de la Chine.

◄ Qin Shi Huangdi, premier empereur d'un pays auquel il a donné son nom.

UNE GRANDE MURAILLE POUR UN GRAND EMPIRE

Beaucoup d'hommes ont laissé leur marque dans l'histoire, mais un seul a édifié un monument visible de la Lune, l'empereur Qin Shi Huangdi, le constructeur de la Muraille de Chine. Maître de la Chine en 221 av. J.-C., cet insatiable conquérant cherche d'abord à l'étendre vers le sud. Enrégimentant des troupes de brigands, il les lance sur les côtes méridionales, conquiert Canton, atteint la frontière de l'Indochine (entre 221 et 214). Mais il doit se rendre bientôt à l'évidence : le danger vient du nord. Dans les steppes de Mongolie, le peuple turc des Xiongnu vient de créer un redoutable empire nomade. Les rois de Yan, prédécesseurs de Shi Huangdi en Chine du Nord, ont eu l'idée de faire construire un mur dans la région du Tche-li, pour briser les raids des cavaliers barbares. À la suite d'une inspection dans le Tche-li, l'empereur décide d'étendre cette muraille à toute la frontière septentrionale. Tout un peuple de condamnés déportés par le pouvoir s'active sur le chantier (214) : la muraille s'étend bientôt sur 3 000 km du Gansu méridional jusqu'au nord de la presqu'île du Liaodong. Tel un démiurge, Shi Huangdi modèle le nouvel espace impérial. Étendue au sud, stabilisée au nord, la Chine acquiert ses frontières des temps classiques.

QIN : D'UN ROYAUME À L'EMPIRE

L'empire trouve son assise territoriale, alors qu'il vient à peine d'être créé. Depuis le VIIIe siècle, la Chine est divisée en une multitude d'États féodaux, les « Royaumes combattants », qui se livrent à des guerres féroces. Établi sur les bords de la Wei, au nord-ouest du pays, le royaume de Qin s'impose au IVe siècle comme la grande puissance de la Chine occidentale. Ses armées s'élancent alors à l'assaut des grands États de Chine orientale, Qi et Chu. Le royaume de Qin est redoutable, car il subvertit les règles de la guerre féodale, pratiquées par les Royaumes combattants. Très mobiles, ses troupes enveloppent et terrassent les lourds chars de guerre des souverains rivaux. Il mène une guerre sans merci, qui lui vaut le surnom de « Bête féroce ». Au milieu du IIIe siècle, le roi Tchao-siang se sent assez fort pour détrôner les Zhou, qui exerçaient une suzeraineté nominale sur la Chine, mais sa mort marque un temps d'arrêt (251). Monté sur le trône à l'âge de treize ans (246), Zheng relance les conquêtes. Actif et méthodique, il sait manœuvrer pour affronter séparément ses adversaires. En moins de

◄ La Grande Muraille de Chine, un ouvrage défensif colossal bâti par des centaines de milliers d'hommes, servait également de voie de communication. Sa hauteur atteint par endroits 8 mètres.

quinze ans, il cueille un à un tous les royaumes de l'Est : Han, Zhao, Wei, Chu, Yan, Qi enfin (234-221). La « Bête » a avalé toute la Chine, qui obéit pour la première fois au même maître. Pour proclamer cette puissance sans précédent, il faut un titre sans précédent. Zheng prend celui de *Huangdi*, « Auguste Souverain », par référence aux premiers souverains légendaires de la Chine, les Trois Augustes et les Cinq Souverains. Il devient dès lors *Shi Huangdi* : le « Premier Auguste Souverain ». L'empire est né et la dynastie prend évidemment le nom du royaume qui l'a enfantée (221).

De la Chine féodale à la Chine unitaire

Lorsqu'il fut vaincu, le roi de Han demanda à passer sous la suzeraineté de Qin. Mais Zheng l'exécuta et annexa son royaume. Il montrait ainsi qu'il voulait mettre fin à la féodalité et bâtir une Chine unitaire. Parvenu à l'empire, Shi Huangdi applique ce projet, alliant esprit de système et poigne de fer. Il innove en fait assez peu, mais généralise plutôt des méthodes pratiquées depuis longtemps dans le royaume de Qin. Entérinant la suppression des Royaumes combattants, il divise la Chine en 36 commanderies, gérées par un administrateur civil et un gouverneur militaire, sous la surveillance d'un surintendant (221). L'administration n'est plus assurée par la noblesse, cantonnée dans des charges honorifiques à la cour, mais par un corps de fonctionnaires, hiérarchisé en vingt degrés. Délivrés des corvées féodales, les paysans deviennent des propriétaires seulement astreints à l'impôt impérial (216). Shi Huangdi pour-

La quête de l'immortalité

En tant qu'« Homme vrai », Shi Huangdi devait accéder à l'immortalité et, sans répit, il fut obsédé par cette quête. Ses magiciens recherchaient la drogue d'immortalité et l'empereur désirait entrer en communication avec les Immortels, qui étaient censés résider dans des îles. En 219, il envoya plusieurs milliers de jeunes garçons et de jeunes filles découvrir les îles bienheureuses des Immortels. Ces émissaires ne purent y parvenir, car un grand poisson les en empêcha. Il fallait le tuer, mais nul n'avait ce pouvoir. L'empereur pensa en être capable, car il avait rêvé qu'il combattait un chien de mer à tête d'homme. En 210, il se posta avec un arc, au bord de la mer, dans le lieu saint de Tche-fou, consacré aux sacrifices en l'honneur du Soleil. Il réussit bien à tuer un grand poisson, mais mourut aussitôt après. On ramena son corps dans la capitale, dans le plus grand secret. Pour camoufler l'odeur du cadavre, les voitures du cortège furent chargées de poisson. Le poisson avait le dernier mot.

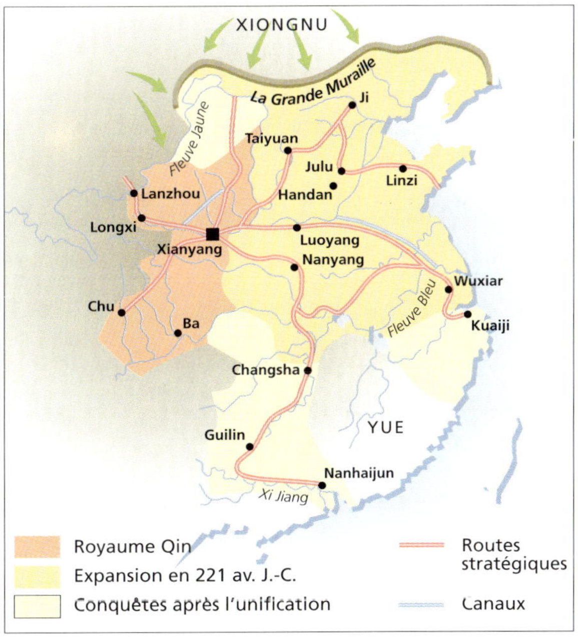

-221

Fondation de l'empire

Zheng, roi de Qin, unifie les royaumes chinois et devient le premier empereur sous le nom de Qin Shi Huangdi.

CHRONOLOGIE ◄

Naissance de Zheng, prince de Qin. **259 av. J.-C.**

Les Zhou sont éliminés par le roi de Qin. **256-249**

Zheng devient roi de Qin, sous la régence de Lu Buwei. **246**

Zheng élimine le régent Lu Buwei. **235**

Il commence la conquête de la Chine orientale. **234**

Construction du canal du fleuve Jaune. **225**

Conquête du royaume de Chu. **223**

Conquête du royaume de Qi. **Fondation de l'empire.** Zheng devient Shi Huangdi. Réforme administrative. **221**

Construction d'un réseau routier impérial. **220**

Campagne contre les Xiongnu. **215**

Achèvement de la conquête de la Chine méridionale. Construction de la Grande Muraille. **214**

Persécution des lettrés. **213**

Mort de Shi Huangdi. **210**

La dynastie des Qin est détrônée. **207**

QIN SHI HUANGDI

▲ L'empereur ordonne l'exécution des lettrés et la destruction des livres (miniature du XVIIe siècle). C'est pour assurer son autorité sur l'ensemble de ses sujets que Shi Huangdi rompit aussi brutalement avec la culture traditionnelle.

suit systématiquement l'unification des hommes et de l'espace, ne reculant devant aucune brutalité. Des populations entières sont déportées dans les régions conquises afin de favoriser brassage et assimilation. Des systèmes uniques sont imposés pour l'écriture, les poids et les mesures. Mais la grande œuvre réside dans la construction de canaux et de routes. Dès 225, un canal relie le fleuve Jaune à la rivière Houai, à travers la Chine centrale. À partir de 220, un réseau routier unitaire couvre la Chine. Plantées d'arbres, surélevées pour éviter les inondations, les routes présentent une allée centrale réservée à l'empereur. La capitale, Xianyang, se développe au cœur de cette toile d'araignée. Shi Huangdi y déporte 120 000 familles, toute la noblesse des royaumes conquis. À chaque annexion, il bâtit une réplique du palais du vaincu, pour y loger ses femmes et ses joyaux.

« L'Homme vrai » : un tyran mystique

Cette œuvre de géant aurait dû lui valoir la reconnaissance de tous les Chinois. Shi Huangdi apparaît au contraire dans l'histoire chinoise comme l'archétype du tyran. Il doit cette réputation terrifiante à sa conception autocratique du pouvoir. Selon la tradition, le « Fils du Ciel » ne gouverne pas directement. Déambulant dans le *Ming t'ang*, la « Maison du Calendrier », il se consacre à l'organisation du calendrier, qui articule temps humain et rythmes naturels.

▲ Une armée de terre cuite veille sur le repos de l'empereur. Découvertes en 1974, ces statues ont livré un témoignage exceptionnel sur l'armement et l'équipement militaire de l'époque.

Shi Huangdi entend au contraire régir l'univers, dans une dimension magique et mystique. Grâce aux recettes de ses magiciens, il cherche à acquérir les pouvoirs surnaturels des génies, à devenir « l'Homme vrai », capable « d'entrer dans l'eau sans se mouiller, d'entrer dans le feu sans se brûler, de monter sur les nuages et les vapeurs ». Parvenu à cet état, il pourra gouverner l'empire par le seul effet de sa volonté, sans même agir, car l'humanité lui obéira, sous l'effet d'un ascendant irrésistible. Inspiré par ce mysticisme, il se cloître dans son palais, car il veut commander sans être vu, ni faire entendre le son de sa voix. Symbole du monde, son palais compte autant de chambres que de jours dans l'année, et ses différents pavillons communiquent par des chemins couverts. Pour se tenir au courant, il se promène incognito dans sa capitale, escorté de quatre soldats. Tenants de la culture traditionnelle, les lettrés ne peuvent que s'insurger contre de telles innovations.

Un modèle pour Mao

Mao Zedong, père de la Chine communiste, maître du pays de 1949 à 1976, revendiqua Qin Shi Huangdi comme modèle. Comme celui-ci, Mao était animé d'une volonté « démiurgique », désireuse de remodeler le monde, qui le poussa à la catastrophique expérience économique du « Grand Bond en avant » (1959-1961). La persécution de la culture classique lors de la « Révolution culturelle » (1966-1976) rappelle les bûchers de livres de 213. Toutefois, Shi Huangdi tua 460 lettrés, alors que le bilan du maoïsme avoisine les 65 millions de morts.

▼ Tête d'un officier de l'armée de terre cuite de Shi Huangdi. Si toutes les statues étaient moulées à l'identique, chaque visage était ensuite individualisé puis peint.

L'ARMÉE D'ARGILE DE XI'AN

Les textes antiques sur le gigantisme du mausolée de Shi Huangdi ont été confirmés par l'archéologie. En 1974 et 1976, trois fosses, profondes de 5 à 7 m, ont été découvertes près de son tombeau, à Xi'an. La première renferme 6 000 statues de soldats de terre cuite, tandis que la seconde en recèle 1 000. La troisième ne contient que 68 personnages accompagnés d'un chariot, sans doute l'état-major de l'armée. Figurés à la grandeur nature, les soldats sont vêtus d'une tunique à manches serrées et d'une cotte de mailles. Leurs traits individualisés indiquent que les véritables guerriers impériaux ont servi de modèles. Ils sont disposés en ordre de bataille. Les archers précèdent les lanciers et les chars. Les officiers sont équipés de véritables épées de bronze, très aiguisées, qu'un enduit particulier a empêché de rouiller. Shi Huangdi avait fait sculpter cette armée d'argile pour le protéger dans la mort. En raison du caractère limité des fouilles, une partie de la troupe doit encore dormir sous la terre.

Shi Huangdi fait enterrer vivants 460 lettrés et ordonne de brûler tous les livres d'histoire et de philosophie, épargnant seulement les écrits techniques (213). Rupture flamboyante avec la culture classique !

UNE DYNASTIE MAUDITE PAR LES DIEUX

Une telle tyrannie ne peut avoir qu'une seule explication : il n'est pas le fils du roi de Qin, encore moins le « Fils du Ciel ». Les lettrés chuchotent qu'il fut en fait engendré par le ministre Lu Buwei, régent pendant sa minorité, qu'il eut l'impiété d'exécuter. Du reste, les dieux proclament clairement l'illégitimité de son empire. Shi Huangdi n'a jamais retrouvé le chaudron royal des Zhou, insigne du pouvoir, disparu dans une rivière. Lorsqu'il entreprend de gravir la montagne Siang pour célébrer un sacrifice, les divinités du lieu font souffler un tel vent qu'il ne peut y parvenir. De rage, le despote rase la forêt du mont et le fait peindre en rouge comme un criminel. En 211, un génie des eaux vient lui rendre l'anneau de jade qu'il avait jeté dans le Yangzi Jiang pour honorer le fleuve. L'empereur sait alors qu'il va mourir prochainement. Il est enseveli dans un gigantesque mausolée souterrain, creusé par 700 000 condamnés, décoré de signes astronomiques, rempli de trésors. Les femmes qui ne lui ont pas donné d'enfant et les artisans qui ont conçu la tombe le suivent dans la mort : le règne se conclut sur un acte ultime de cruauté (210). La haine accumulée sur Shi Huangdi ne tarde pas à perdre la dynastie. Des révoltes éclatent dès 209, tandis que deux Qin défilent rapidement sur le trône. En 207, le petit-fils de Shi Huangdi capitule devant l'un des chefs révoltés, Liu Bang, qui fondera la dynastie des Han, cinq ans plus tard. La dynastie des Qin n'a finalement régné sur l'empire qu'une quinzaine d'années (221-207), mais son œuvre a eu un tel caractère fondateur qu'elle a donné son nom à la Chine.

► **Liu Bang** / 202 av. J.-C.

Stèle funéraire de Qin Shi Huangdi à Xi'an. Le souverain souhaitait accéder à l'immortalité, il y parvint au-delà de ses espérances après avoir réalisé la première unité d'un immense empire encore vivant aujourd'hui. ►

HANNIBAL

Le général carthaginois a symbolisé à tel point la deuxième guerre punique que les Romains désignaient celle-ci sous le nom de « guerre d'Hannibal ». Pendant seize ans, il est resté en Italie et a terrorisé ses ennemis, qui ne le lui pardonnèrent jamais.

▼ Le plus grand ennemi de Rome est resté un modèle pour tous les stratèges. François Ier et Napoléon se sont, entre autres, comparés au chef carthaginois.

Le contentieux entre Rome et Carthage

Quand Hannibal déclenche, au printemps 219 av. J.-C., la deuxième guerre punique en agressant Sagonte, alliée de Rome, le contentieux entre les deux puissances rivales, Rome et Carthage, est déjà lourd. En 264, les Romains ouvrent les hostilités sous un prétexte quelconque. Au fil des ans, les Carthaginois se trouvent réduits à leurs bases de la pointe occidentale de la Sicile, Lilybée et Drepanum. Après plusieurs défaites navales, Rome réunit une flotte de 200 quinquérèmes qui intercepte, au printemps 241, près des îles Égates, les renforts envoyés par Carthage à ses garnisons. Le général Hamilcar Barca reçoit alors l'ordre de négocier la paix pour Carthage. Les conditions imposées par Rome impliquent l'évacuation de toute la Sicile et des îles Éoliennes, ainsi que le versement d'une lourde indemnité de guerre. Au terme de ce conflit, Rome pense avoir assuré sa sécurité en écartant sa rivale de la Sicile, qui va devenir la première province romaine. La situation aurait pu se stabiliser ainsi, mais les vingt années suivantes ne représentent qu'un intermède dans cette lutte à mort. Carthage doit faire face à la révolte de ses mercenaires démobilisés, qui n'ont pas perçu leur solde. Rome profite de ces difficultés intérieures pour s'emparer en 237 de la Sardaigne. Carthage, affaiblie, doit s'incliner, mais cette annexion brutale exaspère son ressentiment et porte en germe les conflits à venir. Une famille va symboliser cette animosité : c'est celle du général Hamilcar, surnommé Barca (l'« Éclair »), qui a élevé ses six enfants dans la haine de l'ennemi. Un jour, en les voyant jouer, il s'exclame : « Ce sont là des lionceaux que j'élève pour la ruine de Rome ! »

Hannibal, le vengeur de Carthage

Après avoir écrasé la révolte des mercenaires, Hamilcar part pour l'Espagne au début 237, en emmenant son jeune fils Hannibal. Dans cette région, où l'influence culturelle et la présence commerciale des Carthaginois étaient déjà anciennes, il s'empare des mines d'or et d'argent de la sierra Morena, et fonde une cité, Akra Leukè, près d'Alicante. À sa mort, durant l'hiver 229-228, son gendre Hasdrubal le Beau lui succède, et continue sa politique de conquêtes, tout en fondant l'actuelle Carthagène. Mais il est assassiné en 221, et le jeune Hannibal prend alors la tête de l'armée. Après des campagnes dans le nord-ouest de la Péninsule, il s'attaque au début de 219 à la ville de Sagonte, alliée de Rome, qui tombe après un siège de huit mois. C'est l'émoi à Rome, qui dépêche une ambassade à Carthage. Celle-ci ne désavoue pas l'action d'Hannibal, et accepte ainsi une guerre qu'elle ne désire pas véritablement. Quant à Hannibal, après

◄ Hamilcar Barca et son fils Hannibal à Alicante (céramique de 1929). Hamilcar avait conquis le sud de l'Espagne mais ne put empêcher la perte de la Sardaigne. Hannibal avait alors à cœur de venger l'affront fait à son père.

avoir pris diverses mesures défensives et offensives, il part de Carthagène, franchit les Pyrénées, traverse le Rhône et entreprend la traversée des Alpes. C'est la première fois qu'une armée entière réussit un tel exploit, mais elle a subi de lourdes pertes, et, à son arrivée dans la Péninsule italienne, il ne reste plus que 20 000 fantassins et 6 000 cavaliers carthaginois. La nouvelle provoque la stupeur à Rome. Les premiers engagements entre les deux armées sont autant de défaites romaines, sur le Tessin et à la Trébie. Certains Gaulois de Cisalpine se rallient alors à Hannibal. La situation paraît critique.

La marche sur Rome, une occasion manquée ?

Rome consent alors un effort de guerre sans précédent, et met sur pied une armée de 100 000 hommes, afin d'arrêter la progression d'Hannibal vers le cœur de la Péninsule. Ce dernier met en place une véritable souricière sur les rives du lac Trasimène, en Ombrie. Quinze mille soldats romains trouvent la mort lors de la bataille, le 21 juin 217 av. J.-C. Après avoir rééquipé son armée avec les dépouilles prises à l'ennemi, le général carthaginois descend vers le sud de la Péninsule. Les Romains ont alors recours à une magistrature exceptionnelle, la dictature, qui confère les pleins pouvoirs à Fabius Maximus, partisan d'une politique de temporisation : il faut laisser l'ennemi s'épuiser en Italie, loin de ses bases, et l'empêcher de recevoir des renforts. Mais cette stratégie suscite des réactions mitigées, car le peuple romain voit avec une rage impuissante Hannibal ravager les plus riches régions d'Italie. L'un des consuls de 216, Caius Terentius Varro (Varron), brûle d'engager enfin le combat. Le 2 août 216, près de Cannes, en Apulie, il lance l'offensive, qui aboutit à un désastre cuisant pour Rome. Malgré les exhortations de certains officiers dans son entourage, Hannibal refuse de marcher alors sur Rome, qui semble pourtant à portée de main. Ce choix a suscité la perplexité, mais peut s'expliquer : le chef punique était convaincu que son armée n'était pas capable d'entreprendre un siège en règle, et craignait de figer une guerre de mouvement en guerre de position à l'issue incertaine. De plus, il déclare alors aux prisonniers romains qu'il ne mène pas une guerre d'extermination, mais veut seulement assurer l'hégémonie de sa patrie.

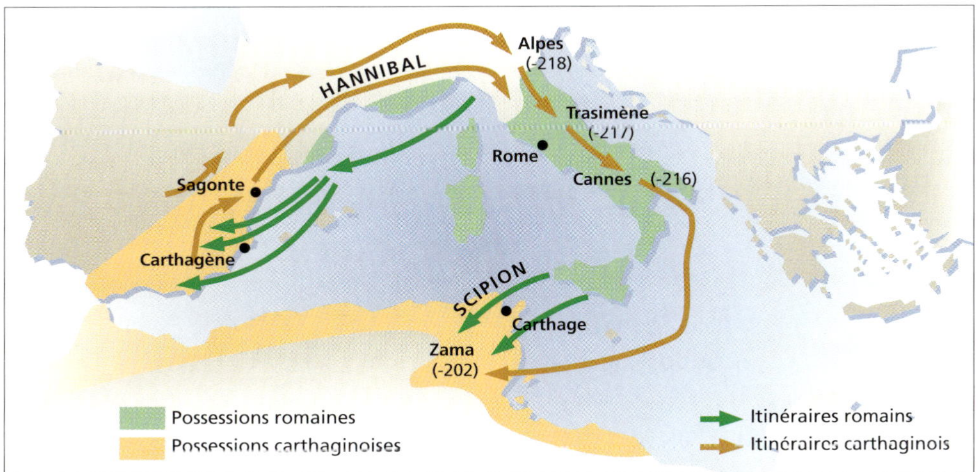

-216

Bataille de Cannes

Le 2 août, en Apulie, Hannibal inflige une cuisante défaite aux armées romaines commandées par Varron.

CHRONOLOGIE◄

Naissance d'Hannibal.	**247 av. J.-C.**
Défaite navale de Carthage aux îles Égates ; fin de la première guerre punique ; révolte des mercenaires.	**241**
Rome annexe la Sardaigne.	**238**
Hamilcar part pour l'Espagne.	**237**
Avènement en Syrie d'Antiochos III le Grand.	**223**
Hannibal prend la tête de l'armée d'Espagne.	**221**
Siège et prise de Sagonte ; début de la deuxième guerre punique.	**219**
Passage des Alpes ; batailles du Tessin et de la Trébie.	**218**
Bataille du lac Trasimène ; Fabius Maximus est nommé dictateur.	**217**
Bataille de Cannes ; Capoue accueille Hannibal	**216**
Début du siège de Syracuse par Claudius Marcellus.	**214**
Prise de Syracuse ; mort d'Archimède.	**212**
Capoue se rend à Rome.	**211**
Publius Cornelius Scipio s'empare de Carthagène.	**210**
Hasdrubal est vaincu et tué sur les bords du Métaure.	**207**
Scipion passe en Afrique et met le siège devant Utique.	**204**
Hannibal est rappelé en Afrique.	**203**
Bataille de Zama et défaite de Carthage.	**202**
Hannibal s'exile et rejoint Antiochos III.	**195**
Hannibal se réfugie auprès de Prusias de Bithynie ; il se suicide.	**183**

▲ La bataille de Cannes, enluminure de Jean Fouquet, XVe siècle. Le 2 août 216, Rome subit une défaite sans appel. Le consul Paul Émile y trouva la mort avec plus de cinquante mille soldats, ainsi que cent sénateurs et vingt et un tribuns.

La bataille de Cannes, un modèle stratégique

Le consul Varron a choisi de placer au centre de son dispositif de bataille l'infanterie lourde, encadrée sur l'aile droite par la cavalerie romaine et une légion, sous le commandement de Paul Émile, et sur l'aile gauche par deux légions et le même nombre d'alliés. Hannibal, qui dispose d'une cavalerie bien supérieure, mais de moins de troupes à pied, fait alors un choix stratégique déterminant : il dispose au centre les fantassins gaulois et espagnols, en saillie, flanqués par l'infanterie lourde africaine, et range la cavalerie sur les ailes. Les Romains enfoncent l'infanterie et s'avancent si loin qu'ils se retrouvent coincés entre les fantassins africains, qui peuvent ainsi les attaquer sur le flanc. Quant aux cavaliers d'Hannibal, ils mettent en déroute les ailes adverses, puis finissent par prendre à revers l'infanterie romaine. Cette tactique devient si célèbre qu'elle reste la plus étudiée dans les écoles de guerre, et fut encore utilisée pendant la Première Guerre mondiale.

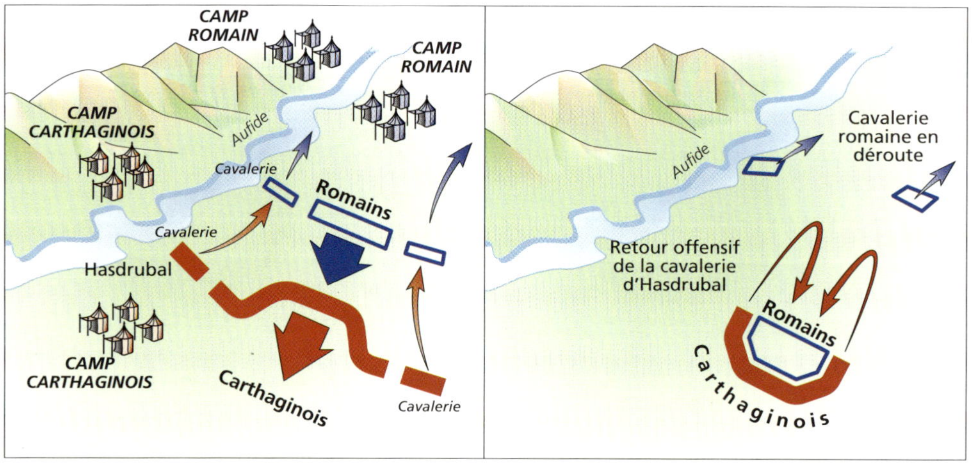

L'enlisement en Italie et la réaction romaine

Hannibal tente tout au moins d'exploiter politiquement ses victoires, en incitant les alliés de Rome à faire défection. Habilement, il traite les prisonniers faits parmi ces alliés avec bien plus d'égards que les citoyens romains, et leur déclare qu'il est venu en Italie pour rendre leur liberté aux peuples que Rome avait soumis. Cette politique rencontre un certain succès en Italie du Sud : à l'automne 216 av. J.-C., la puissante Capoue accueille Hannibal. En revanche, l'Italie centrale reste fidèle à Rome et forme autour d'elle un bouclier protecteur. Par ailleurs, les renforts attendus ne réussissent pas à faire leur jonction avec l'armée d'Hannibal, car la voie de terre d'Espagne en Italie a été coupée dès 218 grâce à Gnæus Scipio, et la puissance navale de Rome empêche l'arrivée de secours par la voie maritime. Hannibal ne peut alors porter le coup de grâce. À partir de 215, le conflit entre dans une phase nouvelle, et tourne à la guerre d'usure. Rome entreprend de reconquérir l'Italie : après un long siège, Capoue doit se rendre, à des conditions très dures, et Tarente est reprise en 209. Le conflit s'étend à de nouveaux théâtres d'opérations. Après la défection de Syracuse, le consul Claudius Marcellus commence au printemps 214 le siège de la ville, qui tombe malgré le soutien de Carthage, dont les navires ne réussissent pas à la débloquer. En Espagne, le jeune Publius Cornelius Scipio prend Carthagène au début de 209. Hannibal est isolé dans le Bruttium, et, comble de malchance, l'armée de secours menée par son frère Hasdrubal est écrasée sur le Métaure en 207. C'est alors que Scipion rentre d'Espagne, auréolé de gloire, et se présente aux élections

▼ Stèles funéraires de la nécropole du tophet à Carthage. Ces pierres n'ont toujours pas livré leur secret.

◄ Les éléphants puniques ne jouèrent qu'un rôle mineur dans les batailles d'Hannibal, mais ils ont marqué les esprits de ceux qui furent dépassés par la supériorité tactique des Carthaginois. Tapisserie du XVIIe siècle.

Les éléphants d'Hannibal

L'utilisation de ces animaux à des fins tactiques est attestée dès l'époque d'Alexandre, et les Carthaginois l'adoptent rapidement. L'éléphant est d'ailleurs l'animal totémique des Barcides, et figure souvent sur le monnayage punique d'Espagne. Il s'agit d'éléphants de forêt, plus petits que l'éléphant d'Asie, avec de grandes oreilles au lobe arrondi et une trompe annelée. Trop petits pour supporter une tour de combat, ils sont dirigés par des cornacs juchés sur leur dos. Lorsque les animaux, effrayés ou blessés, échappent au contrôle de leur cornac, celui-ci doit les abattre, en leur enfonçant un ciseau dans la nuque à l'aide d'un maillet. Hannibal part de Carthagène au printemps 218 av. J.-C. avec un troupeau de vingt-sept éléphants, dont les barrissements aigus et les oreilles déployées sont destinés à terrifier l'ennemi. Mais le franchissement des Pyrénées et des Alpes est fatal à beaucoup d'entre eux, et Hannibal ne dispose plus que d'un unique éléphant quand il traverse la Toscane.

consulaires pour 205, avec le projet de contre-attaquer en portant la guerre en Afrique.

La fin de Carthage et d'Hannibal

Scipion est élu consul, malgré la vive opposition de Fabius Maximus, qui veut d'abord débarrasser l'Italie de la présence punique. Après de longs préparatifs, il débarque en Afrique au printemps 204 av. J.-C., mais les débuts sont décevants, car il ne réussit pas à prendre Utique. L'année suivante, il reprend l'offensive et remporte des succès, si bien qu'il met en péril le ravitaillement de Carthage, qui décide alors de rappeler Hannibal, tout en engageant des pourparlers de paix. Les conditions proposées sont dures, mais Carthage les accepte. La ratification du traité est toutefois ralentie à Rome par les adversaires de Scipion, et le retour sur ces entrefaites d'Hannibal renforce le parti de la guerre. Le général débarque en Afrique à l'automne 203 et s'installe à Hadrumète, mais les circonstances ne lui sont guère favorables : il manque de cavalerie, et les nouvelles recrues ne semblent guère solides. Lors de la bataille décisive, à Zama, en octobre 202, l'armée punique est détruite. Scipion, prêt à traiter, reprend les conditions précédentes, mais en les aggravant : Carthage doit verser une lourde indemnité, et livrer sa flotte, à l'exception de dix navires. Elle est désormais cantonnée à son domaine africain. Acculée, elle accepte, et le traité est ratifié à Rome au printemps 201. Hannibal, quant à lui, essaie de garder un rôle politique à Carthage, mais ses ennemis l'accusent de comploter avec Antiochos III de Syrie, et il doit s'enfuir auprès de ce roi. Après la défaite d'Antiochos à Magnésie, il se réfugie à la cour de Prusias de Bithynie, mais Rome exige qu'il soit livré, et il se suicide en buvant le poison qu'il portait sur lui en permanence. Ainsi, même après sa défaite, il est resté pour Rome l'homme à abattre.

Les sacrifices humains, mythe ou réalité ?

Les fouilles conduites à Carthage ont mis au jour une aire sacrificielle à ciel ouvert, le tophet, qui s'étendait sur près d'un hectare. De nombreuses urnes funéraires en terre cuite y ont été retrouvées ; elles contenaient des restes calcinés, qui appartenaient en majorité à de très jeunes enfants. S'agit-il de la trace d'infanticides rituels, ou d'un cimetière réservé aux enfants morts en bas âge ? Rien ne permet en tout cas d'écarter catégoriquement l'hypothèse de sacrifices humains.

▼ Scipion « l'Africain » s'empare de Carthage. Admirateur des vertus militaires de son ennemi, Scipion accepta la reddition d'Hannibal dans l'honneur.

ARCHIMÈDE

Si la vie des mathématiciens grecs est en général peu connue, Archimède fait figure d'exception : de nombreuses anecdotes courent sur lui, révélant la célébrité dont il jouissait dès l'Antiquité, tant pour ses découvertes scientifiques que pour l'ingéniosité de ses machines.

UN CITOYEN EN VUE DE SYRACUSE

Archimède est né vers 287 à Syracuse, ville située sur la côte orientale de la Sicile, que l'historien romain Tite-Live décrit comme la plus belle ville de son époque. Sa famille est liée avec celle du tyran Hiéron II, qui a régné pendant un demi-siècle sur la cité. Grâce aux manœuvres diplomatiques de ce souverain, d'abord proche de Carthage, avant de changer radicalement de politique et de conclure avec Rome une alliance solide, Syracuse n'a pas à souffrir durant la première guerre punique et reste la seule zone de Sicile à conserver son indépendance face à Rome. Archimède entretient des liens personnels avec Hiéron et son fils Gélon ; de nombreux épisodes, dont l'authenticité est plus ou moins discutable, montrent le roi faisant appel à l'ingéniosité du savant. Ainsi, soupçonnant un artisan d'avoir remplacé une partie de l'or destiné à la confection d'une couronne par le même poids en argent, Hiéron s'adresse à Archimède, qui réussit à déterminer la proportion exacte des deux métaux grâce au principe qui porte son nom, concernant la poussée des liquides sur les corps immergés.

ARCHIMÈDE ET LE MILIEU SCIENTIFIQUE CONTEMPORAIN

Dès sa jeunesse, Archimède baigne dans le milieu scientifique syracusain, car il est le fils d'un astronome, Phidias. Mais il entretient également des liens avec d'autres savants. Ainsi, lors d'un séjour à Alexandrie, il fait la connaissance de plusieurs membres du Musée, cénacle scientifique créé par Ptolémée : Ératosthène de Cyrène, mathématicien et philosophe, le premier à avoir évalué précisément la circonférence de la Terre ; l'astronome Conon de Samos,

◄ Son nom a traversé les siècles. Il est devenu synonyme de savant et évoque ce que l'Antiquité nous a livré comme héritage scientifique. Mosaïque romaine.

▲ C'est dans sa baignoire qu'Archimède aurait découvert le principe qui porte son nom, selon lequel tout corps plongé dans un liquide subit une poussée de bas en haut égale au poids du fluide déplacé. Gravure du XVIe siècle.

à qui il envoie ses découvertes mathématiques avant publication ; Dosithée de Péluse, élève de Conon, auquel il dédie plusieurs de ses ouvrages. Toutefois, à l'exception de ce voyage, Archimède semble avoir passé la plus grande partie de sa vie à Syracuse même, et ses contacts avec les autres savants de son temps paraissent s'être limités à des échanges épistolaires.

« Eurêka ! »

La renommée d'Archimède dans l'Antiquité repose non sur ses œuvres purement mathématiques, mais surtout sur ses inventions, que lui-même pourtant considère avec un certain mépris. Dans le domaine de la théorie mathématique, ses travaux portent sur la géométrie et l'arithmétique. Il fixe la valeur de *pi* (rapport de la circonférence du cercle à son diamètre) à 3,141 6. Il s'intéresse à l'hydrostatique, à laquelle il consacre un *Traité des corps flottants* et dont il découvre par hasard, dans son bain, un principe fondamental. Il est si heureux de sa découverte qu'il sort du bain et se précipite dans la rue tout nu en criant « Eurêka ! » (« J'ai trouvé ! ») Mais ce sont surtout ses découvertes en mécanique pratique qui frappent l'imagination et qui contribuent à sa légende. On lui attribue l'invention de la cochlias, ou vis d'Archimède, d'un planétarium, qui est ensuite transporté à Rome, et d'un orgue hydraulique.

Le rôle de Syracuse dans la deuxième guerre punique

Hiéron demeure un allié fidèle de Rome et ravitaille les armées romaines en Sicile. Toutefois son successeur, son petit-fils Hiéronymos, passe dans le camp carthaginois. Rome ne peut tolérer cette défection, et les armées romaines, sous le commandement de Marcus Claudius Marcellus, mettent le siège devant la ville. Mais il leur faut deux ans pour en venir à bout, malgré leur habileté à maîtriser la poliorcétique (art du siège). Archimède joue un rôle capital dans la défense de sa cité, grâce à ses qualités d'architecte militaire. Ses inventions font une impression si forte sur les soldats romains que, dès qu'ils voient une corde ou un morceau de bois dépasser de la muraille, ils prennent leurs jambes à leur cou, en criant que c'est encore une invention d'Archimède. Celui-ci aurait même mis au point un système de miroirs pour incendier les navires romains, innovation technique dont la vraisemblance est toutefois discutée. Quand les Romains viennent à bout de Syracuse, Marcellus donne l'ordre à ses soldats d'épargner le célèbre savant. Mais l'un d'entre eux, le dérangeant dans ses travaux, se voit reprocher de lui cacher le soleil, et Archimède meurt sous le coup d'épée de ce soldat ombrageux.

▶ **Hannibal** / 216 av. J.-C.

Une invention : la vis d'Archimède

La vis d'Archimède, ou cochlias, est une machine hydraulique, utilisée en Égypte pour l'irrigation des champs trop éloignés du Nil et en Espagne pour pomper l'eau des mines. Si certains ont douté de la paternité du savant syracusain, les documents papyrologiques montrent que cette machine n'est pas antérieure au IIIe siècle av. J.-C. Une fresque de Pompéi montre une cochlias placée horizontalement, mise en action par un petit esclave. Cet instrument, simple mais efficace, fut largement répandu dans l'Antiquité, et est encore utilisé de nos jours en Égypte.

-212

Prise de Syracuse par les Romains

Au cours de l'assaut, Archimède, qui avait grandement contribué à la défense de la ville, est tué par un soldat romain.

CHRONOLOGIE

Naissance d'Archimède. **vers 287 av. J.-C.**

Conquête de la Sicile par Pyrrhos, roi d'Épire. **277**

Perte de la Sicile par Pyrrhos ; naissance d'Ératosthène. **276**

Prise de Tarente par les Romains. **272**

Fondation de la colonie de Bénévent par Rome. **268**

Début de la première guerre punique ; alliance de Hiéron II avec Carthage. **264**

Traité entre Syracuse et Rome. **263**

Prise d'Agrigente par les Romains. **261**

Défaite navale de Carthage aux îles Égates ; fin de la première guerre punique. **241**

La Sardaigne est cédée à Rome par Carthage. **238**

Hannibal prend le commandement des troupes carthaginoises en Espagne. **221**

Hannibal s'empare de Sagonte ; début de la deuxième guerre punique. **219**

Mort de Hiéron II ; défection de Syracuse. **215**

Début du siège de Syracuse par Marcellus. **214**

Prise de Syracuse par les Romains. Mort d'Archimède. **212**

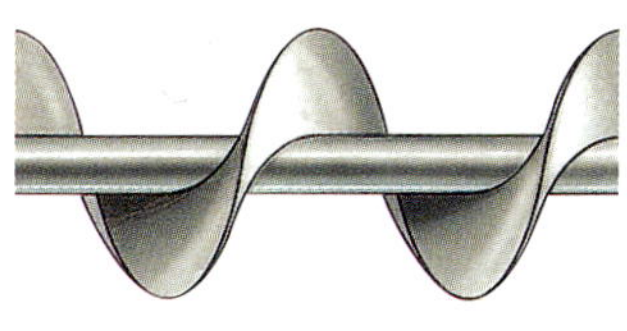

▲ La vis d'Archimède est une vis sans fin, dans laquelle la rotation d'un axe hélicoïdal entraîne le mouvement.

LIU BANG

Petit fonctionnaire, Liu Bang profite de l'effondrement des Qin pour s'emparer du trône et fonder la dynastie Han. Il réorganise l'Empire dans le respect des structures féodales et des traditions philosophiques, assurant quatre siècles d'existence aux Han.

▼ La légende fait de Liu Bang le fils d'un dragon, et nul mieux que lui n'était destiné à gouverner l'Empire chinois. Masque animalier de la dynastie des Han.

UN NOUVEL EMPEREUR FACE AUX BARBARES

En l'an deux du règne de l'empereur Liu Bang, les Xiongnu déferlent à nouveau sur la Chine (201). Depuis un demi-siècle, ces nomades de langue turque ont forgé un Empire des steppes, qui s'étend du lac Balkhach à la Mandchourie. Pour endiguer cette menace, qui pèse sur sa frontière septentrionale, la Chine vient d'élever la plus longue muraille du monde. Mais les Barbares savent exploiter les divisions de l'Empire. Révolté contre l'empereur, le roi de Han, Han Xin, les appelle à l'aide et leur permet d'envahir le Shanxi (N.-O. de la Chine). Liu Bang accourt, les repousse, mais se laisse ensuite enfermer dans la ville de P'ing-ch'eng. Frappés par un sortilège, beaucoup de ses soldats ont perdu leurs doigts ou leurs orteils ! Au bout de sept jours de siège, le souverain invente une ruse pour inciter les Xiongnu à la retraite : il offre une princesse en mariage à leur chef. Mais cette « perdrix offerte à l'oiseau sauvage de Mongolie » n'est en réalité qu'une servante. Le danger est provisoirement écarté. Ainsi gouverne le nouveau Fils du Ciel. En raison de sa position fragile, il doit recourir à la ruse autant qu'à la force.

LE PAYSAN QUI DEVINT ROI

Ce sont les origines de Liu Bang qui expliquent le caractère contesté de son pouvoir. Il n'est ni fils d'empereur ni même aristocrate, mais fils d'un simple paysan de la région de Peixian, dans le Jiangsu (nord-est de

▲ Tumulus renfermant la dépouille d'un empereur Han. Liu Bang est aux origines d'une dynastie qui règnera quatre siècles durant et que les Chinois revendiquent aujourd'hui encore comme fondatrice de la Chine éternelle.

-202

Fondation de la dynastie Han

Après le suicide de son principal rival, Xiang Yu, Liu Bang devient empereur et fonde une nouvelle dynastie qui régnera sur la Chine jusqu'en 220 après J.-C.

la Chine). Petit fonctionnaire, il dirige un district dans sa région, méprisé autant pour son origine que pour son ivrognerie. Un notable, Lu, pressent cependant qu'il est voué à un grand avenir, en raison de son apparence physique, et lui donne sa fille. Les Chinois croient en effet que les traits physiques révèlent le caractère et le destin, et Liu Bang possède une belle barbe et « un front de dragon ». À cette époque, la Chine est unie pour la première fois de son histoire. Vainqueur des royaumes rivaux, le roi de Qin s'est fait proclamer empereur sous le nom de Shi Huangdi (221). D'une main de fer, il impose une centralisation brutale, unifiant provinces et mesures, Code et monnaie. À sa mort, son corps est déposé dans un gigantesque mausolée souterrain creusé par 700 000 condamnés, qui ont de plus subi la castration (211). Un pouvoir si cruel ne pouvait qu'entraîner le rejet. Dès 209, les révoltes éclatent, menées par les héritiers des royaumes vaincus ou par d'anciens généraux de Shi Huangdi. Liu Bang saisit la chance que lui offre le naufrage de l'Empire. À partir de la préfecture de Peixian, il se taille, en moins de deux ans une principauté en Chine du Nord. C'est lui qui porte le coup de grâce à une dynastie Qin qui avait achevé de se déconsidérer. L'empereur Ziying se rend à lui, monté sur un grand char tiré par des chevaux blancs, les sceaux impériaux autour du cou (207). L'Empire unifié laisse la place à une quinzaine de principautés féodales, dont les chefs usurpent le titre royal (206). Liu Bang est l'un d'entre eux : il devient le roi de Han.

L'Empereur, Fils du Ciel

Lors de son accession à l'Empire, Liu Bang hérita de deux conceptions de la fonction impériale. Selon la tradition, le souverain était un « Fils du Ciel », c'est-à-dire un délégué humain du Ciel, chargé de célébrer son culte. Par des ordonnances mensuelles réglant le calendrier, il devait faire concorder les occupations humaines et les rythmes naturels. Suzerain placé à la tête d'une hiérarchie féodale, il n'exerçait pas directement son autorité, mais déléguait celle-ci aux princes locaux. Qin Shi Huangdi avait, au contraire, imposé une conception autocratique du pouvoir. Par la magie et la mystique, il recherchait l'immortalité, qui l'identifierait au Souverain céleste. Les Han opérèrent une synthèse, de nature morale et pédagogique. Par sa vertu, l'empereur déterminait, de façon automatique et irrésistible, la bonne conduite du monde. Limités au minimum, les lois et décrets se présentaient comme des exhortations, bien plus que comme des ordres. L'empereur prêchait et ne commandait pas.

Le restaurateur de l'Empire ?

Ces nouveaux royaumes se livrent aussitôt d'âpres combats pour la suprématie. Liu Bang se heurte à un rival redoutable, Xiang Yu, roi de Chu (sud-est de la Chine). On ne peut rêver contraste plus total entre les deux hommes : Xiang Yu est aussi hardi et violent que Liu Bang est rusé et prudent. Le roi de Chu a d'abord l'avantage. Il remporte soixante-dix victoires et rejette le roi de Han dans le Shaanxi (ouest de la Chine). Mais la ruse permet encore à Liu Bang de l'emporter. Une nuit, ses troupes encerclent le camp de Xiang Yu en

◄ Un disque *bi* en jade. Caractéristiques de l'art Han, de tels disques solaires restent aujourd'hui encore un mystère. Il semble que l'emploi du jade soit associé aux valeurs symboliques de ces objets.

CHRONOLOGIE

Naissance de Liu Bang à Feng, préfecture de Peixian. **248 av. J.-C.**

Le roi de Qin unifie la Chine et devient le premier empereur sous le nom de Qin Shi Huangdi. **221**

Mort de Qin Shi Huangdi. **211**

Début des révoltes contre les Qin. Liu Bang en devient l'un des chefs. **209**

Chute de la dynastie Qin. **207**

Division de l'Empire chinois en royaumes. Liu Bang devient roi de Han. **206**

Liu Bang élimine le roi de Chu, Xiang Yu. Il est reconnu empereur par les autres rois vassalisés. **Fondation de la dynastie des Han.** **202**

Invasion des Xiongnu en Chine du Nord. **201**

Mort de Liu Bang, le Ier juin. Son fils Hui lui succède. **195**

Règne de Wudi. Apogée de la dynastie Han. **140-87**

Abdication du dernier Han. **220 apr. J.-C.**

SIMA QIAN

L'Hérodote chinois

Les origines de la Chine impériale sont connues essentiellement par les *Mémoires historiques* de l'historien Sima Qian (145-86 av. J.-C.). Il prétendait descendre d'une antique famille, qui possédait par hérédité la charge de général (*sima* en chinois). Mais son père Sima Tan fut annaliste et astrologue de la Cour, charges prestigieuses dont Sima Qian hérita. En tant qu'astrologue, il participa à la réforme du calendrier de l'empereur Wudi (104). Les *Mémoires* furent la réalisation d'un projet paternel. Première histoire systématique de la Chine, l'ouvrage suit un plan annalistique (année par année) et débute par les « Cinq Souverains » et les « Trois Augustes », figures légendaires précédant les dynasties historiques. Esprit traditionaliste, Sima Qian critique sévèrement l'empereur tyrannique Shi Huangdi et déplore le triomphe de l'argent au détriment de la naissance. Mais il se montra toujours indépendant envers le pouvoir, ce qui lui valut d'être condamné à la castration.

▲ Tour de guet avec arbalétrier, maquette en terre cuite, époque des Han. La protection des frontières fut le souci constant des empereurs Han, sans cesse menacés par les séditions des souverains vassaux.

▲ Figurine en terre cuite de l'époque Han.

entonnant des chansons de Chu. Xiang Yu croit que ses sujets ont rallié son ennemi et abandonne son armée, qui est alors défaite. Rejoint, encerclé, blessé dix fois, le roi de Chu se suicide en pleurant sur le sort de sa femme et de son cheval favori (202). Les rois vassalisés n'ont plus qu'à offrir l'Empire au vainqueur. Le matois Liu Bang refuse par trois fois avant d'accepter le titre impérial, « pour le bien de l'État ». La nouvelle dynastie s'appelle Han, du nom de son royaume d'origine. Mais elle installe sa capitale à Changan, dans l'ancien royaume de Qin, région choisie pour sa position centrale. L'Empire est restauré, mais est-ce bien l'Empire fondé par Shi Huangdi ? Il ne s'agit pas d'un État centralisé, comme celui des Qin, mais d'un agrégat de principautés autonomes. Liu Bang a dû laisser en place les rois qui ont reconnu son pouvoir et distribuer les royaumes vacants à ses lieutenants. Il doit même tolérer, à Canton, l'existence d'un royaume sino-barbare indépendant. Ces souverains ont peu de respect pour un empereur qui fut l'un des leurs. Chaque année voit leurs révoltes ou leurs complots. L'empereur profite toutefois de la répression des troubles pour révoquer peu à peu ses vassaux turbulents et les remplacer par des princes de la famille impériale. Mais ces royaumes restent des apanages conférés à titre précaire. En matière juridique ou monétaire, la codification des Qin n'est pas remise en cause. À sa manière, souple et rusée, Liu Bang poursuit bien l'œuvre du premier empereur.

Un souverain en quête de légitimité

Désireux de ne pas rééditer l'échec des Qin, le premier des Han ne néglige aucun moyen pour enraciner sa dynastie. Son entourage diffuse des histoires merveilleuses, chargées de conférer à l'empereur une origine divine. Sa mère aurait été fécondée par un dragon, sur le bord d'un étang, au milieu du tonnerre et des éclairs et pendant sa jeunesse, il aurait tué un serpent, qui n'était autre que le fils du dieu blanc. La mère de ce dernier, une vieille femme, se lamenta : « Mon fils a été coupé en deux par le fils du dieu rouge ! » L'invincibilité de Liu Bang ne fait pas de doute, car sa cuisse gauche présente soixante-douze points noirs, chiffre magique et une vapeur mystérieuse, signe de souveraineté, se tient toujours au-dessus de lui, ce qui faisait dire à l'empereur Shi Huangdi : « Du côté du Sud-Est, il y a l'émanation d'un Fils du Ciel ». N'était-il donc pas promis à l'Empire dès sa naissance ? Pour justifier sa position impériale, Liu Bang accumule les rites prouvant sa vertu de chef. À l'exemple des fondateurs des premières dynasties royales, il boit un bouillon, préparé à partir du corps d'un de ses fils décédés (203). Il se montre ainsi un héros, capable de tous les dépassements. Mais l'avenir de la dynastie dépend surtout de ses principes de gouvernement. Shi Huangdi avait affirmé une conception tyrannique du pouvoir, indifférente aux valeurs morales et seulement préoccupée d'efficacité. Lorsque les lettrés se dressèrent contre lui, au nom des principes ancestraux, il les décima et brûla leurs livres. Liu Bang recherche au contraire leur appui, plaçant son action sous le patronage des grands penseurs du passé. Il offre ainsi un sacrifice sur la tombe de Confucius (195) et son principal conseiller, Zhang Liang, s'inspire fortement des principes taoïstes, issus de Laotseu. Cette vision du pouvoir, si elle est plus conservatrice, demeure aussi plus conforme aux traditions chinoises.

Animal militaire par excellence, le cheval ► était pour les empereurs chinois le symbole de leur puissance. Statuette en bronze.

Le « Suprême Ancêtre » d'une dynastie séculaire

Blessé par une flèche lors de la répression d'une révolte, Liu Bang comprend que sa destinée est accomplie. Déclarant que le « Destin dépend du Ciel », il refuse de se laisser soigner et expire le 1er juin 195. Selon la coutume chinoise, ses héritiers lui accordent le nom posthume de *Gaozu*, le « Suprême Ancêtre », que mérite bien ce fondateur d'Empire. Les Han vont être en effet l'une des dynasties les plus durables de l'histoire chinoise, appelée à régner quatre siècles (jusqu'en 220 apr. J.-C.). En dépit de son jeune âge (une dizaine d'années), le fils de Liu Bang, Hui, lui succède sans difficultés, sous la régence de sa mère, l'impératrice Lü. Mais ce sont les triomphes de l'empereur Wudi qui achèvent de consolider la dynastie (140-87 av. J.-C.). Wudi amplifie les mesures ébauchées par son aïeul. Parachevant l'unification de la Chine, il annexe le royaume de Canton et morcelle les anciens États féodaux. Renforçant la collaboration avec les lettrés, il fait de ces derniers le vivier de la fonction publique par l'instauration d'un système de concours, basé sur l'étude des classiques. Le confucianisme est érigé en philosophie officielle de l'Empire. Une politique de conquêtes annexe le Viêt Nam et le nord de la Corée, brise les raids des Xiongnu, assure la mainmise chinoise sur les oasis d'Asie centrale. L'Empire de Chine prend son visage classique. La dynastie a tellement marqué les origines du pays que les Chinois se désignent actuellement sous le nom de Han.

► **Qin Shi Huangdi** / 221 av. J.-C.

Les Xiongnu, ancêtres des Huns

Les campagnes des Han, qui conquirent l'Asie centrale, finirent par faire éclater l'empire des Xiongnu. En 44 av. J.-C., celui-ci se divisa en un rameau oriental, fixé en Mongolie, et un rameau occidental, établi au Kazakhstan. Sous la pression chinoise, les Xiongnu occidentaux émigrèrent lentement vers l'ouest. Apparus dans la plaine de la Volga vers 370, ils détruisirent le royaume ostrogoth et atteignirent le Danube à la fin du IVe siècle. L'Empire romain les découvrit alors sous le nom de Huns.

▼ Statuette funéraire en jade exhumée du tombeau de la princesse Han Tou Wan. Les épouses des empereurs Han jouaient un rôle capital dans les coulisses du pouvoir, et intriguaient pour placer un de leurs fils sur le trône.

Les Gracques

Les frères Gracques tentèrent de remédier à la crise sociale de la paysannerie romaine et de réformer la République dans un sens plus démocratique. Le Sénat les élimina par la violence, mais leur exemple inspira ensuite les grands réformateurs romains.

Une crise née des conquêtes

Au début de l'année 121, Rome frémit à la nouvelle de sinistres présages. Caius Gracchus, chargé de fonder une colonie à Carthage, en Afrique du Nord, n'arrive pas à mener sa tâche à bien, car des loups déterrent les bornes qui délimitent le territoire. Les dieux sont manifestement hostiles au projet ! Ces signes annoncent l'échec d'une œuvre de réforme de la République, commencée une dizaine d'années plus tôt. En cette fin du IIe siècle av. J.-C., Rome n'a jamais été aussi puissante. À la suite de conquêtes foudroyantes, elle domine, outre l'Italie, l'Espagne, l'Afrique du Nord et l'ensemble de l'Orient. Mais cette expansion a profondément déséquilibré le système républicain. Le Sénat, conseil formé d'anciens magistrats, chargé de la direction de la politique extérieure, en profite pour accroître son pouvoir au détriment des assemblées populaires. L'ouverture des marchés, conséquence des conquêtes, entraîne la naissance

▼ Les Gracques (bronze d'Eugène Guillaume, XIXe siècle). Leur tentative de réformes, tant agraires que politiques, devint le symbole d'une volonté égalitaire dont les révolutionnaires, notamment Babeuf qui abandonna son prénom de François pour adopter celui de Gracchus, se voulurent les héritiers.

d'une agriculture spéculative, basée sur la vigne et l'olivier. Elle dynamise les grands domaines, mais pénalise les petites exploitations, qui ne peuvent s'y adapter. Contraints à la faillite, les petits paysans s'entassent à Rome, à la recherche d'un nouveau travail. C'est le socle social de la République, le monde des citoyens-paysans, qui est en train de se désagréger.

D'une réforme agraire à la réforme du régime

La légende veut que Tiberius Gracchus ait conçu sa réforme à la suite d'un voyage sur les côtes de l'Étrurie (Toscane), désertifiées par l'exode rural. Fils de sénateur, issu de la noblesse, Tiberius n'en est pas moins sensible à la crise de la République. À trente ans, il se fait élire tribun de la plèbe, magistrature destinée à la défense du peuple (133). Pour endiguer l'érosion de la classe des citoyens-paysans, il fait voter une loi agraire prévoyant la distribution, à des pauvres, de lots de terre prélevés sur l'*ager publicus*, le domaine public. La réforme suscite l'hostilité du Sénat, car l'*ager publicus* a été en partie usurpé par des sénateurs, qui vont en perdre l'usage. Ces derniers éliminent Tiberius au premier faux pas. Lorsque le tribun cherche à se faire réélire l'année suivante, démarche illégale, le Sénat fomente une émeute et Tiberius périt, le crâne fracassé par un escabeau. Mais le flambeau est repris par son jeune frère, Caius, dix ans plus tard (123). Élu à son tour au tribunat, Caius ne se contente pas de réactiver la loi agraire. Toute une série de lois vise à réformer l'ensemble du régime. Une loi frumentaire décide la vente de blé, au peuple, à bas prix, et une loi judiciaire garnit les jurys de chevaliers à la place des sénateurs. L'ordre équestre forme le second groupe de l'aristocratie romaine, chargé normalement de fournir les officiers de l'armée. Caius veut appuyer sa politique sur l'alliance de la plèbe avec les chevaliers.

La victoire illusoire du Sénat

Toutes ces réformes n'ont qu'un seul but : affaiblir le rôle du Sénat et renforcer le caractère démocratique du régime. Une attitude symbolique le montre. Lorsqu'il parle sur le forum, dressé sur les Rostres, la tribune aux harangues décorée d'éperons de navires, Caius ne se tourne plus vers le Sénat, comme le voulait la tradition. Mais un nouveau problème va désagréger rapidement la coalition gracchienne : la « question italienne ». Rome domine l'Italie depuis deux siècles mais n'a pas accordé la citoyenneté romaine aux Italiens. Ayant obtenu le droit de se faire réélire tribun en 122, Caius propose d'accorder à ceux-ci le droit latin, un statut intermédiaire qui les rapprocherait de la citoyenneté. Ce projet choque beaucoup de plébéiens, qui veulent se réserver les avantages de la citoyenneté romaine. Il est donc repoussé et Caius perd une grande partie de sa popularité. Le Sénat sent que le moment d'agir est venu. Au premier incident, il déclare Caius ennemi public ; trois mille de ses partisans périssent lors d'une journée d'émeute et lui-même choisit de se faire égorger par un esclave pour échapper à ses poursuivants (121). Le Sénat exulte, mais sa victoire est illusoire, car l'épisode des Gracques ouvre la crise de la République sénatoriale et leur programme va inspirer tous les réformateurs romains jusqu'à César.

▸ **Cicéron** / 63 av. J.-C.
▸ **César** / 49 av. J.-C.

Le tribunat, instrument des réformateurs

Le tribunat de la plèbe était une magistrature particulière au sein du système politique romain. Il avait été créé au Ve siècle av. J.-C., dans le cadre de la lutte des plébéiens contre les patriciens, qui dominaient alors le Sénat. Les dix tribuns disposaient de pouvoirs exceptionnels, afin de défendre la plèbe. Ils étaient « sacro-saints », on ne pouvait les agresser, ni même les toucher, sous peine de mort. Ils pouvaient protéger un citoyen poursuivi par un autre magistrat, et bloquer une décision du Sénat ou d'un magistrat. Ils avaient le droit de proposer un projet de loi à l'assemblée du peuple et la plupart des lois romaines furent d'origine tribunitienne. On comprend que les réformateurs de la fin de la République aient utilisé le tribunat pour réaliser leur politique.

-133

Tribunat de Tiberius Gracchus

Élu tribun de la plèbe, l'aîné des Gracques fait adopter une vaste réforme agraire qui lui vaut l'hostilité des sénateurs.

CHRONOLOGIE

Naissance de Tiberius Sempronius Gracchus. **162 av. J.-C.**

Naissance de Caius Sempronius Gracchus. **154**

Apogée de l'empire des Arvernes en Gaule. **150**

Siège de Carthage : Tiberius y participe ; prise de Carthage et création de la province d'Afrique ; destruction de Corinthe et soumission de la Grèce ; premier temple en marbre à Rome. **146**

Avènement de l'empereur de Chine, Wudi, qui va porter la dynastie des Han à son apogée. **140**

Tiberius participe à la défaite romaine de Numance en Espagne. **137**

Première grande révolte servile en Sicile. **136-132**

Tribunat de Tiberius Gracchus ; loi agraire ; assassinat de Tiberius ; prise de Numance et fin de la conquête de l'Espagne ; le roi de Pergame (Asie Mineure) lègue son royaume à Rome. **133**

Organisation de la province d'Asie, après la répression de la révolte d'Aristonicos, bâtard des rois de Pergame. **129**

Révolte de la cité italienne de Frégelles, qui désirait la citoyenneté romaine ; début de la conquête de la Gaule narbonnaise (France méridionale). **125**

Caius Gracchus tribun de la plèbe ; loi frumentaire et loi judiciaire. **123**

Caius tribun pour la deuxième année ; rejet du projet de Caius d'accorder le droit latin aux Italiens. **122**

Fondation de la colonie de Carthage. Suicide de Caius Gracchus. **121**

SPARTACUS

▲ Spartacus brisant ses liens (bronze de Denis Foyatier, 1847). À la tête de la dernière grande révolte servile, le gladiateur thrace fit peser sur Rome une réelle menace, avant d'être vaincu.

La révolte de Spartacus commence comme une simple évasion de gladiateurs. Rejoints par de très nombreux esclaves, ils tiendront en échec les troupes romaines pendant deux ans et représenteront une véritable menace au cœur même de l'Italie.

L'ESCLAVAGE AUX DERNIERS SIÈCLES DE LA RÉPUBLIQUE

Au IIe et au Ier siècles av. J.-C., le nombre d'esclaves augmente beaucoup en Italie, les nombreuses guerres menées par Rome entraînant un afflux de prisonniers de guerre, vendus sur les marchés aux esclaves. Originaires le plus souvent de Grèce et d'Asie Mineure, ils sont majoritairement employés sur de grandes exploitations agricoles, les *latifundia*, comme ouvriers, ou deviennent bergers dans les zones d'élevage extensif, comme la Sicile. Les moins chanceux et les plus forts physiquement, achetés par les responsables d'écoles de gladiateurs, sont destinés à mourir dans l'arène. Les conditions de vie de la plupart d'entre eux sont très difficiles. D'abord, ils sont souvent marqués au fer rouge, alors que ce châtiment était normalement réservé aux esclaves fugitifs. Les esclaves agricoles sont en général enchaînés, mal nourris, et doivent parfois trouver eux-mêmes leur subsistance. En Sicile se constituent de véritables bandes de bergers qui pillent les exploitations isolées et attaquent les voyageurs. Tous ces hommes constituent une masse prête à tout pour échapper à leur condition d'esclave, ce qui explique l'explosion de nombreuses révoltes serviles, en particulier en Sicile. Au IIe siècle av. J.-C., vers 140, le Syrien Eunous, qui se présentait comme un devin, prit la tête d'une insurrection servile à Henna (actuelle Enna). Nommé roi par ses compagnons, il organisa un véritable royaume et se fit appeler Antiochos. Fort d'une armée de deux cent mille hommes, il contrôla une grande partie de l'île pendant sept ans, et ne fut vaincu qu'en 132. Toutefois, une seconde révolte éclata en Sicile, moins de trente ans plus tard. En 104, plusieurs petites insurrections eurent lieu en même temps et furent fédérées par Salvius, un autre esclave devin. Les insurgés furent rejoints par des hommes libres pauvres, et bon nombre d'esclaves fugitifs. Salvius se fit proclamer roi, sous le nom de Tryphon, et s'installa dans la ville de Triocala, qu'il renforça par des fortifications. Après la mort de Salvius, son général Athénion lui succéda, et continua à humilier Rome jusqu'en 101, année où le consul Manius Aquillius écrasa enfin les révoltés.

LA RÉVOLTE DES GLADIATEURS

Elle débute à l'été 73 av. J.-C., dans une caserne de gladiateurs de Capoue, ville de Campanie : soixante-dix d'entre eux s'emparent de broches et de couteaux dans les cuisines, maîtrisent les hommes chargés de les surveiller et s'évadent. À la tête de cette petite troupe se trouve un dénommé Spartacus, sur lequel nos connaissances sont très réduites. De naissance libre, il était originaire de la tribu thrace des Maides, implantée près du fleuve Strymon (actuellement Struma). Selon certaines sources, c'était un simple berger, mais d'autres le font naître dans une famille princière. Comme beaucoup de ses compatriotes, il est enrôlé de force dans l'armée romaine, mais déserte rapidement. Lorsqu'il est repris, il est réduit à la servitude et conduit à Rome pour y être vendu. Un

-73

Révolte de Spartacus

Soixante-dix esclaves s'échappent d'une école de gladiateurs à Capoue. Leur chef se nomme Spartacus.

▲ Les gladiateurs entraient dans l'arène en prononçant ces mots de salut à l'empereur : *Ave Caesar, morituri te salutant* (« Salut à toi César, ceux qui vont mourir te saluent »). À la fin d'un combat, le public exigeait parfois la mort du vaincu (gravure coloriée du XIXe siècle).

laniste, Lentulus Battiatus, l'achète en raison de sa force physique, afin de le faire combattre dans l'arène comme gladiateur. Spartacus se retrouve donc dans le *ludus*, l'école de gladiateurs tenue par son nouveau maître, à Capoue, en compagnie de nombreux hommes promis au même sort que lui : mourir dans l'arène, à plus ou moins brève échéance, selon leur valeur. Or Battiatus a commis la grave erreur de réunir des hommes qui parlent la même langue, alors qu'une règle de prudence élémentaire voulait que les gladiateurs soient incapables de se comprendre et donc de s'unir contre leur maître. L'autorité de Spartacus sur ses compagnons d'infortune s'explique en partie par des motifs d'ordre religieux : sa compagne, d'origine thrace elle aussi, est une prêtresse de Dionysos et une prophétesse inspirée. Les fugitifs, partis de Capoue, gagnent la baie de Naples, en ralliant sur leur passage de nombreux esclaves qui travaillaient dans les grands domaines campaniens. Aidé par ses deux lieutenants, les Gaulois Crixos et Œnomaeus, Spartacus organise ses troupes et leur

Les différents types de gladiateurs

Les gladiateurs se subdivisent en plusieurs types, selon leur armement. Ainsi, les cavaliers ouvrent le combat, avec un bouclier rond. Les rétiaires combattent à visage découvert, avec un trident et un filet pour envelopper leur adversaire. Ce dernier peut être un mirmillon ou un *secutor*. Tous deux sont équipés légèrement, avec un bouclier rectangulaire et un glaive court. Le *secutor* porte un heaume avec panache, alors que celui du mirmillon est orné d'un poisson. Le Thrace dispose d'un sabre court et d'un bouclier. Les bestiaires, eux, sont destinés à affronter les animaux féroces (*bestia*, en latin).

◄ Réservé aux grandes fêtes, le combat du « bestiaire » (contre des fauves) était un des spectacles les plus prisés des jeux de l'amphithéâtre (relief romain du Ier siècle).

CHRONOLOGIE

Naissance de Spartacus.	**vers 100 av. J.-C.**
Guerre sociale ou des Alliés.	**91-88**
Guerre de Sylla contre Mithridate, roi du Pont.	**87-85**
Dictature de Sylla.	**82-79**
Le général Sertorius se rebelle et fonde un État indépendant en Espagne.	**80**
Coup d'État de Lépide.	**78**
Pompée combat Sertorius en Espagne.	**76-71**
Mithridate envahit la province romaine de Bithynie.	**74**
Révolte de Spartacus.	**73**
L'armée de Spartacus remonte vers la plaine du Pô, puis redescend dans la presqu'île de Rhegium ; Pompée écrase Sertorius et reconquiert l'Espagne.	**72**
Crassus écrase l'armée de Spartacus, qui meurt pendant le combat ; 6 000 esclaves sont crucifiés le long de la via Appia.	**71**
Consulat de Pompée et Crassus.	**70**

▲ Fresque de Pompéi (Ier siècle apr. J.-C.). Elle représente une rixe sanglante qui opposa, en 59 apr. J.-C., les habitants de Pompéi et ceux de Nuceria.

MARCUS LICINIUS CRASSUS

Le vainqueur de Spartacus

D'une vieille famille sénatoriale, Marcus Licinius Crassus se signale par son goût de la richesse et son ambition. Surnommé *dive,* « le riche », il ne cesse d'accroître sa fortune, pourtant déjà considérable, grâce à de profitables spéculations immobilières. Rachetant à bas prix les immeubles qui viennent de brûler, il les reconstruit et les loue à prix d'or. Jaloux de la popularité de Pompée, il voit dans la répression de la révolte de Spartacus une occasion de mettre en valeur ses talents militaires et de devenir le sauveur de Rome. Mais Pompée écrase une troupe d'esclaves en fuite, et réussit à tirer à lui la gloire. Réconciliés, tous deux obtiennent le consulat, magistrature suprême, pour l'année 70. En 60, Crassus forme avec César et Pompée le premier triumvirat. Désireux d'égaler la réputation militaire de ses collègues par une victoire sur les Parthes, Crassus se lance dans une vaste expédition contre ceux-ci en 55. Mais il est battu en Syrie, près de Carrhae, en 53, et tué alors qu'il négocie sa reddition.

fournit armes et nourriture en razziant les grands domaines environnants. Les gladiateurs, entraînés à la lutte, se chargent de la formation militaire des nouveaux arrivants. Au nombre de dix mille, les révoltés s'installent alors sur les pentes du Vésuve.

L'épopée de Spartacus en Italie

Les Romains mettent un certain temps à réagir, car ils sous-estiment l'envergure du mouvement, et estiment qu'il s'agit d'une affaire privée : c'est au maître de retrouver et de châtier son esclave fugitif. De plus, il n'y a rien de glorieux à combattre un ramassis d'esclaves barbares. Mais surtout, deux théâtres d'opérations mobilisent alors les troupes romaines : la lutte contre le général rebelle Sertorius, qui avait fondé en Espagne un État, et celle contre le roi du Pont, Mithridate, qui avait envahi la province romaine de Bithynie. Lorsqu'une première troupe est finalement envoyée contre les révoltés, ceux-ci sont déjà bien organisés et la battent aisément. Le préteur Clodius Glaber décide alors d'installer ses troupes au pied du Vésuve, pour bloquer les insurgés, mais ces derniers réussissent à déjouer leur surveillance et à les prendre à revers. Après cette victoire, de nombreux bergers des alentours se joignent à Spartacus, dont l'armée finit par compter 70 000 hommes à l'hiver 73, et comprend des Thraces, des Germains et des Celtes. C'est alors qu'il

▲ Loin de constituer une protection efficace pour le combattant, ce casque de gladiateur offrait une visibilité réduite, et le cimier qui le surmonte était destiné à être agrippé par le filet du rétiaire.

décide de conduire une partie de son armée vers les Alpes, sans doute dans l'intention de laisser ensuite chacun regagner son pays d'origine. Mais certains des hommes préfèrent rester en Campanie et vivre en pillant cette riche région. Enfin, une troupe de 30 000 hommes descend sur l'Apulie, sous la conduite de Crixos, mais elle est battue et massacrée par le consul Gellius Publicola. Quant à l'armée menée par Spartacus, elle atteint sans trop d'encombres la plaine du Pô, ralliant au cours de ses pérégrinations de nombreux esclaves en fuite. Près de Modène, elle défait avec éclat les légions envoyées contre elle. Toutefois, au lieu de passer les Alpes selon son intention initiale, Spartacus fait demi-tour et entame alors une marche vers le sud. Pourquoi ce brusque changement ? Aucune explication n'est totalement convaincante, mais il semble qu'un grand nombre de ses hommes, enivrés par leur victoire, aient refusé de rentrer dans leurs pays d'origine et caressé l'espoir de s'emparer de Rome.

Un échec sanctionné par une répression sanglante

Spartacus repart donc vers le sud de la péninsule, mais renonce à marcher sur Rome, comme Hannibal un siècle et demi plus tôt. Il prend la ville de Thurium, l'ancienne Sybaris grecque, et s'y installe pour quelques semaines. Afin d'éviter que ses

▲ Spartacus trouve la mort dans une ultime bataille contre les légions romaines (gravure du XIXe siècle). Durant deux années de rébellion, il aura tenu en échec quatre de ces légions.

hommes ne soient tentés par les richesses, il interdit la circulation d'or et d'argent dans la ville. Pendant ce temps, à Rome, Marcus Licinius Crassus se présente aux élections pour la préture, avec l'ambition affichée d'écraser enfin la révolte. Une fois élu, il se voit confier dix légions pour mener à bien ce projet. Cette armée considérable se met rapidement en route. Si l'issue des premiers affrontements est indécise, Spartacus comprend toutefois que l'adversaire est désormais bien plus redoutable. Aussi décide-t-il de passer en Sicile. Afin de faire traverser le détroit de Messine à ses troupes, il fait appel à des pirates ciliciens, auxquels il verse un acompte important. Mais ces derniers disparaissent, peut-être par crainte de représailles romaines. Spartacus conduit alors ses hommes dans la presqu'île de Rhegium (actuelle Reggio Calabria). Crassus voit là l'occasion de les bloquer, en faisant creuser un large fossé qui traverse la presqu'île du Bruttium de part en part. Les révoltés sont acculés par la famine, mais Spartacus réussit à forcer le blocus à la faveur de la nuit et d'une tempête de neige. Après une série d'escarmouches, l'affrontement final se produit en Lucanie. Au terme d'un combat long et violent, les esclaves sont écrasés et Spartacus meurt dans la mêlée. Son cadavre ne sera jamais retrouvé. Crassus n'a plus qu'à purger la région des groupes de rebelles qui avaient pu fuir le champ de bataille. Il garde néanmoins six mille prisonniers, qu'il fait crucifier le long de la via Appia, entre Capoue et Rome. Ce châtiment exemplaire est destiné à décourager toute tentative de révolte. Par la suite, l'historiographie romaine gardera un silence presque complet sur ce conflit qui ne méritait même pas le nom de *bellum*, « guerre », selon l'historien Florus (IIe siècle apr. J.-C.). Le nom de Spartacus, quant à lui, devient une injure que l'on emploie pour traiter de bandit un adversaire politique.

► **César** / 49 av. J.-C.

Le *Spartacus* de Stanley Kubrick

En 1959, Stanley Kubrick tourne, avec bien des difficultés, son *Spartacus*, qui se présente comme une revanche contre le maccarthysme et les années sombres de la chasse aux sorcières pendant lesquelles il a été contraint à l'exil. Cette superproduction reprend les techniques du grand spectacle chères à Hollywood, mais en s'opposant à ses valeurs. Spartacus est incarné par Kirk Douglas, qui est également le producteur du film, et Crassus par Laurence Olivier. Les scènes de combat sont particulièrement spectaculaires et mettent en valeur le physique des acteurs. Le scénario n'hésite pas à prendre des libertés avec la réalité historique. Ainsi, il fait mourir Spartacus crucifié sur la via Appia, alors que le chef de l'insurrection périt au cours d'un combat ; en fait, ce supplice vise à lui donner un aspect messianique et à le transformer en sauveur de l'humanité. Dans un péplum homonyme, tourné en 1953, l'Italien Riccardo Freda, auquel on doit aussi la série des *Maciste*, dénonce le fascisme au travers de sa vision de l'armée romaine.

Kirk Douglas dans le rôle-titre du *Spartacus* de Kubrick. Loin de la réalité historique, le gladiateur rebelle y symbolise la résistance à l'oppression et s'engage dans un combat pour la dignité humaine. ►

CICÉRON

Vainqueur de la conjuration de Catilina lors de son consulat, Cicéron, déclaré « père de la patrie », a pu espérer résoudre la crise de la République romaine. Mais les ambitions des imperatores *anéantissent son projet. Il n'en marque pas moins la romanité par son talent oratoire et sa réflexion politique.*

◄ Le célèbre orateur a fait valoir l'idée qu'en république le pouvoir doit être fonction du mérite, et non de la naissance.

LE « PÈRE DE LA PATRIE »

« Jusques à quand Catilina ... ». Telle est la phrase la plus célèbre du discours le plus célèbre de l'orateur romain Cicéron. Enseigné dans les écoles pendant des siècles, ce beau morceau d'éloquence représente en fait pour son au-teur une manœuvre politique désespérée. À quarante-trois ans, Cicéron a réussi à parvenir au consulat, magistrature supérieure de la République, grâce à son talent oratoire (63 av. J.-C.). Cet honneur s'avère périlleux puisqu'il doit déjouer la conjuration d'un aventurier, Catilina. Noble taré, ruiné et débauché, celui-ci voit sa carrière dans l'impasse, car il a échoué plusieurs fois au consulat. Il choisit donc la voie du coup d'État, rassemblant des gens à son image, jeunes nobles endettés et vieux politiciens aigris. Une nuit, les conjurés mêlent leur sang dans une coupe de vin et la boivent tour à tour pour sceller leur alliance. Catilina regroupe secrètement des troupes en Étrurie (Toscane). Une partie du peuple le soutient, car il promet l'abolition des dettes et des distributions de terres aux pauvres. Grâce à la maîtresse d'un conjuré, Cicéron apprend l'existence du complot et ne sort plus qu'avec une cuirasse dissimulée sous sa toge. Mais l'absence de preuves l'empêche de frapper. Lorsque Catilina tente de le faire assassiner dans sa maison, il se décide enfin à agir. Le 8 novembre, il réunit le Sénat, conseil assurant la direction générale de la République, et dénonce Catilina dans un violent discours, la première *Catilinaire*. Il veut l'effrayer pour le forcer à se dévoiler. Le piège fonctionne : Catilina fuit Rome et rejoint son armée. Il sera écrasé et tué trois mois plus tard. Ivre d'orgueil, Cicéron est déclaré « Père de la patrie » par le Sénat et ses amis le raccompagnent chez lui le soir à la lueur des torches.

UN HOMME NOUVEAU

La victoire sur Catilina marque le sommet d'une carrière menée en des temps troublés. Depuis le milieu du IIe siècle, la République romaine est en crise, déstabilisée par ses propres succès. Les conquêtes ont entraîné la transformation de l'armée civique en une armée de métier, plus attachée à ses chefs qu'à la République. Enivrés par leurs victoires, les généraux (*imperatores*) affichent des ambitions croissantes et menacent le régime. Longtemps incontestée, la prédominance du Sénat est remise en cause par des réfor-

▲ Devant le Sénat, Cicéron accable Catilina (fresque de Cesare Maccari, 1889). Les quatre *Catilinaires* prononcées par l'orateur sont restées fameuses, symbole de la force de l'éloquence, capable de convaincre les foules et d'abattre les tyrans.

mateurs, les populaires, qui s'appuient sur les assemblées du peuple. Il en découle une violente guerre civile (88-82), qui se conclut par la victoire des *optimates* (les « meilleurs »), les conservateurs défenseurs du Sénat, et par la dictature de leur chef, l'*imperator* Sylla (82-79). C'est dans le cadre de cette République conservatrice, au lendemain de la retraite de Sylla, que le jeune Marcus Tullius Cicero commence son ascension politique. Issu d'une famille de notables d'Arpinum, en Italie centrale, il possède un lourd handicap : c'est un « homme nouveau », sans ancêtre sénateur. Il n'appartient pas à la noblesse, qui domine le Sénat et la République de toute son arrogance. Entré au Sénat en 75, il saisit une occasion de se mettre en vedette. Les Siciliens lui demandent d'être leur avocat dans le procès qui les oppose à leur ancien gouverneur Verrès (70). Non content de les écraser d'impôts, Verrès a raflé les trésors artistiques de leurs maisons, car il possède un tempérament d'esthète. Il a osé crucifier un citoyen romain, châtiment réservé aux esclaves ! Le réquisitoire de Cicéron, les *Verrines*, est si éblouissant que l'accusé s'enfuit avant même la fin du procès ! L'Arpinate y gagne une réputation qui lui ouvre le chemin du consulat auquel il accède sept ans plus tard.

◄ *Cicéron accusateur de Verrès*, aquarelle de René Pinot (XXe siècle). Le procès du gouverneur de Sicile fut pour Cicéron l'occasion de dénoncer la corruption et les abus de pouvoir dont se rendaient coupables les aristocrates romains.

La quête d'un prince

À la suite de son brillant consulat, Cicéron se voit en sauveur de la République. Indépendant par rapport aux partis, il veut s'appuyer sur tous les « gens de bien », comme au moment de la conjuration de Catilina. Attaché au régime mais conscient de ses tares, il croit à la nécessité d'un « prince » (en latin *princeps* : premier), qui serait un arbitre pour la République. Sa vanité, tant raillée par ses en-

◄ Buste de Pompée le Grand. Les victoires militaires de celui-ci ont fait croire à Cicéron qu'il pouvait être l'homme fort de la République romaine.

La guerre civile de Marius et Sylla

C'est le premier conflit entre *imperatores*, dont les ambitions devaient perdre la République. Homme nouveau, rude et inculte, Marius se rend célèbre en arrêtant l'invasion des Cimbres et des Teutons, peuples germains qui menaçaient l'Italie (102-101). Il devient le grand homme du parti populaire. Lorsque le roi du Pont Mithridate envahit l'Asie romaine, Marius réclame le commandement de l'expédition (88). Mais son ambition est contrecarrée par le consul Sylla, noble sans scrupule, lié aux *optimates*. Sylla marche sur Rome et obtient par la force la tête de l'armée d'Orient. Dès qu'il a le dos tourné, les populaires occupent Rome et massacrent les conservateurs (87). Marius périt d'apoplexie dès 86, mais Cinna lui succède à la tête du parti. Après sa victoire sur Mithridate, Sylla rentre en Italie et reprend Rome (82). Il fait établir une liste d'ennemis publics à tuer sans jugement : les proscriptions. Cinq mille personnes périssent en quelques mois, et leurs biens sont partagés entre les syllaniens.

-63

Consulat de Cicéron

Élu à la magistrature supérieure de la République, il déjoue la conspiration de Catilina.

CHRONOLOGIE

Naissance de Cicéron à Arpinum, dans le Latium.	**106 av. J.-C.**
Guerre civile entre Marius (populaire) et Sylla (conservateur). Vainqueur, Sylla devient dictateur.	**88-82**
Cicéron débute sa carrière d'avocat : il défend un jeune homme, Roscius d'Amérie, accusé de meurtre par des partisans de Sylla.	**80**
Abdication de Sylla.	**79**
Séjour d'étude de Cicéron en Grèce.	**79-77**
Cicéron est questeur (magistrat chargé des finances) en Sicile ; il entre au Sénat.	**76-75**
Révolte de Spartacus.	**73-71**
Affaire Verrès : *Verrines*.	**70**
Campagnes orientales de Pompée.	**67-63**
Consulat de Cicéron : conjuration de Catilina (*Catilinaires*).	**63**
Premier triumvirat de Pompée, César et Crassus.	**60**
Exil de Cicéron à Thessalonique (Grèce).	**58-57**
Cicéron, gouverneur de Cilicie (sud de l'Anatolie).	**51**
Guerre civile entre Pompée et César. Pompée fuit Rome. César dictateur.	**49**
Victoire de César sur Pompée à Pharsale.	**48**
Mort de Tullia, fille de Cicéron.	**45**
Assassinat de César. Discours de Cicéron contre Antoine (*Philippiques*).	**44**
Victoire d'Octavien sur Antoine à Modène. Réconciliation d'Octavien et d'Antoine : second triumvirat. Proscription et exécution de Cicéron.	**43**

Cicéron intime : sa correspondance

Polygraphe infatigable, Cicéron a laissé une immense correspondance, éditée après sa mort par son affranchi, Tiron. Ce document nous fait connaître la vie privée du grand homme. Son principal correspondant était son ami Atticus, qui s'était retiré en Grèce pour échapper aux troubles de la vie politique. Les *Lettres* montrent l'affection qu'il éprouvait pour sa fille, Tullia. Père faible, il la laissa épouser un aventurier, Dolabella, mais le divorce survint rapidement. Lors de sa mort prématurée, Cicéron ressentit un immense chagrin (45) et projeta même un moment de lui élever un temple, comme à une déesse. La correspondance révèle aussi les spéculations financières de Cicéron, qui utilisait des hommes de paille pour prêter de l'argent à des taux usuraires. On découvre ainsi la collusion étroite entre politiciens et hommes d'affaires. Dans ce document, nous voyons l'orateur rendre des services à un groupe d'« amis », qui constituait en fait un réseau de clientèle.

▲ Homme drapé dans l'attitude d'un orateur (statue en terre cuite). Pour les Romains, l'éloquence ne doit négliger ni l'habit ni les gestes. Ce sont les « effets de manche », encore en vigueur chez les avocats.

nemis, lui souffle qu'il serait parfait pour ce rôle. Mais sa lucidité lui fait rapidement comprendre que seul un *imperator* peut assumer cette tâche. Il se tourne vers Pompée, qui passe pour un nouvel Alexandre. Vainqueur des pirates en quarante jours, conquérant de la Syrie, Pompée rentre d'Orient en 62, auréolé par ses victoires. Au départ tenté par les projets de Cicéron, il préfère finalement s'allier à deux autres *imperatores* ambitieux, Crassus et César (60). Ce « triumvirat » paralyse le fonctionnement des institutions républicaines et ouvre une ère d'épreuves pour Cicéron. Un démagogue, Clodius, agent de César, s'acharne contre lui et lui reproche l'exécution des partisans de Catilina. Cicéron doit s'exiler en Grèce, et sa maison de Rome est rasée (58). Dans son exil, il se lamente et prie ses amis de lui venir en aide. Grâce à l'intervention de Pompée, le peuple vote son rappel dès 57. La foule l'acclame sur la route de Brindes à Rome : Cicéron note avec orgueil qu'il est rentré porté « par les épaules de l'Italie ».

Il n'en reste pas moins un homme seul, impuissant face au déclin de la République. Après avoir éliminé Pompée, lors d'une nouvelle guerre civile (49-48), César établit sa dictature : la monarchie triomphe et la République n'est plus qu'une façade.

Monnaie de Licinius Nerva (103 av. J.-C.) représentant ▲ une scène de vote. Si la vie politique romaine repose sur les élections, le régime n'est pas réellement celui d'une démocratie.

Le dernier défenseur de la République

L'assassinat de César procure pourtant à Cicéron un ultime espoir (mars 44). Rome est alors dominée par le nouveau chef du parti césarien, le consul Marc Antoine, viveur épris de boisson, mais caractère audacieux et généreux. Cicéron se dresse contre lui pour rétablir la République traditionnelle. Se croyant habile, il décide d'utiliser le jeune Octavien, fils adoptif de César, qui dispute l'héritage paternel à Antoine. Auréolé du prestige de son nom, le jeune homme est en train de lever une armée parmi les vétérans de César. Le vieil orateur et le jeune ambitieux font alliance. Malingre et poltron, Octavien semble aisément manipulable. Fort de cet appui militaire, Cicéron attaque violemment Antoine dans une série de discours, les *Philippiques* (septembre 44), et le fait déclarer ennemi public par le Sénat. Mis à la tête de l'armée, Octavien écrase Antoine à Modène (avril 43). Antoine est en fuite et Cicéron exulte. Mais Octavien révèle alors son vrai visage : il réclame le consulat, en dépit de son âge. Face au refus méprisant de Cicéron, le jeune *imperator* occupe Rome et signe un retournement d'alliance. Il forme un nouveau triumvirat avec Antoine et Lépide, autre général césarien (octobre). La première tâche des triumvirs consiste à établir une liste de proscriptions, où Cicéron figure en première place. Réfugié dans sa villa de Formies, le vieillard hésite à fuir par bateau, car il souffre du mal de mer ! Un centurion le rejoint alors et l'égorge (7 décembre 43). Tranchées, ses mains et sa langue, qui avaient écrit et prononcé les *Philippiques*, sont exposées sur le Forum. Avec délectation, Fulvie, femme d'Antoine, perce la langue d'une aiguille. La République est bien morte, et Octavien fondera bientôt l'Empire sous le nom d'Auguste.

◄ Centaure et Menade, fresque de la villa de Cicéron à Pompéi, attribuée à ce dernier.

La noblesse à la fin de la République

Formant la classe dirigeante, la noblesse est composée des descendants des consuls, magistrats supérieurs de la République. Un noyau de grandes *gentes* (familles) lui donnait sa cohésion : les Cornelii, Metelli, Aemilii... Utilisant son prestige et sa richesse, elle monopolise les hautes fonctions. À part Marius et Cicéron, tous les chefs politiques du Ier siècle sont issus de la noblesse. Cicéron se fait le porte-parole de la rancœur des hommes nouveaux, opposant la vertu à la naissance.

Un maître de l'éloquence

Contrastant avec cet échec politique, l'œuvre de Cicéron va marquer durablement la civilisation romaine. Au fil de ses discours, il impose une éloquence majestueuse, mais sans enflure, tour à tour émouvante ou ironique. Marqué par les orateurs grecs lors d'un séjour en Orient pendant sa jeunesse, il refuse autant le style sec des Athéniens que les ornementations fleuries des Asiatiques. L'influence grecque l'amène aussi à élaborer une œuvre théorique importante, à la fois philosophique, morale et politique. Il joue un rôle de vulgarisateur, introduisant les concepts philosophiques grecs, spécialement platoniciens, dans la pensée romaine. Mais ses traités révèlent aussi une réflexion originale, surtout dans le domaine politique. Dans *De la République* (54) et *Des Lois* (52), il dessine le visage de la cité idéale, régie par la concorde, basée sur la justice. Cette concorde ne peut durer que grâce à un arbitre, un « prince », qui serait non le magistrat ou l'*imperator*, mais l'orateur. Prenant ainsi sa revanche sur la dure réalité, Cicéron enrichit la réflexion occidentale sur la république et la citoyenneté. Il peut ainsi illustrer sa maxime : « Que les armes cèdent à la toge ! »

► **César** / 49 av. J.-C.
► **Auguste** / 27 av. J.-C.

Cicéron et Rhétorique (miniature du XIVe siècle). ► Cicéron a fait de l'art oratoire une arme politique. Loin de n'être qu'un précieux exercice de style, l'éloquence doit convaincre de la justesse d'une cause défendue par l'orateur.

VERCINGÉTORIX

Aristocrate arverne, Vercingétorix souleva la Gaule contre les projets de conquête de César. S'il fut défait à Alésia, il eut néanmoins le mérite d'unir pour la première fois les peuples de la Gaule.

◄ On ne connaît de lui que les neuf mois de son existence évoqués dans le récit de la *Guerre des Gaules* par César. Et pourtant, le chef arverne deviendra au XIXe siècle, le premier héros et le premier « patriote » de l'histoire de France.

LA PREMIÈRE UNITÉ DE LA GAULE

Premier héros de l'histoire de France, Vercingétorix inaugurait les manuels de l'école primaire au beau temps de l'école républicaine. Il ne doit pas tant cette notoriété à ses succès sur César qu'à l'ébauche d'une première unité de la Gaule. En effet, au milieu du Ier siècle av. J.-C., une soixantaine de peuples se partagent le territoire de la Gaule « Chevelue » (appelée ainsi par les Romains par opposition à la Gaule romaine) et, en dépit d'une culture celtique commune, ils n'ont pas été capables de réaliser leur unité politique. Ces divisions en font une proie tentante pour leurs puissants voisins, les Germains, campés à l'est du Rhin, et les Romains, installés en Gaule méridionale depuis la fin du IIe siècle. Ce sont les Germains qui se montrent d'abord les plus menaçants, en la personne du roi des Suèves, Arioviste, qui occupe l'Alsace (61 av. J.-C.). Appelé par les Gaulois, César, qui est alors proconsul de la Gaule romaine, chasse le Germain (58), mais voit là une occasion de mieux conquérir le pays. Jouant des rivalités gauloises, il soumet les régions les unes après les autres, d'autant plus facilement que le peuple le plus puissant, les Éduens de Bourgogne, est son allié. Au bout de cinq années, certaines tribus de l'Ouest et du Centre décident de s'unir et fomentent une révolte générale. Elles se donnent un chef : Vercingétorix (décembre 53 - février 52).

UN PERSONNAGE ÉNIGMATIQUE

Vercingétorix, « le roi de guerre » en celtique, surgit soudainement sur la scène de l'histoire. On ne sait rien de son passé, sinon qu'il appartient à l'aristocratie des Arvernes, peuple dominant du Massif central. Son âge précis nous est inconnu (moins de trente ans) et son aspect physique est incertain, car les portraits figurant sur les monnaies, un jeune homme glabre aux cheveux bouclés, sont peut-être conventionnels. S'il appelle les Gaulois à lutter pour la « liberté », ce mot semble plutôt couvrir sa volonté d'imposer l'hégémonie de son peuple, qui, au IIe siècle, avait exercé un véritable « empire » sur la Gaule. Pour certains historiens, Vercingétorix ne serait en fait qu'une créature du clergé des druides, organisé à l'échelle de la Gaule et donc seul capable de concevoir l'idée de l'unité. Son projet politique se devine plus aisément. Les tribus sont alors gouvernées par des conseils aristocratiques, et Celtillos, père de Vercingétorix, a péri brûlé car il voulait établir la

◂ Épisode capital de l'historiographie française, la reddition de Vercingétorix, vaincu mais fier. Absente chez César, mais relatée par les auteurs postérieurs (Plutarque, Dion Cassius), cette scène a beaucoup inspiré les manuels de la IIIe République.

royauté chez les Arvernes. Dès l'éclatement de la révolte, Vercingétorix se fait proclamer roi. Sur le plan militaire, il impose la politique de la terre brûlée, détruisant les récoltes entreposées, afin de contraindre César à battre en retraite.

Échec d'une stratégie : de Gergovie à Alésia

Mais les ruses de César et la légèreté des Gaulois ne vont pas permettre à Vercingétorix de rester longtemps fidèle à sa stratégie. Dès la fin de l'hiver, César marche sur Gergovie, l'oppidum des Arvernes, hauteur fortifiée tenant lieu de « capitale » : en mai 52, il est repoussé par les troupes gauloises. Le prestige de Vercingétorix est à son comble, d'autant plus que les Éduens rejoignent alors le camp de la révolte. À ce moment-là, toute la Gaule, à l'exception de trois tribus, est soulevée contre Rome. C'est alors que le génie stratégique de César va retourner la situation : il fait retraite vers le sud, comme s'il voulait regagner la Narbonnaise. Croyant l'ennemi à sa merci, Vercingétorix commet l'erreur de l'attaquer près de Dijon. Les cavaliers gaulois jurent de traverser par deux fois les rangs romains, mais, aveuglés par leur inepte bravoure, ils sont taillés en pièces tandis que Vercingétorix doit se réfugier en catastrophe sur le mont Auxois, dans l'oppidum d'Alésia, au nord de la Bourgogne. Assiégé par César, l'Arverne se croit sauvé quand survient une armée de secours de 300 000 hommes, mais ses attaques brouillonnes sont repoussées par César, et Vercingétorix doit alors capituler (septembre). Privée de chef, durement affaiblie, la révolte se poursuit néanmoins encore deux ans. Lorsqu'il meurt étranglé dans la prison romaine du Tullianum, au lendemain du triomphe de César, célébré le 26 septembre 46, Vercingétorix n'est plus que l'ombre de lui-même depuis longtemps.

La « redécouverte » de Vercingétorix

Ce fut seulement au XIXe siècle que Vercingétorix acquit le statut de héros fondateur de l'histoire de France.
En effet, sous la Restauration, les historiens « redécouvrirent » les Gaulois pour des raisons politiques : ils étaient considérés comme les ancêtres du tiers état, opposé à la noblesse d'origine germanique. Auteur d'une biographie de César, l'empereur Napoléon III se passionna pour la guerre des Gaules et mena des fouilles importantes à Gergovie et à Alésia. En 1867, il fit ériger une statue monumentale de Vercingétorix à Alise-Sainte-Reine, site probable d'Alésia. L'Arverne apparut alors comme l'incarnation du patriotisme et de l'unité de la nation. Sa statue inspira par la suite les illustrations des manuels scolaires de la IIIe République.

▸ **César** / 49 av. J.-C.

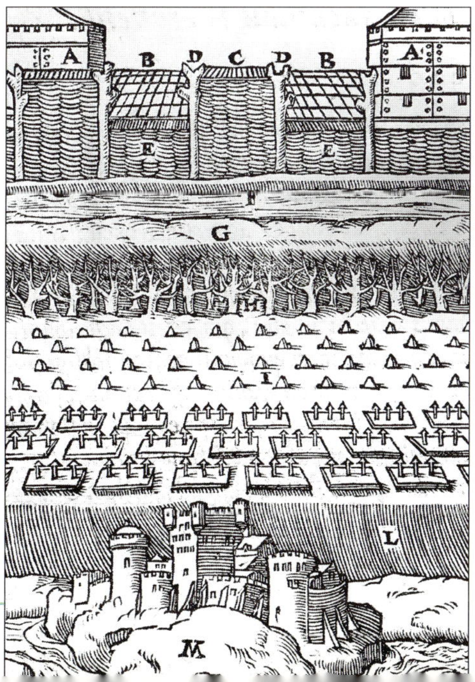

◂ Pour assiéger les Gaulois dans Alésia, César fit édifier deux lignes de défense, l'une pour empêcher toute sortie, l'autre pour barrer la route à l'armée gauloise attendue en renfort. Gravure sur bois du XVIe siècle.

-52

Défaite d'Alésia

Après avoir défendu avec succès Gergovie, Vercingétorix se réfugie dans l'oppidum d'Alésia, où il finit par capituler devant César.

CHRONOLOGIE ◂

Naissance de Vercingétorix, chez les Arvernes.	**vers 75 av. J.-C.**
Exécution de Celtillos, son père.	**vers 70**
En lutte contre les Éduens, les Arvernes et les Séquanes font appel au roi des Suèves, Arioviste, qui s'installe en Alsace.	**61**
Premier triumvirat à Rome entre Pompée, César et Crassus.	**60**
Consulat de César.	**59**
César est nommé proconsul des Gaules. Il aide les Éduens menacés par les Helvètes.	**58**
César soumet la Belgique.	**57**
Campagne de César contre les Vénètes de l'Armorique et de son lieutenant Crassus en Aquitaine : soumission de l'ouest de la Gaule.	**56**
Expédition de César en Germanie et en Bretagne.	**55**
Seconde expédition de César en Bretagne.	**54**
Révolte générale de la Gaule. Vercingétorix est élu commandant de l'armée gauloise. Victoire de Gergovie (mai). **Défaite d'Alésia.**	**52**
Fin de la guerre des Gaules.	**51**
Triomphe de César et exécution de Vercingétorix dans sa prison romaine.	**46**

César

Aristocrate raffiné, César se révèle un grand général en conquérant les Gaules. Devenu dictateur, il porte un coup mortel à la République romaine. S'il n'a pu devenir roi, son œuvre ambitieuse a jeté les bases du futur régime impérial.

▲ *Veni, vidi, vici* : « Je suis venu, j'ai vu, j'ai vaincu. » C'est par ces mots que César commenta au sénat sa victoire sur le roi du Bosphore, Pharnace, en 47 av. J.-C.

L'homme qui voulait être roi ?

Le 15 février 44, Rome célèbre la fête des lupercales, comme chaque année. Prêtres de Faunus, dieu des bergers, les luperques courent dans les rues, le corps huilé, vêtus seulement d'un pagne. Tenant en main une lanière de cuir, ils fouettent les femmes qui se présentent à leurs coups pour favoriser leur fécondité. Le cortège déboule sur le Forum de la Ville éternelle, face à César, qui siège sur un trône d'or. L'un des luperques, le consul Marc Antoine, s'avance et place un diadème, signe de royauté, sur la tête de César. Hostile, la foule gémit et César retire le diadème. Une seconde fois, Antoine ceint le front de César du bandeau ; une seconde fois, la foule proteste. César enlève alors le diadème et ordonne de le déposer dans le temple de Jupiter. Il ne sera pas proclamé roi ce jour-là. Depuis quelques mois, on lui prête en effet le projet de restaurer la royauté à son profit. Pourtant, César est le maître absolu de Rome depuis 49 et la forme républicaine du régime n'est plus qu'une illusion. Il assume la magistrature exceptionnelle de la dictature, possède le droit de désigner son héritier, porte en permanence la toge pourpre et la couronne de laurier du triomphateur. Au début de l'année, il a reçu des honneurs divins, qui en font un demi-dieu honoré par un culte : le *Divus Julius*. L'accession à la royauté couronnerait sa domination, mais la désire-t-il vraiment ? Adoptant des attitudes contradictoires, il refuse le nom de roi mais révoque des magistrats poursuivant les partisans de la monarchie. On comprend son hésitation, car les Romains, très attachés à la République, exècrent la royauté.

Les débuts fiévreux d'un ambitieux

Ce pouvoir absolu est le fruit d'une ambition que César a longtemps dissimulée sous le masque du dandysme. Issu d'une famille noble, prétendant descendre de la déesse Vénus, *Caius Julius Caesar* a grandi dans un cli-

◄ Par sa naissance et ses qualités, Jules César était désigné pour le pouvoir suprême. Aujourd'hui, il incarne – avec Auguste – la Rome conquérante qui va régner sur le monde.

-49

César franchit le Rubicon

Engageant ainsi la guerre avec Pompée, César pénètre en Italie, bat les troupes du sénat et occupe Rome.

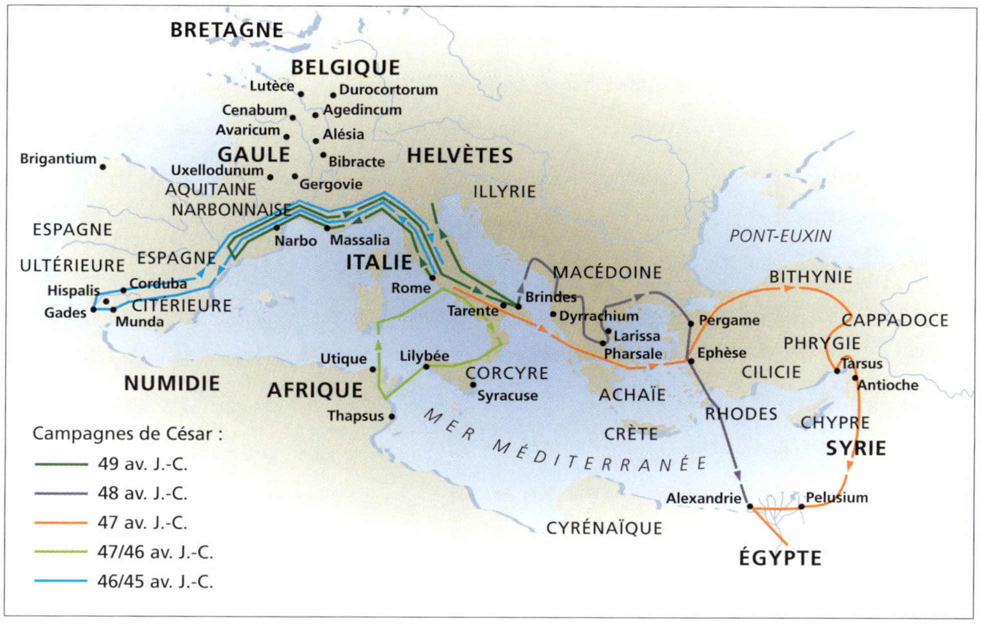

mat de troubles politiques. Le sénat, conseil gérant les affaires générales de la cité, voit sa prééminence contestée par le parti des populaires, qui désirent réformer la République dans un sens démocratique. Ceux-ci s'opposent aux défenseurs du sénat, qui s'intitulent les *optimates* (« meilleurs »). Les deux partis choisissent comme chefs des généraux prestigieux, les *imperatores*, que les victoires romaines ont mis au premier plan. Le chef des populaires, Marius, n'est autre que l'oncle de César. Cet antagonisme débouche sur une guerre civile sanglante (88-82) : Marius meurt au cours du conflit ; les *optimates* l'emportent, et leur chef, Sylla, instaure sa dictature (82-79). Décidé à tuer le jeune César, le dictateur accorde finalement sa grâce à sa famille, mais met en garde : « Il y a en lui beaucoup de Marius. » Après la retraite de Sylla, César entreprend une carrière politique dans le sillage du parti populaire et entre au sénat en 68. De prime abord, ce n'est qu'un dandy futile, uniquement préoccupé par sa calvitie précoce et de la longueur de sa toge. Mais cette nonchalance cache une ambition dévorante, qui le fait pleurer de rage à la pensée qu'Alexandre avait déjà conquis l'Orient à son âge. À trente-huit ans, il joue sa carrière sur un coup de dés en se présentant à l'élection du grand pontife, chef de la religion romaine (63). Il s'endette lourdement pour acheter les électeurs et déclare à sa mère, au matin du scrutin : « Ce soir, vous me saurez grand pontife ou fugitif. » Élu grand pontife, il devient dès lors un personnage de premier plan.

Naissance d'un *imperator*

Auréolé par le grand pontificat, César devient le bras droit de Crassus, chef du parti populaire. La maladresse des *optimates* lui assure le pouvoir. À cette époque, l'*imperator* le plus prestigieux de Rome est Pompée le Grand, conquérant de l'Orient. Mais celui-ci se heurte à l'hostilité hargneuse des conservateurs. Il propose donc

Un festin donné au ► peuple romain. Faïence du XVIe siècle. César s'était attaché le peuple par la somptuosité des fêtes qu'il lui offrait.

Un séducteur

« Citoyens, gardez vos femmes : nous amenons le séducteur chauve », chantaient les soldats de César lors de son triomphe sur la Gaule (46). De fait, César était un redoutable don Juan, et Cléopâtre ne fut que l'une de ses nombreuses conquêtes. La plus aimée fut Servilia, à qui il offrit une perle valant six millions de sesterces. Servilia était la mère de Brutus, et c'est pour cette raison que celui-ci hésita à comploter. On comprend donc la dernière phrase de César lors de son assassinat : « Toi aussi, mon fils ! »

CHRONOLOGIE

Naissance de César à Rome.	**101 av. J.-C.**
Début de la guerre civile entre Marius (populaire) et Sylla (conservateur).	**88**
Mort de Marius, oncle de César.	**86**
Victoire de Sylla, qui devient dictateur. Exil de César en Orient.	**82**
Retour de César à Rome, après la retraite de Sylla.	**78**
Révolte de Spartacus.	**73-71**
Affaire Verrès : *Verrines* de Cicéron.	**70**
César, questeur (magistrat chargé des finances) en Espagne : il entre au sénat.	**68**
Campagnes orientales de Pompée.	**67-63**
Élection de César comme grand pontife. Conjuration de Catilina.	**63**
Conclusion du premier triumvirat.	**60**
Consulat de César.	**59**
César est nommé proconsul des Gaules.	**58**
Pompée construit le premier théâtre de pierre de Rome.	**55**
Défaite et mort de Crassus à Carrhae, face aux Parthes.	**53**
Pompée s'allie aux *optimates* et devient consul unique. Victoire d'Alésia : la conquête des Gaules est terminée.	**52**
Cléopâtre VII, reine d'Égypte.	**51**
Début de la guerre avec Pompée. **César franchit le Rubicon.**	**49**
Victoire de Pharsale.	**48**
Campagne d'Égypte.	**48-47**
Victoire de Thapsus (Afrique).	**46**
Victoire de Munda (Espagne).	**45**
Assassinat de César.	**44**

▲ *César franchit le Rubicon*, miniature de Jean Fouquet, XVe siècle.

POPULAIRES ET *OPTIMATES*

L'apparition des deux partis politiques romains découle de l'action de deux réformateurs, les frères Tiberius (162-133) et Caius (154-121) Gracchus. Désireux de remédier à la crise de la République, ils proposent de renforcer le rôle du peuple au détriment du sénat. Ils font voter des lois donnant des terres aux pauvres, instaurant des distributions de blé à bas prix au peuple, retirant la maîtrise des tribunaux au sénat. Ils sont tués lors d'émeutes fomentées par le sénat. Leurs héritiers s'intitulent les populaires (de *populus* : « peuple ») et se heurtent aux *optimates* (les « meilleurs »), défenseurs du sénat. Formés autour d'un chef, ces partis s'appuient sur des réseaux de clientèle et des alliances matrimoniales : Pompée épouse ainsi la fille de César lors du triumvirat. Au Ier siècle, des *imperatores*, Marius et César, se servent des populaires pour asseoir leurs ambitions. Les derniers défenseurs de la République, dont les assassins de César, proviennent alors des rangs des *optimates*.

une alliance à Crassus et à César, un « triumvirat », qui leur permettrait de dominer le régime (60). Grâce à leur union, les trois hommes contrôlent le sénat et les assemblées populaires, permettant l'élection de César à la magistrature suprême, le consulat (59). Au terme du consulat, celui-ci se voit attribuer le proconsulat des Gaules (Italie du Nord et France du Sud actuelles), qui va bouleverser son destin (58). Avide de gloire militaire, il lorgne sur la Gaule chevelue (France du Nord), restée indépendante. Fractionnés en une soixantaine de peuples, les Gaulois se sentent faibles face à la menace d'une invasion germanique. Appelé à l'aide, le proconsul rejette les Germains au-delà du Rhin, mais reste ensuite en Gaule (58). La conquête commence. Jouant des divisions gauloises, César vassalise les peuples les uns après les autres. Lorsque les Gaulois comprennent

le danger, ils déclenchent enfin une révolte générale, sous la conduite d'un jeune chef arverne, Vercingétorix (53). Mais César enferme l'armée ennemie dans la forteresse d'Alésia et la force à capituler, au cours d'un siège épique, qui voit 50 000 Romains affronter 400 000 Gaulois (août-septembre 52). Les *Commentaires*, rapport annuel des campagnes, font connaître les victoires de César à Rome. L'arbitre des élégances s'est mué en *imperator* conquérant, à l'égal de Pompée.

LA LUTTE POUR LE POUVOIR SUPRÊME

La gloire de César inquiète Pompée, qui se rapproche des *optimates*. Depuis le décès de Crassus (53), plus rien ni personne ne lie les deux hommes. Fort du soutien militaire de Pompée, le sénat, dominé par les *optimates*, déclare César ennemi public (janvier 49). Sur la rive du Rubicon, petit fleuve séparant la Gaule de l'Italie, l'*imperator* hésite, lorsqu'un berger d'une taille extraordinaire franchit le cours d'eau. Ce ne peut être qu'un dieu et César s'élance à sa suite en criant : « Les dés sont jetés ! » En une campagne éclair, l'armée des Gaules bouscule les troupes du sénat et occupe Rome (mars 49). Pompée regroupe son armée en Grèce, et commet l'erreur d'engager la bataille dans la plaine de Pharsale : il met tout son espoir dans sa cavalerie, mais l'infanterie de César brise sa charge (juin 48). Le conquérant déchu s'enfuit jusqu'en Égypte, où il

▲ Le Forum, avec le Capitole, est au centre de la vie politique, économique et juridique. César fit édifier un nouveau forum pour que Rome égale en splendeur les cités grecques qu'il avait admirées en Orient.

tombe sous les coups du roi, l'adolescent Ptolémée XIII. Arrivé sur ses pas, César découvre un pays déchiré par la guerre civile entre le frère et la sœur, par ailleurs époux, Ptolémée XIII et Cléopâtre VII. Pour le rencontrer, la reine entre secrètement dans son palais, dissimulée dans un tapis : la jeune femme de vingt ans séduit l'*imperator* quinquagénaire pour des raisons autant politiques que sensuelles. Son union avec la reine permet la vassalisation de l'Égypte. Il élimine Ptolémée, qui se noie dans le Nil sous le poids de sa cuirasse d'or, et explore sa nouvelle conquête lors d'une croisière fastueuse (47). La guerre dure toutefois encore deux ans, car les pompéiens se sont réorganisés en Afrique et en Espagne. Les victoires de Thapsus (46) et de Munda (45) les matent enfin.

▲ Le jour des ides de mars, César se rend au sénat sans arme, malgré les menaces qu'il a reçues. Parmi ses assassins, il aperçut Brutus, qu'il avait autrefois comblé. *Tu quoque, mi fili !* (« Toi aussi, mon fils ! ») lui aurait-il alors lancé avant de mourir.

Le fondateur d'un nouveau régime ?

Détenteur de tous les pouvoirs depuis l'attribution de la dictature (49), l'ambitieux comblé jette les bases d'une nouvelle Rome. Désireux de créer le consensus, il offre sa clémence à ses anciens ennemis : n'a-t-il pas pleuré lorsque les Égyptiens lui ont présenté la tête de Pompée ? Oublieux de son origine partisane, il élabore un compromis entre les programmes des partis populaire et conservateur. Pour résoudre les problèmes sociaux autant que pour diffuser la romanité, des milliers de vétérans et de pauvres fondent des colonies dans les provinces. Un programme d'urbanisme donne à Rome le cadre digne d'une capitale : il entraîne l'érection d'un nouveau forum, dominé par le temple de Vénus, ancêtre de César. Marquant le temps comme l'espace, l'*imperator* patronne l'élaboration d'un nouveau calendrier. Une œuvre aussi ample et généreuse devrait lui valoir l'amour des Romains. Mais la dictature signifie aussi l'abaissement du sénat et des assemblées, et, pour tout dire, la fin du régime républicain. Les bruits de rétablissement de la royauté ajoutent encore à son impopularité. Une conjuration se forme, dirigée par deux anciens pompéiens, Brutus et Cassius. Le 15 mars 44, le sénat se réunit pour préparer l'expédition contre les Parthes, royaume de Perse, dont la conquête ferait de César un nouvel Alexandre. Au cours de la séance, le dictateur tombe, transpercé de trente-cinq coups de poignard. Son œuvre n'est pas pour autant ruinée, car son fils adoptif, Octavien, relève son héritage, qui ouvre la voie au futur régime impérial. En 43, Octavien le fait à nouveau diviniser : s'il ne fut jamais roi, César finit par être un demi-dieu.

► **Cicéron** / 63 av. J.-C.
► **Vercingétorix** / 52 av. J.-C.
► **Cléopâtre** / 31 av. J.-C.
► **Auguste** / 27 av. J.-C.

Le siège d'Alésia

Pour obtenir la reddition de l'oppidum d'Alésia, construit au sommet d'une colline et protégé par des falaises, César fait élever des fortifications impressionnantes par ses soldats. Il entoure la forteresse d'un retranchement de 15 km (contrevallation), destiné à empêcher toute sortie. Vers l'extérieur, il érige une deuxième ligne de 21 km (circonvallation), chargée d'arrêter les attaques de l'armée de secours. Entre les deux fortifications s'étend un espace de 200 m, où campe l'armée romaine. Chaque ligne de défense est composée d'un fossé (*fossa*) et d'un remblai surmonté d'une palissade de bois, ponctuée de tours tous les 30 m (*vallum*). L'espace entre le fossé et le remblai dissimule des pièges, remplis de pieux taillés en pointe. Vingt-trois fortins complètent le dispositif. Grâce à ce système, César peut repousser les assauts des 300 000 hommes de l'armée de secours, tout en empêchant leur jonction avec les assiégés. Face à la famine, Vercingétorix expulse les bouches inutiles, qui agonisent sous les remparts, mais finit par capituler.

▲ Maquette des fortifications construites par César pour assiéger Alésia. Au premier plan, les *stimuli* (« aiguillons »), des pics acérés fichés dans le sol.

CLÉOPÂTRE

La propagande véhiculée par ses ennemis a donné de la dernière princesse lagide l'image d'une femme sans scrupules et perverse, mais celle-ci dut, dans des circonstances difficiles, tenter de préserver les intérêts de son royaume et les siens propres.

▲ Monnaie en or à l'effigie d'Antoine. L'ancien lieutenant de César, devenu après la mort de celui-ci maître de l'Empire romain d'Orient, se détourna de Rome dans sa passion pour Cléopâtre, espérant fonder avec celle-ci un grand royaume d'Égypte.

▼ Cléopâtre dut-elle à sa supposée beauté d'avoir été la plus célèbre des reines d'Égypte ? Elle sut en tirer profit en s'attachant les plus puissants souverains de Méditerranée pour nourrir un grand dessein politique qui ne vit cependant jamais le jour. Cléopâtre VII, reine d'Égypte, fragment d'un bas-relief du Ier siècle av. J.-C.

L'HÉRITIÈRE DES PTOLÉMÉES

Par ses origines familiales, Cléopâtre VII n'est pas vraiment égyptienne, car elle appartient à une dynastie d'origine grecque, les Lagides, fondée par Ptolémée, fils de Lagos, et par l'un des généraux d'Alexandre, qui se sont partagé l'empire du conquérant après la mort de celui-ci en 323. Par son arrière-grand-mère, la première Cléopâtre, elle a aussi du sang perse et bactrien. Quand elle naît, l'Égypte est déjà dans la sphère d'influence de Rome. Son père, Ptolémée XII, surnommé Aulète (« le joueur de flûte »), chassé par un soulèvement des Alexandrins en 58, a été rétabli sur son trône en 55 par le proconsul de Syrie, Aulus Gabinius, et a contracté des emprunts colossaux auprès de riches Romains. À sa mort, en 51, Cléopâtre accède au trône, à l'âge de 18 ans, et épouse son frère Ptolémée XIII, de huit ans son cadet, avec lequel elle devra partager le pouvoir, comme le stipule le testament de leur père. Mais rapidement des conflits éclatent entre la jeune reine et l'entourage de son frère. Cléopâtre cherche donc à s'assurer l'appui de Rome et prend le parti de Pompée dans la guerre qui oppose alors celui-ci à César. Ce choix s'explique aisément, car Pompée était autrefois venu en aide à Ptolémée Aulète. Le rôle de premier plan pris ainsi par Cléopâtre dans la conduite de la politique extérieure n'améliore pas ses rapports avec les partisans de son frère, qui l'accusent de comploter contre lui. Elle doit donc prendre la fuite, afin de rassembler une armée. C'est dans ces circonstances délicates que survient Pompée, vaincu à Pharsale (48), qui rejoint son allié pour reconstituer ses forces. Mais Ptolémée, sur l'avis de ses conseillers, décide de le faire tuer, afin de s'attirer les bonnes grâces de César : Pompée est assassiné, sous les yeux de son épouse.

LA REINE ET LE CONQUÉRANT DES GAULES

L'effet qu'escomptait Ptolémée n'eut pas lieu, bien au contraire. Quand César, à la poursuite de son ennemi, parvient en Égypte et qu'on lui présente la tête de Pompée, loin de s'en réjouir, il pleure sur le sort de son valeureux adversaire. Il en profite pour pénétrer dans Alexandrie et prétend réconcilier Cléopâtre et Ptolémée, qu'il convoque tous deux. La reine, afin d'éviter de se faire assassiner par les sbires de son frère, se fait alors porter devant César roulée dans un tapis. C'est sans doute peu après cette première rencontre romanesque qu'ils deviennent amants. Malgré une réconciliation encouragée par César, la situation se détériore très vite : à l'instigation de l'eunuque Pothin, conseiller de Ptolémée, la population d'Alexandrie se révolte contre les Romains, alors que l'armée du stratège

Alexandrie, capitale intellectuelle de la Méditerranée

La ville d'Alexandrie, fondée par Alexandre le Grand en 331 av. J.-C., a connu en trois siècles une croissance considérable, qui en fait la première ville de Méditerranée à l'époque de Cléopâtre, avec une population comprise entre 500 000 et 1 million d'habitants. Son monument le plus célèbre, le phare, haut de 120 mètres, était considéré comme l'une des Sept Merveilles du monde. Des fouilles sous-marines récentes, menées par l'archéologue français Jean-Yves Empereur, ont permis de localiser son emplacement dans le port. L'éclat d'Alexandrie reposait aussi sur sa bibliothèque, riche de 200 000 volumes, qui partirent en fumée dans un incendie, peut-être durant la « guerre d'Alexandrie », en 47 av. J.-C., et sur le musée, qui hébergeait des savants célèbres, philosophes, philologues, astronomes, géographes, mathématiciens ou médecins. Être pensionnaire du musée constituait un titre fort envié et impliquait divers privilèges : être nourri aux frais du souverain et jouir d'une exemption d'impôts.

Achillas pénètre dans la cité. C'est la « guerre d'Alexandrie » : César doit se réfugier dans le quartier du palais royal. Au début de 47, des renforts viennent enfin au secours de ses troupes, qui écrasent alors l'armée égyptienne. En fuite, Ptolémée XIII se noie dans le Nil. Désormais, Cléopâtre règne sans partage, avec pour époux fantoche son jeune frère Ptolémée XIV, âgé de douze ans. C'est d'ailleurs en compagnie de César qu'elle entreprend une croisière sur le Nil, au printemps 47. Peu après le départ du général romain pour l'Asie, elle met au monde un fils dont elle lui attribue la paternité et, après le retour triomphal de celui-ci à Rome à l'été 46, elle vient le rejoindre avec le petit Césarion. Cet enfant représente alors pour elle un atout politique majeur : César, qui n'a pas eu d'enfants de son épouse Calpurnia, reconnaît son fils et en fait son héritier présomptif. Mais l'assassinat de l'empereur en mars 44 réduit à néant les espoirs de Cléopâtre, qui retourne alors en Égypte.

Antoine et Cléopâtre

Durant la guerre civile qui fait rage à Rome, la reine se cantonne d'abord dans une prudente neutralité. Ptolémée XIV est mort, peut-être éliminé par sa sœur, et Césarion monte sur le trône d'Égypte à l'âge de trois ans. Peu après la victoire de Philippes sur les assassins de César, le triumvir Antoine commence une tournée en Orient et convoque en 41 Cléopâtre à Tarse, en Cilicie, afin de lui demander des explications sur le soutien que les légions laissées à Alexandrie par César pour la protéger ont apporté à Cassius. La reine, dans une posi-

▲ Le *Livre des respirations*, papyrus de l'époque romaine.

-31

Bataille d'Actium

La flotte d'Antoine et de Cléopâtre est défaite par celle d'Octave, qui les pourchasse jusqu'en Égypte, où les deux amants se donnent la mort.

CHRONOLOGIE

Naissance de Cléopâtre.	**69 av. J.-C.**
Consulat de César.	**59**
Soulèvement des Alexandrins : Ptolémée XII Aulète est chassé.	**58**
Retour de Ptolémée Aulète.	**55**
Défaite et mort de Crassus à Carrhae, face aux Parthes.	**53**
Accession au trône d'Égypte de Cléopâtre VII et de Ptolémée XIII.	**51**
Bataille de Pharsale. Mort de Pompée. Arrivée de César en Égypte.	**48**
Guerre d'Alexandrie.	**48-47**
Élimination de Ptolémée XIII. Naissance de Césarion.	**47**
Séjour de Cléopâtre à Rome.	**46-44**
Assassinat de César ; alliance d'Octave et de Cicéron. Mort de Ptolémée XIV : Ptolémée XV Césarion lui succède.	**44**
Octave est élu consul ; formation du second triumvirat ; proscriptions.	**43**
Rencontre d'Antoine et de Cléopâtre à Tarse.	**41**
Retrouvailles d'Antoine et Cléopâtre à Antioche.	**37**
Expédition d'Antoine contre les Parthes.	**36**
Antoine célèbre son triomphe sur l'Arménie à Alexandrie ; il donne à Cléopâtre le titre de « reine des rois ».	**34**
Rupture entre Octave et Antoine.	**33**
Déclaration de guerre à Cléopâtre.	**32**
Bataille d'Actium.	**31**
Suicides d'Antoine et de Cléopâtre. Annexion de l'Égypte.	**30**

LE PORTRAIT PHYSIQUE DE CLÉOPÂTRE

Si la légende insiste sur le rôle du nez de Cléopâtre dans l'histoire du monde, les représentations figurées de la reine, en particulier sur des monnaies, permettent de percevoir sa réelle apparence physique. Elle porte un large diadème, et ses cheveux sont tressés et noués en un chignon bas ; son nez est assez long et busqué, son front bombé, son menton légèrement en galoche : il ne s'agit pas d'une représentation idéalisée. Certaines monnaies la montrent portant dans ses bras le petit Césarion.

tion délicate, arrive sur un navire équipé d'une poupe d'or et d'avirons en argent. Antoine aurait alors succombé à ses charmes, mais sa séduction devait beaucoup au fait qu'elle apparaissait comme la dernière héritière d'Alexandre et la maîtresse d'un riche royaume. Les deux amants passent l'hiver suivant à Alexandrie et forment une association qu'ils nomment les Amimétobies (« ceux qui mènent une vie inimitable »). Mais Antoine doit repartir, et, au terme des accords de Brindes, en 40, épouse Octavie, la sœur de son associé Octave. Cléopâtre, qui a donné naissance à des jumeaux, Alexandre et Cléopâtre, se retrouve alors isolée. Trois ans plus tard, à la demande d'Antoine, en route vers l'Orient pour une nouvelle expédition contre les Parthes, elle le rejoint à Antioche, à la fin de 37. Les deux amants se retrouvent, et un troisième enfant, Ptolémée Philadelphe, naît l'année suivante. Mais l'expédition d'Antoine contre les Parthes, en 36, est un lamentable échec, et le roi d'Arménie Artavasde fait défection. Afin de le châtier, Antoine mène en 34 une campagne qui se solde par le pillage de son royaume. De retour à Alexandrie, il célèbre son triomphe, ce qui déclenche l'indignation à Rome, car aucun triomphe n'avait jamais été célébré hors de la Ville éternelle.

L'ENNEMIE DE ROME ?

Cet épisode est habilement exploité par la propagande d'Octave, qui répand des rumeurs inquiétantes, assurant qu'Antoine aurait été envoûté par la reine. Les Romains témoignent à l'encontre de cette dernière une haine viscérale, liée à leur aversion pour la royauté. Leurs inquiétudes sont en partie justifiées par les actions d'Antoine : quelques jours après son triomphe sur l'Arménie, il donne à Cléopâtre le titre de « reine des rois » et à Césarion celui de « roi des rois ». Ce dernier apparaît comme un rival d'Octave, susceptible de revendiquer un jour l'héritage de César. Les enfants d'Antoine et Cléopâtre sont nommés « rois », et des territoires leur sont attribués.

◄ Stèle de Cléopâtre dédiée par Onnophris. Le nom de la reine apparaît à la deuxième ligne de la stèle.

Même si Antoine ne revêt pas le diadème royal, le bruit court à Rome qu'il aspire à la royauté et veut faire d'Alexandrie sa capitale. Les accusations portées par Octave se multiplient, surtout quand Antoine envoie une lettre par laquelle il répudie son épouse Octavie : c'est bien là la preuve que l'Égyptienne l'a ensorcelé ! Octave s'empare alors du testament d'Antoine, déposé dans le temple de Vesta, et fait lire au sénat ses dernières volontés, qui stipulent que son corps devra être transporté à Alexandrie et remis à Cléopâtre. L'indignation est à son comble, et Octave peut alors se présenter comme le défenseur de Rome ; il a alors l'habileté de pousser le sénat à ne déclarer la guerre qu'à Cléopâtre.

LA FIN DU ROYAUME DES PTOLÉMÉES

C'est la guerre : Antoine fait voile avec sa flotte vers le golfe d'Ambracie, au nord-ouest de la Grèce, mais il est bloqué à l'intérieur de la baie par Octave et son général Agrippa. Le blocus entraîne de nombreuses défections. Afin de débloquer la situation, le 2 septembre 31, Antoine fait avancer sa flotte en ordre de bataille, suivi de Cléopâtre avec soixante navires égyptiens. La bataille s'engage devant le promontoire d'Actium, mais la reine quitte brusquement le combat, suivie par son amant. Faut-il y

◄ Le *Livre des morts de Homedjetef et Poui*, papyrus du Ier siècle av. J.-C. Ces rouleaux étaient déposés dans les tombes princières, figurant des scènes agraires qui assuraient la prospérité au défunt.

voir une traîtrise ou une opération stratégique, visant à forcer le blocus pour rallier Alexandrie avec le plus grand nombre possible de vaisseaux ? C'est la première thèse qui fut développée par la propagande octavienne. Se sentant abandonnée, l'armée de terre se livre à Octave. De plus en plus isolés, Antoine et Cléopâtre passent leur dernier hiver à Alexandrie, tout en cherchant vainement à négocier avec Octave. Quand ce dernier arrive devant Alexandrie, la flotte d'Antoine se rallie à lui, et il pénètre dans la ville le 1er août 30. Antoine, croyant que Cléopâtre est morte, tente de se suicider, puis, apprenant que cette nouvelle était fausse, il se fait porter auprès d'elle, où il expire. Octave veut s'emparer de la reine vivante, mais, quand elle apprend qu'il a l'intention de la traîner enchaînée pour son triomphe, elle décide de se donner la mort, et se fait apporter par un paysan un panier de figues où est dissimulé un serpent venimeux. À cette nouvelle, Octave s'emporte, puis ordonne qu'elle soit enterrée avec Antoine. Le royaume égyptien devient une province romaine, dont l'importance pour l'Empire ne se démentira pas.

► **César** / 49 av. J.-C.
► **Auguste** / 27 av. J.-C.

Cléopâtre dans les péplums

Le personnage de Cléopâtre a inspiré de nombreux cinéastes et a donné lieu à plus de vingt films. En 1934, Cecil B. De Mille choisit Claudette Colbert pour incarner la reine d'Égypte, mais le plus célèbre de ces péplums reste celui de Joseph L. Mankiewicz (1963). Elizabeth Taylor campe une Cléopâtre au tempérament de feu, face à un César incarné par Rex Harrison et à un Antoine interprété par Richard Burton. C'est au cours de ce tournage que commença d'ailleurs la liaison entre ce dernier et Liz Taylor. La 20th Century Fox ne lésine pas et engloutit des millions de dollars dans ce film : des décors splendides reconstituent la cour d'Alexandrie, et l'entrée de la reine à Rome, dans un char traîné par des dizaines d'esclaves, constitue l'un des clous de ce péplum à grand spectacle. Quelques années plus tard, son affiche sera pastichée par Goscinny et Uderzo pour la couverture d'*Astérix et Cléopâtre*.

Liz Taylor incarne – et immortalise – Cléopâtre ▲ dans le péplum de Joseph Mankiewicz, *Cleopatra*.

◄ *La Mort de Cléopâtre*, tableau de Jean-Baptiste Regnault (1796). La défaite d'Actium mit fin aux rêves de grandeur d'une reine tragique qui préféra la mort à l'humiliation. Son vainqueur, Octave, qu'elle tenta vainement de séduire, fit ensuite assassiner ses fils.

AUGUSTE

Né au milieu des crises de la République, Auguste met fin aux guerres civiles et instaure un nouveau régime politique, le principat, qui devait durer cinq siècles. Investi de pouvoirs sans précédent, il affirme pourtant n'être qu'un simple citoyen.

◄ Restaurateur de la paix publique, Auguste a conforté la puissance de la Rome éternelle qui, sous son règne, commande à l'univers. Statue cuirassée d'Auguste de Prima Porta (Ier siècle apr. J.-C.).

LE VENGEUR DE CÉSAR

Caius Octavius naît en 63 av. J.-C. dans une famille originaire de Velitrae, dans le Latium ; son père avait épousé en secondes noces Atia, nièce de Jules César, dont il eut deux enfants. Le jour de sa naissance, le sénateur Nigidius Figulus, expert en astrologie, déclare qu'un maître pour l'univers vient de naître. Après la mort précoce de son père, en 59, sa mère se remarie et le confie à sa grand-mère Julia. César le prend sous sa protection, et lui confie la préparation de la grande expédition contre les Parthes qu'il projette. Après l'assassinat de César, le 15 mars 44, le consul Marc Antoine se présente comme son héritier politique, mais l'ouverture du testament du dictateur défunt révèle qu'il avait désigné Octave comme son successeur en l'adoptant. En signe de deuil, ce dernier ne s'est pas rasé depuis qu'il a appris la mort de César, et les deux hommes se livrent à une surenchère pour affirmer leur fidélité au dictateur. À la suite des attaques violentes dirigées par Cicéron contre Antoine, le Sénat déclare celui-ci ennemi public, et une armée conduite par les consuls et Octave le bat à Modène (avril 43). Mais, comme le Sénat lui refuse le consulat, Octave marche sur Rome, coup de force qui lui vaut d'être élu consul le 19 août 43. Son adoption est finalement ratifiée, et il prend le nom de Caius Julius Caesar Octavianus. En un brusque renversement d'alliance, il prend contact avec Antoine et Lépide, un autre général césarien, et tous trois forment, en octobre 43, un triumvirat (magistrature à trois) pour cinq ans ; le 27 novembre, la loi Titia légitime cet accord et confie à chacun des légions et une zone de gouvernement. Les triumvirs établissent une liste de proscription, où figure Cicéron qui sera égorgé par un centurion à Formia. La divinisation de César est votée par le Sénat, en janvier 42. Il ne reste plus qu'à châtier ses meurtriers, Brutus et Cassius, qui se sont enfuis en Grèce. Ils sont vaincus à la bataille de Philippes (octobre 42) et se suicident, mais la victoire apparaît comme celle d'Antoine ; Octave, malade, a pris la fuite et s'est caché trois jours dans un marais. La tête de Brutus est tranchée et envoyée à Rome.

LE DERNIER DES *IMPERATORES*

Les triumvirs procèdent à une nouvelle répartition de leurs zones de gouvernement. Antoine part pour l'Orient, et Octave rentre à Rome, où il se heurte à l'hostilité du consul Lucius Antonius, frère d'Antoine. Il l'assiège dans Pérouse, en Ombrie ; la ville est prise et durement châtiée. Pour lotir ses vétérans, il procède à des confiscations et chasse une foule de petits propriétaires italiens. Octave est maître de l'Italie et conclut de nouveaux accords avec Antoine à

-27

Octave reçoit le titre d'Auguste

Ce titre a une résonance religieuse, qui donne désormais aux décisions d'Octave un poids déterminant.

◄ Camée célébrant la victoire de Tibère sur les Germains en 7 apr. J.-C. Assis au côté de la déesse Rome et couronné de lauriers, Auguste est élevé au rang de dieu, identifié à Jupiter.

Brindes (octobre 40) : à lui l'Occident, à Antoine l'Orient, tandis que Lépide ne conserve que l'Afrique. Pour sceller la paix, Antoine épouse Octavie, la sœur d'Octave. Le triumvirat est renouvelé pour cinq ans en 37, et Octave peut se consacrer à la lutte contre Sextus Pompée, le fils du « Grand » Pompée, qui occupe alors la Sicile et bloque le ravitaillement de Rome en blé. Après une défaite près du promontoire de Scilla (38), Octave reconstitue sa flotte et l'écrase à la bataille de Nauloque (septembre 36), grâce à son général Agrippa. Lépide est évincé peu de temps après, car il avait eu des contacts secrets avec Sextus Pompée ; Octave le contraint à vivre en résidence surveillée mais lui laisse le titre de grand pontife, chef de la religion romaine. Le triumvirat avait vécu. Bientôt, la tension grandit avec Antoine, qui mène une politique de plus en plus orientale, sous l'influence de la reine d'Égypte, Cléopâtre VII. Octave exploite habilement les erreurs d'Antoine, qui a donné à l'Égypte de nombreuses régions appartenant à Rome. Il amplifie le péril, obtient que la guerre soit déclarée à Cléopâtre et se fait prêter un serment de fidélité par l'ensemble de l'Italie. La bataille navale d'Actium (septembre 31) voit la défaite d'Antoine et Cléopâtre, qui désertent le combat et retournent à Alexandrie. Bientôt, l'étau se resserre sur eux : Octave arrive devant la ville ; la flotte et la cavalerie d'Antoine font défection. Antoine, sur la foi d'une information erronée, croit que la reine est morte et se suicide. Octave entre à Alexandrie en août 30, et Cléopâtre, pour ne pas défiler enchaînée lors du triomphe d'Octave à Rome, se tue en se faisant mordre par un aspic. L'Égypte est annexée, et Octave peut se proclamer le restaurateur de la paix.

Le fondateur du principat

Le 13 janvier 27 avant notre ère, au cours d'une séance du Sénat, Octave, considérant que son œuvre est accomplie, se démet de tous les pouvoirs qui lui avaient été conférés. La haute assemblée lui décerne alors une couronne de feuilles de chêne. Le 16 janvier, il reçoit le surnom d'*Augustus*, titre entouré d'une aura religieuse, et qui affirme son *auctoritas*, autorité morale qui donne à ses décisions un poids déterminant. Les provinces sont partagées entre lui et le Sénat : à ce dernier les vieilles provinces très urbanisées et sans problèmes majeurs ; à Auguste les provinces encore peu romanisées, qui nécessitent des légions pour achever la pacification. Pour accomplir cette tâche, il reçoit pour dix ans l'*imperium* proconsulaire, pouvoir de commandement militaire. Dès lors, le jeune homme accumule les pouvoirs : en 23, il reçoit un *imperium maius* à vie, supérieur à celui de tous les autres magistrats, et la puissance tribunicienne, la totalité des pouvoirs des tribuns de la plèbe ; ce qui lui permet, sous couvert de protéger celle-ci, de s'opposer à toute décision d'un autre magistrat. Enfin, en 12, à la mort de Lépide, il devient grand pontife et se fait proclamer, en 2, « Père de la patrie ». Le cumul de tous ces pouvoirs,

La statue cuirassée d'Auguste de Prima Porta

Cette célèbre statue a été trouvée dans les ruines d'une villa de Livie, au nord de Rome. Elle commémore la reddition par les Parthes, en 20 av. J.-C., des enseignes prises lors de la défaite de Crassus, trente ans plus tôt (53). Ce succès diplomatique, négocié par Tibère, est présenté par la propagande impériale comme une grande victoire. Sur la cuirasse de la statue, Tibère est représenté recevant les enseignes des mains du roi parthe. Jupiter et la Terre-Mère (ou l'Italie) président à la scène.

CHRONOLOGIE ◄

Consulat de Cicéron ; conjuration de Catilina ; naissance d'Octave.	**63 av. J.-C.**
Consulat de César.	**59**
César adopte Octave.	**45**
Assassinat de César ; alliance d'Octave et de Cicéron.	**44**
Octave est élu consul ; formation du second triumvirat.	**43**
Divinisation de César ; victoire de Philippes.	**42**
Accords de Brindes.	**40**
Mariage avec Livie.	**39**
Victoire sur Sextus Pompée à Nauloque ; éviction de Lépide.	**36**
Rupture entre Octave et Antoine.	**33**
Déclaration de guerre à Cléopâtre.	**32**
Victoire d'Actium.	**31**
Suicides d'Antoine et de Cléopâtre ; annexion de l'Égypte.	**30**
Triple triomphe d'Octave.	**29**
Partage des provinces avec le Sénat ; **Octave reçoit le titre d'Auguste.**	**27**
Auguste reçoit la puissance tribunitienne.	**23**
Mariage d'Agrippa et de Julie.	**21**
Auguste devient grand pontife ; mort d'Agrippa.	**12**
Mort de Drusus.	**9**
Auguste reçoit le titre de « Père de la patrie ».	**2 av.**
Auguste adopte Tibère.	**4 apr. J.-C.**
Désastre de Varus.	**9**
Mort d'Auguste.	**14**

▲ Une réforme fiscale efficace permit d'accroître considérablement les recettes de l'empire. Le tribut des provinces sénatoriales formait le trésor public, l'*aerarium*, celui des provinces impériales le trésor particulier d'Auguste, le *fisc*.

▼ La fille d'Auguste, Julie, et son mari, Agrippa. Pour enrayer la dénatalité qui menace Rome, Auguste promulgua des lois Juliennes qui taxaient lourdement les célibataires.

hérités des magistratures républicaines, lui donne une puissance absolue et jusque-là inédite.

S'agit-il pour autant d'une monarchie ? Auguste fait tout pour masquer cet aspect du régime sous un habillage républicain, car il se souvient du triste sort de son père adoptif, accusé d'aspirer à la royauté. La puissance tribunicienne est renouvelée chaque année, comme l'étaient les magistratures. Il refuse certains pouvoirs qui pourraient choquer, comme la dictature. Il se présente comme le premier des citoyens, le *princeps*, et refuse qu'on l'appelle *dominus* (maître). Enfin, il insiste sur l'importance du Sénat. Mais une réelle ambiguïté subsiste, en particulier dans la partie orientale de l'Empire où Auguste porte le titre de *basileus* (roi), qu'il évite soigneusement à Rome.

L'échec de l'unification de l'univers

La propagande mise en place par le nouveau régime insiste sur le rétablissement de la paix, qui signifie la fin des guerres civiles, mais non pas des conquêtes. Les ambitions d'Auguste le portent à pacifier les régions encore rétives face à la domination romaine, en particulier le nord-ouest de l'Espagne. En 26, il mène une campagne contre les Cantabres et les Asturiens, peuples vivant dans les Asturies actuelles, mais ses talents militaires sont limités, et, terrorisé, il se tapit dans un réduit à chaque orage, couvert d'une peau de veau marin, réputée éloigner la foudre. Il doit rentrer à Rome en 24 sans avoir achevé la pacification du pays. Il faudra attendre pour cela les campagnes d'Agrippa en 20 et en 19. L'insoumission des peuples alpins rend difficiles les communications avec la Gaule. Au terme de longues opérations militaires dans les Alpes occidentales, Auguste peut faire ériger le trophée de La Turbie, qui énumère les noms des 45 peuples soumis. La conquête des Alpes du Nord, plus aisée, aboutit à la création des provinces de Rhétie et du Norique. Le *princeps* entend aussi mater les tribus germaniques qui menacent la rive gauche du Rhin et repousser la frontière de l'Empire jusqu'à l'Elbe. Les premières expéditions, sous la conduite de son beau-fils Drusus, sont encourageantes, mais sa mort en 9 av. J.-C. freine les opérations. Les Germains s'unissent sous le commandement d'Arminius, qui tend une embuscade au légat Varus dans la forêt de Teutoburg (9 apr. J.-C.) : trois légions sont massacrées, et Varus se suicide. Ce désastre a un énorme retentissement. Désespéré, Auguste se frappe la tête contre les portes en criant : « Varus, rends-moi mes légions ! » Ainsi s'achèvent ses projets de conquête de l'univers. Mais, dans le récit de ses exploits qu'il a lui-même rédigé et qui sera gravé après sa mort devant son mausolée, il affirme que Rome a désormais achevé la conquête du monde habité, l'œkoumène. Cette vocation à une domination universelle est voulue par les dieux eux-mêmes : Jupiter ne promet-il pas à Rome un Empire illimité, d'après le poète Virgile ?

Un manifeste dynastique

L'autel de la Paix est dédié par le Sénat en 13 av. J.-C. et consacré en 9, sur le champ de Mars, pour symboliser le retour à la paix. L'autel est entouré d'une enceinte dont le décor sculpté représente des scènes mythologiques sur les côtés les plus courts et surtout deux processions où sont figurés le Sénat et les membres de la famille impériale. Ces derniers sont montrés dans leur rôle de chefs de famille, sans doute pour servir d'exemples au moment où Auguste cherchait à encourager la natalité des élites.

Un second fondateur de Rome

Après les décennies de guerres civiles, la société romaine est déstructurée, et une forte dépopulation met en danger sa survie même. La dénatalité touche particulièrement les élites, et Auguste prend une série de mesures pour tenter de la juguler : en 18 est votée une loi sur le mariage, qui désavantage les célibataires, afin de contraindre les sénateurs et les chevaliers à se marier et à procréer. Il institue le « droit des trois

AGRIPPA ET MÉCÈNE

Les deux grands ministres d'Auguste

Marcus Vipsanius Agrippa (63-12 av. J.-C.) est aux côtés d'Octave dès 45, et ce sont ses qualités militaires qui assurent les victoires de Nauloque (36) et d'Actium (31), ainsi que la pacification de l'Espagne. D'origine obscure et provinciale, il doit son ascension à Auguste, qui l'associe à ses pouvoirs et lui fait épouser sa fille Julie (21). À Rome, il fait construire le Panthéon, temple dédié à tous les dieux, et les premiers thermes publics. Le prince, très affecté par sa mort (12), prononce son éloge funèbre et fait déposer ses cendres dans son propre mausolée, sur le champ de Mars. Mécène (mort en 8 av. J.-C.), fils d'un riche notable étrusque, est aussi un compagnon des premières heures, et un soutien fidèle durant la guerre civile. Épicurien, il méprise les honneurs, et se pare de soieries et de bijoux. L'austère Auguste lui reproche ses boucles parfumées. Homme cultivé, ayant des dons littéraires, il s'entoure de poètes, Virgile, Horace et Properce. À partir de 23, son influence décline, et il vit retiré.

▲ Plus encore qu'un grand général, Agrippa fut un brillant administrateur, notamment en Gaule où il développa le réseau routier et assura la prospérité de Nîmes en faisant construire un monumental aqueduc, le pont du Gard.

enfants », qui confère des avantages politiques et financiers aux pères de famille nombreuse. La loi sur les adultères punit d'exil l'épouse coupable et son complice ; à cette occasion, Auguste fait devant le Sénat un vibrant éloge des qualités de sa femme Livie, présentée comme le modèle de la matrone romaine. Diverses mesures visent à définir un statut pour l'ordre sénatorial, qui comprenait les anciens magistrats, mais aussi leurs familles. Une fortune minimale d'un million de sesterces est désormais exigée pour pouvoir faire partie de la haute assemblée, ce qui permet d'établir une distinction nette entre les sénateurs et les chevaliers auxquels sont réservées la plupart des nouvelles fonctions administratives créées. Ainsi, dans la ville de Rome, dont la population approchait le million d'habitants, l'un des problèmes cruciaux était celui de l'approvisionnement. Il fallait nourrir le peuple et lui assurer de l'eau en abondance. Aussi Auguste crée-t-il divers services à cet effet : la préfecture de l'annone, confiée à un chevalier, est chargée du ravitaillement en blé ; la curatelle des eaux, fonction réservée à un sénateur, s'occupe des aqueducs de la Ville. Le prince assure également sa popularité par de nombreuses distributions d'argent à la plèbe et participe à la parure monumentale de la capitale de l'Em-

▲ Fortes de 6 000 hommes chacune, les 25 légions romaines sont le bras armé du pouvoir d'Auguste qui dispose, en outre, d'une garde prétorienne constituée de vétérans des légions de César.

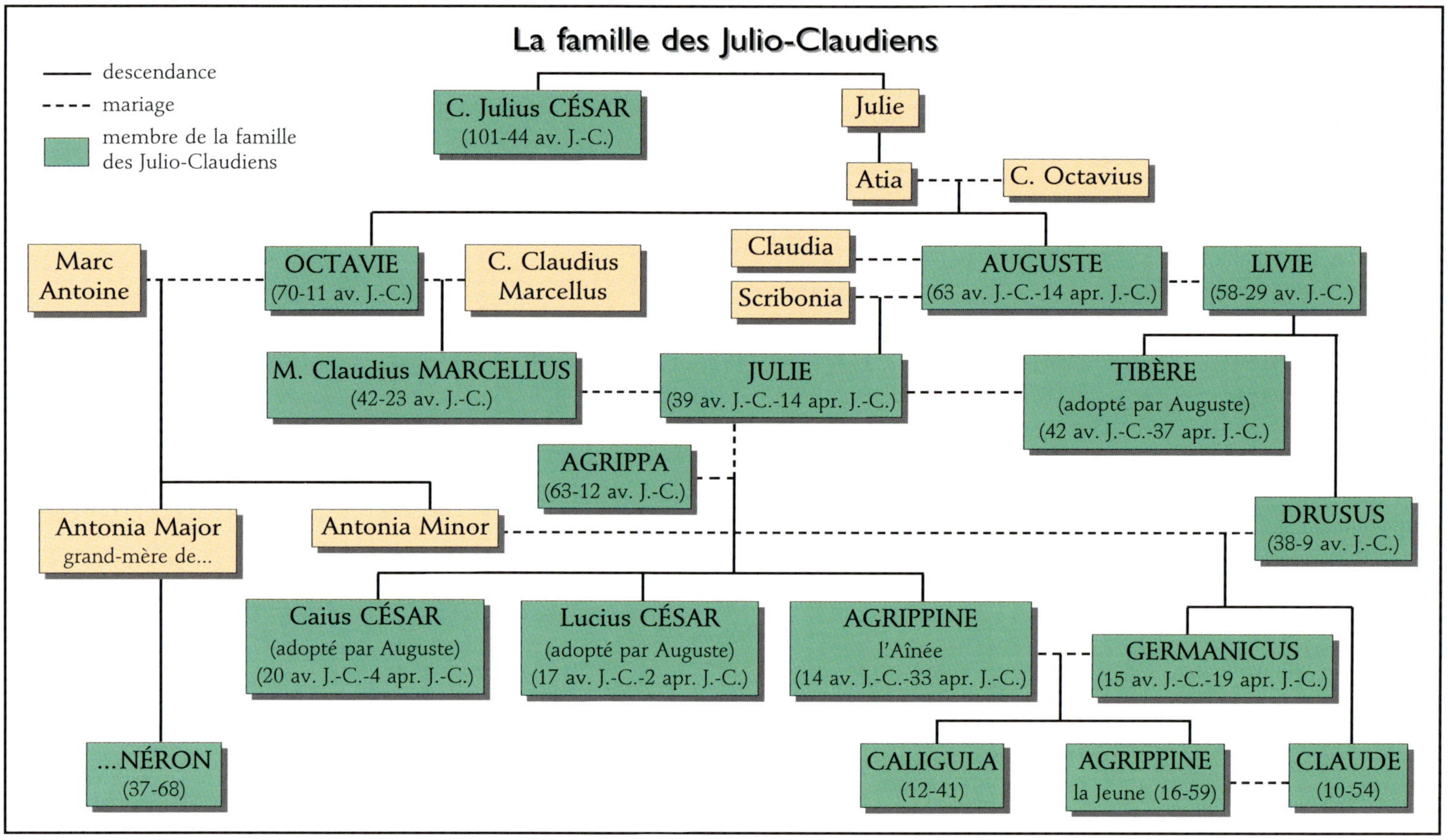

▲ Dans ses *Vies des douze Césars*, Suétone fait d'Auguste le portrait d'un homme « d'une rare beauté, qui garda son charme tout le long de sa vie ».

Un modèle de simplicité

Le biographe Suétone insiste sur la frugalité dont fait preuve Auguste et qui peut s'expliquer en partie par sa santé fragile, celui-ci étant sujet à de fréquentes inflammations intestinales. Sa nourriture est très sobre : pain, fromage, légumes frais, poissons, figues fraîches, en petites quantités. Il boit peu de vin (jamais plus d'un demi-litre), et se désaltère plutôt avec une tranche de concombre. Quand il reçoit des invités, il insiste pour que personne ne se dérange pour lui et anime la conversation si ses convives sont trop intimidés. Cette affectation de simplicité se retrouve dans son habillement : il ne porte que des vêtements confectionnés par les femmes de sa famille. Unique coquetterie, il porte des chaussures un peu hautes pour se grandir. Après avoir habité sur le Palatin dans l'ancienne maison de l'orateur Hortensius, peu luxueuse, sans marbre ni marqueterie, il l'agrandit peu à peu, manifestant son refus de s'installer dans un palais comme les rois orientaux.

pire : il fait dédier à Apollon, sous la protection duquel il s'est placé, un temple d'un luxe exceptionnel. Tout en ornant le vieux forum républicain de deux arcs de triomphe, il en fait édifier un nouveau consacré à Mars Ultor (Vengeur). Sur son lit de mort, il se vante d'avoir reçu une Rome de brique, et de la laisser de marbre.

Une succession impossible

Auguste se présente comme le premier des citoyens et affirme le caractère républicain de son régime ; il ne peut donc ouvertement mettre en place sa succession, car cela reviendrait à dévoiler qu'il s'agit d'une monarchie de fait, de caractère héréditaire. Les pouvoirs qu'il a accumulés lui ont été confiés à titre personnel, et l'on pouvait donc se demander si ce phénomène se reproduirait au profit d'un autre, une fois Auguste disparu. Afin d'assurer la pérennité du nouveau régime, il décide d'associer son héritier désigné aux pouvoirs impériaux. Mais aucun fils ne lui est né de ses trois mariages successifs. Il croit d'abord trouver un héritier dans son neveu Marcellus, à qui il fait épouser en 24 sa fille Julie, mais qui meurt prématurément en 23. Son ami Agrippa avait alors pris tellement d'importance que, comme le fit remarquer Mécène, il fallait le tuer ou le marier à Julie. Cette dernière solution est retenue, mais l'union, si elle est féconde (cinq enfants), n'est guère heureuse. Entourée d'admirateurs, Julie, pour couper court aux soupçons sur la paternité de ses enfants, disait qu'« elle ne prenait de passagers que quand la cale était pleine ». Agrippa est associé au pouvoir et reçoit la puissance tribunicienne et l'*imperium* proconsulaire ; mais il doit servir d'intermédiaire, puisque Auguste destine sa succession à ses deux petits-fils, Caius et Lucius, qu'il a adoptés dès 17. Ce plan s'effondre à son tour, car les héritiers sont fauchés par la mort : Agrippa en 12 av. J.-C., puis ses fils en 2 et en 4 apr. J.-C. En désespoir de cause, Auguste remarie alors Julie à son beau-fils, Tibère, fils d'un premier mariage de sa femme Livie, et l'oblige ainsi à répudier son épouse, la fille d'Agrippa, Vipsania Agrippina, dont il était fort épris. Il adopte son gendre et l'associe à son pouvoir, mais déclare : « Je plains le peuple romain qui va tomber sous des mâchoires aussi lentes. » Lors d'un voyage en Campanie durant l'été 14, Auguste ressent de violents maux de ventre et doit s'arrêter à Nola. Il fait alors venir Tibère et s'entretient longuement avec lui seul à seul. Le 19 août, sentant sa fin prochaine, il fait venir ses amis et leur demande : « Ai-je bien joué le mime de ma vie ? », puis il ajoute en grec la formule qui achève les pièces de théâtre : « Si la pièce vous a plu, applaudissez. » Son corps est ramené à Rome, porté durant la nuit par les notables des cités que le cortège traverse, et exposé pendant le jour dans les temples les plus importants. À Rome, Tibère et son fils Drusus prononcent son éloge funèbre. Son corps est consumé sur un bûcher, et ses cendres déposées dans le mausolée qu'il s'était fait construire sur le champ de Mars. Le Sénat se réunit ensuite pour entendre lire son testament, qui désigne Tibère comme son successeur. Ce dernier se fait d'abord prier, puis finit par accepter le fardeau de l'État.

▶ **Cicéron** / 63 av. J.-C.
▶ **César** / 49 av. J.-C.
▶ **Cléopâtre** / 31 av. J.-C.

La divinisation d'Auguste

La divinisation du *princeps* procède par étapes. Sa personne est d'abord sacralisée : il est le fils d'un homme divinisé, César, ce qui lui confère une aura particulière. Dans l'Orient hellénistique, habitué à rendre un culte à des souverains, celui d'Auguste est associé à celui, déjà existant, de la déesse Rome. L'Égypte, suivant sa tradition, le considère comme un pharaon-dieu. Son beau-fils Drusus consacre à Lyon, en 12 av. J.-C., un autel à Rome et à Auguste, destiné à susciter les manifestations de loyalisme des provinciaux. À Rome même, la procédure est plus complexe. En 7 av. J.-C., la division de la ville en quatorze régions fournit l'opportunité d'associer au culte populaire des lares des carrefours celui du *genius* d'Auguste, la parcelle de divinité présente en lui. Un autel est dédié en 9 apr. J.-C. à son *numen*, sa puissance créatrice d'origine divine. Enfin, ultime étape qui fait de l'homme un dieu, le Sénat vote sa divinisation le 17 septembre 14, un mois après sa mort.

◄ Les quarante ans de règne d'Auguste apportèrent la prospérité à Rome, et particulièrement aux familles patriciennes. Fresque d'une villa de Pompéi.

VIRGILE

*Le poète Virgile a donné à la littérature latine quelques-unes de ses œuvres les plus célèbres. Sa grande épopée, l'*Énéide*, qui relate les aventures du héros troyen dont les descendants fonderont Rome, fut célébrée à l'instar de celle d'Homère.*

◄ La grande contribution de Virgile à l'œuvre d'Auguste a été la composition d'une épopée qui célébrait le Troyen Énée, ancêtre mythique de l'Empereur.

FORMATION ET PARCOURS D'UN POÈTE ROMAIN

Publius Vergilius Maro est né près de Mantoue, dans le nord de l'Italie, le 15 octobre 71 ou 70 av. J.-C. Il appartient à une famille, peut-être d'origine étrusque, de propriétaires terriens connaissant une certaine aisance. On sait peu de chose sur sa vie, alors que de nombreuses légendes biographiques ont fleuri à son sujet à partir de l'époque flavienne (69-96). Il fait ses études dans le nord de l'Italie, à Crémone, puis à Milan et à Rome, où il étudie la rhétorique, pour laquelle il s'avère peu doué. Il compose très tôt ses premiers poèmes, dont la chronologie est mal assurée. Il fréquente les cercles littéraires à Rome, en particulier celui de Mécène, qui l'introduit auprès d'Octave, le futur Auguste, et a pour amis d'autres poètes, comme Horace. Par la suite, il partage son temps entre des séjours dans sa patrie, en Cisalpine, dans la capitale, mais aussi en Sicile et en Campanie, où il compose ses œuvres principales.

UNE ŒUVRE D'ACTUALITÉ

À travers son œuvre, Virgile reste très proche de la réalité de son temps. Ainsi, si les *Bucoliques*, écrites entre 42 et 39, suivent le modèle des *Idylles* de Théocrite (IIIe siècle av. J.-C.) par la peinture qu'elles font de la vie des bergers et de leurs amours heureuses ou contrariées, le poète évoque aussi, dans les pièces I et IX, le sort misérable des petits propriétaires italiens, spoliés pour lotir les vétérans d'Octave. Lui-même a failli perdre le domaine de son père, en 40, et n'a dû son salut qu'à l'intervention de son ami et protecteur Asinius Pollio, gouverneur de Cisalpine, et surtout d'Octave. La IVe églogue évoque la paix de Brindes, conclue entre Antoine et Octave en octobre 40, et salue le retour de la concorde et l'espoir d'une vie meilleure. Quant à l'*Énéide*, grand poème épique, il retrace les aventures d'Énée, dont les descendants, Romulus et Remus, fonderont Rome, il célèbre également l'œuvre d'Auguste. Ainsi, au livre VI, Énée, conduit aux Enfers par la Sibylle de Cumes, y rencontre son défunt père Anchise, qui lui montre la foule de ceux de ses descendants qui rendront éternel le nom de Rome. Le dernier nom cité est celui de Marcellus, le neveu d'Octave, disparu prématurément en 23.

Le chantre de la romanité

Les *Bucoliques*, comme les *Géorgiques*, publiées vers 28, peignent le travail de la terre et les charmes de la vie rurale. Le second recueil, à visée didactique, y ajoute des conseils pratiques aux paysans. Cette exaltation de la vie rustique correspond à l'idéal du petit propriétaire rural, à la fois paysan et soldat, célébré alors par la propagande officielle. En 29, Virgile commence la composition d'une grande épopée, l'*Énéide*, et y travaille pendant onze ans. Dès 23, Auguste entend des fragments, à l'occasion de la mort de Marcellus, qui célèbrent le jeune homme trop tôt disparu, et tous les auditeurs restent frappés devant la puissance des vers virgiliens, mais le poète meurt avant d'avoir pu l'achever, sans doute le 21 septembre 19. Or, il avait demandé à un de ses amis de brûler le manuscrit s'il lui arrivait malheur, le jugeant encore loin de la perfection qu'il cherchait à atteindre. Mais Auguste réussit à le sauver, malgré la volonté de son auteur, et en autorise la publication. En fait, il ne s'agit pas d'un poème inachevé, mais d'un poème qui n'avait pas encore été entièrement corrigé par son auteur.

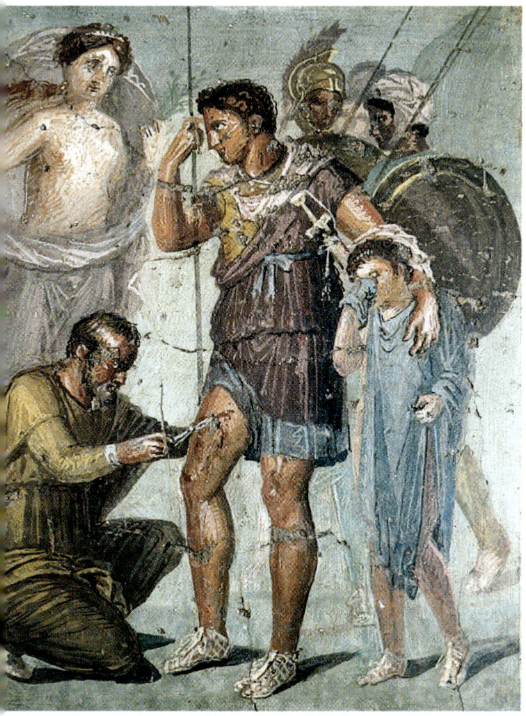

◄ Placés sous la protection de sa mère, Vénus, le héros troyen Énée et son fils Ascagne. Ce dernier est le fondateur d'Albe-la-Longue, dans le Latium. Son descendant, Romulus, sera le premier roi de Rome. Fresque de Pompéi.

Didon et Énée : la postérité d'un mythe

L'épisode des amours de la reine de Carthage et du héros troyen est l'un des plus célèbres de l'*Énéide*. Abandonnée par Énée, qui repart afin d'accomplir la mission que les dieux lui ont assignée, Didon se suicide en maudissant son amant infidèle et toute sa descendance. Ce passage a inspiré, entre autres, le musicien anglais Henry Purcell qui composa en 1689 l'opéra *Dido and Aeneas*. Il se distingue des œuvres contemporaines par son dépouillement, et met l'accent sur le personnage de la reine. Au cours de la scène finale, celle-ci chante son propre hymne funèbre sur le rivage d'où elle voit s'éloigner le navire qui porte Énée.

Virgile, le Homère romain ?

L'*Énéide* est l'équivalent, pour les Romains, des textes fondateurs que sont les œuvres d'Homère pour les Grecs. Sa popularité s'explique par son caractère d'épopée « nationale ». En effet, les douze chants qui le composent, à travers les aventures d'Énée, insistent sur l'idée que les dieux ont assigné une mission à Rome : gouverner l'ensemble du monde. Cet empire universel représente donc son destin, de toute éternité, et justifie les entreprises conquérantes d'Auguste. Pour les poètes latins, l'*Énéide* représente un modèle, et comme les enfants grecs apprenaient à lire dans *l'Iliade* et dans *l'Odyssée*, les petits Romains seront nourris des aventures d'Énée. Témoignages de la diffusion de cette œuvre à travers toutes les couches de la société romaine, les graffitis reproduisant des vers virgiliens que l'on a retrouvés sur les murs de Pompéi.

- ► **Homère** / 800 av. J.-C.
- ► **Romulus et Remus** / 753 av. J.-C.
- ► **Cléopâtre** / 31 av. J.-C.
- ► **Auguste** / 27 av. J.-C.

-19

Publication de l'*Énéide*

Virgile meurt avant d'avoir achevé l'*Énéide*, qui sera publiée à l'instigation d'Auguste, malgré le désir du poète de voir son manuscrit détruit.

CHRONOLOGIE◄

Naissance de Publius Vergilius Maro.	**71 ou 70 av. J.-C.**
Consulat de César.	**59**
Victoire d'Alésia.	**52**
Début de la guerre avec Pompée : César franchit le Rubicon et occupe Rome.	**49**
Victoire de Pharsale sur les pompéiens.	**48**
Assassinat de César ; alliance d'Octave et de Cicéron.	**44**
Octave est élu consul ; formation du second triumvirat.	**43**
Virgile compose *les Bucoliques*.	**42-39**
Il rédige *les Géorgiques*.	**39-29**
Publication des *Bucoliques* ; Virgile accompagne Mécène lors de son voyage à Brindes.	**vers 38-37**
Rupture entre Octave et Antoine.	**33**
Octave est victorieux d'Antoine et de Cléopâtre à Actium.	**31**
Suicide d'Antoine et de Cléopâtre ; annexion de l'Égypte.	**30**
Virgile entame la composition de l'*Énéide*.	**29**
Publication des *Géorgiques*.	**vers 28**
Partage des provinces avec le sénat ; Octave reçoit le titre d'Auguste.	**27**
Mort de Marcellus ; lecture de fragments de l'*Énéide* devant Auguste.	**23**
Mort de Virgile. **Publication de l'*Énéide*.**	**19 av. J.-C.**

Jésus

La figure historique de Jésus est difficile à approcher, car les Évangiles sont des textes à finalité religieuse. On ne sait si sa prédication restait dans le cadre juif ou annonçait vraiment une nouvelle religion universelle, le christianisme.

◄ En renouvelant l'alliance passée entre Dieu et le peuple élu, Jésus va être à l'origine de l'une des plus importantes religions de l'humanité.

Jésus et l'histoire : des sources « truquées » ?

« L'Évangile est une scène truquée » : ainsi ironisait Porphyre, penseur païen du IIIe siècle. Cette formule résume le problème posé par Jésus à l'historien, même si le point de vue du philosophe doit être rejeté. Porphyre, et les historiens anticléricaux du XIXe siècle à sa suite, estimait que Jésus n'avait jamais existé, qu'il avait été « inventé » par les chrétiens. En réalité, l'existence historique de Jésus ne fait pas de doute, car les auteurs païens et juifs confirment les Évangiles sur ce point. Mais tout le reste est problématique, et la seule certitude historique sur sa vie réside dans sa mort sur la Croix. Cette conclusion frustrante découle des problèmes posés par les récits de sa vie, les quatre Évangiles, rédigés en grec. Écrits vers 70-80, les trois premiers présentent un plan comparable, qui leur vaut le nom de « synoptiques ». La tradition les attribue à Marc, compagnon de Pierre et évêque d'Alexandrie, à Matthieu, apôtre de Jésus, et à Luc, médecin et secrétaire de Paul. Le texte de Marc, le plus ancien, a servi de modèle aux deux autres, qui ont aussi utilisé un recueil des paroles de Jésus (les *logia*). De structure différente, le quatrième Évangile est placé sous le patronage de Jean, le plus jeune des apôtres de Jésus. Son état définitif remonte à 100 environ, mais deux versions plus anciennes l'ont précédé. À la vérité, les auteurs présumés des Évangiles ne les ont sans doute jamais écrits. Issus de la tradition orale, ces textes sont le résultat de remaniements successifs, faisant intervenir plusieurs écrivains. Leur association procède d'un choix tardif. Les premiers temps du christianisme ont vu la floraison de ce genre de récits, qui se comptent par dizaines. Au IIe siècle, l'Église en a sélectionné quatre comme authentiques, rejetant les autres, qualifiés d'« apocryphes ». En dépit de cet effort de cohérence, les quatre ouvrages regorgent de divergences et de contradictions. Cependant, la difficulté pour l'historien ne réside ni dans la date tardive de rédaction des Évangiles, ni dans leurs désaccords. Les sources principales sur l'empereur Néron ont bien été écrites cinquante ans après sa mort et ne concordent pas toujours ! C'est la nature du texte qui fait problème : les Évangiles ne composent pas une biographie, mais un message religieux. Tel est le sens de leur titre, qui signifie la « Bonne Nouvelle ». Les faits ne sont pas choisis en fonction d'une préoccupation historique, mais comme illustration d'une démonstration religieuse. Pour cette raison, Jésus échappe à l'histoire.

▲ L'Église catholique, qui maintient pourtant les femmes dans une position d'infériorité, vouera à Marie un culte fervent dès le XIIe siècle. Mais le dogme de l'Immaculée Conception ne sera institué qu'en 1854.

30

Mort de Jésus

Après trois années de prédication, il est crucifié à Jérusalem, le vendredi 7 avril, la veille du sabbat.

La question des origines de Jésus

Nulle mieux que la question des origines ne montre l'impasse historique constituée par les Évangiles. Les renseignements sur sa date de naissance sont contradictoires : il naquit sous le règne du roi Hérode, qui mourut en 4 av. J.-C. (Matthieu et Luc), lors d'un recensement général de l'Empire romain, qui eut lieu en 6 apr. J.-C. (Luc) ! Comme il entama sa prédication en l'an 15 de l'empereur Tibère (27-28 apr. J.-C.), à l'âge de trente ans (Luc), on accepte généralement la première date. La référence au recensement s'explique par son caractère universel, qui annonce la diffusion du christianisme dans l'Empire. Mais d'autres passages des Évangiles suggèrent qu'il approchait de la cinquantaine lors de son apostolat (Jean), et l'âge de trente ans a pu être choisi pour sa valeur symbolique, synonyme de maturité chez les Juifs. Sa famille n'est pas mieux connue. Fils de Dieu et d'une vierge, Marie, Jésus aurait été élevé par un père adoptif, Joseph le charpentier. Pour l'anoblir, Matthieu et Luc lui prêtent chacun une généalogie, remontant au roi David, mais la première aboutit au père nourricier, alors que la seconde passe par Marie. Pour les païens, il ne pouvait être qu'un bâtard, fils d'une courtisane et d'un soldat romain. Les Évangiles s'accordent sur son ancrage en Galilée, au nord de la Palestine, mais les villes citées apparaissent douteuses. Il serait né à Bethléem, puis aurait passé son enfance et sa jeunesse à Naza-

Messie et Christ

Le Messie est à l'origine une notion politique. Le terme signifie « oint du Seigneur » (en hébreu *mâschiâkh*), allusion aux rois d'Israël, qui étaient oints à leur couronnement. C'est un chef politique, descendant de David, qui rendra sa grandeur au peuple juif. Le Ier siècle av. J.-C. voit l'élaboration d'un Messie « eschatologique », dont la venue entraînera la Fin des Temps. Les manuscrits de Qumran témoignent de cette évolution et Jésus est l'héritier de cette conception. La traduction grecque en est « Christ » (*khristos*).

CHRONOLOGIE

Entrée de Pompée à Jérusalem. La Palestine tombe sous la domination romaine.	**64 av. J.-C.**
Hérode le Grand devient roi des Juifs.	**37**
Octave devient Auguste et fonde l'Empire romain.	**27**
Naissance de Jésus en Galilée.	**entre 20 et 5**
Naissance de Philon à Alexandrie, dans la communauté juive d'Égypte. Philosophe, il tentera la synthèse de la tradition juive et de la philosophie grecque.	**13**
Mort d'Hérode. Son royaume est divisé entre ses fils : Archélaos reçoit la Judée et Antipas la Galilée.	**4**
Archélaos est détrôné par les Romains. Annexion de la Judée par Rome.	**6 apr. J.-C.**
Mort d'Auguste et accession de Tibère à l'Empire romain.	**14**
Ponce Pilate est nommé préfet (gouverneur) de Judée.	**26**
Début de la prédication de Jésus.	**27-28**
Exécution de Jean le Baptiste par Antipas, tétrarque de Galilée, à la demande de sa belle-fille, Salomé.	**vers 28**
Mort de Jésus.	**30**
Début de l'apostolat de Paul.	**44**
Rédaction des Évangiles synoptiques (Marc, Matthieu, Luc).	**vers 70-80**
Dernière version de l'Évangile de Jean.	**vers 100**

Le Temple d'Hérode à Jérusalem

Le Temple de Jérusalem constituait le cœur de la religion juive. En ce seul lieu, un Juif pouvait offrir des sacrifices à Dieu. Construit par Salomon et détruit par les Babyloniens, le premier temple avait été remplacé au Ve siècle par un nouvel édifice, assez modeste. À partir de 20 av. J.-C., Hérode éleva un troisième temple, plus somptueux : enfermé dans une enceinte, il était composé d'une série de cours, menant au sanctuaire, suivant une logique de fermeture progressive. Alors que le parvis des Gentils était ouvert à tous, le parvis des Femmes n'acceptait que les Juifs, et le parvis des Hommes, uniquement les Juifs mâles. Seuls les prêtres pouvaient entrer dans le parvis des Prêtres et dans le sanctuaire. Le centre du sanctuaire abritait le Saint, célèbre par son chandelier à sept branches, et le Saint des Saints, entièrement vide, accessible une fois par an le jour du Grand Pardon. Le Temple d'Hérode fut détruit par les Romains, à la suite d'une révolte, en 70 : seul en subsiste le Mur des lamentations.

La porte ouest du Mur des lamentations, dernier ► vestige du Temple de Jérusalem. Peut-être Jésus emprunta-t-il ce passage pour pénétrer dans le sanctuaire juif dont il chassa violemment les marchands.

▲ L'arbre de Jessé ; tissu brodé du XIVe siècle. Selon une tradition établie par les Évangiles pour respecter une prédiction du prophète Isaïe, Jésus descendrait de la famille de David, roi des Juifs.

reth. Bethléem n'est pas une ville de Galilée et figure seulement pour le relier à David, dont elle était la patrie. Nazareth n'existe pas à l'époque de Jésus et vient d'une déformation de son surnom de « nazoréen », qui désigne un Juif d'une piété rigoureuse. C'est donc la recherche du symbolisme qui guide la présentation des origines de Jésus par les évangélistes.

La Palestine romaine : une province en ébullition

Pour reconstituer l'identité historique de Jésus, les historiens en sont donc réduits à se tourner vers le contexte politique. La Palestine de cette époque est en pleine ébullition. Depuis que Pompée a pris Jérusalem, en profitant du jour du sabbat, la région subit la domination romaine (64 av. J.-C.). Lors de la naissance de Jésus, un roi vassal, Hérode le Grand, tient la région pour le compte de l'empereur Auguste.

Souverain retors, il tente de se concilier la population en faisant reconstruire le Temple de Jérusalem de façon fastueuse : « Qui n'a pas vu le Temple d'Hérode ne sait pas ce qu'est un superbe édifice », proclame le Talmud, recueil de commentaires bibliques. Mais il gouverne en roi grec et fait étrangler trois de ses fils, motifs de détestation pour les Juifs pieux. Au moment de la prédication de Jésus, la tutelle romaine s'est encore alourdie. Après la mort d'Hérode (4 av. J.-C.), la Judée, cœur du pays juif, a été rattachée directement à l'Empire. La Galilée conserve une plus grande liberté, sous la direction d'un fils d'Hérode. Les Romains ont l'habileté de laisser leur autonomie religieuse aux Juifs : sous la direction d'un grand-prêtre, la caste sacerdotale des sadducéens gère le Temple. La majorité de la population n'en est pas moins exaspérée par l'occupation romaine. Il est vrai que le gouverneur Ponce Pilate multiplie les maladresses. Il ose faire entrer les enseignes romaines, objet d'un culte

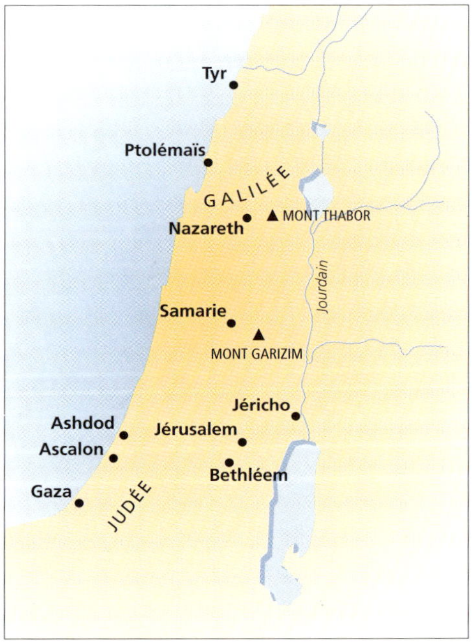

païen, dans l'enceinte sacrée de Jérusalem. Depuis l'époque d'Hérode, des troubles secouent régulièrement la Galilée. Le parti des zélotes regroupe les partisans d'une révolte et ses « sicaires » ne craignent pas de poignarder les sadducéens en pleine rue. En état d'exaltation, la population attend le Messie, chef religieux et politique envoyé par Dieu pour chasser les Romains et rendre sa grandeur au royaume juif. Jésus est né de cette attente.

Un prophète parmi d'autres

L'ébullition politique se double d'une intense fermentation religieuse. Les sadducéens, attachés à une lecture littérale et ritualiste de la Bible, doivent affronter la contestation de nouveaux courants religieux, appelés « sectes ». Partisans d'une religion plus intérieure, les pharisiens insistent sur l'immortalité de l'âme et le rôle des œuvres humaines dans l'obtention du salut. Tout en considérant toujours le Temple comme le centre du judaïsme, ils essaiment en un réseau de synagogues, « maisons de prière », où leurs rabbins commentent les Livres saints. Organisés en communautés monastiques, les esséniens rejettent le Temple, considéré comme impur. Régis par des règles de pureté très strictes, ils attendent l'Apocalypse, la « Fin des Temps », qui verra la défaite des « Fils des Ténèbres », les sadducéens plus encore que les Romains. Le mouvement multiforme des baptistes, enfin, appelle les Juifs à la purification par la voie du baptême. Lorsque Jésus entame sa prédication (27-28), il adhère d'abord à la mouvance baptiste et reçoit le baptême dans le Jourdain des mains de Jean le Baptiste. Son apostolat se déroule essentiellement dans sa région d'origine, la Galilée, zone périphérique du judaïsme. Mais cette terre de confins et de contacts, marquée par l'influence grecque, a joué sans doute son rôle dans l'ouverture d'esprit de Jésus. Il y recrute ses disciples, dont les douze apôtres, parmi les pêcheurs du lac de Tibériade et les collecteurs d'impôts. Ce ne sont pas des misérables, mais des gens relativement aisés et cultivés. Les méthodes de prédication s'intègrent pleinement dans les traditions juives. Vêtu du manteau à franges des Juifs pieux, Jésus enseigne au moyen d'historiettes, les proverbes ou paraboles, et se fait appeler *rabbi*, comme tout rabbin pharisien, bien qu'il n'ait pas reçu la formation requise. On lui prête des miracles, comme aux prophètes de la Bible. Les miracles de bienfaisance, guérisons ou exorcismes, sont bien plus nombreux que les « miracles d'éclat », bouleversant la nature, comme la multiplication des pains ou la Marche sur les eaux du lac de Tibériade.

Les manuscrits de la mer Morte

Le site de Qumran, colline dominant la mer Morte, a livré un ensemble documentaire unique. Onze de ses grottes abritaient des jarres contenant des textes religieux, échelonnés du IIIe siècle av. J.-C. au Ier siècle apr. J.-C. Des restes archéologiques ont été aussi découverts sur l'acropole. On a pensé qu'il s'agissait d'un monastère, dont ces livres auraient composé la bibliothèque, mais les installations, peu développées, pourraient simplement provenir d'une ferme. La disposition des jarres, enterrées jusqu'au col, suggère plutôt un ancien dépôt caché lors de troubles. Le contenu des manuscrits décrit l'organisation et la doctrine d'une secte, qui semble correspondre à celle des esséniens ; elle baigne dans une atmosphère d'Apocalypse. Sous la direction du « Maître de Justice », la secte militarisée se prépare à la lutte contre le « prêtre impie », sans doute le grand-prêtre sadducéen. À la Fin des Temps, les Juifs vaincront les autres nations, dont les *Kittim*, c'est-à-dire les Romains.

▼ Les grottes de Qumran, où furent découverts en 1947 des manuscrits d'une importance capitale pour la connaissance du judaïsme à l'époque de Jésus. Certains rouleaux comptent parmi les plus anciens textes bibliques connus.

La crucifixion, panneau du retable d'Issenheim, par Matthias Grünewald, vers 1515. Aux sources de la foi chrétienne, il y a le sacrifice de Jésus qui donne sa vie pour la rédemption de tous.

LA DATE DE LA FÊTE DE NOËL

Pendant les trois premiers siècles du christianisme, l'Église n'était pas d'accord sur la date de la Nativité, hésitant entre le 18 ou le19 avril, le 28 mars ou le 29 mai. L'Orient célébrait cette fête le 6 janvier. En 336, sous Constantin, premier empereur chrétien, l'Église choisit le 25 décembre, pour concurrencer une fête païenne. C'était la fête anniversaire du dieu solaire Mithra, correspondant au solstice d'hiver, qui voit la durée des jours recommencer à s'allonger. L'Orient resta longtemps fidèle au 6 janvier.

LES LEÇONS DU PROCÈS : UN CHEF ZÉLOTE

La prédication de Jésus relativement brève, trois années selon les Évangiles, suscite l'hostilité. Monté à Jérusalem pour célébrer la Pâque, commémoration de la sortie d'Égypte, Jésus est alors arrêté et crucifié la veille du sabbat, le vendredi 14 du mois de nisan (avril). C'est là le seul épisode « historique » de sa vie. Les sources païennes et juives en ont en effet conservé le souvenir. L'historien romain Tacite évoque (vers 120) l'exécution du Christ par Ponce Pilate et le Talmud rappelle (IIe siècle) la mise à mort du « faux prophète ». On en connaît même la date précise : à cette époque, le seul jour où le 14 du mois de nisan tombe un vendredi est le 7 avril 30. Il n'en découle pas pour autant que le récit évangélique soit exact. La peinture du procès accumule en effet les invraisemblances juridiques. Jésus serait passé devant deux juridictions, le Sanhédrin, conseil religieux assistant le grand prêtre, et le gouverneur romain Ponce Pilate. Le Sanhédrin l'aurait condamné pour blasphème et aurait forcé un Pilate réticent à l'exécuter. Or le Sanhédrin ne peut prononcer la peine de mort, ce qui rend son intervention sans objet. Le procès devant le Sanhédrin a été inventé par les chrétiens pour « charger » les Juifs et la condamnation est de la responsabilité du seul Pilate. Le chef d'accusation n'est pas non plus religieux, car les coupables sont alors lapidés. La crucifixion, châtiment réservé à des crimes politiques, indique que Jésus meurt en opposant politique. Aux yeux de ses contemporains, Jésus est un messie au sens traditionnel du terme, un chef politique désireux de chasser les Romains. Les Évangiles font tout pour gommer cet aspect, afin de se concilier les Romains, mais surtout parce que leur finalité est religieuse. Le procès et la mort composent une « passion », par laquelle Jésus rachète les péchés du monde. La suite des Évangiles ne concerne plus l'historien, puisque la Résurrection relève de la foi, mais aussi parce que Jésus a laissé place au Christ. L'homme Jésus retourne à son obscurité, alors que le Christ commence sa prodigieuse destinée historique.

La Cène, bas-relief du IIIe siècle. Cet épisode des Évangiles est à l'origine de l'institution de la communion, par laquelle les chrétiens renouvellent le geste du Christ qui offre son corps et son sang.

LE FONDATEUR DU CHRISTIANISME ?

Le Christ a donné son nom à ses partisans, les chrétiens, mais Jésus était-il chrétien ? La fiabilité historique des Évangiles est à nouveau au cœur du problème car ils ont été rédigés dans un contexte religieux radicalement différent de celui de l'époque de Jésus. Le judaïsme n'est plus centré sur le Temple de Jérusalem, détruit par les Romains en 70, mais sur un réseau de synagogues, tenu par les rabbins pharisiens. Ayant rompu ses liens

avec le monde juif, le christianisme a pris une dimension universaliste et s'est tourné vers la conversion des païens sous l'impulsion de Paul. De nombreux aspects des Évangiles portent la marque du contexte de la fin du Ier siècle, tel le portrait négatif des pharisiens. Il n'est donc pas aisé de reconstituer le véritable message religieux de Jésus. De toute évidence, il subit l'influence des sectes de son temps. Jésus enseigne l'immortalité de l'âme et la résurrection des corps, comme les pharisiens. À l'instar des esséniens, son messianisme n'est pas purement politique : sa venue en tant que Messie annonce la « Fin des Temps », qui consacrera le triomphe de Dieu et le salut des justes. Mais on ne peut le cataloguer dans aucune de ces sectes. Ses fidèles ne présentent pas l'image d'un groupe fermé et discipliné, ainsi que l'étaient les esséniens, et Jésus ne respecte pas les règles de pureté suivies par les autres sectes. N'ose-t-il pas fréquenter des êtres impurs, comme la courtisane Marie Madeleine ou le centurion romain Corneille ? Il est plus difficile de déterminer si son enseignement rompait avec des préceptes essentiels du judaïsme. L'Évangile l'affirme, spécialement à l'égard du Temple. Jésus en chasse les marchands, indispensables aux sacrifices, et déclare qu'il faut adorer Dieu « en esprit », et non sur une montagne. Il prophétise même la destruction du Temple ! Mais ces propos ont pu être forgés par les évangélistes. La réforme voulue par Jésus était-elle si radicale ? C'est là le point crucial, qui distingue un fondateur de religion d'un simple prophète. À nouveau, la figure théologique du Christ, forgée par les chrétiens, nous dissimule l'homme Jésus.

► **Auguste** / 27 av. J.-C.
► **Paul** / 51

Le destin des Apôtres après la Passion

Parmi ses disciples, Jésus en choisit douze pour les envoyer prêcher son message en Palestine : Pierre, André, Jacques le Majeur, Philippe, Barthélemy, Thomas, Simon, Jean, Matthieu, Jacques le Mineur, Jude et Judas. Après sa Passion, ces « Apôtres » (« envoyés » en grec) organisèrent la communauté chrétienne, à l'exception de Judas, qui avait livré Jésus et s'était pendu ; Jésus avait conféré la primauté à Pierre, mais le chef des chrétiens de Jérusalem semble avoir été Jacques, frère de Jésus, qui ne faisait pas partie des Douze. Ils se consacrèrent à l'évangélisation des communautés juives de Méditerranée, voire de l'Orient lointain : Pierre en Asie Mineure et à Rome, Barthélemy en Arménie, Jude en Syrie et en Mésopotamie, Matthieu en Éthiopie, Thomas en Inde. Mais leur œuvre fut éclipsée par l'action de Paul, qui se polarisa sur la conversion du monde païen. Les sept premiers connurent le martyre. Seul Pierre, considéré comme le premier pape, crucifié par Néron en 64, joua un rôle majeur.

◄ Le Christ remet les clefs du paradis à l'apôtre Pierre (émail du XIIe siècle). « Tu es Pierre, et sur cette pierre je bâtirai mon Église » : par ces mots, Jésus fait de Pierre le premier pape de la chrétienté.

CALIGULA

Inspiré par l'Orient, Caligula chercha à imposer à Rome le régime du dominat, monarchie autoritaire et sacrée. Mais il se heurta à l'opposition du sénat et laissa dans l'histoire la réputation d'un « empereur fou ».

LA FOLIE AU POUVOIR ?

« Jusqu'ici, nous racontions l'histoire d'un prince, le reste, ce sera celle d'un monstre », affirme Suétone, biographe du IIe siècle, à propos de l'empereur Caligula. Cette formule traduit la stupeur de Rome face aux agissements du jeune souverain, âgé de vingt-cinq ans à son avènement.

Sa conduite défie en effet le bon sens. Passionné de courses de chars, il offre à son cheval une écurie d'ivoire et lui octroie le consulat, la plus prestigieuse des magistratures romaines. Dans la baie de Baïes, au sud de Rome, il fait construire un gigantesque pont de bateaux et y parade en triomphateur, provoquant une famine dans la capitale, qui n'est plus ravitaillée par mer. Avide de gloire, il rassemble une armée pour conquérir la Bretagne (Angleterre), mais ne traverse jamais la Manche, se contentant de faire ramasser des coquillages sur les plages par ses soldats. Certains de ses actes sont plus graves encore, car ils défient les lois humaines et divines. Il affiche publiquement ses relations incestueuses avec ses trois sœurs et manifeste une cruauté pleine d'imagination. « Frappe-le de telle façon qu'il se sente mourir » : telle est sa phrase préférée, maintes fois lancée au bourreau. Exigeant d'être adoré comme un dieu, il transforme une partie du palais en temple

◄ D'abord élevé par sa grand-mère Antonia, Caligula grandit ensuite dans les camps de l'armée romaine au côté de son père Germanicus. Il a laissé le souvenir d'un empereur fou et sanguinaire, mais son projet politique répondait en fait à une vision novatrice du rôle de l'empereur remettant en cause les hiérarchies traditionnelles, notamment le sénat.

37

Avènement de Caligula

Le 16 mars, après la mort de Tibère, son petit-neveu, Caligula, est proclamé empereur. Aussitôt, le nouvel empereur exécute Tiberius Gemellus, petit-fils de Tibère.

SUÉTONE

Biographe ou manipulateur ?

L'essentiel de notre documentation sur Caligula provient de l'œuvre de Suétone, les *Vies des douze Césars*, relatant les règnes de Jules César et des onze premiers empereurs romains, qui avaient fait de *césar* un titre impérial. Né vers 70, Suétone dirigea plusieurs bureaux de l'administration centrale, sous l'empereur Hadrien, entre 117 et 121. Sa connaissance des archives en fait un auteur très bien renseigné, qui prétend à l'objectivité. En réalité, il est guidé par un souci politique, flatter les empereurs de son temps en dénigrant les souverains précédents. Très habilement, il déforme les faits en les sortant de leur contexte. C'est ainsi qu'il présente l'épisode du ramassage des coquillages par les soldats, sans en donner l'explication probable : ils avaient refusé de s'embarquer pour la Bretagne et Caligula les « punissait » de cette façon. Il a ainsi construit le mythe de l'« empereur fou ».

voué à son culte. Une passerelle relie le palais au temple de Jupiter, pour lui permettre d'aller parler la nuit avec le dieu.

Le fils d'un héros

La déception est à la mesure de l'espoir suscité par le jeune prince. Son avènement a été vécu comme une aurore, après la longue nuit du règne de Tibère (14-37). Deuxième empereur de Rome, Tibère chercha à préserver le régime ambigu mis en place par le fondateur de l'Empire, Auguste. Authentique monarchie, le régime impérial entend en même temps rester fidèle aux traditions républicaines. Auguste s'est voulu non pas un roi, mais le premier de la cité (*princeps* en latin), collaborant loyalement avec le sénat, conseil d'anciens magistrats, qui jouait le rôle essentiel sous la République. Ainsi est né le « principat ». Tibère désire poursuivre la même politique, mais son caractère misanthrope l'éloigne progressivement du sénat. Retiré dans l'île de Capri, il lance périodiquement de sanglantes persécutions contre les sénateurs. Dans ce climat tendu, tous les yeux se tournent vers son héritier, son neveu Germanicus. Aussi beau qu'intelligent, Germanicus se couvre de gloire dans la guerre contre les Germains, mais meurt prématurément, à la consternation générale. Caius César, surnommé Caligula, « la petite bottine » par les légions du Rhin, est le troisième fils du héros. Il vit son adolescence dans l'angoisse, car Tibère tue successivement ses deux frères aînés. La mort du vieil ogre, peut-être étouffé sous un coussin, lui assure enfin la vie et le trône.

L'inventeur du dominat

La triste fin du règne de Tibère semble indiquer que la formule du principat n'est pas viable. Influencé par les royautés orientales, Caligula lui oppose un autre modèle, le « dominat » (du latin *dominus*, maître) : l'Empire doit devenir une monarchie autoritaire et sacralisée. La plupart des « folies » du prince s'expliquent par ce projet politique. S'il parle aux dieux et commet l'inceste, c'est par imitation des pharaons égyptiens. Les mises en scène de Baïes et de la Manche symbolisent le pouvoir cosmique du souverain sur les éléments. Cette ambition le pousse à relancer une politique extérieure expansionniste. Il annexe la Maurétanie, en Afrique du Nord, et opère un voyage en Gaule, pour préparer des expéditions en Germanie et en Bretagne (39-40).

Mais ces innovations rencontrent l'opposition du sénat, privé de tout rôle par ce régime autoritaire. Caligula cherche à l'affaiblir en lui enlevant l'élection des magistrats, pour la rendre aux assemblées populaires. Les complots sénatoriaux renaissent et l'empereur les réprime férocement. Mais il ne prend pas garde à l'exaspération de certains officiers de sa garde, les prétoriens. Le 24 janvier 41, un groupe de prétoriens le larde de coups d'épée dans une galerie souterraine du palais. Sur le moment, le rejet des Romains a donc été total, mais le système du dominat est promis à un grand avenir, puisqu'il s'imposera au Bas-Empire (IIIe-Ve siècles).

► **Auguste** / 27 av. J.-C.
► **Néron** / 64

CHRONOLOGIE

12 Naissance de Caius César, fils de Germanicus, à Antium.

14 Mort de l'empereur Auguste. Tibère lui succède.

15-16 Campagnes de Germanicus en Germanie. Caius, qui a suivi son père, est surnommé Caligula par les soldats.

17 Triomphe de Germanicus sur les Germains.

19 Mort de Germanicus en Syrie.

26 Tibère s'installe à Capri.

30 Crucifixion de Jésus à Jérusalem.

31 Exécution de Néron, fils aîné de Germanicus.

33 Exécution d'Agrippine l'Aînée, mère de Caligula. Son frère Drusus meurt de faim dans sa prison.

37 Mort de Tibère. **Avènement de Caligula**. Naissance du futur empereur Néron, neveu de Caligula.

38 Drusilla, sœur préférée de Caligula, meurt de maladie. Elle est divinisée.

39 Complot du gouverneur de Germanie, Getulicus. Voyage de Caligula en Gaule et campagne sur le Rhin (automne-hiver).

40 Présence de Caligula à Boulogne : préparation puis abandon de la conquête de la Bretagne (Angleterre). Exécution du roi Ptolémée de Maurétanie et annexion de son royaume. Retour de l'empereur à Rome (juin) et création d'un culte en son honneur.

41 Assassinat de Caligula le 24 janvier. Son oncle Claude lui succède.

SAINT PAUL

Juif très hostile aux chrétiens, Saul se convertit quand Jésus lui apparaît. Il joue dès lors un grand rôle dans l'Église naissante, créant de nombreuses communautés chrétiennes dans le monde romain, et devient l'apôtre des païens.

◄ Saint Paul, persécuteur des chrétiens avant sa conversion, consacra ensuite sa vie à évangéliser les païens. Le glaive symbolise son martyre. Tableau de Zurbarán, XVIIe siècle.

LE CHEMIN DE DAMAS

Un jour de l'année 34, une petite troupe chemine sur la route entre Jérusalem et Damas. Elle est menée par Saul, un Juif particulièrement hostile aux chrétiens, qui s'est fait remarquer par le zèle avec lequel il les a poursuivis. Il a demandé au grand prêtre de lui confier, à Damas, la persécution contre les Juifs convertis au christianisme. Soudain, ses compagnons s'arrêtent, surpris : tombé de son cheval, Saul gît à terre. Jésus s'est manifesté à lui comme une lueur fulgurante, et a prononcé ces mots : « Saul, Saul, pourquoi me persécutes-tu ? » Quand il se relève, il est aveugle ; il le restera jusqu'à ce que le chrétien Ananie lui enseigne les fondements du christianisme et le baptise. Des écailles tombent alors de ses yeux et il recouvre la vue. Après sa conversion, Saul se retire trois ans dans le désert d'Arabie, puis il revient, en 37, à Damas, où il entreprend de prêcher. Mais il se heurte bientôt à l'hostilité de la communauté juive inquiète du nombre de conversions. Menacé de mort, il doit s'enfuir en se laissant glisser dans un panier le long de la muraille, et se rend à Jérusalem. Il veut en effet faire reconnaître sa légitimité par les apôtres, compagnons de Jésus, et s'intégrer au sein de leur groupe. Mais sa réputation de persécuteur le précède, et c'est Barnabé qui se porte alors garant de sa conversion et de son activité missionnaire à Damas. Après deux semaines auprès de Pierre, Saul se voit confier comme première délégation apostolique la Cilicie et la Syrie.

UNE FAMILLE DE JUIFS HELLÉNISÉS

Saul se retrouve ainsi chargé d'une région qu'il connaît bien, puisqu'il est né aux environs de 15 en Cilicie, à Tarse, l'un des grands centres culturels de l'Orient hellénisé. Sa famille, issue de la tribu de Benjamin, appartient à la secte des pharisiens, qui recherche la perfection par la stricte observance de la Loi. Il reçoit le nom hébreu de Saul, du nom du fondateur de la royauté au IXe siècle avant Jésus-Christ, nom qui sera hellénisé en Saoulos. Ses parents, qui appartiennent à la frange privilégiée des citoyens romains, devaient s'être enrichis dans le textile, et lui-même apprend le métier des siens. Il reçoit aussi une solide éducation intellectuelle : s'il apprend à lire dans la Bible et en hébreu, il étudie aussi les auteurs classiques et parle parfaitement le grec, qui restera sa langue de culture. Afin d'achever son éducation, il se rend vers l'âge de vingt ans à Jérusalem, où il suit l'enseignement de Gamaliel, qui tenait une académie pharisienne. Outre ses études de théologie, il apprend l'araméen, et acquiert une solide formation de juriste. Saul se reconnaît désormais deux patries : Tarse, sa « ville natale », et Jérusalem, sa « ville nourricière ». Cette dernière est alors un centre

51

Concile de Jérusalem

Réunissant « les apôtres et les anciens », il confirme Paul dans sa mission d'évangélisation des Gentils.

◄ La conversion de Paul sur le chemin de Damas (détail d'un tableau de Bruegel l'Ancien, 1567). Relaté dans les *Actes des Apôtres*, cet épisode symbolise l'optimisme des premiers chrétiens : le saint Esprit souffle aussi sur ceux qui ne croient pas.

religieux bouillonnant, où cohabitent de nombreuses sectes juives et où des prophètes tiennent des propos inspirés tout en fascinant la population par les prodiges qu'ils accomplissent. Étienne, Juif hellénisé converti par les apôtres, accomplit lui aussi des miracles, tout en dénonçant le caractère étroitement ritualiste du judaïsme et en assimilant la construction du Temple, fait de main d'homme, à de l'idolâtrie. Le pharisien qu'est alors Saul ne peut qu'approuver la condamnation comme apostat d'un homme qui tient des propos aussi subversifs.

Les missions d'évangélisation

Après sa première mission en Cilicie, Saul accompagne Barnabé à Antioche, l'un des plus grands ports de Méditerranée orientale. Il parcourt les rues de la ville en prêchant, et fait ainsi sortir le christianisme de l'obscurité. C'est à cette période que le nom de « chrétien » apparaît, et que les autorités romaines commencent à distinguer nettement le christianisme du judaïsme. Puis les deux apôtres se rendent à Chypre, l'île dont Barnabé est originaire. Ils rencontrent le proconsul Sergius Paulus, qui se convertit. C'est alors que Saul adopte le surnom porté par ce dignitaire, Paulus, ce qui signifie en latin « faible », « petit ». Il entend ainsi affirmer la grandeur de Dieu face à sa propre faiblesse. Les deux hommes se rendent ensuite sur le haut plateau anatolien et dans les cités grecques de la côte de Lycie-Pamphylie. Durant ce voyage de deux ans, Paul s'applique à dépasser les clivages sociaux et s'adresse aussi bien aux païens qu'aux Juifs, aux esclaves qu'aux hommes libres. Il se préoccupe également d'organiser les communautés en désignant des responsables locaux. En froid avec Barnabé, Paul entreprend sa deuxième mission sans lui et

Le statut du citoyen romain

Paul appartenait par sa famille à une élite, celle des citoyens romains. Au début de notre ère, ce statut enviable était encore peu répandu dans la partie orientale de l'Empire romain, et son octroi, à titre individuel, visait à récompenser des services rendus. Le citoyen romain bénéficiait de divers avantages : il était exempté de certains impôts et pouvait demander à être jugé devant l'empereur. Son nom même témoignait de sa qualité ; il portait les *tria nomina*, ou trois noms : prénom, gentilice marquant l'appartenance à une famille élargie, la *gens*, et *cognomen*, surnom d'abord personnel, qui finit par désigner des branches d'une même famille. Pourtant, malgré son statut qui devait le protéger, Paul sera victime de plusieurs « erreurs judiciaires » : ainsi à Philippes, en 49, les duumvirs, magistrats de la cité, le font flageller, peine infamante qui ne pouvait normalement être infligée à un citoyen romain, car il n'avait pas de témoins pour attester de sa qualité.

◄ Saint Paul prêchant à Colosse (miniature du XIVe siècle). Dans son épître aux Colossiens, Paul tente de dissuader ceux-ci de pratiquer un mysticisme qui les éloigne du message chrétien.

CHRONOLOGIE ◄

Naissance de Paul à Tarse.	**vers 15**
Début de la prédication de Jésus.	**27-28**
Crucifixion de Jésus.	**30**
Conversion de Paul sur le chemin de Damas.	**34**
Paul s'enfuit de Damas.	**37**
Il séjourne à Jérusalem, auprès de Pierre.	**40-41**
Premier voyage missionnaire à Chypre et en Asie Mineure.	**44-45**
Voyage en Macédoine et en Grèce.	**49-51**
Concile de Jérusalem.	**51**
Révolte des orfèvres d'Éphèse.	**53**
Mort de Claude et avènement de Néron.	**54**
Rédaction de l'épître aux Romains, à Cenchrées, port de Corinthe ; retour et arrestation à Jérusalem.	**55**
Paul est transféré à Rome pour y être jugé.	**57-58**
Non-lieu et départ de Rome.	**60**
Grand incendie de Rome.	**64**
Conspiration de Pison et suicide de Sénèque.	**65**
Martyre de Paul.	**entre 65 et 68**
Destruction du Temple de Jérusalem, à la suite d'une révolte juive.	**70**

L'Apôtre Pierre

Simon est l'un des pêcheurs appelés par Jésus à le suivre durant sa prédication. Il lui dit : « Tu es Pierre, et, sur cette pierre, je bâtirai mon église », et change son nom en celui de Kepha, « le roc », qui sera hellénisé en Petros. Après la crucifixion, Pierre devient le chef des premiers chrétiens de Jérusalem, puis se lance dans des activités missionnaires en Asie Mineure. Il se rend jusqu'à Rome, où il subit le martyre, crucifié la tête en bas, sans doute en 64. Sur l'emplacement de son tombeau, dans la nécropole du Vatican, une basilique est édifiée par Constantin à partir de 319.

▲ La place Saint-Pierre à Rome. Centre important de diffusion du christianisme, Rome n'en sera véritablement le cœur qu'en 326, date de consécration de la basilique Saint-Pierre, édifiée sur le flanc de la colline vaticane et ancêtre de la basilique actuelle.

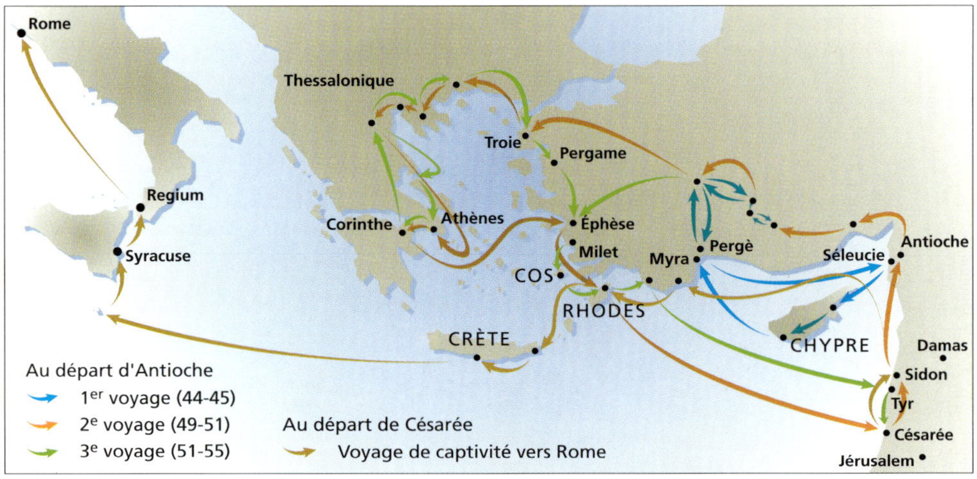

choisit de nouveaux compagnons, Silas et Timothée, pour aller évangéliser la Grèce. Au printemps 49, arrivé en Macédoine il fait étape à Philippes, colonie romaine, puis à Thessalonique et à Beroia. À Athènes, il essuie un échec et n'arrive pas à convaincre un auditoire difficile. Sa dernière étape est Corinthe, capitale de la province d'Achaïe et grande ville portuaire. Après un séjour de dix-huit mois, il regagne Antioche. Le bilan de cette mission est contrasté : si les convertis forment des groupes très disparates, les Églises chrétiennes qu'il laisse s'avèrent très dynamiques, et lancent à leur tour des missions d'évangélisation.

L'Apôtre des Gentils

De retour à Antioche, Paul se heurte à de nombreuses contestations, qui remettent en cause son autorité apostolique. Il se rend alors à Jérusalem avec Tite, son nouveau compagnon, et Barnabé, afin de rendre compte de leur mission. Des entrevues agitées l'opposent aux autres apôtres, mais la rupture est évitée, et sa mission d'évangélisation des païens (les Gentils) est confirmée. Le débat pose aussi le problème de la circoncision des païens convertis, le point de vue libéral soutenu par Paul – ils n'ont pas l'obligation de se circoncire – l'emportant. Mais tout n'est pas réglé : peu après, Pierre cède à la pression du parti qui exige la séparation des chrétiens juifs et grecs lors des repas communautaires, car ces derniers ne mangent pas casher : c'est l'« incident d'Antioche ». Ulcéré, Paul quitte la ville pour toujours, et s'installe à Éphèse. Durant ce séjour, il écrit de nombreuses lettres aux Églises qu'il a fondées. En butte à l'hostilité des autorités locales, il est plusieurs fois incarcéré. Il quitte la ville au printemps 54, marqué par les épreuves subies, d'autant qu'il doit constamment réaffirmer son autorité morale, en particulier sur l'Église de Corinthe, en proie à de sombres luttes d'influence. Il regagne Jérusalem, où il est arrêté en 55, à l'initiative de Juifs, et il n'échappe à la lapidation que grâce à l'intervention de

▼ Martyres de saint Pierre et saint Paul, miniature du XIVe siècle. Les deux apôtres ont été victimes des persécutions contre les chrétiens à l'instigation de l'empereur Néron, après l'incendie de Rome.

◄ Vestiges de la bibliothèque de Celsus, à Éphèse (vers 120 apr. J.-C.). La ville d'Asie Mineure (aujourd'hui en Turquie) était un centre intellectuel brillant sous l'Empire.

soldats romains. Le gouverneur Félix le laisse deux ans à Césarée, en détention préventive. L'arrivée du nouveau procurateur, Porcius Festus, dénoue la situation : arguant de son droit, en tant que citoyen romain, à être jugé par le tribunal de l'empereur, Paul est envoyé à Rome, où il passe deux ans (58-60) en liberté surveillée. Il finit par bénéficier d'un non-lieu. Les *Actes des Apôtres*, principale source de la vie de Paul, sont ensuite muets à son sujet. On sait seulement qu'il a été arrêté en Asie et exécuté à Rome, entre 65 et 68.

Paul et l'histoire de l'Église

La figure de Paul est singulière à plus d'un titre : d'abord, à la différence des autres apôtres, il n'a pas connu Jésus de son vivant, mais il a été converti par une apparition du Christ, qui légitime selon lui sa mission. Il a été désigné par lui comme l'apôtre des païens, et dans l'épître aux Galates, il développe l'idée des vocations complémentaires : Pierre a été envoyé aux Juifs, et lui aux païens. En outre, il est le premier à avoir eu conscience de l'universalisme chrétien. À l'intérieur des communautés, il refuse la séparation entre Juifs et païens convertis. Sa pensée a eu une influence considérable dans la théologie chrétienne : Paul insiste sur la valeur rédemptrice de la souffrance et le salut par la Croix. Il ne s'attache pas en effet au récit de la vie terrestre de Jésus et de sa prédication, mais prêche le Christ ressuscité, tel qu'il lui est apparu sur le chemin de Damas. À partir de son séjour à Corinthe, il recourt systématiquement au système de la lettre apostolique, qui prolonge la prédication et répond à des questions qui lui ont été posées par les fidèles. La lettre, qui a une valeur normative, joue un rôle liturgique ; elle doit être lue devant la communauté. Ces épîtres jouiront d'un prestige considérable et seront par la suite introduites dans le canon scripturaire. Paul lui-même est vénéré par les chrétiens en association avec Pierre, et son tombeau sur la route d'Ostie deviendra un lieu de pèlerinage.

► **Jésus** / 30
► **Néron** / 64

◄ L'arrestation de saint Paul, détail d'un relief gravé sur un sarcophage romain. Menacé d'un nouveau procès par les autorités juives, Paul, en qualité de citoyen romain, préféra s'en remettre à la justice impériale.

La révolte des orfèvres d'Éphèse (53)

Durant son séjour à Éphèse, Paul suscite l'hostilité de nombreuses personnes. La ville tirait d'importants revenus du sanctuaire dédié à Artémis, déesse de la Fécondité vénérée dans toute l'Asie. L'Artémision, temple gigantesque et somptueux, orné de 127 colonnes de marbre blanc, figurait en effet parmi les Sept Merveilles du monde. Or, certains des orfèvres, qui vivent de la vente aux pèlerins de sanctuaires miniatures en argent, s'inquiètent du nombre croissant des conversions et de la désertion consécutive des temples ; l'un d'entre eux fomente une émeute contre Paul et parvient à entraîner la foule, qui se réunit au théâtre et scande « Grande est l'Artémis des Éphésiens ! ». Un magistrat local réussit toutefois à la calmer et à la disperser, en soulignant que le rassemblement populaire n'a pas été convoqué légalement et que les autorités romaines peuvent donc le considérer comme une atteinte à l'ordre public, ce qui provoquerait de leur part une répression vigoureuse. Paul sort donc indemne de l'affaire, mais conscient de la précarité de sa situation.

NÉRON

Perçu avant tout comme un « monstre » cruel souillé des pires crimes ainsi que comme un histrion pitoyable, Néron fut néanmoins novateur en tentant d'imposer à Rome une nouvelle conception de la monarchie, dans laquelle l'empereur s'identifiait au dieu-soleil.

▲ Agrippine, la mère de Néron, voulut exercer une tutelle autoritaire sur son fils pour accaparer tous les pouvoirs. Mal lui en a pris, car elle périt sous le glaive d'un soldat.

UN INCENDIE « HEUREUX »

Un homme chantant face à un brasier : telle est l'image que la postérité conserve de Néron. C'est en effet sous son règne, en juillet 64, que la ville de Rome subit son incendie le plus dramatique. Parti d'un entrepôt avoisinant le Cirque, le feu ravage la plaine avant de se propager sur les collines. Il sévit six jours durant et détruit dix des quatorze régions de Rome. Accouru d'Antium, l'empereur ouvre ses jardins aux victimes et baisse le prix du blé. Il n'en devient pas pour autant populaire. Le bruit court en effet qu'il a profité de l'incendie pour déclamer les vers de son poème sur la chute de Troie. On murmure même qu'il a fait mettre le feu pour stimuler son inspiration poétique ! Il s'agit là d'une calomnie, mais Néron trouve prudent de désigner des boucs émissaires, et il choisit les chrétiens. Crucifiés, enduits de matières inflammables, leurs corps flambent comme des torches dans la nuit. Toutefois, cet incendie offre au prince une occasion inespérée de concrétiser ses conceptions architecturales. Il édicte de

◄ L'histoire a conservé de l'empereur Néron l'image d'un tyran cruel et sans scrupules. Mais il voulut faire de Rome une ville plus belle et plus saine. Gravure coloriée du XIXe siècle.

nouveaux règlements d'urbanisme pour empêcher les incendies et surtout bâtir une nouvelle ville, plus belle. Le cœur en est constitué par le nouveau palais impérial, la Maison dorée, bâtie sur l'Esquilin : au centre d'un grand parc jalonné de forêts et de lacs, de champs de blé et de vignes, se trouve le palais lui-même, dont les murs resplendissent d'or, origine de son surnom. La pièce principale, octogonale, est surmontée d'une coupole, la première construite à Rome. Lorsqu'il l'occupe, Néron s'exclame : « Je suis enfin logé comme un homme. » C'est plutôt la demeure d'un dieu !

Un régime à la recherche d'un équilibre

Dans le contexte d'incertitude institutionnelle que connaît l'Empire depuis plusieurs années, ce palais constitue un manifeste politique autant qu'artistique. En effet, le régime du « principat » créé par Auguste, qui concilie les aspects républicains et monarchiques, se trouve violemment contesté par le troisième empereur, Caligula (37-41). Inspiré par les royautés orientales, le fantasque jeune homme veut imposer un régime autoritaire, dont le souverain serait d'essence divine. Il partage la couche de ses sœurs, comme les pharaons, et bavarde la nuit avec la statue de Jupiter Capitolin. Ces fantaisies lui valent de passer pour fou avant de tomber assassiné par un complot. Ce modèle politique du « dominat » (du latin *dominus*, « maître ») n'en garde pas moins un fort pouvoir de rayonnement. C'est dans ce climat de tension que grandit le jeune Néron. Descendant d'Auguste par sa mère, neveu de l'empereur Caligula, l'enfant est né (37) sur les marches du trône. Son père, le cruel Domitius Ahenobarbus, décède lorsqu'il a 3 ans. Intrigante froide et calculatrice, sa mère, Agrippine la Jeune, conclut un brillant remariage (49) avec son propre oncle, l'empereur Claude, successeur de Caligula. Assouvissant sa soif de

Le sénat sous l'Empire

Composé d'anciens magistrats, le sénat constituait l'organe dirigeant de la République romaine. Le premier empereur, Auguste (27 av. J.-C.-14 apr. J.-C.), le conserva et lui prodigua le plus grand respect. Pour rehausser sa dignité, il fixa le nombre de ses membres à 600, et porta son cens (fortune nécessaire pour être sénateur) à un million de sesterces. Le sénat votait les pouvoirs impériaux et partageait théoriquement le gouvernement du monde romain avec l'empereur. Mais le développement du Conseil impérial lui enleva l'essentiel de son rôle décisionnel. Réduit à une position honorifique, il se révéla être un foyer de contestation du pouvoir impérial. Des sénateurs tentèrent une dernière fois de rétablir la République à la mort de Caligula, et le règne de Néron vit le développement de l'opposition « stoïcienne » au sein du sénat. Inspirés par la philosophie grecque du stoïcisme, ces sénateurs n'étaient pas hostiles à la monarchie, mais, au nom de la liberté, refusaient le despotisme.

◄ Pour s'assurer le soutien du peuple, Néron lui offrit un grand nombre de spectacles auxquels il participait, applaudi par une « claque » de 5 000 Augustians. Mosaïque du début du IIIe siècle.

Chronologie ◄

Naissance de Lucius Domitius Ahenobarbus à Antium, le 15 décembre. Avènement de l'empereur Caligula. **37**

Assassinat de Caligula, remplacé par son oncle, Claude. **41**

Adoption d'Ahenobarbus par Claude. Il prend alors le nom de Néron et devient héritier du trône. **50**

Empoisonnement de Claude. Néron est proclamé empereur. La guerre éclate avec les Parthes à propos de l'Arménie. **54**

Britannicus meurt, empoisonné par Néron. **55**

Néron fait assassiner sa mère, Agrippine. **59**

Sénèque commence la rédaction des *Lettres à Lucilius*. Pétrone rédige le *Satiricon*. **62**

Paix avec les Parthes : l'Arménie reçoit un roi parthe, mais sous suzeraineté romaine. **63**

Incendie de Rome. Début de construction de la Maison dorée. Persécution contre les chrétiens. **64**

Néron découvre la conspiration de Pison et ordonne à Sénèque de se suicider. **65**

Voyage de Tiridate, roi d'Arménie, à Rome. **66**

Voyage de Néron en Grèce, pour les jeux Olympiques. **66-67**

Retour de Néron à Rome. Révolte de Vindex et de Galba. Néron se suicide le 9 juin. **68**

Plan de la Maison dorée. ►

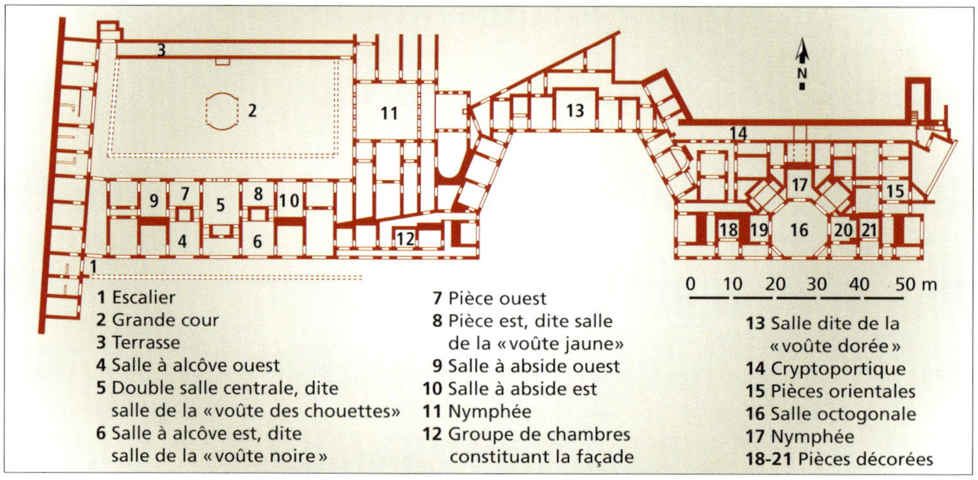

La paix avec les Parthes

Situé dans les régions actuelles d'Iran et d'Iraq, le royaume parthe disputait à Rome la domination de l'Arménie. À la suite d'une longue guerre, les deux adversaires parvinrent à un compromis : l'Arménie aurait un roi parthe, mais reconnaîtrait la suzeraineté romaine (63). Venu à Rome, le roi d'Arménie Tiridate reçut le diadème des mains de Néron sur le Forum (66). Des jeux eurent lieu dans un théâtre couvert de poudre dorée, sous un velum représentant l'empereur en dieu solaire, entouré d'étoiles d'or.

▼ *La mort de Sénèque*, tableau de Giordano Luca. L'auteur de tragédies et philosophe, précepteur de Néron, fut impliqué dans la conjuration de Pison et préféra se donner la mort plutôt que d'encourir un châtiment cruel.

pouvoir par l'intermédiaire de son fils, elle le fait adopter par Claude et déclarer héritier du trône (50). L'adolescent prend alors le nom de Tiberius Claudius Nero, qui lui restera dans l'histoire.

La progressive émergence d'un monstre

Le chemin menant au trône n'est toutefois pas totalement libre car Claude possède un fils d'un mariage précédent, Britannicus, qu'il regrette d'avoir écarté. Décidée à tout pour parvenir à ses fins, Agrippine fait servir à son mari un plat de champignons empoisonnés au cours d'un banquet. Au matin du 13 octobre 54, Néron paraît devant la garde des prétoriens, qui le proclame empereur, et le sénat reconnaît son pouvoir. Les cinq premières années de son règne figurent parmi les meilleures qu'ait connues l'Empire. En fait, le jeune homme, alors timide, ne gouverne pas personnellement, laissant le soin des affaires à deux hommes de talent, son ancien précepteur, le philosophe Sénèque, et un préfet du prétoire, Burrus. Il manifeste un tempérament humain, soupirant à la signature d'une condamnation à mort : « Comme je voudrais ne pas savoir écrire. » Sa popularité est renforcée par les succès militaires de l'Empire, qui parvient à conquérir l'Arménie. Seul l'empoisonnement (55) de Britannicus, dangereux rival pour le trône, qu'Agrippine menace de restaurer dans ses droits, jette une ombre sur ce tableau idyllique. Mais, l'assassinat en 59 de sa mère, devenue hostile, ouvre une nouvelle phase de son règne. Néron prend alors vraiment en main les rênes du pouvoir, adoptant le modèle du dominat, préconisé par son oncle Caligula. Il n'accepte désormais que le conseil d'un petit nombre de proches, comme Tigellin, son « âme damnée » qui succède à Burrus, mort en 62, et Poppée, qu'il épouse après avoir répudié Octavie, fille de Claude. Face à l'opposition du sénat, il réagit par des massacres, peut-être plus par peur que par cruauté, et entre dans le cycle infernal des conjurations et des répressions. Cette terreur se double d'humiliations : Néron reçoit les sénateurs en robe de chambre et les force à combattre dans l'arène, comme des gladiateurs. Aux yeux du sénat, c'est un monstre qui se révèle sur le trône.

Un gouvernement solaire et artistique

Parallèlement, Néron procède à une sacralisation de sa personne. Inspiré par la tradition pharaonique, il aspire à être un monarque solaire, régnant sur le monde comme le soleil sur l'univers. Ainsi, la Maison dorée que l'empereur se fait construire brille d'un éclat solaire tandis qu'une immense statue de Néron en dieu-soleil, la tête ceinte d'une couronne radiée, trône dans son vestibule. Le parc grandiose qui ceint la demeure impériale symbolise l'Empire, sur lequel rayonne l'empereur-soleil. Néron entend également montrer

◄ Vestiges de la *Domus aurea*, la Maison dorée de Néron. Cet immense et fastueux palais, enrichi de perles et de pierreries, devait être la demeure d'un empereur-soleil.

son caractère divin en étalant ses dons artistiques. Passionné depuis le plus jeune âge par la poésie et le chant, il entend faire de l'art un élément essentiel de son gouvernement. Sa voix grêle et son physique empâté ne le favorisent guère pour les activités lyriques, mais il améliore sa condition physique par un entraînement intensif. Il porte une feuille de plomb sur sa poitrine et prend des vomitifs pour améliorer sa voix. En 60, il crée les *Neronia*, jeux qui associent des exercices gymniques et hippiques à la musique. À partir de 64, il se produit en public : un groupe de jeunes chevaliers vigoureux, les Augustians, doit l'applaudir tandis que les spectateurs n'ont pas le droit de sortir du théâtre. En dépit de ces stimulants, Néron trouve le public romain peu enthousiaste et décide de partir en Grèce, patrie de l'art, pour participer aux grands concours artistiques, comme les jeux Olympiques (66-67). Il observe scrupuleusement les règles et tremble sincèrement devant les juges. Vainqueur dans toutes les épreuves, il rentre à Rome tel un triomphateur guerrier, debout sur un char, le front ceint de la couronne olympique (mars 68). Il apparaît ainsi comme un « nouveau Dionysos » et un « nouvel Apollon ». À l'exemple de ces dieux de la poésie, il entend gouverner le monde par la puissance de son chant.

La chute de Néron

Une telle vision du pouvoir heurte trop les traditions pour être acceptée par les Romains. Les sénateurs trouvent indigne d'un empereur de s'exhiber sur une scène et le peuple se sent chassé du centre de Rome par la construction de la Maison dorée. En 65, Néron découvre à temps une conspiration conduite par Calpurnius Pison. Impliqué dans le complot, Sénèque lui-même, son ancien précepteur, doit s'ouvrir les veines. Les caprices de sa vie privée achèvent de discréditer Néron. Après avoir exilé sa première femme, Octavie, fille de Claude (63), il tue la seconde, Poppée, d'un coup de pied dans le ventre, alors qu'elle était enceinte (65). Bisexuel, il épouse un homme, revêtant le voile orangé des jeunes mariées. Les élites sont exaspérées. En 68, Vindex, le gouverneur de la Lyonnaise, se soulève, bientôt rejoint par le gouverneur de Tarraconnaise, Galba. Si Vindex est écrasé par les légions de Germanie, Galba marche sur Rome.

Tout le monde abandonne Néron, jusqu'au préfet du prétoire Nymphidius Sabinus, qui fait proclamer Galba empereur par les prétoriens. Déclaré ennemi public par le sénat, Néron se réfugie dans une villa. Sur le point d'être arrêté, il s'enfonce un poignard dans la gorge, avec l'aide de son affranchi Épaphrodite. Ses derniers mots auraient été : « Quel artiste meurt avec moi ! » Seules deux affranchies, sa nourrice et sa concubine, osent organiser les funérailles du dernier représentant de la dynastie julio-claudienne.

► **Auguste** / 27 av. J.-C.

Néron dans les péplums

La figure de Néron a marqué le cinéma dès ses origines : ainsi, en 1896, le premier film italien à l'antique s'intitule *Néron essayant des poisons sur des esclaves*. Cet intérêt constant explique les nombreuses adaptations de *Quo vadis ?*, le roman du Polonais Henryk Sienkiewicz (1894) centré sur l'incendie de Rome et la persécution des chrétiens, dont la plus célèbre est celle de Mervyn LeRoy (1951), où Peter Ustinov figure un Néron cruel et grotesque, fidèle aux pires descriptions des historiens antiques. *Les Week-ends de Néron*, de Steno (1956), sont une version parodique de la vie de l'empereur. Alberto Sordi y apparaît comme un Néron infantile, tentant désespérément d'échapper à l'influence de son précepteur Sénèque (Vittorio De Sica), et de sa mère, la terrible Agrippine (Gloria Swanson). Il tremble devant cette dernière en tentant de lui cacher la présence de sa maîtresse, Poppée (Brigitte Bardot), et essaie en vain d'assassiner sa mère à l'aide de stratagèmes qui échouent lamentablement.

Le règne tragique de Néron revu sous l'angle de la farce par Steno en 1956, avec Alberto Sordi, Gloria Swanson et Brigitte Bardot. ►

TRAJAN

Choisi afin d'éviter une nouvelle guerre civile, l'empereur Trajan règne pendant vingt ans. Grand conquérant, il étend les frontières de l'Empire romain et crée de nouvelles provinces, tout en embellissant la ville de Rome, qu'il dote de monuments somptueux.

Trajan debout, en cuirasse (statue en marbre de 2,40 m, IIe - IIIe siècle apr. J.-C.). Fils d'un général, il devint empereur et fut avant tout un excellent chef de guerre qui porta l'Empire romain à son extension extrême.

L'empereur du consensus

En septembre 96, l'empereur Domitien, fils de Vespasien, qui règne depuis 81, est assassiné à la suite d'un complot où trempait sa propre épouse, Domitia Longina. Surnommé le « Néron chauve », il s'est en effet rapidement fait détester, malgré de réelles qualités d'administrateur. Le vieux sénateur Nerva lui succède, à la grande joie du Sénat, assemblée composée des anciens magistrats, dont il est un représentant éminent. Mais ce choix ne plaît guère à l'armée, car Nerva n'a jamais exercé de grand commandement. Afin d'écarter toute menace de soulèvement militaire, l'empereur décide alors de s'associer le légat (gouverneur) de Germanie supérieure, Marcus Ulpius Traianus. Ce dernier est en effet susceptible d'être accepté à la fois par le Sénat, auquel il appartient, et par les soldats, qui reconnaissent en lui un grand général. Le 27 ou le 28 octobre 97, au cours d'une cérémonie à Rome, Nerva annonce donc qu'il adopte Trajan. À la mort du vieil empereur, le 27 janvier 98, son successeur est proclamé sans la moindre hésitation.

Un grand conquérant

Après une période de calme, la situation devient préoccupante sur le Bas-Danube. Le roi des Daces, Décébale, contracte avec

Trajan et l'imitation d'Alexandre

Comme nombre d'autres empereurs, Trajan est fasciné par la figure et la geste d'Alexandre le Grand. Lorsqu'il commence sa campagne contre les Parthes, il rêve de réitérer les exploits du Conquérant, et de s'avancer jusqu'en Inde, mais il aurait ensuite renoncé avec mélancolie à cette ambition, en raison de son âge déjà avancé.

Au cours de son séjour à Babylone, durant l'hiver 116-117, Trajan tient à offrir un sacrifice dans le palais même où Alexandre était mort, terrassé par une fièvre, à l'âge de trente-deux ans.

d'autres peuples des alliances qui semblent menacer les intérêts romains. Trajan prend l'initiative des hostilités et attaque, à la tête de douze légions. Décébale se voit contraint d'accepter la paix, à l'automne 102. Une garnison romaine est implantée dans la capitale, Sarmizegetusa. Mais le roi rompt la paix dès 105. Après deux offensives victorieuses de Trajan, Décébale est acculé et se suicide. La Dacie est annexée et devient une province romaine. Sur la frontière asiatique, l'empereur fait occuper en 106 le royaume des Arabes Nabatéens, et fonde la province d'Arabie, avec pour capitale Bostra. Afin d'éliminer le danger parthe, Trajan lance en 113 une grande campagne contre les Arsacides. Il part d'Antioche qui lui sert de base arrière et remporte plusieurs victoires. Il occupe Ctésiphon, la capitale, et atteint le Golfe persique. Les régions conquises sont regroupées en une nouvelle province, la Mésopotamie. Trajan ramène de sa campagne le trône royal, dont les Parthes n'arriveront jamais à obtenir la restitution. Le Sénat lui accorde en 116 le titre de « Très Grand Parthique ».

Trajan et Rome

Avec le butin pris sur les Daces, Trajan va financer de somptueuses constructions dans la capitale de l'Empire. Le forum qui porte son nom est l'œuvre de l'architecte Apollodore de Damas. C'est le plus grandiose des forums impériaux, ces grandes places situées au cœur de Rome. Il comprend une immense basilique, bâtiment où l'on rendait la justice et où se traitaient les affaires, et deux bibliothèques, l'une grecque, l'autre latine. Sur une colonne de marbre haute de 40 mètres, une frise en spirale retrace les hauts faits des guerres daciques. Les cendres de Trajan seront, fait exceptionnel, déposées dans la base de la colonne après sa mort. La colline du Quirinal est entaillée, et sur son flanc est édifié un gigantesque marché, qui deviendra le plus important de Rome. Il comprend de nombreuses boutiques, réparties sur trois étages. Afin d'assurer le ravitaillement en blé de la capitale, qui dépend des provinces d'Afrique et d'Égypte, l'empereur améliore les infrastructures d'Ostie, le port de Rome, et fait creuser un vaste bassin octogonal où les navires seront à l'abri des tempêtes.

Les ambiguïtés d'une succession

À la fin de sa campagne contre les Parthes, Trajan décide de rentrer à Rome, mais il meurt soudainement en août 117, à Sélinonte, en Cilicie. Sur son lit de mort, il désigne comme successeur son petit-cousin et petit-neveu par alliance, Publius Aelius Hadrianus, qu'il adopte pour confirmer son choix. Mais des bruits insistants insinuent qu'un acteur a contrefait la voix de l'empereur, à l'instigation de sa femme Plotine, qui soutenait Hadrien. Le nouvel empereur abandonne toutes les conquêtes au-delà de l'Euphrate, estimant qu'il est impossible de les conserver. Ainsi, une partie de l'œuvre de Trajan se trouve démantelée. Cependant, le souvenir de ses exploits militaires reste vivace. Plotine ramène ses cendres à Rome, et le Sénat vote sa divinisation. À l'époque du Bas-Empire, on souhaitait à tout nouvel empereur d'être « plus heureux qu'Auguste et meilleur que Trajan ».

▶ **Alexandre le Grand** / 333 av. J.-C.
▶ **Hadrien** / 131

106

Annexion de la Dacie

Au terme de deux guerres contre Décébale, roi des Daces, Trajan annexe son royaume, qui devient une nouvelle province romaine, la Dacie (actuelle Roumanie).

CHRONOLOGIE

Naissance de Marcus Ulpius Traianus à Italica. **53**

Mort de Titus. Son frère Domitien lui succède. **81**

Trajan revêt le consulat, magistrature la plus importante. **91**

Assassinat de Domitien. Avènement de Nerva. **96**

Adoption de Trajan par Nerva. **97**

Mort de Nerva. Trajan lui succède. **98**

Première guerre de Trajan contre les Daces. **101-102**

Deuxième guerre dacique. **105-106**

Annexion de la Dacie. Création de la province d'Arabie. Début des travaux d'agrandissement du port d'Ostie. **106**

Trajan célèbre son triomphe sur les Daces. **107**

Dédicace du forum de Trajan. **112**

Guerre contre les Parthes. **114-117**

Prise de Ctésiphon, la capitale des Parthes. Révolte juive en Égypte et en Cyrénaïque. **115**

L'historien Tacite achève ses *Annales*. **vers 116**

Le Sénat confère à Trajan le titre de « Très Grand Parthique ». **116**

Mort de Trajan à Sélinonte. Hadrien lui succède. **117**

HADRIEN

Arrivé au pouvoir en pleine guerre, Hadrien a abandonné la stratégie de conquêtes et inauguré une politique de paix. Personnalité brillante et originale, il a perfectionné l'administration romaine et fait de nombreux voyages pour mieux gouverner son Empire.

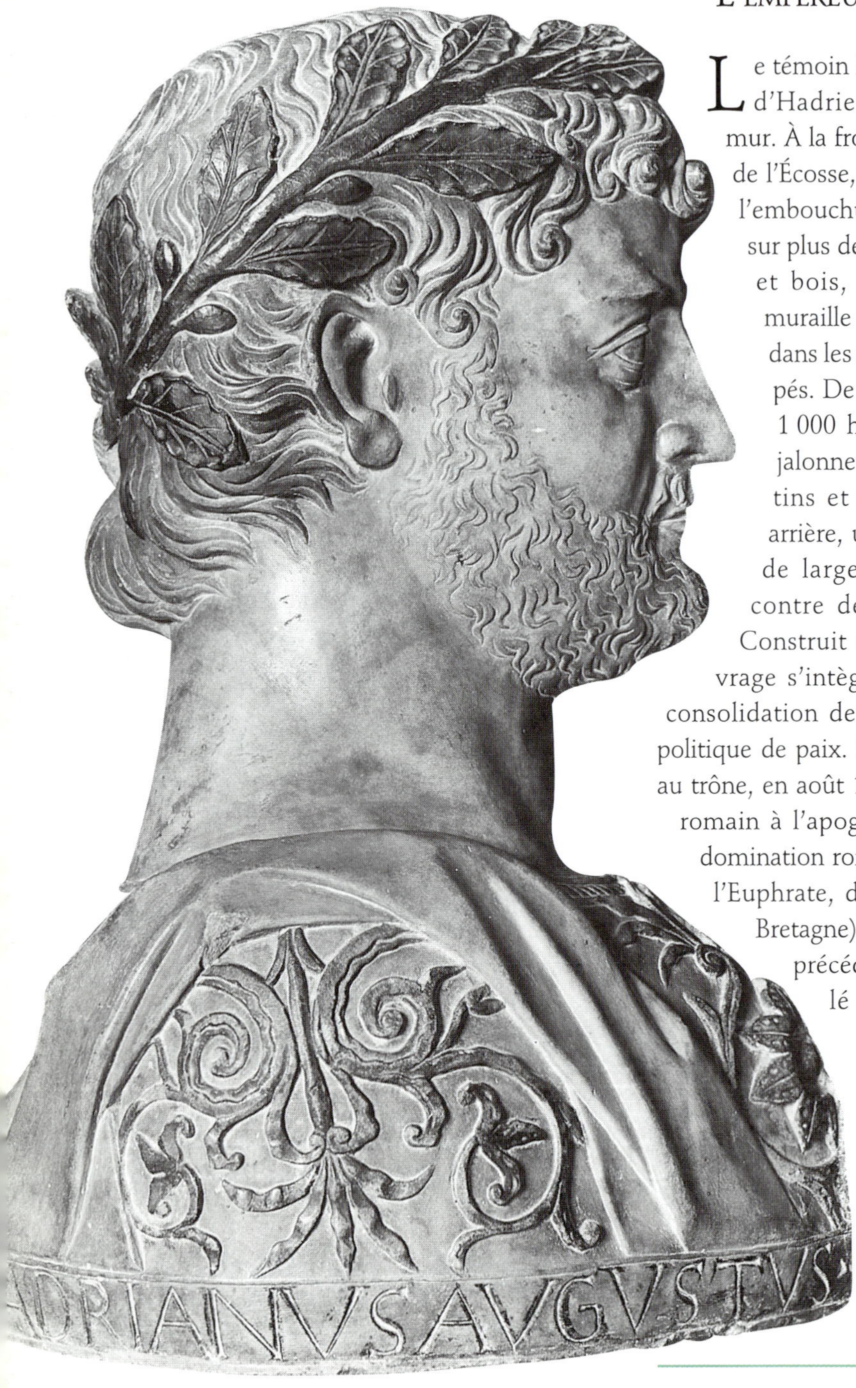

◄ Empereur sage et pacificateur, Hadrien affirmait vouloir « gouverner l'État de façon qu'on voit qu'il est la propriété du peuple, et non la mienne. »

L'empereur de la paix

Le témoin le plus visible de l'action d'Hadrien est actuellement un mur. À la frontière de l'Angleterre et de l'Écosse, entre le Solway Firth et l'embouchure de la Tyne, il court sur plus de 120 km. Bâtie en pierre et bois, haute de 5 à 6 m, la muraille est précédée d'un fossé dans les endroits les moins escarpés. De grands forts, avec 500 à 1 000 hommes de garnison, la jalonnent, séparés par des fortins et des tours de guet. En arrière, un énorme fossé de 6 m de large protège le dispositif contre des attaques de revers. Construit entre 122 et 130, l'ouvrage s'intègre dans une œuvre de consolidation des frontières, liée à une politique de paix. Lorsque Hadrien accède au trône, en août 117, il trouve un Empire romain à l'apogée de sa puissance. La domination romaine s'étend du Rhin à l'Euphrate, de la Bretagne (Grande-Bretagne) à l'Afrique. L'empereur précédent, Trajan, s'est révélé un grand conquérant. Après avoir annexé l'Arabie (Jordanie) et la Dacie (Roumanie), il a envahi le royaume parthe (Perse), seule puissance comparable à Rome. La Mésopotamie (Irak) et l'Arménie ont été occupées, mais une révolte générale a sapé la domination romaine dans les derniers mois du règne de Trajan. Tirant la leçon de l'échec, Hadrien préfère restituer leurs provinces aux Parthes. Pendant les vingt ans de son règne, il ne va mener aucune expédition de conquête. Il préfère renforcer le *limes*, la zone frontière entre l'Empire et les Barbares, par la construction de murs continus. Il ne faut toutefois pas en conclure l'adoption d'une stratégie défensive, cadenassant l'Empire dans un corset de murailles. Le *limes* reste une zone de contact avec les Barbares, susceptible de servir de point d'appui à une nouvelle offensive.

L'avènement d'Hadrien : le choix du meilleur ?

L'avènement d'Hadrien ne se fait pas seulement dans le fracas de la guerre. Il est aussi marqué par le mystère et le sang. Prince libéral, Trajan a gouverné de façon modérée, en bonne intelligence avec le sénat, conseil d'anciens magistrats issu de l'époque républicaine. Son panégyriste, Pline le Jeune, peut proclamer : « Il a réconcilié le principat avec la liberté. » Conformément à cet esprit, la succession doit échoir non à un parent du prince, mais au plus digne. Le « choix du meilleur » est la théorie officielle du régime. Malheureusement, Trajan n'a toujours pas désigné ce « meilleur » lorsque la mort le frappe à Sélinonte, en Asie Mineure, au

▲ Destiné à protéger l'Empire des invasions des Pictes et des Scots, le mur d'Hadrien, en Grande-Bretagne, est encore visible, comme ici à Housestead.

retour de sa campagne orientale. Sur son lit d'agonie, à moitié caché par un rideau, il se décide enfin et choisit Hadrien, qu'il adopte en même temps. Les qualités de l'élu sont indéniables. Compagnon de Trajan lors de toutes ses campagnes, ce sénateur de 41 ans gouverne alors la Syrie, base arrière de la guerre contre les Parthes. Mais a-t-il été vraiment désigné ? On murmure que la voix était celle d'un acteur, imitant le prince déjà mort, à l'instigation de l'impératrice Plotine, amie d'Hadrien. D'autres sénateurs sont aussi dignes du trône et Hadrien le sait. Dans les mois qui suivent, il fait exécuter sommairement quatre collaborateurs de Trajan, de rang consulaire (le consulat est la magistrature la plus prestigieuse), susceptibles de lui disputer l'Empire. Même si la décision est authentique, peut-on parler pour autant de « choix du meilleur » ? Hadrien est en effet le petit-cousin de Trajan, originaire, comme lui, de la cité espagnole d'Italica. Il a, de plus, épousé sa petite-nièce, Sabine. N'assiste-t-on pas plutôt au retour de l'hérédité ?

Les innovations d'une personnalité déroutante

« Changeant, multiple, multiforme » : ainsi le définira un historien du IVe siècle. Hadrien possède en effet une personnalité contradictoire, qui déroute ses contemporains. Ses dons sont innombrables. Il excelle dans les exercices physiques, surtout la chasse, dont il fait le symbole des vertus impériales, mais apprécie tout autant la littérature, où il manifeste un goût archaïsant. Sa passion pour la culture grecque lui vaut le surnom moqueur de « Petit Grec » (*Graeculus*), mais il célèbre avec autant de ferveur la « Rome éternelle ». Il sait se montrer secourable. Un jour, il offre un esclave à un pauvre qui se gratte le dos contre une colonne des thermes. Le lendemain, une foule de gens faisant le même geste pour obtenir le même cadeau, il leur conseille de se frictionner entre eux ! Mais sa cruauté est tout aussi légendaire et on l'accuse d'avoir fait empoisonner sa femme. Ce personnage complexe n'en mène pas moins une politique cohérente, guidée par le souci d'une administration plus efficace et plus humaine. Il dote le Conseil impérial d'un personnel stable de juristes pour préparer ses travaux et améliore la justice en Italie en la confiant à quatre consulaires. À

Le système successoral de l'Empire romain

L'Empire romain n'eut jamais de règles successorales claires. Le fondateur, Auguste (27 av. J.-C. - 14 apr. J.-C.), se vantait en effet d'avoir restauré la République et ne pouvait donc organiser un système successoral, qui aurait trahi sa nature monarchique. Dès les débuts de l'Empire, la logique héréditaire fut très forte, mais elle manqua toujours de légitimité. La faillite des dynasties du Ier siècle amena les souverains du IIe siècle à proposer un autre système : le « choix du meilleur ». L'empereur désignait comme héritier le sénateur le plus capable, l'associait à certains pouvoirs impériaux et l'adoptait. Unis par ce lien de parenté, les souverains du IIe siècle ont donc constitué une dynastie « artificielle », les Antonins (96-192). Mais cette théorie semble en partie une illusion. Les empereurs n'avaient pas de fils, le successeur était un cousin plus ou moins lointain, et le système fut abandonné par le premier souverain qui eut un fils : Marc Aurèle légua le trône à son fils Commode en 180.

131

Publication de l'« édit perpétuel »

Les règles de procédure changeant au gré des magistrats, Hadrien fait rédiger un « édit perpétuel », établissant les bases stables du droit romain.

CHRONOLOGIE ◀

Naissance de Publius Ælius Hadrianus à Italica, en Espagne. **76**

Éruption du Vésuve à Pompéi. **79**

Après la mort de son père, Hadrien a pour tuteur son cousin Trajan. **86**

Chute de la dynastie des Flaviens. Nerva est proclamé empereur. **96**

Mort de Nerva : son fils adoptif Trajan lui succède. **98**

Hadrien est questeur (porte-parole) de l'empereur : il entre au sénat. **101**

Trajan achève la conquête de la Dacie. **106**

Hadrien devient légat (gouverneur) de Pannonie Supérieure (Hongrie). **107-108**

Expédition de Trajan contre les Parthes ; Hadrien l'accompagne. **114-117**

Hadrien légat de Syrie. Mort de Trajan à Sélinonte. Hadrien est proclamé empereur en Orient. **117**

Retour d'Hadrien à Rome. **118**

Premier grand voyage d'Hadrien (Bretagne, Gaule, Espagne, Afrique, Orient, Dacie). **121-126**

Début du second grand voyage : Afrique, puis Orient. **128**

Séjour en Égypte. Mort de son favori Antinoüs. **130**

Publication de l'« édit perpétuel ». **131**

Hadrien écrase la révolte juive de Bar-Kokhba. **132-135**

Retour définitif d'Hadrien à Rome. **134**

Hadrien adopte Lucius Ælius César. **136**

Mort d'Ælius César. **137**

Hadrien adopte Antonin. Mort d'Hadrien. **138**

Hadrien et les artistes

Doué d'une grande sensibilité artistique, Hadrien était un créateur : il composait des poèmes, peignait et sculptait, dressait des plans de monuments. Plusieurs des monuments construits à Rome sous son règne portent sa marque originale. Le Panthéon, temple consacré à tous les dieux, était surmonté d'une coupole, qui fut la plus vaste du monde jusqu'à l'édification de Saint-Pierre au Vatican, et le sanctuaire de Vénus et Rome accolait deux temples jumeaux. Mais son orgueil le mettait en compétition permanente avec les écrivains et les artistes. À son avènement, il fit mettre à mort l'architecte de Trajan, Apollodore de Damas, qui s'était moqué d'un de ses plans. Il goûtait les débats érudits avec les écrivains et les philosophes, mais voulait toujours avoir raison. Lors d'une controverse avec Hadrien, le rhéteur Favorinus accepta une critique injustifiée et ses amis s'en étonnèrent. Il leur répondit : « Je considère comme le plus savant des hommes celui qui dispose de trente légions ! »

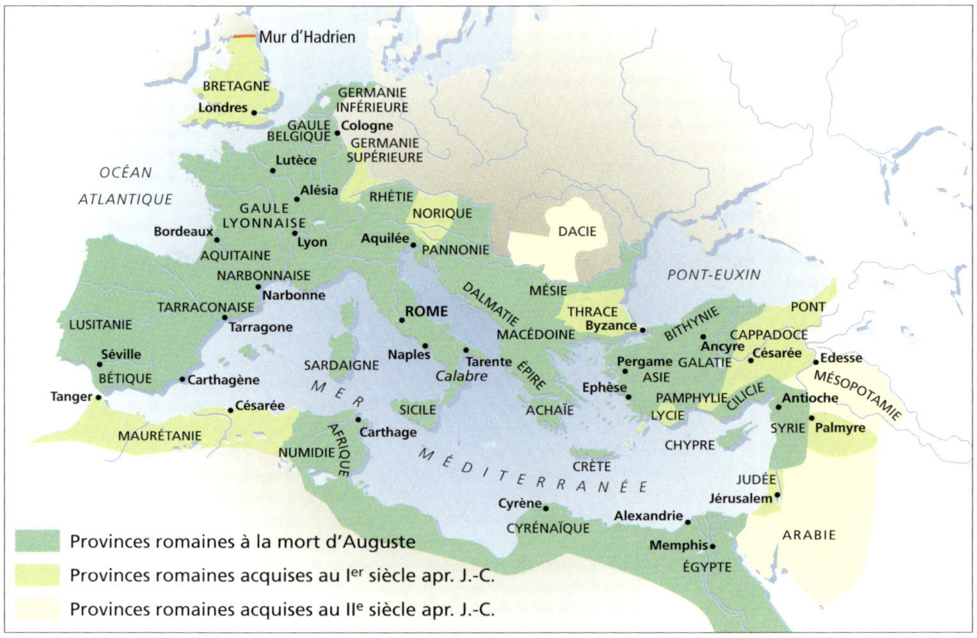

Rome, les règles de procédure changeaient chaque année au gré des préteurs, magistrats chargés de la justice : il fait rédiger un « édit perpétuel », définissant les règles de façon permanente (131). Sa législation améliore le sort des esclaves et limite le droit d'exécution des maîtres. Cette politique lui vaut toutefois l'inimitié du sénat, bien qu'Hadrien le traite avec respect. Le développement du Conseil impérial et la création des consulaires d'Italie réduisent en effet les prérogatives des sénateurs.

Le Canope dans les jardins ► de la villa d'Hadrien. L'empereur aimait à y retrouver le calme des berges du Nil.

Le voyage : un moyen de gouvernement

L'aspect le plus original de son gouvernement réside cependant dans ses déplacements incessants. De 121 à 134, Hadrien est pratiquement toujours en voyage, visitant toutes les provinces de l'Empire, de la Bretagne à l'Égypte. Cette mobilité s'explique par son inlassable curiosité, qui en fait un « touriste » avant la lettre. En Sicile, il fait l'ascension de l'Etna pour admirer l'aurore. En Égypte, il va entendre le chant du colosse de Memnon, une statue dont la pierre émet un son strident au lever du soleil. Mais ces voyages lui permettent surtout de mieux administrer l'Empire, puisqu'il règle les problèmes sur place et entretient la loyauté des provinciaux. L'empereur voit et se fait voir. Ainsi, il lance la construction du mur lors du séjour breton (122), inspecte l'armée lors du séjour africain (128), fait construire un nouveau quartier lors de ses séjours athéniens (124-125, 128). Un épisode tragique l'appelle en Judée : la révolte juive menée par Simon Bar-Kokhba, le « Fils de l'Étoile » (132-135). Trop grec pour comprendre le judaïsme, il a commis l'erreur d'installer un temple de Jupiter à Jérusalem et d'interdire la circoncision. La violence de la répression égale celle de la rébellion. Jérusalem devient une colonie romaine et les Juifs y sont interdits de séjour. À partir de 134, la maladie clôt le cycle des voyages, mais Hadrien en conserve le souvenir dans sa somptueuse

◄ L'arc de triomphe de Jerash, en Jordanie, édifié par Hadrien en 130. Toutes les provinces impériales retirèrent des visites d'Hadrien non seulement des améliorations administratives, mais aussi des embellissements considérables destinés à témoigner de la puissance de Rome.

villa de Tivoli, près de Rome. Son espace immense (1 km de long sur 500 m de large) est parsemé de pavillons, cours et portiques. Ses jardins regorgent de sites et de monuments copiant les merveilles de l'empire. On y trouve un théâtre grec et un bassin, le Canope, évocation d'un bras du Nil.

Méandres et mystères d'une succession

C'est dans cette villa qu'il passe ses dernières années, progressivement étouffé par l'hydropisie. Il se sent seul, car son grand amour, le jeune Antinoüs, s'est noyé dans le Nil en 130 (peut-être un geste religieux destiné à assurer une longue vie à l'empereur ?). Pour l'honorer, Hadrien l'a placé au rang des dieux et a fondé une ville sur le lieu de son décès. Le problème de la succession se pose alors avec acuité. Brouillé avec ses parents les plus proches, son beau-frère et son neveu, il les fait mettre à mort. Puis il procède à un choix étrange, en désignant Lucius Ælius César, un sénateur insignifiant et qui de plus est malade (136). Les contemporains ricanent en suggérant qu'il a été choisi pour sa beauté physique, mais des historiens modernes ont pensé qu'il s'agissait d'un fils naturel d'Hadrien. Ælius César s'éteint dans la nuit du 31 décembre 137, et l'empereur se lamente : « Nous nous sommes appuyés sur un mur chancelant. » Son choix se porte alors sur Antonin, un sénateur respecté de tous (février 138). Revient-on au choix du meilleur ? Ce n'est pas si simple, car Hadrien force en même temps Antonin à adopter deux enfants, Vérus, fils d'Aelius César, et Marc Aurèle, un de ses petits-cousins. Ces jeunes parents sont ses véritables héritiers et Antonin doit jouer le rôle d'un empereur de transition. À la mort d'Hadrien (juillet 138), Antonin se révèle cependant un successeur loyal, car il impose sa divinisation à un sénat hostile. La récompense était bien méritée pour un empereur qui avait porté la « paix romaine » à sa plénitude.

◄ Dans les jardins de la Villa Hadrienna, à Tivoli. Le palais d'Hadrien conserve les plus beaux vestiges d'une époque heureuse marquée par la *pax romana*.

Hadrien vu par un écrivain : M. Yourcenar

Les *Mémoires d'Hadrien* (1951) de Marguerite Yourcenar constituent un sommet du genre des Mémoires apocryphes. Ils se présentent comme une lettre d'Hadrien écrite à Marc Aurèle. L'auteur s'appuie sur les sources antiques, mais privilégie une vision positive de l'empereur, dont elle gomme les zones d'ombre. Il apparaît comme un souverain conscient de la mission universelle de Rome. Son exigence de lucidité éclate dans la phrase finale : « Tâchons d'entrer dans la mort les yeux ouverts. »

▲ Première femme à entrer à l'Académie française, Marguerite Yourcenar doit une grande part de sa notoriété littéraire à ses *Mémoires d'Hadrien*.

Marc Aurèle

Au nom de Marc Aurèle reste attaché l'épithète de « philosophe », mais si cet empereur est l'auteur de Pensées *qui montrent son attachement au stoïcisme, il a mené une politique conforme aux traditions romaines, face aux malheurs qui ont frappé Rome.*

◄ Prince philosophe, Marc Aurèle connut un règne mouvementé qui ne lui laissa guère le loisir d'appliquer les préceptes du stoïcisme qu'il professait.

Un prince destiné au pouvoir dès sa jeunesse ?

Marc Aurèle naît à Rome le 26 avril 121, et passe son enfance dans une propriété sur la colline du Caelius. Il perd tôt son père, et son arrière-grand-père, Catilius Severus, veille à lui donner les meilleurs maîtres. Rien ne semble alors destiner au pouvoir ce jeune homme issu de l'aristocratie provinciale espagnole. Mais Hadrien, très malade, a des difficultés à assurer sa succession. Après avoir adopté un certain Lucius Ceionius Commodus, qui meurt peu après de tuberculose, il choisit en 138 Antonin, à la condition que ce dernier adopte deux jeunes gens : Lucius Aelius Verus, le fils de Ceionius, et Marc Aurèle, alors âgé de seize ans, qu'Hadrien avait déjà remarqué pour son sérieux. À la mort de l'empereur, Marc Aurèle est chargé d'organiser les cérémonies funèbres à Rome. Selon la volonté d'Hadrien, Antonin l'associe au pouvoir, le nomme consul pour l'année 140 et lui confère le titre de César, ce qui en fait son successeur désigné. L'empereur lui donne en mariage sa fille, Faustine la Jeune, qui « lui apporte l'Empire en dot ». Durant les vingt-trois ans de règne d'Antonin, il a l'occasion de se familiariser avec les affaires de l'État. À la mort de ce dernier, le 7 mars 161, c'est tout naturellement qu'il lui succède. Il tient à s'associer Lucius Verus, qu'Hadrien destinait aussi au pouvoir, mais qu'Antonin avait écarté, et lui confère le titre d'auguste.

Un prince pacifique contraint à la guerre perpétuelle

Si Antonin a veillé à former Marc Aurèle aux affaires civiles, il a négligé sa formation militaire. Or, les circonstances vont contraindre ce prince philosophe et épris de paix à mener des guerres continuelles. Dès son avènement, il doit réagir face à la menace des Parthes, l'ennemi séculaire de Rome. Leur nouveau roi, Vologèse III, envahit l'Arménie et massacre l'armée romaine qui tente de s'y opposer. Marc Aurèle envoie alors Lucius Verus en Orient. Il doit d'abord restaurer la discipline dans l'armée de Syrie et préparer une attaque directe. La campagne lancée au printemps 163 aboutit à la prise des deux plus grandes villes du royaume parthe, Séleucie et Ctésiphon, en 165. Mais le retour de l'armée victorieuse vers la Syrie est gêné par le manque de ravitaillement et une épidémie. Lucius peut alors arborer le titre de Très Grand Parthique, et célèbre un triomphe à Rome en compagnie de Marc Aurèle, le 12 octobre 166. C'est alors que se produit un grave incident sur la frontière du Danube : une horde de Langobards et d'Ubiens pénètre en Pannonie supérieure. L'empereur se décide à mener campagne dans cette zone vulnérable. L'offensive débute au printemps 170, mais tourne vite au désastre, car les Marcomans et

◄ Antonin adopte Marc Aurèle, détail d'un bas-relief du monument des Parthes (vers 170) à Éphèse. Le futur empereur sera marqué par l'influence d'un père adoptif qui lui enseigna que « le bonheur public est la richesse des princes ».

les Quades pénètrent en territoire romain et mettent le siège devant Aquilée, en Italie du Nord, tandis que les Costoboques font un raid en Grèce. L'empereur parvient toutefois à rétablir la situation à la fin de 171, et franchit le Danube pour attaquer les Marcomans, puis les Quades et les Sarmates Iazyges, qu'il réussit à vaincre. La paix est finalement conclue en 175, mais dès 178, la guerre reprend dans cette zone. C'est au cours de cette dernière campagne que Marc Aurèle tombe malade et meurt, le 17 mars 180.

Un temps de malheurs

Ces guerres continuelles ont eu de graves conséquences. Les Marcomans et les Quades ont ravagé l'Italie durant leur raid de 169-170. Ils prennent et détruisent la ville d'Opitergium, et, s'ils ne réussissent pas à s'emparer d'Aquilée, ils dévastent la campagne alentour. Les Costoboques ont pénétré profondément en Grèce et ravagé Eleusis. La guerre contre les Parthes apporte aussi son lot de calamités : l'armée d'Orient rapporte et diffuse la peste. L'épidémie éclate à Rome en 167 et ravage la ville pendant des mois. Le bruit court qu'un soldat avait ouvert une cassette d'or qui se trouvait dans le temple d'Apollon à Séleucie, commettant ainsi un sacrilège dont Rome payait le prix. La mort frappe au sommet de l'État : alors qu'il passe l'hiver 168-169 avec Marc Aurèle dans le quartier général d'Aquilée, Lucius Verus est frappé par une attaque d'apoplexie et meurt au bout de trois jours. Le mauvais sort continue à s'acharner : en 175, Avidius Cassius, qui avait un commandement supérieur sur les provinces d'Orient, est abusé par un message lui annonçant que l'empereur est mort. Aussitôt, il se proclame empereur, et, quand il apprend que Marc Aurèle est vivant, ne voit pas d'autre solution que d'entrer en rébellion ouverte. Il peut alors compter sur l'armée d'Orient et jouit de nombreux appuis en Égypte, grenier à blé de l'Empire. C'est la panique à Rome, qui craint pour son ravitaillement. Le Sénat le déclare ennemi public, et Marc Aurèle se prépare à partir pour l'Orient, mais il apprend qu'Avidius Cassius a été tué par un officier.

Un conservateur contraint aux innovations

Certaines mesures de Marc Aurèle témoignent d'idées conservatrices sur le plan politique et social. Comme il sied à un bon

Une révolte des paysans égyptiens : les boukoloï

En Égypte, des bouviers *(boukoloï)* qui vivaient dans le delta du Nil se révoltent contre Rome durant l'année 172. Le bruit court qu'ils se sont liés par un serment prononcé sur les entrailles de leurs victimes, qu'ils ont ensuite dévorées. Leur chef, un certain Isidorus, les forme en une véritable armée qui défait les Romains en rase campagne et entreprend de marcher contre Alexandrie. Ils auraient peut-être réussi à prendre la ville si Avidius Cassius n'était intervenu pour écraser leur soulèvement.

177

Les martyrs de Lyon

À Lyon et à Vienne, les chrétiens sont persécutés. Plusieurs d'entre eux sont décapités ou livrés aux bêtes, sur ordre de l'empereur Marc Aurèle.

CHRONOLOGIE ◄

Naissance de Marc Aurèle, le 26 avril. **121**

Premier grand voyage d'Hadrien. **121-126**

Second grand voyage d'Hadrien. **128-134**

Mort du père de Marc Aurèle. Naissance de Lucius Verus. **130**

Publication de l'Édit perpétuel d'Hadrien. **131**

Début de la révolte juive de Bar Kokheba. **132**

Marc Aurèle est adopté par Antonin. Mort d'Hadrien et avènement d'Antonin. **138**

Mariage avec la fille d'Antonin, Faustine. **145**

Mort d'Antonin ; avènement de Marc Aurèle et Lucius Verus. Naissance de Commode. Invasion des Parthes en Arménie. **161**

Lucius Verus part en Orient contre les Parthes. **162**

Victoire sur les Parthes. **166**

Marc Aurèle et Lucius Verus partent contre les Marcomans. **168**

Épidémie de peste ; mort de Verus. Invasion des Marcomans en Italie. **169**

Raid des Costoboques à Eleusis. Offensive romaine sur le Danube. **170**

Marc Aurèle commence à rédiger ses *Pensées*. **171**

Victoire sur les Marcomans. **172**

Offensive contre les lazyges. **174**

Usurpation d'Avidius Cassius. Mort de Faustine. **175**

Martyrs de Lyon. 177

Départ de Marc Aurèle et Commode pour la Germanie. **178**

Mort de Marc Aurèle le 17 mars ; avènement de Commode. **180**

▲ Bas-relief du monument des Parthes à Éphèse, commémorant les victoires de Marc Aurèle sur l'un des plus puissants ennemis de Rome, qui lui disputait la suprématie en Orient.

Le stoïcisme, philosophie officielle de l'Empire romain

La doctrine stoïcienne a été fondée par Zénon de Kition au IIIe siècle av. J.-C., et ses représentants les plus illustres à l'époque impériale ont été Sénèque, Épictète et Marc Aurèle. Les stoïciens pensent que l'ordre du monde est assuré par la royauté de Zeus. Il est donc conforme à la nature que les sociétés humaines soient organisées sur ce modèle, ce qui permet une justification philosophique de la monarchie dans le monde romain, présentée dans le *Traité sur la clémence* de Sénèque. Cette autorité doit se fonder sur une supériorité spirituelle : la reine des abeilles n'a pas d'aiguillon. Les stoïciens attendent donc du prince qu'il possède certaines vertus : la *benignitas* (bienveillance envers ses semblables), la justice, la clémence, la prudence (capacité de prévoir) et la *gravitas* (sérieux). Il saura maintenir sa sérénité face aux événements extérieurs, et atteindra ainsi l'ataraxie, délivré des passions qui sont des maladies de l'âme.

empereur, il manifeste une grande déférence envers le Sénat, aux séances duquel il tient à assister en personne, et consacre une grande part de son activité à rendre la justice, en accordant beaucoup de temps aux avocats des deux parties. Afin de limiter les usurpations de citoyenneté, il crée un véritable état civil, rendant obligatoires les déclarations de naissance dans les trente jours. Il montre aussi un certain goût pour l'archaïsme. Ainsi, en 178, il se rend au temple de Bellone pour déclarer la guerre aux Germains selon le rite très ancien des fétiaux, tombé en désuétude. Mais la crise va le contraindre à des innovations. Les guerres le retiennent loin de Rome, si bien que ses propositions sont votées par le Sénat sans modification, puisqu'il n'est pas possible de discuter des amendements en sa présence. Le recrutement de cette assemblée s'est ouvert aux provinciaux plus largement qu'auparavant : un peu moins de la moitié des sénateurs sont désormais issus des provinces, et parmi eux, la moitié sont des Orientaux, un quart des Africains. Toutefois, pour les ancrer davantage en Italie, Marc Aurèle ordonne qu'un quart de leurs biens soient situés dans la péninsule, s'inspirant là d'une mesure de Trajan. Pour résoudre les problèmes posés par le voisinage remuant des barbares, il reprend une politique expansionniste abandonnée depuis Trajan, et envisage de créer deux nouvelles provinces au-delà du Danube, la Marcomannie et la Sarmatie, mais l'usurpation d'Avidius Cassius l'empêche de mener ce projet à bien.

▲ Gobelet d'argent décoré de scènes représentant des squelettes de philosophes. Dans son *Manuel*, Épictète proposait un idéal de vertu élevé, préconisant de vivre dans l'ascétisme pour apprendre « à bien mourir ». Trésor de Boscoreale, Ier s. apr. J.-C.

Un prince philosophe ?

Marc Aurèle se serait converti très tôt à la philosophie, et aurait décidé, à l'âge de douze ans, d'adopter le manteau court du philosophe et de dormir à même le sol. Il est initié au stoïcisme par Apollonios de Chalcédoine. Imprégné de cette doctrine, Marc Aurèle entend conserver sa vie de simple particulier, et manifeste une vive aversion pour les spectacles, pendant lesquels il lit ostensiblement un livre, ce qui passe pour une marque de mépris à l'égard du peuple. Pendant ses années sur le front danubien, il écrit une œuvre philosophique, les *Pensées*

◄ Martyre des chrétiens dans l'arène (tableau du XIXe siècle). Marc Aurèle était très hostile aux chrétiens, et n'hésita pas à prononcer des condamnations à mort.

pour moi-même, titre qui se réfère au dialogue intérieur de l'empereur avec lui-même. Il ne s'agit ni d'un traité en règle, ni d'un journal intime, mais de courtes réflexions en grec, réputé langue de la philosophie. Toutefois, certaines de ses décisions peuvent sembler contredire cette image d'empereur-philosophe. Ainsi, Marc Aurèle est très hostile aux chrétiens, car il considère le martyre comme une conduite irrationnelle, comparable à un suicide gratuit. En 177, les chrétiens de Lyon et de Vienne, très mal vus des autres habitants, sont dénoncés au gouverneur de Lyonnaise, qui en réfère à l'empereur. Celui-ci répond que les citoyens romains doivent être décapités, les autres livrés aux bêtes, attitude qui contraste avec sa mansuétude habituelle. Enfin, il abandonne le système du choix du meilleur pour revenir à une succession héréditaire, et associer au pouvoir son fils Commode, sur lequel il ne se faisait pourtant guère d'illusions. Cette décision lui a souvent été reprochée, mais les circonstances ne lui laissaient guère le choix : en 175, année où il nomme Commode prince de la jeunesse et le désigne pour le consulat, l'usurpation d'Avidius Cassius lui imposait d'assurer sa succession et d'affirmer qu'il n'avait aucun besoin de faire appel à un étranger.

► **Hadrien** / 131

Le règne de Commode, ► fils « dégénéré » de Marc Aurèle, rappelle les plus sombres heures de l'Empire.

COMMODE

L'antithèse de Marc Aurèle

Le fils de Marc Aurèle est l'exacte antithèse de son père. Paresseux et jouisseur, il se passionne pour les jeux de gladiateurs et laisse à d'autres le soin des affaires de l'État, d'abord les amis de son père, puis des favoris à la merci de ses caprices. Excellent archer, il se produit dans l'arène, sous les habits d'Hercule, dont il tente d'imiter les exploits, mais il fait construire des ponts surélevés qui lui permettent de tirer sur les fauves en contrebas sans courir de risque. Il fait frapper des monnaies qui le représentent avec la légende « Hercule romain », et contraint le Sénat à déclarer qu'il est un dieu. Il entretient des rapports exécrables avec les sénateurs, auxquels il ordonne de venir applaudir ses exploits dans l'amphithéâtre. Un jour, il s'arrête devant eux en ricanant, une tête d'autruche à la main, et fait signe qu'il voudrait les traiter de la même façon. Le 31 décembre 192, il est assassiné par certains de ses proches, qu'il comptait éliminer et qui le prennent de court.

◄ Les combats de gladiateurs constituent le divertissement favori des Romains, et l'empereur ne manque pas de leur en donner. *Panem et circenses*, « du pain et des jeux », voilà selon Juvénal la seule chose qui compte.

Châhpuhr

Le règne de Châhpuhr Ier, deuxième souverain de la dynastie des Sassanides, voit la reprise d'une politique offensive de l'Empire perse. Châhpuhr remporte plusieurs victoires sur les Romains et donne un rôle prépondérant à la religion mazdéenne, ferment d'unité.

La prise de pouvoir des Sassanides

Au début du IIIe siècle, un certain Ardeshir, commandant d'une forteresse, se rebelle contre la dynastie des Arsacides, qui règne alors sur l'Empire parthe. Par son père Pâbhagh, il descend d'une famille de prêtres, très attachée à la tradition nationale perse. Il prend le titre de roi en Perside, s'empare des régions de Mésène et de Characène, puis réussit à vaincre en 224 le roi Artaban V. Deux ans plus tard, il se fait couronner à Ctésiphon, capitale de l'Empire parthe, sous le nom d'Ardeshir Ier. La nouvelle dynastie, qui prend le nom de Sassanides, revendique l'héritage des Achéménides, dynastie prestigieuse, illustrée par les figures de Cyrus, Xerxès et Darius. Afin de recréer un empire qui s'étendait autrefois de la Thrace à l'Afghanistan, Ardeshir s'attaque à l'Arménie et se heurte à la puissance romaine, inquiète de ces visées expansionnistes. Quand son fils Châhpuhr lui succède, en 241, après une période de co-régence, il hérite d'un royaume environné de dangers.

Châhpuhr commence par attaquer son ennemi oriental, le royaume indo-scythe des Kusanas, situé entre l'Indus et l'Oxan. Après l'avoir vaincu, il y installe un souverain docile et renforce ainsi les frontières orientales de son royaume.

◄ Châhpuhr Ier fait prisonnier l'empereur romain Valérien. Camée réalisé à la cour de Châhpuhr pour glorifier sa victoire sur Rome.

260

Les Romains mis en déroute

Lors d'une grande bataille près d'Édesse, le roi Châhpuhr Ier remporte une victoire écrasante sur les armées romaines et fait prisonnier l'empereur Valérien.

L'inscription de Naqsh-i Roustem

À Naqsh-i Roustem, près de Persépolis, des archéologues américains ont retrouvé en 1936 un long texte, gravé sur un monument rectangulaire appelé la Ka'aba de Zoroastre. Celui-ci relate les exploits du souverain sassanide, dans les trois langues officielles alors en vigueur (dialecte parthe, pehlevi sassanide et grec). Rédigée à la fin du règne de Châhpuhr (vers 270-272), l'inscription exalte la gloire de l'empereur, en détaillant les nombreuses victoires qu'il a remportées, en particulier sur les Romains, et en énumérant fièrement la liste des villes prises. Grâce à ce document, les historiens ont appris l'existence de deux défaites romaines, à Misichè, en 244, et à Barbalissos, en 253-254, antérieures à celle d'Édesse. Or, les sources romaines les avaient soigneusement dissimulées.

Châhpuhr contre Rome

Mais c'est avec Rome que les conflits les plus importants vont éclater. Les Sassanides profitent en effet des graves crises que connaît alors l'Empire romain pour tenter de reconquérir l'Asie. Châhpuhr s'empare d'Hatra et de positions romaines en Mésopotamie. Rome met longtemps à prendre la mesure du danger et à réagir. La contre-offensive de Gordien III, d'abord victorieuse, s'achève sur une grave défaite à Misichè, en 244, et par la mort de ce dernier. Son successeur, Philippe l'Arabe, accepte de verser un lourd tribut aux Perses et d'abandonner l'Arménie et la Mésopotamie pour obtenir la paix. Dix ans plus tard, Châhpuhr reprend l'initiative et s'avance avec son armée jusqu'à Antioche. L'empereur Valérien réagit en lançant une grande expédition. Après plusieurs succès qui contraignent Châhpuhr à quitter Antioche, l'armée romaine subit une défaite complète près d'Édesse, en 260. Suprême humiliation, Valérien est capturé : c'est la première fois qu'un empereur romain se retrouve aux mains de l'ennemi. Cette victoire écrasante de Châhpuhr est commémorée par de grands bas-reliefs rupestres, à Naqsh-i Roustem, près de Persépolis, sur lesquels le roi est représenté à cheval, dominant l'empereur vaincu, prostré à terre. Selon l'auteur chrétien Lactance, Valérien aurait ensuite mené une vie d'humiliations en captivité, et il aurait servi d'escabeau à Châhpuhr, chaque fois que ce dernier montait à cheval. Après sa mort, sa peau aurait été écorchée, teinte en rouge et exposée dans un temple. Par la suite, les provinces orientales subissent les assauts des armées de Châhpuhr, et les grandes cités de Syrie sont pillées. Grâce au prince palmyrénien Odénath, qui réussit à gêner le retour de l'expédition de Châhpuhr, une grande partie de la Mésopotamie romaine sera néanmoins récupérée.

Les mutations de l'Empire perse

Poursuivant l'œuvre de son père, Châhpuhr s'attache à « départhiser » son empire. Il accorde une place prépondérante à la religion mazdéenne, prêchée par Zoroastre, qui révère Ahura-Mazda, le dieu souverain. L'esprit du Bien livre une lutte féroce contre Ahriman, l'esprit du Mal, et ses démons. Les hommes doivent aider Ahura-Mazda dans sa lutte, afin d'être récompensés après leur mort. Mais, si le message de Zoroastre avait une portée universelle, les Sassanides en font une religion « nationale ». Ils créent une véritable Église, dominée par les *mobedhs*, des mages officiels, dont le chef suprême est le *magupat*.
Les premiers Sassanides conservent en grande partie les structures féodales antérieures, mais de nouvelles familles, comme les Suren, viennent s'adjoindre aux familles parthes. Châhpuhr lance de grandioses opérations édilitaires, comme la construction du palais de Tak-é Kesrah, près de Ctésiphon, et crée une nouvelle capitale en Iran, Bichapur. Il fait traduire des ouvrages grecs et indiens et favorise les activités intellectuelles. Attentif à l'efficacité de son armée, il met en place une cavalerie lourde cuirassée et veille au renforcement de la discipline. Mais ses successeurs ne sauront pas conserver longtemps son héritage.

▶ **Darius Ier** / 490 av. J.-C.
▶ **Zénobie** / 270
▶ **Mani** / 276

CHRONOLOGIE

Victoire d'Ardeshir sur Artaban V; fin de la dynastie arsacide.	**224**
Couronnement d'Ardeshir à Ctésiphon.	**226**
Mort d'Ardeshir ; avènement de son fils Châhpuhr Ier.	**241**
Couronnement de Châhpuhr à Ctésiphon ; entretien de Châhpuhr et de Mani.	**242**
Campagne de Châhpuhr contre les Romains ; défaite et mort de l'empereur Gordien III.	**244**
Campagne de Châhpuhr sur l'Euphrate ; victoire de Barbalissos.	**vers 253**
Les troupes de Châhpuhr prennent Antioche.	**253 ou 256**
Les Romains mis en déroute par Châhpuhr Ier près d'Édesse : Valérien est fait prisonnier ; son fils Gallien gouverne seul l'empire.	**260**
Odénath repousse les troupes perses et reçoit de Gallien le titre de correcteur de tout l'Orient.	**261-267**
Mort d'Odénath ; Zénobie exerce la régence au nom de son fils Waballath.	**267**
Zénobie rompt avec Rome ; mort de Claude le Gothique et avènement d'Aurélien.	**270**
Prise de Palmyre par Aurélien ; mort de Châhpuhr Ier ; avènement de son fils Hormizd.	**272**
Mort d'Hormizd ; avènement de son frère Bâhram Ier.	**273**

ZÉNOBIE

Maîtresse de Palmyre après la mort de son mari Odenath, Zénobie défie l'Empire romain en s'installant en Égypte. Cette sécession sera de courte durée, et l'empereur Aurélien fera de la reine prisonnière le clou de son triomphe à Rome.

◄ La reine Zénobie défilant lors du triomphe d'Aurélien à Rome (gravure de Robert Taylor, 1887). À l'apogée de sa puissance, Zénobie régna sur un vaste royaume s'étendant de l'Égypte à la Mésopotamie, en passant par la Syrie, l'Arabie et l'Anatolie.

Le IIIe siècle, l'apogée de Palmyre

Siège d'une implantation humaine dès la préhistoire, le site de Palmyre présente de nombreux avantages : au cœur d'une région désertique, les eaux abondantes de la source Eqfa irriguent une oasis. Mais surtout, il se situe à mi-chemin sur la route qui traverse le désert de Syrie et qui relie Homs à Abou Kémal. Palmyre jouit donc d'une position stratégique entre le monde perse et le monde romain, et va jouer un rôle essentiel dans la route des caravanes. La cité grecque *(polis)* est intégrée dans l'Empire romain sous Tibère et devient le nœud du système défensif syrien, face aux incursions redoutées des Parthes, ennemi séculaire de Rome. Son apogée se situe au IIe et au début du IIIe siècle de notre ère. Sur la « place des caravanes », large rue à colonnade longue de 210 mètres, arrivent les caravanes qui transportent épices et pierres précieuses d'Inde et soie de Chine. Mais, à partir de 240, la menace des Perses Sassanides entraîne un déclin du commerce oriental, car ils entravent les communications avec le golfe Persique. C'est au lendemain de la défaite romaine d'Édesse (260) que se détache la figure d'Odenath, un notable palmyrénien. Il réussit à harceler l'armée de Châhpuhr Ier et à reprendre une partie de la province de Mésopotamie. L'empereur Gallien lui accorde alors des pouvoirs étendus sur l'ensemble des provinces orientales, avec le titre prestigieux de « correcteur de tout l'Orient ».

Les ambitions de Zénobie

Mais Odenath meurt en 267, dans des conditions obscures. Sa veuve, Zénobie, apparaît alors sur la scène politique. Elle gouverne au nom de son fils Waballath, et profite des troubles du pouvoir impérial, occupé sur d'autres fronts, pour accroître son pouvoir. L'empereur Claude II le Gothique lutte en effet pour repousser l'invasion des Goths qui ont franchi le Danube. Se prétendant descendante de Cléopâtre, elle rejette la tutelle romaine. Sur les monnaies qu'elle fait frapper, Waballath porte les mêmes titres que son père défunt. Très cultivée, parlant outre le palmyrénien, la langue de Palmyre, le grec et l'égyptien, elle ambitionne de faire de Palmyre une grande capitale intellectuelle et culturelle ; donc, elle fait venir à sa cour des écrivains célèbres, comme le rhéteur Longin, qu'elle nomme ministre. Elle met au service de ses ambitions l'armée constituée par Odenath. Ainsi, en 270, elle profite d'une absence du gouverneur d'Égypte pour envoyer son général Zabdas, à la tête de 70 000 hommes, attaquer la province romaine. Au terme de deux campagnes, les Palmyréniens s'installent en Égypte. L'objectif principal de Zénobie est alors de protéger les intérêts commerciaux des marchands palmyréniens et de contrôler le commerce oriental par la mer Rouge. Ses ambitions la portent aussi à se tourner vers l'Asie Mineure et la Syrie, qui offrent

▲ Vue de la Grande Colonnade, qui traverse Palmyre d'est en ouest sur plus d'un kilomètre. Ce type de rue a été inventé en Syrie romaine. De nombreuses boutiques y étaient installées.

peu de résistance à ses troupes. Celles-ci atteignent Ancyre (l'actuelle Ankara) en Anatolie et parviennent même jusqu'au Bosphore. Enivrée par ses succès, Zénobie va jusqu'à se proclamer *Augusta*, comme une impératrice, et à saluer son fils du titre d'empereur. Le pouvoir romain ne saurait tolérer longtemps ces avanies.

La riposte d'Aurélien et la chute de Zénobie

Au printemps 270, Claude II meurt de la peste à Sirmium. Les soldats proclament alors empereur Aurélien, un officier illyrien. Après avoir vaincu les Alamans et les Juthunges, puis les Goths, et rétabli la situation sur le Danube, il se tourne contre Zénobie. En effet, l'Égypte représente une source majeure d'approvisionnement en blé pour la ville de Rome, et il ne peut tolérer cette sécession. Cette riche province est reprise dès 271. Aurélien mène lui-même son armée en Asie Mineure et bat les troupes de Zénobie devant Antioche, où la cavalerie palmyrénienne subit une lourde défaite. Devant Émèse, il remporte une victoire éclatante et Zénobie doit s'enfuir vers Palmyre. L'empereur met alors le siège devant cette ville. Un parti hostile à Zénobie entame une négociation avec Aurélien, qui se montre magnanime et sauve la ville du pillage. La reine réussit à s'enfuir, mais elle est rattrapée alors qu'elle s'apprêtait à franchir l'Euphrate. Sa capture n'entraîne pas la soumission définitive de Palmyre, puisqu'un nouveau soulèvement éclate alors que l'empereur est en route vers l'Italie. Il rebrousse chemin, et s'empare de la ville et la met à sac. Quant à la reine déchue, elle est emmenée à Rome et défile lors du triomphe d'Aurélien, chargée de chaînes d'or. L'empereur lui fait ensuite don d'un domaine à Tibur (Tivoli), près de Rome, où elle se retire avec ses enfants et passe le reste de sa vie.

De Palmyre à Rome : le culte solaire

Selon les sources littéraires, Aurélien aurait rasé Palmyre après son ultime révolte, mais l'importance des ruines encore visibles à l'heure actuelle a conduit à relativiser ce témoignage. On ne relève aucune trace de destruction massive ni d'incendie. Le sort du temple du dieu Bêl est mieux connu. Bêl, dont l'importance fut majeure au IIIe siècle, est un dieu cosmique, maître de l'univers. Il est assisté par les dieux Yarhibôl (dieu du Soleil) et Aglibôl (dieu de la Lune). Aurélien pille son temple en 272 et installe sa statue dans le temple du Soleil que l'empereur a dédié à Rome, sur le champ de Mars. Bêl a sans doute influencé le culte solaire qu'Aurélien mit en place : le dieu *Sol Invictus* (le Soleil invincible) est présenté comme la divinité suprême et le maître (*dominus*) de l'Empire.

► **Cléopâtre** / 31 av. J.-C.

◄ Triade palmyrénienne : Bêl, maître des Cieux, entre le dieu de la Lune, Aglibôl, et le dieu du Soleil, Yarhibôl (bas-relief en calcaire, Ier siècle apr. J.-C.).

270

Conquête de l'Égypte

Les armées de Zénobie, sous le commandement de Zabdas, envahissent l'Égypte, alors province romaine.

CHRONOLOGIE

Valérien est fait prisonnier par Châhpuhr Ier près d'Édesse ; Gallien gouverne seul l'Empire ; Postumus est proclamé empereur par les légions du Rhin ; début de l'Empire gaulois. **260**

Odenath repousse les troupes perses et reçoit de Gallien le titre de correcteur de tout l'Orient. **261-267**

Gallien célèbre ses décennales (anniversaire de ses dix ans de règne). **262**

Mort d'Odenath ; Zénobie exerce la régence au nom de son fils Waballath. **267**

Mort de l'empereur Gallien ; avènement de Claude le Gothique. **268**

Les Goths franchissent le Danube et assiègent Thessalonique ; Claude le Gothique les écrase à Naissus. **269**

Mort de l'empereur Claude le Gothique ; avènement d'Aurélien ; **conquête de l'Égypte ;** rupture avec Rome. **270**

Aurélien assiège et prend Palmyre ; Zénobie est faite prisonnière ; mort de Châhpuhr Ier. **272**

Soulèvement de Palmyre ; Aurélien met à sac la ville. **273**

Aurélien vainc les armées de Tétricus, empereur des Gaules ; il célèbre son triomphe à Rome. **274**

Assassinat d'Aurélien. **275**

MANI

Au IIIe siècle, le prophète Mani fonde une nouvelle religion universaliste, qui repose sur le principe de l'affrontement entre le Bien et le Mal. D'abord protégé par le roi Châhpuhr Ier, il est persécuté et mis à mort par le successeur de ce dernier, à l'instigation du clergé mazdéen.

◄ Persécuté et exécuté sous le règne de Bâhram Ier, Mani connut cependant un grand succès par la diffusion de sa doctrine, qui se répandit en Asie comme dans l'Empire romain. Cette doctrine séduisit nombre de personnes, parmi lesquelles saint Augustin, qui en fut un temps l'adepte. Gravure de Mani, d'après les fresques de Khotscho (Inde).

LA RELIGION OFFICIELLE SOUS LES SASSANIDES

La nouvelle dynastie des Sassanides, qui prend le pouvoir en 224, veut revenir au zoroastrisme, la religion prêchée en Perse par le prophète Zoroastre (Zarathushtra), au VIIe ou VIe siècle av. J.-C., qui révère Ahura-Mazda, le dieu souverain. Accompagné de ses six esprits, celui-ci lutte contre Ahriman, l'esprit du Mal, et ses démons. Le zoroastrisme (ou mazdéisme) affirme l'existence d'un Ciel, où seront récompensés les hommes qui aident Ahura-Mazda, et d'un Enfer, pour châtier les pécheurs. Le livre sacré des Mazdéens est l'*Avesta,* divisé en vingt et un livres, qui recueille les sermons de Zoroastre. Il s'agit d'une religion de tendance monothéiste, les autres dieux qui apparaissent étant nettement subordonnés à Ahura-Mazda.

Les Sassanides en font une religion « nationale », même s'ils font preuve d'une relative tolérance face aux chrétiens, et le roi perse se proclame « l'adorateur de Mazda ». Le clergé mazdéen est dominé par le magupat, et composé de mobedhs, des mages officiels, qui ont une grande influence, et servent le « culte du feu » : en effet, un feu perpétuel, symbole du dieu, est entretenu dans des édifices carrés ou rectangulaires, appelés par les Grecs « pyrées ».

La prédication de Mani

C'est dans ce contexte qu'apparaît la prédication de Mani. D'origine perse par sa mère, le jeune Mani est élevé dans une secte gnostique de baptiseurs à laquelle appartient son père Patek. À douze ans, puis à vingt-quatre ans, il reçoit des « annonciations » qui lui révèlent sa vocation : il sera l'apôtre d'une nouvelle foi, qui devra être diffusée grâce à des missions. Sa prédication est donc dès l'origine universaliste. À l'âge de vingt-quatre ans, il s'embarque pour l'Inde, où il reçoit un accueil encourageant, puis revient en Perse après l'avènement de Châhpuhr Ier, qui soutient sa doctrine et ses plans de missions. Tout au long du règne de Châhpuhr, Mani peut donc voyager en toute quiétude en prêchant à travers l'empire, organiser son Église et former des disciples. Il compose d'ailleurs un traité dédié au roi, le *Shâpurakan*. Il est toutefois délicat de faire la part de la propagande manichéenne dans ces récits contant la parfaite entente entre Mani et Châhpuhr, qui apparaît comme le protecteur de la nouvelle religion.

La persécution et la « Passion » de Mani

Alors que la religion manichéenne avait bénéficié d'une certaine protection de la part de Châhpuhr, la situation change radicalement sous le règne de Bâhram Ier, l'un de ses fils. Un prêtre nommé Kartir, qui avait commencé sa carrière sous Ardeschir, devient tout-puissant et joue un grand rôle auprès du souverain. Devenu grand *magupat*, il lance une vaste persécution contre ceux que l'orthodoxie mazdéenne considère comme « hérétiques », les Juifs, les chrétiens et les manichéens. Convoqué devant le roi, Mani est mis en accusation. Bâhram donne l'ordre de l'enchaîner et le fait mettre à mort. Les versions diffèrent sur son sort. Selon certains, il aurait été crucifié ; pour d'autres, il aurait été écorché vif, puis décapité, et sa peau empaillée suspendue à l'une des portes de la ville. Après sa mort, son disciple Sisin, réfugié à Babylone, reprend la direction des communautés. Dans leur calendrier liturgique, les manichéens introduisent la célébration de la « Passion » de Mani, ou *Bêma*.

Succès et diffusion du manichéisme

Persécutée dans l'Empire sassanide, la nouvelle religion va se répandre dans l'Empire romain, et gagner la Syrie, la Palestine et l'Égypte : professant un syncrétisme tolérant, elle prend en compte les religions antérieures des pays où elle tente de s'implanter. Selon la doctrine manichéenne, essentiellement dualiste, deux principes existent dans le monde, la Lumière et les Ténèbres. Or, à cause du péché, ces deux éléments se sont mêlés, et leur lutte bouleverse le monde et l'homme. Ce dernier doit restaurer la division originelle du monde. Parmi les disciples de Mani, on trouve des « élus », qui pratiquent un ascétisme rigoureux grâce auquel ils peuvent échapper à la prison des désirs, et des « auditeurs », simples fidèles qui doivent passer par plusieurs réincarnations afin de se purifier. Mais, face au succès réel que connaît cette religion, des inquiétudes se font jour. Ainsi, l'empereur Dioclétien formule en 297 un édit de persécution contre les manichéens, qu'il accuse d'être des espions à la solde des Perses.

▸ **Châhpuhr Ier** / 260
▸ **Augustin** / 395

Les bibliothèques manichéennes

Nos connaissances sur la doctrine de Mani ont été renouvelées par plusieurs découvertes faites au cours du siècle dernier. Ainsi, quelques textes manichéens, rédigés dans des dialectes iraniens, ont été retrouvés en 1904-1905 à Tourfan, dans le Turkestan chinois. Mais surtout, on a découvert en 1931, en Égypte, près de Lycopolis, une bibliothèque manichéenne, sous la forme de papyrus en langue copte. Elle comprend, en particulier, une partie des *Kephalaia*, un texte essentiel pour les manichéens, qui raconte les grands épisodes de la vie de Mani et résume son enseignement, ainsi que les *Homélies* en usage dans les communautés.

276

Mani est exécuté

À l'instigation du grand *magupat* Kartir, le prophète est emprisonné et mis à mort pour avoir propagé sa foi, le manichéisme.

CHRONOLOGIE

Naissance de Mani.	**216**
Artaban est vaincu par Ardeshir ; les Sassanides succèdent aux Arsacides.	**224**
À la mort d'Ardeshir Ier, son fils Châhpuhr Ier monte sur le trône.	**241**
Première prédication de Mani ; Mani s'entretient avec Châhpuhr Ier.	**242**
Bataille de Misichè : Châhpuhr Ier défait les Romains, et l'empereur Gordien III meurt au cours des combats.	**244**
Campagne de Châhpuhr Ier sur l'Euphrate ; victoire de Barbalissos.	**vers 253**
Valérien est fait prisonnier par Châhpuhr Ier près d'Édesse ; son fils Gallien gouverne seul l'Empire.	**260**
Le Palmyrénien Odénath repousse les troupes sassanides et reçoit de Rome le titre de correcteur de tout l'Orient.	**261-267**
Mort d'Odénath ; régence de Zénobie au nom de son fils Waballath.	**267**
Avènement d'Aurélien; rupture de Zénobie avec Rome.	**270**
Palmyre conquise par Aurélien ; mort de Châhpuhr Ier ; son fils Hormizd lui succède.	**272**
Mort d'Hormizd ; avènement de son frère Bâhram Ier.	**273**
Kartir devient grand *magupat* et réprime toutes les hérésies. **Mani est exécuté.**	**276**
Édit de l'empereur Dioclétien contre les manichéens.	**297**

CONSTANTIN Ier

LE GRAND

Constantin est resté dans l'histoire comme le premier empereur chrétien ; mais ce personnage controversé est avant tout un homme politique romain, qui dut conquérir son pouvoir et qui sut gouverner pendant plus de trente ans un immense empire.

◄ Monnaie de Constantin Ier. L'empereur est à cheval, précédé de l'allégorie de la victoire.

▲ Ce n'est que le jour de sa mort que Constantin se fit baptiser, pourtant il reste dans l'histoire comme le premier empereur chrétien. Sa conversion, si elle fut sincère, avait aussi un objectif politique : se ménager les chrétiens, devenus très influents dans l'Empire.

LA VICTOIRE DU PRINCIPE DE L'HÉRÉDITÉ

Constantin naît à Naissus, dans l'actuelle Serbie, le 17 février d'une année inconnue, sans doute entre 270 et 288. C'est le fils de Constance Chlore, un militaire d'origine illyrienne, et d'Hélène. Le début de sa vie reste fort obscur. Il a une vingtaine d'années en 293, quand son père est associé au système tétrarchique mis en place par Dioclétien, en tant que César de Maximien, avec la charge des provinces occidentales. Lui-même commence une carrière militaire auprès de Dioclétien, qu'il accompagne en 297 durant la campagne contre l'usurpateur Achilleus en Égypte. Constantin espère sans doute être intégré à la Tétrarchie, mais ses espoirs sont déçus : le 1er mai 305, il est présent lors de l'abdication de Dioclétien à Nicomédie, mais, à la surprise générale, Galère nomme comme nouveau César un officier illyrien, Maximin Daia. Pourquoi Constantin a-t-il été écarté, ainsi d'ailleurs que Maxence, le fils de Maximien ? Voulait-on ainsi clairement réaffirmer que la Tétrarchie ne reposait pas sur l'hérédité ? Toujours est-il que les deux déçus de 305 contribueront largement à la chute de ce système. Constantin reste à Nicomédie, sous la surveillance de Galère. Pour rejoindre son père en Bretagne, le jeune homme s'enfuit à cheval. Il sème les hommes lancés à sa poursuite en mutilant les chevaux à chaque relais de la poste impériale. Quelque temps après, Constance Chlore, malade, meurt à Eburacum (York), le 25 juillet 306, et ses soldats proclament aussitôt son fils Auguste. La situation est délicate : c'est le César Sévère, et non Constantin, que Galère désigne comme Auguste. Afin de ne pas apparaître comme un usurpateur, Constantin se contente du titre de César et en informe Galère, qui, après bien des hésitations, se résigne finalement à le reconnaître, à l'automne 306.

LA CONQUÊTE DU POUVOIR

La nomination de Constantin comme César a réveillé les ambitions de Maxence, qui se proclame Auguste à Rome et défait l'armée de Sévère, envoyé contre lui. Soutenu par son père, Maxence s'associe à Constantin, qui épouse la sœur de son allié, Fausta, et prend le titre d'Auguste. Afin de résoudre le conflit, Galère réunit à Carnuntum, sur le Danube, les deux anciens Augustes, Dioclétien et Maximien. Ils désignent un nouvel Auguste, Licinius, pour remplacer Sévère, que Maxence a fait étrangler. Mais Constantin refuse désormais de renoncer au titre d'Auguste ; ses relations avec son beau-père, Maximien, se dégradent, et il le fait mettre à mort après l'avoir assiégé dans Marseille. La mort de Galère en 311 ajoute à la confusion. Un conflit oppose maintenant Constantin et Maxence, au pouvoir à Rome. Constantin franchit les Alpes et

▲ *La Bataille du pont Milvius* (tableau du XVIe siècle). Au cours du conflit, Constantin eut la vision qui devait le mener au christianisme. Une croix lui apparut dans le ciel, portant l'inscription : *In hoc signo vinces*, « Tu vaincras par ce signe. »

312

Bataille du pont Milvius

Constantin remporte, sur les bords du Tibre, une victoire décisive contre l'empereur Maxence, qui se noie dans le fleuve.

marche sur Rome. Il affronte Maxence aux portes de la ville, près du pont Milvius (28 octobre 312). Les troupes de ce dernier sont mises en déroute, et Maxence se noie dans le fleuve. Constantin, vainqueur et maître de Rome, conclut une alliance avec Licinius en février 313, à Milan, renforcée par un mariage entre Licinius et Constantia, demi-sœur de Constantin. Mais les deux hommes s'opposent bientôt : un premier conflit en 316 est résolu à la rencontre de Sardique en mars 317 ; Constantin y gagne les diocèses de Macédoine et de Pannonie. L'intolérance de Licinius envers les chrétiens déclenche un nouvel affrontement en 324. Après avoir été défait près d'Andrinople, Licinius se rend peu après à Constantin, qui le fera étrangler six mois plus tard. Désormais, il est seul auguste, et l'Empire est réunifié entre ses mains.

Dioclétien et la tétrarchie

L'empereur Dioclétien, soldat dalmate devenu chef de la garde impériale et arrivé au pouvoir en 284, ressent bientôt la nécessité d'une aide pour faire face aux multiples dangers qui menacent alors l'Empire : attaque des Germains sur le Rhin, des pirates francs et saxons en mer du Nord. En 285, il s'associe un autre officier illyrien, Maximien, à qui il confie le secteur occidental, avec le titre de César, puis avec celui d'Auguste dès 286. En 293, ils s'adjoignent deux Césars, Constance Chlore et Galère. On peut désormais parler de tétrarchie (gouvernement à quatre). Chaque empereur se voit attribuer une zone spécifique et s'établit dans une capitale différente, mais l'Empire reste indivis. Les deux Césars, subordonnés aux Augustes, sont destinés à leur succéder quand ces derniers se retireront et à être remplacés par de nouveaux Césars. Dans ce système, l'hérédité n'a normalement pas de place, et le choix des successeurs, fondé sur les qualités personnelles et sur les services rendus, relève de l'Auguste le plus ancien.

Les réformes de l'Empire

Au cours d'un règne qui dura plus de trente ans, Constantin Ier le Grand a eu le temps d'imprimer sa marque et de réformer profondément son empire. Il modifie la composition du sénat, conseil composé de 600 anciens magistrats, en l'élargissant à 2 000 membres et y introduit de nombreux chevaliers, qui fournissaient l'essentiel du

Esclave et combattants romains, bas-relief ► de l'arc de triomphe de Constantin, érigé à Rome pour commémorer la victoire de l'empereur sur Maxence.

CHRONOLOGIE ◄

Naissance de Constantin à Naissus. **entre 270 et 288**

Dioclétien est proclamé empereur. **284**

Association de Maximien comme Auguste. **286**

Constance Chlore et Galère sont nommés Césars. **293**

Usurpation d'Achilleus en Égypte. **297**

Édit du Maximum de Dioclétien. **301**

Début de la grande persécution contre les chrétiens. Naissance de Crispus, fils de Constantin. **303**

Abdication de Dioclétien et de Maximien. **305**

Mort de Constance Chlore ; ses troupes acclament Constantin Auguste ; Galère le reconnaît comme César. **306**

Maxence se proclame Auguste. Mariage de Constantin et Fausta. **307**

Conférence de Carnuntum. **308**

Édit de Tolérance de Galère. Mort de Galère. **311**

Bataille du pont Milvius. 312

Licinius maître de l'Orient. Entrevue avec Constantin à Milan. **313**

Concile d'Arles. **314**

Instauration du repos dominical. **321**

Bataille d'Andrinople. Élimination de Licinius. Hélène reçoit le titre d'Augusta. **324**

Concile de Nicée. **325**

Mort de Crispus et de Fausta. **326**

Inauguration de Constantinople. **330**

Baptême et mort de Constantin. **337**

CONSTANTIN Ier

▲ *La Fondation de Constantinople* (lithographie du XIXe siècle). En transportant la résidence des empereurs romains à Byzance, qui prit le nom de Constantinople, Constantin voulait s'éloigner de Rome, où le poids du paganisme était trop pesant.

La fondation de Constantinople

En 324, Constantin prend conscience de l'intérêt stratégique du site de Byzance, point de passage obligé entre l'Occident et l'Asie Mineure, bénéficiant en outre d'un splendide port naturel avec la Corne d'Or. Il décide d'y bâtir une nouvelle capitale et fait consacrer le site. Le 11 mai 330 a lieu l'inauguration, célébrée par une procession solennelle suivie d'une cérémonie à l'hippodrome. La « nouvelle Rome » est calquée sur l'ancienne, avec sept collines principales, quatorze régions et un sénat de 300 membres. Désormais, ce sera la résidence permanente de Constantin, qui loge dans un palais relié au cirque par la loge impériale. Il consacre des sommes gigantesques à embellir la ville, qu'il dote de remparts et de splendides monuments, comme les églises Sainte-Sophie (la Sagesse) et Sainte-Irène (la Paix). Le Forum de Constantin, circulaire, est orné d'une colonne de porphyre haute de 38 m sur laquelle se dresse la statue de l'empereur. En 332, la ville aurait eu environ 300 000 habitants.

personnel administratif de l'Empire. Autre nouveauté, la réforme de la préfecture du prétoire : ces commandants de la garde impériale deviennent de hauts fonctionnaires provinciaux dotés de larges pouvoirs civils et chargés du maintien de l'ordre public et de la gestion des recettes et dépenses courantes. L'armée est réorganisée et hiérarchisée au profit des *comitatenses*, unités mobiles cantonnées dans des villes proches des frontières et aux effectifs limités à quelques centaines d'hommes. Au sein de la garde impériale, afin de remplacer les cohortes prétoriennes, dissoutes en 312 pour avoir soutenu Maxence, Constantin crée les *scholae palatinae*, dont les soldats sont recrutés parmi les Germains. De nombreux privilèges sont accordés aux vétérans, anciens soldats ayant achevé leur service : des immunités fiscales, ainsi que l'exemption des charges municipales. Dans le domaine économique, afin de limiter l'inflation, Constantin crée une nouvelle monnaie d'or, le *solidus*, frappée pour la première fois en 310, et qui devient rapidement centrale dans le système monétaire. Toutefois, une monnaie dans le métal le plus précieux ne circule que parmi les catégories sociales aisées, et non parmi les pauvres, qui continuent à utiliser de la monnaie dépréciée, de cuivre argenté.

La conversion de Constantin

Comme son père, Constantin est d'abord un adepte de *Sol invictus* (le « Soleil invincible »), assimilé à Apollon, qui lui apparaît lors d'une visite au sanctuaire de Grand, en 310, et qui lui annonce ses trente ans de règne. Les monnaies de Constantin portent l'image de *Sol invictus* jusqu'en 324. À la même époque, il abandonne le titre d'*invictus*, « invincible », au profit de celui, plus modeste, de *victor*, « vainqueur », et commence à s'entourer d'évêques comme conseillers. De quand date sa conversion au christianisme ? La tradition chrétienne l'a reliée à la bataille du pont Milvius. La veille, un songe ou une vision lui aurait annoncé qu'il vaincrait s'il faisait peindre sur les boucliers de ses soldats un signe, dont l'exacte nature reste discutée. Mais Zosime, auteur païen de la fin du Ve siècle, très hostile à Constantin, explique sa conversion par son désir d'obtenir le pardon divin après le meurtre de son fils Crispus et de sa femme Fausta, dont il aurait été responsable. Un évêque lui aurait alors appris que les chré-

▲ La donation faite par Constantin au pape Sylvestre. Cette mosaïque du XIIIe siècle a été réalisée sur l'ordre de la papauté pour légitimer sa possession du palais du Latran à Rome, qui lui aurait été donné par l'empereur. Cette « légende » est à l'origine du pouvoir temporel de l'Église.

tiens pratiquaient le pardon des péchés. Cette version, qui implique de reculer la date de la conversion après 326, année du double meurtre, paraît nettement malveillante. En fait, il semble bien que celle-ci remonte à l'année 312, mais que l'adhésion profonde de Constantin au christianisme ne se soit développée que par la suite. S'il prend ses distances avec les rites traditionnels, il demeure Grand Pontife, chef de la religion romaine, et n'abolit pas le culte impérial. Ce n'est qu'à l'article de la mort que l'empereur se fait baptiser, le 22 mai 337, mais il s'agissait alors d'une pratique courante.

Constantin et les chrétiens

L'historiographie présente Constantin comme le premier empereur chrétien ; mais quels furent ses rapports avec les fidèles et le clergé de cette religion ? Sous la tétrarchie, la communauté chrétienne avait été durement éprouvée par la grande persécution de 303, dont les mesures furent, il est vrai, diversement appliquées à travers l'Empire. Ainsi, Constance Chlore fit preuve d'une grande modération. La situation s'améliora cependant dès avril 311, quand Galère promulgua, six jours avant sa mort, un édit de Tolérance, qui fut appliqué par Constantin dans son ressort territorial. En février 313, à Milan, Constantin et Licinius réaffirment et prolongent cet édit en proclamant dans deux lettres la liberté des cultes et la restitution aux églises chrétiennes de leurs biens confisqués durant la persécution. S'y ajoutent, dans le territoire gouverné par Constantin, puis dans tout l'Empire, diverses mesures en faveur de l'Église : en 316, l'affranchissement d'un esclave dans une église acquiert une valeur légale ; en 321 est instauré le repos dominical. L'empereur investit des sommes considérables dans la construction d'édifices de culte, à Rome (basiliques de Saint-Pierre et du Latran) et à Jérusalem (deux basiliques, au Saint-Sépulcre et au mont des Oliviers). Il est rapidement conduit à intervenir dans les affaires de l'Église et convoque par deux fois tous les évêques de l'Empire : le concile d'Arles (314) doit régler la querelle donatiste en Afrique et celui de Nicée (325) le conflit provoqué en Orient par les thèses d'Arius. Si Constantin est peu sensible aux subtilités théologiques, il tient en effet à assurer l'ordre public dans tout l'Empire.

◄ La légende attribue à sainte Hélène, mère de Constantin, la découverte de la vraie Croix du Christ au cours d'un pèlerinage effectué à Jérusalem et à Bethléem en 326 (miniature du XIVe siècle).

L'arianisme et le concile de Nicée

En 325, l'Église se déchire en Orient autour des thèses d'Arius. Ce prêtre d'Alexandrie remet en cause la Trinité et subordonne le Fils et l'Esprit au Père : c'est le subordinatianisme. Afin de résoudre ce conflit, Constantin convo-que tous les évêques à Nicée. Le concile se tient entre mai et juillet 325. Les idées d'Arius sont condamnées et il est frappé d'une sentence d'exil, ainsi que les évêques qui le soutenaient. Le concile réaffirme que le Père et le Fils sont de même substance (*homoousioi*).

▲ Saint Pierre recevant les clefs du royaume de Dieu, détail d'une mosaïque paléochrétienne datée du IVe siècle. Avec la conversion de Constantin, Rome commence à se couvrir de chefs-d'œuvre de l'art chrétien.

AUGUSTIN

Converti au christianisme après avoir été tenté par une carrière d'orateur, Augustin est considéré dès son vivant comme l'un des plus grands théologiens de l'Église. Sa conception de la grâce comme sa vision de l'histoire ont eu une influence majeure sur la pensée occidentale.

◄ Pour les chrétiens, saint Augustin est le plus grand des Pères de l'Église, et son œuvre théologique en fortifiera la plupart des dogmes. Mosaïque de la basilique Saint-Marc à Venise.

La conversion du jardin de Milan

Le plus grand Père de l'Église d'Occident ne fut pas toujours chrétien, et sa conversion se fit au terme d'un douloureux itinéraire spirituel. Un jour d'août 386, dans un jardin de Milan, Augustin médite au pied d'un figuier, le visage couvert de larmes. Son goût de la chair, dont il parlera longuement dans ses *Confessions*, constitue un frein puissant à sa conversion. Une voix mystérieuse venue de la maison voisine lui répète sur un air de chanson : « Prends, lis ! » Il ouvre alors au hasard l'Évangile et lit ce verset : « Revêtez-vous du Seigneur Jésus-Christ et ne vous faites pas les pourvoyeurs de la chair dans ses convoitises. » Une lumière apaisante inonde aussitôt son cœur et les ténèbres du doute se dissipent. Augustin renoue avec la foi de sa mère. Son milieu familial lui ouvrait deux voies, puisque son père, Patricius, était païen, alors que sa mère, Monique, professait le christianisme. Cette pluralité reflète la diversité religieuse d'un Empire dont les souverains sont personnellement chrétiens, mais dont le paganisme reste la religion officielle. Augustin suit d'abord une autre voie, le manichéisme, religion d'origine perse, superficiellement christianisée. Doctrine dualiste, le manichéisme croit au combat entre les principes du Bien et du Mal, entre le Dieu de Lumière et le Prince des Ténèbres. La matière appartient à la sphère du Mal, et l'homme doit rejeter son emprise par l'ascèse et la continence. À partir de 384, Augustin s'éloigne du manichéisme et fréquente le milieu chrétien de Milan, groupé autour de l'évêque Ambroise. La conversion du jardin se trouve au bout du chemin. Après quelques mois de retraite dans la villa d'un ami, à Cassiciacum, il reçoit le baptême des mains d'Ambroise dans la nuit du 24 avril 387.

▲ En compagnie de son ami Alypius, Augustin entend l'appel de Dieu en lisant dans les Évangiles : « Ne vivez pas dans la ripaille et l'ivrognerie, ni dans les plaisirs impudiques du lit. » Fresque de l'église des Ermites à Padoue, XIVe siècle.

Les ambitions d'un jeune Africain

Sa conversion marque du même coup la fin de ses ambitions mondaines. Augustin espérait jusqu'alors mener une brillante carrière au service de l'Empire romain. En cette

395

Augustin, évêque d'Hippone

Acclamé par la foule des fidèles, il devient ainsi l'un des principaux personnages de l'Église chrétienne d'Afrique.

fin du IVe siècle, celui-ci vit ses derniers beaux jours. La pression des peuples barbares, particulièrement des Goths, se fait déjà sentir, même si les empereurs parviennent à les contenir. Préservée des invasions, l'Afrique (Maghreb actuel) apparaît comme la région la plus brillante de l'Occident. La famille d'Augustin appartient au milieu des *curiales* de la cité de Thagaste, petits notables dont l'aisance reste précaire. Pour le jeune Africain, la voie de la réussite passe par la rhétorique, l'art de l'éloquence, discipline reine de la culture romaine. À vingt ans (374), il obtient un poste de professeur de rhétorique à Carthage, capitale de la province. Mais les étudiants le chahutent sans cesse et la fréquentation de la cour impériale est indispensable au succès d'un orateur. Grâce à l'intervention de Symmaque, grand sénateur païen, Augustin obtient la chaire de rhétorique de Milan, qui fait alors figure de capitale de l'Occident (384). Pour affronter la menace barbare, les empereurs ont en effet déserté Rome depuis un siècle, et la cour séjourne alors en Italie du Nord. Devenu orateur officiel, l'enfant de Thagaste a l'honneur de prononcer le discours célébrant le dixième anniversaire de règne de Valentinien II (384). Sa conversion brise net une carrière prometteuse. Lors de sa retraite de Cassiciacum, Augustin démissionne de son poste. Il ne veut se consacrer qu'à Dieu.

Le guide de l'Église d'Afrique

Rentré à Thagaste, Augustin forme un monastère avec quelques amis et compte vivre dans la retraite. Mais ses traités religieux le rendent célèbre et lui ouvrent les portes d'une nouvelle carrière, à son corps défendant. Alors qu'il est de passage à Hippone (Bône), le peuple l'entoure dans l'église et le contraint à accepter son ordination

L'éclat de l'Église d'Afrique

Lors de la querelle pélagienne, Augustin rassembla un concile de plus de deux cents évêques pour faire plier le pape (418). Avec l'Italie, l'Afrique était en effet le principal pôle chrétien de l'Occident. Cet éclat remontait au IIIe siècle, qui avait connu deux grandes figures, Tertullien (vers 160-240), premier théologien latin, et Cyprien, martyr exemplaire lors des persécutions (258). Guidée par son chef, l'évêque de Carthage, l'Église d'Afrique défendait avec vigueur son autonomie par rapport au pape. Le sac de Rome de 410 accrut encore son importance, car une partie de l'aristocratie chrétienne romaine vint s'établir en Afrique. Mais les pratiques de ces premiers fidèles restaient encore marquées par les traditions païennes. Selon les coutumes funéraires romaines, ils festoyaient sur les tombes des martyrs, et les agapes mortuaires dégénéraient parfois en orgies. La piété y prenait des formes souvent violentes, les donatistes n'hésitant pas à se précipiter la tête la première du haut des montagnes.

CHRONOLOGIE

Naissance à Thagaste (Algérie actuelle). **354**

Études à Carthage et conversion au manichéisme. **370-373**

Augustin est nommé professeur de rhétorique à Carthage. **374**

Les Romains sont battus par les Goths à Andrinople : c'est leur première grande défaite face aux Barbares. **378**

Augustin quitte Carthage et séjourne quelques mois à Rome. **383**

Nomination d'Augustin comme professeur de rhétorique à Milan. **384**

Conversion d'Augustin au christianisme dans le jardin de Milan. **386**

Baptême d'Augustin. Mort de sa mère Monique à Ostie. **387**

Retour à Thagaste : création d'un monastère. **388**

Augustin est ordonné prêtre à Hippone. **391**

L'empereur Théodose interdit le paganisme : l'Empire devient officiellement chrétien. **391-392**

Augustin, évêque d'Hippone. Mort de l'empereur Théodose, qui partage l'Empire romain entre ses deux fils, Arcadius (Orient) et Honorius (Occident). **395**

Début de la rédaction des *Confessions*. **397**

Les Germains passent le Rhin : début des « Grandes Invasions ». **406**

Sac de Rome par Alaric, roi des Wisigoths. **410**

Conférence de Carthage condamnant le donatisme. **411**

Début de la rédaction de *la Cité de Dieu*. **412**

Les Vandales envahissent l'Afrique. **429**

Mort d'Augustin, le 28 août, à Hippone. **430**

AUGUSTIN

comme prêtre de la cité (391). L'évêque le désigne un peu plus tard comme son successeur. Voici le moine devenu évêque d'Hippone (395). La charge est d'autant plus prestigieuse que l'empereur Théodose vient d'imposer le christianisme comme religion d'État (391-392). Augustin n'en continue pas moins de mener une vie ascétique de type monastique, en communauté avec les clercs de son Église, et, parmi eux, son fils Adéodat. Ces préceptes de vie sont à l'origine de la règle des chanoines à l'époque médiévale. Le nouvel évêque va jouer un rôle important dans la résolution du problème central de l'Église africaine au IVe siècle : le schisme donatiste. Lors des persécutions de Dioclétien (303-305), certains clercs ont abjuré ou livré les textes saints aux païens. Après l'établissement de la tolérance par Constantin (313), l'Église accepte de les réintégrer, au prix d'exercices de pénitence. Mais des évêques africains rigoristes, menés par Donat, refusent le pardon et déclarent que les sacrements conférés par des clercs indignes n'ont pas de valeur. Ils organisent une Église séparée en Afrique et font jeu égal avec les catholiques. Pendant tout le IVe siècle, l'Église donatiste va prospérer, nourrie par le particularisme africain. Des paysans en révolte contre les grands propriétaires, les circoncellions, se réclament du donatisme. Sous la pression du pouvoir impérial, un concile réunit les évêques des deux Églises à Carthage (411). Augustin domine les controverses du concile, qui aboutissent à la capitulation des donatistes et à la réunification de l'Église d'Afrique.

▲ *La Cité de Dieu* (manuscrit du XIVe siècle). Dans cette somme théologique, saint Augustin, ici entouré d'Épicure, de Zénon, de Varron et d'Antochius, réalise la synthèse de la pensée antique et de la pensée chrétienne.

AUGUSTIN, INSPIRATEUR DE LUTHER

La théologie augustinienne joua un rôle capital dans la naissance du protestantisme. Moine du couvent d'Erfurt, en Allemagne, Martin Luther était torturé par le problème du salut. Il emprunta à Augustin l'idée que la seule grâce divine, accordée en toute gratuité, sans considération des œuvres et des qualités, conférait le salut. Cette conviction l'amena à se dresser contre la doctrine catholique du salut par les œuvres et contre son application, le système des indulgences. Ce fut l'origine de sa rupture avec Rome (1517).

LE DOCTEUR DE LA GRÂCE

Mais Augustin va acquérir une stature de grand théologien avec la question pélagienne. Moine breton réfugié en Orient, Pélage insiste sur le libre arbitre de l'homme et rejette la notion de péché originel. L'homme peut faire le bien par lui seul et la grâce divine n'est que secondaire. Augustin est très choqué par ces conceptions, qui minimisent le sacrifice du Christ et le rôle du baptême. « Le Christ est mort pour rien ! » s'écrie-t-il. De fait, la rédemption christique n'a plus de sens si le péché originel disparaît. À partir de 412, l'évêque d'Hippone combat le pélagianisme dans des traités virulents et défend le baptême des enfants, qui rachète le péché originel. Le pape Innocent Ier condamne Pélage (417), mais son successeur Zosime le réhabilite aussitôt. À l'instigation d'Augustin, l'Église d'Afrique se dresse alors contre Pélage, et Zosime entérine sa condamnation (418). Augustin a fait plier le Saint-Siège et gagné une notoriété à l'échelle de l'Empire. Mais ce débat l'amène à durcir sa conception de la grâce. L'homme ne peut faire le bien ni assurer son salut sans l'aide de la grâce, que Dieu accorde en toute gratuité, sans tenir compte des mérites. Cette théorie dé-bouche donc sur l'idée de prédestination, puisque Dieu a

▲ Saint Augustin et le jeune garçon au bord de la mer, retable de San Barnaba par Botticelli, 1490. Avec les apôtres, saint Augustin est l'une des figures chrétiennes les plus souvent représentées dans la peinture religieuse.

choisi de toute éternité les âmes à sauver. Doctrine fort rude, qui choque jusqu'à ses amis, avant de tant marquer l'évolution du christianisme dans les siècles à venir.

Une réponse au sac de Rome : *la Cité de Dieu*

L'année même de l'élévation d'Augustin à l'épiscopat, l'empereur Théodose meurt en partageant l'Empire entre ses deux fils (395). L'aîné reçoit l'Orient et le cadet gouverne l'Occident, qui comprend l'Afrique. Les invasions barbares ne tardent pas à déferler sur la *Romania* divisée. Au mois d'août 410, le roi des Wisigoths, Alaric, occupe Rome et la pille pendant trois jours. L'écho du sac de la Ville éternelle résonne dans tout l'Empire. Des milliers de réfugiés affluent en Afrique. Les païens attribuent évidemment le malheur à la christianisation, qui a détourné les dieux de l'Empire. Quant aux chrétiens, ils sont sous le coup d'une douloureuse interrogation : pourquoi Dieu a-t-il permis la prise d'une ville si riche en églises et en monastères ? Pour répondre aux premiers et apaiser les seconds, Augustin entreprend alors la rédaction de son œuvre maîtresse, *la Cité de Dieu* (412-426). Guidé par une intention polémique originelle, il rappelle que Rome a subi autant de malheurs lors des temps païens. Mais la visée de l'ouvrage est singulièrement plus large, car celui-ci propose une lecture chrétienne de l'histoire et de la politique. Depuis la Création, le monde est partagé en deux cités : la cité terrestre, incarnée par les grands empires successifs, et la cité céleste, regroupant les fidèles de Dieu. L'Apocalypse et le retour du Christ amèneront le triomphe final de cette cité de Dieu. Quant à l'Empire romain, il n'est qu'une cité terrestre, en dépit du christianisme de ses dirigeants. La cité de Dieu n'est pas de ce monde. Dans les derniers mois de sa vie, Augustin vit concrètement cet adieu à l'Empire : le peuple germanique des Vandales entreprend la conquête de l'Afrique (429), et l'évêque meurt dans sa ville assiégée (28 août 430).

◄ Saint Augustin contre Faustus, évêque manichéen, dont l'habileté à discourir lui valut d'être qualifié de « piège mortel » par l'auteur des *Confessions*.

Les *Confessions* : Augustin, inventeur de l'autobiographie ?

Augustin fit ce qu'aucun Ancien n'avait fait auparavant : raconter son enfance et sa jeunesse. Pour un Grec ou un Romain, l'enfant n'était en effet qu'un être imparfait, pas encore citoyen, indigne d'être scruté. L'œuvre augustinienne est donc novatrice. Doit-on considérer pour autant les *Confessions* (397-401) comme une œuvre autobiographique ? Le but de l'auteur n'est pas d'exalter son individualité mais d'adresser à Dieu un discours de contrition – pour ses péchés – et de louange – pour sa conversion. Lorsqu'il raconte avec honte un vol de poires effectué lors de son adolescence, il veut montrer à quels méfaits conduit le libre arbitre sans l'aide de la grâce divine. Il n'en reste pas moins que ce texte fournit de précieux renseignements personnels. Le rôle de sa mère, Monique, apparaît ainsi capital. Elle batailla pour que son fils revienne au christianisme et eut la joie d'assister à son baptême. Elle mourut à Ostie, alors qu'elle attendait de revenir en Afrique (387).

ATTILA

Les Huns furent le premier peuple nomade non indo-européen à faire irruption dans une Europe encore profondément romaine. Le choc fut spectaculaire et, à la tête de ces infatigables cavaliers, Attila incarna le mal par excellence pour des siècles.

◄ À la tête des hordes de Huns, le « fléau de Dieu » a porté un coup fatal à l'Empire romain et marqué durablement les consciences en Europe occidentale.

LES CHAMPS CATALAUNIQUES

Au printemps 451, à la tête des Huns, Attila franchit le Rhin, aux environs de Mayence. Ravages et pillages accompagnent le raid de celui qui apparaît comme le « fléau de Dieu ». Terrorisant les populations et frappant les esprits, qui voient en lui le plus grand des chefs barbares ou bien la punition de leurs péchés, Attila est admiré par les uns et craint par les autres. Il dévaste les campagnes autour de Trèves et incendie Metz le 7 avril. Va-t-il s'emparer de Paris, qui organise sa défense sous la conduite de sainte Geneviève ? Non, car il est arrêté pour la première fois.

Attila se dirige finalement vers Orléans, qu'il assiège. Mais il est délogé par le général romain Aetius qui arrive à la rescousse d'Italie, à la tête d'une armée formée pour l'essentiel de « Barbares » (Francs et Burgondes). Les Huns, prudents, font demi-tour, talonnés par l'armée romaine et par celle du roi wisigoth Théodoric, qui les rattrapent en Champagne. Là, aux champs Catalauniques, près de Troyes, se déroule le 20 juin une mêlée sanglante (Théodoric y perd la vie) et indécise, qui se conclut par la retraite des troupes hunniques. Ainsi s'achève la brève incursion en Gaule d'Attila, qui en quelques années avait su, en jetant les bases d'un État, faire des Huns la puissance dirigeante du monde barbare.

LE CHEF D'UN PEUPLE DE NOMADES

Né vers 395, Attila hérite du diadème hunnique en 434, qu'il partage avec son frère Bléda jusqu'à la mort de celui-ci, en 445. Il se trouve dès lors à la tête d'un peuple de cavaliers originaire d'Asie centrale, attesté entre la Volga et le Don dès 160-170 et mentionné pour la première fois sous le nom de *Khounoi* dans la *Géographie* de Ptolémée, achevée en 172. C'est l'une de ces nombreuses tribus qui vivent en nomades dans les immenses steppes d'Asie centrale, entre les Carpates et le fleuve Amour.

Bien que l'on n'entende plus parler d'eux pendant deux siècles, les Huns ne cessent de progresser vers l'ouest. On les retrouve en 374 atteignant le Caucase et soumettant les Alains, avec lesquels ils détruisent le royaume des Goths d'Ukraine en 375. C'est là leur véritable entrée dans l'histoire. Une entrée si tonitruante qu'elle a étonné l'historien latin Ammien Marcellin, qui parle d'un « assaut soudain », de la « bourrasque subite » déchaînée par le « peuple des Huns, peu connu des textes anciens ».

451

Attila est défait aux champs Catalauniques

Les Huns sont battus par les armées d'Aetius et de Théodoric, le roi des Wisigoths, qui y trouve la mort. Attila quitte la Gaule.

▲ L'entrée d'Attila à Vienne, où il épousera, selon la légende des Nibelungen, la princesse burgonde Kriemhild. Tableau d'Albin Egger-Lienz, 1911.

Excellents cavaliers, les Huns sont des archers montés à la manière orientale. Outre l'arc à flèches triangulaires, ils utilisent une épée à un ou deux tranchants. Équipés d'une selle en bois, d'un fouet et d'un lasso, ils peuvent parcourir des centaines de kilomètres, ne se nourrissant – à ce que prétendent les textes – que du sang de leurs chevaux prélevé à une veine du cou et dormant tout en continuant d'avancer.

Les conquêtes des Huns s'enchaînent rapidement et, vers l'époque à laquelle naît Attila, leur influence s'exerce des Alpes orientales à la mer Noire. Dans leur expansion, ils poussent devant eux les peuples germaniques, qui pénètrent dans l'Empire romain. Chemin faisant, les Huns, qui apparaissent comme l'élément moteur des grandes invasions, s'agrègent d'autres Barbares qui s'associent ainsi aux vainqueurs.

Si les historiens actuels leur attribuent en général une origine turque, les Huns frappent les Européens du temps par leur étrangeté : ils ont des traits accusés, peut-être mongoloïdes, et portent d'effrayantes cicatrices rituelles. D'après leurs premiers chroniqueurs, ils sont rasés – et ne ressemblent donc pas du tout aux Barbares chevelus venus de Germanie –, tuent vieillards et malades qui gêneraient leur progression et incinèrent leurs morts. Les nécropoles indiquent qu'ils déforment la boîte crânienne post mortem.

Le roi des Huns

Au début du Ve siècle, la cohésion du royaume hunnique est assurée par un véritable État, mis en place par Mundziuch et Rua, père et oncle d'Attila. Cet État s'inspire, dans ses rites et ses marques de souveraineté, du modèle des Sassanides, qui règnent en Iran, sans doute transmis par les Alains, peuple d'origine iranienne que les Huns se sont agrégés : devant le roi, on

Dans le camp d'Attila

En 449, Priskos est envoyé par l'empereur d'Orient Théodose II auprès d'Attila, alors au sommet de sa puissance. La description que cet ambassadeur fait du camp royal est une des rares sources directes sur les Huns. Constatant que « des représentants de beaucoup de peuples se trouvaient rassemblés là », parlant « hunnique, gothique ou latin », Priskos ne fut pas peu surpris de se voir interpeller en grec. Son interlocuteur, autrefois prospère commerçant de Viminiacum (à l'est de Belgrade), puis réduit en esclavage par les Huns mais affranchi par la suite en raison de ses bons services militaires, loue la vie qu'il mène chez eux. Non seulement, explique-t-il, chacun peut y profiter du butin des guerres, mais, « quand la guerre a cessé, l'existence est tranquille » et « chacun jouit de ce qu'il a », alors que, « chez les Romains », on est victime de l'incapacité des généraux, de la rapacité des percepteurs et de la concussion des juges.

◄ Chaudrons en cuivre que les Huns emportaient avec eux lors de leurs longues expéditions.

Chronologie

Naissance d'Attila. Mort de Théodose, dernier empereur romain à régner à la fois sur l'Orient et sur l'Occident. **395**

Les peuples germaniques envahissent l'empire d'Occident. **406**

Prise de Rome par Alaric roi des Wisigoths. **410**

Fondation du royaume wisigothique de Toulouse. **418**

Honorius, empereur d'Occident, est remplacé par Valentinien III. **423**

Les Huns aident Aetius contre les Wisigoths, les Francs et les Burgondes. **427-430**

Les Vandales en Afrique du Nord. **429**

Attila roi des Huns avec son frère Bléda. **434**

Aetius rend aux Huns la Pannonie occidentale. **439**

Les Huns devant Constantinople. **443**

Attila seul roi des Huns. **445**

Grande offensive des Huns en Macédoine. **447**

Mort de l'empereur d'Orient Théodose II, remplacé par Marcien. **450**

Ambassade de Priskos auprès d'Attila, qui accueille également Eudoxe, le chef des Bagaudes gaulois. **449**

Les Huns franchissent le Rhin. **Attila est défait aux champs Catalauniques.** **451**

Attila ravage le nord de l'Italie ; le pape Léon Ier verse un lourd tribut pour obtenir son départ. **452**

Mort d'Attila. **453**

ATTILA

ROMULUS AUGUSTULE

Le dernier empereur d'Occident

Oreste, homme de confiance d'Attila, fut le père du dernier empereur d'Occident. Ironie de l'histoire, celui-ci s'appelait Romulus Augustus : Romulus comme le fondateur légendaire de Rome, Augustus comme le premier empereur. Le surnom d'Augustule (« petit empereur ») lui sera donné en signe de dérision, car c'était encore un enfant lorsqu'en 475 son père l'installa sur le trône. Mais son règne ne dura qu'un an : en 476, le chef barbare Odoacre le déposa sans lui donner de successeur. C'était la fin officielle de l'empire d'Occident, qui, en fait, était mort depuis longtemps. Séparé depuis 395 par Théodose de sa partie orientale, celui-ci avait subi de plein fouet les invasions barbares du début du ve siècle. En 406, plusieurs peuples germaniques avaient franchi la frontière du Rhin et s'étaient installés de la Gaule à l'Afrique du Nord, construisant peu à peu des États indépendants de fait. À partir de 476, il n'y eut plus que l'empereur d'Orient, établi à Byzance, à pouvoir se prétendre « romain ».

s'agenouille en baissant la tête jusqu'à terre, et le souverain lui-même est coiffé du diadème symbolisant la plénitude de son autorité. Dans le royaume hunnique, le pouvoir s'organise autour d'une royauté héréditaire et d'une noblesse de cour enrichie par le butin, qui compte au moins un Romain de souche, Oreste, chef des bureaux de l'administration. Ainsi s'effacent les vieilles structures tribales.
Attila essaie de donner à son État une sorte de capitale. Outre le camp mobile, celle-ci comprend un palais de bois et des thermes de pierre pour lesquels on a importé des matériaux de l'Empire romain. Les limites de ce royaume varient au gré des conquêtes, autour d'un noyau géographique stable, la Pannonie, qui correspond à la Hongrie et à la Roumanie actuelles.

LES HUNS, ALLIÉS PUIS ENNEMIS DE ROME

Malgré la répulsion instinctive que les Huns leur inspirent, les « Romains » ne les perçoivent pas immédiatement comme un véritable danger. Les empereurs d'Orient parviennent à conserver avec eux des relations d'amitié tant que les tribus de Wisigoths représentent le principal danger dans la région des Balkans, nécessitant leur aide. Mais, lorsque les Goths conduits par Alaric quittent les Balkans pour se rendre en Italie, la brouille rapidement se fait jour : vers 408, le roi hunnique Uldin tente ainsi de s'établir en Thrace et en Mésie.
L'Empire romain d'Occident, alors en pleine déliquescence face aux invasions germaniques, ne se sent pas davantage menacé. Aetius, général de l'empereur Valen-

▲ Manuscrit du XIIIe siècle relatant l'entrée d'Attila dans la ville commerçante d'Aquilée, en Italie, puis son entrevue avec le pape Léon Ier.

tinien III et maître de la milice qui tente de préserver la présence de la romanité en Gaule, a passé sa jeunesse comme otage auprès des Huns. Il en garde des liens personnels ainsi qu'une grande admiration pour leurs capacités militaires. C'est donc fort logiquement qu'il fait appel à eux pour lutter contre les Wisigoths (427), puis contre les Francs l'année suivante, enfin contre les Burgondes en 430. En échange, Aetius accorde son aide aux Huns pour consolider leurs positions en Pannonie.
Aussi, durant les quinze premières années de son règne, Attila dirige ses armées vers l'Empire romain d'Orient, qui l'attire par son opulence et par sa fragilité : en 443, il est devant Constantinople ; en 448, il pénètre en Macédoine et pousse jusqu'aux Thermopyles. Presque toutes les grandes villes sont ravagées. À chaque fois, il obtient des tributs de plus en plus considérables de l'empereur Théodose II.
Mais, peu à peu, la stratégie d'Attila, conscient de sa puissance militaire, change. Tout en continuant à rançonner la région des Balkans, il va se lancer à l'assaut de l'Ouest, non dans un but de conquête, mais bien pour amasser au plus vite le butin maximal, en prenant le moindre risque. En 451, prenant prétexte d'un appel à l'aide d'Honoria, sœur de Valentinien III, Attila retourne ses forces vers l'ouest. Furieuse contre l'empereur romain d'Occident qui a tué son amant, Honoria offre sa main au roi

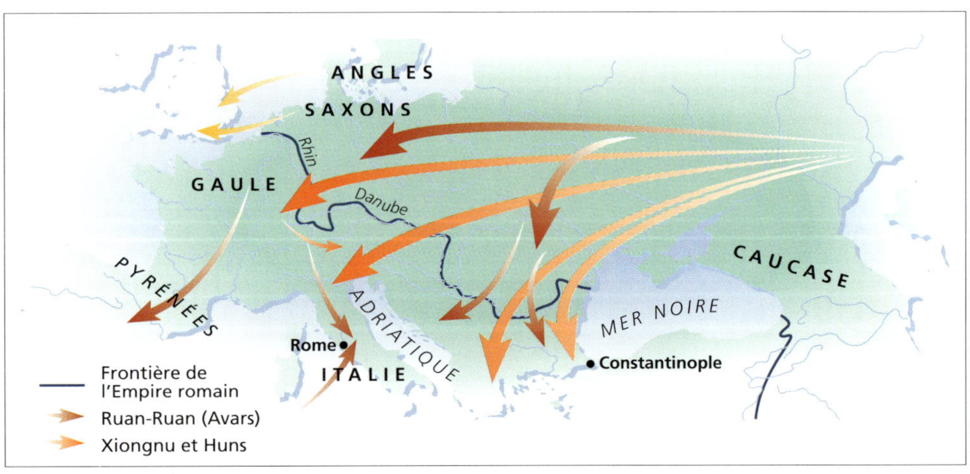

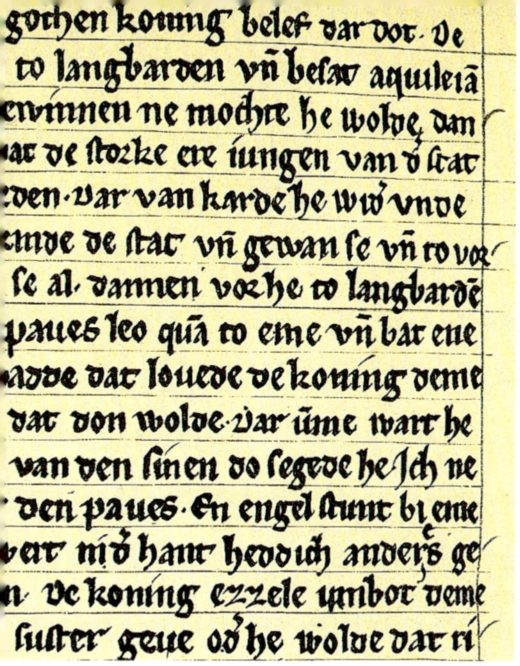
gothen koning belef dar dot. De
to langbarden vñ besat aquileiā
ewinnen ne mochte he wolde dan
ar de storke ere iungen van d stat
den. dar van karde he wid unde
inde de stat vñ gewan se vñ to vo
se al. dannen vorhe to langbardē
paues leo quā to eme vñ bat ene
adde dat louede de koning deme
dat don wolde. dar ūme wart he
van den sinen do segede he ich ne
den paues. En engel stunt bi eme
ert nid hant heddich anders ge
n. De koning ezzele untbot deme
suster geue od he wolde dar ri

des Huns : c'est dire le prestige dont il jouit alors. Mais, avant de se lancer dans cette expédition, Attila a bien pris soin de prendre contact avec le chef de la révolte des Bagaudes, qui sévit alors en Gaule, et d'enregistrer la proposition d'alliance que lui font les Vandales contre les Goths.

La défaite d'Attila

Après la défaite des champs Catalauniques, Attila rentre toutefois sans encombre en Pannonie, persuadé que ce revers est temporaire. À preuve, il revient l'année suivante, cette fois en Italie, où il pille tout le nord de la péninsule. Il s'empare de la ville d'Aquilée – dont la population est déportée en Pannonie –, puis de Padoue, Mantoue, Vicence, Vérone, Brescia et Bergame. Attila n'épargne Rome qu'en échange d'un lourd tribut versé par le pape Léon Ier et de la main d'Honoria. Après quoi, il repart vers l'est, inquiet de l'attaque de l'empereur Marcien sur le Danube.

Mais Attila meurt à son retour en Pannonie, en 453. Ses fils Ellac et Ernac se disputent son royaume, qui ne résiste pas à ces luttes intestines. La fédération hunnique se disloque ; les auxiliaires germaniques se rallient à d'autres vainqueurs, et Ellac est tué en 454, alors qu'il tente de mater la révolte. Les Huns, privés du roi qui leur apportait le butin, se dispersent. Certains entrent au service de l'empire d'Orient et sont cantonnés au sud du Danube ; d'autres restent tributaires de Rome en Pannonie orientale ; d'autres encore regagnent les steppes ukrainiennes, où ils se fondent avec les peuples nomades venus d'Asie pour former la nouvelle fédération des Bulgares. Après une dernière mention sous le règne de Zénon (474-491), les Huns entrent dans le silence de l'histoire. Seuls les chroniqueurs continuent à donner leur nom à des peuples, Avars ou Hongrois, surgis de la steppe asiatique. Mais le personnage d'Attila restera longtemps dans les mémoires, inspirant les plus grandes peurs.

Un héros national

Si, en France, Attila passe pour une brute sanguinaire qui faillit saccager Paris, il est devenu un des personnages majeurs de l'épopée germanique des *Nibelungen*. Même les lettrés islandais, 700 ans après les faits, feront une place de choix à *Atli* dans les poèmes eddiques. Surtout, en Hongrie, au XIXe siècle, les nationalistes engagés dans la lutte pour l'indépendance (la Hongrie faisait alors partie de l'empire d'Autriche-Hongrie) ont fait du « fléau de Dieu » le fondateur de la nation magyare, et Attila est aujourd'hui encore un prénom fréquemment donné aux nouveaux-nés hongrois.

▲ Affublé de cornes, Attila est représenté ici tel que l'histoire en a conservé le souvenir : en chef de horde diabolique (gravure du XIXe siècle).

◄ Les guerriers d'Attila font naître les peurs les plus sombres. Ne dit-on pas que, là où ils passent, l'herbe ne repousse pas ?

CLOVIS

Clovis peut être considéré comme le premier roi de France, pays qui doit son nom au peuple qu'il dirigeait alors. S'il a réussi à s'emparer de l'essentiel de la Gaule, c'est son alliance avec l'Église qui fit de son royaume le premier en Europe.

▲ Grégoire, évêque de Tours, a conservé dans son *Historia Francorum (Histoire des Francs)* le récit du règne de Clovis. Son œuvre constitue la première histoire de France connue.

▼ « Courbe la tête, fier Sicambre », ordonne l'évêque Remi au roi des Francs porté sur les fonts baptismaux. En se convertissant au christianisme, Clovis scelle l'union du trône et de l'autel, une union qui assurera la puissance de la monarchie durant des siècles. Plaque d'ivoire sculptée.

L'ENFANCE D'UN CHEF FRANC

Rien ne prédestinait Clovis, chef franc parmi d'autres, à créer un royaume à l'échelle de toute la Gaule. Les Francs (c'est-à-dire les « courageux », en germanique) sont à l'origine une ligue de guerriers installés en Germanie occidentale, qui commence ses incursions dans l'Empire romain dès le IIIe siècle. Une partie d'entre eux a été établie par les autorités romaines à l'ouest du delta du Rhin, tandis que d'autres restaient au-delà du *limes*, la frontière fortifiée de l'Empire. À partir de 450 environ, les Francs de l'Ouest, ou Saliens, commencent à descendre lentement vers le sud, occupant progressivement la région comprise entre Rhin et Somme, soit la Belgique et le nord de la France actuels. C'est à ce groupe qu'appartient Clovis.

Clovis est le fils de Childéric, le chef du principal groupe des Saliens, celui qui a établi sa « capitale » à Tournai. Près d'un demi-siècle après les faits, l'historien Grégoire de Tours affirme que Clovis mourut en 511 à l'âge de quarante-cinq ans : il serait donc né en 466, d'une mère thuringienne dénommée Basina. On ne sait rien de ses premières années, mais on peut supposer qu'il reçut une éducation guerrière précoce, comme celle dont témoignent les tombes d'enfants francs de cinq ou six ans inhumés avec leurs petites armes.

À la mort de son père (481-482), Clovis, qui appartient à la famille régnante des *Merovingi* (ou descendants de Mérovée), lui succède logiquement à la tête du « royaume » de Tournai qui regroupe la plupart des Francs saliens ; mais non la totalité, puisqu'il existe encore des tribus saliennes indépendantes, chacune dirigée par un roitelet. S'il se prétendait roi, Childéric n'a jamais eu la puissance des souverains burgondes ou goths, ni même celle de Sigebert, qui dirige le royaume des Francs rhénans, les cousins de l'Est installés autour de Cologne. Il n'en a pas moins entretenu d'excellentes relations avec les vestiges d'autorités romaines qui se sont maintenus tant bien que mal au nord de la Loire. Ayant reçu officiellement la tâche d'administrer des territoires faiblement romanisés, Childéric a en outre fait

La tombe de Childéric

En 1653, à Tournai, on a retrouvé le tombeau du père de Clovis. Inhumé non loin d'une nécropole de guerriers et de chevaux, le défunt était entouré de ses armes, de pièces d'orfèvrerie précieuse et des monnaies d'or que l'empereur Zénon lui avait fait parvenir comme solde. Ce mélange romano-barbare se retrouve sur l'anneau-sceau qui confère à Childéric le titre de roi : ce dernier y est représenté les cheveux longs, attribut de la royauté chez les Mérovingiens, et vêtu du manteau d'apparat des généraux romains.

combattre ses guerriers aux côtés des Romains contre les Wisigoths et les Alamans. Le silence sur les premières années de son règne laisse supposer que Clovis a poursuivi cette politique de bonne intelligence avec Rome. Elle ne va pas durer.

La conquête d'un royaume

Brusquement, en 486, Clovis attaque le territoire situé entre Loire et Somme, que contrôlait le général romain Syagrius. Peut-être a-t-il voulu ainsi prévenir une alliance de ce dernier avec des Francs rhénans de plus en plus menaçants ? Déjà les Francs avaient fait le blocus de Paris. À Soissons, Clovis obtient sa première victoire militaire. Elle lui permet d'étendre d'un coup sa domination jusqu'à la Seine. Il lui faudra encore quelque temps pour atteindre la Loire, mais l'expansion franque est bien entamée.

Clovis consacre les années suivantes à une double tâche : conserver le territoire acquis grâce à ses premières victoires et enraciner son pouvoir face aux autres chefs barbares. Pour cela, il lui faut parfois se battre, comme en 491, quand il défend les royaumes francs installés sur la rive gauche du Rhin contre les Thuringiens, peuple venu des profondeurs de la Germanie qui avait atteint le Rhin inférieur et qui menaçait le noyau de la puissance salienne. Mais Clovis essaie aussi de s'attirer la bienveillance des autres souverains barbares en menant une politique d'alliances matrimoniales. Il marie l'une de ses sœurs au puissant roi des Ostrogoths, Théodoric, et lui-même épouse vers 493 une princesse burgonde, Clotilde, alors qu'il avait déjà eu un fils (Thierry) d'une première femme

◄ *La Bataille de Tolbiac*, par Ary Scheffer (XIXe siècle). Remportée sur les Alamans vers 506 non loin de Zülpich, près de Cologne, cette victoire permit à Clovis de consolider les frontières à l'est de son royaume.

498 ?

Baptême de Clovis

En se convertissant au catholicisme, Clovis assoit définitivement la domination des Francs sur la Gaule.

CHRONOLOGIE◄

Naissance de Clovis.	**466**
Code d'Euric, compilation des lois wisigothiques.	**470-480**
Fin de l'Empire romain d'Occident : l'empereur Romulus Augustule est déposé.	**476**
L'empereur d'Orient, Zénon, passe un traité avec Childéric, roi des Francs saliens de Tournai et père de Clovis.	**476-477**
Gondebaud, roi des Burgondes.	**vers 480**
Clovis, roi des Francs saliens de Tournai.	**481-482**
Bataille de Soissons contre Syagrius.	**486**
Campagne contre les Thuringiens.	**491**
Théodoric, roi des Ostrogoths, est maître de l'Italie. Clovis épouse la Burgonde Clotilde.	**493**
Victoire sur les Alamans, durant laquelle Clovis aurait fait vœu de se convertir.	**496**
Baptême de Clovis.	**498 ?**
Clovis pénètre en territoire burgonde jusqu'à Vienne.	**500**
Loi Gombette, code des lois burgondes.	**501-515**
Victoire définitive sur les Alamans à Tolbiac.	**506**
Victoire sur les Wisigoths à Vouillé.	**507**
Compilation de la *Loi salique*.	**507-511**
Clovis à Tours, où il est porté en triomphe.	**508**
Concile des évêques francs à Orléans. Mort de Clovis.	**511**

▲ Selon la tradition franque, le butin amassé était partagé entre les guerriers. Quand Clovis exigea qu'on lui réserve le vase, pour le restituer à l'évêque, le soldat auquel on l'avait déjà attribué, le fracassa avec sa hache.

Le vase de Soissons

La principale source concernant le règne de Clovis est l'œuvre de l'historien Grégoire de Tours, qui rédigea son *Histoire des Francs* à partir de 573. Son récit est truffé d'anecdotes édifiantes, dont celle du vase de Soissons. En 486, à la suite de la victoire sur Syagrius à Soissons, Clovis voulut restituer à un évêque un précieux vase liturgique qu'on avait déjà attribué à un guerrier franc lors du partage du butin. Si le roi dut s'incliner devant le refus du soldat, il se vengea un an plus tard : alors qu'il passait en revue les troupes qui s'apprêtaient à partir pour la campagne de printemps, Clovis lui fit remarquer que ses armes n'étaient pas entretenues et le mit à mort. Destiné à célébrer le rapprochement entre Clovis et l'épiscopat gallo-romain, cet épisode, assorti de la phrase attribuée à Clovis (« Souviens-toi du vase de Soissons ! »), fit au XIXe siècle les délices des *Récits des temps mérovingiens* d'Augustin Thierry, dans lesquels puisèrent les manuels d'histoire de l'école républicaine.

▲ Guerrier wisigoth (miniature du XIIe siècle). Les « barbares » que craignait Rome étaient des soldats disciplinés et bien armés, dotés notamment de la lance à ailerons et de l'épée longue. Une tunique recouverte de maille de fer et un bouclier les protégeaient des coups de l'adversaire.

issue de la famille royale des Francs rhénans. Clotilde lui donne au moins cinq nouveaux enfants : Ingomer (né et mort en 494), Clodimir (495-524), Childebert (mort en 558), Clotaire (500-561) et Clotilde. Cette abondante progéniture pèsera lourd lorsqu'il s'agira d'organiser la succession du roi des Francs.

En attendant, Clovis reprend les armes pour repousser les Alamans (496). C'est lors de cette bataille que, d'après Grégoire de Tours, le chef franc aurait juré de se convertir au Dieu des chrétiens si celui-ci lui accordait la victoire. Ce que le roi solennisa en se faisant baptiser : décision qui allait définitivement assurer son succès.

Clovis le catholique

Les raisons d'embrasser la foi chrétienne ne manquent pas à Clovis, qui est toujours païen. Son épouse Clotilde, elle-même fervente catholique, l'y pousse ardemment, ainsi que les évêques, qui voient là un moyen de contrebalancer l'arianisme professé par tous les autres rois barbares : les peuples germaniques avaient été convertis à cette hérésie ancienne avant même de pénétrer dans l'Empire romain.

C'est l'un de ces prélats orthodoxes, Remi, évêque de Reims, qui mène les cérémonies grandioses du baptême royal. Après avoir suivi quelques mois de formation religieuse, Clovis, revêtu d'une robe blanche, symbole de sa pureté, s'immerge dans la piscine pour y recevoir l'onction – d'une huile consacrée – beaucoup plus tard, à l'époque carolingienne, on prétendra que le flacon d'huile a été apporté par la colombe du Saint-Esprit et que l'on continue à s'en servir pour l'onction du roi. À la suite de Clovis, 3 000 de ses guerriers sont baptisés, manifestant l'adhésion du peuple franc à la nouvelle foi de son roi.

Le jour choisi pour cet événement est celui de la Nativité du Christ. Mais les témoins ne précisent pas de quelle année il s'agit : ce fut entre 496, date officiellement choisie pour le 1 500e anniversaire du baptême de Clovis, et 508, peut-être en 498. Quoi qu'il en soit, la christianisation des Francs va permettre à Clovis d'asseoir son autorité sur l'ensemble de la Gaule. En effet, il peut désormais compter sur le soutien des populations catholiques gallo-romaines, contraintes de vivre sous la domination des souverains barbares adeptes de l'arianisme, mais aussi et surtout sur l'appui des cadres déjà puissants de l'Église, que le roi des Francs ne se privera pas d'utiliser.

L'entreprise conquérante de Clovis s'accélère en effet au début du VIe siècle. En 500-501, il mène un court raid contre le royaume de son oncle par alliance, le roi burgonde Gondebaud. Il échoue dans son entreprise, mais cette expédition marque le début d'une longue politique de coopération entre les Francs et les Burgondes, bientôt renforcée par la conversion de Gondebaud au catholicisme. De concert, les deux rois unissent leurs forces contre leurs puissants voisins communs, les Alamans, qui sont défaits à Tolbiac (actuelle Zülpich, près de Cologne) en 506, autant d'ailleurs par les forces des Francs rhénans de Cologne que par celles de Clovis.

Puis vient le tour des Wisigoths, dont le royaume s'étendait de la Loire au sud de

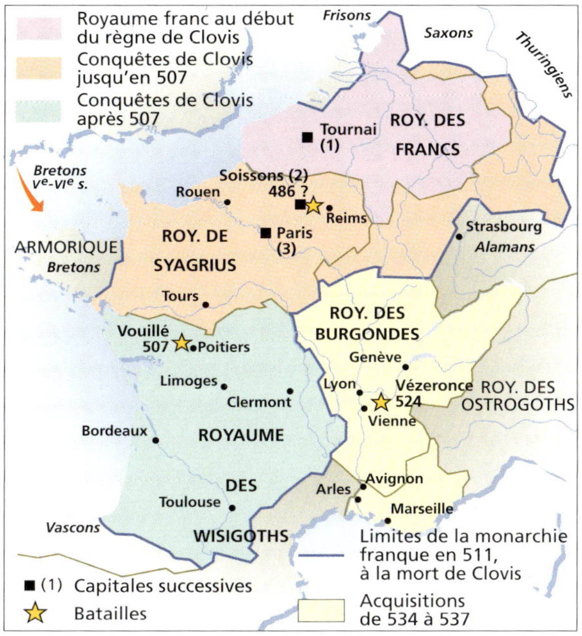

l'Espagne et qui bénéficiaient de l'appui du plus puissant des rois barbares, l'Ostrogoth Théodoric. Après plusieurs campagnes infructueuses, Clovis vient à bout d'Alaric II à Vouillé en 507, où il aurait tué son adversaire de ses propres mains ; les Wisigoths se replient au sud des Pyrénées, où ils se maintiendront jusqu'à l'invasion arabe de 711. Le roi des Francs a réussi à se rendre maître de la majeure partie de la Gaule : il ne lui manque que la Vasconie (future Gascogne) et la Septimanie (futur Languedoc).

Le plus grand roi barbare

Au retour de Vouillé, Clovis peut savourer son succès. À Tours, en 508, où il est venu visiter le tombeau de saint Martin, l'apôtre des Gaules, il est porté en triomphe dans la ville, à la manière des généraux vainqueurs à Rome. Il exhibe une lettre de l'empereur d'Orient, Anastaste, qui lui accorde la dignité (toute théorique) de consul et consacre sa prééminence sur les autres rois barbares. Fermement installé à Paris, où il fait construire un mausolée familial au-dessus du tombeau de sainte Geneviève, Clovis passe les dernières années de son règne à annexer, non sans mal, les petites principautés indépendantes de Gaule du Nord et le royaume de Cologne, qui l'empêchaient encore de se faire appeler roi des Francs. Dans le même souci d'unification, il fait compiler les usages de son peuple dans le *Pactus Legis Salicae*, la *Loi salique*, et réunit à Orléans, en juillet 511, un synode d'évêques qui organise l'Église de Gaule.

Après la mort de Clovis, le 27 novembre 511, le royaume qu'il avait patiemment construit sera partagé, selon la coutume germanique, entre ses fils Clodimir, Childebert, Clotaire et Thierry. Poursuivant la politique de conquêtes et d'expansion de leur père, ces derniers confirmeront la domination sur les Gaules de la dynastie que l'on nommera mérovingienne. Ils feront même du royaume des Francs la première puissance européenne.

L'Équipement des guerriers francs

L'instrument essentiel des conquêtes de Clovis fut son armée, où des Burgondes et des Gallo-Romains se mêlaient aux Francs. Constituée pour l'essentiel de fantassins libres convoqués chaque année au mois de mars, elle compte aussi des *leudes*, aristocrates liés par un serment de fidélité au roi qui, eux, combattent à cheval. L'arme principale dont ils disposent est l'épée longue à deux tranchants ; la souplesse et la solidité de ce chef-d'œuvre des forgerons germaniques expliquent sa redoutable efficacité : les cimetières livrent ainsi des crânes décalottés sans une esquille. Pour le combat au corps à corps s'ajoute le *scramasaxe*, long couteau à un seul tranchant. La longue lance à ailerons connue sous le nom d'*angon* est l'une des armes favorites des cavaliers francs. Quant à leur hache de guerre, elle est équipée d'un seul fer, et non du double fer dont la propagande du régime de Vichy munira bien plus tard la francisque.

◄ Le 22 septembre 1996, Jean-Paul II est à la cathédrale de Reims pour commémorer le 1500e anniversaire du baptême de Clovis et rappeler à la France qu'elle est la « fille aînée de l'Église ».

JUSTINIEN

En reprenant les territoires occidentaux aux Barbares et en promulguant un code de lois unifié, Justinien a presque réussi à rétablir l'Empire romain dans sa grandeur. Mais son œuvre concerna d'abord l'Orient : il fut ainsi le premier empereur byzantin.

L'EMPEREUR QUI NE DORT JAMAIS

L'homme qui monte sur le trône impérial en 527, à l'âge de quarante-cinq ans, a déjà l'expérience des affaires de l'État, acquise auprès de son oncle, l'empereur Justin Ier, qui, selon l'usage du temps, l'avait adopté pour lui succéder et lui avait donné par là même son nom : Justinien. Belle destinée pour celui qui était né Petrus Sabbatius dans une famille de paysans illyriens et qui avait épousé une actrice, Théodora, fille d'un montreur d'ours de l'hippodrome. Le nouvel empereur n'en est pas moins doté d'une solide culture classique ; il s'intéresse tout particulièrement au droit, et les débats théologiques le passionnent. Justinien, qui sera surnommé « l'empereur qui ne dort jamais » à cause de sa prodigieuse force de travail, passe cependant pour orgueilleux, maladivement jaloux, et surtout très influençable, ce qui ne constitue pas de moindres défauts pour un homme d'État.

Dès sa prise de pouvoir, l'empereur passionné de droit décide de mettre en chantier ce qui passe pour sa plus grande réalisation : le *Code*, dit *Code Justinien*. Il confie ainsi à une équipe de juristes, dont les plus connus restent Tribonien et Théophile, le soin de rassembler les lois romaines en même temps que de les réviser afin de les adapter aux réalités du VIe siècle. Ce gigantesque travail est promulgué en 529, puis une nouvelle fois en 534. Il est complété en 533 par une synthèse de la jurisprudence romaine, le *Digeste*. Les lois postérieures à 533 seront, quant à elles, réunies dans les *Novelles*, en partie rédigées dans la langue parlée à Constantinople, le grec. L'impact et la pérennité du corpus justinien seront immenses : à partir du XIIe siècle, il sera redécouvert par les juristes occidentaux et deviendra le fondement du droit dit « romain ». En homme pragmatique, Justinien s'emploie à contrôler l'enseignement de son nouveau code, qui ne peut se faire que dans trois villes, Beyrouth, Constantinople et Athènes ; à l'intention des étudiants, il fait rédiger un manuel d'initiation, les *Institutes*.

◄ En tentant de restaurer la grandeur de l'Empire romain, Justinien sera l'instigateur d'une brillante culture qui mêle les influences orientales, romaines et chrétiennes. Mosaïques du VIe siècle.

À LA RECONQUÊTE DES TERRES ROMAINES

Bien qu'il réside en terre grecque, Justinien est passionnément romain. Il est même obsédé par cette romanité qui ne cesse de s'étioler depuis les premiers coups de boutoirs des Barbares au Ve siècle. S'il pense avoir redonné avec le Code son armature juridique à l'Empire, il veut aussi restaurer celui-ci dans sa plus grande extension. Pour cela, il lui faut reconquérir les terres romaines d'Occident, désormais sous contrôle des envahisseurs germaniques.

▲ Le Code justinien s'intéressait à tous les aspects du droit. Ainsi prévoyait-il, comme le montre cette miniature du XIIIe siècle, d'obliger le propriétaire d'un arbre à l'élaguer s'il gênait la propriété de son voisin.

Avant de se lancer dans cette vaste entreprise, Justinien doit faire face à des dangers imminents. C'est d'abord de l'Orient que vient le péril : en 529, les Perses sont aux portes d'Antioche, et ce n'est qu'au prix de lourds tributs que Justinien obtient la paix éternelle avec leur roi Khosrô Ier. Mais les difficultés viennent aussi de l'intérieur et lorsque, en 532, malaise social et luttes religieuses se rejoignent à Constantinople, la sédition populaire dite « de Nika » manque de faire chanceler le trône. Il faut toute la détermination de sa femme, Théodora, pour que Justinien consente à rester dans la capitale. Paniqué, il envoie son général Bélisaire écraser dans le sang les insurgés à l'hippodrome, où tombent 30 000 personnes. L'empereur a enfin les mains libres pour concrétiser son rêve.

Très vite, les armées impériales reprennent pied en Afrique du Nord. Le 15 septembre 533, Bélisaire et ses 16 000 hommes s'emparent facilement de Carthage, puis capturent le roi vandale Gélimer. Les îles voisines, la Corse, la Sardaigne et les Baléares, sont également reprises. Fort de ce fulgurant succès, Bélisaire peut alors tourner ses troupes vers le berceau de l'Empire romain, l'Italie. En 535, deux armées attaquent la péninsule, alors sous la domination des Ostrogoths, et Bélisaire entre dans Rome le 10 décembre 536. La résistance est cependant autrement plus vive qu'à Carthage, et Justinien, que l'on dit jaloux des succès grandissants de son général, limoge Bélisaire, ce qui permet au roi goth Totila de

Révolte à l'hippodrome

L'hippodrome de Constantinople était partagé entre deux factions : les Bleus et les Verts. Ces clubs de supporters chargés d'organiser les courses s'affrontaient d'autant plus volontiers que les Verts se réclamaient du monophysisme et que les Bleus étaient orthodoxes. En 532, les ennemis s'unissent au cri de *Nika* (« Vaincs ») et prennent possession de la ville. Finalement refoulés dans l'hippodrome, les révoltés incendient la cathédrale Sainte-Sophie dont la reconstruction sera l'une des grandes réalisations de Justinien.

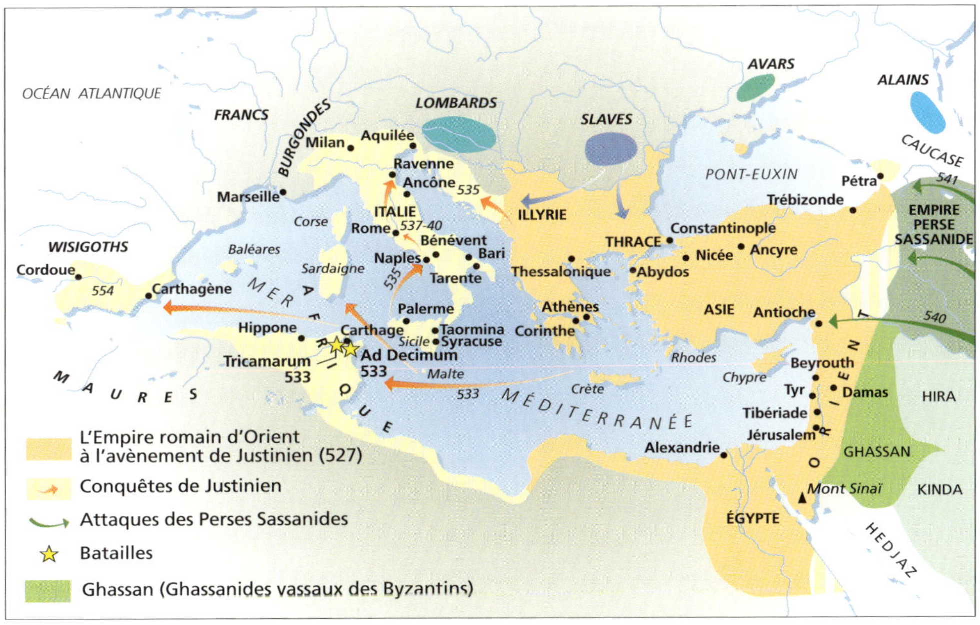

529

Code Justinien

L'empereur confie à une équipe de juristes le soin de rassembler les lois romaines en même temps que de les réviser afin de les adapter aux réalités du VIe siècle.

CHRONOLOGIE

Naissance de Petrus Sabbatius, futur empereur sous le nom de Justinien Ier. 482

Avènement de Justinien. 527

Code Justinien ; Justinien interdit aux païens d'enseigner, mettant fin à l'école néoplatonicienne d'Athènes ; les Perses aux portes d'Antioche. 529

Khosrô Ier roi des Perses. 531

Sédition Nika ; paix éternelle avec l'Empire perse. 532

Justinien fait reconstruire la cathédrale Sainte-Sophie à Constantinople. 532-537

Bélisaire reprend Carthage. 533

Le préfet du prétoire Jean de Cappadoce tente en vain de réformer l'administration provinciale. 535-536

Bélisaire entre dans Rome. 536

Les Perses prennent Antioche et les Bulgares apparaissent dans les Balkans. 540

Épidémie de peste en Orient. 541-542

Mort de l'impératrice Théodora. 548

Le concile des Trois Chapitres convoqué par Justinien ne parvient pas à mettre fin au schisme monophysite. 553

Fin du royaume ostrogothique d'Italie. 555

Paix de cinquante ans entre Justinien et l'Empire perse ; les Avars atteignent le Danube. 561

Mort de Procope de Césarée, secrétaire de Bélisaire et historien du règne de Justinien. 562

Mort de Bélisaire ; mort de Justinien. 565

▲ Monnaie à l'effigie de Justinien, VIe siècle. Les réformes de Justinien ne purent s'effectuer qu'au prix d'une fiscalité écrasante, destinée à entretenir les armées de la reconquête. Il fallait aussi assumer l'orgueil d'un empereur bâtisseur.

reprendre Rome (546). Refusant d'abandonner le symbole italien, l'ombrageux empereur envoie un autre général, Narsès : en 555, les derniers Ostrogoths capitulent et l'Italie vient s'ajouter au littoral méditerranéen de la péninsule Ibérique repris aux rois des Wisigoths.

Bâtisseur et chef de l'Église

C'est ainsi que Justinien, au prix de plus de vingt ans de campagnes, a replacé l'ensemble du monde méditerranéen, à l'exception de la Gaule, sous l'autorité impériale. Mais n'a-t-il pas vu trop grand ? Il est difficile de préserver un empire aussi immense, et Justinien semble d'ailleurs oublier de protéger les Balkans, alors dépeuplés, de la pression toujours grandissante des Huns ou des Slaves. Les populations sont écrasées d'impôts par un souverain qui ne rechigne devant aucune dépense.

Pour retrouver le souffle de la grandeur romaine, Justinien se lance dès son avènement dans une grande politique de constructions, laïques et religieuses. Des villes nouvelles sortent de terre, des ponts, des routes et des bains publics s'édifient. Mais ce sont aussi les monuments de la chrétienté qu'entend bâtir Justinien, au nom de l'autorité spirituelle qu'exerce l'empereur depuis le temps de Constantin. Si on lui doit l'église Saint-Vital de Ravenne, sa grande œuvre reste Sainte-Sophie, l'immense basilique à coupole édifiée entre 532 et 537 à Constantinople. Anthémios de Tralles et Isidore de Milet y portent à leur apogée l'architecture et l'art de l'époque. La divinisation de l'empereur, à la manière romaine, est explicite : lorsque celui-ci vient se placer solennellement sous la coupole, à la verticale du Christ *Pantokratôr* (« Maître de Tout »), l'assistance a bel et bien sous les yeux le représentant de Dieu sur terre.

Ce souverain en majesté ne règne pas toujours avec sérénité dans un siècle que l'on baptisera plus tard « siècle de Justinien ». C'est d'abord le respect de l'autorité de l'État qui nécessite bien des efforts. Dans les campagnes, les magnats, les potentats locaux à la tête de milices privées se rient des représentants de l'empereur. La réforme administrative tentée par le préfet du

BÉLISAIRE

Un général ambitieux et cupide

Bélisaire est un proche de Justinien et aussi de Théodora, dont il a épousé une amie. L'écrasement de la révolte Nika, en 532, lui vaut la pleine confiance de l'empereur, qui le charge de la lourde tâche de reconquête. Mais les contretemps qu'il rencontre en Italie entraînent sa disgrâce. Disgrâce toute temporaire puisque c'est encore à lui que l'on confie la défense des Balkans en 559-560. S'étant toujours tenu à l'abri des querelles politiques et religieuses, Bélisaire put jouir d'une confortable retraite : à sa mort, la même année que celle de Justinien, il laissait une fortune considérable qui lui valut une réputation bien avérée de cupidité ; selon un roman du XIIe siècle, il aurait été puni de ce vice en finissant aveugle et mendiant. Les différentes œuvres historiques de Procope, secrétaire du général, firent beaucoup pour sa gloire et… pour la mauvaise réputation de Justinien et de Théodora, qui avaient eu le tort de ne plus l'apprécier !

▲ Devenu aveugle, Bélisaire est contraint de mendier, tableau de David, 1784. Ce grand général a suscité de nombreuses légendes et inspiré beaucoup d'œuvres, jusqu'à Goldoni et Marmontel.

◄ L'église Saint-Vital à Ravenne compte parmi les plus belles réalisations byzantines en Italie, et recèle des fresques et des mosaïques d'une grande richesse à la gloire de Justinien et de Théodora.

prétoire Jean de Cappadoce en 535-536 se heurte à une situation si confuse que son application ne peut qu'être ajournée.

Mais Justinien doit aussi tenter d'apaiser les querelles religieuses qui agitent l'Empire, plus particulièrement en ses régions orientales. Les chrétiens y sont en effet profondément divisés sur la question théologique de la nature de Jésus-Christ : certains, suivant la position officielle de l'Église, affirment qu'en Jésus existent deux natures, humaine et divine. Mais d'autres, dont Théodora elle-même, adoptent l'hérésie monophysite qui ne reconnaît qu'une seule nature en Jésus, la nature divine. L'enjeu et les troubles sont tels que la Palestine, la Syrie et l'Égypte, à majorité monophysite, menacent de faire sécession. Les efforts de l'empereur théologien s'avèrent vains, et le concile qu'il provoque à Constantinople en 553 reste sans effet. Les positions sont déjà figées, et Justinien ne pourra réconcilier ses sujets. Mais, hors du christianisme, point de salut ! L'empereur prive les païens de leurs droits civiques et ferme l'Académie d'Athènes, où se perpétuait la pensée de Platon : c'est la fin de la philosophie grecque.

Le premier empereur byzantin

Lorsqu'en 565 Justinien meurt, le travail qu'il a accompli paraît immense. L'unité du monde romain est rétablie, et l'Asie Mineure connaît un véritable apogée. Le soulagement avec lequel la population accueille la mort de son souverain n'a cependant que l'apparence du paradoxe : soumise à une très lourde fiscalité destinée au financement de la reconquête, encadrée par un pouvoir municipal en crise, elle est aussi très violemment frappée, physiquement et moralement, par l'apparition de la peste en 541-542, dite « peste justinienne ». De plus, la reconstitution de l'Empire romain était artificielle et l'héritage de Justinien ne put être conservé par les générations suivantes. Pour avoir négligé la protection des Balkans, et malgré de coûteux efforts pour contenir la pression barbare (octroi de titres honorifiques mais aussi lourds tributs), Justinien ne laissait qu'un fragile apogée. Cinquante ans après sa mort, les Lombards sont installés en Italie, les Wisigoths ont rétabli leur souveraineté sur l'Espagne, la Syrie et l'Égypte sont envahies par les Perses. Pensant rétablir l'Empire romain universel, Justinien, dernier empereur latinophone, a en fait présidé à la véritable naissance de l'Empire byzantin, de langue grecque et limité à l'Orient.

Sainte-Sophie, église de lumière

L'historien Procope de Césarée, dans son *Livre des édifices*, fait l'éloge des bâtiments construits par Justinien, dont la basilique Sainte-Sophie, « qui rassembla des ouvriers de toute la terre », dirigés notamment par « Anthémios de Tralles, le plus qualifié dans la science dite "mécanique", non seulement des gens de son époque, mais de tous les temps passés ». Le résultat est extraordinaire : l'église « se distingue par son indicible beauté, tant par sa taille que par l'harmonie des mesures, n'ayant rien de trop ou qui manque... elle est éclairée par les rayons du soleil d'une façon singulière : on croirait qu'il ne vient pas du dehors, mais que ses rayons proviennent de l'intérieur même, tant est abondante la lumière qui se déverse dans l'édifice ». La lumière est encore plus belle dans la coupole : « Grâce à l'éclairage, l'édifice semble ne pas reposer sur ses solides fondations, mais recouvrir l'espace qui se trouve dessous comme s'il était suspendu au ciel par une fabuleuse chaîne d'or. »

◄ L'intérieur de la basilique Sainte-Sophie d'Istanbul, chef-d'œuvre de l'art byzantin. La plus grande des basiliques à coupoles est devenue une mosquée en 1453.

BENOÎT DE NURSIE

Abbé d'un modeste monastère d'Italie du Sud, Benoît de Nursie n'acquit la célébrité qu'après sa mort. C'est le succès considérable de la règle élaborée pour sa communauté du Mont-Cassin qui en a fait le « père des moines d'Occident ».

L'homme dont la règle a structuré l'essentiel du monachisme occidental demeure très mal connu. Certes, les *Dialogues* du pape Grégoire le Grand, écrits une trentaine d'années après sa mort, lui consacrent de longs développements. Mais c'est pour le présenter comme un faiseur de miracles plus que comme un fondateur de communautés originales : Benoît est l'un de ces hommes de Dieu que le pape propose comme modèles aux habitants d'une Italie ruinée par les guerres de la fin du VIe siècle.

ASCÈTE ET ABBÉ

Fils d'une bonne famille de Nursie, dans la région montagneuse de l'Ombrie, le futur saint suit à Rome l'enseignement classique que le roi ostrogoth Théodoric s'attache à perpétuer. C'est pourtant une autre voie que choisit Benoît, celle du « désert » où l'on pratique la « docte ignorance ». Il se retire donc loin du monde : dans une grotte située en pleine montagne, près de Subiaco, il mène pendant trois ans une vie ascétique et solitaire. Sa réputation lui attire des disciples, puis bientôt des inimitiés. Choisi comme abbé par les moines d'un établissement voisin, il doit les fuir après que ceux-ci ont tenté de l'empoisonner. Revenu à Subiaco, il y fonde de petites communautés rassemblant les ermites dispersés dans les montagnes. Les nobles romains lui confient leurs enfants, dont certains deviendront ses disciples préférés, comme Maur et Placide. L'hostilité du clergé local, qui se méfie de ce pullulement d'ermites mal contrôlés, oblige Benoît à se déplacer d'une centaine de kilomètres vers le sud. Au sommet de la montagne qui surplombe la ville de Cassino, il fonde, vers 529, le monastère du Mont-Cassin.

Mort vers 547, Benoît y est enterré avec sa sœur Scholastique. Une vingtaine d'années plus tard, les Lombards détruisent le Mont-Cassin, et c'est dans les ruines de cette abbaye qu'un moine de Fleury retrouve le corps saint en 673 et le rapporte à son monastère, qui sera désormais appelé Saint-Benoît-sur-Loire. Si les reliques de saint Benoît ont été si âprement recherchées, c'est moins pour leurs vertus miraculeuses que par révérence envers l'auteur de la règle monastique la plus répandue.

◄ Saint Benoît a invité les chrétiens à devenir des hommes d'exception par le travail, le silence de la contemplation et la fraternité communautaire, forgeant l'idéal monastique d'Occident. Fresque de l'église San Miniato al Monte de Florence, XIVe siècle.

« UNE PETITE RÈGLE POUR LES DÉBUTANTS »

Longtemps considérée comme la charte de naissance du monachisme occidental, cette règle n'est en fait qu'un résumé d'un texte antérieur, *la Règle du maître*, que le fondateur du Mont-Cassin a adaptée aux besoins

vers 540

Rédaction de la règle bénédictine

Conciliant austérité et modération, activités manuelles et intellectuelles, cette règle s'étend peu à peu à l'essentiel des moines d'Occident.

▲ Témoin de la puissance spirituelle et culturelle de l'ordre bénédictin, l'abbatiale du monastère de Saint-Benoît-sur-Loire où auraient été transportées les reliques du saint. On estime à plus de 20 000 le nombre d'abbayes et de prieurés bénédictins édifiés dans le monde.

de sa communauté. Mais, par rapport aux règles très dures en usage chez les moines orientaux ou irlandais, celle de saint Benoît se caractérise par sa modération. Prenant acte de ce que la vie solitaire n'est réservée qu'à des hommes d'exception, elle s'attache avant tout à définir les cadres d'une vie communautaire, fondée sur l'obéissance au père (c'est le sens originel du mot *abba*) et sur la charité mutuelle entre les frères. Benoît limite aussi les exigences d'ascèse : les jeûnes sont réduits, et l'on autorise même les moines à boire du vin et ceux qui sont malades à manger de la viande.

Le « père des moines d'Occident »

Partageant la vie du moine entre la prière, la méditation et le travail manuel, saint Benoît conçoit sa communauté comme autonome, disposant de ses terres, de ses moulins, de ses forges et de son scriptorium, c'est-à-dire son atelier de copie, ce qui convient bien aux conditions économiques et culturelles d'un monde où le commerce décline et où les écoles disparaissent.

Le pape Grégoire le Grand est à l'origine de la diffusion d'une règle dont il a pu apprécier la qualité lorsque les moines du Mont-Cassin se sont réfugiés à Rome après la destruction de leur monastère. Les envoyés de Grégoire emploient cette règle pour christianiser l'Angleterre, d'où elle est rapportée plus tard par les missionnaires évangélisant la Germanie. Rien d'étonnant à ce que les Carolingiens aient cherché à la généraliser à l'Empire tout entier : ce sera l'œuvre d'un autre saint Benoît, dit d'Aniane, au début du IXe siècle. La règle élaborée pour un petit monastère de Campanie allait servir de référence à tous les moines d'Occident, à l'exception des chartreux.

GRÉGOIRE LE GRAND

Le premier pape médiéval

Quoique appartenant à l'une des illustres familles de l'aristocratie sénatoriale qui occupent depuis des siècles les plus hautes charges à Rome, Grégoire Ier (vers 540-604) est le premier pape médiéval. Tout en maintenant les liens de la papauté avec Byzance, où il représente l'Église romaine avant d'accéder au pontificat, il s'emploie à convertir au christianisme les peuples barbares, en envoyant notamment une mission d'évangélisation auprès des Anglo-Saxons. Ses écrits sont très marqués par sa vocation monastique et par sa conscience de vivre une époque difficile (l'Italie a été ravagée par la reconquête de Justinien puis par l'invasion des Lombards), où seule l'Église peut constituer un rempart. Sa morale, imprégnée de mysticisme et d'ascétisme, a une profonde influence sur les clercs du haut Moyen Âge.

◄ Saint Benoît veille sur Germanus, évêque de Capoue (miniature du XIe siècle).

CHRONOLOGIE

Naissance de Benoît à Nursie.	vers 480
Le roi des Ostrogoths, Théodoric, est maître de l'Italie.	493
Baptême de Clovis.	496-498
Édit de Théodoric généralisant le droit romain pour tout le royaume ostrogoth.	vers 500
Le philosophe et haut fonctionnaire Boèce est exécuté sur ordre de Théodoric.	vers 524
Mort de Théodoric.	526
Avènement de Justinien.	527
Fondation du monastère du Mont-Cassin.	vers 529
Guerres gothiques entre Ostrogoths et Byzantins.	535-553
Le général byzantin Bélisaire s'empare de Rome.	536
Naissance de Grégoire le Grand, futur « biographe » de saint Benoît. **Rédaction de la règle bénédictine.**	vers 540
Benoît reçoit le roi goth Totila au Mont-Cassin.	542
Totila reprend Rome.	546
Mort de Benoît de Nursie.	vers 547

MAHOMET

Marchand tardivement convaincu d'être prophète, Mahomet réussit, non sans mal, à imposer aux tribus d'Arabie une nouvelle religion. Du foyer de Médine, l'islam va connaître après la mort du Prophète une expansion foudroyante.

▲ « Allah est grand », calligraphie sur un carreau de céramique. L'islam interdisant de représenter le visage du Prophète et des saints, la calligraphie arabe est devenue l'un des ornements les plus prisés des mosquées.

LE MARCHAND DE LA MECQUE

Amina vient de perdre son mari Abdallah lorsqu'elle met au monde son premier-né Muhammad, que l'Occident allait connaître sous le nom de Mahomet. Sans ressource, la jeune femme court trouver refuge auprès de son beau-père, le vénérable Abd al-Muttalib, avant de confier son fils en nourrice à une tribu nomade, comme le veut la tradition dans les grandes familles : malgré sa pauvreté, l'enfant appartient en effet au clan des Hachémites, l'un des groupes les plus connus de La Mecque. Le jeune garçon ne rentre du désert qu'à six ans, fortifié par l'air pur et lié à jamais à ses frères de lait.

Il découvre alors La Mecque, ville prospère d'Arabie, passage obligé des caravanes qui cheminent doucement, au pas des chameaux, sous un soleil ardent. La cité est aussi connue pour son sanctuaire, la Kaaba, dont l'origine se perd dans la nuit des temps. Chaque année, de nombreux pèlerins viennent tourner sept fois autour de l'immense cube qui renferme plus de 360 divinités. Mais à peine l'enfant a-t-il retrouvé sa mère que celle-ci décède. Deux ans plus tard, c'est Abd al-Muttalib, qui s'éteint à son tour. Le petit orphelin est alors pris en charge par son oncle, le marchand Abu Talib, auprès de qui il apprend la religion de ses pères, mais aussi le commerce, peut-être la lecture et l'écriture.

Devenu un jeune homme calme, intelligent et raisonnable, Mahomet attire l'attention d'une riche veuve, Khadidja, qui cherche un homme de confiance pour superviser ses caravanes. Pendant près de cinq ans, Mahomet sillonne le désert : c'est alors que Khadidja lui propose de sortir du célibat prolongé que semble lui imposer sa pauvreté. Faisant fi des oppositions soulevées par la différence de fortune et d'âge – Mahomet a vingt-cinq ans et Khadidja près de quarante –, l'union est conclue en 595.

C'est une nouvelle vie qui commence. Le pauvre orphelin obligé de s'employer chez les autres est maintenant un personnage considéré de La Mecque.

Mahomet mène une vie tranquille. Pour faire son bonheur, il ne lui manquerait qu'un fils, mais tous meurent en bas âge. Les quatre filles que lui donne Khadidja ne suffisent pas à consoler un homme que la

◄ Les traits non représentés pour éviter l'idolâtrie, le prophète Mahomet a révélé l'islam, une religion qu'embrassera une part importante de l'humanité.

tradition arabe considère comme mutilé par l'absence de descendance mâle. Il adopte donc son cousin Ali, et un esclave, Zayd.

La Révélation

Alors qu'il est déjà un homme d'expérience, le marchand commence à être assailli de doutes, de questions. Lors de ses nombreux voyages, il a croisé juifs et chrétiens, qui croient en Dieu. Ce Dieu, il le connaît, c'est Allah, « la Divinité », que les Arabes eux aussi révèrent, mais en lui associant d'autres divinités. On lui raconte que c'est Lui qui a tout créé, que c'est par Lui que tout s'explique. Il apprend aussi qu'un jour, Il ressuscitera les corps et jugera souverainement tous les hommes. Voilà qui prend une résonance toute particulière dans la crise profonde qui secoue alors la société mecquoise : les fortunes considérables amassées avec le pèlerinage et le profit des caravanes ont tourné les têtes, et les règles immémoriales du code bédouin sont chaque jour violées par l'affairisme. De plus, Byzance, la seconde Rome, paraît sur le point de tomber sous les coups des Perses, comme semble l'annoncer l'*Apocalypse*. Pour se préparer au grand jour, il faut se mettre en paix avec la Divinité.

Dans cette atmosphère tumultueuse, Mahomet choisit la retraite. Il se rend régu-

La Kaaba

La tribu des Quraychites, à laquelle appartiennent tous les acteurs des débuts de l'islam, a su donner au sanctuaire de La Mecque un prestige considérable. Le centre en est constitué par la Kaaba, monument cubique proche du puits de Zemzem et entouré d'une enceinte sacrée, dans lequel est enchâssée une Pierre noire très vénérée. Y ont été rassemblées les idoles des multiples dieux adorés par les tribus alliées aux Quraychites, faisant de La Mecque un symbole fort de l'identité arabe. Dès la fin du ve siècle s'y déroulent deux pèlerinages : la *umra,* ou petit pèlerinage qui se limite à la ville, et le *hadj*, qui intègre aussi les environs de La Mecque, par exemple le lieu supposé de l'immolation d'Ismaël par Abraham. En 630, Mahomet détruit les idoles polythéistes de la Kaaba et réorganise le *hadj*, qui finira par comprendre les nouveaux lieux saints de l'islam, comme la tombe de Khadidja, la maison du Prophète ou le lieu du pacte d'Aqaba.

▼ Premier lieu sacré de l'islam, La Mecque, avec en son centre la Kaaba, accueille chaque année des millions de pèlerins. Ce pèlerinage est la cinquième obligation faite à tout musulman.

622

Mahomet émigre à Médine

L'Hégire, qui voit le prophète et ses compagnons fuir La Mecque, marque le véritable début de la communauté musulmane.

Chronologie

Naissance de Mahomet, fils d'Abdallah, du clan mecquois des Hachémites. **571**

Mariage de Mahomet avec Khadidja. **595**

Début de la campagne des Perses qui occupent la Syrie, la Palestine et l'Égypte, enlevées à l'Empire byzantin. **602**

Vision de Mahomet : l'ange Gabriel lui annonce sa vocation prophétique. **611**

Serment d'Aqaba entre les Médinois et les fidèles de Mahomet. **621**

Mahomet émigre à Médine. **622**

Les compagnons de Mahomet s'emparent d'une caravane mecquoise à Badr. Mahomet rompt avec les juifs de Médine et décide que la prière s'effectuera désormais tourné vers La Mecque et non plus Jérusalem. **624**

Les Mecquois battent les musulmans à la bataille d'Uhud. **625**

À la « bataille du fossé », les musulmans repoussent les Mecquois. **627**

Mahomet se rend à La Mecque où il conclut un pacte avec les dirigeants de la ville. **628**

Premier pèlerinage des Émigrés à La Mecque. L'empereur byzantin Héraclius récupère les territoires conquis par les Perses. **629**

Mahomet prend le contrôle de La Mecque : le clan des Omeyyades, rivaux traditionnels des Hachémites, se soumet à lui. L'influence musulmane commence à s'exercer sur toute l'Arabie et le sud de la Syrie. **630**

Mahomet effectue son dernier pèlerinage à La Mecque puis meurt. **632**

MAHOMET

lièrement, à l'instar des ascètes, dans une caverne du mont Hira, non loin de La Mecque, pour méditer et prier Allah de l'éclairer. C'est là que, une nuit de 611, alors qu'il s'est assoupi, une créature, identifiée plus tard comme l'ange Gabriel, lui apparaît et déclare : « Tu es l'Envoyé de Dieu, le Prophète d'Allah. »

C'est un homme terrifié qui court se réfugier auprès de la rassurante Khadidja. Il retourne cependant dans la caverne, où les révélations continuent, pénibles, épuisantes. Dans la nuit dite « de la Destinée », la voix lui ordonne : « Récite : *au nom de ton seigneur qui a créé.* » Ce sont les premiers mots du Coran, la Récitation par excellence. Désormais, Mahomet rapportera aux hommes la Parole divine : il sera un prophète.

LES CINQ PILIERS DE L'ISLAM

Le nouveau musulman manifeste sa conversion en récitant la *chahada* ou profession de foi (« Il n'y a de Divinité qu'Allah et Mahomet est son Prophète »). À partir de ce moment, son existence est réglée par un calendrier précis : cinq fois par jour, il doit prier en se tournant vers La Mecque ; une fois par an, il doit abandonner une partie de ses biens au chef de la communauté et, pendant un mois, jeûner tant que dure le jour ; enfin, une fois dans sa vie, il doit accomplir le pèlerinage dans la ville natale de Mahomet.

LES DIFFICULTÉS D'UN PROPHÈTE

Les premiers disciples de Mahomet sont naturellement les gens de sa maisonnée, Khadidja, Ali et Zayd. Puis Mahomet s'enhardit à exposer la Parole dans la ville et enregistre bientôt quelques conversions, pour la plupart de jeunes gens, parfois de très bonne famille. L'un des premiers à se rallier est un riche commerçant, Abu Bakr, homme plein de bon sens qui restera jusqu'à la fin l'ami fidèle du Prophète. Le message ne rencontre d'abord pas d'opposition franche, tout au plus du scepticisme, voire des railleries. Mais lorsqu'on demande à Mahomet de clarifier la position de son Dieu sur le polythéisme mecquois, le conflit éclate : après avoir admis l'existence de ces divinités sous l'influence de Satan – ce sont les versets sataniques –, le Prophète revient sur sa déclaration et affirme hautement qu'Allah est le seul Dieu. Ce qui vaut au groupe des premiers croyants insultes et pressions physiques. Conseillant aux plus fragiles de prendre la route du royaume chrétien d'Abyssinie, qui saura se montrer accueillant, Mahomet reste à La Mecque, en compagnie d'une soixantaine de fidèles qui affrontent l'hostilité générale.

Mais les conversions continuent et l'exclusion est l'occasion de s'affirmer. Mahomet met en place le rituel, qui reste encore très simple et s'inspire des exercices pieux des chrétiens d'Orient (prosternations, saluts par inclination profonde du buste, récitation de fragments du Coran en direction de Jérusalem). Si les révélations encouragent des valeurs morales traditionnelles comme la charité, la piété ou l'honnêteté, elles introduisent aussi une dimension nouvelle : la crainte. Désormais, il faut penser sa vie, peser ses actes en vue du Jugement dernier. Et surtout, il faut se soumettre à la volonté d'Allah : plus tard, les « fidèles » de la nouvelle religion s'appelleront les *moslim* (terme qui donnera « musulmans »), c'est-à-dire ceux qui sont « soumis à Allah ».

Le groupe se serait pourtant peut-être noyé dans la masse des sectes englouties par l'histoire si l'année 619 n'avait plongé Mahomet dans la plus complète insécurité. Le Prophète voit en effet disparaître à quelques jours d'intervalle Khadidja et Abu Talib, qui n'avait cessé de le protéger. Celui qui prend alors la tête du clan hachémite n'aime pas particulièrement Mahomet et son indifférence se transforme en haine quand le Prophète lui affirme que ses ancêtres, infidèles, brûlent en enfer par la

▼ Du haut du minaret de la mosquée, le muezzin, un fonctionnaire religieux, rappelle à la communauté l'obligation quotidienne de prier cinq fois par jour : à l'aurore, à midi, au milieu de l'après-midi, au crépuscule et une fois la nuit tombée.

▲ L'armée de Mahomet devant le temple des idoles (miniature du XIIIe siècle). L'islam prend naissance dans une guerre sainte qui n'est à l'origine qu'un incessant conflit entre tribus bédouines pour contrôler les routes commerciales.

volonté d'Allah… Le blasphème est terrible, et le clan exclut l'insolent, qui, se sentant désormais en danger permanent, envisage de quitter La Mecque.

L'Hégire

Ce sont les habitants de Yathrib, devenue plus tard « la ville du Prophète » (*Madinat al-Nabi,* d'où Médine), qui vont fournir aux fidèles l'asile nécessaire. Venus en pèlerinage à La Mecque en 620, quelques Médinois proposent à Mahomet leur protection, contre son arbitrage dans les conflits qui minent la vie de la cité. La proposition devient serment solennel à Aqaba, un défilé rocheux des environs de La Mecque où, en 621, à l'abri des regards, 75 Médinois jurent de combattre aux côtés de Mahomet. Quelques jours plus tard, les premiers musulmans prennent la route de Médine. Mahomet sera le dernier à partir, avec le fidèle Abu Bakr, échappant de peu à une tentative d'assassinat. Le 24 septembre 622, quand Mahomet arrive à Médine après avoir semé les Mecquois lancés à sa poursuite, c'est le début d'une ère nouvelle, l'*hidjira* (Hégire), autrement dit l'« Émigration ». La Tradition fixera toutefois le début de l'ère musulmane le 16 juillet 622, au début de l'année lunaire.

Après avoir fixé sa résidence sur un terrain inculte de Médine, le Prophète organise un premier sanctuaire musulman, que l'on nomme *masjid* (la future « mosquée »). Les autres Émigrés trouvent à s'employer dans les palmeraies et forment avec les Médinois ralliés – les Auxiliaires – une communauté qui ne rejette pas formellement les tribus arabes sceptiques ni même les juifs de la ville : les révélations du Prophète tentent d'ailleurs de rapprocher les deux religions, reprenant par exemple l'idée du jeûne d'expiation ainsi que les interdits alimentaires judaïques et permettant d'épouser les femmes juives. Mahomet affermit son autorité spirituelle sur le groupe, et ses révélations apaisent les tensions entre les clans de la cité, en limitant par exemple la vengeance à une vie pour une vie.

Le combattant de Médine

La position des Émigrés n'est pourtant pas tenable bien longtemps. Ils sont partis en abandonnant leurs biens et ne peuvent que survivre. Dès l'hiver 623, Mahomet décide d'armer ses hommes et d'organiser des razzias contre les caravanes mecquoises. Traditionnel dans l'économie de subsistance du désert, ce coup de main consiste à voler le bétail et les marchandises d'une tribu hostile, en évitant dans la mesure du possible l'effusion de sang. Le premier raid ne rapporte qu'un butin bien maigre, et le scandale d'avoir tué un Mecquois durant un mois d'interdiction rituelle. Il faut aller plus loin et, en mars 624, 300 hommes s'embusquent au puits de Badr, près duquel doit passer une riche caravane mecquoise. Le succès cette fois est total et, Mahomet en est sûr, il faut voir dans cette victoire la main d'Allah. Désormais, il ne parlera plus de razzia, mais de *djihad*, guerre sainte menée contre les Infidèles. Non sans risque, car l'année suivante 3 000 Mecquois viennent laver l'affront de Badr. Deux ans plus tard, en mars 627, ce sont 10 000 guerriers qui marchent sur Médine, bien décidés à

Le Coran

La révélation dont Mahomet est le prophète s'exprime d'abord par oral : c'est une récitation *(qur'ân)*. Le Coran conserve la trace de cette transmission : les mots s'y organisent en phrases brèves et haletantes, les versets, et sa langue est celle de la poésie orale, même si elle deviendra plus tard le creuset de l'arabe classique. Un quart de siècle après la mort de Mahomet, le calife Uthman ordonne la transcription de la « Récitation » : ses 114 « sourates » (chapitres) sont de longueur inégale et traduisent bien l'évolution du message du Prophète entre la période mecquoise et la période médinoise. Mais, pour la plupart des musulmans, le Coran n'est pas la seule source de doctrine religieuse : les *hadiths*, récits plus ou moins apocryphes sur les faits et gestes de Mahomet mis par écrit à partir du VIIIe siècle, font aussi partie de la Tradition *(sunna)*. S'ils idéalisent la période prophétique, ils reflètent aussi les doutes et les interrogations des débuts de l'islam.

▾ Versets du Coran, calligraphie arabe du XVIe siècle. Pour les musulmans, le Coran est le Livre, *Al Kitab*, dans lequel les croyants trouvent les préceptes qui guident leur vie quotidienne.

Le Dôme du Rocher, à Jérusalem. Achevé en 691, le plus ancien monument conservé du monde musulman a été bâti sur le rocher où la Tradition situe le départ de Mahomet pour le ciel.

L'islam, religion du Livre

Le Coran présente Mahomet comme le dernier prophète d'une lignée qui comprend aussi tous les prophètes de la Bible et Jésus-Christ. Le message de Mahomet, parce qu'il intègre et précise ceux de ses prédécesseurs, est le seul recevable, mais la nouvelle religion a bien des affinités avec le judaïsme et le christianisme, qui sont également connus par des textes révélés. Les « Gens du Livre » jouiront ainsi d'un statut particulier aux yeux des premiers musulmans, qui leur reconnaîtront par exemple la liberté de culte.

▼ La grande mosquée Al-Haram de Médine renferme le tombeau du Prophète. Deuxième ville sainte de l'islam, Médine fut aussi la résidence des premiers califes.

en finir avec ces hommes qui condamnent leurs dieux et menacent leur commerce. Un esclave perse a l'heureuse idée de souffler à Mahomet de creuser un grand fossé défensif. Cette technique militaire, étrangère à l'Arabie, décontenance tant les Mecquois que la « bataille du fossé » va se résumer à 15 jours d'échanges de flèches et d'insultes, jusqu'à ce qu'une tempête détruise le camp ennemi, l'obligeant à rebrousser chemin. Mais cette bataille aura ses morts. Les juifs de Médine, accusés d'avoir pris le parti de l'ennemi durant le siège, sont décapités par milliers, tandis que leurs femmes et leurs enfants sont réduits en esclavage. Depuis longtemps, Mahomet a compris que ces tribus, qui ne voyaient en lui qu'un faux prophète, ne se convertiraient jamais. La rupture religieuse était déjà consommée en 624, lorsque Mahomet avait prescrit à ses disciples de prier non plus vers Jérusalem, mais vers La Mecque.

L'islam triomphant

Si Mahomet a vaincu presque toute hostilité à Médine, il lui reste à trouver la reconnaissance de La Mecque. En 628, c'est en habit de pèlerin, désarmé, qu'il marche sur sa ville natale, réclamant l'accès à la Kaaba. Les Mecquois concluent avec leur pire ennemi le pacte d'Hodaybiyya, qui permet à celui-ci de disposer de la ville durant trois jours de printemps et pour une période de 10 ans. En 629, les Émigrés revoient enfin La Mecque, et Mahomet se réconcilie avec son clan. Mais le 11 janvier 630, prenant prétexte du meurtre d'un musulman, le Prophète se présente devant La Mecque hébétée avec 10 000 hommes. Il exige la libre entrée des musulmans et promet la vie sauve à ceux qui ne s'y opposeront pas. Devant un tel déploiement de force, les Mecquois s'empressent d'accepter. Mahomet entre triomphalement, fait sept fois le tour de la Kaaba, détruit les idoles et déclare sacrée l'enceinte du sanctuaire. Les ralliements affluent. L'islam a triomphé.

Mahomet est désormais le chef d'un véritable État, dont le centre est Médine. De Perse, de Syrie, du Yémen, d'Irak ou d'Égypte, les fidèles affluent. Le Prophète doit maintenant organiser la vie de la communauté : les révélations, que l'on commence à rassembler, vont codifier la piété, mais aussi les aspects les plus divers de la vie quotidienne de ces hommes, si différents car venus de tous horizons. Ainsi

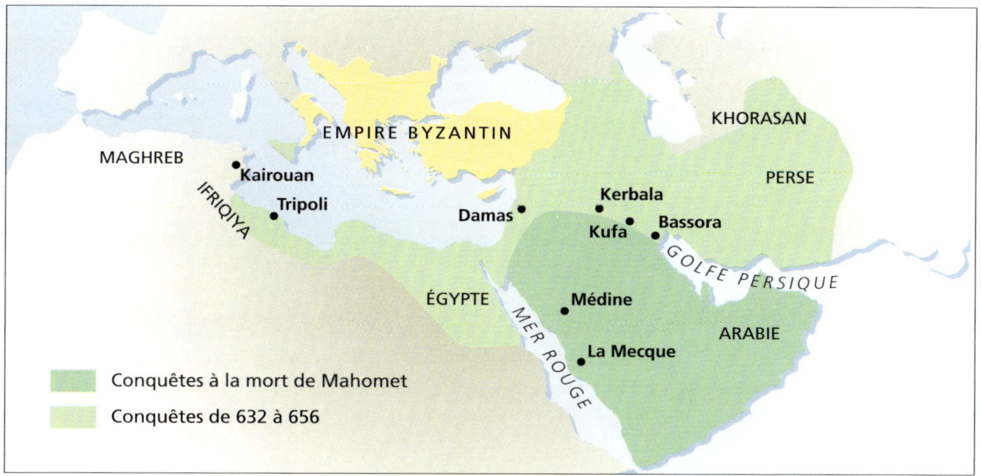

s'imposent le jeûne du mois de ramadan, les cinq prières quotidiennes, et celle effectuée en commun le vendredi, ainsi que l'« aumône légale » d'un dixième des revenus conçue comme une purification.

En mars 632, le Prophète incontesté part en pèlerinage à La Mecque : ce sera, pour la Tradition, le Pèlerinage de l'adieu, car deux mois plus tard la fièvre s'empare de Mahomet, qui a maintenant près de 60 ans. Les maux de tête le torturent. Le 8 juin au matin, il semble aller mieux et se lève pour la prière. Mais le répit est de courte durée. Il se recouche et demande dans son délire de quoi écrire un message qui préserverait ses fidèles de l'erreur. Il n'en aura pas le temps et meurt dans les bras de la préférée de ses neuf épouses, Aïcha.

Mais l'islam ne devait pas mourir avec le Prophète. Il devait même se lancer à la conquête du monde, répandant la parole de Mahomet. Dans l'Évangile selon saint Jean, Jésus n'annonce-t-il pas qu'il enverra un paraclet, *paracletos*, « avocat » en grec. Les musulmans ont lu *periclitos*, « le plus loué », qui se dit *mohamet* en arabe. Ainsi le Prophète de la dernière religion révélée était-il appelé à changer le monde.

L'expansion musulmane après Mahomet

Il était difficile de succéder à celui qui avait été un prophète et un chef politique. Le choix de la communauté se porta sur le compagnon des débuts, Abu Bakr, qui devint ainsi le premier « successeur de l'Envoyé d'Allah » (*khalifa Rasul Allah*). Sous sa conduite et celle des trois califes qui le suivirent jusqu'en 661 commença une expansion foudroyante qui bénéficia de la faiblesse des Empires perse et byzantin : en à peine trente ans, les combattants partis d'Arabie atteignirent la Libye à l'ouest et l'Asie centrale vers l'est, s'emparant au passage de l'Égypte, de la Syrie et de l'Irak. L'ampleur du butin accrut les tensions entre les héritiers de Mahomet, notamment entre les Médinois d'Ali, cousin et gendre du Prophète, et les membres du clan mecquois des Omeyyades, qui finirent par l'emporter. Le centre d'un Empire musulman qui intégrait désormais l'Espagne et touchait l'Inde se déplaça vers Damas, avant de se fixer à Bagdad avec les Abbassides, lointains descendants d'un oncle de Mahomet.

◄ Juché sur une monture fabuleuse, al-Buraq, et guidé par l'ange Gabriel, Mahomet arrive devant l'ange aux soixante-dix têtes au paradis des fidèles. Cette légende rapproche la culture islamique de la tradition chrétienne.

ISIDORE DE SÉVILLE

Isidore de Séville est d'abord un évêque de premier plan dans le royaume wisigothique du VIIe siècle. Mais sa stature intellectuelle dépasse l'Espagne et en fait l'un des relais de la culture antique et l'un des fondateurs de la culture chrétienne médiévale.

◄ Isidore de Séville, l'un des plus grands savants de son temps.

L'ÉVÊQUE DE SÉVILLE

Au soir de sa vie, l'évêque de Séville peut contempler son œuvre avec satisfaction. Il a consolidé la victoire de l'orthodoxie aux dépens de l'hérésie arienne, favorisant ainsi la fusion entre les guerriers germaniques qui ont conquis la péninsule Ibérique et les populations « romaines » et catholiques qui la peuplent. Dans les *Étymologies*, il a fait de l'Église la gardienne du savoir construit par les Anciens et assuré le passage entre culture antique et médiévale. À bien des égards, Isidore de Séville a mérité le titre de « gloire de l'Espagne et pilier de l'Église » dont l'a gratifié son biographe Braulio de Saragosse.

Ses origines destinaient Isidore à une prestigieuse carrière. Il est issu, en effet, d'une illustre lignée d'aristocrates romains installés à Carthagène, partie de la péninsule Ibérique reconquise par l'empereur byzantin Justinien en 554. Le frère d'Isidore, Léandre, a d'ailleurs fait ses études à Constantinople, en même temps que Grégoire le Grand, avant de devenir moine puis évêque de Séville. Isidore lui succède en 600, selon une tradition courante dans le haut Moyen Âge.

L'évêque, dans le royaume wisigothique du VIIe siècle, est le représentant le plus éminent d'une Église d'État, les souverains ayant abandonné l'arianisme pour l'orthodoxie catholique depuis la conversion de Récarède en 587. Véritable dirigeant de la cité, l'évêque participe aux conciles et assemblées convoqués par le roi auprès duquel il joue le rôle de conseiller. Or, Séville est un siège de première importance, qui, en tant que métropole de la Bétique, a prééminence sur les autres diocèses de la région.

UNE ŒUVRE AU SERVICE DE L'ÉTAT ET DE L'ÉGLISE

Isidore de Séville prend très au sérieux son rôle de conseiller des rois Sisebut et Sisenand. Ce dernier s'étant emparé du pouvoir par la force, c'est lui qui, présidant le IVe concile de Tolède (633), est chargé de légitimer le coup d'État. Il formule alors la notion d'onction royale, appelée à un grand succès dans l'idéologie monarchique occidentale : sur le modèle des rois bibliques, le souverain wisigothique reçoit sur la tête, les mains et les épaules un peu de l'huile consacrée que l'on utilise dans les sacrements ; ainsi se manifeste son élection par Dieu et le caractère religieux de son pouvoir.

Mais l'évêque est aussi un pasteur, et Isidore écrit de nombreux opuscules destinés à défendre la foi catholique et à lutter contre une hérésie arienne encore virulente. Isidore

▲ Combattant de Dieu, Isidore de Séville vient au secours du roi Alphonse VII dans sa lutte contre les Maures. Cet étendard du XIIe siècle a été brandi dans toutes les batailles de Castille durant la *Reconquista*.

L'ARIANISME

Arius, prêtre d'Alexandrie, prêcha vers 320 une doctrine selon laquelle le Christ n'était pas aussi pleinement Dieu que le Père qui l'avait engendré. Si l'arianisme fut condamné au concile de Nicée (325), les formules utilisées dans le Credo alors défini suscitèrent une réaction favorable à son égard. C'est durant cette période que l'évêque arien Ulfila entreprit la conversion des Goths qui stationnaient à proximité de la frontière de l'Empire. L'arianisme, parce qu'il concordait avec l'idée traditionnelle d'une hiérarchie divine, s'étendit aux peuples germaniques qui au Ve siècle allaient envahir l'Occident romain et y réintroduire l'hérésie. Mais, pour s'attirer les bonnes grâces des puissants évêques, les souverains ariens finirent par se convertir à l'orthodoxie catholique.

636

Mort d'Isidore

Isidore, évêque de Séville, laisse à sa mort la première encyclopédie chrétienne, les *Étymologies*.

CHRONOLOGIE ◀

Naissance d'Isidore à Carthagène. **570**

Les Wisigoths reprennent sur les Byzantins la place forte de Cordoue. **572**

Léandre, frère d'Isidore, évêque de Séville. **576**

Le roi wisigoth Léovigild anéantit le royaume suève, dans le nord-ouest de l'Espagne. **585**

Conversion au catholicisme du roi wisigoth Récarède. **587**

Un concile réuni à Tolède officialise la conversion des Wisigoths. **589**

Grégoire le Grand pape. **590**

Isidore évêque de Séville. **600**

Sisebut roi des Wisigoths. **612**

Isidore tient un synode à Séville sous l'égide de Sisebut. **619**

Les dernières places détenues par les Byzantins en Espagne tombent aux mains des Wisigoths. **629**

Sisenand roi des Wisigoths. **631**

Isidore de Séville préside le IVe concile de Tolède qui justifie le coup d'État de Sisenand et définit l'onction royale. **633**

Mort d'Isidore de Séville. **636**

compose également des traités liturgiques pour les clercs et une règle de vie pour les moines, tandis que ses *Sentences* morales sont destinées aux fidèles. C'est toute la société que l'évêque de Séville prétend guider.

UNE SYNTHÈSE DE LA CULTURE ANTIQUE

Comme d'autres intellectuels de son temps, Isidore se fait à l'occasion historien et présente les Wisigoths comme les vrais continuateurs de la Rome antique, leurs rois détenant des insignes impériaux et descendant du clan romain des Flavii. Ainsi, l'évêque ne perd jamais de vue un projet qui lui est cher : assurer la survie de la culture antique.

Ses multiples traités de grammaire, arithmétique ou histoire naturelle sont dictés par la conviction (affirmée au IVe concile de Tolède) que « l'ignorance est la mère de toutes les erreurs ». Isidore impose d'ailleurs à chaque diocèse d'ouvrir une école et est appuyé dans cet effort d'éducation par le roi lettré Sisenand, auquel les *Étymologies* sont dédiées.

Avec ce recueil, son grand œuvre, Isidore veut rassembler tout ce qui est utile au chrétien dans les sources antiques, notamment celles que lui ont fait connaître les lettrés romains d'Afrique chassés par les Vandales. Les *Étymologies* sont ainsi une compilation systématique de toutes les branches du savoir, depuis les sept arts libéraux (grammaire, rhétorique, dialectique, arithmétique, géométrie, astronomie et musique) jusqu'au droit, à la médecine et à la théologie.

Selon le savant évêque, le sens profond des choses se révèle avant tout par leur nom. C'est pourquoi la première encyclopédie chrétienne contient beaucoup de ces étymologies qui lui donnent son nom. Laissées inachevées à la mort d'Isidore, en 636, les *Étymologies* auront un succès considérable dans toute la chrétienté et leurs notices et méthodes resteront des références pendant une grande partie du Moyen Âge.

Représentation du paradis ▶ terrestre, ivoire sculpté inspiré des *Étymologies* d'Isidore de Séville.

WU ZETIAN

Concubine puis impératrice, Wu Zetian est parvenue à se hisser au sommet de l'État le plus vaste et le plus puissant du VIIe siècle, la Chine des Tang, et à se voir reconnaître les pouvoirs d'un Fils du Ciel. Elle œuvra pour ancrer définitivement le bouddhisme en Extrême-Orient.

L'IRRÉSISTIBLE ASCENSION D'UNE CONCUBINE

Wu Zetian a quatorze ans lorsqu'elle pénètre pour la première fois dans le harem de l'empereur Taizong, véritable fondateur de la dynastie Tang, qui a entendu vanter la beauté de la jeune fille. Mais la mort de son protecteur l'exclut brusquement du monde raffiné de la cour : avec ses compagnes d'infortune, elle est tondue et enfermée dans un monastère bouddhiste.
C'est le nouvel empereur, Gaozong, qui vient l'en tirer : lorsqu'il n'était encore qu'un simple héritier du trône, il l'avait aperçue et aimée. Bien qu'elle apparaisse désormais comme la favorite, Wu Zetian n'entend pas rester une simple concubine. Selon l'un de ses nombreux ennemis, « ses sourcils arqués comme des antennes de papillon ne consentaient pas à céder aux autres femmes » et « son charme de renarde avait le pouvoir particulier d'ensorceler le maître ». On le voit bien lorsque, en 655, elle réussit à faire accuser l'impératrice en titre d'avoir assassiné la petite fille qu'elle a eue avec Gaozong et qu'elle a en réalité étranglée de ses propres mains. Remplaçant l'épouse injustement calomniée, elle devient enfin impératrice, à plus de trente ans : il lui en reste cinquante à vivre, pour goûter les joies du pouvoir absolu.

Dame en terre cuite vernie de trois couleurs, ► provenant d'une tombe de Ch'ung-Pu, près de Xian (dynastie des Tang, VIIIe siècle). Seule impératrice montée sur le trône dans l'histoire chinoise, Wu Zetian a laissé dans l'histoire du pays un souvenir durable, au point qu'au XXe siècle le régime communiste n'a pas hésité à en faire une véritable héroïne.

UNE FEMME EMPEREUR DE CHINE

Assez vite après son coup de force, Wu Zetian prend les rênes du pouvoir grâce à son ascendant sur l'empereur. Ayant obtenu le renvoi des vieux mentors que Taizong avait laissés à son fils, elle assiste aux délibérations du conseil, cachée derrière un rideau. De plus en plus soumis et affaibli, Gaozong n'est pas en mesure de s'opposer à l'élimination des membres de la famille Tang et à la nomination des hommes de l'impératrice aux postes de commande de l'État. Il est vrai que celle-ci sait s'entourer d'habiles fonctionnaires recrutés au terme de sévères examens : parmi eux, Ti Jen-Chieh, le fameux « juge Ti » de la littérature policière.

Il ne reste plus à Wu Zetian qu'à souhaiter le décès de son impérial époux, dont elle peut craindre qu'il se « réveille » un jour ; il survient enfin en 683, peut-être précipité par quelques poisons. L'impératrice peut espérer contrôler encore mieux son fils, Tchongzong, au nom duquel elle dirigeait la Chine d'une main de fer. Pourtant, elle n'hésite pas à le déposer un an plus tard et en 690, chose inouïe, elle se fait proclamer « Souveraine divine et sainte », fondatrice d'une nouvelle dynastie, les Zhu.

Un régime de terreur

Rien ne semble dès lors devoir résister à Wu Zetian. Les derniers princes de sang Tang, révoltés contre elle à l'appel du poète Lo Pin-Wang, sont écrasés et leurs têtes ornent les murs de la nouvelle capitale, Luoyang. Ses âmes damnées, Chou Hsing et Lai Chun-chen, installent un régime de terreur, où l'élimination, la torture et la délation sont monnaie courante : des urnes mises à la disposition du public par le gouvernement n'accueillent-elles pas les dénonciations écrites de courageux anonymes ? Pourtant l'empire du Milieu n'a jamais été aussi fort. Un moment perdues, les oasis du Tarim sont récupérées, même si les Turcs restent difficilement contrôlables. Ainsi les bonzes peuvent-ils aller aisément jusqu'en Inde y chercher les textes sacrés du bouddhisme. Car la grande affaire de l'impératrice est l'enracinement du bouddhisme en Chine. C'est elle qui fait sculpter dans des grottes au sud de Luoyang une immense statue du Bouddha. Quant au moine Yijing, revenu d'un périple en Inde de vingt-quatre ans, au cours duquel il a recueilli de nombreux sutras, elle l'accueille en personne et lui procure les moyens pour les traduire. Il faut dire que ses amis bonzes trouvent dans ces textes passablement obscurs de quoi justifier un pouvoir de plus en plus contesté.

La chute d'une vieille femme

La position de Wu Zetian est en réalité plus faible qu'il n'y paraît. Ainsi, elle ne peut se concilier les Turcs de Mongolie, qui exigent qu'elle rétablisse Tchongzong sur son trône : ce qu'elle est contrainte de faire, au moins nominalement. Surtout, ses opposants, de plus en plus nombreux, ne désespèrent pas de venir à bout de cette cruelle intrigante.

La nuit du 21 au 22 février 705, des conjurés entrent dans le palais en armes. Surprise dans son sommeil et privée de ses favoris, les frères Tchang, qui viennent d'être assassinés près d'elle, elle n'a d'autre choix que d'abdiquer en faveur de son fils. Cette femme exceptionnelle ne peut résister à l'échec et c'est brisée qu'elle meurt quelques mois plus tard, à plus de quatre-vingts ans.

Les Tang

C'est le premier protecteur de Wu Zetian, Taizong, qui installe sur le trône impérial la nouvelle dynastie des Tang : il pousse en effet son père à prendre les armes contre le dernier empereur Sui. Ayant réussi à écarter les hordes turques de la vieille capitale, Changan, il élimine ses frères et force son père à la retraite. Son pouvoir s'étend de la frontière coréenne jusqu'au bassin désertique du Tarim, où passe la Route de la soie. Les bases administratives et économiques qui ont été ainsi mises en place vont assurer à la Chine des Tang une grande prospérité jusqu'au milieu du VIIIe siècle. Le Japon voisin adopte avec enthousiasme un art et une civilisation qui font aussi sentir leur influence jusqu'aux confins du monde musulman.

690

Wu Zetian « Souveraine divine et sainte »

En se faisant attribuer ce titre, elle devient la première et la seule femme « empereur » qu'ait connue la Chine.

CHRONOLOGIE

Naissance de Wu Zetian. **624**

Taizong devient le 2e empereur de la dynastie Tang. **627**

Taizong soumet le khanat turc de Mongolie et celui du Turkestan se disloque. **630**

Wu Zetian entre au harem impérial et devient concubine de Taizong. **637**

Retour du pèlerin bouddhiste Xuan Zang d'un long périple en Inde, avec de nombreux textes et statues. **644**

Mort de Taizong : son fils Gaozong lui succède comme empereur et reprend Wu Zetian comme concubine. **649**

Wu Zetian accuse l'impératrice d'avoir empoisonné la fille qu'elle a eue avec Gaozong : elle est élevée au rang d'impératrice. **655**

Wu Zetian dirige les affaires de l'État. **660**

Les généraux de Gaozong conquièrent la Corée. **660-668**

Révolte des Turcs occidentaux. **665**

Les Tibétains font irruption dans le bassin du Tarim. **670**

Wu Zetian fait sculpter le Grand Bouddha rupestre des grottes de Longmen. **672-675**

Mort de Gaozong : Wu Zetian exerce le pouvoir au nom de son fils Tchongzong. **683**

Wu Zetian fait déposer son fils Tchongzong. **684**

Wu Zetian « Souveraine divine et sainte ». **690**

Elle accueille le pèlerin bouddhiste Yijing de retour de Chine avec de nombreux textes sanscrits. **695**

Wu Zetian est contrainte à abdiquer ; elle meurt de dépit quelques mois plus tard. **705**

CHARLEMAGNE

Conquérant ambitieux et réorganisateur du royaume franc, Charlemagne fut pour ses contemporains celui qui rétablit l'Empire en Occident. Revendiqué par les Français comme par les Allemands, il devint par la suite une des figures tutélaires de l'Europe.

▲ La couronne du Saint Empire. Rehaussée de la croix du Christ, elle indique que l'empereur est couronné par Dieu et qu'il est le protecteur de la chrétienté.

◄ Selon son biographe Éginhard, Charlemagne donnait une impression d'autorité et de dignité, la dignité d'un grand empereur, que l'on voit ici tenant une sphère à la main, symbole de sa domination sur le monde occidental. Statue en bronze du IXe siècle.

UN HÉRITIER DOUÉ

Charlemagne est le second roi d'une nouvelle dynastie qui a remplacé les Mérovingiens. L'origine de la famille, les Pippinides, et le cœur de son pouvoir sont en Austrasie, vaste région située dans le nord-est du royaume franc, entre la Meuse et la Weser. C'est là que l'ancêtre éponyme, Pépin Ier, exerce les fonctions de maire du palais dès le milieu du VIIe siècle, avant de les transmettre à ses descendants. L'un d'entre eux, Charles Martel, qui, en 732, a arrêté les Arabes près de Poitiers, exerce un moment le pouvoir de « prince des Francs » en l'absence de tout roi. L'éviction définitive des Mérovingiens est l'œuvre de son fils, Pépin le Bref.
Charlemagne, fils aîné de Pépin, donne des assises solides à la nouvelle dynastie, qui portera son nom (« carolingien » vient de *Carolus*, « Charles »). Très tôt associé au pouvoir, il reçoit des mains du pape l'onction du sacre en même temps que son père et son frère Carloman (754). Selon la coutume germanique, il doit, à la mort de Pépin le Bref (768), partager les territoires soumis aux Francs avec Carloman. Mais ce dernier meurt trois ans plus tard, permettant à Charles de reconstituer l'unité du royaume. Sa puissance et son prestige lui valent l'épithète de *Magnus* (« le Grand »), qui lui est attribuée par la chancellerie pontificale et qui finira par s'accoler à son nom de baptême. Il est vrai que *Carolus Magnus*, Charlemagne, a poursuivi la politique d'unification et de conquêtes entamée par ses aïeux, en s'appuyant sur l'union avec le pape.

LE CONQUÉRANT DE L'EUROPE

Charlemagne donne au royaume franc une extension considérable, qui en fait la première puissance d'une Europe résolument chrétienne. Car la conquête peut être en même temps évangélisation.
C'est le cas en Saxe, foyer d'agitation constante dans les confins orientaux du royaume franc. Dès 772, Charlemagne y mène un premier raid d'intimidation, détruisant l'arbre sacré des Saxons, l'Irminsul, ainsi que les idoles païennes. Mais il lui faudra encore 27 années et pas moins de trois campagnes de conquête pour soumettre les Saxons. Les méthodes sont de plus en plus brutales, répondant à des révoltes récurrentes : après le baptême du roi saxon Widukind (785) commence la christianisation de force, qui s'achève en déportations massives à partir de 799. Pour consolider les positions acquises en Saxe, Charlemagne annexe dès 775 la Frise voisine.

PÉPIN LE BREF

L'ancêtre des Carolingiens

Pépin, dit le Bref à cause de sa petite taille, est le premier roi carolingien des Francs (751). Bénéficiant du ferme appui du pape Étienne II, venu en personne le couronner et le sacrer à Saint-Denis (754), Pépin remplace l'empereur byzantin comme protecteur de la papauté, menacée par les Lombards : les territoires qu'il a arrachés à ces derniers formeront le noyau des États pontificaux. De même, Pépin encourage la réforme de l'Église que Boniface a commencé à mener en Gaule ainsi que l'effort d'évangélisation que celui-ci a entrepris dans les régions germaniques au-delà du Rhin.

Le même mouvement d'extension en tache d'huile s'observe plus à l'Est, à partir de la Bavière. Tenu par un cousin du roi qui tente d'échapper à la tutelle franque, le duché bavarois perd son indépendance en 788, mais les appuis que Tassilon III avait trouvés auprès des Avars déterminent Charlemagne à intervenir contre cette peuplade originaire d'Asie centrale et installée dans la cuvette danubienne. Après avoir détruit le Ring, vaste camp retranché qui servait de quartier général aux Avars, les Francs entassent sur pas moins de 15 chariots le fabuleux trésor qu'il recelait.

Un autre axe d'expansion est l'Italie du Nord, où depuis le VIe siècle s'était installé un peuple germanique, les Lombards. Malgré leur conversion au christianisme romain, ils faisaient peser sur les territoires pontificaux une menace réelle contre laquelle les empereurs byzantins, protecteurs traditionnels du pape mais empêtrés dans les querelles entourant le culte des images, n'étaient plus en mesure de s'élever ; de surcroît, les derniers membres de la famille de Carloman s'étaient réfugiés à la cour lombarde. Charlemagne descend en Italie en 773 et, dès l'année suivante, revêt à Pavie la couronne de fer des rois lombards. Il soumet aussi les duchés lombards d'Italie du Sud (Spolète, Bénévent), entrant ainsi en contact avec le monde byzantin.

La cour de Charlemagne

Dans ses entreprises de conquête, Charlemagne peut s'appuyer sur des troupes puissantes et nombreuses (peut-être 100 000 hommes, fantassins compris), sans équivalent dans l'Occident de l'époque. Chaque printemps, les hommes libres sont convoqués pour se rendre à l'armée ; Charlemagne compte aussi sur les vassaux royaux qui tiennent directement de lui leurs terres et sont mobilisables en permanence. Afin de ne pas trop dépeupler les campagnes en période de récolte, on accorde à plusieurs paysans de s'associer pour n'envoyer que l'un d'entre eux. Car l'équipement coûte cher : la force des armées carolingiennes réside dans la cavalerie lourde. Les cavaliers sont des hommes de fer, protégés par un casque de métal, par un bouclier et surtout par la brogne, tunique sur laquelle ont été cousues des plaques de métal ; ils sont en outre munis de la redoutable épée franque. La métallurgie du royaume est si réputée que les musulmans en recherchent les produits, provoquant l'interdiction des exportations de fer.

Une fois de nouveaux territoires conquis, il faut s'attacher à les conserver : pour cela, Charlemagne compte sur la loyauté des vassaux royaux, qui servent d'agents de renseignements et qui sont souvent de grands personnages récemment ralliés. Quant aux monastères royaux, ils rendent eux-mêmes la justice et servent de relais de poste.

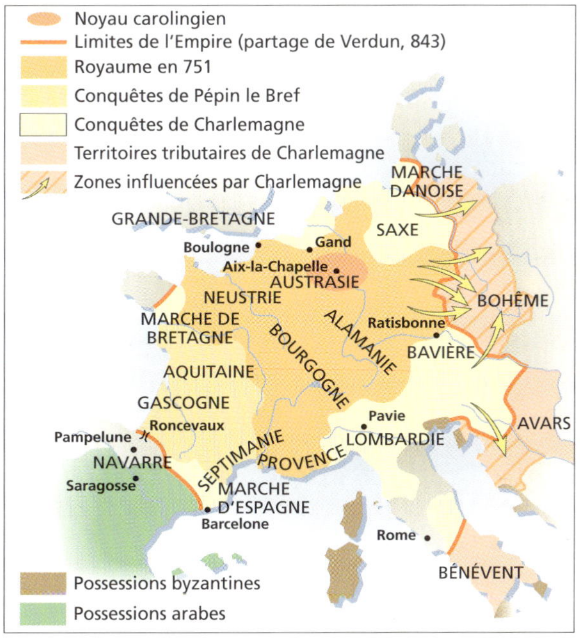

800

Charlemagne devient empereur

Couronné à Rome le 25 décembre par le pape Léon III, le roi des Francs apparaît comme le restaurateur de l'Empire romain.

CHRONOLOGIE

Naissance de Charles, fils de Pépin le Bref et de Bertrade. **747**

Pépin le Bref roi des Francs : fin de la dynastie mérovingienne. **751**

Pépin le Bref sacré roi par le pape Étienne II. Concile de Hiéreia confirmant l'iconoclasme byzantin. **754**

Mort de Pépin le Bref. Partage du royaume entre Charles et Carloman. **768**

Mort de Carloman : Charlemagne seul roi des Francs. **771**

Première campagne contre les Saxons. **772**

Charlemagne roi des Lombards. **774**

De retour d'Espagne, l'arrière-garde de Charlemagne est défaite à Roncevaux. **778**

Louis roi d'Aquitaine et Pépin roi d'Italie. Charlemagne rencontre Alcuin. **781**

Concile de Nicée qui rétablit le culte des images à Byzance. **787**

La Bavière est intégrée au royaume franc. **788**

Admonitio generalis organisant le fonctionnement du royaume franc. **789**

Début de la construction de la chapelle d'Aix. **794**

Les Francs s'emparent du trésor des Avars. **796**

Charlemagne devient empereur. **800**

Ambassade du calife Haroun al-Rachid, qui reconnaît aux Francs des droits sur les lieux saints. **807**

Premier raid danois dans la vallée de la Seine. **810**

Charlemagne couronne empereur son fils Louis le Pieux. Léon V l'Arménien prend le pouvoir à Byzance : retour de l'iconoclasme. **813**

Mort de Charlemagne. **814**

La cavalerie est le fer de lance de l'armée carolingienne, capable de fondre sur l'ennemi avec une grande rapidité. Mais l'entretien d'une monture et d'un harnachement est coûteux, et la cavalerie reste une armée d'élite. Miniature du psautier de Saint-Gall.

L'EMPEREUR SANS BARBE FLEURIE

Dès 830, Éginhard compose la *Vie de Charles*, première biographie d'un roi « de France ». Il y décrit Charlemagne comme un athlète, mesurant 1,92 m (taille exceptionnelle pour l'époque), s'adonnant avec passion à la chasse et aimant manger des viandes rôties, malgré l'interdiction de ses médecins. En revanche, l'empereur n'a pas la barbe « fleurie » dont l'affublera la légende. On ne lui connaît pas moins de quatre épouses successives, qui lui donnent quatre fils et sept filles, sans compter les nombreux bâtards nés de concubines. À l'égard de ses filles, Charles se montre un patriarche assez jaloux pour ne pas les autoriser à se marier, certaines d'entre elles devenant cependant les compagnes de personnages importants de la cour, telle Berthe, la préférée, qui s'unit à Angilbert, abbé laïque de Saint-Riquier.

Pour l'aider dans son gouvernement, Charlemagne s'entoure d'intellectuels de haute qualité, Italiens ralliés après la chute du royaume lombard (comme Paul Diacre) ou réfugiés d'Espagne, tel Théodulf, poète devenu évêque d'Orléans. Le plus influent est l'Anglo-Saxon Alcuin, maître de l'école d'York. Charlemagne le rencontre en 781 et, cinq ans plus tard, le fait venir à la cour, où il écrit divers traités de mathématiques ou d'astronomie ainsi que des préceptes moraux destinés au roi. Ces lettrés impulsent un premier retour vers l'Antiquité, que l'on a pu appeler la « renaissance carolingienne ». Ils forment autour de Charlemagne un cercle distingué qui ne dédaigne pas d'organiser des débats et de taquiner les muses : dans cette « Académie palatine », Alcuin se fait appeler Flaccus (c'est-à-dire Horace) et Charles lui-même porte le surnom de David, le roi poète de l'Ancien Testament. C'est là aussi que s'élaborent les réformes administratives et les grands projets du règne, comme le passage à l'empire.

La Fontaine de vie. Cette miniature, extraite de l'*Évangéliaire de Charlemagne*, exécuté par le copiste Godescale à la demande de Charlemagne, témoigne de la renaissance carolingienne présente surtout dans les lettres.

CHARLEMAGNE DEVIENT EMPEREUR

À la fin du VIIIe siècle, la dilatation considérable du royaume franc (près de un million de km², de la mer du Nord à l'Italie et du nord de l'Espagne au Danube) conduit à envisager sa transformation en empire. Les incursions franques en Istrie (actuelle Croatie) et en Italie du Sud ont créé une forte tension avec Byzance, où Irène vient d'écarter son fils, qui était l'empereur légitime. Charlemagne se présente en garant de l'orthodoxie religieuse, stigmatisant l'adoration des images prétendument imposée par Irène ou reprochant à l'Église grecque de ne pas admettre que le Saint-Esprit procède du Père *et du Fils* (*Filioque*). Le programme d'instauration de l'empire s'accorde ainsi avec les préoccupations spirituelles du pape.

Mais le couronnement de Charlemagne résulte de circonstances imprévues. Le roi des Francs est venu à Rome pour présider le procès de Léon III, accusé de parjure et d'adultère par les aristocrates de la ville. L'assemblée réunie pour juger le pape disculpe celui-ci mais propose à Charles le titre d'empereur, qu'il accepte. Le jour de Noël,

▲ Plat de couverture d'un psautier carolingien. L'usage plus répandu du parchemin favorise la diffusion du livre, outil capital de l'enseignement.

Charlemagne a-t-il inventé l'école ?

Au xe siècle, les *Histoires de Charlemagne* élaborées au monastère de Saint-Gall montrent l'empereur inspectant les écoles, morigénant les jeunes aristocrates paresseux et félicitant les élèves méritants de condition modeste. En réalité, la *schola* du palais rassemblait les scribes et les chantres apprenant leur métier, et la politique scolaire de Charlemagne se limite à encourager la généralisation des écoles rurales, monastiques ou épiscopales qui existaient depuis le début du Moyen Âge. Le but restant la formation d'un clergé sachant lire la Bible et chanter la messe. Il n'en reste pas moins que, si l'on en croit son biographe Éginhard, Charlemagne a montré lui-même un goût réel pour l'étude. Il semble avoir cherché à apprendre le latin, langue des clercs et du savoir, sans jamais être en mesure de le maîtriser pleinement.

avant la messe que Charlemagne est venu suivre à Saint-Pierre, le pape lui impose le diadème impérial et, immédiatement, retentit à trois reprises l'acclamation : « À Charles très pieux, Auguste, couronné de Dieu, grand et pacifique empereur des Romains, vie et victoire ! » C'est donc Léon III qui a eu l'initiative du couronnement. Charlemagne aura beau couronner lui-même son fils Louis en 813, celui-ci ne deviendra vraiment empereur que lorsque le pape l'aura à son tour couronné. L'Empire ne put donc acquérir une légitimité propre et indépendante de la papauté.

Le rénovateur de l'Empire

Dans les dernières années de sa vie, Charlemagne va essayer de donner un contenu concret au titre d'empereur. Certes, il reste avant tout le roi des Francs, et Aix-la-Chapelle demeure la capitale d'un territoire dont le centre de gravité se trouve entre Loire et Rhin et non en Italie. Mais, après une période de froid, la dignité impériale lui est reconnue par l'empereur byzantin Michel Ier qui, à partir de 812, consent à l'appeler « frère ». Contacté par le patriarche de Jérusalem pour assurer la protection des lieux saints, Charlemagne apparaît comme un interlocuteur de poids aux yeux du calife abbasside Haroun al-Rachid, avec lequel sont échangées des ambassades.

L'empereur, se conformant au modèle du roi biblique plein de sagesse (David ou Salomon), se présente ainsi comme le garant du salut de la chrétienté occidentale. Mais, pour les lettrés qui entourent Charlemagne, il s'agit aussi de faire renaître l'Empire romain tel qu'ils le voient fonctionner dans les textes classiques. C'est pourquoi ils poussent l'empereur à poursuivre l'unification administrative et législative des territoires dont il a la charge. Afin de surveiller les comtes qui dirigent les principales circonscriptions administratives (ou *pagi*, mot qui a donné « pays » en français) et ont tendance à se comporter en potentats locaux, sont généralisés les *missi dominici* (« envoyés du maître »), inspecteurs disposant des pleins pouvoirs pour une mission temporaire qu'ils effectuent à deux (un laïque et un homme d'Église). Face aux Slaves, aux musulmans ou encore aux Bretons sont créées des marches, chacune étant dirigée par un marquis (de *markgraf*, c'est-à-dire

▲ Charlemagne s'entretient avec son fils Pépin, devenu roi d'Italie. Perpétuant la tradition mérovingienne, l'empereur divise ses possessions entre ses fils, aggravant de la sorte la fragilité de l'Empire.

CHARLEMAGNE

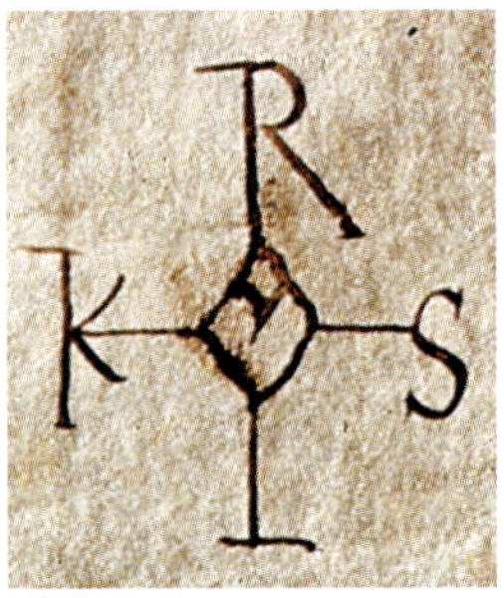

▲ Monogramme de Charlemagne. Les quatre consonnes du prénom *Karolus* sont reliées à une figure centrale qui en représente les voyelles a, o, u, formant une croix.

▲ *Alcuin présente des manuscrits à Charlemagne*, tableau de Jules Laure, 1831. L'empereur est ici représenté conformément à l'idéal médiéval. Entouré du clergé et de la chevalerie, il est sur son trône la figure centrale qui cimente l'ordre féodal.

CHARLEMAGNE : FRANÇAIS OU ALLEMAND ?

Si l'empereur Frédéric Barberousse fit de Charlemagne un saint, ce n'est qu'en 1475 que Louis XI officialisa son culte en France. Avec les humanistes du XVIe siècle, la « nationalité » de l'empereur carolingien devient l'objet d'un débat politique, notamment en Alsace, terre de contact entre le Saint Empire romain germanique et le royaume de France. Alors que Jakob Wimpfeling affirme que Charlemagne était un Allemand et que les Allemands étaient installés depuis toujours sur la rive gauche du Rhin, interdisant ainsi à la France de revendiquer l'Alsace, Thomas Murner rétorque que l'empereur carolingien était français, comme l'avait été autrefois la rive gauche du Rhin. Le débat rebondit dans les années 1930, avec l'arrivée des nazis au pouvoir : dans les publications allemandes de l'époque, Charlemagne fait figure de promoteur de l'expansion germanique vers l'est, tandis que l'historien Ferdinand Lot le présente comme « nôtre [c'est-à-dire Français], parce que nous l'avons adopté » !

« comte de la marche »), qui cumule les pouvoirs militaires et administratifs d'un « superpréfet ». Les assemblées réunissant, au printemps et à l'automne, les grands et les prélats élaborent des textes réglementaires, appelés « capitulaires », car ils sont organisés en articles (*capitula*). La codification systématique des lois « nationales » qui régissaient le droit des populations de l'Empire est favorisée. Enfin, le système monétaire est unifié autour du denier d'argent, qui concurrence le sou d'or byzantin.

Dans ces tâches administratives, Charlemagne peut compter sur le soutien d'évêques dont il détient la nomination et qui apparaissent comme de véritables fonctionnaires. Chef de l'Église franque, l'empereur entreprend d'en harmoniser la discipline et la liturgie : ainsi est imposée la manière romaine de chanter la messe. Il préside des conciles dont sont issus des capitulaires, comme l'*Admonitio generalis* de 789. Responsable du salut de ses sujets, il veille à mieux former les prêtres qui les encadrent et à leur assurer des revenus réguliers en imposant aux fidèles le paiement de la dîme (un dixième des récoltes).

UN LEGS FRAGILE MAIS UN SOUVENIR VIVACE

C'est une construction impressionnante que Charlemagne transmet à Louis le Pieux en 814. Mais elle est menacée par d'évidentes forces d'éclatement : l'Empire n'est qu'un immense puzzle relié par la seule personne du souverain. Dès 781, Charlemagne a confié à ses fils cadets le gouvernement des deux royaumes les plus excentrés, dont il convenait de réserver le particularisme : l'Aquitaine à Louis et l'Italie à Pépin. Ce n'est donc qu'en raison de la mort prématurée de Pépin et du fils aîné, Charles, que Louis le Pieux se retrouve à la tête d'un Empire encore unifié.

Sur les marges, la construction carolingienne se révèle fragile. Les Bretons d'Armorique n'ont jamais pu être soumis et Charlemagne n'a pu réussir à arracher aux Arabes des portions significatives de la péninsule Ibérique. En 778, il échoue devant Saragosse et, au retour, l'arrière-garde commandée par Roland, comte de la marche de Bretagne, est décimée dans l'embuscade tendue par des montagnards basques à Roncevaux. Dès avant la mort de Charlemagne débutent les incursions des Normands (c'est-à-dire « hommes du Nord ») qui ne vont s'accentuer dans les régions côtières. À peine né, l'Empire est sur la défensive et ne peut plus compter sur le butin qui entretenait sa prospérité.

Même si Charlemagne avait obligé les grands aristocrates et les agents de l'État à lui prêter un serment de vassalité, les terres qu'il leur avait accordées en échange de leur fidélité font rapidement des ducs, comtes et

La Chanson de Roland

Écrite vers 1100, la *Chanson de Roland* est la plus ancienne chanson de geste conservée. Se déclamant sur une mélodie monotone, la chanson de geste raconte les hauts faits du passé (*gesta* en latin) ; en l'occurrence, ceux de Roland, le neveu de Charlemagne, victime d'une embuscade tendue à Roncevaux par les Sarrasins, avant que l'empereur, et avec lui la chrétienté, ne triomphe de l'émir de Babylone sous les murs de Saragosse. La *Chanson de Roland* est le reflet, déformé par la tradition orale, d'une expédition que Charlemagne mena en Espagne en 778 et au retour de laquelle le comte de la marche de Bretagne, Roland, qui n'était pas son neveu, fut tué, non par des Sarrasins mais par des Basques. Mais l'ambiance qui transparaît dans ce texte est bien celle de la Reconquista contre les Infidèles que les chrétiens entreprennent en Espagne au XIIe siècle. L'héroïsme de Roland, qui combat jusqu'à la mort avec sa fidèle épée Durendal et ne sonne du cor pour appeler à l'aide qu'au dernier moment, est conforme aux valeurs chevaleresques de l'Occident chrétien.

▲ Roland sonne du cor à Roncevaux, miniature du XIIIe siècle. En exaltant les vertus chrétiennes de Charlemagne, la *Chanson de Roland* invitait les chevaliers à prendre part à la croisade.

autres marquis de véritable potentats régionaux, se succédant héréditairement. Ainsi commence la lente dissolution des pouvoirs publics qui aboutira à la féodalité.

Après la mort de Charlemagne, les luttes fratricides entre ses petits-fils aboutiront à la dislocation de l'Empire. Au partage de Verdun qui intervient en 843, Charles le Chauve obtient la Francie occidentale, Louis le Germanique, la Francie orientale, et Lothaire Ier, la Lotharingie. Cette dernière ayant rapidement disparu, le monde franc est désormais divisé en deux ensembles, plus tard appelés Allemagne et France.

Mais le souvenir de Charlemagne se perpétue jusqu'au cœur du Moyen Âge. Par exemple dans les chansons de geste, dont la plus ancienne est la *Chanson de Roland*. Les Capétiens, qui ont chassé le dernier roi carolingien en 987, recherchent leurs épouses parmi ses descendantes et commencent, au XIIIe siècle, à appeler leurs fils Charles. La mémoire de l'empereur reste vivace aussi en Allemagne, où Frédéric Barberousse fait canoniser Charlemagne en 1165.

► **Haroun al-Rachid** / 803
► **Hugues Capet** / 987

▲ Charlemagne déjoue les maléfices des Sarrasins (miniature des *Grandes Chroniques de France*, XIVe siècle). La tentative de conquête de la péninsule Ibérique, entreprise en 778, fut un échec.

◄ La chapelle Palatine, seul vestige du palais impérial d'Aix-la-Chapelle. Charlemagne fit d'Aix-la-Chapelle la capitale de son empire, une capitale qu'il voulait être la représentation de la Jérusalem céleste.

HAROUN AL-RACHID

Connu pour l'ambassade qu'il aurait échangée avec Charlemagne et surtout pour son apparition dans les Mille et Une Nuits, *Haroun al-Rachid semble représenter l'apogée du califat abbasside. Mais sa politique a préparé le déclin de ce régime.*

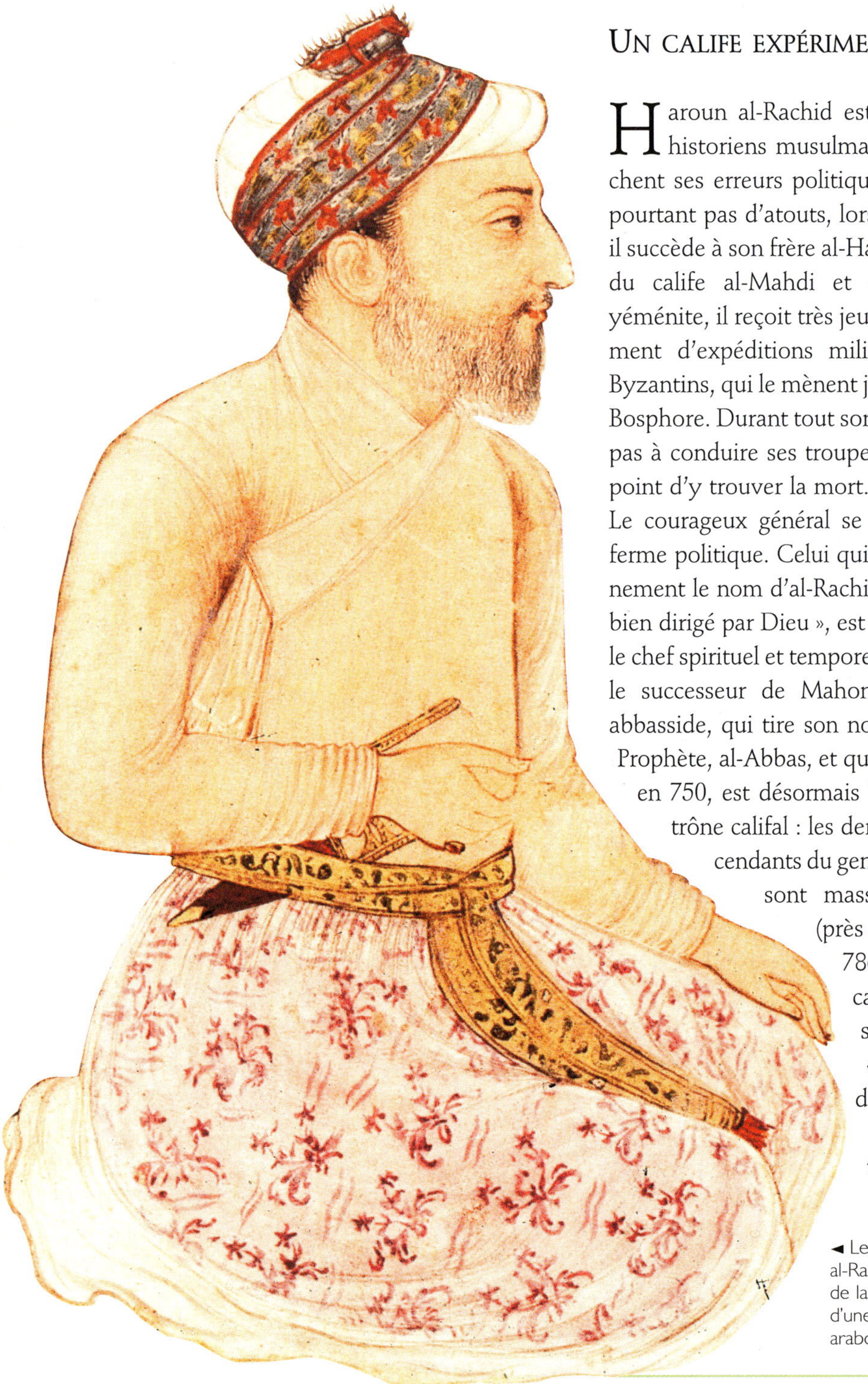

◄ Le règne d'Haroun al-Rachid marque l'apogée de la dynastie abbasside et d'une brillante civilisation arabo-persane.

UN CALIFE EXPÉRIMENTÉ

Haroun al-Rachid est peu estimé des historiens musulmans, qui lui reprochent ses erreurs politiques. Il ne manque pourtant pas d'atouts, lorsque, à vingt ans, il succède à son frère al-Hadi. Troisième fils du calife al-Mahdi et d'une affranchie yéménite, il reçoit très jeune le commandement d'expéditions militaires contre les Byzantins, qui le mènent jusqu'aux rives du Bosphore. Durant tout son règne, il n'hésite pas à conduire ses troupes à la bataille, au point d'y trouver la mort.

Le courageux général se révèle un moins ferme politique. Celui qui prend à son avènement le nom d'al-Rachid, c'est-à-dire « le bien dirigé par Dieu », est en tant que calife le chef spirituel et temporel des musulmans, le successeur de Mahomet. La dynastie abbasside, qui tire son nom d'un oncle du Prophète, al-Abbas, et qui a pris le pouvoir en 750, est désormais bien assise sur le trône califal : les derniers Alides, descendants du gendre de Mahomet, sont massacrés à Fakhkh (près de La Mecque) en 786. Le nouveau calife peut se présenter comme le « Commandeur des croyants », menant une politique assez sévère à l'encontre des non-musulmans installés dans l'empire. Le jeune Haroun al-Rachid s'en remet d'abord entièrement à son précepteur et tuteur, le vizir Yahya ibn Khalid al-Baramika, qui, avec ses fils (les Barmakides), exerce la réalité du pouvoir. Mais, en 803, il fait exécuter le Barmakide le plus proche de lui, Djaafar, et exiler les autres : à près de quarante ans, Haroun al-Rachid commence enfin un règne personnel qui n'aura guère d'éclat.

LES SPLENDEURS DE BAGDAD

Haroun al-Rachid se contente de faire tourner la belle mécanique léguée par ses prédécesseurs. Comme eux, il s'appuie sur des administrateurs d'origine iranienne qui peuplent les bureaux *(dîwân)* du pouvoir central. Grâce à un nouveau système fiscal et à la prospérité de l'agriculture irriguée, le calife dispose de revenus considérables, soigneusement consignés dans le *Livre de l'impôt foncier,* qu'Abou Yusuf a écrit à sa demande.

Installée au centre des riches plaines mésopotamiennes, Bagdad, la nouvelle capitale fondée en 762, est l'une des plus grandes villes du monde ; sa forme circulaire symbolise les ambitions universelles du pouvoir abbasside. Sous l'impulsion des califes de Bagdad, le legs philosophique et scientifique de l'Antiquité grecque a été définitivement intégré à la culture arabe, qui s'enrichit également d'influences persanes et indiennes. La poésie de cour connaît une brillante floraison. Cette civilisation raffinée se reflète dans certains contes des *Mille et Une Nuits,* qui mettent en scène Haroun al-Rachid lui-même ou d'autres personnages de son temps.

▲ Des émissaires d'Haroun al-Rachid sont reçus à la cour de Charlemagne (gravure du XIXe siècle). Peut-être cette ambassade n'eut-elle jamais lieu, confondue avec une délégation des Aghlabides de Tunis auprès de l'empereur.

Le prestige d'Haroun al-Rachid dépasse l'Empire. Ses entreprises contre les Byzantins sont assez menaçantes pour imposer à l'impératrice Irène un traité de paix. Utilisant ce prestige pour rehausser celui de l'empereur carolingien, les sources occidentales signalent une ambassade échangée entre le calife et Charlemagne, ambassade que ne mentionnent toutefois pas les sources arabes.

Les Mille et Une Nuits

Pour éviter que le sultan ne la sacrifie comme toutes ses autres femmes, la princesse Schéhérazade lui raconte chaque soir une nouvelle histoire : voilà le prétexte d'un recueil de contes qui illustre bien l'ouverture et le dynamisme culturels du monde musulman à l'époque des Abbassides. Un premier noyau fut traduit du persan dès le VIIIe siècle mais il contenait beaucoup d'anecdotes d'origine indienne. Le cadre raffiné de Bagdad au IXe siècle fournit la matière à des ajouts où apparaît notamment Haroun al-Rachid et les vizirs barmakides. Complétées plus tard par des contes populaires égyptiens, *les Mille et Une Nuits* sont révélées aux Européens par la traduction d'Antoine Galland au début du XVIIIe siècle : dès lors, les figures de Schéhérazade, du magicien Aladin et de Sindbad le marin ne vont cesser de nourrir l'imaginaire occidental de l'Orient.

Les germes du déclin

Malgré son prestige, Haroun al-Rachid ne parvient pas à éviter l'éclatement progressif de l'Empire abbasside qu'avaient constitué les califes du VIIIe siècle. Déjà, les Omeyyades réfugiés en Espagne refusaient le pouvoir abbasside. En 788, le seul rescapé du massacre de Fakhkh fonde un État autonome au Maroc, celui des Idrisides. Envoyé pour le combattre, Ibrahim ibn al-Aghlab, tout en reconnaissant l'autorité du calife, installe en Tunisie une nouvelle dynastie, celle des Aghlabides. Au cœur même de l'Empire abbasside, la Syrie, fidèle aux Omeyyades, est mal pacifiée et l'Égypte est secouée de révoltes contre l'alourdissement des impôts ; le Khorasan, réservoir traditionnel de troupes et d'administrateurs, se révolte à son tour : c'est lorsqu'il se rend dans cette région pour y mâter la révolte qu'Haroun al-Rachid meurt. La succession qu'il a organisée est une nouvelle source de crise. Son fils aîné, al-Mamoun, né d'une concubine perse, refuse le choix, comme calife, d'al-Amin, fils cadet d'Haroun al-Rachid mais né d'une Arabe. La violente guerre civile qui s'ensuit aboutit à une destruction partielle de Bagdad en 813. La lutte entre les membres différents du clan abbasside pour l'accession au califat sera désormais un problème récurrent.

► **Charlemagne** / *800*

◄ La princesse Schéhérazade, inspiratrice des *contes des Mille et Une Nuits* (gravure du XIXe siècle). Afin de n'être pas sacrifiée par le sultan, elle entreprit de lui raconter des contes qui lui plaisaient tant que chaque soir il exigeait d'en entendre un autre.

803

La disgrâce des Barmakides

Faisant exécuter ou exiler les Barmakides, auxquels il avait jusqu'alors confié la réalité du pouvoir, le calife Haroun al-Rachid commence, à près de quarante ans, son règne personnel.

CHRONOLOGIE

Naissance, à Rey, d'Haroun, troisième fils du futur calife al-Mahdi et d'une affranchie d'origine yéménite. **vers 766**

À la mort de son frère Carloman, Charlemagne devient seul roi des Francs. **771**

Mort du calife al-Mansour : al-Mahdi devient le troisième calife abbasside. **775**

Une expédition militaire menée par Haroun atteint le Bosphore. **781-782**

Mort d'al-Mahdi : son fils al-Hadi lui succède. **785**

À la mort de son frère al-Hadi, Haroun devient calife et prend le nom de règne d'al-Rachid ; massacre des Alides à Fakhkh : Idris parvient à s'enfuir. **786**

Idris fonde la dynastie idriside au Maghreb. **788**

Soulèvement de l'Égypte contre le califat de Bagdad. **794-795**

Expédition d'Haroun al-Rachid contre Ankara ; traité de paix avec l'impératrice de Byzance, Irène. **797**

Fondation de la dynastie aghlabide en Ifriqiya (Tunisie) ; Charlemagne couronné empereur à Rome. **800**

Disgrâce des Barmakides et début du pouvoir personnel d'Haroun al-Rachid. **803**

Selon les sources occidentales, Haroun al-Rachid envoie une ambassade à Charlemagne pour reconnaître aux Francs des droits sur les Lieux saints. **807**

Révolte du Khorasan ; mort d'Haroun al-Rachid à Tus. **809**

HUGUES
CAPET

L'avènement de la dynastie capétienne est passé presque inaperçu des contemporains, et Hugues Capet ne semblait devoir occuper le trône de France que temporairement. Mais cette prise de pouvoir allait orienter l'histoire du royaume pendant plus de trois siècles.

LE DUC DES FRANCS

En mai 987, le jeune roi des Francs, Louis V, lointain descendant de Charlemagne, meurt dans un accident de chasse. Comme il n'a pas d'héritier direct, les Grands du royaume se réunissent pour lui trouver un successeur. L'homme qui s'installe sur le trône à la faveur de cette vacance n'est pas un novice : à près de cinquante ans, Hugues Capet dispose d'une importante expérience politique acquise auprès des derniers souverains carolingiens. Il n'est pas pour autant un parvenu, encore moins un fils de boucher comme le prétendra plus tard la légende populaire.

Avant d'être le fondateur d'une nouvelle dynastie, Hugues est le rejeton d'une illustre lignée. Né entre 939 et 941, il est l'aîné des cinq enfants qu'a donnés Hadwige de Saxe à son mari Hugues le Grand. Il appartient ainsi à la grande famille des Robertiens, originaire de Rhénanie, mais qui n'a cessé de rivaliser avec les rois carolingiens de Francie occidentale depuis l'époque de Robert le Fort, marquis de Bretagne dans la deuxième moitié du IXe siècle. Par deux fois déjà, les Robertiens ont placé l'un des leurs sur le trône : Eudes en 888 et, après le retour au pouvoir du Carolingien Charles III le Simple, Robert Ier en 922. Le surnom de Capet que la tradition a attribué à Hugues n'est donc nullement le nom de famille que voudront y voir les révolutionnaires de 1789 : il lui vient du manteau *(cappa)* de saint Martin, apôtre des Gaules, relique qu'il détient à titre d'abbé laïque de Saint-Martin de Tours.

À la mort de son père, en 956, Hugues a en effet reçu le titre éminent de duc des Francs. En vertu de cette dignité, il est désormais le vassal le plus proche du roi, celui dont le conseil est indispensable et qui préside son élection. Hugues sera donc le conseiller privilégié du roi Lothaire, qui vient lui aussi de succéder à son père et n'est pas plus vieux que le duc des Francs. Leurs histoires seront désormais intimement liées.

◄ En instaurant la succession héréditaire, Hugues Capet inaugure une dynastie qui régnera sur la France durant huit siècles et verra, jusqu'à Louis-Philippe, se succéder trente-six souverains.

◄ Les murailles du château de Coucy, dans l'Aisne. De telles forteresses s'érigeaient partout dans le royaume, et les vassaux du roi de France étaient souvent plus puissants que lui.

987

Hugues Capet élu roi

Sacré à Noyon, le 3 juillet, il fonde ainsi une nouvelle dynastie, qui succède aux Carolingiens.

Hugues le fidèle

Hugues et Lothaire étant trop jeunes pour exercer leurs importantes fonctions, l'empereur germanique Otton Ier, leur cousin germain à tous deux, nomme un régent en la personne de Brunon de Cologne. Si Lothaire réussit à mener rapidement une politique assez autonome, Hugues n'est investi dans ses pouvoirs et ses territoires qu'en 960, ce qui est une manière d'affaiblir la puissance robertienne. De fait, durant les quatre années de cette « minorité », les grands vassaux d'Hugues se sont octroyé quelques libertés. Le comte de Blois, Thibaud le Tricheur, s'est emparé des comtés de Chartres et de Châteaudun ; à Tours, il est comme chez lui. Conjointement avec Foulque d'Anjou, il s'est proclamé en 958 gouverneur et administrateur de la Neustrie, c'est-à-dire toute la partie nord-ouest du royaume, au détriment d'Hugues.

Celui-ci conserve cependant des atouts. En tant qu'abbé laïque des prestigieux monastères de Saint-Martin de Tours et de Saint-Denis, il dispose de revenus appréciables. D'autre part, il bénéficie de soutiens sûrs, en particulier celui des comtes qui entourent Paris de leurs possessions (Senlis, Corbeil, Melun, Dreux) et celui du comte de Vendôme. Ainsi, depuis la Loire, vers l'axe Orléans-Paris-Senlis, s'opère un recentrage de la politique robertienne, capital pour la suite de l'histoire de France. Hugues y ajoute l'alliance avec la Bourgogne, que détiennent ses frères, Otton puis Eudes Henri, et avec les ducs de Normandie descendants des Vikings. La puissance amoindrie dont il dispose lors de son investiture au duché des Francs oblige toutefois Hugues à adopter un comportement plus effacé que celui de ses bruyants prédécesseurs, ce que la tradition ultérieure a interprété à tort comme une faiblesse de caractère.

La prudence lui dicte d'abord une fidélité sans faille à l'égard de Lothaire, qui occupe la plus grande partie de son règne à chercher le pouvoir en Lorraine : cette région, symbolique pour la dynastie carolingienne, est en effet sous influence saxonne, c'est-à-

La lente agonie des Carolingiens

Le déclin de la dynastie fondée en 751 par Pépin le Bref commence dès après la mort de Charlemagne. L'empereur Louis le Pieux est incapable en effet de s'opposer à l'ambition de ses trois fils et de régler sa succession, ce qui aboutit à l'éclatement de l'Empire (partage de Verdun, 843). Dans la partie occidentale qui deviendra le royaume de France, le pouvoir de Charles le Chauve s'affaiblit inéluctablement et sa mort, en 877, ouvre une période de périls : en onze ans se succèdent quatre rois qui ne légifèrent plus et ne rendent plus la justice. L'accession au trône d'Eudes (888) inaugure la concurrence entre Robertiens et Carolingiens. C'est le père d'Hugues Capet, le duc des Francs Hugues le Grand, qui offre lui-même la couronne à Louis IV d'Outremer, père de Lothaire : les fils ne feront au fond que prolonger une alternance déjà bien établie. L'élimination des Carolingiens sera plus radicale dans le royaume de Germanie, où les ducs de Saxe finiront par rétablir le titre impérial avec Otton Ier en 962.

Hugues Capet se fait remettre les clefs ► de la ville de Laon et dépose Charles de Lorraine, dernier prétendant à la couronne des Carolingiens. Miniature de Jean Fouquet, XVe siècle.

CHRONOLOGIE ◄

Naissance d'Hugues Capet, fils d'Hugues le Grand duc des Francs.	**vers 941**
Hugues le Grand fait prisonnier le roi Louis IV d'Outremer puis le restaure sur son trône.	**945-946**
Mort d'Hugues le Grand : minorité d'Hugues Capet et de ses frères.	**956**
Hugues Capet duc des Francs.	**960**
Otton Ier de Saxe, roi de Germanie, devient empereur.	**962**
Adalbéron archevêque de Reims.	**969**
Mort d'Otton Ier; Otton II lui succède.	**973**
Charles chassé de la cour de France.	**976-977**
Lothaire fait couronner son fils Louis V roi des Francs.	**979**
Mort d'Otton II ; Otton III couronné roi de Germanie.	**983**
Mort de Lothaire, roi des Francs ; Louis V seul roi.	**986**
Mort de Louis V, dernier roi carolingien de France ; **Hugues Capet élu roi** ; il fait sacrer peu après son fils Robert II le Pieux.	**987**
Charles de Lorraine fait prisonnier par l'évêque de Laon, Adalbéron.	**991**
Mort d'Hugues Capet.	**996**

▲ Saint Walier apparaissant à Hugues Capet (miniature du XIVe siècle). Souverain très pieu, le premier capétien a renforcé les liens qui unissaient la royauté et l'Église. En 989, c'est lui qui instaurera la paix de Dieu pour atténuer les désordres du royaume.

dire impériale. Lothaire y mène de nombreuses guerres, durant lesquelles Hugues se comporte en loyal vassal. Il participe à l'ost quand son suzerain le lui demande, sauve Lothaire du raid vengeur d'Otton qu'il arrête devant Paris à l'automne 978, ou encore respecte une neutralité bienveillante. On le voit même approuver la décision de Lothaire de sacrer de son vivant son jeune fils Louis. À une époque où les liens de fidélité ont tendance à se distendre de plus en plus, l'attitude d'Hugues est particulièrement remarquable et sera déterminante dans son avènement ultérieur au trône. La seule égratignure notable à cette fidélité vient d'ailleurs de Lothaire, qui, en 979, s'abouche en secret avec l'empereur Otton II, lui promettant d'abandonner ses velléités lorraines. Mais Hugues et Lothaire font bien vite la paix.

L'allié des évêques

Lors des guerres de Lorraine, Hugues a su aussi se concilier les grands ecclésiastiques, qui ont au Xe siècle un pouvoir considérable et joueront un rôle important lors de son élection en 987. À défaut de les protéger systématiquement, Hugues prendra soin de ne pas s'attaquer aux évêques, dont il contrôle les nominations. Il apparaît de plus comme un homme très pieux, très humble, s'intéressant de près à la réforme spirituelle animée par l'ordre de Cluny, quitte à perdre ses prérogatives d'abbé laïque. Hugues présente ainsi à ses contemporains l'image d'un homme stable, tempéré, qui n'entreprend rien sans le conseil de ses vassaux.

Ce sont les Carolingiens qui vont finalement favoriser le destin d'Hugues Capet. Le frère du roi Lothaire, Charles, n'a, contrairement à l'usage franc, reçu aucune terre à la mort de son père Louis IV d'Outremer et Lothaire ne lui en a concédé aucune. Par dépit, il entre dans l'orbite impériale dès 978, lorsqu'Otton II lui concède la Basse-Lorraine. Il devient définitivement un fidèle de l'empereur après que Lothaire l'a banni du royaume pour avoir diffamé la reine Emma. Charles s'est ainsi totalement disqualifié pour le cas où son frère viendrait à mourir.

Or, tandis qu'il mène, précisément contre son frère Charles, une nouvelle campagne en Lorraine, Lothaire tombe brutalement malade et décède, à quarante-six ans, le 12 mars 986. Déjà sacré, Louis V lui succède tout naturellement. Le jeune roi se montre lui aussi très dynamique et se lance sur Reims, avec à ses côtés l'inévitable et toujours fidèle Hugues Capet. Mais, un peu plus d'un an après son père, Louis V, âgé de vingt ans, meurt à son tour lors d'une partie de chasse dans le comté de Senlis, sur les terres mêmes d'Hugues, ce qui ne manquera pas, plus tard, d'entretenir les soupçons.

EUDES

Le sauveur de Paris

Un des titres de gloire des ancêtres d'Hugues Capet est d'avoir combattu les envahisseurs normands, contre lesquels Robert le Fort trouva la mort en 866. Vingt ans plus tard, une nouvelle flotte viking vient mettre le siège devant Paris : l'île de la Cité est défendue par l'évêque Gozlin et surtout par le comte Eudes. Célébré dans un poème contemporain pour avoir tué « autant de Danois qu'il lance de traits », le fils de Robert le Fort oppose son courage aux atermoiements des Carolingiens.

◄ Eudes Ier défend Paris contre les Vikings (tableau de J. V. Schnetz, XIXe siècle). Hugues Capet n'est que rarement venu à Paris, qui est pourtant la plus puissante de ses cités et s'affirmera ensuite comme capitale des rois capétiens.

◄ Hugues Capet est proclamé roi (tableau de J. Alaux, XIXe siècle). Les chroniqueurs du Moyen Âge ont tenté par la suite de légitimer ce que beaucoup affirmaient être une usurpation, en rattachant Hugues le Grand à la généalogie des Carolingiens.

Dans l'assemblée réunie en hâte sur le lieu du décès, les suffrages se portent sur Hugues, dont les évidentes qualités l'emportent, aux yeux des participants, sur le sang carolingien de Charles de Lorraine. Même l'archevêque de Reims, Adalbéron, traditionnellement favorable aux Carolingiens, s'est prononcé pour Hugues, qui effraie moins que son puissant père. Dès le 3 juillet 987, Hugues Capet est sacré à Noyon, plus proche que Reims et bénéficiant d'un précédent notoire : c'est là que Charlemagne s'était fait couronner pour la première fois et, ironie de l'histoire, c'est là que s'achève la dynastie carolingienne.

Neuf ans pour fonder une dynastie

Le nouveau roi toutefois n'a pas que des partisans : l'archevêque de Sens, Seguin, refuse de lui prêter serment et le comte Albert de Vermandois se révolte ouvertement contre lui. S'il parvient assez facilement à écarter ses détracteurs, Hugues prend la précaution de faire sacrer son fils Robert le jour de Noël 987, avant de lui chercher une épouse féconde, en l'occurrence la veuve du comte Arnoul de Flandre. Au début de l'année 988, le changement dynastique semble s'être déjà bien ancré.
Encore faut-il éliminer définitivement le dernier prétendant carolingien. En 988, Charles de Lorraine a réussi à s'emparer de Laon avec la complicité d'Arnoul, devenu un an plus tard archevêque de Reims. Grâce à un guet-apens organisé par l'évêque de Laon, Adalbéron, dont la postérité retiendra le surnom d'Ascelin, les deux comparses sont capturés en 991 : le prélat est déposé et Charles finira sa vie en prison. Ce complot que le roi des Francs ne semble pas avoir voulu pèsera lourdement sur son image et sa légitimité.
Mais l'autorité d'Hugues Capet ne s'étend pas au sud de la Loire et, dans le nord du royaume, elle se heurte à la puissance des grands féodaux comme le comte Eudes Ier de Blois qui enserre le domaine capétien de ses propres territoires. Partout se construisent des châteaux qui symbolisent le morcellement des pouvoirs publics et la révolution féodale. Ce roi au pouvoir faible parvenu par hasard sur le trône va pourtant donner naissance à une dynastie qui durera jusqu'en 1328, grâce au « miracle capétien » assurant à chaque souverain un héritier mâle.

La révolution féodale

Aux approches de l'an mil, de profondes mutations ébranlent la France. Progressivement, les liens personnels unissant les nobles entre eux se sont substitués aux relations hiérarchiques entre le roi et ses officiers. La concession d'un territoire ou fief est désormais la condition de la fidélité, plutôt fluctuante, du vassal à l'égard du suzerain. Parallèlement, les potentats locaux, qui accaparent des portions toujours croissantes de la puissance publique, ont soumis à leur justice et à leurs taxes des paysans qui étaient autrefois libres. En dessous des comtes commencent à apparaître des châtelains qui dominent la campagne grâce à leurs tours installées sur des élévations, ou mottes. Ces châtelains entretiennent eux-mêmes des militaires qui deviendront plus tard les chevaliers. Brusque révolution ou résultat d'évolutions à long terme, la combinaison de ces phénomènes dessine les contours d'une nouvelle société qu'on a pris l'habitude d'appeler féodale.

▼ La dynastie capétienne (lithographie du XIXe siècle). Les descendants en ligne directe d'Hugues Capet régneront jusqu'en 1328, mais c'est en réalité tous les rois de France qui seront les héritiers du premier des Capétiens.

OTTON III

Roi dès l'âge de 3 ans, couronné empereur à 16 ans, mort à 21 ans, Otton III a fasciné ses contemporains qui lui ont donné le qualificatif de « merveille du monde ». Mais il n'a pu restaurer la grandeur de l'Empire romain et son association avec le pape Sylvestre II n'a pas eu de suite.

▲ Miniature extraite de l'*Apocalypse de saint Sever* (XIe siècle). Cet ouvrage a longtemps été interprété à tort comme le signe de terreurs de l'an mille.

UN TOUT JEUNE EMPEREUR

Otton III est investi très jeune de responsabilités écrasantes. Né en 980, il voit successivement disparaître son père Otton II, alors qu'il n'a que 3 ans, et sa mère, l'impératrice d'origine byzantine Théophano, alors qu'il n'en a que 11. Bien que son père ait pris la précaution de le faire désigner roi avant sa propre mort, son pouvoir est fragile : son cousin, le duc de Bavière Henri le Querelleur, tente de s'emparer du trône. Sa mère puis, après la mort de celle-ci, sa grand-mère Adélaïde exercent la régence.

L'éducation que reçoit Otton est de qualité, à la fois allemande et italienne, latine et grecque : il a en effet pour précepteurs deux clercs, Bernard de Hildesheim et le Calabrais Jean Philagathos. Sa culture attire les intellectuels, qui nourrissent son exigeante piété et sa fascination pour la Rome antique.

◄ Protecteur des papes, Otton III crut pouvoir fonder un nouvel empire chrétien d'Occident dont Rome aurait été le centre politique et religieux.

En 994, Otton III peut enfin prendre la direction de l'empire légué par son père et surtout par son grand-père. Ce dernier, Otton Ier, avait repris en 962 le titre impérial qui n'était plus porté depuis des décennies. Moins étendus que l'ancien empire de Charlemagne, les territoires soumis aux Ottoniens n'en couvraient pas moins l'Allemagne, le royaume de Bourgogne (de la Flandre à la Provence), ainsi que l'Italie du Nord et du Centre.

LA FASCINATION DE ROME

Bien qu'ils fussent avant tout Allemands (ils étaient issus de la lignée des ducs de Saxe), les empereurs ottoniens attachaient une grande importance à Rome. C'est là en effet que, 162 ans après Charlemagne, Otton Ier le Grand était venu chercher la couronne impériale. C'est là également que, après d'épuisantes campagnes contre les Byzantins et les Sarrasins d'Italie du Sud, Otton II avait trouvé la mort. C'est là enfin qu'Otton III vient à son tour se faire couronner empereur en 996.

Rome est avant tout la ville du pape, qui en est l'évêque, et celui qui couronne le jeune souverain le 21 mai 996 n'est autre que Grégoire V, son cousin... Il est vrai que le contrôle de la papauté constitue l'un des pouvoirs que les empereurs ottoniens ont acquis et qu'ils entendent bien défendre contre la remuante noblesse locale. Ainsi, en 998, Otton III doit venir mettre fin en personne à l'usurpation du sénateur romain Crescentius II qui avait placé sur le trône pontifical son protégé, Jean Philagathos, sous le nom de Jean XVI : l'élève eut ainsi le déplaisir de devoir châtier son ancien maître. Mais Rome, c'est aussi le souvenir de l'Empire, insensible dans les monuments qui ornent la ville. Désirant restaurer l'Empire romain, Otton III s'installe donc, à partir de 998, sur le Palatin, où il reconstitue une cour impériale sur le modèle antique et byzantin. L'association avec le pape Sylvestre II (Gerbert d'Aurillac) donnera au projet une dimension universelle.

Avec le pape de l'an mille

Quoique né d'une famille de paysans auvergnats, Gerbert d'Aurillac est l'un des plus grands intellectuels du temps. Initié par les Catalans aux sciences arabes (notamment à l'astronomie), il dispense un enseignement renommé comme maître d'école à Reims. Son savoir et ses talents lui ouvrent les portes de l'archevêché rémois puis de celui de Ravenne.

Venu à Rome en 996 pour défendre ses droits contestés au trône archiépiscopal de Reims, il rencontre le jeune empereur, qui favorisera son accession au pontificat en 999. Le nom choisi par le nouvel élu, Sylvestre II, manifeste bien son adhésion au projet de restauration d'un Empire bicéphale : Sylvestre Ier avait en effet régné à l'époque de Constantin, le premier empereur romain chrétien.

Les fausses terreurs de l'an mille

Otton III et Gerbert régnaient, l'un sur l'Empire, l'autre sur la chrétienté, la millième année depuis la naissance du Christ, en vertu des calculs réalisés au VIe siècle par le moine Denis le Petit. Eurent-ils conscience de conduire l'ensemble des fidèles dans les malheurs qui devaient, selon l'Apocalypse, précéder la fin des temps ? Il ne le semble pas. En réalité, les terreurs de l'an mille sont l'invention d'un cardinal zélé de la Contre-Réforme, propagée à l'envi par des historiens romantiques comme Michelet. C'est donc à tort qu'on a voulu les comparer aux angoisses qui ont accompagné le passage à l'an 2000...

L'Empire dont rêvent conjointement Otton et son mentor est plus romain qu'allemand. Il n'est donc plus question de profiter de l'évangélisation des païens demeurés dans l'est de l'Europe pour les soumettre aux évêques allemands et étendre ainsi l'influence germanique. L'empereur et le pape reconnaissent l'autonomie des nouvelles Églises créées en Pologne et en Hongrie et les confient à leurs souverains respectifs, ce qui n'est pas sans provoquer le mécontentement de l'épiscopat allemand.

À Rome même, Otton III doit affronter une révolte qui le contraint à partir pour Ravenne. Il meurt en 1002 au château de Paterno au nord de Rome, rejoint dans la mort un an plus tard par Gerbert. Otton III est inhumé à Aix-la-Chapelle aux côtés de Charlemagne : le rêve d'un Empire universel était bien mort devant la réalité d'un Empire avant tout germanique.

996

Otton III, sacré empereur

Le 21 mai, le jeune homme, âgé de 16 ans, est couronné à Rome, devenant ainsi l'empereur de l'an mille.

Chronologie

Naissance d'Otton III. **980**

Mort d'Otton II. Otton III devient roi de Germanie. **983**

Mort de Théophano ; Adélaïde, grand-mère paternelle d'Otton III, lui succède comme régente. **991**

Brunon, cousin d'Otton III, est élu pape sous le nom de Grégoire V. **Otton III** est **sacré empereur** à Rome. Il rencontre Gerbert d'Aurillac et Adalbert, évêque de Prague exilé. **996**

Le sénateur romain Crescentius fait élire Jean Philagathos comme pape sous le nom de Jean XVI. **997**

Otton III rétablit Grégoire V sur le trône pontifical. Gerbert d'Aurillac est fait archevêque de Ravenne par Otton III. **998**

Gerbert d'Aurillac devient pape sous le nom de Sylvestre II. **999**

Otton III accorde au duc Boleslas de Pologne l'autonomie de son Église. **1000**

Étienne est couronné roi de Hongrie. Un soulèvement à Rome contraint Otton III et Sylvestre II à partir pour Ravenne. **1001**

Mort d'Otton III, le 23 janvier. Il meurt au château de Paterno alors qu'il était en route pour reconquérir Rome. **1002**

◄ Le sacrifice d'Abel, mosaïque de l'église Saint-Vital de Ravenne. De nombreux édifices témoignent du riche passé religieux de cette ville pontificale où Otton III trouva refuge.

AVICENNE

Bien qu'il n'ait jamais quitté la Perse, Avicenne est un esprit universel. Sa philosophie l'a fait considérer comme un nouvel Aristote dans tout le monde musulman et lui a valu l'adhésion enthousiaste de nombreux philosophes et médecins chrétiens.

◄ Fort d'un savoir encyclopédique, Avicenne a opéré dans son œuvre le rapprochement du platonisme, de l'aristotélisme et de la pensée islamique. Miniature d'un herbier provençal du XIVe siècle.

LE SURDOUÉ

Sous l'influence de l'hébreu « Aven Sînâ », les traducteurs latins du XIIe siècle ont appelé Avicenna celui dont le véritable nom était Abu'Ali al-Husayn ibn Sina. Il naît vers 980 à Afshana, en Perse, et grandit à Boukhara (actuel Ouzbékistan), dans une famille de hauts fonctionnaires au service des Samanides. Depuis un siècle, ces émirs d'origine iranienne ont créé en Transoxiane et dans le Khurasan l'un des plus prestigieux États musulmans du Moyen Âge. Au centre d'un nœud commercial de premier ordre (leurs monnaies s'exportent jusqu'à Novgorod, en Russie), les Samanides ont favorisé la prospérité de Boukhara. Avec leurs richesses, ils ont surtout encouragé une renaissance culturelle persane, symbolisée par Ferdousi (mort en 1020) et plus tard par Ibn Sina lui-même, ainsi que par son contemporain l'astronome et philosophe al-Biruni (973-1050).

Rien d'étonnant à ce que le jeune Avicenne ait reçu une éducation soignée, que l'autobiographie dictée à son secrétaire al-Juzjani détaille avec une certaine complaisance. Comme tout petit musulman, il étudie d'abord le Coran, qu'il se flattera bientôt de connaître par cœur, en même temps qu'une grande partie des belles-lettres, à l'âge de dix ans. Son père complète cette formation de base en l'envoyant apprendre le calcul auprès d'un marchand de légumes. Puis Avicenne devient l'élève de Natili, un philosophe qui lui enseigne la logique. Mais, à l'en croire, il a tôt fait de dépasser un maître qui « connaissait peu les subtilités » de cette science, et c'est par lui-même qu'il doit travailler la géométrie d'Euclide et l'astronomie de Ptolémée. Plus tard, il s'initie à la métaphysique d'Aristote. Au gré de ses innombrables lectures, Avicenne a découvert la médecine, où il raconte avoir fait de rapides progrès, car ce « n'est assurément pas une science difficile ». Sa compétence y est telle que, dès l'âge de seize ans, il peut soigner des patients. C'est alors que la chance lui sourit. L'émir de Boukhara tombe gravement malade, et Avicenne parvient à le guérir : il se voit ainsi ouvrir les portes de la cour, ainsi que celles de la riche bibliothèque princière qui est mise à sa disposition.

Sans doute la position paternelle a-t-elle ici favorisé l'accès à un trésor dans lequel le savant précoce puise à pleines mains. « Parvenu à l'âge de dix-huit ans, j'en avais fini avec l'étude de toutes ces sciences », écrit-il dans son autobiographie. Il était temps de mettre en œuvre les ressources de ce savoir, en profitant d'une capacité de travail sans égal.

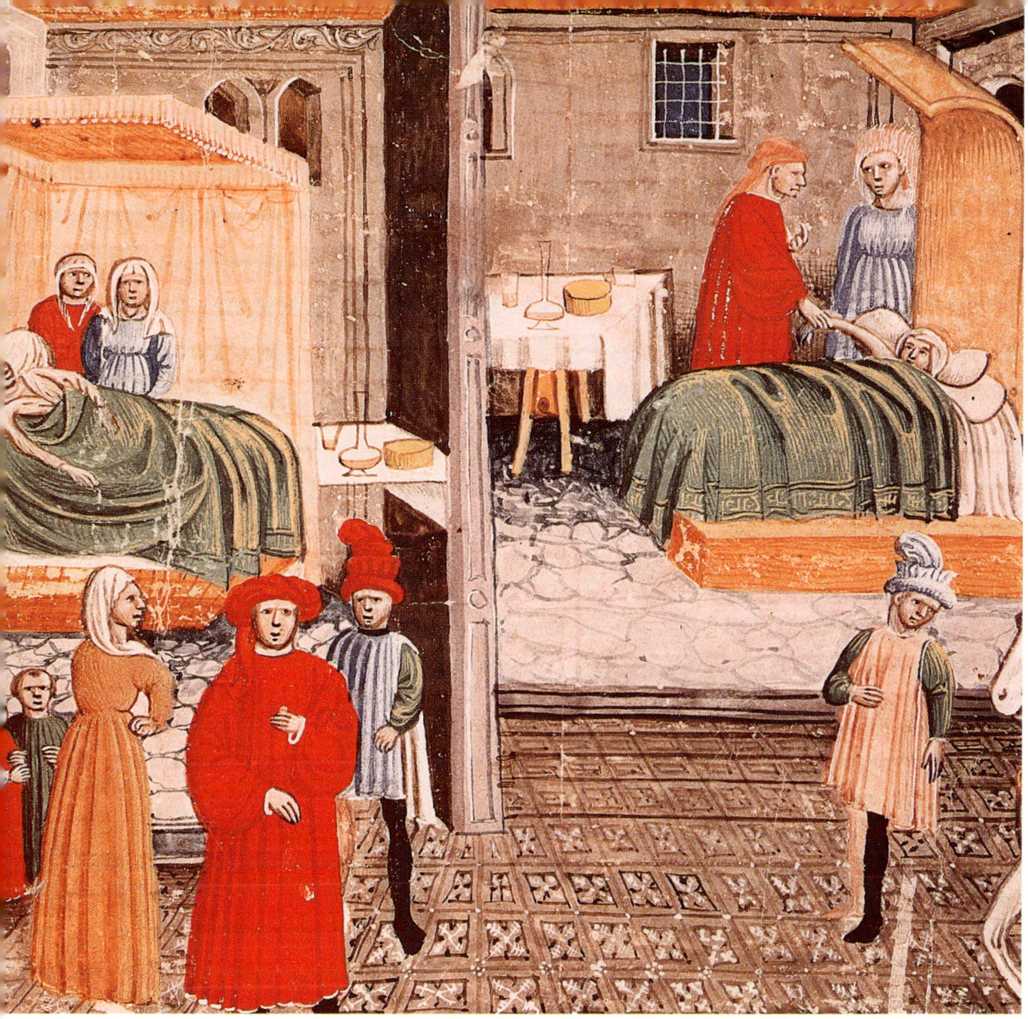

1015

Avicenne à la cour buyide d'Hamadhan

Devenu vizir de l'émir, il se partage entre ses responsabilités politiques et l'écriture de son encyclopédie, le *Livre de la guérison*.

CHRONOLOGIE

980 Naissance d'Avicenne (Ibn Sina) à Afshana.

997 Mort de Nuh ibn Mansur, émir samanide de Boukhara et protecteur d'Avicenne.

999 Chute des Samanides : Avicenne doit quitter Boukhara pour Gurgandj, où il est accueilli par Abu Muhammad Chirazi.

1010 Les Ghaznévides s'emparent de Lahore.

1015 **Avicenne à la cour buyide d'Hamadhan.** Il devient plus tard le vizir de l'émir Shams al-Dawla.

1020 Mort du poète persan Ferdousi. Avicenne achève le *Canon de la médecine*.

1021 Avicenne quitte Hamadhan pour Ispahan et la cour d'Ala al-Dauba.

1031 Fin du califat omeyyade de Cordoue.

1037 Mort d'Avicenne.

Entre la cour et l'écriture

▲ La visite du médecin, miniature du *Canon de la médecine* d'Avicenne. Les médecins arabes ont légué à l'Occident un grand nombre de notions et d'observations.

Au moment même où la mort de son père contraignait Avicenne à envisager d'entrer à son tour dans l'administration, le renversement de l'émir lui ôte son principal appui. Comme d'autres potentats, les Samanides employaient des mercenaires turcs, établis à Ghazni qui finissent par détrôner leurs patrons, en 999. Peut-être par fierté, Avicenne refuse de paraître à la nouvelle cour, malgré de nombreuses invitations, et bien que les Ghaznévides aient repris la politique de prestige culturel de leurs prédécesseurs. C'est le début d'une vie mouvementée qui l'emmène jusqu'aux cités d'Iran central. Avicenne se rend d'abord à Gurgandj, où règne la dynastie indépendante des Mamu-

GÉRARD DE CRÉMONE

Le traducteur d'Avicenne

Cet Italien d'origine est le traducteur le plus prolifique du XIIe siècle, qui a vu nombre de textes nouveaux être mis en latin. C'est l'Espagne qui est le centre le plus actif de traduction, notamment la ville de Tolède, récemment reconquise sur les musulmans et où vivent nombre d'arabophones. De toute l'Europe y arrivent des savants qui sont à la recherche de textes rares. Dans le but de mettre la main sur l'*Almageste* de l'astrologue Ptolémée – qui explique le mouvement des astres et sert à la confection de tables astronomiques –, Gérard de Crémone s'installe à son tour à Tolède, en 1141. Assisté d'interprètes et d'une équipe de disciples, il traduit jusqu'à sa mort en 1187 pas moins de 87 textes, allant des mathématiques à la philosophie, en passant par l'astronomie et la médecine. Que l'auteur du texte soit arabe ou grec, Gérard de Crémone travaille toujours à partir d'une version arabe. Ses traductions étant très littérales, il contribue à une arabisation du vocabulaire scientifique et médical.

AVICENNE

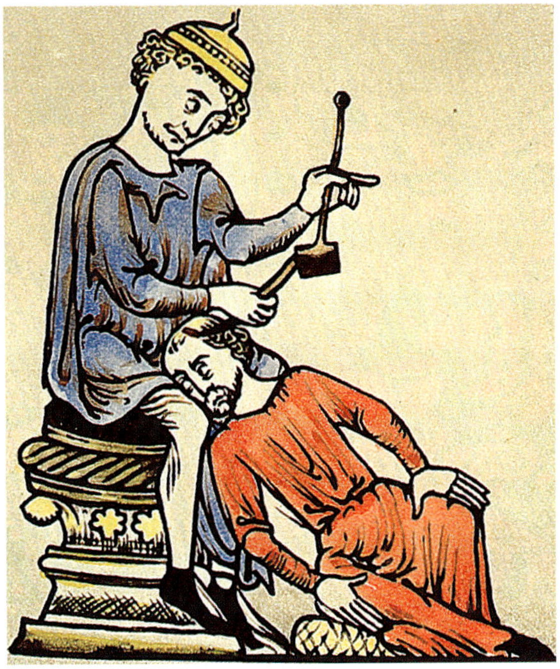

▲ Parmi les actes chirurgicaux pratiqués au Moyen Âge, la trépanation est celui qui remonte le plus loin dans l'histoire de l'humanité. Miniature du XIIIe siècle.

nides. Il y fut attiré par « un salaire mensuel qui correspondait à [ses] capacités ». Profitant de sa connaissance du Coran et de la tradition religieuse, il s'établit en effet comme jurisconsulte. C'est là qu'il entame la rédaction du *Canon de la médecine*. Dans les années 1015, il arrive à Hamadhan, où il devient le vizir de l'émir buyide. C'est un poste d'importance : depuis 945, les Buyides, quoique chiites, exerçaient, avec le titre de grand émir, la réalité du pouvoir central musulman, ne laissant au calife de Bagdad qu'une autorité religieuse honorifique. Très occupé dans la journée par les tâches politiques, Avicenne doit attendre la nuit pour écrire ses œuvres : en particulier le *Kitab al-Shifa*, ou *Livre de la guérison*, encyclopédie qui forme le pendant en matière philosophique de ce qu'est le *Canon* pour la médecine. Mais il est bientôt rattrapé par les troubles politiques : emprisonné par des soldats révoltés, il ne doit sa liberté qu'aux graves coliques dont est atteint l'émir et qui nécessitent son intervention ! À la mort de son protecteur, il est une nouvelle fois contraint à la fuite. Déguisé en soufi, le philosophe quitte clandestinement Hamadhan et trouve refuge chez le prince d'Ispahan. Des problèmes de santé, qu'aggrave une certaine tendance à brûler la vie par tous les bouts (il aurait affirmé qu'une vie se mesurait non à sa longueur mais à sa largeur), provoquent son décès prématurément. Épuisé, Avicenne trouve la mort en 1037 sur la route d'Hamadhan. Dans cette ville, sa sépulture est devenue un lieu de vénération populaire, sur laquelle l'Iran, en 1980, a dressé un mausolée.

Le philosophe

Avicenne a été avant tout un philosophe, sans doute le plus grand qu'ait produit l'Islam oriental : seul Averroès (Ibn Ruchd), qui écrivait en Espagne au XIIe siècle, peut se mesurer à lui. De son œuvre abondante – aussi bien en arabe (*Livre des directives et des remarques*, *Livre du salut*, *Livre de la guérison*) qu'en persan (*Livre de science*) – ressort un système philosophique complet, le premier depuis Aristote. La compilation qu'est le *Livre de la guérison* aborde ainsi tous les domaines : logique, physique, mathématiques et métaphysique ; chemin faisant, Avicenne résout des problèmes de psychologie, de cosmologie et s'intéresse à la mystique. Ces différentes voies seront explorées par les philosophes musulmans des siècles suivants, qui développeront ou contesteront le maître persan, mais toujours en se situant par rapport à lui.

Mais l'apport principal d'Avicenne a été de rendre la philosophie d'Aristote compréhensible. Le premier contact avec la pensée péripatéticienne n'a pas été aisé : dans son autobiographie, Avicenne confesse avoir relu la *Métaphysique* quarante fois, au point de la connaître par cœur, mais sans rien en saisir. C'est seulement l'achat d'un commentaire d'al-Farabi qui lui ouvre les voies de l'aristotélisme. Dans son *Livre de la guérison*, le philosophe persan procède à une véritable paraphrase d'Aristote, introduisant ses propres positions, interprétant celles du Stagirite à la lumière du néoplatonisme et surtout les passant au filtre du monothéisme dans une audacieuse synthèse.

C'est à ce titre qu'il influencera durablement les Occidentaux, qui le reconnaîtront, après les penseurs musulmans, comme le « chef et prince des philosophes », selon les mots de Roger Bacon. Traduit partiellement en latin dès le XIIe siècle, le *Livre de la guérison* constitue le premier grand choc culturel qu'ait affronté l'Europe chrétienne : arrivé en Occident avant même que la totalité de l'œuvre d'Aristote ne soit connue, il va en guider la lecture.

La médecine au Moyen Âge

La médecine médiévale repose sur les théories élaborées durant l'Antiquité par Hippocrate et surtout par Galien, clarifiées par les auteurs arabes comme Avicenne. Si les connaissances anatomiques sont réduites, faute de pouvoir procéder à la dissection des corps humains avant le XIVe siècle, la physiologie est fondée sur la théorie des humeurs, qui, au nombre de quatre (sang, bile, mélancolie, flegme), déterminent par les proportions de leur mélange le tempérament dominant d'un homme (qui peut donc être sanguin, bilieux, mélancolique, etc.). Mais les humeurs sont une combinaison de qualités premières se trouvant dans la nature, notamment dans les aliments et les médicaments : un sanguin bien portant devra donc manger des nourritures chaudes et humides semblables au sang (du vin et du pain blanc), tandis qu'un malade atteint de fièvre sera soigné avec des remèdes très froids. Préventive et curative, la médecine médiévale est loin d'être un système livresque : les praticiens formés à l'université se fondent sur l'examen du pouls et des urines pour établir leur diagnostic.

▲ Abou Zayd pose des devinettes à une assemblée de lettrés, miniature extraite des *Séances d'Al-Hariri*, XIIIe siècle. Les plaisirs de l'érudition sont une distraction appréciée dans les cours persanes.

Les cours persanes

Profitant de l'éclatement du monde musulman sous le califat des Abbassides, les dynasties locales qui s'établissent en Perse, notamment les Samanides, entretiennent de brillantes cours au Xe siècle. La culture qui s'y épanouit est ouverte aux influences orientales : Avicenne fait une large place, dans sa philosophie, à la « sagesse orientale » et al-Biruni écrit un *Livre sur l'Inde* dans lequel il étudie la pensée hindouiste. Par ailleurs, cette culture s'exprime en persan autant qu'en arabe : Ferdousi met en vers dans son *Livre des rois* les mythes et les légendes du vieux fonds iranien.

Le médecin

La biographie d'al-Juzjani insiste sur l'habileté médicale d'Avicenne. Mais les exemples pratiques qu'il mentionne sont limités (ainsi l'application de glace pour soigner des migraines). En réalité, Avicenne est plus un théoricien qu'un praticien. C'est ce qui ressort de son *Canon* (d'un mot grec signifiant « règles »), où il prétend donner un exposé exhaustif des connaissances nécessaires à l'exercice de la médecine. Le contenu n'en est pas original, emprunté aux médecins grecs de l'Antiquité (Hippocrate, Galien, Dioscoride) et ne différant guère des encyclopédies déjà réalisées aux IXe et Xe siècles par al-Razi et al-Majusi.

La nouveauté du projet d'Avicenne réside ailleurs. D'abord dans l'ordonnancement rigoureux du *Canon*, qui, après avoir exposé les connaissances théoriques fondamentales en matière d'anatomie, de physiologie, de nosologie, de prophylaxie, d'hygiène et de thérapeutique, inventorie par ordre alphabétique les substances médicinales les plus employées dans la pharmacopée, examine les différentes maladies qui affectent le corps de la tête au pied, enfin décrit en détail les recettes pour préparer les médicaments. Chacune de ces parties est à son tour divisée en chapitres, sous-chapitres, sections, qui permettent au lecteur de s'y retrouver aisément. D'autant qu'Avicenne s'attache à présenter la médecine comme une science où il s'agit d'appliquer les règles logiques tirées d'Aristote – dont il est fait aussi usage dans le *Livre de la guérison*.

C'est cet aspect profondément rationnel qui séduira les savants occidentaux. Les premiers à s'intéresser au *Canon* sont d'ailleurs des philosophes, tel Roger Bacon, au XIIIe siècle. Rapidement, le *Canon* s'impose au programme des facultés de médecine de France ou d'Italie, où il va rester pendant des siècles. En Inde, c'est jusqu'au début du XXe siècle qu'il constituera la base des études médicales. Ainsi s'est perpétuée la mémoire d'Avicenne : par la science qu'il avait jugée la moins difficile.

► **Aristote** / 335 av. J.-C.

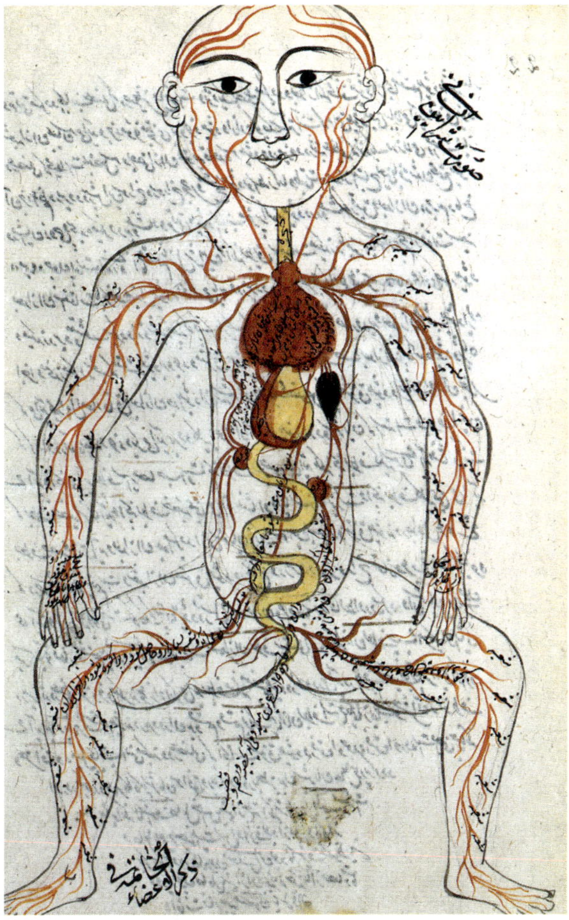

▲ Le système circulatoire et l'appareil digestif présentés dans le *Traité d'anatomie humaine* de Mansur ibn Ahmed. Parmi les médecins du monde musulman qui influencèrent l'Occident latin, il y eut, outre Avicenne, Averroès et le Juif Maimonide.

MICHEL CÉRULAIRE

Michel Cérulaire incarne le schisme de 1054. Brillant fonctionnaire et créature de l'empereur, il représente tout ce que les Occidentaux ne comprennent plus. Son obstination et sa rigidité d'esprit précipitent la rupture entre la papauté et l'Église grecque.

L'HÉRITIER D'UNE VIEILLE QUERELLE

Lorsque Michel Cérulaire devient patriarche de Constantinople, le 25 mars 1043, les relations entre Rome et Constantinople sont depuis longtemps marquées par des conflits, des tensions et des malentendus. Très tôt, en effet, des querelles dogmatiques ont opposé les deux pôles de la chrétienté et les différences linguistiques et liturgiques n'ont fait qu'accentuer l'incompréhension réciproque suscitée par des civilisations si différentes.

Au cours des IXe et Xe siècles, la rivalité entre l'Orient et l'Occident s'est déplacée sur le terrain des luttes d'influence. Estimant ne plus pouvoir compter sur la protection traditionnelle des empereurs byzantins, la papauté a décidé de lier son sort à celui des Carolingiens puis à celui des Ottoniens. L'Église grecque ne renonce pour autant à l'Italie du Sud, qu'elle conteste aux Latins ; elle leur a aussi disputé la conversion des peuples slaves d'Europe centrale. Le souvenir de ces querelles est encore vif : le bouillonnant Cérulaire saura s'en servir.

◄ Nomination de Michel Cérulaire au patriarcat de Constantinople (miniature d'un manuscrit grec du XIVe siècle). En portant le débat devant la foule, Cérulaire délaissa les argumentations théologiques compliquées, mit l'accent sur les divergences liturgiques et dressa une liste des « hérésies latines », s'assurant ainsi un fort soutien populaire à Constantinople.

1054

Le schisme oriental

L'excommunication réciproque de Michel Cérulaire et des légats du pape Léon IX marque la rupture complète de l'Église latine et de l'Église grecque.

L'excommunication de Michel Cérulaire

« Que Michel le néophyte, qui porte abusivement le titre de patriarche, et que seule une crainte humaine a poussé à revêtir l'habit monastique (...) et avec lui (...) tous ceux qui le suivent dans ses erreurs et affirmations téméraires, qu'ils soient anathèmes (...) avec les simoniaques, les valésiens, les ariens, les donatistes, les nicolaïtes, les sévériens, les theumaques, les manichéens et les nazaréens, et avec tous les hérétiques ; bien plus avec le diable et tous ses anges. (...). Amen ! Amen ! Amen ! »

Une forte personnalité

Né vers 1000, dans une illustre famille de Constantinople, Michel Cérulaire se destinait à une carrière administrative, comme il était d'usage dans son milieu, mais, en 1040, il participa avec son frère à un complot qui visait à renverser l'empereur Michel IV : ce fut un échec, et il dut prendre l'habit monastique. Malgré cet épisode, le nouvel empereur Constantin Monomaque, à la recherche d'un bon gestionnaire, choisit en 1043 Michel Cérulaire comme patriarche. Cette nomination était en effet du ressort de l'empereur, véritable chef de l'Église grecque.
La forte personnalité de Cérulaire, très imbu de sa fonction, éveille bien vite la méfiance romaine. On lui impute hâtivement une lettre qui accuse les Latins de judaïser, en utilisant du pain azyme pour l'Eucharistie et en jeûnant le samedi. La rumeur court qu'il aurait fait fermer les églises de rite latin. Aussi, lorsque Constantin Monomaque, inquiet de la progression normande en Italie, invite le pape à lui envoyer dès que possible une délégation afin de conclure une alliance, ce dernier joint une missive répondant à la présumée lettre du patriarche. Les malentendus commencent.

Du malentendu au schisme

Si l'entrevue se passe bien entre les légats du pape et l'empereur, elle est houleuse avec le patriarche. Celui-ci reçoit en effet une longue condamnation des rites orientaux, assortie de menaces d'excommunication, alors qu'il ignore, ou feint d'ignorer, les circonstances de sa rédaction ! Il en déduit que la lettre est un faux, et que les légats sont des usurpateurs.
En juin-juillet 1054, les adversaires se crispent encore un peu plus. Les Orientaux refusent l'ajout au Credo du mot *Filioque*, qui indiquerait que le Saint Esprit peut émaner « également du Fils », et non pas uniquement du Père. Excédés, présumant que Constantin préférera plutôt préserver une alliance avec la papauté que de sauver son patriarche, les légats déposent, le 16 juillet 1054, en pleine cathédrale Sainte-Sophie, l'acte d'excommunication de Cérulaire, puis s'empressent de quitter la ville.
En réalité, ils ont mal apprécié la situation, car Constantin les fait rattraper et, se présentant comme le défenseur ulcéré de l'orthodoxie, il les somme de s'expliquer. Dans les rues, la colère gronde, et la sécurité des légats n'est plus assurée ; on doit les évacuer le 21 juillet et, quelques heures plus tard, Cérulaire prononce leur excommunication. Le dimanche 24, à l'annonce de la sentence, la joie populaire éclate.

Une chute brutale

Brillant succès pour Cérulaire, le schisme de 1054 est apparu sans grande conséquence aux contemporains : les excommunications mutuelles n'avaient pas de valeur, le pape étant mort pendant le voyage des légats. Pourtant, les deux Églises ne devaient plus se réunir, et le fossé entre les deux mondes allait se creuser. L'Orient, profondément attaché à l'imbrication entre pouvoir temporel et spirituel, ne pouvait comprendre la réforme grégorienne, initiée par Léon IX, qui prônait un système pontifical monarchique et l'indépendance à l'égard de l'empereur.
Michel Cérulaire n'eut guère le temps de savourer son triomphe. Profitant de son immense popularité, il fit monter sur le trône Isaac Comnène. À ce dernier, il aurait déclaré, plus orgueilleux que jamais : « Je t'ai fait, brute, je te détruirai. » C'était courir à sa perte : le nouvel empereur le fit arrêter et déposer. La mort de l'ex-patriarche, en janvier 1059, sortit tout le monde d'embarras, et, par la suite, Cérulaire fut même honoré à l'égal d'un saint.

Chronologie

vers 1000 Naissance de Michel Cérulaire à Constantinople.

1014 Le pape Benoît VIII couronne empereur germanique Henri II : il est rayé des livres de prière dans l'Empire byzantin.

1024 L'empereur byzantin demande au pape Jean XIX de reconnaître le patriarche de Constantinople comme « universel » dans sa sphère d'influence.

1040 Michel Cérulaire est impliqué dans un complot visant à renverser l'empereur byzantin Michel IV : il doit se retirer dans un monastère.

1043 Il est nommé patriarche de Constantinople par l'empereur byzantin Constantin Monomaque : il remplace Alexis Stoudite.

1049 Léon IX est élu pape ; il engage une réforme de l'Église latine, en combattant la simonie et le mariage des prêtres.

1053 Une lettre attaquant l'Église latine circule en Italie du Sud, où elle est attribuée à Michel Cérulaire ; sous la pression des Normands d'Italie du Sud, Constantin Monomaque propose au pape Léon IX de négocier une alliance.

1054 Mort de Léon IX et arrivée de ses légats à Constantinople ; discussions théologiques entre Grecs et Latins. Les légats excommunient Michel Cérulaire et un synode présidé par celui-ci excommunie les légats : **schisme oriental.**

1057 Michel Cérulaire fait détrôner Michel VI au profit d'Isaac Comnène, qui le fait déposer et mettre en accusation.

1059 Mort de Michel Cérulaire.

GUILLAUME
LE CONQUÉRANT

Malgré sa naissance illégitime, Guillaume s'impose à la tête du puissant duché de Normandie, puis, grâce à la victoire de Hastings, il s'empare de l'Angleterre. Les conséquences culturelles de cette conquête se feront sentir pendant des siècles.

▲ Détail de la tapisserie de Bayeux représentant le débarquement des Normands à Pevensey.

◄ Maître de la Normandie et du royaume d'Angleterre, Guillaume le Bâtard devenu Guillaume le Conquérant est alors l'un des plus puissants princes de son temps.

GUILLAUME LE BÂTARD

Celui qui, en ce matin du 29 septembre 1066, met le pied sur le rivage de l'Angleterre a déjà démontré ses qualités de fermeté et de ruse, forgées dans les troubles politiques qui accompagnèrent son enfance. Né vers 1027, Guillaume est en effet le fruit des amours illégitimes du duc de Normandie, Robert le Magnifique, avec Arlette, la jeune fille d'un artisan tanneur de cette ville, et c'est dans sa famille maternelle que l'enfant passe ses premières années. Guillaume a sept ans lorsque son père le désigne comme héritier du duché de Normandie avant de partir en pèlerinage sur les Lieux saints. Robert meurt au cours du voyage, et la nouvelle de ce décès plonge la Normandie dans une véritable guerre civile : de nombreux vassaux se révoltent, des guerres privées éclatent un peu partout et les troubles sont tels que l'on peut voir des groupes de paysans s'armer pour tenter d'assurer leur sécurité.

Malgré les dangers et les assassinats de proches, Guillaume grandit et « amasse dans son cœur d'enfant une force virile », comme l'écrit le chroniqueur Orderic Vital. Effectivement, dès la fin de sa minorité, vers quinze-seize ans, le jeune duc prend en main progressivement, mais fermement, les affaires de la Normandie. Selon un autre historien, Guillaume de Jumièges, « il se prit à écarter de lui la foule des incapables, à recourir aux conseils des sages, à briller dans le métier des armes aussi bien que dans les affaires publiques ».

La prise de pouvoir de Guillaume n'apaise cependant pas les tensions, et c'est seulement en 1047 qu'il remporte près de Caen, sur ses vassaux rebelles, une victoire suffisamment décisive pour mettre fin aux troubles. Plus soucieux de paix que de vengeance, il se montre clément avec les vaincus et promulgue quelques mois plus tard la « trêve de Dieu », qui réglemente très sévèrement les combats privés en Normandie. À vingt ans, Guillaume peut désormais régner sur un duché apaisé.

LE CONSTRUCTEUR DE L'ÉTAT NORMAND

Mais le duc, qui, en dépit d'une excommunication pour consanguinité, vient d'épouser Mathilde, la fille du comte de Flandre, doit affronter de nouveaux périls. La Nor-

mandie est attaquée par son puissant voisin le comte d'Anjou Geoffroi Martel, dont les États sont en pleine expansion et qui peut compter sur l'appui du roi de France Henri Ier. Durant près de dix ans, les troupes normandes parviennent à repousser les offensives franco-angevines, et lorsqu'en 1060 Geoffroi Martel puis Henri Ier décèdent, leurs successeurs préfèrent faire la paix avec Guillaume. Les chevaliers normands constituent maintenant une armée tout à fait cohérente, efficace et tout acquise au duc, qui a pris soin d'épurer l'aristocratie de ses éléments peu sûrs, installant ses fidèles sur les terres des insoumis. Guillaume développe l'administration et la fiscalité, s'entoure d'une véritable cour, encourage l'essor des villes (Caen, modeste bourgade, devient en quelques décennies la deuxième cité normande) et le duché connaît une belle prospérité.

L'occasion de porter la guerre vers l'extérieur se présente en 1062, lorsque Guillaume se voit contester son droit à l'héritage sur le Maine par les seigneurs du comté. Au lieu de lancer ses forces sur Le Mans, le fief de la résistance, il préfère faire tomber un à un tous les châteaux abritant les insoumis et ravager les campagnes alentour, poussant les Manceaux à se rendre sans combattre. Coutume bien éloignée de l'idéal chevaleresque mais efficace, que Guillaume pratiquera à nouveau avec succès durant la conquête de l'Angleterre.

Robert le Diable, père de Guillaume ?

Robert le Diable est le héros d'un roman composé vers 1200 : une comtesse en mal d'enfant réclame l'aide du diable, mais le fils qu'elle conçoit est plein de méchanceté et vit dans la luxure jusqu'à ce qu'il se convertisse à une vie d'ascèse et de pénitence. C'est au XIVe siècle que des chroniques anonymes font de ce Robert un des ducs de Normandie. La confusion est tentante avec le père de Guillaume le Conquérant, que la postérité dénommait pourtant le Libéral ou le Magnifique : elle a peut-être été facilitée par la désinvolture avec laquelle celui-ci disposa des biens de l'Église. Amplifiée par le théâtre, la légende se diffuse largement dès les débuts de l'imprimerie et les colporteurs du XVIIe siècle la répandront dans les campagnes ; le *folheto Roberto o Diabo* sera connu jusqu'au Brésil ! En 1831 encore, Meyerbeer consacrera un opéra à Robert le Diable, qui ne fut décidément pas le père du conquérant de l'Angleterre.

Le conquérant de l'Angleterre

C'est en janvier 1066 que le duc de Normandie apprend le décès du roi d'Angleterre Édouard le Confesseur, et le couronnement dès le lendemain de l'homme le plus puissant de l'aristocratie anglo-saxonne, Harold. Le sang de Guillaume dut sûrement bouillir, car non seulement il était promis à la succession de son lointain parent – Édouard était en effet le fils d'Emma, son arrière-grand-tante –, mais Harold en personne était venu deux ans plus tôt l'assurer de son soutien ! Le duc décide donc de partir à l'assaut d'un héritage qu'il n'entend pas voir lui échapper.

▲ Retrouvée dans le lit de la Tamise, cette épée appartenait à un Saxon, dont l'armée fut défaite par les Normands de Guillaume.

1066

Bataille de Hastings

Guillaume le Conquérant s'empare de l'Angleterre, après sa victoire, le 14 octobre, sur les Saxons de Harold, le rival malheureux qui meurt au cours des combats.

CHRONOLOGIE

Naissance de Guillaume, à Falaise. **1027-1028**

Mort de Robert le Magnifique, duc de Normandie, à Nicée. **1035**

Édouard le Confesseur roi d'Angleterre. **1042**

Bataille de Val-ès-Dunes : Guillaume, maître de la Normandie. **1047**

Le pape Léon IX s'oppose au projet de mariage entre Guillaume et Mathilde de Flandre. **1049**

Geoffroi Martel, comte d'Anjou, s'empare du Mans ; Édouard le Confesseur promet à Guillaume sa succession sur le trône d'Angleterre. **1051**

Le roi de France Henri Ier, qui avait envahi la Normandie, est battu à deux reprises par Guillaume. **1054-1057**

Philippe Ier succède à Henri Ier ; mort de Geoffroi Martel. **1060**

Guillaume s'empare du Maine. **1063**

Voyage en Normandie de Harold, comte du Wessex. **1064**

Mort d'Édouard le Confesseur ; le nouveau roi, Harold, bat les Norvégiens à Stamford Bridge. **Bataille de Hastings** ; Guillaume couronné roi d'Angleterre. **1066**

Campagnes militaires de Guillaume dans le Yorkshire. **1069-1070**

Lanfranc devient archevêque de Canterbury. **1070**

Robert Courteheuse en révolte contre son père ; consécration de la cathédrale de Bayeux ornée de la « tapisserie ». **1077**

Mort de la reine Mathilde. **1083**

Élaboration du *Domesday Book*. **1085-1086**

Mort à Rouen de Guillaume le Conquérant. **1087**

▲« Je prends possession de l'Angleterre », gravure du XIXe siècle. Les victoires de Guillaume servirent longtemps la propagande antibritannique qui rappelait à la « perfide Albion » qu'elle avait été soumise par les Français.

Les cavaliers normands à l'assaut de l'infanterie ► anglaise. Détail de la tapisserie de Bayeux. L'armée de Guillaume comptait plus de deux mille cavaliers qui semèrent la panique dans les rangs adverses.

La tapisserie de Bayeux

Œuvre de propagande normande, cette broderie faite de fils de laine sur une toile de lin, dite « tapisserie de la reine Mathilde », ne fut pas exécutée par la reine, comme on l'a longtemps cru, mais sous la direction de l'évêque de Bayeux qui en orna sa cathédrale, consacrée en 1077. Ses images et les commentaires qui les accompagnent narrent les événements qui entourèrent la conquête de l'Angleterre, depuis les derniers temps du règne d'Édouard le Confesseur jusqu'à la victoire de Hastings. C'est un témoignage précieux sur l'équipement militaire comme sur la vie quotidienne au XIe siècle.

Il rassemble les nombreux vassaux qu'il s'était patiemment acquis, mais aussi des Flamands, des Bretons, des Français, des Normands d'Italie méridionale, attirés par la perspective du butin. Au total, ce sont près de dix mille hommes et un millier d'embarcations qui se massent à la fin de juillet aux environs de l'estuaire de la Dives. Début septembre, cependant, Guillaume est toujours en Normandie, car le vent s'obstine à souffler vers le sud. Pour calmer les troupes, et éviter qu'elles ne se démobilisent, le duc décide de les déplacer chez un de ses vassaux, à l'estuaire de la Somme. Le 28 septembre, le vent tourne enfin, et en quelques heures l'armée de Guillaume s'entasse, avec armes, chevaux et vivres, dans les embarcations. La traversée se fait de nuit, chaque mât surmonté d'un fanal. Le lendemain matin, jour de la Saint-Michel, que les Normands révèrent tout particulièrement, la flotte peut s'échouer sur la plage déserte de Pevensey.

Guillaume s'empresse de faire construire des retranchements, car il s'attend à l'arrivée imminente de Harold : il ne sait pas que le vent qui retenait ses troupes en Normandie a poussé la flotte du roi de Norvège – qui lui aussi convoite la couronne de Harold – jusqu'en Angleterre. Il ne sait pas non plus que les Anglo-Saxons ont écrasé ces mêmes Norvégiens à Stamford Bridge, le 25 septembre, et que Harold est encore dans le nord du pays avec le plus gros de ses troupes. Ne voyant rien venir, Guillaume se déplace donc vers une petite ville voisine, Hastings. Le 13 octobre au soir, les quelque six mille hommes que Harold a difficilement réunis viennent s'immobiliser sur une hauteur de Hastings. Le 14 octobre 1066 au matin, la bataille éclate : à la nuit tombée, les derniers groupes saxons, décimés par le harcèlement des Normands, ne peuvent que tenter de s'échapper lorsqu'ils apprennent la mort de Harold.

Mais, pour se rendre maître de toute l'Angleterre, Guillaume doit encore prendre Londres, qui abrite un fort parti antinormand et même un roi désigné dès l'annonce de la mort de Harold. Patient, Guillaume n'approche Londres que début décembre, et décide, là aussi, de ravager les environs, entourant la ville d'un nuage de terreur. Bien vite, les ennemis de Guillaume comprennent que la partie est perdue et lui ouvrent les portes de leur cité. Cette fois, le duc de Normandie a bel et bien conquis le royaume anglais. Le jour de Noël 1066, il est sacré à Westminster.

▼ Couronnement de Guillaume Ier dans l'abbaye de Westminster, le 25 décembre 1066. Miniature des *Anciennes et Nouvelles Chroniques d'Angleterre*, XVe siècle.

Un héritage considérable

Ce n'est pas sans mal que Guillaume – qui de « Bâtard » est devenu « Conquérant » –

parvient à faire respecter son autorité sur l'Angleterre : si les premières années de son règne sont relativement paisibles, de sérieux troubles éclatent dès 1069, plus particulièrement dans le nord du pays. Les trop nombreuses rébellions amènent Guillaume à remplacer peu à peu les potentats locaux par des Normands. Le Conquérant ne doit pas négliger pour autant le duché, menacé par l'agressivité du roi de France Philippe Ier, qui a trouvé un allié en la personne du fils aîné de Guillaume, Robert Courteheuse, pressé d'exercer le pouvoir sur le continent. Malgré la dispersion de ses possessions, Guillaume parvient à accomplir, durant les vingt années de son règne en Angleterre, un formidable travail d'organisation : le roi coiffe une hiérarchie féodale importée de Normandie et dispose des *sheriffs* pour contrôler les populations locales ; enfin, il tient bien en main l'Église insulaire, à la tête de laquelle il a placé un de ses fidèles, Lanfranc, abbé de Saint-Étienne de Caen devenu archevêque de Canterbury. En 1086, Guillaume qui avait ordonné un gigantesque recensement, appelé *Domesday Book*, peut énumérer avec satisfaction les millions de sujets qu'il domine, les milliers de vassaux qui dépendent de lui et tous les revenus qu'il peut tirer d'un puissant royaume.

Mais, devenu obèse, il tombe malade en 1087, au retour d'une expédition de plus contre le roi de France. Sur son lit d'agonie, il doit séparer ce qu'il avait eu tant de mal à réunir : au fils aîné, Robert Courteheuse, est léguée la Normandie, tandis que le puîné, Guillaume le Roux, reçoit la couronne d'Angleterre. Germe de luttes fratricides qui ne devaient s'achever que vingt ans plus tard par la victoire du... cadet, Henri Beauclerc. Faute d'héritier mâle, l'oublié du partage de 1087 allait être cependant le dernier roi normand d'Angleterre. Mais l'État anglo-normand construit par Guillaume lui survécut longtemps et l'influence normande en Angleterre fut durable : pour des siècles, les élites anglaises allaient parler français. La devise de la monarchie d'Angleterre ne reste-t-elle pas : « Dieu et mon droit. Honni soit qui mal y pense » ?

▲ Guillaume investit Alain, comte de Bretagne, des terres du comté d'Edwin. Vingt ans après la conquête, plus de 60 000 féodaux avaient prêté serment de fidélité à Guillaume.

Le « Domesday Book »

Ce qu'à partir du XIIe siècle on appelle le *Domesday Book* (*Livre du Jugement dernier*) est le premier recensement pratiqué au Moyen Âge et le seul à prendre en compte un royaume entier. Guillaume le Conquérant voulait connaître les soldats et les revenus dont il pouvait disposer dans sa nouvelle possession et le principe d'une « Description de toute l'Angleterre » fut décidé en décembre 1085, une fois le pays définitivement pacifié. Les enquêtes menées par les sheriffs en un temps record (à peine un an) déterminèrent, à la mort d'Édouard le Confesseur (1066) et à l'époque de l'enquête (1086), le nombre d'habitants ainsi que la consistance et la valeur des biens fonciers. Vérifiées par des commissions de contrôle, ces informations permirent d'améliorer le rendement fiscal et de normaliser les structures féodales, tout en démontrant l'efficacité d'une administration sans équivalent à l'époque. L'Angleterre n'en restait pas moins un petit pays, avec moins de deux millions d'habitants.

GRÉGOIRE VII

Champion de la réforme qui porte son nom, le pape Grégoire VII veut épurer l'Église des influences laïques. L'opposition inévitable à l'empereur culmine avec l'humiliation d'Henri IV à Canossa. Ses efforts aboutiront au renforcement de la papauté.

◄ Contre les princes et les rois, Grégoire VII a su affermir l'autorité pontificale pour la placer au-dessus des trônes.

UN PRÉLAT EXPÉRIMENTÉ

Le pape qui impose à l'empereur du Saint Empire une humiliation sans précédent en ce matin de janvier 1077 n'occupe le trône de saint Pierre que depuis quatre ans à peine. Mais il a derrière lui l'expérience d'une longue lutte au service des idéaux de réforme de l'Église : durant des décennies, il a incarné cette réforme que les historiens finiront par qualifier de « grégorienne ».

Né vers 1020 dans une famille toscane de condition moyenne, Hildebrand est confié très jeune à l'un de ses oncles, abbé du monastère clunisien de Sainte-Marie de l'Aventin à Rome. Protégé du pape Grégoire VI, il commence à exercer dès l'âge de 25 ans des fonctions à la curie romaine, qui l'amèneront à servir plusieurs papes plus ou moins partisans de la réforme de l'Église. Largement aux mains des laïques, qui désignent les prêtres et contrôlent les évêques, l'Église souffre en effet de nombreux maux qui entravent son action pastorale. Les charges ecclésiastiques et même les sacrements sont vendus – c'est la « simonie », appelée ainsi en souvenir de Simon le Magicien –, tandis que nombreux sont les prêtres mariés ou vivant en concubinage (« nicolaïsme »).

Devenu cardinal, légat puis archidiacre de l'Église romaine, Hildebrand s'affirme comme un des prélats réformateurs les plus zélés. Il n'hésite pas à soutenir la secte milanaise de la Pataria contre un évêque qui refuse la réforme. Voulant d'abord moraliser le clergé, il en vient à considérer comme un danger le pouvoir de tutelle qu'exerce l'empereur sur le pape. C'est muni de cette expérience et fort de ces idées qu'Hildebrand monte sur le trône pontifical en avril 1073, après avoir été acclamé par la foule romaine.

LE PAPE DE LA RÉFORME

Ayant pris le nom de Grégoire VII en souvenir de Grégoire Ier le Grand et en hommage à son mentor Grégoire VI, le nouveau pape réunit rapidement un synode réformateur au Latran (1074), qui renouvelle les condamnations contre les prêtres concubinaires et simoniaques. La nouveauté est que le pape envoie des légats déposer les clercs indignes, au grand mécontentement des évêques et des princes laïques qui les contrôlent.

Ces résistances poussent à la convocation d'un second synode en 1075, lequel interdit toute investiture laïque des clercs et réaffirme avec hauteur, dans un texte appelé les *Dictatus papae,* la doctrine de la supériorité pontificale. C'est ouvertement déclarer la guerre à l'empereur Henri IV, le contrôle de l'épiscopat allemand constituant un des fondements du gouvernement du Saint Empire. Logiquement, Henri IV réunit dès l'année suivante une assemblée d'évêques qui dépose Grégoire VII, ce à quoi le pape répond en déposant à son tour l'empereur et en déliant ses sujets de toute obéissance à son égard. Cela marque le début de la

◄ Retenu prisonnier à Rome par l'empereur Henri IV qui tente d'imposer l'antipape Clément III, Grégoire VII est libéré par Robert Guiscard en mai 1084. Manuscrit du XIIe siècle.

querelle des Investitures, qui allait empoisonner les relations entre la papauté et le Saint Empire jusqu'en 1122.
Dans un premier temps, c'est Grégoire VII qui l'emporte : craignant l'excommunication, les prélats allemands poussent à la conciliation. De leur côté, les princes rivaux des Saliens appellent à une assemblée présidée par le pape. Henri IV est donc forcé de se soumettre à Grégoire VII qui séjourne alors à Canossa, un château appartenant à la comtesse Mathilde de Toscane, partisane de la réforme : arrivé pieds nus et en habit de pénitent, l'empereur se prosterne devant le pape, les bras en croix ; en signe de pardon, Grégoire lui donne l'eucharistie.

Lutteur jusqu'au bout

Mais, refusant de prendre parti entre Henri IV et Rodolphe de Souabe, le compétiteur élu par ses ennemis, le pape excommunie une deuxième fois l'empereur, qui fait élire un antipape sous le nom de Clément III, descend en Italie et occupe Rome, retenant le pontife prisonnier au château Saint-Ange. Grégoire VII n'en est libéré que par le prince normand d'Italie du Sud, Robert Guiscard, qui en profite pour piller la ville. Devant la colère des Romains, le pape est obligé de se réfugier au Mont-Cassin puis à Salerne, où il meurt amer ; ses dernières paroles auraient été : « J'ai aimé la justice et haï l'iniquité, et c'est pour cela que je meurs dans l'exil. »
La victoire posthume de Grégoire VII est pourtant évidente. Le concordat de Worms qui interviendra en 1122 répondra aux revendications des grégoriens et la doctrine élaborée par le vieux lutteur sera largement utilisée par les partisans de la théocratie pontificale du XIIIe siècle.

« Nous n'irons pas à Canossa »

Les contemporains de l'épisode de Canossa y ont surtout vu l'occasion de louer l'humilité d'Henri IV et de blâmer la sévérité de Grégoire VII, et cet épisode n'est devenu un symbole de la lutte entre la papauté et le Saint Empire qu'avec la Réforme protestante. Au XIXe siècle, l'événement connaît une nouvelle notoriété en Allemagne, dans le cadre du *Kulturkampf*, c'est-à-dire la politique anticatholique menée notamment par Bismarck. C'est à l'occasion d'un discours prononcé devant le Reichstag, en 1872, que le chancelier de l'Empire allemand prononce la fameuse phrase : « Nous n'irons pas à Canossa », qui allait désormais exprimer le refus de s'humilier. Dès 1878, le château de Canossa devenait *monumento nazionale* du jeune État italien...

▲ L'empereur Henri IV arrive à Canossa et rend hommage à Mathilde de Toscane chez qui Grégoire VII a trouvé refuge, après avoir fait amende honorable devant le souverain pontife.

1077

L'entrevue de Canossa

Le 25 janvier, en tenue de pénitent, l'empereur Henri IV vient s'humilier devant Grégoire VII, réfugié au château de Canossa, dans les Apennins.

CHRONOLOGIE ◄

Naissance d'Hildebrand, futur Grégoire VII, à Sovana (Toscane). **vers 1020**

Henri III empereur. **1028**

Élection du pape Grégoire VI, protecteur d'Hildebrand. **1045**

Henri III dépose Grégoire VI, qu'Hildebrand suit en exil à Cologne. **1046**

Le Normand Robert Guiscard en Italie. **1047**

Léon IX est élu pape. **1049**

Hildebrand cardinal. **1050**

Hildebrand légat en France du pape Léon IX ; Victor II élu pape. **1054**

Hildebrand légat en France du pape Victor II ; Henri IV empereur. **1056**

Hildebrand fait élire pape Nicolas II qui le nomme archidiacre de l'Église romaine. **1057**

Nicolas II fixe les règles de l'élection pontificale par les cardinaux. **1059**

Élection au pontificat d'Hildebrand, qui prend le nom de Grégoire VII. **1073**

Synode au Latran qui renouvelle la condamnation de la simonie et du nicolaïsme. **1074**

Nouveau synode au Latran interdisant toute investiture laïque des évêques ; les *Dictatus papae* affirment la supériorité du pape sur l'empereur. **1075**

Henri IV réunit un synode d'évêques allemands qui dépose Grégoire VII ; le pape dépose et excommunie l'empereur Henri IV. **1076**

L'entrevue de Canossa. 1077

Seconde excommunication d'Henri IV. **1080**

Henri IV prend Rome et Grégoire VII s'enfuit. **1084**

Mort de Grégoire VII à Salerne. **1085**

Godefroi de Bouillon

Poussé par les circonstances, Godefroi de Bouillon s'est trouvé à la tête des croisés qui ont reconquis Jérusalem. Malgré la brièveté de son règne, il a continué à y manifester les qualités de vaillance et de piété qui firent de lui un héros de roman.

▲ La prise de Jérusalem en 1099 (miniature du XIVe siècle). L'entrée des croisés dans la ville sainte fut suivie d'un massacre dans lequel périrent des milliers d'hommes, de femmes et d'enfants.

◄ Descendant des Carolingiens, libérateur du Saint-Sépulcre, Godefroi de Bouillon est demeuré à travers les siècles le modèle du chevalier parti conquérir la gloire lors des croisades. Portrait par Émile Signol, 1844.

Lorsque, en 1099, les émirs musulmans viennent faire leur soumission au vainqueur de Jérusalem, ils découvrent un homme seul, vêtu avec simplicité et qui les accueille assis à même le sol. Godefroi de Bouillon restait ainsi fidèle à son image de chef modeste et prudent, entré avec difficulté en possession de son héritage et devenu par hasard chef des croisés.

Le duc de Basse-Lorraine

Godefroi, auquel une de ses forteresses donna le nom de Bouillon, appartient à une noble et illustre famille : son père, Eustache II comte de Boulogne, comme sa mère, sainte Ida, comptent Charlemagne parmi leurs ancêtres. Son grand-père maternel, le duc de Lorraine Godefroi le Barbu, fut aussi marquis de Toscane et eut pour frère le pape Étienne IX.

En 1076, son oncle, le duc de Lorraine, Godefroi le Bossu, mort sans héritier direct, le désigne comme son successeur. Mais l'empereur retarde la prise de possession d'un territoire considérable et fort riche, pièce essentielle de ses États. C'est chose faite en 1087 et, installé à la tête du duché, Godefroi de Bouillon manifeste des qualités réelles de dirigeant qui lui seront fort utiles durant la croisade.

Un chef de la croisade

L'appel que le pape Urbain II lance en 1095 à Clermont pour la délivrance du tombeau du Christ occupé par les Turcs rencontre un écho immédiat. Mais, si très vite des colonnes de pèlerins conduites par le prédicateur Pierre l'Ermite se mettent en route, les grands féodaux se montrent plus réticents à laisser là famille, biens et pouvoir, fût-ce pour aller gagner leur salut. De sorte qu'au nord de la France Godefroi de Bouillon est l'un des rares princes à se faire croisé. Ce sera sa grande chance.

Le temps de vendre ou d'engager une partie de ses biens pour s'armer et, le 15 août 1096, Godefroi s'ébranle enfin, à la tête d'un contingent de Lorrains parmi lesquels son jeune frère, Baudouin. Ils mettront près de trois années à parvenir sous les murs de Jérusalem, au cours d'un périple semé d'embûches et de retards. Godefroi rejoint d'abord les princes partis du sud à Constantinople et, comme les autres, il accepte de reconquérir pour le compte de l'empereur byzantin les territoires occupés par les

Turcs : ainsi sont successivement emportées par les croisés les villes de Nicée, Antioche, Édesse et Acre.

Le croisé modèle

Tout au long de l'expédition, Godefroi de Bouillon a fait montre de ses talents de négociateur – notamment lorsqu'il s'est agi de traverser la Hongrie traumatisée par le récent passage de la croisade des pauvres – et de sa vaillance militaire, tout en exhortant ses compagnons à ne pas trop s'attarder en route. Une fois encore, il conduit l'assaut décisif qui permet de s'emparer de Jérusalem le 15 juillet 1099.

C'est donc vers lui, après le retrait du puissant comte de Provence, Raymond de Saint-Gilles, que les croisés se tournent pour être dirigés. Godefroi accepte la charge, mais refuse le titre de roi, se reconnaissant simplement avoué du Saint-Sépulcre, c'est-à-dire protecteur du tombeau du Christ. Il meurt un an après avoir reçu la tâche de protéger la ville sainte. Durant ce très bref règne, il a toutefois le temps de constituer un trésor, de créer des fiefs et de s'emparer d'autres forteresses, tout en se rapprochant des chefs musulmans afin d'assurer le ravitaillement des croisés. Sa réussite est telle que son frère Baudouin lui succède, adoptant pour le coup le titre de roi de Jérusalem.

Peu de temps après la mort de Godefroi de Bouillon, le chroniqueur Albert d'Aix en fait un portrait flatteur, soulignant son extrême piété et son extraordinaire force physique. Ainsi commence à se construire une légende, qui sera ensuite exploitée dans la littérature chevaleresque. Véritable chevalier modèle, Godefroi de Bouillon est réputé s'être abstenu des massacres qui ont suivi la prise de Jérusalem, se contentant de se présenter en habit de pénitent devant le Saint-Sépulcre. Des enluminures représentent le fameux coup d'épée qui lui permit de trancher d'un coup la tête d'un chameau, provoquant l'admiration des musulmans. Quant à la flèche avec laquelle il aurait transpercé trois aigles à la fois, elle a été adoptée dans les armes des ducs de Haute-Lorraine, qui se prétendront ses descendants. Le chevalier au cygne, avatar de Godefroi de Bouillon, deviendra même un personnage de *Lohengrin*.

PIERRE L'ERMITE

Le prédicateur de la croisade des pauvres

Peu de temps après l'appel d'Urbain II, Pierre, ermite d'origine picarde, prêche la croisade dans le Berry. Grâce à ses sermons enflammés qui appellent à instaurer le royaume de Dieu sur terre, il parvient à rassembler une troupe hétéroclite de Français, dont de nombreux chevaliers, qui se met en route dès le printemps 1096. Mal contrôlée par des chefs comme Gautier Sans Avoir, cette croisade dite « des pauvres », suivie bientôt de contingents allemands, se livre à des pogroms sur son passage en Rhénanie et en Europe centrale. Parvenus en Asie Mineure, les croisés de la première heure sont dispersés et massacrés par les Turcs. Revenu avec quelques rescapés à Constantinople, Pierre l'Ermite finit par se joindre à la croisade officielle dirigée par Godefroi de Bouillon.

▶ **Saladin** / 1187

◀ Le retour du croisé (sculpture du XIIe siècle). Pour les croisés, le chemin de Jérusalem était un pèlerinage à accomplir dans l'espoir d'obtenir le salut éternel. Ils pouvaient ainsi servir Dieu sans renoncer à l'idéal chevaleresque.

1099

Prise de Jérusalem

Après un siège entamé le 7 juin, les croisés pénètrent dans la ville le 15 juillet et se livrent à un terrible massacre des musulmans et des juifs.

CHRONOLOGIE

- Naissance de Godefroi, fils d'Eustache II, comte de Boulogne, et d'Ida d'Ardenne. **vers 1061**
- Mort de Godefroi le Bossu, duc de Lorraine, qui a désigné Godefroi de Bouillon comme son héritier ; les Turcs Seldjoukides s'emparent de la Palestine. **1076**
- Le Turc Atsiz prend Jérusalem et massacre la population. **1077**
- Godefroi de Bouillon devient duc de Basse-Lorraine. **1087**
- Pèlerinage de Pierre l'Ermite à Jérusalem. **1094**
- L'empereur byzantin Alexis demande l'aide occidentale contre les Turcs ; au concile de Clermont, le pape Urbain II appelle à la croisade ; Pierre l'Ermite prêche la croisade dans le Berry. **1095**
- Départ de Pierre l'Ermite et de la croisade « des pauvres » ; pogroms antijuifs en Rhénanie ; Godefroi de Bouillon part pour la croisade ; la croisade des pauvres est dispersée en Asie Mineure ; arrivée de Godefroi de Bouillon à Constantinople. **1096**
- Prise de Nicée ; victoire des croisés sur les Turcs à Dorylée. **1097**
- Fondation du comté d'Édesse, tenu par Baudouin, frère de Godefroi ; prise d'Antioche ; les Fatimides reprennent Jérusalem. **1098**
- **Prise de Jérusalem** par les croisés. **1099**
- Mort de Godefroi de Bouillon. **1100**

PIERRE ABÉLARD

Vite célèbre et vite haï, pour l'agilité de sa pensée comme pour les nombreux étudiants qu'il drainait à ses cours, Abélard fut l'un des premiers intellectuels de profession qu'ait connus l'Occident. Son aventure malheureuse avec Héloïse en fit un personnage de légende.

À lire son autobiographie, *Histoire de mes malheurs*, on peut penser qu'Abélard a conçu toute sa vie comme un combat. Combat pour s'imposer comme le plus grand maître spirituel de son temps. Combat aussi pour vivre un amour hors norme avec une femme d'exception. Combat enfin pour défendre une approche originale et audacieuse de la théologie qui le condamne, durant les dernières années de sa vie, au silence du cloître.

« LE SEUL PHILOSOPHE AU MONDE »

Cette vocation de chevalier de la pensée, Abélard la doit sans doute à sa naissance dans une famille de petite noblesse bretonne, au Pallet, près de Nantes. Contrairement à l'usage, c'est lui, Pierre, l'aîné, qui embrasse la cléricature, « abandonnant la gloire chevaleresque », selon ses propres mots. Après une formation initiale en latin, alors seule langue du savoir, Pierre entame une pérégrination qui le mène auprès des plus grands professeurs de son temps : avec Roscelin qui exerce à Loches, il apprend la logique qu'il perfectionne ensuite à Paris sous la férule de Guillaume de Champeaux ; enfin, il se rend auprès de celui qui domine alors les études de théologie, Anselme de Laon. C'est durant cette brillante scolarité qu'il acquiert le surnom d'Abélard, peut-être dû à son embonpoint.

Le jeune étudiant se révèle rapidement l'égal de ses maîtres, dont il n'hésite pas à contester les théories. S'il manifeste ainsi sa maîtrise de l'art de raisonner – ce que l'on appelle à l'époque la « dialectique » –, Abélard s'attire de puissantes inimitiés. Après avoir dû se contenter d'exercer à Melun, à Corbeil puis sur la montagne Sainte-Geneviève, il finit par obtenir en 1113 le poste tant convoité de professeur à l'école prestigieuse de Notre-Dame, à Paris.

L'AMANT D'HÉLOÏSE

C'est donc au sommet de sa gloire et âgé d'environ trente-six ans que Pierre Abélard se voit confier la tâche de donner des leçons particulières à Héloïse, nièce du chanoine de Notre-Dame Fulbert, jeune fille de vingt et un ans plus jeune que lui mais déjà fort instruite. Entre eux se déclare une passion dévorante dont le « Tout-Paris » a connaissance par les chansons d'Abélard et qui aboutit bientôt à la grossesse d'Héloïse.

L'oncle exige réparation et les deux amants contractent un mariage. Mais il est tenu secret : Héloïse semble avoir supplié Abélard de ne pas lui sacrifier sa carrière. Elle confie son fils, baptisé du curieux prénom d'Astrolabe, à la famille de son époux et entre au couvent. Se croyant berné, Fulbert fait émasculer Abélard par ses sbires.

◄ Chrétien sincère et dialecticien hors pair, Abélard a cherché à concilier dans son enseignement la logique et la foi. Miniature du *Roman de la Rose* de Jean de Meun, XIIIe siècle.

Le théologien persécuté

Meurtri et humilié, Abélard trouve refuge au monastère de Saint-Denis : commence alors une carrière monastique d'autant plus agitée qu'il ne renonce pas à sa pugnacité et qu'il continue à enseigner. Il fonde une communauté pour ses disciples au Paraclet (en Champagne), avant d'être élu à la tête de l'abbaye bretonne de Saint-Gildas-de-Rhuys, d'où ses moines ignorants finissent par se liguer pour le chasser.

En 1136, Abélard enseigne à nouveau sur la montagne Sainte-Geneviève à Paris. Il a repris contact avec Héloïse, qui, devenue abbesse, a installé ses moniales au Paraclet et lui envoie des lettres brûlantes. Mais celui qui entend rester un moine ne veut plus être pour elle qu'un guide spirituel. C'est au service de la théologie qu'il exerce désormais ses talents de dialecticien. Avec le *Sic et Non*, son œuvre majeure, il répertorie systématiquement les opinions contraires à celles des exégètes, avant de chercher une solution par les seules armes de la logique. Le questionnement généralisé des dogmes ne peut que susciter l'hostilité des traditionalistes. Condamné une première fois en 1121, Pierre Abélard l'est à nouveau par le concile de Sens (1140), à la suite d'une campagne de grande ampleur savamment orchestrée contre lui par son irréductible adversaire Bernard de Clairvaux.

▲ Héloïse fut l'élève et la femme d'Abélard. Elle échangea avec lui une correspondance à la fois passionnée et d'une haute élévation spirituelle.

Les amants magnifiques

Appelé à Rome pour se défendre, Abélard s'arrête, malade, à Cluny où l'abbé Pierre le Vénérable le protège durant ses derniers instants ; après sa mort (1142), celui-ci se charge d'acheminer sa dépouille au Paraclet. Vingt-deux ans plus tard, Héloïse rejoint Abélard dans la tombe. Ce destin tragique suscite rapidement des interprétations édifiantes ; une épitaphe poétique affirme ainsi, à propos des deux amants : « Ils furent une seule chair [...] et pareillement un était leur esprit, et maintenant la terre leur donne [...] un lit commun. » Au XIIIe siècle, où se diffuse la correspondance qui leur est attribuée, un des auteurs du *Roman de la Rose*, Jean de Meun, voit au contraire dans leur passion l'occasion de dénoncer l'hypocrisie du mariage et la chasteté ecclésiastique. Amant blessé, Abélard devient, aux yeux des romantiques du XIXe siècle, l'un des premiers esprits libres.

BERNARD DE CLAIRVAUX

L'adversaire irréductible d'Abélard

De onze ans le cadet d'Abélard et également issu d'une famille de petite noblesse, Bernard apparaît comme son antithèse. C'est volontairement qu'il s'est fait moine, choisissant de surcroît l'abbaye ascétique de Cîteaux. En homme du cloître, Bernard se méfie des écoles urbaines et reste fidèle à une spiritualité monastique tout entière faite de méditation et de mysticisme. Demeuré jusqu'à la fin de sa vie simple abbé de Clairvaux, abbaye qu'il a fondée en 1115, il fait pourtant de l'ordre cistercien le plus dynamique du XIIe siècle et exerce une autorité morale considérable dans toute la chrétienté. Admonestant les seigneurs et les rois, faisant évêques et papes, Bernard intervient constamment dans les affaires doctrinales et c'est lui qui, en 1146, prêche la deuxième croisade.

1118

Castration d'Abélard

L'oncle d'Héloïse, le chanoine Fulbert, accuse Abélard d'avoir abusé de sa nièce et le fait émasculer.

CHRONOLOGIE

Naissance de Pierre au Pallet, près de Nantes.	**1079**
Naissance de Bernard de Clairvaux.	**1090**
Robert de Molesme fonde le monastère de Cîteaux.	**1098**
Les croisés conduits par Godefroi de Bouillon prennent Jérusalem.	**1099**
Arrivée d'Abélard à Paris. Naissance d'Héloïse.	**1100**
Abélard enseigne à Melun puis à Corbeil.	**1102-1104**
Abélard dirige une école sur la montagne Sainte-Geneviève.	**1110-1112**
Abélard suit les cours d'Anselme de Laon.	**1112**
Abélard maître de l'école Notre-Dame, à Paris.	**1113**
Rencontre d'Abélard et d'Héloïse. Bernard fonde Clairvaux.	**1115**
Castration d'Abélard.	**1118**
Le concile de Soissons condamne la théologie d'Abélard.	**1121**
Abélard installe une communauté érémitique au Paraclet, dans le diocèse de Troyes ; Pierre le Vénérable abbé de Cluny.	**1122**
Abélard élu abbé de Saint-Gildas-de-Rhuys.	**1127**
Héloïse s'installe au Paraclet.	**1129**
Abélard expose dans le *Sic et Non* sa méthode dialectique.	**1134-1136**
Le concile de Sens condamne à nouveau Abélard.	**1140**
Mort d'Abélard au prieuré clunisien de Saint-Marcel-lez-Chalon. Il est enterré au Paraclet.	**1142**

HILDEGARDE
DE BINGEN

◄ Vision d'Hildegarde (miniature du XIIe siècle). « … et j'entendis de ce feu vivant une voix qui me dit : toi qui es une terre fragile, et, sous un nom de femme, ignorante de toute la doctrine des maîtres charnels… toi qui est seulement effleurée par ma lumière qui t'éclaire intérieurement… Crie, raconte, et écris ces choses mystérieuses que tu vois et entends… » (le *Livre des œuvres divines*).

Mystique et visionnaire, l'abbesse Hildegarde de Bingen a profondément marqué son temps, comme rarement une femme a pu le faire au Moyen Âge. Son œuvre foisonnante continue à fasciner : encore aujourd'hui, nombreux sont ceux qui prétendent s'alimenter ou se soigner selon ses préceptes.

UNE VIE DE RÉCLUSION

Tout semblait conduire Hildegarde à occuper un jour les fonctions d'abbesse. Comme bien d'autres petites filles nobles des régions rhénanes, elle est promise à Dieu dès son plus jeune âge. Elle n'a que huit ans, en effet, lorsqu'elle doit quitter sa famille pour s'isoler dans un petit bâtiment jouxtant le monastère masculin de Saint-Disibod. Commence alors pour elle une longue vie de recluse puis de moniale, puisqu'elle prend le voile à quatorze ans dans la même abbaye.

Hildegarde grandit aux côtés de deux autres jeunes filles, sous la protection d'une supérieure, ou « maîtresse », à peine plus âgée qu'elle, Jutta. Née pour prier, elle apprend le chant, des rudiments de latin en lisant la Bible, ainsi que les travaux alors assignés aux femmes, tissage ou couture.

La petite communauté s'agrandit au fil du temps, et, en 1136, lorsque Jutta décède, Hildegarde devient naturellement « maîtresse » de la communauté. Elle a alors trente-huit ans. Il lui faudra encore attendre cinq années pour trouver enfin le courage de confier ses visions à quelqu'un.

UNE VISIONNAIRE CÉLÈBRE

C'est d'abord à son confesseur qu'Hildegarde avoue les visions qui se présentent à elle depuis l'âge de trois ans et la mission prophétique dont elle s'est peu à peu sen-

tie investie, non sans crainte. Signalée aux autorités supérieures, elle se voit sommée de coucher ses révélations par écrit. Quelques pages parviennent jusqu'au pape, font l'objet d'une lecture publique à laquelle assiste saint Bernard, et Eugène III encourage bientôt Hildegarde à publier toutes les visions qui se présenteraient à elle.
Rassurée par cette reconnaissance, Hildegarde peut fonder son propre monastère, le Rupertsberg. Très vite, la notoriété de la visionnaire s'étend à toute la chrétienté. Hildegarde correspond avec les plus grands personnages de ce monde, papes ou empereurs, mais tout un chacun, laïque comme ecclésiastique, peut venir chercher conseil ou consolation auprès d'elle.
Elle n'est pas seulement la directrice de conscience qui peut se permettre d'invectiver le puissant Frédéric Barberousse. Elle entend aussi faire appliquer la volonté divine. Aussi, malgré une santé précaire et le travail que lui demande la gestion remarquable de son monastère, entreprend-elle des tournées de prédication. Elle exhorte les hommes à la piété, fustige les prêtres corrompus ou indolents, et s'insurge devant les débuts du catharisme en Germanie.

La sibylle du Rhin

Ses activités débordantes n'empêchent pas Hildegarde de continuer à recevoir les révélations de l'Esprit saint. Les pages qu'elle avait écrites à la demande de ses supérieurs forment le début de son premier ouvrage, le *Scivias* (« Sache les voies »). Par la suite, ses visions nourrissent deux autres livres prophétiques, le *Livre des mérites* et le *Livre des œuvres divines*. Elle y décrit avec force détails comment, après avoir connu les pires catastrophes, les hommes seront séduits par l'Antéchrist, ce qui signifiera leur fin. Avec la même précision, Hildegarde raconte également l'Apocalypse, la terre ravagée, les morts ressuscités et jugés, puis le grand calme qui s'installera ensuite sur le monde.
Il ne s'agit pas d'effrayer, mais d'instruire les hommes, afin de les encourager à vivre en accord avec Dieu : si la fin du monde est proche, elle n'est pas imminente. Hildegarde déteste en effet l'excitation, la panique. L'excès ne mène-t-il pas à Satan ?

Savante et musicienne

C'est parce qu'elle est fascinée par les mystères de la Création qu'Hildegarde s'intéresse aussi à la nature et à la constitution humaine. Dans son *Livre des subtilités des diverses natures des créatures*, elle explore la botanique, l'anatomie humaine, et propose des recettes médicales. Entourée de femmes, l'abbesse se préoccupe beaucoup de leur complexion et tente de soulager leurs maux. Elle aborde franchement la sexualité, qu'elle ne stigmatise pas : cette attitude est fort rare à l'époque.
Bien qu'elle se prétende inculte, Hildegarde possède donc de multiples talents. Elle est même la première femme à composer de la musique en Occident. En hommage à Dieu, car la musique est la langue des anges, elle conçoit des chants et une sorte d'opéra, le *Jeu des vertus*, dont la beauté et l'originalité sont soulignées par ses contemporains.
Elle meurt le 17 septembre 1179, selon sa propre prédiction. La réputation de sainteté qui l'avait entourée s'amplifia encore, même si le procès en canonisation, mal instruit, ne put finalement aboutir.

Les femmes mystiques du Moyen Âge

Dans la définition traditionnelle, la mystique désigne tout ce qui a rapport aux mystères de la foi : c'est en ce sens qu'Hildegarde, savante exploratrice des mystères de la nature et du futur, est une mystique. Mais, à partir du XIIIe siècle, des femmes, religieuses ou laïques, vivant aussi dans les régions rhénanes ou bien en Italie, expérimentent une autre forme de mystique, qui vise à la connaissance directe de Dieu par la vision et l'extase. Souvent liées à des communautés de béguines, elles furent parfois poursuivies par l'Église qui leur reprochait de vouloir se passer d'elle : c'est ainsi que Marguerite Porète, auteur du *Miroir des simples âmes anéanties*, fut brûlée vive en 1310 à Paris. On était bien loin de la sainteté présumée d'Hildegarde.

1147-1148

Synode de Trèves

Après la lecture de ses visions devant le pape Eugène III, Hildegarde commence à avoir une certaine notoriété visionnaire.

CHRONOLOGIE

Naissance d'Hildegarde à Bermersheim, en Hesse rhénane, dans une famille de petite noblesse. **1098**

Hildegarde commence à expérimenter ses premières visions. **1101**

Elle entre en réclusion. **1106**

Hildegarde prend le voile à Saint-Disibod. **1112**

À la mort de Jutta, Hildegarde devient « maîtresse » de la communauté féminine de Saint-Disibod. **1136**

Elle confie ses visions au moine qui la confesse : celui-ci en parle à l'abbé de Saint-Disibod, Cuno, qui enjoint Hildegarde de lui montrer ses écrits. **1141**

Voyage en Germanie de saint Bernard, auquel Hildegarde écrit pour demander des encouragements. **1146-1147**

Synode de Trèves : lecture publique des visions qu'Hildegarde a mises par écrit ; le pape Eugène III l'encourage à poursuivre la composition d'un livre qui deviendra le *Scivias*. **1147-1148**

Le maître parisien Odon de Soissons célèbre l'originalité des pièces lyriques composées par Hildegarde. **1148**

Ayant fait sécession, Hildegarde fonde son propre monastère, le Rupertsberg, près de Bingen. **1150**

Elle obtient la protection de l'empereur Frédéric Barberousse pour le Rupertsberg. **1158**

Hildegarde fonde un second monastère féminin à Eibingen. **1165**

Mort de Volmar, secrétaire et confident d'Hildegarde de Bingen. **1173**

Hildegarde de Bingen meurt le 17 septembre, à Rupertsberg. **1179**

ALIÉNOR
D'AQUITAINE

Épouse de deux des plus puissants souverains du XIIe siècle, Aliénor d'Aquitaine a joué un rôle politique auquel ne semblait pas la destiner sa condition de femme. Femme de pouvoir, elle a aussi contribué à la diffusion de la culture courtoise.

◄ La belle Aliénor a fasciné ses contemporains, et, de son vivant, pas moins de neuf ouvrages historiques lui ont été consacrés.

UNE RICHE HÉRITIÈRE

Aliénor voit le jour en 1122, dans un château du Bordelais. C'est la petite-fille du premier troubadour connu, le duc d'Aquitaine Guillaume IX, dont les possessions couvraient tout le sud-ouest de la France, depuis les Pyrénées jusqu'au Poitou ; là, on parlait toutes les variétés de la langue d'oc. L'enfant puise dans sa famille le goût des lettres et de la poésie, ainsi qu'une grande sensibilité au raffinement de l'amour courtois tout juste naissant.

Première fille du duc d'Aquitaine Guillaume X, elle hérite à la mort de celui-ci de ce vaste territoire, riche et rétif à toute autorité étrangère. Puissante, belle et cultivée, elle devient ainsi un excellent parti que s'empresse de convoiter le roi de France pour son fils de seize ans. Louis VI le Gros, se sentant mourir, précipite le mariage : le 25 juillet 1137, le jeune Louis VII et Aliénor sont mariés puis couronnés à Bordeaux. À quinze ans, Aliénor est reine de France.

DEUX FOIS REINE

Les premiers mois à la cour de France sont sans doute difficiles. Habituée au soleil, aux fêtes et au raffinement méridionaux, elle doit désormais vivre auprès d'un mari très pieux, formé par une éducation austère, nourri de textes religieux et historiques. Mais le couple semble bien s'entendre, et Louis est très épris de sa jeune femme. La personnalité d'Aliénor est déjà bien affirmée, et celle-ci exerce d'ailleurs un ascendant certain sur son mari : elle s'emploie à préserver les intérêts de sa famille et n'entend pas rester à l'écart des affaires du royaume.

Lorsqu'en 1146 résonne l'appel à la deuxième croisade, c'est donc tout naturellement qu'Aliénor, enthousiaste, décide d'accompagner Louis. L'aventure est un fiasco. Le cuisant échec militaire est hâtivement attribué à la présence de la reine et de sa suite. L'équipée se solde surtout par de graves tensions dans le couple royal, car la reine rentre de la croisade entachée de soupçons d'adultère. Malgré les efforts de l'entourage royal, inquiet à l'idée de voir l'Aquitaine – qu'Aliénor possède en propre – échapper à la puissance capétienne, les deux époux en arrivent bientôt à demander le divorce que seule l'Église peut alors prononcer.

Un concile rapidement réuni constate le 18 mars 1152 la consanguinité des deux époux, qui sont effectivement de lointains cousins. Ne nous trompons pas sur les raisons réelles de la dissolution du mariage. Plutôt que la consanguinité, reconnue et courante dans les unions royales, c'est l'adultère présumé, les différences culturelles entre les deux époux et surtout l'absence d'héritier mâle après quinze ans de mariage qui vinrent à bout de cette union.

L'histoire de la reine Aliénor aurait pu s'arrêter à ce divorce. Mais, à peine quelques semaines plus tard, la duchesse d'Aquitaine, la trentaine triomphante, se remarie avec Henri Plantagenêt, dix-huit ans, futur roi d'Angleterre. Amoureuse de ce jeune homme qu'elle avait rencontré l'année précédente, Aliénor laisse à Louis ses deux filles, Marie et Aélis, pour partir vers un nouveau destin.

En 1154, lorsque Henri succède à son père Geoffroi Plantagenêt, le roi d'Angleterre devient le suzerain des Aquitains. Et lorsqu'il oblige le comte de Nantes à lui remettre ses possessions, Henri II Plantagenêt est désormais plus puissant que le roi de France : à l'intérieur même du royaume, son domaine est bien plus étendu que celui du premier époux de sa femme, formant une bande continue de l'Aquitaine à la Normandie. La situation créée par les secondes noces d'Aliénor est l'une des origines de la tragique rivalité franco-anglaise, qui ensanglantera les deux pays jusqu'à la fin de la guerre de Cent Ans.

Une reine de culture

La vie de la reine d'Angleterre est bien différente de celle de la reine de France. Son mari exige qu'elle remplisse les rôles d'une souveraine féodale. Elle l'accompagne dans ses longues pérégrinations, sa présence étant nécessaire pour asseoir le pouvoir de son mari face aux Aquitains, prompts à la rébellion. Elle donne aussi naissance à huit enfants, dont quatre garçons, elle qui n'avait eu avec Louis VII que deux filles en quinze ans de mariage.

Malgré son extrême activité, Aliénor n'a pas oublié son goût pour l'art et la culture. Elle établit une cour brillante à Poitiers où elle accueille troubadours et écrivains, dont beaucoup lui dédient leurs œuvres. La reine soutient et inspire de nombreux artistes, dont l'un des plus connus reste Bernard de Ventadour. Autour d'elle commence à se diffuser l'amour courtois, la « fin' amor ». Grâce aux modèles véhiculés par les poésies lyriques des troubadours, de nouveaux

Les Plantagenêts

La dynastie des Plantagenêts doit le nom que lui ont donné les historiens à Geoffroi V, comte d'Anjou, qui, par goût de la chasse, avait multiplié les landes et par conséquent planté des genêts ! Investi par héritage des comtés d'Anjou, de Touraine et du Maine, Geoffroi Plantagenêt épousa en 1128 Mathilde, fille du dernier roi normand d'Angleterre, Henri Ier Beauclerc. S'il ne put faire valoir les droits de sa femme à la Couronne, Geoffroi parvint à récupérer le duché de Normandie en 1144. Son fils, Henri II, lui ajouta l'Aquitaine par son mariage avec Aliénor et contraignit, en 1154, le roi d'Angleterre Étienne de Blois à le reconnaître comme son successeur. Ainsi se constitua un « empire Plantagenêt » qui s'augmenta encore sous Henri II de l'Irlande, du comté de Nantes et même de la Bretagne. Si la partie continentale de ce gigantesque ensemble fut, à l'exception de l'Aquitaine, perdue au cours du XIIIe siècle, les Plantagenêts allaient se maintenir sur le trône d'Angleterre jusqu'à l'avènement des Tudors en 1485.

▲ Louis VII s'apprête à partir en croisade (miniature du XVe siècle). Aliénor et les autres nobles dames qui avaient accompagné leurs époux furent accusées d'avoir fait échouer cette croisade.

1152

Aliénor se remarie avec Henri Plantagenêt

Quelques semaines après avoir divorcé de Louis VII, elle apporte en dot l'Aquitaine au futur roi d'Angleterre.

CHRONOLOGIE

Naissance d'Aliénor, fille du duc d'Aquitaine Guillaume X. **1122**

Naissance d'Henri, fils du comte d'Anjou Geoffroi V dit Plantagenêt. **1133**

Aliénor duchesse d'Aquitaine ; mariage avec Louis VII. **1137**

Geoffroi Plantagenêt duc de Normandie. **1144**

Deuxième croisade : brouille entre Aliénor et Louis VII. **1146-1149**

Henri Plantagenêt succède à son père Geoffroi. **1151**

Aliénor se remarie avec Henri Plantagenêt. **1152**

Aliénor reine d'Angleterre. **1154**

Assassinat, sur ordre d'Henri II, de l'archevêque de Canterbury Thomas Becket. **1170**

Révolte des fils d'Henri II appuyés par Aliénor. **1173**

Captivité d'Aliénor. **1174-1189**

Mort de Louis VII : avènement de Philippe Auguste. **1180**

Mort d'Henri le Jeune, fils aîné d'Henri II et Aliénor. **1183**

Mort de Geoffroi, 3e fils d'Henri II et Aliénor. **1186**

Saladin reprend Jérusalem. **1187**

Troisième croisade. **1188-1192**

Richard Cœur de Lion roi d'Angleterre. **1189**

Aliénor décide de se retirer à l'abbaye de Fontevraud. **1194**

Mort de Richard Cœur de Lion : Jean sans Terre couronné roi d'Angleterre. **1199**

Mort d'Aliénor. **1204**

rapports de séduction s'instaurent : la femme, qui est souvent l'épouse du seigneur ou du prince, devient une « dame » à laquelle le chevalier doit se vouer corps et âme, prouver son attachement et une fidélité sans faille.
Avec son second mari, Henri, elle protège de même le premier épanouissement des romans et des poèmes inspirés des légendes celtiques et narrant les exploits de chevaliers tout acquis à leur dame : là se composent les contes de Marie de France, là se répand la légende des amours malheureuses entre Tristan et Iseut. C'est sur ce terreau fertile que Chrétien de Troyes construira ses romans, avec des personnages comme les chevaliers de la Table ronde, le roi Arthur ou Merlin. Les poètes qui entourent le couple royal voient d'ailleurs rapidement en Henri II l'incarnation d'Arthur et en Aliénor une nouvelle Guenièvre, bien propre à inspirer l'amour. Ne négligeant pas l'éducation de ses enfants, la reine leur transmet son goût pour la culture. Ses filles, et plus particulièrement Marie de Champagne, à laquelle Chrétien de Troyes dédiera certains de ses romans, reprendront à leur tour cette tradition de mécénat culturel.

▲ Page enluminée du roman de *Lancelot* (XIVe siècle) de Chrétien de Troyes. Érudite et mécène, Aliénor a favorisé l'épanouissement des premiers chefs-d'œuvre de la littérature française.

Une femme de pouvoir

La passion d'Aliénor pour les lettres ne la détourne pas des affaires politiques. Toujours désireuse de jouer un rôle dans les affaires du royaume, elle obtient de régner formellement sur le duché d'Aquitaine aux côtés de son jeune fils Richard, tandis que son mari réside surtout en Angleterre. C'est dans ce contexte que va s'écrire une nouvelle page de la vie d'Aliénor.
Henri II n'est pas un très bon mari, et plus le temps passe, plus il apparaît qu'il ne l'a épousée que pour ses terres. Loin d'être un parangon de vertu, il fréquente de nombreuses maîtresses et tombe amoureux d'une certaine Rosemonde Clifford. Le sentiment de trahison s'ajoute aux velléités de gouvernement d'Aliénor. En 1173, la reine décide de se venger en soulevant ses fils contre leur père : Henri le Jeune, puis Richard Cœur de Lion et Geoffroi mènent la révolte en Aquitaine, avec le soutien du roi de France Louis VII, qui paraît avoir oublié l'amertume de son divorce pour ne considérer que l'opportunité politique d'une alliance avec son ancienne femme.
Mais Henri II parvient à capturer Aliénor et conditionne sa libération à la reddition de ses fils. Les armes sont vite déposées, d'autant que Louis VII se révèle être un piètre soutien, de même qu'il fut un piètre époux. Aliénor n'est cependant pas libérée, et la fière Aquitaine va passer plus de quinze ans

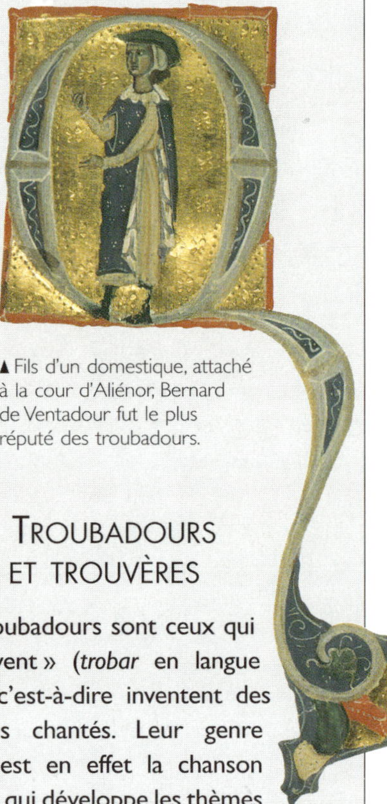

▲ Fils d'un domestique, attaché à la cour d'Aliénor, Bernard de Ventadour fut le plus réputé des troubadours.

Troubadours et trouvères

Les troubadours sont ceux qui « trouvent » (*trobar* en langue d'oc), c'est-à-dire inventent des poèmes chantés. Leur genre favori est en effet la chanson (*canso*) qui développe les thèmes de la *fin'amor* ou « amour délicat ». La distance sociale et physique entre la dame et le poète qui la courtise, les étapes soigneusement codifiées de la conquête, l'insistance sur la joie que procure le sentiment de l'amour reflètent les conditions, les valeurs et les frustrations du milieu qui a vu naître cette poésie au XIIe siècle : les cours du sud de la France, où vivaient de nombreux chevaliers célibataires. Les troubadours pratiquent aussi le *sirventes*, satire politique, et débattent entre eux sur des thèmes courtois ou comiques. Durant le XIIe siècle, ces genres sont repris en langue d'oïl par les trouvères du nord de la France. Chrétien de Troyes, le protégé de Marie de Champagne, fille d'Aliénor et de Louis VII, fut l'un d'entre eux, en même temps que d'être le premier romancier français.

en « liberté surveillée », sous l'œil vigilant d'Henri II. Celui-ci n'acceptera aucune demande de grâce et Aliénor ne recouvrera sa liberté qu'en 1189, à la mort de son mari. Elle a maintenant soixante-sept ans, et une nouvelle épreuve l'attend. Son fils Richard, désormais roi d'Angleterre, projette de partir pour la troisième croisade. En son absence, elle administrera le royaume : Aliénor a enfin le pouvoir et doit s'opposer aux menées de son dernier fils, Jean, « sans Terre » mais non sans ambition. Ce cadet mal aimé tente en effet de profiter de l'absence de son frère pour s'emparer du trône : le complot échoue, en partie grâce à l'énergie déployée par la reine.

Richard ayant repris le royaume en main, elle décide alors, à l'âge de soixante-douze ans, de se retirer à l'abbaye de Fontevraud. Son retrait n'est cependant que relatif, car elle reste attentive aux affaires du royaume et au conflit qui l'oppose avec la France. Elle sort de l'ombre chaque fois que son avis ou que son action semble nécessaire. Anéantie par le décès accidentel de Richard Cœur de Lion en 1199, qui reçoit une flèche mortelle alors qu'il assiège un château limousin, Aliénor trouve la force d'aider au couronnement de Jean sans Terre, pensant ainsi protéger l'Angleterre de la convoitise du nouveau roi de France Philippe Auguste.

Elle a quatre-vingt-deux ans lorsqu'elle décède dans le calme de sa retraite. Enterrée à Fontevraud aux côtés d'Henri II et de Richard Cœur de Lion, elle demeure, neuf siècles plus tard, l'une des figures de femme les plus marquantes du Moyen Âge.

► **Jean sans Terre** / 1215

▲ L'abbaye de Fontevraud (Maine-et-Loire). L'ordre se développa avec un tel succès que l'abbaye devint le mausolée de la dynastie des Plantagenêts.

Fontevraud

L'abbaye où se retire Aliénor d'Aquitaine à la fin de sa vie a été fondée vers 1101 par Robert d'Arbrissel, en compagnie d'une troupe hétéroclite de disciples partageant son idéal de vie ascétique et évangélique. S'y côtoyaient nobles dames et prostituées repenties, vierges et lépreux, hommes et femmes, au grand scandale des prélats mais aussi du grand-père d'Aliénor, Guillaume IX d'Aquitaine, qui avait vu le prédicateur enflammé lui enlever ses deux épouses et sa maîtresse. Si son fonctionnement se normalisa, Fontevraud resta une abbaye où les femmes commandaient aux moines.

◄ Gisants d'Aliénor d'Aquitaine et d'Henri II Plantagenêt, abbaye de Fontevraud. Après leur disparition, les royaumes de France et d'Angleterre se livreront une lutte sanglante.

MINAMOTO NO YORITOMO

La brève période pendant laquelle Minamoto no Yoritomo a exercé le pouvoir suprême fut décisive pour le Japon. C'est alors que le pays a basculé dans un régime féodal où les guerriers des alentours de Tokyo l'ont emporté sur les aristocrates de l'antique capitale, Kyoto.

MINAMOTO CONTRE TAIRA

En ce soir d'automne 1180, la fête bat son plein autour du sanctuaire de Mishima, le plus ancien et le plus vénéré de la péninsule d'Izu. Soudain, les chants et les rires des convives et des danseuses font place aux alarmes de l'incendie : laissée sans surveillance, la résidence du gouverneur provincial a été attaquée par une bande de guerriers qui y a mis le feu. Or, le gouverneur en question est un vassal des puissants Taira, qui tiennent l'empereur sous leur coupe. C'est le début d'une guerre civile sans merci qui va précipiter l'avènement d'une nouvelle société japonaise.

L'auteur de ce coup de main audacieux, Yoritomo, appartient au clan des Minamoto, qui depuis plus d'un siècle est le rival des Taira. Les uns comme les autres sont des guerriers qui ont su profiter des querelles internes à la cour impériale pour se tailler de vastes fiefs, où ils prélèvent les récoltes de nombreux paysans attachés à la glèbe. Mais, tandis que les Taira ont installé leur pouvoir à proximité de la capitale

Vainqueur du clan des Taira, qui ► s'oppose à sa famille depuis plus d'une vingtaine d'années, Minamoto no Yoritomo accède au pouvoir et devient le premier shogun du Japon. Peinture japonaise du XIIe siècle.

impériale, Kyoto, les Minamoto ont bâti le leur dans les provinces de l'Est : c'est de là que part la révolte de 1180. C'est là aussi que Yoritomo puise ses plus fervents soutiens. Et il en a bien besoin.

Car, depuis 1159, les Taira sont tout-puissants. Cette année-là, le chef du clan Minamoto, Yoshitomo, a été battu et tué par Kiyomori, leader des Taira. Les plus jeunes fils du vaincu sont enfermés dans des monastères, et l'aîné, Yoritomo, est exilé dans les domaines ancestraux de la famille. Rompant avec toutes les traditions, Kiyomori se fait alors nommer ministre des Affaires suprêmes et parvient à s'allier par le sang avec la famille impériale : l'enfant de deux ans qu'il met sur le trône en 1180 est son petit-fils. La même année, il annonce vouloir transporter la capitale à l'intérieur de ses propres terres, dans l'obscur port de Fukuhara. C'en est trop pour l'aristocratie traditionnelle, qui trouve un allié en Yoritomo, lassé de ronger son frein.

La victoire de Yoritomo

Un prince impérial, au début de l'année 1180, appelle même à la révolte. C'est le prétexte officiel que cherchait le chef des Minamoto. Après l'attaque contre le gouverneur d'Izu, le réseau de fidélités fonctionne à plein, et c'est à la tête de 27 000 samouraïs que, au bout de cinquante jours à peine, Yoritomo entre à Kamakura, où il veut honorer la divinité tutélaire de son clan.

Puis, sur les bords de la rivière Fuji, les alliés et vassaux des Minamoto viennent attendre l'immense armée envoyée depuis Kyoto par les Taira. En vérité, cette dernière a vu fondre ses effectifs, les déserteurs se multipliant à mesure qu'elle avançait vers l'est. Ceux qui restent ne se révéleront guère plus courageux : ils s'enfuient à la première alerte, ayant confondu le bruissement des poules d'eau avec une attaque surprise !

Sur le conseil de ses amis, Yoritomo renonce à exploiter dans l'immédiat la déroute des Taira. Il lui faut encore consolider son pouvoir dans l'est, renforcer la fidélité des siens en leur distribuant les terres des vaincus. Il peut attendre son heure : depuis la mort de Kiyomori en 1181, le clan ennemi n'a plus de véritable chef.

En 1183, les Minamoto portent l'estocade. Un cousin de Yoritomo s'empare de Kyoto, mais son offensive s'enlise. Le chef du clan envoie alors son propre frère qui, à l'issue d'une campagne-éclair, chasse les Taira de leurs réduits et les élimine complètement à la bataille navale de Dan-no-ura au printemps 1185. Le jeune empereur, que les Taira avaient réussi à emmener avec eux, périt aussi dans les flots. La route est totalement libre devant Yoritomo pour installer un nouveau régime.

Le shogun de l'Est

La victoire de Yoritomo est avant tout fondée sur ses guerriers, excellents cavaliers et habiles tireurs à l'arc. Ces samouraïs, installés dans un manoir et vassaux de puissants daimyo, ressemblent à s'y méprendre aux chevaliers européens.

C'est sur eux que le chef du clan Minamoto bâtit progressivement un pouvoir qui va faire de lui le nouveau maître du Japon. Le « quartier général » *(bakufu)* qu'il met en place dès 1180 à Kamakura est une ébauche d'État autonome. Mais Yoritomo triomphe à partir du moment où la cour impériale le reconnaît en 1192 comme shogun, c'est-à-dire « général en chef », disposant par délégation de tous les pouvoirs, d'abord sur les régions orientales puis dans tout le pays. Inaugurant ainsi une nouvelle forme de gouvernement, le shogunat, il peut venir savourer son triomphe à Kyoto. Le régime militaire que Yoritomo fonde à Kamakura durera plus d'un siècle, faisant entrer le Japon dans le Moyen Âge.

Les *Contes des Heike*

Comme les chevaliers européens, les samouraïs ont leurs chansons de geste. La matrice du genre se trouve dans les *Contes des Heike (Heike Monogatari)*, compilés vers 1220-1240. Présentant sur un mode épique les combats qui avaient donné naissance à la puissance shogunale, elle inspira d'autres récits ainsi que des pièces de théâtre. Un des chefs-d'œuvre du nô, *Kiyotsune* de Zeami (XVe siècle), raconte ainsi les états d'âme de Kiyotsune Taira, contraint de se jeter à l'eau pour échapper aux Minamoto.

1180

Révolte des Minamoto

Organisée par Minamoto no Yoritomo, l'attaque contre la résidence du gouverneur d'Izu, un vassal des Taira, inaugure le soulèvement général des guerriers du Kanto.

CHRONOLOGIE

1159 Troubles de l'ère Heiji : Yoshitomo Minamoto est tué par Kiyomori Taira, et son fils aîné Yoritomo, exilé dans le Kanto.

1167 Kiyomori Taira devient ministre des Affaires suprêmes.

1177 Tentative de coup d'État contre Kiyomori Taira par des proches de l'empereur Goshirakawa.

1179 Kiyomori Taira assigne à résidence surveillée l'empereur Goshirakawa.

1180 Il fait monter son petit-fils sur le trône impérial ; le prince impérial Mochihito appelle à la lutte contre les Taira. **Révolte des Minamoto** ; l'armée de secours des Taira est dispersée sur les bords de la Fuji ; Yoritomo installe un gouvernement autonome à Kamakura.

1181 Mort de Kiyomori Taira.

1183 Les Taira attaquent Yoshinaka, cousin de Yoritomo installé dans le centre du Japon ; Yoshinaka les repousse et entre dans Kyoto, d'où les Taira se sont enfuis avec le jeune empereur Antoku ; Yoritomo devient délégué du pouvoir impérial dans les provinces de l'Est.

1184 À l'appel de l'empereur retiré Goshirakawa, Yoritomo envoie son frère Yoshitsune, qui bat Yoshinaka ; Yoshitsune poursuit vers l'ouest et bat les Taira à Ichinotani.

1185 Yoshitsune détruit la flotte des Taira à Dan-no-ura : les chefs du clan sont tués ou se suicident et l'empereur Antoku meurt ; Yoritomo obtient tous les pouvoirs.

1190 Yoritomo se rend à Kyoto, où ses pouvoirs sont reconnus à titre perpétuel et héréditaire.

1192 Il se fait conférer le titre de shogun : début de l'époque Kamakura.

SALADIN

Adversaire des États croisés d'Orient, Saladin est le symbole du djihad et une figure essentielle de la conscience musulmane. Il fut également considéré par les chrétiens comme un modèle des vertus chevaleresques.

LA CHUTE DE JÉRUSALEM

Depuis 1099, Jérusalem, ville sainte et berceau du christianisme, est tenue par les croisés. En quelques années, ceux-ci ont construit un réseau d'États s'allongeant le long de la côte de Syrie-Palestine, depuis le comté d'Édesse au nord jusqu'au royaume de Jérusalem au sud, en passant par la principauté d'Antioche et le comté de Tripoli. Sûrs des ports (Acre, Tyr ou Ascalon), les souverains chrétiens contrôlent le lucratif commerce avec Venise, Pise ou Gênes et l'accès aux États musulmans de l'intérieur ; vers le sud-est, le royaume de Jérusalem s'étend jusqu'à la mer Rouge et coupe la route menant de Syrie en Égypte.

La présence des « infidèles » apparaît de plus en plus comme un scandale aux yeux des tenants de l'islam. Jérusalem n'était-elle pas aussi une de leurs villes saintes ? Mahomet avait été transporté une nuit jusqu'à l'esplanade du Temple, d'où il avait été élevé mystérieusement au ciel : là, le cinquième calife omeyyade, Abd al-Malik, avait fait édifier une mosquée à coupole, juste au-dessus du Rocher sacré, lieu du sacrifice d'Abraham.

Ainsi, les potentats musulmans qui dominent les villes voisines des États croisés ont le prétexte rêvé pour ressusciter la vieille notion de djihad, ce combat que doit mener la communauté islamique contre l'infidèle. Le 2 octobre 1187, l'un de ces princes s'empare de Jérusalem : Salah al-Din, que l'Occident allait connaître sous le nom de Saladin, acquiert subitement une immense popularité en terre d'islam. Âgé de 50 ans, ce n'est pourtant pas un inconnu : brillant général et audacieux politique, il a déjà commencé à rassembler les pièces éparses du puzzle musulman.

Ennemi implacable des croisés en Terre ► sainte, auxquels il reprend Jérusalem, Saladin fut aussi un modèle de chevalerie. Ses vertus étaient louées jusqu'en Occident.

UN KURDE AU SERVICE DES TURCS

Depuis le XIe siècle, l'Orient musulman est dominé par des princes turcs qui maintiennent la fiction d'un calife installé à Bagdad mais qui ont établi des dynasties régionales, dont les Zangides, une des plus puissantes. Zangi, le fondateur de cette dynastie, est installé à Alep, dans le nord de la Syrie, aux

1187

Prise de Jérusalem

À la tête des musulmans, Saladin s'empare de la Ville sainte, capitale d'un royaume chrétien depuis 1099.

▲ Saladin reprend Jérusalem aux croisés (miniature du XVe siècle). Ses faits d'armes comme son gouvernement assureront à Saladin une grande notoriété dans tout le monde arabe.

portes des États croisés. Son fils, Nur al-Din, réussit à s'emparer de l'autre grande principauté syrienne, celle de Damas, et surtout à se maintenir dans le comté d'Édesse, repris aux chrétiens en 1144 et conservé de haute lutte au terme de la deuxième croisade. De ce précédent Saladin saura se souvenir. Nur al-Din a trouvé un appui précieux chez les généraux kurdes : c'est à l'un d'eux, Chirkuh, qu'il confie le soin de reprendre l'Égypte, aux mains des califes fatimides, chiites donc hérétiques, depuis le Xe siècle. Dans ces expéditions contre les chiites, Chirkuh est accompagné par son neveu Saladin, qui parachève la conquête de l'Égypte après sa mort et endosse son titre de vizir.

Le maître de l'Égypte et de la Syrie

À la tête de l'Égypte, Saladin entreprend d'y restaurer l'orthodoxie sunnite en s'appuyant notamment sur le réseau des *madrasa*. Ces collèges, qui entretiennent maîtres et étudiants auxquels sont dispensés des cours de sciences religieuses – surtout de droit –, ont fleuri dans la Syrie des Zangides. Le nouveau maître de l'Égypte s'entoure de savants et se crée de solides clientèles dans l'armée en accordant de généreuses concessions foncières. Le tout en gardant de bonnes relations avec les marchands italiens qui font d'Alexandrie le principal point de départ du grand commerce vers l'Occident chrétien.
La réussite de Saladin provoque la méfiance de Nur al-Din, qui décide, mais trop tard, de marcher sur Le Caire : il meurt en 1174 avant d'avoir mis son projet à exécution. Éliminant sans problème le très jeune fils de Nur al-Din, Saladin s'installe à Alep : sultan de Syrie et d'Égypte, il tient en tenaille les États croisés et peut dès lors envisager de les reconquérir.

La guerre sainte

Reprenant à son compte l'idéal de djihad, Saladin veut profiter de la faiblesse et des divisions des princes croisés. Le nouveau

La diversité politique de l'Islam au XIIe siècle

Le chef politique et religieux de la communauté des musulmans porte le titre modeste de calife, c'est-à-dire lieutenant (de Mahomet), et s'est adjoint depuis longtemps les services d'un Premier ministre, ou vizir (« celui qui aide à porter le fardeau »). Dès le IXe siècle, les émirs (princes) turcs créent des principautés régionales. Venus d'Iran oriental, les Seldjoukides, turcs eux aussi, s'installent à Bagdad en 1055, y contrôlent le calife abbasside et prennent le titre de sultans (« pouvoir »). Les dynastes locaux se voient adjoindre un *atabeg*, ou tuteur : c'est ainsi que les Zangides bâtissent leur pouvoir.

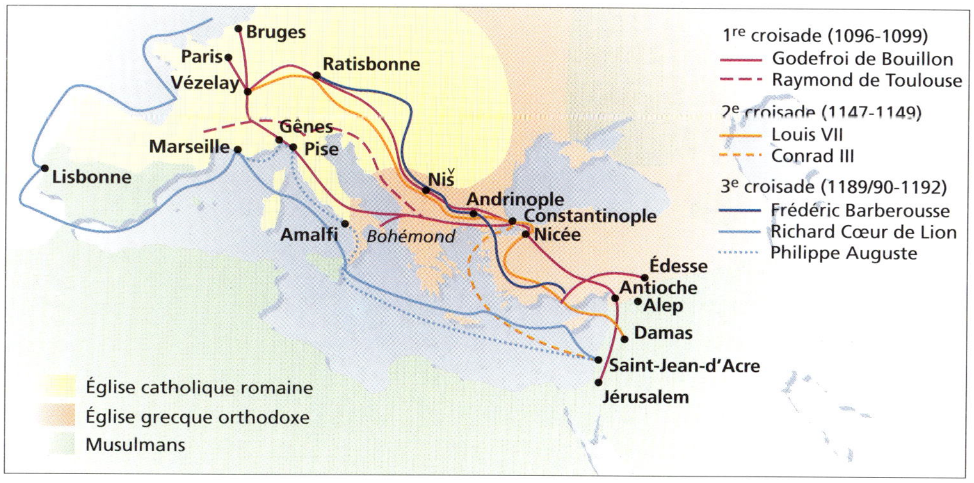

CHRONOLOGIE

Naissance de Saladin à Takrit, Mésopotamie.	**1138**
Zangi, sultan d'Alep, s'empare du comté d'Édesse détenu par les croisés.	**1144**
Nur al-Din succède à son père Zangi.	**1146**
À Vézelay, saint Bernard appelle à la croisade ; départ du roi de France Louis VII et de son épouse Aliénor d'Aquitaine.	**1147**
La deuxième croisade échoue devant Damas.	**1148**
Saladin abolit le califat fatimide d'Égypte.	**1171**
Mort de Nur al-Din ; Saladin lui succède et va s'emparer de la Syrie et de la haute Mésopotamie dans les années suivantes.	**1174**
Victoire de Saladin à Hattin. **Prise de Jérusalem.**	**1187**
Richard Cœur de Lion et Philippe Auguste partent pour la troisième croisade ; l'empereur Frédéric Ier Barberousse se noie en Asie Mineure.	**1190**
La ville d'Acre, assiégée depuis deux ans, est reprise par Richard Cœur de Lion ; traité de Jaffa : Saladin reconnaît aux croisés des États réduits mais autorise les pèlerinages chrétiens à Jérusalem.	**1192**
Mort de Saladin à Damas, le 4 mars.	**1193**

▲ Les croisés sous les murs d'Alep (miniature ottomane du XVIe siècle).

LE DJIHAD, GUERRE SAINTE DES MUSULMANS

Traduit habituellement par « guerre sainte », le terme arabe de *djihad* renvoie en fait à l'effort : l'effort de perfection individuelle du fidèle comme l'effort de défense de la communauté. Dès les débuts de l'expansion musulmane, le paradis est promis à ceux qui meurent en combattant « dans le chemin d'Allah » et contre les « infidèles », c'est-à-dire les ennemis de l'islam. Mais l'idéal de guerre sainte est bien émoussé lorsque les croisés viennent s'installer en Orient au lendemain de la prise de Jérusalem. Des voix isolées s'élèvent pour protester contre l'apathie des princes musulmans et pour réclamer la reprise du djihad : c'est ainsi que le juriste al-Sulami le présente comme un « devoir personnel », alors que « les troupes fondent à l'improviste sur le territoire musulman ». « Appliquez-vous à remplir le précepte de la guerre sainte ! » déclare-t-il à ses coreligionnaires. Appel que les Zangides puis Saladin entendront pleinement.

Ni les templiers ni les hospitaliers ne purent résister ► aux assauts des musulmans. Comme beaucoup d'autres, la forteresse de Shobeq, en Jordanie, tomba aux mains des troupes de Saladin en 1188.

roi de Jérusalem, Guy de Lusignan, est un parvenu qui doit son trône à l'amour de Sibylle, fille de son prédécesseur. Cette ascension a suscité la rancœur du comte de Tripoli, Raymond III, qui estime avoir des droits sur la couronne. Mais le sultan a pu apprécier l'efficacité des chevaliers « francs » et la solidité de leurs châteaux : après un premier assaut en 1183, il préfère négocier une trêve et faire de Raymond III son allié. Trois ans plus tard, un vassal de Guy de Lusignan enlève une caravane syrienne où se trouve, dit-on, la propre sœur de Saladin, ce qui fournit à ce dernier un prétexte à la reprise des hostilités.

Saladin se porte rapidement sur la ville de Tibériade, où s'est notamment réfugiée l'épouse de Raymond III. Apprenant l'attaque, les chevaliers croisés s'écrient : « Allons secourir les dames et les damoiselles de Tibériade ! » Lancés sur un plateau aride, séparés des rares points d'eau par les contingents musulmans, ils s'épuisent vite et sont écrasés par Saladin le 4 juillet 1187, à Hattin : les vivants et les morts sont décapités en masse, les templiers et les hospitaliers sont systématiquement massacrés par les dévots qui entourent le sultan, et un habitant de Damas peut écrire que « tous les jours on voit arriver des têtes de chrétiens aussi nombreuses que des pastèques ». Les chefs croisés, Guy de Lusignan en tête, sont faits prisonniers par Saladin. Le roi de Jérusalem ayant eu l'imprudence de jeter toutes ses forces dans la bataille, les portes de la Ville sainte sont grandes ouvertes pour les musulmans, qui s'en emparent sans pratiquement combattre.

Le sultan accepte de laisser la vie sauve à ses habitants, pour autant qu'ils rachètent leur liberté, mais ils sont des milliers à ne

▼ Saladin est reçu au camp de Richard Cœur de Lion. Il existait entre les deux hommes un respect mutuel, et sur le champ de bataille, Saladin aurait fait envoyer un cheval à Richard si celui-ci perdait sa monture.

pouvoir le faire et sont réduits en esclavage. Sur sa lancée, Saladin mène une campagne éclair dans les autres États croisés, qui lui livrent plus de cinquante forteresses. Cette défaite est un véritable choc pour les chrétiens, qui y perdent l'insigne relique de la Vraie Croix du Christ. En Occident, une nouvelle croisade, la troisième, est immédiatement formée, et tous les plus grands souverains veulent y participer.

Célèbre aussi chez les chrétiens

C'est en résistant aux princes de la troisième croisade que Saladin va acquérir sa vraie grandeur aux yeux des musulmans. Si l'empereur Frédéric Ier Barberousse se noie dans une rivière de Cilicie, Richard Cœur de Lion et Philippe Auguste parviennent sur place. Défait à Arsuf (1191), le sultan perd Acre, qui deviendra la capitale du nouveau royaume de Jérusalem. Car si les croisés n'ont pas les forces pour arracher la Ville sainte à Saladin, ce dernier n'en a pas plus pour les chasser complètement de la région. Le traité de Jaffa (1192) est donc un compromis, qui laisse à Saladin la Syrie et la Palestine intérieures, aux États croisés presque toute la côte, et qui autorise les pèlerins à venir visiter les Lieux saints. Après avoir fortifié Jérusalem, le sultan peut rentrer à Damas, où il meurt en 1193.

La victoire de Saladin est un tournant des relations entre croisés et musulmans, entre Occident et Orient. Jérusalem est définitivement perdue pour les chrétiens, si l'on met à part l'épisode temporaire (1229-1244) où le successeur de Saladin l'abandonne pour complaire à l'empereur Frédéric II. Fraîchement accueilli par le calife de Bagdad, le sultan jouira d'un prestige immense et durable dans le monde musulman. Ses territoires ont été partagés entre ses fils et son frère après sa mort, mais la dynastie ayyubide (du nom du père de Saladin) lui survit en Égypte jusqu'en 1250, et il est significatif que le leader moderne du nationalisme égyptien, Nasser, ait repris son titre d'*al-nasir* (« le vainqueur »).

Mais aux yeux des chrétiens le prestige de Saladin n'est pas moins grand, en raison de sa générosité (en fait calculée) à l'égard des populations chrétiennes qui lui vaut une réputation d'adversaire loyal – à tel point que des projets de mariage entre son frère et une sœur de Richard Cœur de Lion ont même été ébauchés. Dès le XIIIe siècle, des histoires romancées de la croisade font de Saladin leur héros : il serait né d'une fille du comte de Ponthieu, captive devenue l'épouse d'un sultan ; lui-même se serait converti au christianisme sur son lit de mort. De là, et aussi de ses qualités militaires, vient le rôle étonnant que lui fait jouer la littérature chevaleresque de la fin du Moyen Âge : celui de l'amant courtois d'une reine de France ! Ce qui autorise sans doute quelques grandes familles de l'époque à donner son nom à leurs rejetons.

► **Godefroi de Bouillon** / 1099
► **Philippe Auguste** / 1214

Sunnisme et chiisme

Lorsqu'il fallut choisir un 4e successeur à Mahomet, certains chefs musulmans refusèrent d'entériner l'élection d'Ali, cousin et gendre du Prophète. Des luttes intestines opposèrent donc ceux qui avaient choisi le parti d'Ali (*shî'a Ali*, d'où chiisme) et ceux qui, en soutenant le gouverneur de Syrie Mu'awiyya, pensaient respecter la tradition (*sunna*, d'où sunnisme) du Prophète. L'assassinat d'Ali en 661, le massacre des chiites à Kerbela en 680 ainsi que la victoire définitive des descendants de Mu'awiyya (Omeyyades) ne firent pas disparaître le chiisme. Bien au contraire : les Fatimides d'Afrique du Nord, qui se prétendaient les descendants d'Ali et de son épouse Fatima, s'emparèrent de l'Égypte au Xe siècle ; refusant les califes abbassides de Bagdad, ils s'affirmaient les seuls *imams*, titre signifiant « celui qui guide » (la prière) et théoriquement réservé au calife. L'arrivée au pouvoir des Turcs Seldjoukides au milieu du Xe siècle entraîna un renouveau du sunnisme, dont Saladin se fit le héraut.

▼ L'armée de Saladin (miniature du XIVe siècle). Les succès de Saladin sont en partie dus à ses efforts pour faire taire les querelles afin de rassembler tous les musulmans dans l'idéal guerrier du djihad.

GENGIS KHAN

En quelques années, Gengis Khan réussit à conquérir un empire s'étendant du Pacifique à la Crimée. Unifiant les tribus mongoles, cet orphelin des steppes a semé la terreur dans toute l'Asie, avant que ses successeurs imposent la « paix mongole ».

▲ Les tribus turques massacrent les guerriers mongols à Argun-Kun. Selon la légende, seuls les ancêtres de Gengis Khan survécurent à la tuerie. Miniature indienne du XVe siècle.

◄ Le « fils du Loup bleu » fit trembler le monde, depuis l'Asie jusqu'à l'Europe. Si sa cruauté n'est pas imaginaire, Gengis Khan fut aussi un grand administrateur, pacificateur des steppes. Miniature du XIVe siècle.

TEMÜDJIN, L'ENFANT DE LA STEPPE

Gengis Khan est un pur produit de ce monde des steppes asiatiques qui avait déjà donné de nombreux conquérants comme les Huns. Plusieurs peuples y vivent en nomades, qui se combattent constamment et parmi lesquels les Mongols ne sont pas les plus puissants. Depuis la haute vallée de l'Amour, ils se sont progressivement déplacés vers le sud-ouest, autour du fleuve Onon. C'est là, probablement en 1155, que vient au monde Temüdjin.

Son père, Yesügei, chef d'un clan de la tribu des Bordjigin, a enlevé sa mère, Hö'elün, au Merkit qui l'avait pour femme. À son premier-né, il a donné le nom d'un chef ennemi qu'il venait de faire prisonnier : dans un monde où la plupart des bébés ne survivent pas, le premier nom venu fait l'affaire.

Mais Temüdjin passe le cap de la petite enfance, ainsi que trois de ses frères, deux demi-frères et une sœur, desquels il restera très proche. Solidarité d'autant plus nécessaire que Yesügeï meurt empoisonné par des Tatars, ennemis traditionnels des Mongols, tandis qu'il revenait de négocier le futur mariage de Temüdjin, qui n'est encore âgé que de neuf ans. Commencent alors des années sombres dans lesquelles on ne distingue pas toujours l'histoire de la légende. Le clan a abandonné la famille de son ancien chef, et Hö'elün se retrouve isolée dans la steppe avec ses enfants et ceux de la concubine de son défunt mari. Cette vie rude forge des caractères terribles : un jour, Temüdjin et son frère Djötchi-Qasar tuent froidement leur demi-frère Bekter, qui a volé le produit de leur chasse. Mais l'adversité scelle aussi des amitiés profondes, et Temüdjin rencontre alors ceux qui lui seront indéfectiblement fidèles, ses *anda*, « frères jurés » avec lesquels il a échangé le sang. Son intelligence et son charisme lui permettent de s'assurer des protections et d'épouser, vers 1181, Börte, la fille de chef à laquelle il avait été promis enfant : le fils de Yesügei a retrouvé son rang dans le monde mongol.

L'UNIFICATION DE LA MONGOLIE

La puissance de Temüdjin apparaît en plein jour lorsque sa jeune épouse est enlevée par des Merkits venus tardivement venger le rapt de Hö'elün. Aidé par Toghril, le puissant chef du peuple keraït, et par son *anda* Djamuqa, chef de la tribu des Djadjirat, il déclenche contre les Merkits sa première guerre et la gagne. Retrouvée, Börte lui donnera quatre fils – Djötchi, Djaghataï, Ögödeï, et Tului – qui, plus tard, étendront les conquêtes de leur père.

Les tribus mongoles s'agrègent peu à peu autour de celui dans lequel elles commencent à voir le *khan* (chef) qui, périodique-

Les peuples de la steppe

Divisés en plusieurs tribus, dont les Bordjigin de Gengis Khan, les Mongols sont entourés de plusieurs peuples mongolophones ou turcophones, avec lesquels les relations sont plus ou moins houleuses. À l'est, les Tatars sont leurs ennemis traditionnels et ce n'est pas sans colère que les Mongols se verront qualifiés de « Tartares ». Au sud-ouest, les Keraïts, chrétiens nestoriens, occupent le centre historique des grands empires des steppes. Au nord, les Merkits comptent des chrétiens et peut-être des musulmans ; plus loin encore au nord, les forêts sibériennes sont peuplées de chasseurs-cueilleurs comme les Kirghiz. À l'exception de ces derniers, tous partagent le mode de vie nomade des Mongols, centré sur la yourte et fondé sur l'élevage, notamment celui des équidés, qui permettent la fabrication du lait de jument fermenté *(qumis)*. Avec plus de 2 millions de chevaux, les steppes mongoles avaient largement de quoi fournir en montures les cavaliers que Gengis Khan lança à la conquête du monde.

ment, fait taire leurs dissensions pour les conduire vers des raids fertiles en butin. Le tour de Temüdjin vient en 1196, alors qu'il a déjà 41 ans. Officiellement reconnu khan par les autres chefs mongols, il prendra plus tard le nom de Gengis Khan, c'est-à-dire « khan océanique », pour évoquer l'immensité de son pouvoir.

En attendant, Gengis Khan installe les bases d'un État nomade centralisé. Il crée de nouvelles fonctions (grand palefrenier ou maître des charrettes), nomme son aristocratie, s'entoure d'une garde personnelle. Unis derrière leur chef, les Mongols peuvent désormais se lancer à l'assaut de la steppe entière. En 1202, Gengis Khan se rend maître de la Mongolie orientale en anéantissant définitivement les Tatars. Deux ans plus tard, c'est toute la Mongolie qui est soumise à Gengis Khan : les Merkits ou les Keraïts n'ont pu résister bien longtemps à celui qui n'hésite pas à éliminer, si besoin est, ses anciens amis.

C'est pour consacrer sa nouvelle puissance que Gengis Khan convoque en 1206 une assemblée solennelle des chefs mongols (*quriltai*) sur les rives de l'Onon. Par l'intermédiaire du grand chaman, Tengril, dieu-ciel des Mongols, déclare l'avoir « mis à la tête des peuples et des royaumes » et avoir fait de lui « le roi de la terre tout entière ». Fort de ce mandat céleste, Gengis Khan peut prendre possession du monde.

À la conquête du monde

Pour accomplir son destin, Gengis Khan prend toutefois la précaution de faire compiler un recueil de lois, le *yasaq*, instaurant l'implacable discipline militaire qui fera la force des Mongols : les tribus sont mêlées entre elles dans des unités de 10, 100, 1 000

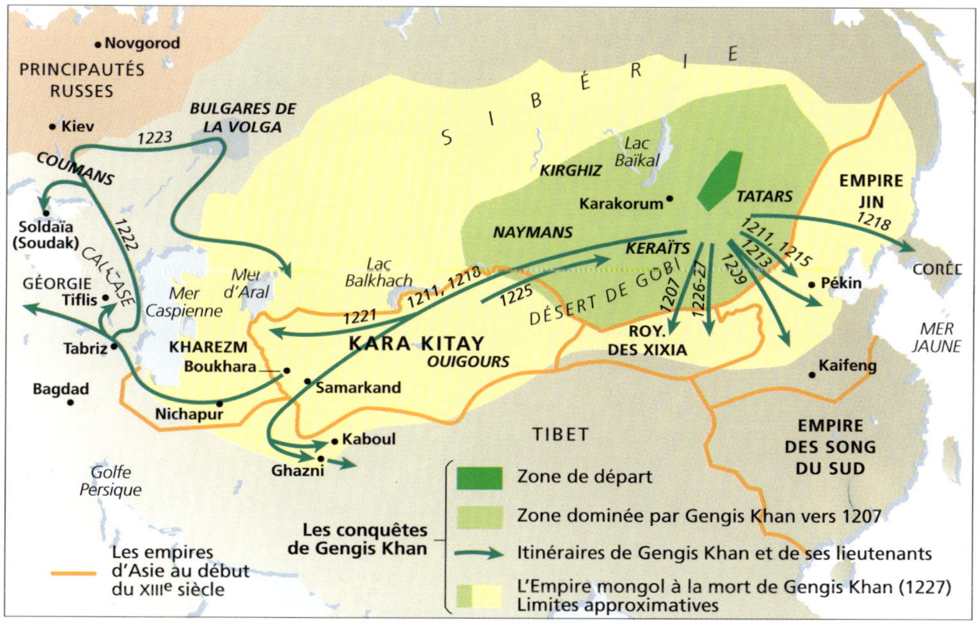

1206

Gengis Khan à la conquête du monde

Lors de l'assemblée des chefs mongols, Temüdjin prend le titre de Gengis Khan, le « khan océanique », et se voit confier la mission de conquérir un vaste empire.

Chronologie

Naissance de Temüdjin, futur Gengis Khan. **1155**

Mort de Yesügeï, père de Temüdjin. **1164**

Temüdjin épouse Börte. **1180**

Il est élu khan des Mongols. **1196**

Il défait les Tatars et domine toute la Mongolie orientale. **1202**

Il défait les différents peuples de Mongolie (Keraïts, Naymans et Merkits). **1203-1205**

Gengis Khan à la conquête du monde : début des campagnes contre les Tangut. **1206**

Soumission des Kirghiz et autres peuples forestiers. **1207**

Première campagne des Mongols en Chine. **1211**

Siège de Pékin. **1214**

Prise de Pékin. **1215**

Les Mongols envahissent la Corée. **1218**

Gengis Khan prend Boukhara et Samarkand. **1220**

Chute de Gurgendj, Tiflis et Merv ; Gengis Khan sur l'Indus. **1221**

Les Russes sont écrasés à la Kalka ; Gengis Khan reçoit un moine taoïste, Tch'ang Tch'ouen. **1222**

Écrasement des Bulgares. **1223**

Retour de Gengis Khan en Mongolie. **1225**

Campagne mongole contre les Tangut. **1226**

Mort de Gengis Khan. **1227**

▲ Les guerriers mongols s'emparent de la ville de Boukhara. Miniature indienne du XVIe siècle. Source importante de richesses, les cités étaient systématiquement pillées par les hordes de Gengis Khan.

Le chamanisme

Lors de l'assemblée qui intronise Gengis Khan, en 1206, le grand chaman Kökötchü joue le rôle fondamental d'interprète des volontés du Ciel. Dans tout le monde des steppes, les chamans sont révérés et craints : par la transe, ils peuvent communiquer avec les esprits qui peuplent le monde, retrouver aux Enfers les âmes des malades pour les faire revenir dans leurs corps et ainsi guérir ceux-ci. C'est dire que Gengis Khan prit un grand risque en autorisant ses frères humiliés par l'ambitieux Kökötchü à l'assassiner quelques mois après le grand *quriltaï*.

et 10 000 soldats. Chacun doit une obéissance servile à son chef, qui sanctionne impitoyablement la moindre erreur ; et, si un membre de l'unité déserte, les neuf autres sont exécutés.

C'est d'abord vers le sud et vers ses rivaux traditionnels que Gengis Khan se dirige. En 1206, il s'attaque au royaume tangut, puis en 1211 déclare la guerre à la Chine du Nord. L'affaire n'est pourtant pas facile, car la Grande Muraille protège l'empire Jin. En 1213, par la ruse, les Mongols la franchissent, et parviennent facilement devant Pékin. Mais que peuvent faire les nomades devant une ville, alors que l'été s'annonce étouffant ? Mongols et Chinois s'accordent donc pour conclure la paix. Provisoirement, car l'ébranlement suscité dans l'empire Jin par cette première invasion suscite, en 1215, le retour de Gengis Khan, qui, cette fois, met à sac Pékin et ravage le pays. Au moment où le pouvoir des Jin semble sur le point de tomber, Gengis Khan, plein de mépris pour ce pays de sédentaires qu'il voudrait bien transformer en un immense pâturage, pré-

◄ En 1206, Temüdjin est sacré « khan océanique » des tribus mongoles par l'assemblée des chefs de clan qu'il a soumis à son autorité. Miniature du XVe siècle.

fère retourner vers ses chères steppes, laissant sur place le général Muqali, qui dirigera désormais les opérations. Un autre général mongol, le fidèle Djelme, annexe de son côté la Mandchourie et impose tribut à la Corée. Mais Gengis Khan voit plus grand et, en 1219, c'est vers l'ouest qu'il se dirige, vers les richesses du Kharezm : le souverain de cet empire étendu de la Caspienne aux abords de l'Inde, et désormais voisin des Mongols, a fait exécuter un ambassadeur mongol. La campagne est brillante car Gengis Khan a tiré les enseignements de son aventure chinoise. Équipé d'armes de siège, aidé de techniciens du génie recrutés en Extrême-Orient, précédé par sa terrible réputation, Gengis Khan prend Boukhara, puis Samarkand. Il bénéficie de la masse des auxiliaires qu'il a commencé à recruter, il utilise des captifs déguisés en Mongols pour grossir ses troupes et encaisser les coups en première ligne. Préférant s'occuper de l'organisation de ces nouvelles provinces, le chef mongol laisse ses généraux Djebe et Sübödeï s'aventurer encore plus à l'ouest. En 1221, ils défont les Géorgiens, fine fleur de la chevalerie chrétienne, puis les Alains. Le 31 mai 1222, ils écrasent les Russes lors de la bataille de la Kalka, puis anéantissent les Bulgares de la Kama, qui s'opposaient à leur passage. L'empire que Gengis Khan a conquis en deux décennies est devenu immense.

Sanguinaire mais tolérant

Les massacres que l'on attribue aux Mongols font beaucoup pour leur succès en effrayant l'ennemi : à Merv, on raconte que

◄ Les guerriers mongols rattrapent les éléphants du roi de Birmanie (miniature du XVe siècle). Constituée uniquement de cavaliers, l'armée de Gengis Khan était particulièrement mobile et venait à bout des ennemis les plus puissants.

chacun d'entre eux dut tuer 3 000 à 4 000 personnes ; à la Kalka, les princes russes prisonniers sont placés sous des planches et foulés aux pieds, sauf Mstislav de Kiev, qui, eu égard à son rang, est enroulé dans un tapis avant d'être étranglé. La vie humaine pour Gengis Khan a moins de prix que la nécessité d'unir le monde sous son autorité, afin d'établir une paix enfin éternelle, la fameuse paix mongole.

La tradition mongole lui commande en revanche une grande tolérance religieuse. À chaque bataille, il s'efforce d'épargner les hommes du culte et les artisans, qu'on expatrie en masse vers l'Extrême-Orient. Gengis Khan se fait expliquer l'islam à Boukhara, le taoïsme par un moine qu'il convoque de Chine. Dans son empire, tous les cultes sont reconnus pourvu que l'on prie pour l'immortalité de sa personne.

C'est que ce froid calculateur a terriblement peur de mourir. On le voit chercher vainement quelque drogue lui accordant la vie éternelle, et sa vieillesse semble particulièrement tourmentée par la perspective de la mort. En 1227, alors qu'il mène une expédition punitive chez les Tangut, Gengis Khan tombe de cheval. Malgré la fièvre, il refuse de rebrousser chemin. Obstination fatale pour un homme de 72 ans, qui meurt après avoir choisi son fils Ögödeï pour lui succéder. Mais il a aussi ordonné qu'on venge sa mort et les Tangut sont massacrés, ainsi que toute personne croisant le cortège funéraire qui achemine sa dépouille jusqu'en Mongolie. Là, sur une hauteur près de l'Onon, non loin de l'endroit où il est né, le « khan océanique » est enseveli.

L'empire de Gengis Khan ne s'écroule pas à sa mort. Au contraire, ses descendants étendent leur domination sur l'ensemble de la Chine, le Tibet, le nord-est de l'Indochine, la Birmanie et le nord-ouest de l'Inde, et, de l'autre côté du monde, sur l'Iraq et la totalité des principautés russes. S'ils doivent se partager le pouvoir qu'exerçait leur seul père, ils continuent à faire régner une paix mongole qui se poursuit au XIIIe siècle.

▲ Gengis Khan à la chasse au faucon. Sur cette peinture chinoise, le roi des Mongols, dont les troupes ont déferlé au-delà de la Grande Muraille, est représenté sous les traits d'un souverain de l'empire du Milieu.

LES MONGOLS APRÈS GENGIS KHAN

Avant de mourir, Gengis Khan avait désigné comme Grand Khan son troisième fils, Ögödeï. Si l'assemblée des chefs mongols réunie en 1229 entérine ce choix, l'extension considérable des conquêtes a conduit à la mise en place de principautés quasi indépendantes (les *ulus*, ou « nations ») confiées aux autres fils ou aux petits-fils de Gengis Khan : ainsi, à l'extrême occident, les descendants de Djötchi détenaient un vaste *ulus*, qui allait plus tard donner naissance aux khanats de la Horde d'Or, de la Horde bleue et de la Horde blanche. La mort du Grand Khan Mongka, en 1259, marque un tournant : le centre de gravité du pouvoir suprême s'est déplacé vers la Chine et l'éloignement géographique disloque la solidarité entre les États issus de la conquête de Gengis Khan. Significativement, les souverains mongols adoptent la religion locale dominante : bouddhisme en Chine et islam en Iran, au grand désespoir des chrétiens, qui avaient vu dans les Mongols des alliés possibles contre les musulmans.

▲ Sous les murs de Quingohni, Gengis Khan trouve la mort, percé d'une flèche selon l'une des nombreuses légendes qui courent sur la fin du Grand Khan. Lors de ses funérailles, quarante vierges seront sacrifiées pour l'accompagner dans l'au-delà.

FRANÇOIS D'ASSISE

François d'Assise est le symbole de la modernité spirituelle du XIIIe siècle. L'impact de ce chantre de l'amour divin et de l'absolue pauvreté a été consacré par une canonisation exceptionnellement rapide.

◄ Le « pauvre d'Assise », en voulant retrouver le message originel du Christ, a engagé l'Église dans la voie de l'humilité et de la charité, qui n'est pas celle qu'elle a toujours empruntée.

UNE JEUNESSE DORÉE

Rien ne prédestinait François d'Assise à devenir le champion de la pauvreté. Son père, Pietro di Bernardone, est en effet un prospère marchand drapier qui exerce son activité à Assise, en Ombrie, région montagneuse d'Italie centrale intégrée au XIIIe siècle dans les États pontificaux. Comme ses confrères, Pietro fréquente assidûment les foires de Champagne, ce qui est peut-être à l'origine du nom, assez rare à l'époque, de Francesco (« le Français ») donné au futur saint.

Appartenant par sa famille à la bourgeoisie aisée (le *popolo grasso,* « peuple gras »), François côtoie les jeunes nobles de la ville, dans une confrérie de joyeux fêtards. Réagissant assez tôt contre les valeurs bourgeoises d'âpreté au gain et d'avarice, le jeune homme se montre fort dépensier, sous l'influence d'une éthique courtoise véhiculée en particulier par les poèmes, romans et chansons de geste en français et provençal, dont il se souviendra toute sa vie. Tenté par le métier des armes, il envisage de rejoindre un contingent pontifical, mais une maladie le contraint à renoncer à ce projet.

Saisi par le doute et le vague à l'âme, il décide de vivre une vie de pénitence. C'est le début d'une conversion où François va peu à peu trouver sa voie et prendre conscience de sa vocation.

LE « POVERELLO »

Se mettre au service de lépreux constitue une première victoire sur lui-même. Après que son père l'a accusé de dilapider ses biens en les distribuant aux pauvres, François renonce à toute richesse ; symboliquement, il se dépouille de ses vêtements et vient, nu, se placer sous la protection de l'évêque d'Assise : disant, selon ses propres mots, « adieu au monde », il devient un pénitent, laïque dévoué aux vertus chrétiennes que sont l'ascèse, la prière et la charité. En 1208, enfin, il a la révélation de sa vocation de prédicateur vivant dans le renoncement et la pauvreté extrême.

La réputation du *poverello* (« petit pauvre ») se répand rapidement dans tout l'Ombrie, et il est rejoint par quelques compagnons qui adoptent son mode de vie, tels les trois frères Ange, Rufin et Léon. Prêtres ou laïques, ils constituent la « fraternité des pénitents d'Assise », qui s'installe dans des cabanes de pierre sèche situées dans une plaine marécageuse à l'écart de la ville, puis dans l'église de la Portioncule. Loin de se cantonner dans l'isolement des ermites, François et ses compagnons prêchent l'Évangile dans toute l'Ombrie. Non sans hostilité de la part des fidèles, qui se méfient de ces « va-nu-pieds », ni de résistance de la part des autorités ecclésiastiques locales,

◄ Vue d'Assise. La basilique consacrée à saint François, décorée de fresques de Giotto et de Cimabue, fut gravement endommagée par un séisme en 1997 et immédiatement restaurée.

qui soupçonnent ces laïques d'hérésie. En 1209-1210, François va donc chercher à Rome l'approbation orale d'Innocent III à une règle qui n'est encore qu'une compilation d'extraits des Évangiles.

Le « jongleur de Dieu »

Les témoins s'accordent à reconnaître la nouveauté du propos et du genre de vie adoptés par François d'Assise. Certes, l'idéal d'une communauté apostolique n'est pas nouveau : des hérétiques comme les vaudois le partageaient ; mais François pousse à ses dernières conséquences le désir de suivre l'Évangile à la lettre et d'imiter le Christ, qui est accessible à tous. C'est pourquoi il prêche nu afin de faire comprendre aux habitants d'Assise l'opprobre que dut subir Jésus ; de même, il invente la crèche afin de rendre visible aux yeux des esprits simples l'humanité du Christ. Cet usage de l'émotion et du sensible est mis au service d'un message d'amour, amour pour les animaux comme pour les pauvres.
Pauvreté et humilité sont les valeurs cardinales des disciples de François qui bientôt se qualifient eux-mêmes de frères « mineurs », c'est-à-dire « tout petits », se mettant ainsi au niveau des pauvres auxquels ils s'adressent et auprès desquels ils exercent leur charité. Ces choix s'expriment d'abord dans leur costume, une tunique de bure non teinte avec une simple corde en guise de ceinture (en France, on les appellera pour cette raison « cordeliers »). Alors que les ordres monastiques du XIIe siècle (par exemple les Cisterciens) prônaient la pauvreté individuelle mais possédaient collectivement des biens importants, les Frères mineurs ne vivent que d'aumônes : avec les Frères prêcheurs, fondés à la même époque par saint Dominique, ils représentent un nouveau modèle de vie religieuse, celui des Frères mendiants.
Dans l'esprit de François d'Assise, il s'agit d'anéantir en soi l'esprit d'appropriation : un jour, il quitte brusquement sa cellule parce qu'un de ses frères lui en a parlé en disant « ta cellule ». D'autres épisodes rapportés par ses hagiographes manifestent une hostilité viscérale à l'égard de l'argent. Quoique cultivé, François est également méfiant envers les livres, objets de valeur qui donnent l'illusion du savoir, c'est-à-dire d'une puissance sur l'autre.

▲ Renonçant aux biens matériels, François rompt avec son père qui l'accuse de dilapider l'argent familial. Fresque de Giotto (détail : le père).

1208

François commence sa prédication

Ayant eu la révélation de sa vocation de prédicateur, il est rejoint par ses premiers compagnons dans la « fraternité des pénitents d'Assise ».

CHRONOLOGIE ◄

Naissance de Francesco di Bernardone, fils d'un marchand drapier d'Assise. **1181-1182**

Innocent III est élu pape. Assise devient une commune autonome. **1198**

François participe à la guerre entre Assise et Pérouse et est retenu prisonnier pendant quelques mois. **1202**

François tombe malade à Spolète alors qu'il cherche à rejoindre un contingent pontifical. **1205**

François pénitent. **1206-1208**

François commence sa prédication ; il est rejoint par ses premiers compagnons dans la « fraternité des pénitents d'Assise ». **1208**

Innocent III approuve la communauté de François installée à la Portioncule. **1209-1210**

Claire d'Assise rejoint la communauté de François. **1212**

Saint Dominique crée l'ordre des Frères prêcheurs. Concile de Latran IV. **1215**

Chapitre général de la Portioncule qui décide l'envoi de frères mineurs au nord des Alpes et outre-mer. **1217**

François se rend en Égypte où il cherche à nouer un dialogue religieux avec les musulmans. **1219**

Première règle de l'ordre des Frères mineurs. **1221**

Seconde règle de l'ordre des Frères mineurs. **1223**

François reçoit les stigmates de la Passion à l'ermitage de l'Alverne, au nord d'Arezzo. **1224**

Testament de François. Mort de François d'Assise à la Portioncule. **1226**

Message dérangeant, car il va à contre-courant des grandes tendances intellectuelles et économiques d'un temps où la croissance des échanges s'accentue et où naissent les universités. François se présente lui-même comme un fou, un simple d'esprit, et prône un mode de vie que l'on a pu présenter comme « alternatif » : proche de la nature, le saint parle aux oiseaux et rêve d'une fraternité universelle. Cette folie ne pouvait que se heurter rapidement aux réalités et, puisque François prêchait l'obéissance aux institutions ecclésiastiques, sa fondation devait fatalement être récupérée.

Les tourments d'un chef d'ordre

François d'Assise va finalement se trouver entraîné à fonder un véritable ordre, structuré, muni de règles et inscrit dans le cadre de l'Église. Son succès est en effet considérable. En 1212, François est rejoint par une jeune noble d'Assise, Claire, qui s'est enfuie de chez elle et réunit autour d'elle les « Pauvres Dames », plus tard appelées Clarisses. En 1217, un chapitre général de l'ordre décide de porter la bonne parole hors d'Italie, ce qui est rapidement fait : des couvents franciscains s'installent ainsi dans les villes d'Angleterre, de France, d'Allemagne et de Hongrie, et des frères partent en mission jusqu'au Maroc, où ils sont martyrisés. François lui-même rejoint la 5e croisade en Égypte ; se désolidarisant des violences qui suivent la prise de Damiette par les croisés, il s'avance avec un seul compagnon vers les lignes musulmanes et parvient à s'entretenir avec le sultan Malek-al-Kamil.

À son retour en Italie, il prend conscience des tensions et des discussions que le succès a fait naître dans un ordre encore peu organisé. Se plaçant sous la protection d'un puissant cardinal, Ugolino di Segni, futur pape sous le nom de Grégoire IX, François fait composer en 1221 une véritable règle, qui doit être entièrement réécrite en 1223 à la demande de la papauté.

François sent de plus en plus sa création lui échapper : l'ordre compte déjà plus de 1 000 frères, qui contrastent vivement avec la petite communauté de départ. Au lieu d'édifier et de convertir par l'action et le témoignage, les Frères mineurs sont de plus en plus utilisés pour convaincre et polémiquer : masse de manœuvre de la papauté pour reconquérir les âmes gagnées à l'hérésie, ils deviennent des intellectuels et des clercs, renonçant aux aspects les plus extrêmes de la vie apostolique. Mal vécue par François, cette déviation sera la base d'un conflit récurrent dans l'ordre franciscain, entre les tenants des idéaux de départ (ou « spirituels ») et les partisans d'un certain pragmatisme.

Un saint récupéré

Malade des yeux depuis son séjour en Orient, François laisse le gouvernement de l'ordre à d'autres et se retire dans des ermi-

Saint Dominique et les dominicains

Contrairement à François d'Assise, le Castillan Dominique de Guzman est d'origine noble. Chanoine très cultivé, il inscrit, dès le départ, son action dans les structures de l'Église. La communauté de prédicateurs qu'il fonde à Toulouse en 1215 est destinée à contrer le succès des cathares, ce qui explique le choix de la pauvreté. Muni d'une règle de vie immédiatement approuvée par le concile de Latran IV, l'ordre des Frères prêcheurs se donne très tôt une orientation intellectuelle nécessaire à la formation des prédicateurs. Dès 1217, les premiers disciples de saint Dominique s'installent à Paris, dans le couvent de la rue Saint-Jacques (d'où leur surnom de « jacobins »), et suivent les cours de l'université, où plus tard enseigneront de grands théologiens dominicains comme Albert le Grand et Thomas d'Aquin. En concurrence avec les franciscains, les dominicains assument les trois fonctions fondamentales des Frères mendiants : la prédication, la confession et... l'inquisition.

▲ Le pape Innocent III approuve en 1210 la confrérie des Frères mineurs de François d'Assise. L'ordre franciscain sera de nouveau approuvé en 1223 par Honorius III avant d'être déclaré hérétique le siècle suivant. Fresque de Giotto.

◄ Dominique de Guzman ordonne la destruction des livres des albigeois. Dans la répression des hérétiques, les dominicains furent les plus zélés serviteurs de l'Inquisition.

INNOCENT III

Le premier pape théocratique

De 1198 à 1216, le pape Innocent III impulse le tournant pastoral de l'Église latine : il favorise les nouvelles expressions religieuses (comme les ordres mendiants), conduit la lutte contre l'hérésie cathare, protège les premières universités et convoque le concile de Latran IV (1215) qui renforce l'encadrement des fidèles. S'il ne peut éviter les dérives de la 4e croisade, Innocent III, en premier grand pape théocratique, se pose en interlocuteur des grands de ce monde, facilitant l'élection impériale d'Otton IV puis de Frédéric II et faisant du roi d'Angleterre son vassal.

tages où il vit une existence d'ascète de plus en plus rigoureuse. En 1224, sur l'Alverne, près d'Arezzo, il reçoit les stigmates de la Passion, c'est-à-dire qu'il présente dans sa chair les plaies du Christ sur la croix.

Tout en s'acheminant vers la sainteté, François écrit beaucoup dans les dernières années de sa vie. Le *Cantique de frère Soleil*, une des pièces majeures de la poésie italienne, célèbre le Dieu créateur. Surtout, il dicte le *Testament,* où il rappelle les idéaux originels et le sens de son expérience religieuse, alors qu'on l'a ramené à Assise dans un état désespéré et totalement aveugle. C'est là qu'il meurt, le 3 octobre 1226.

Deux ans après sa mort, Grégoire IX, qui fut le protecteur constant des Frères mineurs, prononce sa canonisation. Le corps du saint est ensuite transporté dans la toute nouvelle basilique que l'on a entrepris de construire à Assise, et qui deviendra l'un des plus grands chantiers picturaux du XIIIe siècle avec les splendides fresques de Giotto et Cimabue. Vers 1230, l'ordre franciscain compte près de 3 000 membres. Dans cet ordre récupéré par la papauté, le souvenir de saint François est entretenu par des vies successives qui tendent à en banaliser l'image. Enjeu dans les vifs débats qui agitent les franciscains jusqu'au XIVe siècle, son message reste très actuel.

▲ De toutes les légendes sur François d'Assise, celle du saint parlant aux oiseaux est la plus célèbre. Elle témoigne d'une spiritualité qui met en avant un retour à la simplicité originelle. Fresque de Giotto.

Les *Vies* de saint François

Toutes écrites après la canonisation de François d'Assise, ses biographies présentent des images fort divergentes du saint. La vie du fondateur constituait un enjeu dans les débats qui agitèrent rapidement l'ordre des Frères mineurs. C'est pourquoi le ministre général des franciscains, saint Bonaventure, imposa en 1266 une version officielle, la *Legenda major*, et fit détruire les Vies antérieures écrites par Thomas de Celano dans les années 1230 et 1240. Heureusement, des traces ont été conservées des souvenirs que les trois premiers compagnons de saint François, Léon, Ange et Rufin, avaient consignés par écrit après 1244 pour rétablir la vérité sur le message de celui qu'ils avaient aimé et suivi. Enfin, au XIVe siècle, des traditions populaires locales furent transcrites dans les *Fioretti,* et les spirituels proposèrent à leur tour, dans le *Miroir de Perfection*, la vision d'un François charismatique et persécuté par l'Église officielle.

PHILIPPE AUGUSTE

Philippe II de France, dont la prudence et l'intelligence se révèlent à Bouvines, a renforcé de manière décisive la monarchie capétienne : l'extension du domaine royal ne lui vaut-elle pas le surnom d'« Auguste », l'« Augmenteur » ?

▲ Sceau de Philippe Auguste. En soumettant les grands féodaux, en imposant l'autorité royale, le « roi chanceux » allait durablement affermir la puissance capétienne au long d'un règne de quarante-trois ans.

Le roi qui conduit ses troupes dans la mêlée de Bouvines, au matin du 27 juillet 1214, a déjà près de 50 ans. Voilà trente-cinq ans qu'il occupe le trône de France. Il a su attendre son heure. Les débuts du règne ont été difficiles pour Philippe II, malmené par les revirements et la morgue du pape Innocent III, forcé de reculer devant la puissance de Richard Cœur de Lion. Patiemment, par le mariage, par la ruse ou bien par la force, le roi a augmenté les terres et les droits qui lui appartiennent en propre (le domaine). Il a su profiter de la faiblesse de Jean sans Terre, le dernier fils de ce vieil ennemi des Capétiens qu'était Henri II Plantagenêt. Bouvines est son apothéose. D'un coup, en un seul dimanche, se dénoue l'écheveau des intrigues et des alliances qui s'étaient formées dans toute l'Europe pendant les dernières décennies. Tout de suite, Philippe Auguste exploite la victoire qui lui donne une fin de règne apaisée et brillante.

DIEUDONNÉ

Philippe est le fils longtemps désiré du roi de France Louis VII, qui n'a eu que des filles de ses deux premières épouses (dont Aliénor d'Aquitaine). Dit le Jeune, Louis VII ne l'est plus vraiment (il est né en 1120) lorsque enfin, en 1165, Adèle de Champagne lui donne un fils. Ce garçon tant attendu est surnommé affectueusement Dieudonné, sa naissance apparaissant comme un miracle voulu par Dieu.

À l'orée de la soixantaine, Louis VII prend la précaution de faire couronner roi Philippe, tout juste majeur (1179). La dynastie capétienne n'est pas encore assez forte pour ne pas craindre les successions difficiles. Mais Philippe parvient sans peine à monter sur le trône en 1180, une fois son père mort, hémiplégique. À 15 ans, le roi a déjà une épouse qui convient à son rang : Isabelle de Hainaut est une lointaine descendante de Charlemagne, comme l'était la mère de Philippe. Ce n'est sans doute pas un hasard, tant les Capétiens souhaitent à l'époque se rattacher au sang carolingien, pour affirmer la continuité d'une seule et même dynastie à la tête de la France.

Jeune, le roi Philippe est encore faible. Dans les premières années de son règne, il paraît soumis aux pressions contradictoires des clans qui dominent la cour : les Dreux autour de son oncle paternel Robert et les Champenois qui entourent sa mère Adèle. Cinq ans plus tard, il a gagné la partie : son mariage, déjà, fut un coup politique, peu goûté d'Adèle ; voilà maintenant que Philippe force à la paix les grands feudataires qui s'étaient alliés aux Champenois.

Mais le domaine royal est encore réduit pour l'essentiel à l'Île-de-France et Philippe dispose de faibles moyens face au puissant roi d'Angleterre Henri II Plantagenêt, qui

▲ Richard Cœur de Lion, roi d'Angleterre, prête serment d'allégeance à Philippe Auguste (miniature du XIVe siècle). Vassal redouté, le roi d'Angleterre sera un ennemi redoutable pour le Capétien.

tient toute la moitié ouest du royaume, de la Gascogne jusqu'à la Normandie. Il lui faut donc étendre son domaine.

AUGUSTE

Dès 1186, son biographe Rigord qualifie Philippe d'« Auguste » : il vient d'emporter la Picardie et le Vermandois. Il mérite aussi ce surnom parce qu'il est né au mois d'août (*augustus* en latin) et parce qu'il se veut l'égal de l'empereur : « le roi est empereur en son royaume », répéteront plus tard les juristes. Son mariage avec Isabelle de Hainaut lui a déjà procuré l'Artois. Au-delà, il y a les fiefs des Plantagenêts.

La mésentente entre Richard Cœur de Lion, devenu roi d'Angleterre en 1189, et son frère Jean sans Terre procure l'occasion rêvée. Revenu rapidement de la troisième croisade, Philippe profite de l'absence de Richard, qui combat encore en Terre sainte, pour envahir la Normandie, et il ne ménage pas son soutien aux velléités de révolte de Jean sans Terre. Mais le retour de Richard le met dans une position extrêmement difficile : à Fréteval, en 1194, il est surpris par les armées anglaises qui lui dérobent son trésor et ses archives. Seule la mort inopinée du roi-chevalier (1199) parvient à le sortir de ce mauvais pas.

À nouveau, la chance sourit à Philippe, *fortunatissimus* (« le très chanceux ») disent les sources du temps. Les maladresses de Jean sans Terre, qui enlève l'épouse promise à Hugues de Lusignan et assassine son neveu et compétiteur Arthur de Bretagne, fournissent à Philippe le prétexte pour prononcer le retrait des fiefs du Plantagenêt. Fort de quoi, il envahit la Normandie après la chute

L'AFFAIRE INGEBURGE

Veuf depuis trois ans d'Isabelle de Hainaut, Philippe Auguste épouse Ingeburge, sœur du roi Knut de Danemark, en 1193. Le lendemain de ses noces, il la renvoie sans explication. Répulsion physique ayant conduit à l'impuissance du roi, affirment ses conseillers. Ou bien plutôt colère devant le refus des Danois de l'aider contre l'ennemi anglais ? En tout cas, le roi trouve sans difficulté des évêques pour avaliser la répudiation et pour reconnaître son remariage avec Agnès de Méranie. Mais la résistance obstinée du pape Innocent III, qui ne voit là que bigamie, a raison de Philippe Auguste, qui rappelle finalement Ingeburge de son monastère pour l'enfermer au château d'Étampes. C'est seulement en 1213 que la seule reine légitime revient prendre sa place à la cour. Il est vrai qu'Agnès de Méranie est morte dès 1201 et que, depuis, une Arrageoise a donné à Philippe un bâtard, Pierre Charlot. L'affaire Ingeburge a été l'une des grandes occasions pour les hommes d'Église d'imposer leur conception du mariage à des aristocrates réticents.

1214

Bataille de Bouvines

Le dimanche 27 juillet, Philippe Auguste défait les armées du Saint Empire et de ses alliés, à Bouvines, perçue comme la première victoire nationale française.

CHRONOLOGIE

Naissance de Philippe, fils du roi Louis VII et d'Adèle de Champagne. **1165**

Louis VII fait sacrer Philippe de son vivant. **1179**

Philippe épouse Isabelle de Hainaut ; mort de Louis VII : début du règne de Philippe II. **1180**

Philippe Auguste acquiert Amiens et le Vermandois. **1185**

Philippe II et Richard Cœur de Lion partent pour la troisième croisade afin de reprendre Jérusalem à Saladin. **1190**

Philippe Auguste épouse puis répudie Ingeburge de Danemark ; en l'absence de son frère, Jean sans Terre fait hommage au roi de France pour les fiefs des Plantagenêts. **1193**

Philippe battu à Fréteval par Richard Cœur de Lion. **1194**

Mort de Richard Cœur de Lion ; Jean sans Terre roi d'Angleterre. **1199**

Innocent III jette l'interdit sur le royaume de France. **1200**

Conquête de la Normandie ; mort d'Aliénor d'Aquitaine. **1204**

Le pape Innocent III appelle à la croisade contre les albigeois. **1208**

Philippe Auguste reprend près de lui la reine Ingeburge ; défaite des Aragonais à Muret. **1213**

Naissance du petit-fils de Philippe Auguste, Louis, futur Saint Louis ; **batailles de Bouvines** et de La Roche-aux-Moines. **1214**

Louis, fils de Philippe Auguste, débarque en Angleterre. **1216**

Frédéric II, allié de Philippe Auguste, est couronné empereur. **1220**

Mort de Philippe Auguste. **1223**

Peu avant la bataille de Bouvines, les vassaux du roi prêtent serment (tableau d'Horace Vernet, 1827). La victoire de Bouvines est considérée comme celle d'une nation rangée derrière son roi, la première grande victoire française.

Naissance du mythe de Bouvines

À la fin du règne de Philippe Auguste, Guillaume le Breton entreprend d'écrire un poème épique tout à la gloire du roi, la *Philippide*. Le poète quasi officiel du règne y célèbre la supériorité des Français sur les grands vaincus de Bouvines, les « Teutons » d'Otton IV. Le retour des armées royales à Paris est décrit comme un moment exceptionnel de concorde nationale, où chacun « ressent avec la même ardeur la gloire d'une victoire commune à tous » et où le peuple communie dans l'amour du roi.

de la forteresse de Château-Gaillard (1204). La prise est d'importance : la Normandie est la perle de l'empire des Plantagenêts, une riche région agricole pourvue d'une administration efficace. Sur sa lancée, le roi de France pénètre dans le Maine, l'Anjou et le Poitou (1206). Les résultats paraissent considérables, d'autant qu'à la faveur de la croisade des albigeois, la monarchie a pris pied dans le sud du royaume : le baron Simon de Montfort, qui a conquis le comté de Toulouse, prête hommage à Philippe Auguste, et la bataille de Muret (1213) annihile toute influence du royaume d'Aragon au nord des Pyrénées. L'unité du royaume de France est en vue.

En même temps qu'il conquiert, Philippe Auguste organise. Il sait s'entourer de conseillers efficaces, clercs instruits et de petite naissance, qui lui doivent tout : frère Guérin, un hospitalier, est le plus écouté, tandis que le templier Haimard s'occupe des finances. L'administration d'un domaine considérablement augmenté est délicate : le roi choisit de laisser en place les institutions des Plantagenêts ; il les reprend même dans ses plus vieilles terres où baillis ou sénéchaux viennent coiffer les prévôts et les sergents. Paris, siège d'une administration qui s'étoffe, est l'objet de tous ses soins : Philippe favorise les premiers pas de l'université, en accordant aux maîtres et aux étudiants le statut de clerc, ce qui leur garantit des études sereines. Le roi dote également sa capitale de rues pavées et d'une muraille dont le Louvre est le verrou.

Le dimanche de Bouvines

La situation de Philippe Auguste reste encore fragile : il n'a pas les faveurs de la papauté depuis qu'il a répudié, pour des raisons obscures, sa seconde épouse Ingeburge de Danemark (1193). Intransigeant, le pape Innocent III a jeté, en 1200, l'interdit sur un royaume où les prêtres ne peuvent désormais plus administrer les sacrements, ni célébrer la messe, ni même enterrer les morts en terre chrétienne. Jean sans Terre a d'autre part réussi à rassembler contre Philippe une coalition impressionnante, comprenant de puissants vassaux du roi (le comte de Boulogne, Renaud de Dammartin, et celui de Flandre, Ferrand de Portugal) ainsi que l'empereur Otton IV de Brunswick, neveu de Jean sans Terre d'autant plus impliqué que Philippe Auguste soutient son rival Frédéric II ; le roi d'Angleterre a même réussi à amadouer le pape en acceptant de se déclarer son vassal.

La victoire de Bouvines anéantit brusquement cette coalition. Une fois de plus, Philippe a su saisir sa chance. Il a pris le risque de livrer une bataille, la première que lance

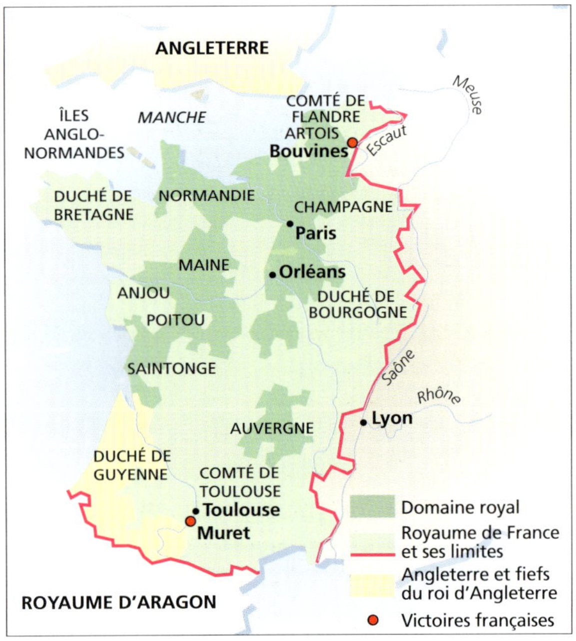

Philippe Auguste remet le privilège royal aux maîtres et aux étudiants (miniature du XIVe siècle). Dans Paris devenue véritablement capitale du royaume, les écoles se multiplient sous le règne d'un souverain attentif au rayonnement intellectuel du royaume.

un roi de France depuis la défaite de Brémule un siècle plus tôt. Et, de surcroît, un dimanche, jour où tout combat est prohibé par l'Église. C'est que le roi vient d'apprendre l'humiliation subie par les armées de Jean sans Terre à La Roche-aux-Moines (2 juillet 1214). Le succès est complet pour Philippe Auguste : Otton IV s'enfuit, les comtes de Flandre et de Boulogne sont faits prisonniers en même temps que des centaines de chevaliers, qui procureront de belles rançons.

Le roi de France

L'événement qu'est Bouvines connaît un grand retentissement. Même Ingeburge, la reine bafouée, le note en marge de son psautier. Ses conséquences politiques sont incalculables : Frédéric II l'emporte définitivement sur Otton IV et l'affaiblissement de Jean sans Terre conduit à la Grande Charte, c'est-à-dire aux premiers pas du Parlement anglais. Philippe Auguste devient un souverain incontournable, et c'est à lui que les barons anglais font appel contre leur roi : il déléguera son fils Louis pour débarquer en Angleterre (1215).

Le roi est l'objet d'un véritable culte de la personnalité. Rigord ne lui consacre pas moins de trois biographies de son vivant et l'un des historiographes royaux, Guillaume le Breton, dans une épopée intitulée la *Philippide,* fait de Philippe Auguste un nouvel Énée, en vertu des prétendues origines troyennes des Français. La victoire de Bouvines est donc un moment important de la fixation d'une conscience nationale, d'autant que Philippe Auguste est le premier souverain à porter le titre de roi de France et non plus des Francs.

Philippe Auguste meurt à 58 ans, âge respectable pour l'époque, assez puissant pour ne pas se sentir obligé de faire sacrer son fils de son vivant. Celui-ci poursuivra vers le sud la politique d'extension du domaine royal et c'est le petit-fils de Philippe Auguste, Saint Louis, qui fera du royaume de France la puissance européenne dont son aïeul avait jeté les bases.

► **Jean sans Terre** / 1215
► **Louis IX** / 1270

▲ Simon de Montfort s'empare de Carcassonne en 1209 (miniature du XVe siècle). Tombée aux mains du roi de France, la cité de l'Aude, puissamment fortifiée, deviendra la citadelle au sud du royaume.

La croisade des albigeois

Depuis le XIIe siècle, le sud-ouest du royaume est gagné par une hérésie d'origine orientale. Les cathares (d'un mot grec signifiant « purs ») professent le dualisme, doctrine selon laquelle le monde d'ici-bas a été créé par Satan, contrairement à l'au-delà, voulu par Dieu. Niant la résurrection des corps et refusant tout sacrement, ils forment une contre-Église soutenue par les autorités locales et très implantée autour d'Albi. La prédication des cisterciens ou de saint Dominique étant impuissante à éradiquer ce que l'Église considère comme une hérésie, Innocent III appelle à la croisade contre les albigeois (1208). Menée par un baron d'Île-de-France, Simon de Montfort, cette croisade ponctuée de massacres (sac de Béziers en 1209) affaiblit durablement les principautés du Midi, qui jusque-là échappaient à l'influence royale et qui perdent la protection du roi d'Aragon, battu à Muret (1213). La croisade aboutit en 1229 au démembrement du comté de Toulouse : pour la première fois, le domaine royal atteint la Méditerranée.

◄ Philippe Auguste assiste au supplice des hérétiques (miniature du XVe siècle). Selon ses historiographes, Philippe Auguste se fit le défenseur de la foi, persécutant les hérétiques et les Juifs.

Jean sans Terre

Roi maladroit et mal aimé, Jean sans Terre réussit à dilapider en quelques années un héritage considérable et à atteindre des sommets d'impopularité. C'est poussé par la nécessité qu'il a donné à l'Angleterre son premier texte constitutionnel, la Grande Charte.

◄ C'est malgré lui que Jean sans Terre dut se résoudre à octroyer la Grande Charte, permettant à l'Angleterre d'évoluer vers la monarchie constitutionnelle.

À bout de souffle

En 1215, à près de cinquante ans, le roi d'Angleterre Jean sans Terre paraît à bout de souffle. L'année précédente, ses alliés ont été écrasés à Bouvines par Philippe Auguste, tandis que ses propres armées étaient repoussées par celles de Louis, le fils du roi de France, à La Roche-aux-Moines, en Anjou. Ulcérés par les taxes considérables que le roi exige d'eux pour financer ces guerres malheureuses, les barons anglais l'ont obligé, dans la prairie de Runnymede près de Windsor, à accepter officiellement leur programme de réformes : c'est la Grande Charte.

Contraint et forcé, Jean sans Terre ouvre la voie à une monarchie contrôlée, dont l'Angleterre actuelle est la lointaine héritière. La Grande Charte clairement réactionnaire, puisque conservant les libertés féodales met cependant en place une commission de barons qui sera autorisée à faire des remontrances au roi et à donner son accord en cas de nouveaux impôts. De fait, un Parlement, instance où l'on délibère, s'imposera progressivement dans la vie politique anglaise du XIIIe siècle. C'était la touche finale à une véritable entreprise d'autodestruction, où un roi de hasards avait perdu, à force d'erreurs, une grande partie des gigantesques pouvoirs détenus par son père.

Un roi de hasards

Quatrième fils d'Henri II et d'Aliénor d'Aquitaine, Jean n'était pas promis au trône. Il dut même attendre pendant longtemps une part des vastes domaines dont son père disposait – d'où le surnom que lui a donné l'histoire. Victime – comme ses frères mais peut-être davantage qu'eux – de l'autoritarisme paternel, Jean sans Terre accumulait la rancœur que ne purent atténuer l'octroi tardif du gouvernement de l'Irlande (1185) et l'acquisition par mariage du comté de Gloucester.

La mort successive de tous ses frères (Henri le Jeune en 1183, Geoffroy en 1186, enfin Richard Cœur de Lion en 1199) ouvre inopinément au benjamin les portes du pouvoir. Pendant le règne de Richard, qui avait accédé au trône à la mort d'Henri II (1189), Jean avait déjà profité des absences répétées du roi, parti en croisade ou résidant sur le continent, pour tenter à plusieurs reprises de s'emparer du pouvoir, avec l'aide intéressée de Philippe Auguste. Déjà dissimulé et capricieux, il avait été trop longtemps écrasé par le prestige de ce frère, chevalier modèle adoré par Aliénor.

Devenu enfin roi d'Angleterre, Jean sans Terre se retrouve à la tête de territoires considérables. À la suite d'héritages et de son mariage avec Aliénor d'Aquitaine, son

1215

Grande Charte

Les barons anglais obligent Jean sans Terre à accepter la Grande Charte, qui ouvre la voie à la naissance du Parlement anglais et à une monarchie contrôlée.

▲ Château-Gaillard, dominant les méandres de la Seine, symbolisait la puissance de la Couronne d'Angleterre en Normandie. Une puissance battue en brèche sous le règne de Jean sans Terre.

père a en effet construit un véritable Empire Plantagenêt de part et d'autre de la Manche, qui couvre notamment la majorité du royaume de France. Henri II a légué également à ses fils un État efficace, en voie de centralisation et muni d'une administration financière sans égale en Europe, l'Échiquier.

D'erreurs en échecs

À peine sur le trône, Jean commence à accumuler les erreurs. Il décide de prendre pour épouse Isabelle d'Angoulême, déjà promise à Hugues de Lusignan, lequel s'en plaint à son seigneur, le roi Philippe Auguste. Jean ne s'étant pas présenté devant la cour de France, Philippe Auguste lui retire tous ses fiefs continentaux. La cruauté de Jean sans Terre se révèle au grand jour lorsqu'il étrangle de ses propres mains son neveu Arthur, comte de Bretagne et son seul compétiteur pour le trône. Ce meurtre entraîne une nouvelle riposte de Philippe Auguste qui, en 1204, s'empare de la Normandie, puis s'avance dans le Poitou ; l'Anjou se révolte bientôt contre Jean sans Terre, qui voit ainsi ses domaines continentaux s'amenuiser dangereusement.

À la suite d'un conflit concernant l'archevêché de Canterbury, il s'attire en outre l'inimitié du pape Innocent III, qui interdit de célébrer les sacrements dans toute l'Angleterre et favorise un projet de débarquement français. En 1213, Jean sans Terre est contraint à une piteuse reculade et doit se reconnaître le vassal du Saint-Siège.

C'est donc un roi très affaibli et déjà battu qui concède du bout des lèvres la Grande Charte. Mais Jean refuse obstinément d'appliquer ce texte qui diminue tant ses pouvoirs. Du coup, les barons font appel à Louis de France, qui envahit l'Angleterre. Jean sans Terre meurt en 1216, ce qui éloigne définitivement le danger français.

RICHARD CŒUR DE LION

L'archétype du chevalier courtois

La personnalité du troisième fils d'Henri II et d'Aliénor d'Aquitaine est à l'inverse de celle de Jean sans Terre : valeureux jusqu'à l'intrépidité, Richard est l'archétype du chevalier courtois, qui part pour la croisade où il défait Saladin, écrit des poèmes d'amour et meurt lors du siège de Châlus en 1199. Non sans naïveté parfois : de retour vers l'Angleterre, il est fait prisonnier par le duc d'Autriche et n'est libéré qu'après paiement d'une énorme rançon qui saigne son pays. Mais Richard Cœur de Lion a su s'appuyer sur l'administration léguée par son père et, malgré les manœuvres de Philippe Auguste, conserver les positions anglaises en Normandie, en faisant construire Château-Gaillard, forteresse jugée inexpugnable. Réputation que la maladresse de Jean sans Terre fera mentir...

▸ **Aliénor d'Aquitaine** / 1152
▸ **Philippe Auguste** / 1214

CHRONOLOGIE

Naissance de Jean, fils du roi d'Angleterre Henri II et d'Aliénor d'Aquitaine. **1167**

Mort d'Henri le Jeune, fils aîné du roi Henri II. **1183**

Mort de Geoffroy, deuxième fils d'Henri II. **1186**

Saladin reprend Jérusalem aux chrétiens. **1187**

Mort d'Henri II : Richard Cœur de Lion roi d'Angleterre. **1189**

Durant l'absence de Richard Cœur de Lion, parti en croisade, Jean sans Terre se révolte contre son autorité. **1190-1194**

Mort de Richard Cœur de Lion : Jean sans Terre devient roi. **1199**

Assassinat d'Arthur de Bretagne ; Philippe Auguste confisque les fiefs de Jean sans Terre dans le royaume de France. **1202**

Philippe Auguste s'empare de Château-Gaillard et de la Normandie ; mort d'Aliénor d'Aquitaine. **1204**

Innocent III met sous interdit le royaume d'Angleterre. **1208**

Début de la croisade des albigeois menée par Simon de Montfort. **1209**

Victoire des chrétiens espagnols à Las Navas de Tolosa. **1212**

Jean sans Terre se déclare le vassal du pape. **1213**

Batailles de Bouvines et de La Roche-aux-Moines. **1214**

Concile de Latran IV ; **Grande Charte.** **1215**

Louis de France envahit l'Angleterre ; mort de Jean sans Terre. **1216**

FRÉDÉRIC II
DE HOHENSTAUFEN

Frédéric II a fasciné ses contemporains, qui ont souvent vu en lui l'Antéchrist. Souverain très cultivé, il a tenté de construire un État fort en Italie, suscitant l'opposition virulente d'un autre pouvoir à vocation universelle, la papauté.

▲ Sceau en or de Frédéric II, 1232.

◄ Allemand par son père, normand par sa mère, roi de Sicile devenu empereur du Saint Empire, Frédéric II est un souverain trop puissant pour ne pas susciter une réaction de la papauté, qui ne veut rien perdre de son pouvoir.

L'ORPHELIN DE DEUX COURONNES

En 1250, Frédéric II de Hohenstaufen meurt en pleine gloire. Il a fini par récupérer les territoires qui lui avaient été ôtés de son héritage ; il a commencé à mettre au pas les villes d'Italie du Nord, et a établi aux postes de commande ses fils et ses fidèles. Contre toute attente, l'affrontement avec les puissants papes théocratiques ne lui a pas été fatal.

Dès sa naissance, en 1194, il semblait promis à une brillante destinée. Son père, l'empereur Henri VI, lui-même fils du grand souverain Hohenstaufen Frédéric Ier Barberousse, avait en effet épousé l'héritière du royaume normand de Sicile, Constance, réunissant ainsi en ses mains un territoire considérable qui comprenait, d'une part, toute l'Italie du Sud et, de l'autre, l'Italie du Nord, l'Allemagne et la Bourgogne. Au fils issu de cette union était donc destinée la double couronne, impériale et sicilienne : ne l'avait-on pas baptisé Frédéric-Roger, Frédéric comme son illustre grand-père, et Roger comme le fondateur du royaume normand de Sicile, Roger II ? Mais le décès, la même année 1197, de son père puis de sa mère prive le jeune Frédéric-Roger d'un héritage qu'il n'aura ensuite de cesse de récupérer. Les princes allemands appelés à donner un successeur à Henri VI se déchirent entre partisans de la famille des Hohenstaufen, dont le candidat est Philippe de Souabe (frère d'Henri VI), et ceux de la famille des ducs Welf de Bavière qui choisissent Otton IV de Brunswick : c'est le début de la rivalité entre guelfes (déformation de Welf) et gibelins (de Waiblingen, château des Hohenstaufen) dont les contrecoups ensanglanteront l'Italie durant tout le XIIIe siècle. En Sicile même, la cour se divise entre les compagnons allemands d'Henri VI conduits par Markward d'Annweiler et les fonctionnaires de l'administration normande rassemblés autour du chancelier Gautier de Paléar. De son côté, le pape Innocent III, qui a la tutelle du jeune prince mais craint que la réunion des deux couronnes n'encercle les territoires pontificaux, favorise les menées d'un aven-

1220

Frédéric II couronné empereur

Déjà roi de Sicile, il récupère tous les territoires composant son héritage et est désormais le plus puissant souverain d'Occident.

turier, Gautier de Brienne, qui se prétend l'héritier du dernier roi normand de Sicile. Les épreuves de l'enfance forgent la personnalité complexe du futur Frédéric II. Ballotté entre des clans opposés qui le prennent en otage, il est même emprisonné entre 1202 et 1206. Ce qui ne l'empêche nullement de recevoir une éducation exceptionnelle pour un prince de l'époque. Il parle plusieurs langues, dont le latin, le grec et l'arabe, manifeste une curiosité intellectuelle considérable, notamment en matière scientifique. Sans doute la situation particulière de la Sicile, multilingue et encore largement marquée par l'empreinte musulmane, a-t-elle favorisé cette culture syncrétique. Quoique né allemand, Frédéric-Roger est d'abord un Sicilien qui vit

▲ La mère de Frédéric II, Constance de Hauteville, est la fille du Normand Roger II, monté sur le trône de Sicile en 1130. C'est en 1061 que les Normands commencèrent la conquête de l'île.

constamment à Palerme : il ne se rendra en Allemagne que contraint et forcé, et sa politique restera avant tout méditerranéenne, même lorsqu'il sera à la tête de l'Empire.

L'IRRÉSISTIBLE ASCENSION

En 1208, à l'âge de quatorze ans, Frédéric-Roger accède à la majorité. Il épouse, par procuration, Constance d'Aragon et déclare immédiatement vouloir exercer le pouvoir en Sicile. En quelques années, il vient à bout des clans, mais le royaume est exsangue : les musulmans qui peuplent une partie de l'île ont pratiquement fait sécession et l'Italie du Sud a été envahie par Otton IV. La menace ottonienne est la grande chance de Frédéric : par un retournement d'alliance dont il est coutumier, Innocent III, qui voit désormais en lui un moindre mal, lui redonne son appui. En 1211, le pape favorise donc son élection comme roi des Romains, titre que porte l'empereur tant qu'il n'a

FRÉDÉRIC Ier BARBEROUSSE

Le défenseur de l'autorité impériale

À bien des égards, Frédéric Barberousse annonce son petit-fils Frédéric II. Né en 1122, issu de la puissante famille des ducs Hohenstaufen de Souabe, il a pour ennemi héréditaire le duc Welf de Bavière, Henri le Lion, qu'il dépossédera de son État au profit des Wittelsbach. Comme Frédéric II, il donne une grande importance aux affaires d'Italie, où il va chercher la couronne impériale en 1155, mais où il doit aussi affronter l'hostilité des grandes communes fédérées autour de Milan dans une première Ligue lombarde : après avoir réaffirmé avec hauteur les droits régaliens dont jouit l'empereur en Italie du Nord et du Centre (diète de Roncaglia, 1158), il est finalement contraint de reconnaître leur autonomie de fonctionnement (paix de Constance, 1183). Frédéric Barberousse s'affronte lui aussi aux papes auxquels il oppose de nombreux antipapes, créant un schisme d'une vingtaine d'années. Parti en croisade vers Jérusalem, le grand-père de Frédéric II meurt noyé dans une rivière d'Asie Mineure, en 1190.

◄ Frédéric Barberousse, empereur germanique, fut longtemps le symbole des espérances nationalistes des Allemands.

CHRONOLOGIE

Naissance à Palerme de Frédéric-Roger, futur Frédéric II. **1194**

Mort d'Henri VI, père de Frédéric, et de Constance, sa mère. **1197**

Innocent III élu pape. **1198**

Fin de la tutelle d'Innocent III sur Frédéric. **1208**

Frédéric épouse Constance, sœur du roi Pierre II d'Aragon. Otton IV de Brunswick couronné empereur. **1209**

Frédéric II élu roi des Romains. **1211**

Henri VII, fils de Frédéric II, couronné roi de Sicile. **1212**

Bulle d'Eger accordant d'importantes concessions aux princes allemands. **1213**

Mort d'Innocent III. **1216**

Frédéric II couronné empereur Henri VII élu roi des Romains. **1220**

Fondation de l'université de Naples. **1224**

Frédéric II épouse en secondes noces Isabelle de Brienne, héritière du royaume de Jérusalem. **1225**

Grégoire IX élu pape ; première excommunication de Frédéric II. **1227**

Croisade de Frédéric II (VIe croisade). **1228-1229**

Assises de Melfi : proclamation du *Liber Augustalis*. **1231**

Henri VII fait prisonnier par Frédéric II. **1235**

Seconde excommunication de Frédéric II. **1239**

Innocent IV élu pape. **1243**

Le concile de Lyon dépose Frédéric II. **1245**

Henri Raspe élu roi des Romains. **1246**

Guillaume de Hollande élu roi des Romains. **1248**

Mort de Frédéric II. **1250**

FRÉDÉRIC II

▲ Pape de 1216 à 1227, Honorius III fit sacrer Frédéric empereur, espérant s'allier un souverain dont les possessions italiennes menaçaient le Saint-Siège (miniature du XIIIe siècle).

pas été sacré à Rome. Celui qu'on appelle désormais Frédéric II apparaît ainsi comme l'empereur du pape. N'a-t-il pas promis d'émanciper son fils Henri, né en 1211, et couronné roi de Sicile l'année suivante, dès que lui-même aura été sacré par le pape ? D'autre part, pour gagner la faveur des électeurs allemands, il a dû leur consentir d'importantes concessions officialisées dans la bulle d'Eger en 1213. Frédéric sera-t-il un souverain faible ?

La mort d'Innocent III (1216) permet à Frédéric de ne pas tenir sa promesse. Le nouveau pape, Honorius III, ne s'oppose pas à ce qu'Henri, déjà roi de Sicile, soit à son tour élu roi des Romains, en 1220, et, la même année, il couronne enfin Frédéric II empereur. Ainsi se trouve réalisée la réunion des deux couronnes dont Henri VI avait rêvé pour Frédéric, qui est désormais le plus puissant souverain d'Occident.

LES NORMANDS EN ITALIE

Le royaume de Sicile, qui comprend à la fois l'île du même nom et le sud de la botte italienne (« terre ferme »), résulte de la conquête normande. Au début du XIe siècle, des aventuriers venus de Normandie s'implantent en Pouille et en Campanie. Profitant des rivalités incessantes qui opposent Byzantins et Lombards, ces mercenaires parviennent à se tailler des principautés, avant de se lancer à la conquête de la Sicile musulmane. Unifiées dans les mains de Roger II, les possessions normandes sont érigées en un royaume de Sicile que le Saint-Siège considère comme son vassal. Combinant avec habileté les legs des régimes précédents, les rois normands ont su maintenir une forte administration, où se côtoient le logothète d'origine byzantine et l'amiral (ou émir) des temps musulmans, et où les actes officiels sont établis en grec, en arabe et en latin. Ils entretiennent une cour fort brillante d'un point de vue culturel. Tous héritages dont saura profiter Frédéric II.

◄ L'aigle impériale, emblème des Hohenstaufen, deviendra celui de l'Allemagne. Mosaïque du plafond de la chambre de Roger de Sicile au palais des Normands de Palerme.

LE PLUS GRAND SOUVERAIN D'OCCIDENT

À la tête de territoires considérables, Frédéric II entreprend à partir de 1220 de consolider son pouvoir en Italie. Et d'abord dans la perle de ses possessions qu'est le royaume de Sicile. L'île est toujours un grenier à blé et, autour de la capitale, Palerme, qui avec ses 100 000 habitants est la plus grande ville de l'Europe chrétienne, la « Conque d'or » offre des produits assez inhabituels en Europe, comme la canne à sucre. En 1248, ce royaume prospère est en mesure de fournir en impôt à Frédéric II la somme impressionnante de 130 000 onces d'or (soit 2 722 kg). Tout en conservant les cadres de la puissante administration normande, Frédéric II entend bien faire de la Sicile un royaume-laboratoire, un avant-goût de ce qu'il rêve de réaliser à l'échelle de l'Italie tout entière, voire de l'Empire. Le *Liber augustalis* proclamé aux assises de Melfi (1231) renoue avec les grandes compilations législatives réalisées par les empereurs antiques : le prologue qualifie

▲ La cathédrale de Palerme. Commencée par les Normands, elle témoigne des multiples influences, occidentales et byzantines, qui firent la richesse de l'île.

d'ailleurs Frédéric de *megalos Basileus*, c'est-à-dire « très grand empereur » en grec. L'arc de triomphe qu'il fait construire à Capoue manifeste sa volonté de retrouver la tradition antique : il s'y fait représenter en cavalier, à l'instar des empereurs romains. Pour former les fonctionnaires rétribués et instruits dont il a besoin, Frédéric fonde en 1224 l'université de Naples, dont l'enseignement est orienté vers le droit et la rhétorique et dont les professeurs sont des membres de l'Administration.

Tout en se voulant un souverain chrétien, Fréderic II s'attache à maintenir la diversité ethnique et culturelle du royaume de Sicile. Le respect des communautés qui ne contestent pas sa souveraineté dicte sa politique à l'égard des musulmans de l'île, pour lesquels il crée une ville, Lucera, où ils vivent selon leurs lois ; reconnaissants, ses habitants accorderont toujours à Frédéric leur appui militaire. L'ouverture aux influences méditerranéennes est également économique. Frédéric essaie d'implanter de nouvelles cultures, comme l'indigo, et, avec le Maghreb et l'Égypte, les liens commerciaux et culturels sont constants. La cour de Palerme, où vivent et travaillent des intellectuels musulmans, juifs, provençaux, anglais, italiens, etc., est en effet un brillant foyer de culture. Frédéric II s'y entoure de l'astrologue Michel Scot, traducteur de nombreux textes arabes, et du mathématicien Leonardo Fibonacci, un des pères de l'algèbre européenne. Lui-même écrit un traité de fauconnerie et tâte de la poésie, dans laquelle s'illustrent aussi les premiers grands poètes italiens.

Mais les ambitions de Frédéric II dépassent de loin le royaume de Sicile. Dans le royaume d'Italie (nord et centre de la péninsule), il cherche à restaurer l'autorité impériale, qui s'était diluée dans la seconde moitié du XIIe siècle au profit des communes telles que Milan ou Florence ; il s'agit aussi d'assurer l'acheminement des troupes qu'il lève en Allemagne. En tant qu'empereur, il se veut le guide de la chrétienté, d'autant qu'il a épousé en secondes noces Isabelle de Brienne, héritière du royaume de Jérusalem. Reprenant à son compte et à sa manière l'idéal des croisades, il s'embarque en 1228 pour la Terre sainte où il obtient, grâce à une négociation avec le sultan d'Égypte, le retour de Jérusalem aux chrétiens. Se couronnant lui-même comme roi de Jérusalem, il se présente comme un nouveau David.

La montée des périls

La popularité de Frédéric II est à son comble, mais son interventionnisme tous azimuts a commencé à lui attirer des inimitiés. Le pape Grégoire IX, élu en 1227, est, en bon disciple d'Innocent III, un vigoureux partisan de la théocratie. Prenant prétexte des hésitations de Frédéric II à partir en croisade, il l'excommunie. En son absence, il soulève contre lui les villes d'Italie du Nord et s'empare d'une partie du sud de la

Frédéric II et les sciences

Selon le chroniqueur Salimbene, ce passionné de science qu'était Frédéric II procédait à des expériences qui scandalisèrent ses contemporains. Il ordonna ainsi à des nourrices de ne rien dire aux bébés qu'elles allaitaient afin de voir s'ils parleraient d'abord en hébreu, langue supposée d'Adam, ou bien en grec, latin ou arabe, ou encore dans leur langue maternelle ; mais tous les nourrissons moururent... Frédéric tenta aussi de comprendre la digestion en faisant disséquer un homme qu'on avait fait dormir après son repas et un autre qui était allé chasser.

▲ Frédéric II se couronne roi de Jérusalem. C'est sans combattre que l'empereur put récupérer la Ville sainte, Nazareth et Bethléem.

FRÉDÉRIC II

Frédéric II accorde à Asti les prérogatives d'une ville libre. Quoique prince allemand, c'est de l'Italie que l'empereur entreprit de faire son véritable fief. Pour cela il plaça la plupart des cités sous son autorité, n'accordant que de rares libertés.

péninsule. Cette première passe d'armes s'achève par la soumission de Frédéric (préliminaires de San Germano, 1230).

Mais les problèmes allemands prennent le relais. Considérant l'Allemagne comme une simple réserve de troupes pour ses campagnes italiennes et méditerranéennes, Frédéric II l'a d'abord confiée à des régents qui ont laissé toute latitude aux puissants princes territoriaux. Or, depuis 1228, c'est son fils, Henri VII, qui la gouverne en son nom et supporte mal de voir son pouvoir vidé de toute substance. L'affrontement entre père et fils devient inévitable, d'autant qu'Henri VII a fini par soutenir la Ligue lombarde, coalition des villes d'Italie du Nord contre Frédéric. Fait prisonnier en 1235, Henri VII mourra en captivité et Frédéric fera élire comme roi des Romains un autre de ses fils, Conrad IV.

Cherchant à protéger la Ligue lombarde, Grégoire IX a en outre très mal pris le titre de roi de Sardaigne que Frédéric a accordé à l'un de ses bâtards, Ezio : l'île est en effet sous l'autorité du Saint-Siège. Le pape excommunie une seconde fois l'empereur (1239), ce qui entraîne une lutte sans merci entre les deux pouvoirs.

LA LUTTE À MORT CONTRE LA PAPAUTÉ

Contre la papauté, Frédéric II utilise tous les moyens, militaires, politiques et idéologiques. Il fait occuper certains territoires pontificaux et gagne des alliances, en Toscane notamment, contre la Ligue lombarde. Les rivalités qui opposaient traditionnellement certaines cités italiennes (par exemple Sienne et Florence) et divers clans à l'intérieur des cités trouvent un nouveau terrain dans le conflit entre le pape et l'empereur : les guelfes sont désormais ceux qui soutiennent le premier, tandis que les partisans du second, qui attendent en retour des privilèges, se rassemblent dans le camp gibelin.

Ce conflit dépasse de loin les limites de l'Italie, les deux adversaires en appelant à la chrétienté tout entière chacun prétendant incarner la vérité. Présenté par la propagande pontificale comme l'Antéchrist annonçant la fin du monde, Frédéric II joue sur l'anticléricalisme et se plaît à souligner la nécessité de la pauvreté évangélique. Tout comme son ennemi, il utilise l'eschatologie mystique de Joachim de Flore, ermite calabrais qui avait prévu le passage à un nouvel âge du monde vers 1250. Enfin, l'empereur ne répugne pas aux pressions

Farinata, chef des gibelins de Florence, principal soutien de l'empereur dans sa lutte contre le Saint-Siège et les États pontificaux.

physiques : pour empêcher la tenue du concile convoqué en 1241 afin de le condamner, il s'empare ainsi d'une centaine de prélats qui se rendaient à Rome pour la circonstance.

La mort de Grégoire IX (1241) ne met pas fin au conflit, Innocent IV ayant intégralement repris son programme théocratique. Le concile de Lyon, en 1245, dépose donc Frédéric II et délie tous ses sujets de leur serment de fidélité. L'excommunication de l'empereur est étendue en 1248 à tous les membres de sa famille. Les princes ecclésiastiques allemands, qui entendent bien profiter de l'affaiblissement du pouvoir impérial pour l'abattre définitivement, élisent comme roi des Romains des princes de faible envergure : Henri Raspe, landgrave de Thuringe, puis, après la mort de celui-ci, Guillaume de Hollande.

Mais les Hohenstaufen disposent de solides bastions en Allemagne et, dans l'Italie du Nord et du Centre, Frédéric II, qui s'appuie sur des chefs de guerre et des administrateurs compétents, semble encore bien contrôler la situation.

L'Antéchrist

Chef des forces du Mal lors des troubles de la fin des temps, l'Antéchrist peut être aussi appelé Antichrist : non seulement il précède le retour du Christ (*ante* signifie « avant » en latin), mais, tyran persécuteur et fils du Diable, c'est l'adversaire et l'antithèse du Christ. Frédéric II est un bon candidat : Joachim de Flore annonce la venue de l'Antéchrist vers 1250 et certains écrits eschatologiques rappellent que l'abdication de l'empereur des Derniers Temps ouvrira l'ultime semaine du monde...

La survie des gibelins

La mort de Frédéric II en 1250 n'entraîne pas un effondrement immédiat de la brillante construction qu'il a réalisée : son bâtard Manfred, son fils Conrad IV puis son petit-fils Conradin entretiennent encore la réalité du pouvoir Hohenstaufen en Italie, avant que la conquête du royaume de Sicile par Charles d'Anjou ne le réduise à un souvenir. Ce souvenir est encore vivace à la fin du XIIIe siècle lorsque les Aragonais s'installent en Sicile et prennent le leadership du camp gibelin : l'héritier, auquel est destinée cette nouvelle possession, n'est-il pas précisément appelé Frédéric III ?

C'est donc en Italie que l'influence de Frédéric II se fera sentir le plus durablement. La mise sous tutelle des républiques communales accélérera le passage à un gouvernement personnel du prince. Les deux pouvoirs à vocation universelle que représentaient l'Empire et la papauté sortent affaiblis du conflit, surtout le premier : désormais le Saint Empire sera résolument allemand, et les destinées politiques de l'Allemagne et de l'Italie, liées depuis le Xe siècle, tendront à se dissocier.

La théocratie pontificale

Frédéric II a dû affronter d'actifs partisans de la théocratie, Innocent III, Grégoire IX et Innocent IV. Cette doctrine affirme la souveraineté de l'Église dans les affaires temporelles, c'est-à-dire politiques, souveraineté exercée par le pape, qui détient ainsi un pouvoir plénier. Fondée sur la conviction que tout pouvoir vient de Dieu et a pour but de faire régner la paix et la justice sur terre, la théocratie pontificale prétend que le pape peut intervenir contre un roi en raison de ses péchés : c'est au nom d'une interprétation assez large de la notion de péché que Frédéric II sera excommunié par deux fois. En tant que successeur de saint Pierre, le souverain pontife possède aussi le pouvoir des clefs, qui lui permet de lier et de délier qui que ce soit et quoi que ce soit, ce qui autorisera Innocent IV à déposer l'empereur. Victorieuse, la théocratie pontificale connaîtra son apogée à la fin du XIIIe siècle avec Boniface VIII.

▼ Représentés sur un relief de la chaire dans la cathédrale de Bitonto (Pouille), Frédéric II avec le sceptre, son fils Henri, sa seconde femme Isabelle et son fils Conrad IV.

THOMAS D'AQUIN

Professeur respecté et auteur infatigable, Thomas d'Aquin a cherché à concilier la foi des chrétiens et la raison d'Aristote dans une Somme théologique *qui symbolise la pensée rayonnante du XIIIe siècle et qui lui vaudra d'être considéré comme une référence fondamentale de la théologie chrétienne.*

◄ L'enseignement de Thomas d'Aquin, proclamé docteur de l'Église en 1923, reste aujourd'hui l'un des fondements de l'enseignement catholique. Le thomisme est depuis 1878 la philosophie officielle de l'Église.

UN BRILLANT DOMINICAIN

Né en 1225 dans la puissante famille des comtes d'Aquino (en Italie du Sud), Thomas est promis à une carrière cléricale : il est confié comme oblat au prestigieux monastère du Mont-Cassin, avec le projet de le faire élire plus tard abbé. Mais les démêlés de l'empereur Frédéric II, protecteur de sa famille, avec le pape obligent Thomas à quitter le monastère pour Naples (1239), où il suit les cours du couvent récemment fondé par les frères prêcheurs (dominicains) et commence à s'initier aux traités d'Aristote, fraîchement traduits.
Brillant élément, il est envoyé à Paris pour parfaire sa formation, bien que sa famille ait tenté de l'enlever en route. C'est à Paris, où se trouve alors la plus importante faculté de théologie de l'Occident chrétien, qu'il prononce ses vœux et devient membre de l'ordre dominicain (1244). C'est aussi à Paris que Thomas suit les cours du plus grand théologien du temps, Albert le Grand, qui en fait son bachelier biblique, c'est-à-dire son assistant, et l'emmène avec lui à Cologne. Revenu à Paris en 1252 pour s'y préparer au doctorat, Thomas tombe en pleine querelle entre séculiers et ordres mendiants : prenant le parti de ses frères dominicains, il y joue un rôle de premier plan, même si l'hostilité de ses adversaires retarde sa nomination à une chaire jusqu'en 1257. Son exceptionnelle stature intellectuelle est rapidement reconnue de ses contemporains, puisqu'en 1256, à un peu plus de trente ans, il obtient le diplôme universitaire le plus élevé, le doctorat en théologie, témoignant ainsi d'une précocité remarquable pour l'époque.

LE « DOCTEUR ANGÉLIQUE »

Dès ses premières années d'études, Thomas manifeste d'étonnantes capacités de travail et d'assimilation qu'il confirmera une fois devenu professeur titulaire. Ses fonctions d'enseignant en théologie le conduisent à commenter les autorités que sont la Bible et les *Livres des Sentences* de Pierre Lombard, à organiser des débats, ou « disputes », au moins une fois par semaine et, enfin, à prêcher. Ses cours attirent en très grand nombre les meilleurs étudiants.
Considéré comme un expert en matière de théologie et d'enseignement, il est chargé par les autorités dominicaines de réformer les études dans différents couvents italiens, dont celui de Naples où il avait suivi ses premiers cours. Le ministre général de l'ordre des Frères prêcheurs, Raymond de Peñaforte, lui demande d'écrire une apologie de la foi, la *Somme contre les gentils*. Mais c'est de sa propre initiative qu'il entreprend à partir de 1266 la *Somme théologique*, ouvrage qui entend fonder la théologie sur les bases rationnelles définies par Aristote et restaurer, en harmonie avec la foi, l'autonomie de la raison et de la nature. Organisée rigou-

1256

Thomas d'Aquin, docteur en théologie

Âgé d'un peu plus de trente ans, il obtient le plus haut diplôme universitaire. Très vite, sa stature intellectuelle exceptionnelle lui attire de nombreux étudiants.

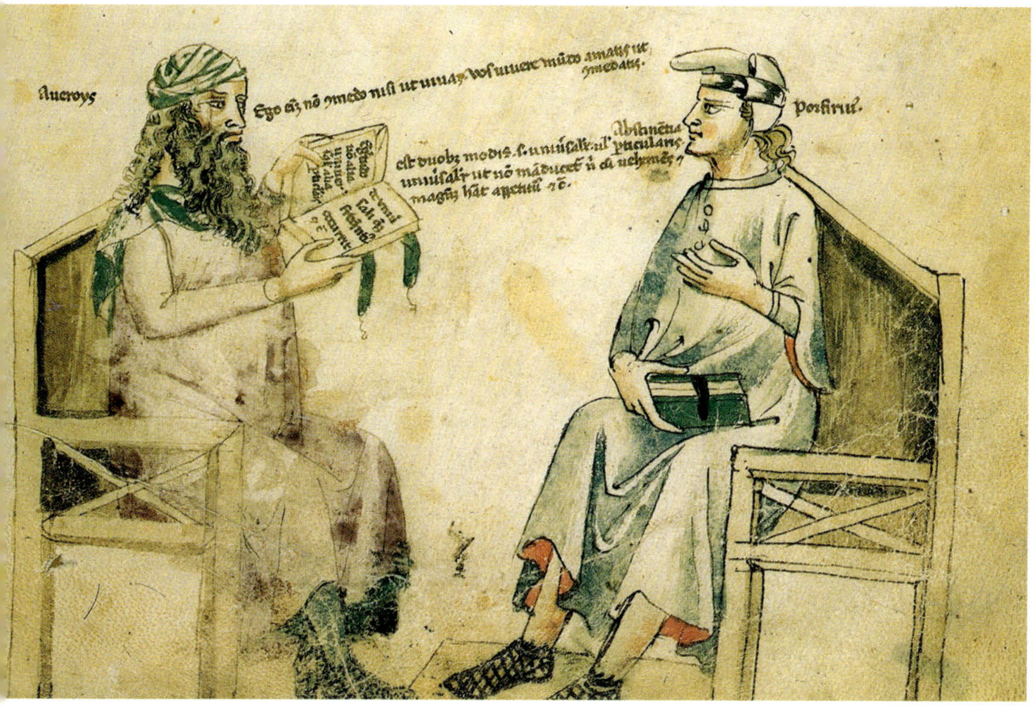

▲ Averroès s'entretient avec Porphyre (miniature du XIVe siècle). Le siècle de Thomas d'Aquin fut celui des controverses et des débats entre raison et foi, un débat alimenté par la redécouverte d'Aristote.

reusement en questions très argumentées, cette synthèse gigantesque occupe les dernières années de la vie de Thomas, qui est loin pourtant de se limiter à cette activité.

Un maître respecté mais critiqué

Alors qu'il enseigne de nouveau à Paris vers 1270, Thomas d'Aquin semble au sommet de sa productivité et de son prestige : le théologicien écrit entre 1269 et 1272 pas moins de 25 livres de 500 pages chacun. Mais il est âprement critiqué dans le cadre des querelles qui agitent alors l'université de Paris, les franciscains, autour de Bonaventure et de John Peckham, lui reprochant de faire la part trop belle à Aristote. C'est peut-être pour fuir cette atmosphère empoisonnée que Thomas repart en Italie, où il meurt en 1274, sur le chemin du concile de Lyon, à l'abbaye cistercienne de Fossanova.

Après sa mort, sa pensée est l'objet d'un conflit acharné, reflet du succès considérable qu'elle rencontre. En 1277, certaines de ses thèses, amalgamées à celles des « averroïstes », sont condamnées par l'évêque de Paris, Étienne Tempier, et, un an plus tard, les franciscains diffusent un *Correctoire* à la *Somme théologique*. Cela n'empêche pas les dominicains d'obtenir dès 1323 la canonisation de Thomas, qui restera l'un des rares cas de saint intellectuel au Moyen Âge.

► **Aristote** / 335 av. J.-C.

Averroès et l'averroïsme

Le médecin et philosophe musulman Ibn Rushd (1126-1198) est connu en Occident, sous le nom d'Averroès, comme le grand commentateur d'Aristote. Redonnant à l'œuvre aristotélicienne toute la rigueur qu'avaient quelque peu gommée les interprétations d'Avicenne, Averroès postule l'éternité du monde, qui s'oppose au dogme chrétien de la création. De même, il présente l'intellect comme une réalité indépendante de l'âme et du corps supposés disparaître en même temps que les individus. La diffusion des idées averroïstes au XIIIe siècle à la faculté des arts de Paris provoque la réaction des théologiens, au premier rang desquels Thomas d'Aquin. Ironie de l'histoire, parmi les thèses officiellement condamnées par l'évêque Étienne Tempier en 1277, un certain nombre étaient du « Docteur angélique » !

CHRONOLOGIE

Naissance de Thomas d'Aquin à Roccasecca, en Italie du Sud. **1225**

Seconde excommunication de Frédéric II ; Thomas est obligé de quitter le Mont-Cassin pour Naples afin d'y poursuivre ses études. **1239**

Il prononce ses vœux dans l'ordre des Frères prêcheurs (dominicains) à Paris. **1244**

Thomas suit Albert le Grand au *studium* (école) de Cologne comme bachelier biblique. **1248**

De retour à Paris comme bachelier sententiaire, Thomas est impliqué dans la querelle entre séculiers et mendiants. **1252**

Thomas d'Aquin, docteur en théologie ; il écrit le *Contra impugnantes* contre les maîtres séculiers de l'université de Paris. **1256**

Il est accepté dans le corps des régents (professeurs titulaires) en théologie de la faculté de Paris. **1257**

Somme contre les gentils. **1258-1564**

Le chapitre général de Valenciennes réorganise les études dans l'ordre dominicain ; Thomas est envoyé à Naples pour y développer le *studium* dominicain. **1259**

Début de la rédaction de la *Somme théologique*. **1266**

Thomas d'Aquin se rend à Viterbe, où il rencontre peut-être Guillaume de Moerbeke, grand traducteur d'Aristote. **1267**

Il exerce de nouveau à Paris. **1269-1272**

L'évêque Étienne Tempier condamne une première série de propositions averroïstes. **1270**

Thomas d'Aquin, victime d'une attaque, doit cesser toute activité. **1273**

Mort de Thomas d'Aquin à l'abbaye de Fossanova, en mars. **1274**

ALPHONSE X
DE CASTILLE

S'il ouvrit une période de troubles pour la Castille, le règne d'Alphonse X apparaît cependant comme un tournant culturel pour l'Occident : avec ce roi érudit et mécène, véritable fondateur du castillan, la priorité est désormais donnée aux langues nationales.

▲ Le sceau royal d'Alphonse X. Piètre conquérant, il fut un chevalier des lettres et insuffla en Espagne un véritable essor culturel.

UN MÉDIOCRE POLITIQUE ?

À son accession au trône, Alphonse bénéficie d'atouts non négligeables. Fils d'un roi qui a réuni les couronnes de León et de Castille, il hérite d'un territoire considérablement agrandi : la réintégration de l'Andalousie au monde chrétien a valu à son père Ferdinand III le surnom de « Saint », et Alphonse participe lui-même à la reconquête de la Murcie. Époux de Yolande, la fille du roi d'Aragon, beau-père du roi du Portugal et beau-frère de l'héritier d'Angleterre, il apparaît comme l'un des plus grands princes d'Occident.

Il lui semble donc logique de revendiquer la Couronne du Saint Empire romain germanique, d'autant que sa mère, Béatrice de Souabe, est une cousine germaine de Frédéric II. Depuis la mort de ce dernier, en 1250, le trône impérial est vacant. Lors de ce « Grand Interrègne », qui dure jusqu'en 1273, Alphonse X, malgré son élection comme roi des Romains en 1257, cherche en vain, pendant près de vingt ans, à se faire couronner empereur. Cet échec personnel est d'autant plus amer que beaucoup d'argent et d'énergie ont été consacrés au mirage impérial.

Or la Castille est confrontée, dans la seconde moitié du XIIIe siècle, à une récession de grande ampleur, contre laquelle Alphonse X tente d'impulser une véritable politique économique et monétaire, dont les résultats sont difficiles à évaluer. Mais les impôts qu'il fait lever pour financer ses rêves de grandeur sont mal perçus. D'autant que l'essoufflement de la Reconquista diminue les profits tirés du butin. Après la prise de Cadix et Niebla (1262), Alphonse X se heurte au royaume musulman de Grenade, dont il reporte la conquête. Si les bases de l'hégémonie castillane dans la péninsule sont désormais bien en place, les émirs de Grenade suscitent cependant des révoltes dans la population musulmane d'Andalousie et favorisent celle du fils d'Alphonse, Sanche. La fin du règne de celui-ci est en effet très agitée. L'héritier, Fernando de la Cerda, meurt en 1275, et le deuxième fils d'Alphonse, Sancho le Brave, refuse de se retirer devant son neveu et prend le pouvoir. Alphonse X meurt à Séville en 1284, isolé, soutenu par quelques villes seulement. La lutte pour le trône opposera ses descendants jusqu'en 1325.

▲ Pages enluminées des *Cantigas de Santa Maria* (XIIIe siècle) d'Alphonse X. Ce manuscrit est à l'image de l'impressionnante production littéraire que le roi poète suscita dans toute la péninsule.

La Reconquista

Depuis le milieu du XIe siècle, les chrétiens ont décidé de reprendre aux musulmans les vastes territoires qu'ils occupent dans la péninsule Ibérique. Menée en ordre dispersé par les rois locaux (Castille, Aragon, Portugal), la « Reconquête » reçoit le soutien de chevaliers étrangers qui voient dans cette entreprise une croisade contre les Infidèles. Après la victoire de Las Navas de Tolosa (1212), l'essentiel de l'Espagne redevient chrétienne. Mais, à la fin du XIIIe siècle, la Reconquista se ralentit, et ce n'est qu'en 1492 que le royaume musulman de Grenade disparaîtra, devant l'offensive des « Rois Catholiques », Isabelle de Castille et Ferdinand d'Aragon.

Le roi savant

La grande originalité d'Alphonse X est de faire systématiquement traduire ou rédiger les œuvres qu'il commande en langue vulgaire. De ce point de vue, il peut être considéré comme le véritable fondateur de la langue nationale, le castillan.
Cette entreprise de traduction menée par Alphonse X, qui n'est pas exempt d'intolérance envers les musulmans ni envers les Juifs, s'appuie sur les conditions particulières de la péninsule Ibérique, où coexistent des communautés de langue, de culture et de religion différentes. Celle-ci avait déjà donné naissance, au siècle précédent, à un grand mouvement de traductions depuis l'arabe ou le latin.

Le roi sage

Alphonse reçoit le surnom de « El Sabio », qui peut se traduire par « le Savant », à condition de comprendre que l'activité intellectuelle a pour finalité première l'exercice d'un bon gouvernement. Idée largement répandue depuis le XIIe siècle, à la suite de l'adage de Jean de Salisbury : « Un roi illettré est comme un âne couronné. »
La culture personnelle d'Alphonse X n'est certes pas mince : il rédige, entre autres, de très beaux poèmes à la Vierge Marie (les *Cantigas de Santa Maria*). Mais le souverain est surtout un mécène et un maître d'œuvre. Les réalisations qu'il favorise ainsi concernent particulièrement le droit, l'histoire et l'astrologie, qui apparaissent comme autant de moyens de gouvernement. Il incite à l'unification des coutumes locales (*fueros*) et fait procéder à la compilation des *Siete Partidas* (« Sept Parties »), qui rassemblent 2 500 lois, venant la plupart du droit romain. Quant à l'*Estoria de Espanna*, c'est une chronique universelle qui présente l'Espagne éternelle comme favorisée par Dieu, plaçant Alphonse dans la continuité des empereurs romains. Enfin, les *tables Alphonsines*, dont l'attribution est toutefois contestée, manifestent l'intérêt du roi pour l'astrologie. Améliorant les calculs de Ptolémée, elles donnent ainsi des résultats très précis, comme la division de l'année en 365 jours, 5 heures, 19 minutes et 16 secondes.

1263

Début de la publication des tables Alphonsines

Cet ouvrage d'astronomie aurait été rédigé par des savants juifs, musulmans et chrétiens sous le patronage d'Alphonse X.

CHRONOLOGIE

Naissance d'Alphonse, fils de Ferdinand III le Saint, roi de Castille, et de Béatrice de Souabe. **1221**

Ferdinand III s'empare de Cordoue. **1236**

Alphonse s'empare de la Murcie au nom de son père. **1243**

Mort de Frédéric II, empereur du Saint Empire romain germanique ; début du Grand Interrègne. **1250**

Alphonse X roi de Castille. **1252**

Alphonse X élu roi des Romains ; élection concurrente de Richard de Cornouailles, frère du roi d'Angleterre Henri III. **1257**

Rédaction de l'*Estoria de Espanna*. **1260-1270**

Reconquête de Cadix et Niebla par les chrétiens. **1262**

Début de la publication des tables Alphonsines. **1263**

Révolte des musulmans de Murcie et d'Andalousie contre le pouvoir castillan. **1264**

Début de la compilation des *Siete Partidas*. **1272**

Fin du Grand Interrègne : Rodolphe Ier de Habsbourg est élu empereur. **1273**

Mort du fils aîné d'Alphonse X, Fernando de la Cerda. **1275**

Alphonse X est renversé par son fils Sanche. **1282**

Mort d'Alphonse X. **1284**

Louis IX, dit Saint Louis

Exceptionnellement long, le règne de Louis IX fait de la France la principale puissance européenne. Mais les ambitions du roi sont tournées avant tout vers la croisade, pour laquelle il entend réformer son pays. Modèle de piété, le roi devient saint.

◄ Roi et saint, Louis IX a marqué son siècle en cultivant les vertus d'un grand souverain épris de justice. Mais sa grande piété l'incita à conduire deux croisades malheureuses. Miniature du XIVe siècle.

La maturation d'un prud'homme

Le 17 juillet 1270, le roi Louis IX débarque avec ses croisés à La Goulette près de Tunis. Depuis quarante-quatre ans qu'il règne sur la France, il a donné à ses fonctions et à son royaume un prestige inégalé : ami des papes, il est considéré comme un arbitre par les autres souverains européens. C'est la deuxième croisade pour ce roi dévot qui s'est attaché à réformer son pays pour le rendre plus chrétien et dont le genre de vie dépouillé traduit la quête de sainteté. Sa mort, de la dysenterie ou du typhus, le 25 août, couronne en quelque sorte cette aspiration : priant sans cesse Dieu et ses saints, rêvant de faire venir un prédicateur en Tunisie pour y convertir les infidèles, Louis rend l'âme sur un lit de cendres répandues en forme de croix et, dit-on, à l'heure même où Jésus mourut crucifié ; ce roi-Christ n'aurait-il pas murmuré, la veille de son décès, « Nous irons en Jérusalem » ? Louis, neuvième roi de France du nom, s'était trouvé très tôt investi du pouvoir. Il n'était pourtant que le troisième enfant de l'abondante progéniture que Blanche de Castille avait donnée au roi Louis VIII. Mais la mort de son frère aîné Philippe en 1218 en fait, à quatre ans, le successeur désigné de son père, qui accède au trône en 1223. Le décès prématuré de Louis VIII trois ans plus tard le propulse sur ce même trône. Âgé de neuf ans, Louis IX est mineur et c'est sa mère qui assure la régence.

Reine étrangère en un milieu hostile, Blanche de Castille a des relations très étroites avec son fils, qu'elle associe rapidement aux affaires du royaume. Il commencera à se libérer de cette tutelle en épousant Marguerite, fille du comte de Provence, en 1234. Mariage politique – il s'agit de renforcer l'orientation méditerranéenne de la France – qui ne peut être consommé immédiatement, car Marguerite a treize ans. Louis aura une passion ardente pour celle qui lui donnera onze enfants entre 1240 et 1260. Le roi

▲ Dans l'île de la Cité à Paris, Saint Louis fit bâtir de 1246 à 1248 la Sainte-Chapelle. Ce chef-d'œuvre de l'art gothique devait accueillir la couronne d'épines du Christ que le roi espérait ramener de Terre sainte.

est lui-même issu d'une famille nombreuse avec laquelle il lui faut compter : le testament de Louis VIII a donné à ses frères des apanages, vastes territoires qui échappent au domaine royal. Mais Louis IX saura garder ses frères sous son autorité. Aide précieuse pour un roi dont les premières années de règne se passent à guerroyer.

Le roi guerrier

La présence sur le trône d'un jeune garçon et la régence d'une femme suscitent les appétits de cet éternel agitateur qu'est le comte Thibaud de Champagne, qui se rebelle en 1227. Le Midi, que Louis VIII venait à peine de soumettre, reste instable, et le roi d'Angleterre Henri III entend bien revenir sur les confiscations que Philippe Auguste a opérées sur les domaines des Plantagenêts : il débarque même à Saint-Malo en 1230. Mais, avec l'aide de sa mère, Louis mène campagne en Bretagne, en Poitou, à Toulouse et contre le roi d'Angleterre. Au terme de son adolescence troublée, il est venu à bout de tous ses adversaires et a démontré la solidité de la puissance royale. Son physique délié – à trente ans, Louis est grand, mince, blond, avec une calvitie naissante – contraste avec un caractère plutôt dur, enclin aux emportements mais pétri du sens des responsabilités.

BLANCHE DE CASTILLE

La petite-fille d'Aliénor

À l'instar de sa grand-mère, Aliénor d'Aquitaine, Blanche de Castille fut une de ces fortes reines que les circonstances ont mises au premier rang des événements, un rang que leur déniait précisément la société médiévale. Épouse à douze ans de Louis de France, elle lui donna onze enfants, dont le futur Louis IX. Veuve à trente-huit ans, elle sut imposer sa régence aux grands du royaume d'abord rétifs qui préféraient suivre un bâtard de Philippe Auguste, Philippe Hurepel, et à une opinion publique qui la soupçonnait d'être infidèle à la mémoire de son défunt mari. Même lorsque Louis IX prend en mains les affaires du royaume, elle continue à le conseiller. Si elle apprécie peu sa belle-fille, Marguerite de Provence, c'est encore à Blanche de Castille, désormais âgée de soixante ans, que le roi fait appel pour gouverner la France durant son expédition en Terre sainte. Mais elle se contente en fait d'expédier les affaires courantes et ne sait pas faire face au mouvement populaire des pastoureaux. Louis IX ne reverra jamais sa mère, qui meurt en 1252.

▲ *Les Grandes Chroniques de France* (XIVe siècle) relatent la vie exemplaire de Louis IX. Dès sa naissance, le fils de Blanche de Castille est nimbé d'une auréole : le futur roi est déjà un modèle de chrétienté.

1270

Mort de Louis IX à Tunis

Le 25 août, lors de la huitième croisade, le roi de France meurt. Ainsi s'achève le règne d'un souverain particulièrement dévot, qui sera canonisé en 1297.

CHRONOLOGIE

Naissance de Louis IX. Philippe Auguste est victorieux à Bouvines.	**1214**
Mort de Philippe Auguste ; Louis VIII, roi de France.	**1223**
Mort de Louis VIII ; Louis IX, roi de France : Blanche de Castille assure la régence.	**1226**
Révoltes des barons.	**1227-1234**
Fin de la croisade contre les albigeois (cathares).	**1229**
Louis IX épouse Marguerite de Provence.	**1234**
Construction de la Sainte-Chapelle.	**1241-1248**
Louis IX bat les Anglais à Taillebourg. Révolte du comte Raimond VII de Toulouse.	**1242**
Prise de Jérusalem par les musulmans. Malade, Louis IX fait vœu de croisade.	**1244**
Louis IX commissionne des enquêtes sur les abus des agents royaux.	**1247**
Il quitte Aigues-Mortes pour la septième croisade.	**1248**
Prise de Damiette en Égypte.	**1249**
Défaite de Mansourah : Louis IX fait prisonnier.	**1250**
Mort de Blanche de Castille.	**1252**
Retour de Louis IX en France. Grande Ordonnance pour la réforme du royaume.	**1254**
Robert de Sorbon fonde un collège pour les étudiants en théologie.	**1257**
Traités de Corbeil et de Paris avec l'Aragon et l'Angleterre.	**1259**
Louis IX se croise à nouveau.	**1267**
Le port de la rouelle est imposé aux juifs de France.	**1269**
Mort de Louis IX à Tunis, le 25 août.	**1270**

LOUIS IX

Les Angevins de Naples

Fils posthume de Louis VIII, le bouillonnant Charles reçut l'apanage d'Anjou auquel il ajouta par mariage la Provence. La mort de Frédéric II ayant affaibli la puissance gibeline en Italie, Charles d'Anjou reçut l'appui du pape pour conquérir le royaume de Sicile et de Naples et prendre la tête du camp guelfe. Même amputé de la Sicile, que l'Aragon conquit en 1282, le royaume de Charles était riche et lui permit de soutenir ses ambitions méditerranéennes. Malgré de multiples vicissitudes, les Angevins se maintinrent en Italie du Sud jusqu'en 1443.

C'est en 1242, lors d'une bataille contre les armées anglaises, à Taillebourg en Saintonge, que Louis contracte la fièvre qui va le conduire au tournant de sa vie. Il s'en remet mal et la rechute est si grave que le roi fait vœu – au grand dam de son entourage – de se croiser s'il en réchappe.
Le désir de croisade arrive pourtant à point. L'année 1244 est celle où les « infidèles » pillent Jérusalem et exterminent une armée franque à La Forbie. Le vœu ne surprend pas venant d'un roi si pieux, qui n'avait pas reculé devant l'achat de la couronne d'épines du Christ à l'empereur Baudouin, et avait entrepris de construire pour cette insigne relique l'écrin de la Sainte Chapelle (1241-1248). Ainsi Louis IX avait-il montré la prééminence du roi capétien à la tête d'un peuple élu. Son intransigeance morale et religieuse s'était révélée lorsqu'il avait fait poursuivre les prostituées ou brûler les livres des juifs, le Talmud étant stigmatisé comme blasphématoire.

Le choc de la croisade

C'est avec un soin particulier que, de 1244 à 1249, Louis prépare son départ. S'il ne parvient pas à mobiliser les autres souverains chrétiens, au moins ses manœuvres diplomatiques assurent-elles à la France la paix durant le déroulement de l'expédition. Il confie le gouvernement à sa mère, entourée de conseillers expérimentés, et veut se mettre en paix avec sa conscience : d'où une grande enquête afin de recenser tous les abus des agents royaux, contre lesquels les sanctions sont impitoyables. Les enquêteurs en profitent pour obliger les prêteurs juifs à rendre leurs gages aux emprunteurs ou à les verser au profit de la croisade.
Autour du roi et de trois de ses frères, ainsi que de bon nombre de grands comtes, se réunissent environ 2 500 à 2 800 chevaliers, 10 000 fantassins et 5 000 écuyers ou valets d'armes. La plupart des chevaliers n'ayant pas les moyens de financer une si longue expédition, Louis fait appel aux villes et à l'Église, sous forme d'emprunts, dont la plupart ne seront jamais remboursés.
En 1248, cette armada peut enfin embarquer, depuis le tout nouveau port d'Aigues-Mortes. Après un séjour forcé à Chypre, la campagne débute vraiment en 1249. Le roi a choisi d'attaquer l'Égypte, dont le sultan Ayyub représente une sérieuse menace. Les croisés remportent un premier succès à Damiette (le 5 juin 1249), mais ne parviennent pas à s'emparer du Caire : bloqués devant la forteresse de la Mansourah en février 1250, ils sont mis en danger par un assaut intrépide de Robert d'Artois, frère du roi, qui y trouve la mort. Alors que des négociations s'engagent, le scorbut et la dysenterie se répandent dans l'armée française, la contraignant à une retraite précipitée. C'est alors que se produit le désastre : l'avant-garde est écrasée, les bateaux sont

▼ La septième croisade, dirigée par Saint Louis « pour péché abattre », débutait bien avec la prise de Damiette en Égypte. Mais la maladie et la supériorité militaire des Mamelouks allaient bientôt avoir raison des croisés.

▲ Faute de pouvoir embarquer à Marseille qui n'appartenait pas au royaume, Saint Louis fit bâtir la cité d'Aigues-Morte en 1241, où il rassembla l'armée croisée.

bloqués ou détruits et, surtout, l'arrière-garde est capturée. Y compris le roi et les siens. La rançon exigée ayant été rassemblée en un mois, Louis IX est vite libre. Mais il va rester sur place pendant cinq ans encore. C'est que le désastre a constitué un véritable choc pour le roi qui s'en attribue la responsabilité. Il a perdu un de ses frères, et il se préoccupe du sort des 12 000 prisonniers, du plus petit au plus grand, que les musulmans détiennent encore : cette attitude, associée à la force morale dont il fait alors preuve, joueront beaucoup pour sa réputation de sainteté. En attendant la libération du dernier de ses hommes, Louis visite les Lieux saints, ce qui renforce encore sa foi. Jouant habilement des querelles entre les chefs locaux, il obtient la restitution d'une partie du royaume de Jérusalem et des garanties sur la sécurité des royaumes francs. Il peut enfin quitter la Terre sainte le 25 avril 1254.

Le roi saint

Il était temps pour Louis IX de revenir en France. Déjà bouleversé par la Croisade des pastoureaux, le royaume a perdu son guide avec Blanche de Castille, morte en 1252. Profitant de la vacance du pouvoir, les agents locaux s'agitent et la rébellion des barons gascons attire à nouveau Henri III d'Angleterre sur le continent.

Mais, déjà, Louis voit plus loin. L'expérience de la défaite et de la captivité l'a convaincu qu'il fallait réformer profondément le gouvernement du royaume, que sa propre mission était d'établir la justice et la paix sur terre. Pour cela, ce roi qui ne répugnait pas aux plaisirs de la chasse, de la bonne chère et des beaux tissus se dépouille de tout luxe. Selon son biographe et confident Joinville, il bannit les fourrures précieuses au profit de vêtements bruns ou noirs et ne choisit jamais sa nourriture. Ce chrétien exemplaire pratique constamment la charité envers les pauvres, qu'il accueille dans son abbaye favorite de Royaumont. Ne reculant devant aucune pénitence, il entend ne pas se laisser aller au mal ou à la médiocrité : il fait donc preuve d'une totale maîtrise de lui-même, qui a beaucoup impressionné les contemporains.

La Croisade des pastoureaux

En 1251 se constitue à partir de la Flandre et de la Picardie une troupe de paysans et de bergers (« pastoureaux ») menée par un moine défroqué, dit « le maître de Hongrie », qui prétend aller délivrer le roi prisonnier en Égypte. Traversant les villes du Nord de la France, dont Paris, les pastoureaux dénoncent le clergé et s'attaquent aux juifs. Débordée, Blanche de Castille laisse faire. Mais les habitants de Bourges tuent le maître de Hongrie et cette étrange croisade se disperse.

▼ Saint Louis appliquait la justice avec une grande équité, mais il le faisait en roi chrétien. Les juifs et les hérétiques eurent à souffrir de sa piété qui n'acceptait aucune entrave à la foi.

LOUIS IX

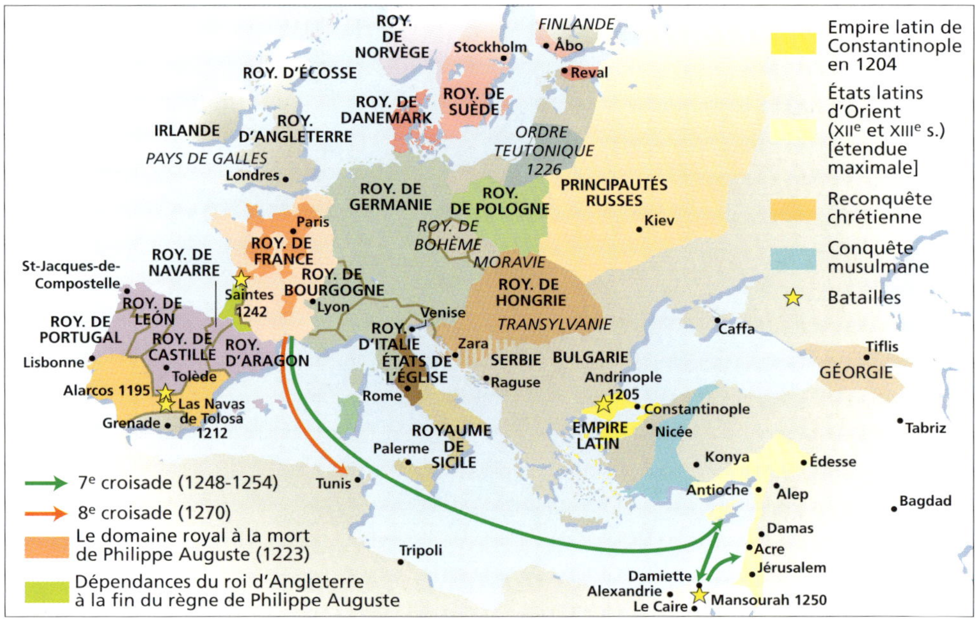

JEAN, SIRE DE JOINVILLE

Le biographe de Saint Louis

Jean, sire de Joinville, a dix-sept ans lorsqu'il rencontre pour la première fois Louis IX, de dix ans son aîné. Ce petit noble champenois ne quittera plus un roi qui le fascine : il est à ses côtés lorsque Louis se jette dans la mêlée de Taillebourg, il suit en Égypte le plus « beau chevalier » du monde ; il est encore là lorsque Louis va « s'asseoir au bois de Vincennes après sa messe et s'accote à un chêne », accueillant directement les requêtes de ses simples sujets. Seul le souci de préserver ses biens en France le dissuade d'aller encore une fois combattre les Sarrasins à Tunis. C'est à ce compagnon de tous les instants, à ce témoin exceptionnel désormais octogénaire que la reine Jeanne de Navarre demande de rédiger un « livre des saintes paroles et des bons faits de notre saint roi Louis ». Dans cette biographie, qui est largement aussi une autobiographie de Joinville, se révèle un roi qui n'était pas seulement un saint laïque, mais un homme complexe, dévot et rieur, colérique mais humble.

Persuadé d'œuvrer pour le bien de tous, ce « nouveau » Louis IX ne tolère aucun partage de son pouvoir, qui devient de plus en plus personnel. En revanche, il s'appuie de plus en plus sur les religieux, notamment les frères mendiants, pour qu'ils unissent leurs prières aux siennes, et s'entoure d'intellectuels éminents et respectés comme Robert de Sorbon et Vincent de Beauvais.

Le leader du monde chrétien

Le bon gouvernement passe avant tout par la justice. On connaît l'image de Louis IX rendant la justice sous son chêne à Vincennes. Elle est véridique, car le roi se pose en recours suprême pour les injustices commises par ses représentants, sur lesquels les contrôles s'alourdissent. Les tribunaux sont réunis plus régulièrement et intègrent désormais des juristes formés aux universités, qui font reculer les pratiques féodales : l'ordalie, ou « jugement de Dieu », est interdite et le duel judiciaire recule au profit de preuves rationnelles. Pour faire respecter ces nouvelles conceptions, Louis n'hésite pas, par exemple, à punir sévèrement le sire de Coucy qui avait fait pendre des chasseurs entrés sur ses terres. Traduisant mieux la volonté royale, l'administration locale est réorganisée par la Grande Ordonnance de 1254, premier texte législatif d'importance pour le royaume de France. Les officiers locaux, baillis ou sénéchaux, se voient interdire de recevoir des cadeaux ou bien de se marier et d'acquérir des biens immeubles dans leur circonscription. Ces délégués fidèles, qui peuvent d'autant moins s'enraciner sur place qu'ils sont régulièrement mutés, sont invités à mener une vie décente, sans blasphème, et à imposer aux juifs le port d'un signe distinctif de couleur vive, la rouelle. Car le royaume dont rêve Louis IX est purement chrétien.

On comprend que le roi désapprouve les guerres privées et tente de réglementer le

◄ Joinville remet au futur Louis X le Hutin son *Livre des saintes paroles et des bons faits de notre saint roi Louis.* Cette chronique constitue la première biographie de l'histoire de France.

port d'armes : la guerre entre chrétiens n'est pas tolérable. C'est pourquoi il cherche des solutions pacifiques aux litiges qui opposent depuis longtemps la France à l'Aragon et à l'Angleterre, quitte à perdre des terres. Par le traité de Paris, conclu en 1259, Henri III renonce ainsi à ses droits sur la Normandie, l'Anjou, la Touraine, le Maine et le Poitou, mais récupère ses biens dans le Sud-Ouest et se reconnaît comme vassal du roi de France pour toutes ses terres continentales. La même année, à Corbeil, Louis IX abandonne sa suzeraineté sur la marche d'Espagne et Jacques d'Aragon, ses prétentions au nord des Pyrénées : la frontière est désormais stable entre la France et les pays ibériques.

L'aura du roi de France est telle qu'il peut proposer ses arbitrages à l'Occident, à un moment où la mort de Frédéric II fait reculer l'influence impériale. C'est lui que les barons anglais en lutte contre Henri III, avec à leur tête Simon de Montfort, sollicitent. Leader de la chrétienté, Louis IX reçoit l'appui du pape Clément IV, qui est son ancien conseiller et qui favorise l'installation de son frère Charles d'Anjou sur le trône de Naples. Le roi de France n'approuve guère les ambitions de son plus jeune frère, mais il laisse faire. Il a d'autres soucis en tête.

L'éternel croisé

Louis n'a pas oublié la croisade. Tous ces efforts de purification sont destinés à mieux préparer le royaume et la chrétienté pour l'affrontement avec les musulmans. D'autant que les possessions franques de Terre sainte sont à nouveau menacées par les mamelouks. Devant l'incapacité du pape à organiser une nouvelle expédition, il décide en 1267 de se croiser pour susciter un mouvement de grande ampleur. En vain, car, à l'étranger comme en France, peu le suivent : même le fidèle Joinville ne s'engage pas. La population rechigne aux nouveaux impôts nécessités par ce que beaucoup voient comme une aventure inutile.

Sourd aux avertissements, Louis IX reçoit le bourdon (long bâton) et la bourse du pèlerin le 14 mars 1270. Sur le chemin d'Aigues-Mortes, il s'attarde au contact de ses sujets et n'embarque que le 1er juillet 1270, avec pour destination la Tunisie – l'Égypte ou la Syrie étant trop difficiles d'accès. Les résistances locales et surtout la dysenterie ont raison de cette huitième croisade. Louis IX a le temps de voir mourir son fils Jean Tristan avant de rendre l'âme à son tour. Dès lors, la débandade est complète : ravagées par l'épidémie, les troupes françaises doivent faire demi-tour, et la destruction par une tempête d'une partie de la flotte élimine la possibilité de repartir à la belle saison. C'est Édouard d'Angleterre qui, poursuivant seul, tire son épingle du jeu en obtenant de nouvelles trêves pour les colonies franques en Terre sainte.

Si l'échec final de Louis IX est patent, son prestige est plus grand que jamais. Dès 1297, il est canonisé, sous l'impulsion de son petit-fils Philippe IV le Bel : les Capétiens ont enfin obtenu leur saint. Saint Louis est élevé au rang de patron de la France. L'image que le « bon roi » a patiemment construite sa vie durant, relayée et amplifiée par la foule des biographes et des hagiographes, s'impose pour des siècles.

La canonisation de Louis IX

À peine le roi est-il mort que ses ossements et ses entrailles, disputés entre son fils Philippe et son frère Charles d'Anjou commencent à opérer des miracles. La renommée dont Louis disposait déjà de son vivant, ajoutée à la pression des ordres religieux qu'il a favorisés, incite la papauté à engager un procès de canonisation. D'autant que la puissante dynastie capétienne rêve depuis longtemps d'avoir son propre saint. Mais les choses traînent en longueur, à mesure que meurent les papes et les cardinaux chargés d'enquêter sur la vie et les mœurs du pieux roi. La situation se débloque brusquement avec l'avènement de Boniface VIII qui tient absolument à établir de bonnes relations avec le redoutable Philippe IV le Bel. En 1297, le pape proclame la canonisation de Saint Louis, dont la fête est fixée au 25 août, jour anniversaire de sa mort. Saint laïque dont les reliques provoquent l'afflux des pèlerins à Saint-Denis, Louis est donc aussi un saint politique dont la mémoire joue un rôle essentiel dans l'émergence de la nation France.

▼ Le roi d'Angleterre Henri III fait allégeance à Saint Louis. Pour faire cesser les guerres continuelles entre les deux nations, Louis IX préféra un accord amiable avec son puissant vassal.

MARCO POLO

C'est au XIVe siècle que commence à être diffusé le récit des voyages de Marco Polo. Connu sous de nombreux titres, il va largement contribuer à ouvrir l'Occident sur les mystères de l'Asie, grâce à un marchand au destin exceptionnel.

FILS DE MARCHAND ET D'EXPLORATEUR

Marco Polo a quinze ans lorsqu'il voit pour la première fois son père, Nicolo. Celui-ci revient d'un formidable périple : il rentre de Chine… L'histoire remonte à l'an 1254, quand Nicolo, laissant sa femme enceinte de Marco, quitte Venise pour Constantinople. Accompagné de son frère Maffeo, il rejoint l'établissement qu'y a fondé le frère aîné, Marco l'Ancien. La ville est un haut lieu de commerce, et les affaires y sont particulièrement prospères.
Ainsi, en 1260, lorsque les deux négociants partent vers Soudak, comptoir de Crimée riche en fourrures, ils ne peuvent se douter qu'ils partent pour un immense voyage. S'ils se décident à poursuivre leur chemin et à se rendre auprès de Berké, le chef mongol de la Horde d'Or, c'est afin de lui vendre des bijoux. On leur fait bon accueil, mais la route du retour est bientôt coupée par une guerre qui éclate entre Berké et un autre prince mongol, Hülegü. L'Orient reste cependant praticable, et les deux frères entament un difficile et incertain voyage, en espérant contourner les troubles. Ils passent la Volga, et cheminent pendant 17 jours dans des étendues désolées avant d'arriver dans la grande cité perse de Boukhara. Mais de nouveaux conflits entre princes mongols les bloquent sur place.
Ils sont à Boukhara depuis trois ans lorsqu'une ambassade du prince Hülegü en route pour la cour du Grand Khan Kubilay traverse la ville. Étonné d'y trouver les Vénitiens, son chef enjoint les deux hommes de les suivre, car Kubilay « n'a jamais vu aucun Latin et il a grand désir et volonté d'en voir ». Assurés de leur sécurité, Nicolo et Maffeo acceptent. En 1266, ils sont à Pékin, devant le Grand Khan. Kubilay n'est visiblement pas déçu à la vue des Vénitiens, et curieux des autres religions comme son aïeul Gengis Khan, il les charge d'un message au pape : qu'on lui envoie au plus vite cent hommes instruits dans la religion chrétienne et un peu d'huile de la lampe brûlant devant le Saint-Sépulcre. Ainsi mandatés, Nicolo et Maffeo chevauchent vers le pape. En 1269, ils sont à Acre, mais le pape est mort et leur interlocuteur, Tebaldo Visconti, leur conseille d'attendre l'élection d'un nouveau pontife. C'est l'occasion pour les voyageurs de rentrer à Venise, où Nicolo trouve sa femme morte et un fils adolescent, Marco.

◄ L'Orient fait rêver les Occidentaux ; un voyageur va donner corps à leurs rêves en leur faisant découvrir un monde méconnu.

À LA COUR DU GRAND KHAN

Le temps passe, et le nouveau pape n'est toujours pas élu. Les Polo, craignant l'impatience du Grand Khan, décident donc de

1271

Marco Polo part pour la Chine

En compagnie de son père et de son oncle, Nicolo et Maffeo, le jeune Marco quitte Venise pour rejoindre la cour du Grand Khan Kubilay.

repartir sans la délégation romaine vers la lointaine Chine. Cette fois, ils sont trois, car Marco est du voyage. Cette expédition n'est-elle pas la meilleure formation pour le jeune marchand ? Ils sont déjà à Laïas, en Petite Arménie, lorsqu'ils apprennent que les cardinaux ont porté leur choix sur... Tebaldo Visconti. Ils reviennent sur leurs pas pour se munir des cadeaux à l'attention du Khan et se voient confier non pas cent, mais deux frères prêcheurs, Nicolo de Vicence et Guillaume de Tripoli, peut-être les plus instruits, mais en tout cas pas les plus courageux : à l'annonce du premier danger, c'est à toutes jambes que les religieux prennent la fuite !

Restés seuls, les Polo mettent près de quatre ans pour traverser l'Asie, faisant fi de leur fatigue, des intempéries, des guerres. En mai 1275, ils parviennent enfin à Shantou, la résidence d'été de Kubilay. Une grande fête est donnée en leur honneur, et le Khan recueille avec soin l'huile sainte malgré l'absence des missionnaires promis. Les Polo resteront seize ans auprès du Khan.

Les trois hommes s'intègrent en effet au mieux dans l'administration mongole et dès 1277, Marco se voit confier une mission dans le Yunnan, au sud-ouest de la Chine. De même exerce-t-il pendant trois ans une fonction qui reste indéterminée, peut-être liée à l'administration de la gabelle, à Yangzhou, dans le Kiang-sou. Puis vient le temps des voyages plus lointains, car

▲ Planche de l'*Atlas catalan* d'Abraham Cresques (1375). Les commerçants européens préféraient la route terrestre vers la Chine pour éviter les taxes à acquitter auprès des musulmans dans les ports de Méditerranée.

Marco est envoyé en mission à Ceylan, peut-être en 1284, mais aussi au royaume de Champa, en Indochine, vers 1288.

Dans les geôles génoises

Le mal du pays se fait ressentir chez les Polo, qui voient par ailleurs avec inquiétude leur protecteur vieillir. Ils demandent donc à Kubilay l'autorisation de repartir, mais celui-ci, qui les tient en haute estime, se

◄ Les frères Polo arrivent à Ormuz (miniature du *Livre des merveilles*, XVe siècle). Le port iranien était une étape importante du commerce dans l'océan Indien. Les éléphants et les chameaux servaient au transport sur les routes de la Perse.

CHRONOLOGIE ◄

Naissance de Marco Polo à Venise. Quelques mois auparavant, son père Nicolo et son oncle Maffeo sont partis pour Constantinople. Le missionnaire Guillaume de Rubrouck se trouve alors député par Saint Louis à Karakorum, capitale du Grand Khan des Mongols.	**1254**
Les Mongols s'emparent de Bagdad, capitale du califat abbasside.	**1258**
Nicolo et Maffeo Polo se rendent à Soudak en Crimée.	**1260**
Les guerres entre les princes mongols Berké et Hülegü obligent les frères Polo à se diriger vers Boukhara, où ils sont bloqués.	**1262-1263**
Nicolo et Maffeo Polo à la cour de Kubilay Khan.	**1266**
Les Polo reviennent à Venise.	**1269**
Marco Polo part pour la Chine en compagnie de Nicolo et Maffeo.	**1271**
Les Polo arrivent en Chine.	**1275**
La flotte de l'invasion mongole du Japon est détruite par un typhon.	**1281**
Le franciscain Jean de Montcorvin est envoyé par le pape Nicolas IV auprès de Kubilay Khan.	**1291**
Retour des Polo à Venise.	**1295**
Marco Polo, prisonnier des Génois, dicte le *Devisement* (ou *Description*) *du monde* à Rusticello de Pise.	**1298**
Marco Polo est libéré.	**1299**
Marco Polo fait envoyer une copie de son œuvre au fils du roi de France Philippe IV le Bel, Charles de Valois.	**1307**
Marco Polo meurt à Venise.	**1324**

MARCO POLO

LA CONVERSION DES MONGOLS, RÊVE FOU DES OCCIDENTAUX

La « paix mongole » installée de l'Europe à la Chine par les successeurs de Gengis Khan n'entretient pas seulement les appétits des marchands. Relativement tolérants en matière religieuse, très tôt en contact avec des chrétiens, les Mongols ne sont-ils pas les alliés dont rêve l'Occident contre les musulmans ? C'est pourquoi, quelques années à peine avant le départ des Polo, le franciscain Jean de Plan Carpin reçut du pape Innocent IV l'ordre de se rendre auprès du Grand Khan dans sa résidence ambulante de Karakorum en Mongolie. Au moment même où les deux frères s'ébranlaient pour la Chine, un envoyé de Saint Louis, Guillaume de Rubrouck, se lançait dans les steppes asiatiques à la rencontre de Kubilay. L'un et l'autre échouèrent dans leur entreprise de conversion, comme les missionnaires qui suivirent : les Mongols adoptèrent la religion en usage chez ceux qu'ils avaient conquis et se firent donc bouddhistes en Chine et musulmans ailleurs.

▼ Les frères Polo remettent à Kubilay Khan le message du pape Grégoire X. C'est la curiosité du Khan, désireux de mieux connaître l'Occident, qui permettra à Marco Polo, en retour, de faire connaître l'Orient à ses contemporains.

refuse à envisager leur départ. L'occasion va tout de même se présenter en 1291, lorsque des affrontements rendent impossible le voyage continental d'une princesse mongole, Cocacin, promise au khan d'Iran Arghoun. Les Polo savent qu'ils tiennent là leur chance, car leurs missions outre-mer leur ont donné l'expérience des océans. Au début de 1291, chargés de messages pour la chrétienté mais aussi de joyaux et autres pierres précieuses, les Polo montent dans l'un des quatorze bateaux de l'expédition. Deux ans plus tard, après une longue escale à Sumatra, ils sont enfin en Perse. La plupart de leurs compagnons sont morts durant la traversée et même Arghoun n'a su attendre sa fiancée, décédant quelque temps plus tôt ! Qu'importe, Cocacin est confiée au fils de celui-ci, tandis que les Vénitiens reprennent leur route vers l'Europe, chevauchant en direction de Constantinople. En 1295, après vingt-quatre ans d'absence, Marco, Nicolo et Maffeo Polo retrouvent enfin leur cité natale.

Il reste à convaincre les Vénitiens que ces trois hommes, passablement vieillis et changés par leur long séjour en Chine, sont bien les audacieux négociants partis deux décennies plus tôt vers le Levant... La famille est perplexe, d'autant qu'elle s'est déjà partagé l'héritage, et les explorateurs peinent à se faire reconnaître. C'est finalement chose faite quand ils exhibent leurs magnifiques pierreries, qui ne semblent pouvoir venir que d'Orient et leur attirent la sympathie des plus sceptiques.

▲ Scène de commerce (miniature du *Livre des merveilles*). Le négoce fut le seul et perpétuel souci des Polo, attirés par les légendes circulant sur les richesses des Indes et de Cipangu (le Japon).

Marco, maintenant âgé d'une quarantaine d'années se marie avec une certaine Donata Badoer et se replonge dans les affaires de la cité. Celles-ci consistent, depuis bien longtemps maintenant, en une rivalité acharnée avec la ville de Gênes : trois ans plus tard, en 1298, celui qui a connu la « grande paix » mongole, traversé le continent asiatique et parcouru les mers du Sud, est fait prisonnier lors d'une bataille navale opposant les deux villes ! C'est pourtant ce qui va le faire passer à la postérité. En effet, Marco a pour compagnon de prison un certain Rusticello de Pise, auquel, pour combler leur désœuvrement à tous deux, il raconte ses extraordinaires voyages. Or, Rusticello est écrivain, auteur de romans inspiré par les légendes du roi Arthur et de Tristan. C'est donc dans la langue littéraire de l'époque, le français – en réalité, dans un médiocre sabir franco-italien –, qu'il entreprend de transcrire les souvenirs de l'aventureux marchand jusqu'à sa libération en août 1299.

UN BEST-SELLER MÉDIÉVAL

La fin de la vie de Marco Polo est fort calme. Il décède le 8 janvier 1324, à plus de soixante-dix ans, ayant pleinement repris sa place dans le monde des marchands véni-

tiens. Mais à la différence de la plupart des explorateurs médiévaux, Marco ne meurt pas en emportant ses souvenirs. Le compte rendu de Rusticello, remis en bon français, traduit en italien et en latin, laisse un fantastique témoignage qui va fasciner les lecteurs du Moyen Âge.

En marchand avisé, Marco n'oublie pas de mentionner les poids et mesures, les monnaies, ou encore les langues des régions qu'il a traversées. Ainsi décrit-il le papier-monnaie qu'on utilise en Chine.

Attentif aux routes, aux ponts et aux voies de communication, le Vénitien fait œuvre d'ethnologue avant la lettre. Il s'intéresse aux manières de table, aux façons de se vêtir et même aux mœurs matrimoniales ou sexuelles de peuples qu'il n'a pas toujours fréquentés. L'évocation de ces indigènes offrant leurs femmes ou leurs filles aux voyageurs est bien propre à entretenir la fascination pour une Asie encore bien lointaine et fait naître tous les fantasmes.

De fait, le goût des contemporains pour les merveilles de l'Orient trouve dans le récit de Marco Polo de quoi se nourrir et explique le très grand nombre de manuscrits d'une œuvre qu'on appelle parfois le *Livre des merveilles*. Faute d'avoir visité tous les pays dont il parle, le Vénitien brode : il voit des cannibales aux marges de l'Empire de Kubilay, comme sans doute les Chinois eux-mêmes. Cette désinvolture et des silences surprenants (sur la Grande Muraille, le thé ou les pieds bandés des Chinoises) ont fait croire à tort que Marco Polo n'était jamais allé en Chine. En vérité, comme Rusticello l'a écrit, « jamais aucun homme, ni chrétien, ni sarrazin, ni tartare, ni païen n'a visité d'aussi vastes régions du monde que ne le fit messire Marco, fils de messire Nicolo Polo, noble et grand citoyen de la cité de Venise ».

Les Mongols et le Japon

Marco Polo décrit Cipangu, c'est-à-dire le Japon, comme « une île très grande » située à l'est de la Chine et dont les habitants ne savent que faire de leur or. Cette richesse supposée a suscité l'appétit des Mongols qui tentèrent l'invasion de l'archipel. Mais, raconte le Vénitien, « il arriva un jour que le vent du Nord se mit à souffler et le fit tant que l'armée du Grand Khan » dut rebrousser chemin, en perdant un grand nombre de navires. Il s'agissait bien entendu d'un typhon qui détruisit de fait l'armada mongole en 1281 et isola dans les îles du sud-ouest du pays des dizaines de milliers d'hommes, massacrés un à un par les Japonais. Ce miraculeux *kamikaze* (« dieu du vent ») devint un épisode de la mythologie nationale du Japon et il n'est donc pas étonnant que les pilotes des avions suicide de la Seconde Guerre mondiale se soient dénommés ainsi. Quant à la description de Cipangu, elle était dans l'esprit de Christophe Colomb qui crut avoir retrouvé cet Eldorado lorsqu'en 1492 il aborda à Guanahani dans les Bahamas.

Marco Polo a-t-il inventé la « pasta » ?

Une légende tenace veut que Marco Polo ait rapporté de Chine en Italie la coutume de manger des pâtes alimentaires. Cette erreur vient d'une manipulation d'un éditeur indélicat du XVIe siècle, Ramusio, qui a beaucoup modifié le texte de la *Description du monde*. En réalité, on fabriquait des pâtes en Italie depuis l'Antiquité et la technique de fabrication de ces « lasagnes » ou encore des raviolis n'a rien à voir avec celle qu'on connaissait depuis au moins aussi longtemps en Chine.

◄ Cette idole du temple des Cinq-Cents Génies, à Canton, est dit-on à l'effigie de Marco Polo. Celui-ci occupa à la cour du Grand Khan d'éminentes fonctions dans lesquelles il sut se faire respecter.

GIOTTO
DI BONDONE

Reconnu par ses contemporains comme le plus grand peintre d'Italie, Giotto a mis ses innovations picturales au service des idéaux religieux du XIIIe siècle. Son réalisme psychologique a orienté la peinture sur des voies que la Renaissance italienne allait approfondir.

▲ Nef de la basilique Saint-François à Assise. De 1296 à 1299, Giotto y peignit les célèbres fresques de la vie du saint. Ce trésor artistique a été gravement endommagé par un séisme en 1997, et immédiatement restauré.

UN ARTISTE D'AVANT-GARDE

La signature n'existant pas encore vers 1300, certaines des œuvres attribuées à Giotto sont incertaines et beaucoup paraissent avoir été réalisées en grande partie par l'atelier du maître ; d'autres, enfin, ont été perdues. De sorte que la vie du premier artiste médiéval à avoir acquis la célébrité de son vivant reste obscure. Au moins sait-on que son talent émergea lors de la réalisation des fresques de la basilique Saint-François à Assise. Giotto di Bondone était encore jeune lorsqu'il commença à peindre sur ce chantier. Il était né une vingtaine d'années auparavant près de Florence, devenue à la fin du XIIIe siècle un lieu fondamental d'expérimentation artistique : la construction de l'église Santa Maria Novella excitait l'imagination des architectes, et plus tard Andrea Pisano y sculpterait la porte de bronze du baptistère, dont l'intérieur était par ailleurs recouvert d'une mosaïque. Dans toutes ces entreprises se manifestait le passage d'un langage artistique dominé par le hiératisme d'origine byzantine à un style proprement « italien » dominé par la recherche du volume et d'un espace tridimensionnel peut-être inspiré de la statuaire française gothique.

Dans le domaine pictural, c'est Cimabue qui incarne cette tendance, et Giotto paraît avoir suivi son enseignement. Il a sans doute poursuivi sa formation à Rome, dès les années 1285-1290, auprès du sculpteur Arnolfo di Cambio et du peintre et mosaïste Pietro Cavallini, qui l'initièrent à la connaissance de l'art antique.

LE MAÎTRE D'ASSISE

C'est donc muni d'un style déjà bien affirmé que Giotto intervient, dès 1288-1290, à la basilique d'Assise, qui est alors le plus gros chantier pictural d'Italie. Il s'agit de rien de moins que de munir de fresques les deux églises entreprises au-dessus du tombeau de saint François juste après sa mort et consacrées en 1253.

Après y avoir réalisé des scènes de l'Ancien et du Nouveau Testament, Giotto se lance, probablement avant 1292, dans ce qui reste son chef-d'œuvre : le cycle de la *Légende de saint François*. S'y manifestent une vision de l'espace très moderne, l'individualisation psychologique des personnages et un sens

◄ Le grand peintre italien est le premier à affranchir l'art des canons grec et byzantin. Son génie annonce l'éclosion d'un style qui fera de la péninsule Italienne le creuset de la Renaissance.

certain de la nature, toutes tendances qui lancent l'art italien sur des voies nouvelles. Le chroniqueur florentin du XIVe siècle, Giovanni Villani, louera d'ailleurs Giotto d'avoir rendu « avec le plus de naturel toutes les figures et toutes les actions ».

Le plus grand peintre d'Italie

À Assise, le peintre gagne une réputation immédiate. Dès 1297, il doit abandonner l'achèvement des fresques sur saint François à ses assistants : le pape Boniface VIII l'appelle à Rome pour décorer la loggia de son palais du Latran. Toujours à Rome, qu'on transforme alors de fond en comble pour la célébration du jubilé, Giotto réalise la mosaïque de la Navicella dans la basilique Saint-Pierre. Dès lors, et pendant les presque quarante ans qu'il lui reste à vivre, l'artiste est sollicité sur tous les chantiers italiens par les plus grands princes : à Rimini, où il exécute *le Crucifix* du temple Malatesta, à Padoue, pour la chapelle des Scrovegni, à Naples sur la demande du roi Robert d'Anjou, à Milan enfin pour les Visconti. Giotto n'oublie pas Florence, où les chapelles Peruzzi et Bardi de l'église Santa Croce doivent beaucoup à son talent.

Giotto se fait à l'occasion sculpteur et architecte et, dans les dernières années de sa vie, il est même nommé maître d'œuvre du chantier de la cathédrale florentine (Dôme), pour laquelle il dessine les plans du campanile. C'est toutefois comme peintre qu'il est le plus connu et Dante, du vivant même de Giotto, le présente comme le plus grand de son temps : « Cimabue se crut, dans la peinture, maître du champ : c'est Giotto qu'on acclame et le renom du précédent s'éteint », écrit le poète dans son *Purgatoire*.

C'est que Giotto a mis les ressources d'une technique parfaitement maîtrisée – qui s'exprime aussi bien sur les retables et les mosaïques que sur les fresques – au service des nouveaux courants religieux du temps, notamment ceux que diffusent les Frères mendiants. Il contribue ainsi à mettre l'accent sur les stigmates (traces corporelles de la crucifixion) reçus par François d'Assise, dont les premières légendes du saint parlaient à peine. À travers des disciples, comme son filleul Taddeo Gaddi, le « giottisme » survivra à Giotto, non sans confiner à l'académisme après 1350.

► **François d'Assise** / 1208

CIMABUE

Le maître de Giotto

Actif dans le dernier tiers du XIIIe siècle, Cenni di Pepo, dit Cimabue, a beaucoup influencé Giotto par le style et les thèmes de sa peinture. Sans rompre avec la peinture d'inspiration byzantine, il s'en éloigne progressivement, aussi bien dans ses crucifix que dans ses Vierges en majesté. Entre 1277 et 1280, il mène la première équipe italienne appelée à décorer la basilique Saint-François d'Assise et consacrera plusieurs œuvres au fondateur des frères mineurs. Ce n'est donc pas sans raison qu'au XVIe siècle Giorgio Vasari le mettra en tête de son recueil biographique des peintres italiens, le présentant comme « la cause initiale du renouvellement de la peinture ».

La vision de Grégoire IX, fresque de la basilique Saint-François à Assise. Un parfait exemple du style de Giotto qui allie le dépouillement cher aux franciscains et la vitalité du réalisme sans briser l'harmonie de la composition. ►

vers 1292

La *Légende de saint François* à Assise

Giotto peint les fresques sur saint François à la basilique d'Assise, chef-d'œuvre qui lance l'art italien sur les voies de la Renaissance.

CHRONOLOGIE

Naissance de Giotto à Colle di Vespignano, près de Florence.	**1266-1267**
Cimabue dirige l'exécution de plusieurs fresques à la basilique Saint-François à Assise.	**1277-1280**
Nicolas II élu pape : ce franciscain est probablement le commanditaire des fresques sur la *Légende de saint François* à la basilique d'Assise.	**1288**
Giotto exécute plusieurs fresques bibliques à la basilique Saint-François à Assise.	**1288-1290**
La *Légende de saint François* à Assise.	**vers 1292**
Arnolfo di Cambio commence les travaux de reconstruction de la cathédrale de Florence.	**1296**
Boniface VIII appelle Giotto à Rome.	**1297**
Giotto réalise *le Crucifix* du temple Malatesta à Rimini.	**1300-1303**
Mort de Cimabue et d'Arnolfo di Cambio, maîtres probables de Giotto.	**vers 1302**
Début de la décoration de la chapelle des Scrovegni à Padoue.	**1304**
Dante achève le *Purgatoire* (deuxième partie de la *Divine Comédie*), dans lequel il présente Giotto comme le plus grand peintre de son temps.	**1313**
Giotto à Naples à la demande de Robert d'Anjou.	**1329**
Andrea Pisano sculpte les portes de bronze du baptistère de Florence.	**1330**
Giotto nommé maître d'œuvre du chantier de la cathédrale de Florence.	**1334**
Giotto à Milan au service des Visconti.	**1335**
Mort de Giotto à Florence.	**1337**

PHILIPPE IV
LE BEL

Grand homme d'État soucieux d'affermir le pouvoir monarchique, Philippe IV le Bel s'entoure de conseillers, les « légistes », avec lesquels il s'applique à faire prévaloir sa conception d'une royauté toute-puissante notamment face au pape Boniface VIII.

▲ Le 18 août 1304, à Mons-en-Pévèle, la chevalerie française, rassemblée derrière son roi, venge l'affront de Courtrai. Philippe le Bel exigera de la Flandre une indemnité de guerre de 400 000 livres.

◄ Philippe IV le Bel règne sur un royaume à son apogée, le plus puissant d'Europe et le mieux administré. Tableau du XIXe siècle.

SAINT LOUIS POUR MODÈLE

Philippe n'a que 17 ans lorsqu'il succède à son père, Philippe III le Hardi, tué lors de la campagne d'Aragon. Premier monarque à porter le titre de roi de France et de Navarre par son mariage avec Jeanne de Navarre, le jeune souverain est décidé à se montrer digne d'une fonction qu'il conçoit comme sacrée. Petit-fils de Louis IX, Philippe tient en grande admiration son illustre aïeul, dont la mémoire habite encore tous les esprits. Comme lui, il est convaincu d'être un élu de Dieu, désigné pour mener son peuple vers le salut. Et comme lui, il veut être un bon roi.

Cherchant à calquer sa conduite sur celle d'un grand-père dont il obtient la canonisation en 1297, Philippe fait montre d'une grande piété et d'une grande rigueur dans sa pratique religieuse. Il répugne à la précipitation, aux emportements, à l'arbitraire et sait prendre conseil : pour l'aider à être l'homme d'un gouvernement juste et efficace, il s'entoure de « légistes », spécialistes de droit romain, tels Pierre Flote ou Guillaume de Nogaret. Il sait aussi tirer profit des enseignements de son précepteur, Gilles de Rome, qui a écrit pour les besoins de son éducation un traité très influencé par la doctrine politique d'Aristote, *Du gouvernement des princes*.

L'ADVERSAIRE RÉSOLU DU PAPE

La haute idée que le roi se fait de sa fonction implique qu'il soit le seul maître en son royaume. C'est ainsi que, faisant fi de son relatif dédain pour la guerre, Philippe affirme sa suzeraineté sur les fiefs rebelles. Il rompt dès 1294 avec la politique pacificatrice de Saint Louis pour soumettre la Guyenne puis la Flandre. Les affaires flamandes l'entraînent d'ailleurs dans une longue et coûteuse guerre. Le comte de Flandre, soutenu par les milices des villes « drapières », tient tête aux troupes royales et leur inflige en 1302, dans la boue de Courtrai, une cuisante défaite qui restera dans la mémoire de la chevalerie française. La victoire de Mons-en-Pévèle, en 1304, permet cependant de conclure une paix toute relative, qui donne au roi les châtellenies de Lille, Douai et Béthune, mais ne met pas un terme à la résistance flamande.

1303

Attentat d'Anagni contre Boniface VIII

Sur le point d'excommunier Philippe le Bel, le pape est victime d'une conjuration ourdie par Guillaume de Nogaret.

GUILLAUME DE NOGARET

L'âme damnée de Philippe le Bel ?

Celui qui malmène Boniface VIII à Anagni est l'exemple même du légiste, juriste attaché au service du roi. Professeur de droit romain à l'université de Montpellier, ce méridional originaire d'un village des environs de Toulouse conseille très tôt les officiers royaux dans le Midi. En 1294, il monte à Paris où il siège au parlement et assiste Pierre Flote, autre légiste, dans la définition de la politique ecclésiastique. Après la mort de Flote à Courtrai, c'est donc tout naturellement que Nogaret se retrouve en première ligne contre Boniface VIII. Sa maladresse d'Anagni lui vaudra une réputation de fanatisme dont on croira trouver la cause dans un grand-père plus ou moins cathare. Attaché avant tout à affermir le pouvoir royal, Guillaume de Nogaret s'est montré tout aussi intraitable envers les Templiers : il devient chancelier et garde des Sceaux le jour même de leur arrestation et c'est lui qui prend la décision d'exécuter immédiatement Jacques de Molay.

La volonté d'indépendance de Philippe se heurte aussi brutalement à l'autorité romaine, incarnée à partir de 1294 par Boniface VIII, qui, en fidèle disciple de saint Augustin, affirme la supériorité du pouvoir spirituel sur le temporel.

Le roi, qui se veut « l'unique pasteur de tous », ne peut supporter cette théocratie pontificale. Un premier conflit éclate, en 1296, lorsque Philippe tente de lever à son profit sur le clergé français la décime, un impôt destiné au financement de la croisade. La situation s'aggrave en 1301 quand Bernard Saisset, nommé évêque de Pamiers sans l'accord du roi, est accusé de trahison, puis traduit devant la justice royale. La tension monte dans les rapports avec le pape, car un clerc ne peut théoriquement être jugé que par la justice d'Église.

En 1302, Boniface VIII répond à l'obstination de Philippe le Bel en choisissant de l'excommunier. L'entourage du roi tente alors de faire pression sur le pape jusqu'à ce que Guillaume de Nogaret, envoyé à Anagni pour intimider le pontife, en vienne à le malmener. La rumeur court même qu'il l'aurait giflé. Boniface VIII, malade, humilié, meurt un mois plus tard. Clément V, son successeur, quittera Rome pour s'installer en Avignon.

◄ Le pape Boniface VIII est malmené à Anagni par les émissaires de Philippe le Bel. La toute-puissance de ce dernier ne peut s'accommoder des prétentions du Saint-Siège à se vouloir supérieur au pouvoir temporel.

CHRONOLOGIE◄

Naissance de Philippe, fils de Philippe III le Hardi et d'Isabelle d'Aragon. **1268**

Philippe épouse Jeanne, reine de Navarre. **1284**

Philippe IV le Bel roi de France. **1285**

Le roi procède à une première dévaluation monétaire. **1290**

Boniface VIII est élu pape. **1294**

Premier conflit entre Philippe le Bel et Boniface VIII à propos de la décime. **1296**

Canonisation de Saint Louis à l'instigation du roi. **1297**

La justice royale emprisonne Bernard Saisset. **1301**

Assemblée de Notre-Dame, regroupant les représentants des ordres du royaume. Défaite des armées françaises devant les milices flamandes à Courtrai. Dans la bulle *Unam Sanctam*, Boniface VIII réaffirme la doctrine de la théocratie pontificale. **1302**

Attentat d'Anagni contre Boniface VIII. Mort du pape. **1303**

L'ost français bat les Flamands à Mons-en-Pévèle. **1304**

Arrestation des Templiers. Guillaume de Nogaret devient garde des Sceaux. **1307**

Le pape Clément V s'installe en Avignon. **1309**

Le pape supprime l'ordre du Temple. **1312**

Les pleins pouvoirs financiers sont conférés au chambellan Enguerran de Marigny. Jacques de Molay, grand maître des Templiers, est brûlé. Mort de Philippe IV le Bel, le 29 novembre. **1314**

▲ Une masse d'or, pesant 7 grammes, la plus lourde des monnaies émises par Philippe le Bel.

LA PAPAUTÉ D'AVIGNON

C'est par hasard que le successeur de Boniface VIII, Clément V, s'installe à Avignon en 1309 : craignant de se retrouver aux prises avec les factions romaines et désireux de poursuivre les négociations avec le roi de France, le nouveau pontife choisit cette ville d'Empire aux portes du Comtat Venaissin que le Saint-Siège a acheté. La papauté restera en Avignon jusqu'en 1377, faisant de l'Église une véritable monarchie pontificale qui reste assez nettement sous orbite française.

LE BOURREAU DES TEMPLIERS

Si l'épisode d'Anagni a grandement contribué à la construction de la sombre image du Capétien, la destruction de l'ordre du Temple a encore plus marqué les mémoires. Ordre militaire richissime, banquier de la chrétienté et gestionnaire du Trésor royal, le Temple est perçu par le roi de France comme une puissance inacceptable au sein de son territoire. Portées par l'impopularité des Templiers, de folles rumeurs commencent à circuler, incriminant plus particulièrement leurs mœurs. Le peuple les croit sodomites, idolâtres et hérétiques.

Le 13 octobre 1307, lors d'un immense coup de filet ne leur laissant aucune échappatoire, tous les Templiers du royaume sont arrêtés. Impitoyablement traqués, ils avouent bientôt, sous la torture souvent, tous les crimes qui leur sont reprochés : en 1312, Philippe le Bel obtient du pape la condamnation de l'ordre et la confiscation de ses biens. Quelques mois plus tard, l'ordre des Templiers s'éteint dans le brasier qui emporte Jacques de Molay, le grand maître, et Geoffroy de Charnay, le précepteur de Normandie, qui sont tous deux revenus sur leurs aveux. Plus que le créancier du royaume, c'est une force potentiellement rivale, impénétrable et soupçonnée d'hérésie que Philippe le Bel a abattue. Le roi n'a pas agi par simple préoccupation financière. La preuve en est qu'il reverse bientôt la fortune des Templiers aux Hospitaliers, contre la promesse qu'ils se réformeront. Et cela, malgré ses pressants besoins d'argent.

▼ Le supplice des Templiers, soupçonnés d'hérésie par Rome. L'ordre était surtout un rival dangereux qui avait de puissants réseaux d'influence. Philippe le Bel remit l'affaire à la justice, qui condamna le grand maître de l'ordre, Jacques de Molay, au bûcher.

LE CONSTRUCTEUR D'UN ÉTAT MODERNE

L'affermissement de la monarchie a son prix. Ainsi, bien que Philippe IV n'ait entrepris ni conquête ni croisade, sa politique militaire représente une source de dépenses importantes : la résistance opiniâtre des Flamands l'oblige à lever l'ost régulièrement jusqu'à la fin de son règne. De même le développement de l'appareil d'État est-il fort coûteux, le nombre d'officiers royaux gagés directement par le roi augmentant considérablement.

Parallèlement à ces dépenses importantes, la situation économique se dégrade et les prix flambent, rendant les revenus du domaine royal insuffisants. Les métaux précieux se raréfient et, pour préserver les substantiels bénéfices qu'il tire du droit de monnayage, le roi se lance dans des mutations monétaires, particulièrement mal ressenties par l'ensemble de la population. Bien vite, Philippe le Bel devient aux yeux du peuple le « faux-monnayeur ». Pour mener à bien sa politique, le roi doit aussi régulièrement faire appel aux finances extraordinaires, emprunts, aides féodales et autres subsides. C'est devant les résistances des contribuables qu'il convoque en 1314 la première grande réunion des trois états du royaume. Souhaitant obtenir leur approbation sur de nouvelles levées financières, il

▲ La tour de Nesle et le Louvre vus de l'île de la Cité (peinture du XVIIe siècle). Édifiée sous Philippe Auguste en 1190, la tour de Nesle, d'abord appelée tour Hamelin, fortifiait l'enceinte de Paris.

amorce en fait un mouvement qui ne se démentira pas, celui du dialogue entre le roi, de plus en plus présent par l'intermédiaire de son administration, et les corps privilégiés (clergé, noblesse et bourgeoisie) qui se sentent maintenant concernés par le gouvernement d'un royaume auquel ils ont de plus en plus conscience d'appartenir. En ce sens, le règne de Philippe le Bel représente un grand pas vers l'État moderne.

« Une statue »

Philippe le Bel, qui nous paraît si volontaire, si déterminé dans ses actes et ses convictions, n'a pourtant cessé de décontenancer ses contemporains, qui ne s'accordent que sur sa beauté. Certains louent son silence, son aspect majestueux et fier, voyant en lui un grand politique, énergique et subtil. Pour d'autres, cet homme impénétrable n'est qu'un dévot, un sot et un faible qui ne sait gouverner sans ses légistes. Il passe aussi pour un homme froid, cruel et sans pitié, accomplissant ses volontés au mépris de la souffrance des hommes, n'hésitant pas à accabler son peuple d'impôts pour mener ses guerres, à spolier les minorités (les juifs et les Lombards se verront confisquer leurs biens, puis seront expulsés) pour trouver des fonds. De sa geôle, l'évêque de Pamiers Bernard Saisset dira du roi, dans une formule qui résonne encore aujourd'hui : « Ce n'est ni un homme, ni une bête, c'est une statue. » Au-delà de la controverse, l'autoritarisme ne fait aucun doute chez cet homme qui, ne reconnaissant aucune autorité concurrente en son royaume, cherche avant tout à affermir la puissance monarchique.
La fin du règne de celui que l'on a surnommé le « roi de fer » est cependant bien difficile. Affaibli par la perte de sa femme, Philippe doit affronter le scandale de la tour de Nesle, où ses fils sont humiliés par leurs épouses infidèles. Les difficultés financières, augurant la grande crise qui se profile, se font toujours plus pressantes et les nobles, qui voient leurs privilèges menacés par une monarchie de plus en plus présente, grondent. Le roi a 46 ans lorsque, chasseur infatigable, il chute de cheval près de Pont-Sainte-Maxence. Sentant la mort venir, il se fait transporter à Fontainebleau, sur les lieux de sa naissance. Il est emporté par l'infection le 29 novembre 1314. Philippe laisse à Louis X le Hutin un trône de France consolidé, où le roi est plus qu'un suzerain féodal, un souverain régnant sur ses sujets. Mais les fils de Philippe mourront l'un après l'autre sans laisser d'héritiers mâles, scellant ainsi le sort des Capétiens directs.

La tour de Nesle

Quelques mois avant la mort de Philippe le Bel éclate un scandale inouï. Deux des brus du roi, Marguerite de Bourgogne, épouse du roi de Navarre Louis le Hutin, et Blanche d'Artois, femme de Charles de La Marche, sont accusées d'avoir pris pour amants deux chevaliers « jolis et gais » : les frères Gautier et Philippe d'Aunay, auxquels elles donnaient rendez-vous dans la tour de Nesle à Paris. Ces compagnons de fredaine sont immédiatement arrêtés, condamnés pour lèse-majesté et exécutés avec un grand « raffinement » : ils sont écorchés vifs, émasculés et leur sexe est donné aux chiens. Il en allait de la pureté du sang royal, vitale dans une monarchie héréditaire. La punition est moins sévère pour des épouses et filles de princes : Blanche est enfermée durant dix ans dans la forteresse normande de Château-Gaillard, avant qu'on vienne l'en sortir pour... la cloîtrer dans un couvent. Quant à Marguerite, qui entraîna sa belle-sœur dans l'aventure, elle était morte depuis longtemps de chagrin et de froid, tout en haut du même château.

▲ Philippe le Bel fait enregistrer le droit en présence du chevalier, du clerc et du juge. Sous son règne, plus de mille officiers administrent le royaume.

DANTE
ALIGHIERI

Considérée comme le texte fondateur de la langue et de la littérature italiennes, la Divine Comédie *domine l'œuvre multiforme de Dante et synthétise les lectures et les expériences d'un intellectuel profondément original et novateur.*

▲ Florin, monnaie d'or de Florence, à l'effigie de saint Jean-Baptiste, patron de la ville. Exilé d'une cité sans cesse déchirée par les rivalités politiques, Dante mettra sa ville natale au cœur de son œuvre.

AMOUREUX ET POÈTE

Dante naît au cœur du XIIIe siècle, à l'apogée de l'Occident chrétien, dans une des villes les plus riches et les plus brillantes d'Italie : Florence. Ayant construit sa prospérité sur le commerce des tissus de laine, la cité toscane, en train de l'emporter sur sa rivale, Sienne, est aussi en passe de devenir une des villes les plus peuplées d'Europe. Elle est déjà l'une des plus éduquées : un réseau serré d'écoles diffuse des rudiments de latin – alors la seule langue dans laquelle on apprend à lire. Le jeune Dante (« Durante » est son prénom complet) en a sans aucun doute profité.

La famille de Dante est d'ancienne noblesse et revendique un ancêtre prestigieux. Comme bien des nobles italiens, les Alighieri sont installés depuis longtemps en ville, là où se créent les richesses et où s'affirme le pouvoir grandissant des communes ; sans être assurés toutefois de profiter de ces richesses et de participer à ce pouvoir. Le père de Dante a, en effet, tout du déclassé : il exerce la modeste profession de prêteur sur gages. Son fils était peut-être destiné au même métier. Mais, très vite, il tourne son énergie vers l'amour et les lettres. Si l'on en croit son autobiographie poétique, la *Vie nouvelle* (*Vita nuova*), le grand choc de son existence est sa rencontre avec une petite fille de son âge, Béatrice, alors qu'il a neuf ans. Il ne reverra que quelques fois cette jeune noble qui lui inspire ses premiers poèmes. Poèmes d'amour, donc, mais fort désincarnés : Béatrice y apparaît davantage comme la muse de l'écrivain que comme l'objet de ses désirs. Cette sublimation s'accentuera après le mariage de la jeune fille et plus encore après sa mort prématurée en 1290.

Les premiers chants de Dante lui valent la reconnaissance de ses pairs, auxquels il a pris soin de les envoyer, notamment Guido Cavalcanti, qui, avec d'autres, pratique ce que l'on appelle le « dolce stil nuovo ». Empruntant les thèmes de l'amour courtois aux troubadours provençaux, le « doux style nouveau » les raffine et leur ôte toute connotation sensuelle. Surtout, les membres de ce courant s'expriment dans la langue parlée à Florence, mais en l'épurant de ses aspects les plus dialectaux. La *Vie nouvelle,* où Dante consigne vers 1294-1295 ses pièces les plus réussies, assorties de ses propres commentaires et des réponses de ses confrères, apparaît comme le manifeste de la nouvelle école. Ce qui ne l'empêche pas de continuer à écrire des poèmes

◄ Le père de la littérature italienne a rayonné sur les lettres européennes. « Prince des poètes », Dante Alighieri a profondément renouvelé la métrique médiévale et influencé les poètes de la Renaissance.

▲ *Florence au Moyen Âge*, miniature du XIVe siècle. La cité florentine est alors l'une des villes commerçantes les plus riches d'Europe. Elle est aussi l'une des plus artistiques. C'est là que Dante fit son apprentissage des lettres et de la politique.

d'amour destinés à différentes dames, et ceci même après son mariage, vers 1285, avec une certaine Gemma Donati, qui lui donnera quatre ou cinq enfants. Mais la vie de Dante a déjà pris un autre cours, celui des études et de la politique.

Un savant conseiller

Tout en se consacrant à ce passe-temps caractéristique du mode de vie chevaleresque qu'est la poésie, Dante a reçu une formation intellectuelle poussée, dont témoigne son œuvre : profitant des ressources qu'offrait Florence, il s'est construit une culture d'autodidacte, nourrie de la lecture des auteurs contemporains (Thomas d'Aquin) et antiques (notamment à Virgile, qu'il célèbre comme un modèle). Il fréquente les couvents tenus par les ordres mendiants, en pointe dans le mouvement intellectuel du temps. Surtout, Dante a bénéficié des cours de Brunetto Latini, qu'il revendique comme son maître tout en ne se privant pas de le critiquer. L'encyclopédiste et homme politique florentin lui a appris les raffinements de la rhétorique et de l'« art d'écrire », toutes choses fort utiles à celui qui veut servir sa cité.

À partir de 1295, Dante s'engage dans la vie politique de Florence. Le régime qui vient de s'installer dans la cité toscane est celui du « peuple » (*popolo*), c'est-à-dire des non-nobles : si l'on veut exercer une charge quelconque, il faut s'inscrire dans une corpora-

Qui était Béatrice ?

La *Vie nouvelle* de Dante s'ouvre par l'apparition de Béatrice : « Elle m'apparut vers le début de sa neuvième année et je la vis vers la fin de ma neuvième année. » La seconde rencontre ayant eu lieu, selon le poète, exactement neuf ans plus tard, cette chronologie a paru trop belle pour être vraie, et l'on a pu douter que Béatrice, dont le nom pourrait symboliser la béatitude, ait réellement existé. Les commentateurs de Dante, innombrables à partir du XIVe siècle, l'identifient toutefois à Béatrice Portinari, qui épousera un membre de l'importante famille des Bardi avant de mourir à l'âge de 24 ans.

▲ *Le Songe de Dante et la mort de Béatrice* (tableau du XIXe siècle). Alors qu'il était gravement malade, Dante eut un songe lui prédisant la mort de Béatrice, qui advint peu après.

1304

Début de la rédaction de *la Divine Comédie*

Dante commence son œuvre majeure par la partie consacrée à *l'Enfer*.

CHRONOLOGIE

Naissance de Dante Alighieri.	**1265**
Première rencontre avec Béatrice.	**1274**
Fiançailles de Dante avec Gemma Donati (qu'il épousera vers 1285).	**1277**
Seconde rencontre avec Béatrice : premier sonnet de la *Vita nuova*.	**1283**
Dante participe à la victoire florentine de Campaldino sur les gibelins et Arezzo.	**1289**
Mort de Béatrice Portinari.	**1290**
Vita nuova.	**1294-1295**
Dante s'inscrit à l'art des médecins et apothicaires.	**1295**
Dante prieur de Florence.	**1300**
Les guelfes noirs prennent le pouvoir à Florence.	**1301**
Dante exilé de Florence et condamné à mort.	**1302**
Convivio et *De vulgari eloquentia*	**1304-1307**
Début de la rédaction de *la Divine Comédie*.	**1304**
Dante entame *le Purgatoire* de *la Divine Comédie*.	**1307**
Descente en Italie de l'empereur Henri VII, qui est couronné en 1312 et qui meurt en 1313.	**1310**
De monarchia.	**1310-1313**
Dante refuse l'amnistie offerte aux guelfes blancs : il est à nouveau condamné à mort, ainsi que ses fils.	**1311**
Début de la rédaction du *Paradis* de *la Divine Comédie*.	**1316**
Mort de Dante à Ravenne.	**1321**

Guelfes et gibelins

Le conflit entre guelfes et gibelins est un élément déterminant de la vie politique des communes italiennes du XIIIe siècle. Ces appellations tirent leur origine du schisme impérial qui, après la mort d'Henri VI (1197), mit aux prises les partisans du frère d'Henri, Philippe de Souabe, dénommés « gibelins » d'après le château de Waiblingen, possession des Staufen, et ceux d'Otton de Brunswick, membre de la famille des Welf (d'où « guelfes »). Avec le règne de Frédéric II (mort en 1250), le conflit change de nature : il oppose désormais les pro-impériaux (gibelins) et les fidèles du pape (guelfes). Chaque ville d'Italie se divise entre ces deux factions, qui recouvrent des programmes politiques et des réalités sociales fort divers. Le clivage renforce aussi les rivalités entre les grandes communes : Florence est ainsi plutôt guelfe, face à sa rivale gibeline, Sienne. Les défaites successives de Bénévent (1266) et de Tagliacozzo (1268) ayant scellé l'échec des gibelins, les affrontements ont lieu désormais à l'intérieur du camp guelfe, dirigé en Italie par les Angevins de Naples.

tion de métier, un *arte* ; ce que fait Dante en devenant membre de l'art des médecins et apothicaires. Après quoi, on le voit participer aux principaux conseils de la commune ; il est désigné comme ambassadeur et, le 15 juin 1300, il est même élu pour deux mois prieur de la commune, magistrature suprême mais instable.

Le poète doit cette ascension politique remarquable à son appartenance à la faction alors dominante à Florence, celle des guelfes blancs. Opposés aux guelfes noirs, partisans du pape sans états d'âme, ceux-ci sont modérés et réticents face à l'interventionnisme grandissant de la papauté. Alors que Dante se trouve précisément en ambassade à Rome, les noirs prennent le pouvoir à Florence (novembre 1301) : c'est le second tournant de sa vie, qu'il passera désormais loin de sa cité natale. Tout comme tant d'autres chefs blancs, il est en effet interdit de séjour sur les bords de l'Arno et, puisque – cette fois contrairement à bien d'autres – il refuse obstinément de se soumettre, on le condamne à mort par contumace.

▲ *Dante et Virgile aux Enfers*, tableau d'Eugène Delacroix, 1822. Le poète latin est plus qu'un maître, un guide, auquel Dante rend hommage dès le premier chant : « Tu es celui, seul, de qui j'ai pu prendre / Le noble style auquel je dois l'honneur. »

Un exilé célèbre

À trente-sept ans, Dante se trouve contraint à un exil qui durera presque vingt années, jusqu'à sa mort. Mais c'est un exil doré, les pérégrinations du poète le conduisant dans de nombreuses villes d'Italie, notamment Forli, Vérone, Bologne, où il est accueilli, protégé et pensionné par les princes, ces nouveaux acteurs du jeu politique. À Ravenne, le seigneur Guido Novello da Polenta lui confie même une chaire de rhétorique, bien que Dante n'ait reçu aucune formation universitaire ; quant au seigneur de Vérone, Cangrande della Scala, il l'écoute en 1320 dissertant devant les lettrés et les savants de la ville sur la question de savoir si l'eau peut être située plus haut que la terre qui pourtant émerge de l'eau. À la mort du poète – il a contracté la malaria au retour d'une ambassade qu'il avait menée à Venise au nom de Ravenne –, sa ville d'adoption lui réserve des funérailles en grande pompe.

◄ Virgile montre à Dante le supplice des simoniaques. *L'Enfer* de Dante, qui mêle mythologie et croyances chrétiennes, est constitué de neuf cercles : le juge Minos désigne à chacun, hérétiques, gourmands, trompeurs, traîtres..., le sort qui leur est réservé.

C'est que, durant toutes ces années d'exil, Dante n'a cessé d'écrire. D'abord pour faire connaître ses nouvelles conceptions politiques : loin de l'agitation de Florence et déçu par ses compagnons d'armes qui acceptent d'y retourner amnistiés, l'ancien guelfe se rapproche de plus en plus des positions gibelines, c'est-à-dire pro-impériales et franchement antipontificales. La descente en Italie de l'empereur Henri VII (1310) suscite en lui de grands espoirs, qui s'évanouissent rapidement à la mort du souverain, et lui inspire la composition d'un traité latin, *Sur la monarchie* (*De monarchia*), où il insiste sur la totale indépendance de l'autorité impériale par rapport au pouvoir du pape. Auparavant, Dante avait entrepris de diffuser auprès du plus grand nombre ses connaissances scientifiques et philosophiques. Dans *le Banquet* (*Convivio*), qui mêle les « mets » des chansons et le « pain » des commentaires, il utilise la langue ver-

naculaire. Encore fallait-il démontrer la capacité de cette langue à rendre les idées les plus complexes : c'est l'objet du traité *Sur l'éloquence vulgaire* (*De vulgari eloquentia*), qui, de la gangue des dialectes – dont Dante avait pu constater la diversité dans ses voyages en Italie –, essaie de dégager un langage vulgaire « illustre ».

Une œuvre fondatrice

L'emportant sur toutes les autres tâches, la rédaction de *la Comédie* (qualifiée plus tard de *Divine*) occupe l'essentiel des dernières années de Dante. À travers la fiction d'un voyage dans l'au-delà, qui amène l'auteur-narrateur en Enfer, dans le Purgatoire et au Paradis, ce gigantesque poème (plus de 14 000 vers) mêle inextricablement dialogues plaisants, discours érudits et descriptions complexes. C'est l'occasion d'aborder tous les grands thèmes de la culture savante médiévale, incarnés par autant de personnages que l'auteur est censé rencontrer sur son chemin. On y retrouve tous ceux qui ont compté dans sa formation et dans sa réflexion, jugés par la place qu'ils occupent dans la géographie de l'au-delà : Brunetto Latini est ainsi condamné au Purgatoire ! Et bien sûr les deux lumières de sa vie, qui le guident successivement dans les différents cercles : Virgile, le modèle de la poésie latine, puis Béatrice, inspiratrice constante, qui a donné toute son élévation aux vers de Dante et finalement à toute la littérature italienne, qui ne cessera de se nourrir de *la Comédie*.

Immédiatement reconnu, l'apport de *la Divine Comédie* est en effet considérable : ce sont des milliers de mots, empruntés aux dialectes italiens comme au latin ou au français, que Dante introduit dans la littérature italienne. Les scènes et les personnages qu'il décrit avec un art consommé feront l'objet, dès le XIVe siècle, de commentaires innombrables, dont ceux de ses fils. Représentatif d'une certaine culture laïque florentine, Dante est rapidement considéré par ses compatriotes comme *le* poète italien, marquant le premier pas vers une unité linguistique qui se fera très lentement autour de la langue toscane.

► **Pétrarque** / 1341

Dante, père de la langue italienne ?

Au XIIIe siècle, les dialectes parlés en Italie varient d'une ville à l'autre, parfois d'un quartier à l'autre. Les textes écrits en langue vernaculaire se limitent à la poésie, notamment aux chansons d'amour. Tout l'effort de Dante va être de donner au « vulgaire » un champ d'extension équivalent au latin, aussi bien dans ses formes d'expression (la prose italienne naît avec *Il Convivio*) que dans ses sujets (*la Comédie* explore un genre noble). Pour cela, il convient d'utiliser une langue élevée, le vulgaire « illustre », que Dante définit comme la meilleure partie de ce qui se parle et s'écrit dans toute l'Italie. Ce n'est toutefois pas la langue bigarrée et difficilement reproductible de *la Divine Comédie* qui va s'imposer dans la littérature italienne, mais le toscan des continuateurs de Dante, comme Boccace au XIVe siècle. Quant à l'unification linguistique de l'Italie, elle n'interviendra que bien plus tard, après l'unification politique du XIXe siècle.

Au deuxième cercle de l'Enfer, le châtiment des coupables de la luxure. Ici, Françoise de Rimini et Paul Malatesta, son beau-frère, qui eurent une liaison avant d'être découverts et tués par le mari trompé par sa femme et trahi par son frère. Aquarelle de William Blake. ►

Raymond Lulle

Auteur prolifique et intéressé par tous les domaines du savoir, Raymond Lulle est une figure centrale du monde intellectuel médiéval, et cela d'autant plus que, en véritable philosophe de l'action, il a cherché à mettre en pratique ses idées.

C'est à plus de trente ans que Raymond Lulle éprouve le choc qui va changer sa vie : le Christ sur la croix lui apparaît. Celui qui, depuis l'enfance, vivait à la cour se transforme alors en pèlerin. Après s'être rendu auprès des reliques de saint Jacques à Compostelle, en Espagne, et au sanctuaire de la Vierge à Rocamadour, il regagne les Baléares où il est né. Retiré en ermite à Minorque, il a une seconde vision : saint François lui apparaît, déterminant la vocation de missionnaire à laquelle il restera fidèle jusqu'au terme de sa longue vie : missionnaire de l'intérieur cherchant à moraliser la société chrétienne, il s'affirme de fait surtout comme missionnaire à l'extérieur, lorsqu'il n'hésite pas à aller provoquer les musulmans sur leurs terres.

Un autodidacte passionné

Rien ne semble destiner Raymond Lulle à devenir un combattant de la foi. Il est en effet d'abord un noble, dont le père s'installe à Majorque à la suite du roi d'Aragon ; lui-même exerce de hautes fonctions à la cour, comme précepteur puis comme sénéchal de l'infant Jacques. Courtisan accompli, il compose des chansons et possède les bonnes manières, qu'il exposera plus tard dans un traité pour son fils. Car il s'est marié et a eu avec sa femme, Bianca Picany,

◄ Raymond Lulle enseignant l'analogie entre la Passion du Christ et l'alchimie (gravure du XVIe siècle). Auteur de près de 300 ouvrages, il laisse une œuvre où se mêlent nombre d'influences variées, voire contradictoires.

1311

Concile de Vienne

Raymond Lulle voit triompher ses conceptions sur le nécessaire apprentissage des langues orientales pour la conversion des infidèles.

Le lullisme, un héritage encombrant

Pour asseoir la supériorité du christianisme, Raymond Lulle a élaboré *l'Ars magna* (le Grand Art) où il met en œuvre une logique nouvelle inspirée du mystique musulman al-Ghazali. Soigneusement entretenue par des disciples plus ou moins radicaux, l'originalité lulliste suscite des accusations d'hérésie qui débouchent sur une condamnation pontificale en 1376. Dès cette époque, des écrits alchimiques sont attribués au philosophe majorquin, mais il ne les a jamais conçus. Un lullisme hermétique influence enfin les humanistes de la Renaissance, de Pic de La Mirandole à Giordano Bruno, et donne lieu dès 1453 à un enseignement en Catalogne.

plusieurs enfants. Contrairement à bien d'autres théologiens, il connaît la vie, les feux de la passion et les jeux du pouvoir : cela lui servira beaucoup dans la deuxième partie de son existence.

Pour défendre et accroître la foi, il importe de bien connaître la langue de l'adversaire. Dans Majorque récemment reprise aux Almohades, l'arabe s'entend encore : auprès d'un esclave, Raymond Lulle apprend à le parler, peut-être à l'écrire. Le voilà en mesure de convertir les musulmans qui peuplent son île natale. Encore faut-il bien maîtriser le dogme et les moyens de conviction, toutes choses qu'on apprend dans les écoles.

C'est donc fort chenu que le Majorquin prend le chemin de l'université. À cinquante-sept ans, il obtient sa maîtrise ès arts à Paris, marchepied vers les études de théologie. Mais il ne goûte guère les raffinements spéculatifs des scolastiques et encore moins les errements des averroïstes. Au moins a-t-il acquis le bagage savant et le latin qui lui permettent de se faire entendre dans le concert intellectuel et auprès des Grands.

L'éducateur de la chrétienté

Depuis le début des années 1270, Lulle multiplie les libelles – presque 300 au total ! Peu de domaines échappent à son attention scrupuleuse : il conçoit pour les parents un manuel complet d'éducation, la *Doctrina pueril*, et enseigne aux nobles, dans le *Livre de l'ordre de chevalerie*, la place qu'ils doivent occuper en ce bas monde. Écrits en langue vulgaire, ces traités font de Raymond Lulle le véritable fondateur de la littérature catalane. Pour convaincre les laïques d'adopter une vie plus chrétienne, il emprunte la forme romanesque dans *Blanquerna,* où l'on voit un pape renoncer à sa charge pour se faire ermite – ce que Célestin V appliquera à la lettre en 1294.

Car l'influence du philosophe catalan ne cesse de grandir. Il parcourt inlassablement l'Europe pour faire aboutir auprès des rois le projet qui lui tient à cœur : créer un enseignement spécialisé en langues orientales. Dès 1276, Raymond Lulle a construit une école de ce genre à Majorque même, chez les franciscains de Miramar. Il veut généraliser une formation dont il a montré personnellement les avantages.

Lutteur de la foi jusqu'au bout

Tout au long de ces années, le courtisan devenu frère mineur n'a jamais oublié ce qui fut la raison d'être de sa conversion : amener les musulmans à la vraie foi. À soixante ans, il peut enfin s'embarquer pour Tunis, sa première mission. En 1301, le voilà à Chypre et sur la côte d'Asie Mineure, six ans plus tard il est à Bougie. Le grand voyageur a-t-il perdu ses illusions ? La chrétienté s'est raidie dans un idéal de croisade chaque jour plus irréaliste. Lulle modifie ses premières œuvres, où il affirmait la possibilité d'un dialogue avec juifs et musulmans, dans un sens plus polémique.

Le vieux lutteur a toutefois le plaisir de voir triompher ses conceptions au concile de Vienne en 1311, lorsqu'est décidée la création de chaires d'arabe, d'hébreu, de grec et de chaldéen à Rome, Bologne, Oxford et Salamanque. Il n'aura pas le temps de voir échouer cette expérience : cinq ans plus tard, il meurt, au retour d'une dernière mission à Tunis, où il a failli être lapidé.

Chronologie

Naissance à Palma de Majorque de Raymond Lulle (Ramon Llull) dans une famille noble récemment installée sur l'île.	**1232**
Jacques Ier d'Aragon confie les Baléares à son fils Jacques.	**1262**
Raymond Lulle a une vision du Christ crucifié.	**1263**
Le Livre du gentil et des trois sages prône le dialogue entre chrétiens, juifs et musulmans.	**1270**
Fondation du couvent de Miramar, que Raymond Lulle a conçu comme une école de langues orientales.	**1276**
Composition de la *Doctrina pueril*, manuel d'éducation pour tous.	**1278-1283**
Composition du roman *Blanquerna* qui contient en son sein un *Livre de l'ami et de l'aimé*, influencé aussi bien par les troubadours que par la mystique soufie.	**1286-1287**
Raymond Lulle obtient le baccalauréat ès arts à l'université de Paris.	**1289**
Il accomplit sa première mission en territoire musulman, à Tunis.	**1292**
Le pape Célestin V démissionne pour se retirer dans un ermitage, à l'image du héros de *Blanquerna*.	**1294**
Mission de Raymond Lulle à Chypre.	**1301**
Mission à Bougie et à Alger.	**1307**
Concile de Vienne.	**1311**
Dernière mission de Raymond Lulle : à Tunis, il manque d'être lapidé.	**1314-1315**
Mort de Raymond Lulle, à l'âge de quatre-vingt-quatre ans.	**1316**

GUILLAUME D'OCCAM

Bien qu'il n'ait jamais achevé ses études, Guillaume d'Occam est l'un des plus grands théologiens du Moyen Âge. Il a favorisé le développement d'une nouvelle pensée scientifique, et sa condamnation par la papauté l'a engagé à se tourner vers la philosophie politique.

▲ Avignon est devenu la cité des papes depuis 1303 et le resta jusqu'en 1377. Lors de cet exil, l'Église combattit avec ardeur toute pensée trop audacieuse jugée hérétique, comme celle de Guillaume d'Occam.

◄ En affirmant que foi et science étaient de nature distincte, Occam a contribué à séparer la théologie de la philosophie.

UN THÉOLOGIEN ORIGINAL

Guillaume d'Occam n'est encore qu'un obscur étudiant en théologie lorsque l'histoire le rejoint. Né vers 1285 dans le Surrey, il étudie à Oxford où beaucoup d'universitaires appartiennent comme lui à l'ordre des Frères mineurs fondé par saint François d'Assise. Initialement peu favorables à un enseignement poussé, les franciscains restent très réticents à l'égard de la tentative menée par saint Thomas d'Aquin pour concilier la Révélation chrétienne de la Bible et la raison d'Aristote.

Les études théologiques durant fort longtemps, Guillaume n'a atteint, à plus de trente ans, que le grade de bachelier. À ce titre, il est chargé de commenter les *Quatre Livres des sentences* de Pierre Lombard, sorte d'encyclopédie raisonnée des passages de la Bible et des Pères de l'Église ainsi que de leurs exégètes. Guillaume restera bachelier, d'où le surnom de « Venerabilis inceptor » (candidat vénérable) que lui donnera la tradition. Sa candidature au doctorat est en effet repoussée par le chancelier d'Oxford, John Lutterel, qui, en 1323, extrait même du commentaire de Guillaume d'Occam certaines propositions jugées hétérodoxes et les fait parvenir au pape. C'est le début des ennuis pour Guillaume d'Occam.

Il est vrai que ce penseur original professe un nominalisme radical et dangereux. Selon lui, la seule connaissance assurée réside dans les choses singulières, d'où l'on ne peut inférer aucune proposition tant soit peu générale. Par conséquent, la raison ne peut saisir que les réalités du monde d'ici-bas et n'est nullement en mesure de comprendre Dieu. Tout l'édifice établi par Thomas d'Aquin est donc jeté à bas, ce qui ne pouvait manquer de susciter de vives réactions du « lobby » thomiste alors dominant.

LE FRANCISCAIN REBELLE

Guillaume d'Occam est convoqué en 1324 à Avignon, alors résidence du pape, qui finit par le condamner pour hérésie et par l'excommunier. Afin d'échapper aux geôles pontificales, Guillaume s'enfuit en compagnie de Michel de Césène, le ministre général de l'ordre des Franciscains, lui aussi poursuivi mais pour d'autres raisons. Progressivement, l'ordre des Frères mineurs s'était en effet éloigné des idéaux de pauvreté absolue sur lesquels François d'Assise avait fondé son message, provoquant la réaction d'un fort courant dit « spirituel », devenu majoritaire chez les franciscains. Guillaume d'Occam et Michel de Césène trouvent finalement refuge auprès de Louis IV de Bavière, excommunié par le pape en 1324 et couronné empereur du Saint Empire en 1328. Sous la protection de l'empereur jusqu'à sa mort, Guillaume entreprend de justifier la doctrine de la pauvreté soutenue par les Spirituels. D'autre part, il nie la prétention du pape à détenir un pouvoir spirituel supérieur aux pouvoirs temporels. Les attaques de Guillaume d'Occam contre l'infaillibilité pontificale ont trouvé un écho immédiat dans la pensée politique développée par les cours royales et ont influencé la pensée d'hérétiques et réformateurs comme Jan Hus ou Martin Luther. De sorte que le théologien anglais peut apparaître comme un lointain précurseur de la Réforme.

UN INITIATEUR DE LA PENSÉE MODERNE

Le nominalisme d'Occam n'aura pas moins d'impact. En déniant à la raison la possibilité de connaître Dieu, il lui ouvre en effet tout le champ du monde sensible, dans lequel seule compte l'observation. C'est un facteur favorable au développement des sciences à la fin du Moyen Âge et au-delà. Ces tendances sont très perceptibles chez les disciples nominalistes de Guillaume d'Occam, comme à Paris Jean Buridan, Nicolas Oresme ou Jean Gerson, qui appliquent leurs efforts à la résolution de problèmes scientifiques, à la philosophie politique ou encore à la pastorale et à la théologie morale. C'est tout le monde universitaire qui se scinde au XIVe siècle entre nominalistes et réalistes ou, comme on dit à l'époque, « modernes » et « anciens ». Les universités fondées en terre d'Empire adoptent le nominalisme comme doctrine officielle, même si à la fin du Moyen Âge prévaut un certain éclectisme : un théologien du XVe siècle explique ainsi qu'au lieu de trancher, il vaut mieux présenter « plusieurs manières d'imaginer le problème, pour la commodité de ceux qui veulent manger tantôt du pain, tantôt du fromage ». Face à l'offensive nominaliste, la papauté mettra fin, en guise de représailles, au monopole des études théologiques auparavant accordé à Paris, Cambridge et Oxford.

LA « QUERELLE DES UNIVERSAUX »

Le nominalisme radical d'Occam plonge ses racines dans un débat virulent qui a divisé les logiciens au début du XIIe siècle. Cette querelle portait sur les catégories les plus générales de toute pensée comme le genre et l'espèce. Certains niaient que ces « universaux » aient une quelconque réalité : ce n'étaient que de simples noms (d'où l'appellation de « nominalistes »), voire de simples bruits de voix selon Roscelin de Compiègne. D'autres s'affirmaient au contraire « réalistes », bien qu'on puisse les qualifier aujourd'hui d'idéalistes. Le compromis élaboré par Abélard sembla mettre fin à la querelle jusqu'à ce que Guillaume d'Occam ressuscite le nominalisme, mais en le portant sur un nouveau terrain, celui de la théologie.

▶ **Pierre Abélard** / 1118
▶ **Thomas d'Aquin** / 1256

1326

Le pape condamne les thèses d'Occam

Jean XXII déclare hérétiques les thèses soutenues par Guillaume d'Occam, qui professe un nominalisme radical.

CHRONOLOGIE ◀

- Naissance de Guillaume à Occam, dans le Surrey ; Philippe IV le Bel roi de France. **vers 1285**
- Dante commence la rédaction de la *Divine Comédie*. **1306**
- Transfert de la papauté à Avignon. **1309**
- Louis de Bavière élu roi des Romains concurremment avec Frédéric d'Autriche. **1314**
- Jean XXII élu pape ; Michel de Césène ministre général de l'ordre des Franciscains. **1316**
- Commentaire de Guillaume d'Occam sur les *Quatre Livres des sentences*. **1317-1319**
- John Lutterel rassemble celles des propositions de Guillaume d'Occam qu'il juge hétérodoxes ; Jean XXII condamne la théorie de la pauvreté absolue des franciscains. **1323**
- Guillaume d'Occam est convoqué à Avignon par le pape Jean XXII ; le pape excommunie Louis IV de Bavière. **1324**
- **Le pape condamne les thèses de Guillaume d'Occam**, qui est excommunié. **1326**
- Guillaume d'Occam et Michel de Césène s'enfuient à Pise auprès de l'empereur Louis IV de Bavière, qui dépose Jean XXII et nomme Nicolas V antipape. **1328**
- Mort de Jean XXII. **1334**
- Arrivée de la peste noire en Europe. **1347**
- Guillaume d'Occam meurt à Munich. **1349**

◀ Disciple de Guillaume d'Occam, Jean Gerson fut un des promoteurs d'une théologie pastorale, plus attentive aux besoins des fidèles.

PÉTRARQUE

Premier en date des humanistes, Pétrarque est resté le modèle par excellence de ce nouveau type d'intellectuels tenaillés par le désir de retrouver la beauté et la vérité des lettres antiques.

◄ Le grand poète marquera de son empreinte durable toute la Renaissance européenne. Le « pétrarquisme » influencera les grands poètes français, comme Marot ou Ronsard, et trouvera dans le sonnet sa forme privilégiée.

L'amour des livres et la passion des mots

En 1341, l'art de Pétrarque est déjà suffisamment apprécié pour que ses amis pensent à lui décerner le titre de prince des poètes. Mais l'écrivain exige un examen solennel que le roi de Naples, Robert d'Anjou, présidera en personne. Ayant débattu du statut de la poésie, Pétrarque reçoit donc la couronne de lauriers, en grande pompe, le 8 avril au sommet du Capitole. Admirateur inconditionnel de Rome, imitateur infatigable des Anciens, il ne peut qu'apprécier l'hommage à ce qui a fait sa vie depuis près de quarante ans.

Né à Arezzo en 1304, Francesco Petrarca se forge presque seul une culture classique sans équivalent à l'époque : il est vrai que son père, qui a dû quitter Florence à la suite de l'arrivée au pouvoir des Guelfes noirs, lui communique une passion pour Cicéron qui ne le quittera plus. En 1311, la famille s'installe à Carpentras, non loin de la cour pontificale d'Avignon, bouillonnant centre intellectuel où plus tard l'humaniste trouvera livres, idées et protecteurs.

En attendant, le jeune François est envoyé à Bologne pour y suivre avec son frère des études juridiques, gages d'une belle carrière. Mais le littéraire qu'il est gardera de ce séjour une aversion caractérisée pour le droit et les juristes. La mort de son père en 1326 le libère de cette contrainte. De retour dans le Comtat Venaissin, Pétrarque peut se consacrer tout entier à sa passion, la littérature, en commençant à rassembler une précieuse bibliothèque et en écrivant sans relâche. Il subvient à ses besoins en entrant au service du puissant cardinal Colonna, qui lui confie des missions dans toute l'Europe. L'humaniste partagera désormais sa vie entre les voyages qui lui permettent de découvrir et d'acquérir les manuscrits rares de Cicéron ou d'autres classiques, et la solitude consacrée à la lecture de ces textes précieux qui influencent ses propres compositions. En 1327, il rencontre, sous le porche d'une église d'Avignon, Laure de Noves, qui lui inspire, à l'instar de Béatrice pour Dante, des poèmes en italien. Mais cet amour reste désincarné, non sans un certain désarroi dont témoigne un récit autobiographique intitulé *Mon secret.*

Le roi des poètes et le prince des épistoliers

Le génie littéraire de Pétrarque s'exerce dans tous les domaines et vise à imiter les Anciens. Jeune encore, il compose, dans l'esprit de l'*Énéide* de Virgile, l'*Africa,* une épopée centrée sur la figure du grand héros de l'Antiquité romaine, Scipion l'Africain. Ses lettres, qu'il rassemble rapidement en recueils, sont des modèles du genre et le font connaître auprès d'un réseau prestigieux de correspondants, dont Boccace.

Le couronnement de Rome augmente encore sa renommée. Sollicité de toutes parts, il parcourt l'Italie, de Naples à Parme, en conférencier mondain que l'on s'arrache. Entre deux voyages, il vient se replonger

1341

Pétrarque est couronné de lauriers au Capitole

Pétrarque est reconnu comme un grand poète et un érudit exceptionnel passionnément attaché à la recherche de textes antiques.

▲ Laure de Noves a inspiré à Pétrarque ses plus beaux poèmes. Dans le *Canzoniere*, l'expression de l'amour atteint une perfection à la fois formelle et stylistique qui sera imitée durant des siècles.

dans le calme de Carpentras. Là, il exalte la vie solitaire, seul remède aux aléas de la fortune, dans des traités philosophico-moraux qui seront rapidement diffusés.

Mais Pétrarque doit surtout sa gloire à son œuvre poétique écrite en toscan, les *Rimes* et les *Triomphes,* composés en l'honneur de Laure et réunis dans le *Canzoniere,* publié en 1370. Développant le thème de l'amour idéalisé, il y exprime un raffinement dans le lyrisme amoureux qui donnera naissance à un courant littéraire, le pétrarquisme, lequel marquera la littérature européenne durant plusieurs siècles. Pétrarque ne se désintéresse pas pour autant du monde qui l'entoure. Il soutient ainsi avec enthousiasme et non sans courage la tentative de restauration de la grandeur romaine menée par le tribun populaire Cola di Rienzo. Car dans son esprit, il s'agit de retrouver la Rome éternelle aussi dans le domaine politique, en s'inspirant des modèles de vertus civiques que l'humaniste a rassemblés pour son recueil *Des hommes illustres*.

L'ORATEUR « CHIC »

Après la Peste noire qui a vu disparaître beaucoup de ses amis avignonnais, Pétrarque s'installe en Italie, d'abord à Milan puis à Venise, enfin à Padoue. À chaque fois, il est mandé par le seigneur du lieu qui souhaite profiter de ses talents oratoires : l'archevêque de Milan, Giovanni Visconti, est ainsi son hôte pendant huit années puis le doge lui alloue une maison. C'est encore à cet orateur émérite que l'on fait appel lorsqu'il s'agit de convaincre le pape d'Avignon de revenir à Rome. Pétrarque parvient sans mal à défaire le piètre ambassadeur de Charles V, et le mépris qu'il proclame alors pour la rhétorique des écoles de Paris n'est pas étranger à la naissance d'un humanisme français. C'est un écrivain choyé des grands, remaniant paisiblement ses recueils de lettres et complétant ses œuvres historiques, que la mort saisit près de Padoue à l'âge de 70 ans.

LE PLAISIR D'ÉCRIRE SELON PÉTRARQUE

« Je crois dire une grande vérité si j'affirme que de toutes les joies de ce monde, il n'y en a pas de plus honorable que les lettres, et il n'y en a pas non plus de plus durable, de plus délicieuse, de plus sûre : il n'y en a pas qui accompagne celui qui la possède, à travers toutes les circonstances de la vie, avec autant de facilité, avec aussi peu d'ennui ! »

Lettre à Boccace, 1373.

► **Dante Alighieri** / 1304

◄ *Le Triomphe de Renommée*, miniature extraite des *Triomphes* de Pétrarque. Ce long poème allégorique se veut une description du cheminement spirituel du poète jusqu'à la sagesse.

CHRONOLOGIE ◄

Naissance à Arezzo de Francesco Petrarca. **1304**

La famille de Pétrarque s'installe à Carpentras. **1311**

Pétrarque commence à Bologne des études de droit. **1320**

Mort du père de Pétrarque, qui revient à Carpentras. **1326**

Rencontre de Laure de Noves, sous le porche d'une église d'Avignon. **1327**

Pétrarque devient chapelain de la famille Colonna. **1330**

Il entame la composition de l'*Africa*. **1338**

Pétrarque est couronné de lauriers au Capitole ; il signe désormais ses œuvres Petrarca. **1341**

Pétrarque soutient le tribun Cola di Rienzo qui cherche à établir une République romaine sur le modèle antique. **1347**

Mort de Laure, l'inspiratrice du *Canzoniere*. **1348**

Pétrarque rencontre Boccace, qui deviendra son correspondant favori. **1350**

Il commence à écrire les *Triomphes*, poème allégorique imité de la *Divine Comédie* de Dante. **1352**

Pétrarque s'installe à Milan sous la protection de l'archevêque Giovanni Visconti. **1353**

Il va à Venise. **1361**

Il convainc le pape de revenir à Rome. **1367**

Mort de Pétrarque à Arquà, près de Padoue. **1374**

CHARLES IV
DE LUXEMBOURG

Tchèque francisé, Charles IV est le dernier grand empereur du XIVe siècle, et aussi l'un des plus originaux, car il accorde une grande attention à la culture et à l'humanisme alors à ses débuts. En cela, son œuvre imprègne toujours la conscience tchèque.

▲ Le château de Karlstein, construit à partir de 1348, abrite la couronne impériale et les emblèmes royaux. La chapelle de la Sainte-Croix devait y symboliser, selon le vœu de Charles IV, le centre du monde.

◄ Pour tous les Tchèques, Charles IV reste le « Père de la patrie » qui a fondé la grandeur monarchique de la Bohême, devenue, en 1355, le cœur du Saint Empire romain germanique.

Le parcours de Charles IV est celui d'un homme qui revendique passionnément son appartenance au peuple tchèque, amoureux de sa Bohême natale et persuadé que la grandeur d'un pays passe par la culture. Sans négliger le terrain politique et diplomatique, où il est même très habile, l'empereur se consacre largement au mécénat culturel, à la bibliophilie, à l'écriture. Il ne fonde pas moins de dix universités, dont celle de Prague, qui reste la ville de son cœur.

À LA COUR DU ROI DE FRANCE

Wenceslas, le futur Charles IV, naît à Prague en 1316. Il est le fils du roi de Bohême, Jean de Luxembourg, dit l'Aveugle, et d'Élisabeth de Bohême. Ascendance illustre : son grand-père paternel est Henri VII, le premier empereur de la dynastie des Luxembourg, célèbre pour avoir cherché à restaurer ses droits en Italie ; les frères et sœurs de Wenceslas sont d'ailleurs unis aux meilleures familles européennes, Bonne sera l'épouse du roi de France Jean le Bon. Quant à sa mère, elle est la sœur de Wenceslas III, le dernier roi de Bohême de la dynastie des Premsyl. Dès son commencement, la vie de Wenceslas semble marquée par ce double héritage, germanique et bohémien, qui va guider son œuvre.

S'y ajoute une orientation française, puisqu'à sept ans Wenceslas est envoyé à la cour du roi Charles IV le Bel, son parrain. Celui-ci le rebaptise de son propre nom et accorde une attention particulière à son éducation : « Il me donna son chapelain afin de m'apprendre quelques rudiments de latin bien que le roi lui-même ne le connût pas », écrit l'empereur dans son autobiographie. De fait, l'adolescent devient un homme fin et cultivé, pratiquant cinq langues : le latin, le français, l'allemand, l'italien et, bien sûr, le tchèque.

CHARLES IV EMPEREUR

Son éducation achevée et un premier mariage contracté avec Blanche de Valois en 1329, Charles seconde son père jusqu'à la mort de celui-ci à la bataille de Crécy en 1346 (où il est lui-même blessé). Il devient alors roi de Bohême, en même temps qu'il est élu roi des Romains, ce qui lui ouvre la voie du titre impérial. En réalité, il met du temps à s'imposer : son élection n'est due qu'au mécontentement des princes allemands – au premier rang desquels son propre père – face à la politique autoritaire de Louis IV de Bavière. À la mort de ce dernier, en 1347, Charles doit encore triompher dans une véritable guerre civile qui l'oblige à une nouvelle élection (1349). En 1354, il se rend en Italie et reçoit la couronne des rois lombards à

Milan. En avril 1355 enfin, en ceignant à Rome la couronne impériale, Charles IV devient l'empereur le plus brillant de cette fin de Moyen Âge.

Entretenant de bonnes relations avec la Hongrie et l'Autriche voisines, il cherche à s'attirer la Pologne en se mariant avec Élisabeth de Poméranie. Et s'il ne peut lutter contre l'indépendance des grands princes territoriaux, il leur fait accepter en 1356 la Bulle d'or, premier grand texte constitutionnel de l'Empire, qui fixe les procédures de l'élection du roi des Romains.

CHARLES IV LE BEL

Le dernier des Capétiens directs

Troisième fils de Philippe IV le Bel, le roi de France Charles IV est le dernier des Capétiens directs. Ses deux frères, Louis X le Hutin et Philippe V le Long, n'ayant laissé aucun héritier mâle, celui qui était jusque-là comte de la Marche monte sur le trône en 1322. Mais il n'aura lui-même que des filles, et ce malgré trois mariages successifs. Certains romanciers ont voulu y voir la réalisation de la malédiction qu'aurait lancée contre la descendance de Philippe le Bel le grand maître de l'ordre du Temple, Jacques de Molay, brûlé vif en 1314. À la mort de Charles IV le Bel, la couronne est offerte à un cousin du roi défunt, Philippe VI de Valois, contre les revendications du roi Édouard III d'Angleterre, petit-fils de Philippe le Bel par sa mère : c'est la cause immédiate de la guerre de Cent Ans.

Prague, foyer culturel

Souverain lettré, féru de culture, l'empereur rédige en latin son autobiographie, un recueil de sentences philosophiques, une vie de saint Wenceslas, et peut-être un miroir de gouvernement de la Bohême et de l'Empire à l'usage de son héritier.

Quoique empereur du Saint Empire, Charles reste avant tout un Tchèque. Consolidant le patrimoine familial en Bohême et en Moravie, il assure l'indépendance et la grandeur de la Bohême en imposant son roi comme Électeur impérial. De plus, il veut faire de Prague un grand centre intellectuel et y fonde en 1348 la première université en terre d'Empire, qu'il dote personnellement d'un collège de professeurs. Il se fait aussi bâtisseur, reliant, par un pont qui porte toujours son nom, le château à la ville et faisant reconstruire la cathédrale Saint-Guy, où œuvrent les plus grands architectes du temps, Mathieu d'Arras et Peter Parler. Les efforts de Charles IV sont d'ailleurs récompensés, car la ville deviendra un important foyer d'humanisme.

C'est à Prague, la ville tellement aimée, que Charles IV décède en 1378, et c'est dans la cathédrale Saint-Guy qu'on l'enterre. À cette date, ses quatre épouses successives sont toutes mortes. Il avait préparé sa succession avec soin, en faisant de son premier fils, Wenceslas, né tardivement en 1361, un roi de Bohême à l'âge de deux ans, puis un roi des Romains en 1376. Mais Wenceslas ne sera pas à la hauteur de son père.

1348

Fondation de l'université de Prague

Cette création marque le point d'orgue du mécénat culturel de Charles IV, soucieux de faire de sa capitale un grand centre intellectuel.

CHRONOLOGIE

Naissance de Wenceslas, futur Charles IV. Mort de Louis X le Hutin, roi de France.	**1316**
Mort de Philippe V le Long : Charles IV le Bel roi de France.	**1322**
Wenceslas à la cour de Charles IV le Bel.	**1323**
Mort de Charles IV le Bel : Philippe VI de Valois roi de France.	**1328**
Mort de Blanche de Valois, première épouse de Charles.	**1329**
Début de la guerre de Cent Ans.	**1337**
L'évêché de Prague est érigé en archevêché.	**1344**
Défaite de Poitiers : mort de Jean l'Aveugle, père de Charles ; Charles roi de Bohême, roi des Romains et de Germanie.	**1346**
Arrivée de la peste en Europe.	**1347**
Fondation de l'université de Prague.	**1348**
Seconde élection et second couronnement de Charles IV. Mort d'Anne de Palatinat, sa deuxième épouse.	**1349**
Mort de Philippe VI : Jean le Bon roi de France.	**1350**
Mort d'Anne de Svidnice, troisième épouse de Charles IV.	**1353**
Charles IV couronné roi d'Italie, puis, en avril, empereur du Saint Empire.	**1355**
Bulle d'or.	**1356**
Naissance de Wenceslas, fils aîné de Charles IV.	**1361**
Charles V roi de France.	**1364**
Mort d'Élisabeth de Poméranie, 4e épouse de Charles IV.	**1365**
Mort de Charles IV. Grand Schisme.	**1378**

◄ La Bulle d'or de 1356 précise les modalités de l'élection au trône du Saint Empire et instaure la règle de majorité parmi les sept Électeurs. Ces principes resteront en vigueur jusqu'à la disparition de l'Empire en 1806.

CHARLES V

Le règne de Charles V marque un tournant dans l'histoire du royaume de France. Artisan du redressement militaire face aux Anglais, il renforce les bases d'un État moderne, aidé par une équipe d'intellectuels, ce qui lui vaut le surnom de « Sage ».

LE PREMIER DAUPHIN

Charles naît en 1338, alors que son grand-père, Philippe VI, premier souverain Valois, vit encore, situation assez rare à l'époque. Fils aîné de l'héritier du trône, Jean, duc de Normandie, il est promis de longue date à une destinée de roi. Par sa mère, Bonne, il se rattache à une autre dynastie importante, celle des Luxembourg : son oncle maternel Wenceslas, empereur du Saint Empire sous le nom de Charles IV, l'assistera souvent de ses conseils.

Le jeune Charles est élevé au château de Vincennes en compagnie d'une bande joyeuse de jeunes garçons : son oncle, Philippe, duc d'Orléans, dont le séparent dix-huit mois seulement, et ses trois frères, Louis, d'un an son cadet, Jean et Philippe, nés respectivement en 1340 et 1342. Son père, qui l'a eu à dix-huit ans, est encore fort jeune, mais son tempérament colérique répugne à la modération de Charles qui hérite toutefois de lui le goût des lettres. Lorsque Jean devient roi en 1350, Charles est déjà en charge du gouvernement du Dauphiné récemment vendu à la France par le dernier dauphin de Viennois : il est donc le premier fils aîné d'un roi de France à porter le titre de Dauphin.

En 1350, la situation du royaume est difficile. Les famines se sont multipliées depuis le début du siècle et la crise économique entretient une instabilité monétaire peu

◄ La sagesse de Charles V a permis à celui-ci de surmonter les périls que connaît le royaume. La guerre de Cent Ans, la grande peste, la Jacquerie ne l'ont pas empêché de construire un État stable et de restaurer la monarchie.

1364

Charles V devient roi

Il entame alors une vaste réorganisation de l'État et de l'armée et une rapide reconquête du royaume, occupé par les Anglais.

▲Jean le Bon est fait prisonnier à la bataille de Poitiers. Âgé de douze ans, son fils Philippe tenta de lui prêter main-forte. « Père, gardez-vous à droite !… Père, gardez-vous à gauche ! » prévenait-il.

favorable aux affaires. Depuis 1347, la grande épidémie de peste noire a emporté un bon tiers de la population : la mère de Charles, Bonne de Luxembourg, y a laissé la vie en 1349. La guerre avec l'Angleterre, qui allait durer plus de cent ans, a commencé par des défaites retentissantes. En 1346, les archers gallois d'Édouard III font tomber la fine fleur de la chevalerie française à Crécy, où le grand-père maternel de Charles, Jean l'Aveugle, trouve la mort. En quelques années, le monde de son enfance s'est effacé autour de Charles, qui se retrouve marié, à onze ans, avec une cousine, Jeanne de Bourgogne.

Les débuts du règne de Jean le Bon sont encore plus catastrophiques : à Poitiers en 1356, le roi est fait prisonnier par le Prince Noir, héritier du trône d'Angleterre. Malgré son courage et l'aide de son fils Philippe, qui y gagne le surnom de « Hardi », Jean le Bon n'a pu éviter une captivité humiliante et ruineuse : il est emmené en Angleterre, dont le roi exige une rançon exorbitante (quatre millions d'écus d'or) et la pleine souveraineté sur tout le sud-ouest de la France. À dix-huit ans, Charles se trouve en charge du pouvoir, avec le titre de lieutenant du royaume et plus tard de régent.

Un royaume dans la tourmente

S'appuyant sur son expérience à la tête du Dauphiné puis comme duc de Normandie, le Dauphin louvoie entre les nombreux adversaires qui entendent profiter de l'absence du roi. Obligé de lever de nouveaux impôts pour payer la rançon de son père, Charles rencontre l'opposition des états généraux, qui exigent des réformes pour revenir au « bon temps de Monseigneur Saint Louis », c'est-à-dire à une époque de prospérité. Les réformateurs, qui réclament la stabilité monétaire et le renvoi des « mauvais » conseillers, sont soutenus par le cousin de Charles, le roi de Navarre, Charles le Mauvais, qui ambitionne le trône de France. À Paris même, le Dauphin subit la pression du très puissant prévôt des marchands Étienne Marcel. Celui-ci bénéficie du soutien du petit peuple qui lynche deux conseillers du Dauphin le 22 février 1358 ; Charles ne doit la vie qu'au chaperon bleu et rouge, aux couleurs de la ville, qu'Étienne Marcel lui fait revêtir. Le prévôt des marchands n'hésite pas à rechercher l'alliance de la Jacquerie (du surnom « Jacques Bonhomme », donné par dérision aux rustres), violente révolte paysanne qui secoue alors les campagnes du Nord et de l'Île-de-France. Le péril est à son comble au printemps 1358, et les Valois menacés de perdre le trône de France. Mais, en quelques mois, profitant de l'absence de coordination entre ses ennemis, le Dauphin renverse la situation : en juin, les Jacques sont écrasés par les nobles ; en juillet, Étienne Marcel est assassiné par l'un de ses cousins ; enfin les principaux partisans du roi de Navarre abandonnent celui-ci, trop compromis avec l'Anglais.

Le retour en France de Jean le Bon, en 1360, rétablit définitivement l'ordre. Mais le roi

La journée d'un roi sage

Christine de Pisan dresse l'emploi du temps de Charles V. Levé dès 6 ou 7 h, le roi récite ses prières, avant d'assister à une messe. À partir de 8 h, il peut écouter les requêtes de ses sujets et présider le conseil qui l'aide dans son gouvernement. Il déjeune à 10 h, puis reçoit en audience et signe les documents dressés par sa chancellerie. Après une courte sieste, Charles se consacre, à partir de 13 h, à des visites, à sa famille ou à des lectures dont il s'entretient avec ses lettrés favoris, jusqu'au dîner, à 17 h.

Chronologie

Naissance de Charles, fils aîné de Jean, duc de Normandie, et de Bonne de Luxembourg, le 21 janvier, à Vincennes. **1338**

Défaite des armées françaises à Crécy. **1346**

La peste noire en Europe. **1347**

Humbert II vend le Dauphiné à la France : Charles, dauphin de Viennois. **1349**

Mort de Philippe VI de Valois : Jean II le Bon lui succède. **1350**

Charles duc de Normandie. **1354**

Défaite de Poitiers : Jean le Bon est fait prisonnier par les Anglais ; Charles, lieutenant du royaume. **1356**

Grande ordonnance de réforme imposée par les états généraux. **1357**

Charles régent du royaume. Écrasement de la Jacquerie et assassinat d'Étienne Marcel. **1358**

Traité de Brétigny ; retour en France du roi Jean le Bon ; frappe du franc pour payer la rançon du roi. **1360**

Début de la construction du château de Vincennes. **1361**

Mort de Jean le Bon : **Charles V devient roi**. Défaite de Charles le Mauvais à Cocherel. Bataille d'Auray mettant fin à la guerre de la Succession de Bretagne. **1364**

Christine de Pisan arrive à la cour de Charles V. **1368**

Bertrand Du Guesclin devient connétable de France. **1370**

Ordonnance sur la majorité et la succession royales. **1374**

Ordonnances réorganisant l'armée royale. **1374-1375**

Mort de Bertrand Du Guesclin. Mort de Charles V le 16 septembre. **1380**

CHARLES V

doit bientôt repartir en captivité et, à sa mort, c'est un royaume exsangue qu'il laisse à Charles. Sa rançon de quatre millions d'écus d'or a nécessité la frappe d'une nouvelle monnaie, le franc, et le traité de Brétigny a amputé la France d'un tiers de son territoire. En outre, Jean le Bon a largement pourvu ses autres fils d'apanages, territoires enlevés au domaine royal : Louis a ainsi reçu l'Anjou, Jean, le Berry, et Philippe, la Bourgogne. S'appuyant avec prudence sur ses puissants frères et sur des conseillers dont il a pu éprouver la fidélité, Charles V parvient à redonner son lustre à la monarchie.

Le roi sage

Préférant les qualités intellectuelles aux qualités militaires (il adopte la robe longue du clerc plutôt que le justaucorps du chevalier), Charles V apparaît comme un roi lettré. Connaissant un peu de latin, il lit beaucoup, à l'aide de lunettes dont il possède quatre paires, surtout des ouvrages de dévotion, ou bien traitant de politique, ou encore d'astrologie, qu'il conçoit comme un moyen de prévision utile à l'exercice du pouvoir. Le surnom de « Sage » doit donc être tout autant compris comme « savant » que comme « modéré ».

L'importante bibliothèque que Charles V rassemble dans la tour du Louvre est ouverte aux intellectuels dont il s'entoure, comme le philosophe Nicolas Oresme. Ce « brain-trust » traduit pour lui des ouvrages utiles au gouvernement du royaume, telles *la Politique* et *l'Économique* d'Aristote. Le roi fait composer des traités destinés à justifier ses droits face à une papauté affaiblie par le Grand Schisme. Ainsi, le français apparaît comme la première langue savante susceptible de concurrencer le latin.

En réservant à son confesseur le recrutement des boursiers du collège de Navarre et en y imposant un enseignement rénové, Charles V crée une pépinière de serviteurs de l'État. Ce dernier est désormais considéré comme un corps séparé du roi et ayant sa propre continuité. Dans ses tâches quotidiennes, le roi dispose d'une équipe de conseillers (Philippe de Mézières, Jean et Bureau de La Rivière, les frères Dormans), qui l'aident à organiser un système fiscal moderne, partagé entre un prélèvement direct (le fouage) et des taxes indirectes sur les marchandises (aide et gabelle pour le sel) : Charles V est le père de l'impôt en France.

La puissance de l'État restauré est symbolisée par les réalisations d'un roi bâtisseur. Les frayeurs qu'il a connues en 1358 le

BERTRAND DU GUESCLIN

Un hobereau devenu connétable

Comme tant de petits nobles, Bertrand Du Guesclin, hobereau breton, est recruté, en 1355, à l'âge de 35 ans, dans une compagnie de mercenaires au service du roi à Pontorson, alors que la guerre de la Succession de Bretagne fait rage. Son courage et sa ruse le font sortir de la masse. Capitaine de Pontorson en 1357, il est de tous les coups, s'attachant la confiance de Charles V. Il commande les troupes qui défont les Navarrais à Cocherel en 1364, remportant la première victoire française depuis longtemps. C'est lui encore qu'on envoie en Castille à la tête des Grandes Compagnies de mercenaires qui, faute d'activités, rançonnaient les campagnes. Aussi souvent battu que vainqueur, ce rustaud petit et râblé acquiert une grande popularité, qui le propulse à la tête des armées royales, avec le titre de connétable. Il meurt en assiégeant une place forte auvergnate, le 13 juillet 1380, deux mois avant Charles V qui, honneur suprême, ordonne qu'on enterre sa dépouille à Saint-Denis, la nécropole des rois.

▲ Charles V remet l'épée de connétable à Bertrand Du Guesclin le 2 octobre 1370. En choisissant un noble de modeste extraction comme chef de l'armée, le roi place les grands seigneurs sous l'autorité de l'un de ses fidèles.

◄ *Le Massacre de Meaux* (miniature du XVe siècle). Les Jacques tentèrent de s'emparer de Meaux, où était réfugiée l'épouse du Dauphin, mais Gaston Phébus et ses hommes vinrent à bout de la révolte. Cet épisode est un de ceux qui marquent la fin de la Jacquerie.

▲ Franc « à cheval » de Jean le Bon. Institué le 5 décembre 1360, le franc contient 3,88 g d'or. Cette nouvelle monnaie restera stable pendant vingt-cinq ans.

conduisent à réaménager et à fortifier le Louvre. Mais sa résidence favorite est Vincennes, le château de son enfance heureuse, qu'il dote d'un puissant donjon et d'une sainte-chapelle. Pour protéger la rive droite de Paris, il fait construire de nouveaux remparts ainsi que la forteresse de la Bastille. Car la guerre est toujours là.

Le roi victorieux

Afin de reconquérir les territoires perdus sur les Anglais, Charles V entreprend de construire une armée peu nombreuse mais plus efficace que l'ost féodal ou que les troupes de mercenaires qui ravagent alors le royaume : des compagnies de spécialistes régulièrement payées sont placées sous le commandement de chefs sûrs, comme Bertrand Du Guesclin ; les villes sont fortifiées. Parallèlement, Charles V parvient à faire entrer la Flandre dans l'orbite du royaume, grâce au mariage de son frère Philippe le Hardi avec l'héritière du comté.

L'appel des Aquitains pressurés par les demandes fiscales anglaises fournit le prétexte rêvé à la reprise des hostilités, favorisée par la défaite de Charles le Mauvais à Cocherel (1364). La reconquête du royaume est confiée aux frères du roi et à Du Guesclin qui progressent rapidement de la Normandie à l'Aquitaine. Durant onze années, de 1369 à 1380, la guerre est portée dans tout le royaume sous l'impulsion de chefs énergiques. En fait de guerre, il s'agit plutôt d'une longue série d'escarmouches, de combats incertains, de tractations, de redditions de villes acceptant de revenir dans le giron du roi de France. Tirant la leçon des années précédentes, l'armée de Charles V refuse la bataille rangée pour lui préférer la guérilla et le harcèlement des garnisons anglaises, si bien qu'elle parvient finalement à « désencombrer le pays de ses ennemis ». Afin de ne pas rééditer le désastre de Poitiers, Charles V ne prend pas part aux combats, ce que sa piètre santé lui aurait de toute manière rendu difficile.

En effet, Charles V souffre depuis longtemps de la goutte, peut-être à l'origine de la crise cardiaque qui l'emporte à l'âge de quarante-deux ans. En cette année 1380, les Anglais ne tiennent plus que la Guyenne et Calais, comme avant la bataille de Poitiers. Le coût de la victoire est toutefois très lourd et, sur son lit de mort, le roi abolit les fouages, qui ont suscité la rébellion du Midi. Son fils, Charles VI, affecté par des crises de folie précoces, déchiré entre les ambitions de ses oncles et privé de Du Guesclin, qui meurt aussi en 1380, dilapidera l'héritage de son père : il renverra les conseillers fidèles, et même les milliers de volumes de la bibliothèque du Louvre seront dispersés.

► **Christine de Pisan** / 1402

« Le roi est mort, vive le roi ! »

Dans les semaines qui ont séparé la mort de Jean le Bon de son propre sacre, Charles V a été soumis à une forte pression des Grands. L'un des traités politiques dont il patronne la composition, le *Songe du Verger*, insiste sur l'adage « Le mort saisit le vif », signifiant que le nouveau roi entre immédiatement en possession du pouvoir au décès de son prédécesseur. Cette idée, qui donnera naissance au fameux « Le roi est mort, vive le roi ! », repose sur une conception nouvelle de l'État : alors que son corps physique est mortel, le roi, considéré du seul point de vue de sa fonction, dispose d'un second corps, politique et intemporel ; même si le roi périt, l'État se perpétue. En conséquence, l'ordonnance de 1374 fixe la majorité royale à 13 ans et stipule que le roi peut agir dès sa majorité, avant même d'avoir été sacré. Des difficultés n'en surgiront pas moins à la mort de Charles V : son successeur n'est pas encore majeur, et certains princes contestent la régence du duc d'Anjou.

Franc « à pied » de Charles V. ► Contrairement à son père, Charles V se fit représenter non en armes mais en souverain de justice soucieux de la bonne et saine gestion du royaume.

BAYEZID Ier

C'est à Nicopolis que les Occidentaux peuvent mettre un visage sur Bayezid Ier : celui d'un homme qui leur infligea une terrible défaite. Au terme d'une vie de batailles, et malgré une fin tragique, il laisse aux Ottomans les bases d'une formidable expansion.

◄ Bayezid à la bataille de Nicopolis. La victoire des Ottomans a durablement marqué les chrétiens d'Occident, désormais menacés à leurs frontières par l'Islam.

« La Foudre »

En 1389, Bayezid (*Bajazet* dans la tradition française) a déjà trente-cinq ans lorsqu'il succède à son père, le sultan ottoman Murad Ier. Les Ottomans (ainsi nommés d'après Uthman, leur premier émir) sont issus d'une tribu oghouz, poussée par les Mongols hors d'Asie centrale au XIIIe siècle. Au départ, ils détiennent un des petits États turcs d'Anatolie, situé autour de Sögüt, dans le nord-ouest de l'actuelle Turquie. Uthman et ses successeurs grignotent les territoires que l'empereur byzantin détient en Asie Mineure, s'emparent des villes de Nicée et de Brousse, réunissent autour d'eux d'autres émirats turcs et constituent une façade maritime le long des Dardanelles et de la mer de Marmara, face à Constantinople. Ce sont les Byzantins eux-mêmes qui ouvrent aux Ottomans les portes de l'Europe, en recourant à leurs troupes dans leurs guerres intestines. L'implantation dans les Balkans, d'abord limitée à la Thrace, s'accentue avec Murad Ier, le premier Ottoman à porter le titre de sultan, qui s'empare d'Andrinople, occupe la Macédoine et la Bulgarie, fondant un véritable empire. À Kosovo, le 13 juin 1389, il écrase les Serbes, mais meurt durant la bataille.

Le nouveau sultan, surnommé *Yildirim*, « la Foudre », est un homme très énergique, qui doit son surnom autant à son comportement guerrier qu'à sa vitesse de décision. Son père lui a légué les bases d'un État centralisé, dont l'administration est coiffée par un grand vizir. Il est aidé dans ses ambitions par une armée efficace, de plus en plus constituée de janissaires. Dès l'enfance, ces fantassins d'élite ont été enlevés à leurs parents, des chrétiens des Balkans, puis islamisés et formés au métier des armes en Anatolie.

Bayezid l'irrésistible…

Après avoir éliminé son frère Yakoub, comme le veut la tradition ottomane afin d'éviter qu'un autre héritier mâle puisse détrôner le sultan, Bayezid se lance sur les traces de son père. Il s'empare de toute l'Anatolie occidentale et centrale, soumettant les autres États turcs. Sur le front européen, il achève dès 1394 la conquête de la Thessalie, de la Serbie et de la Bulgarie, contrôlant tous les points de passage sur le Danube. Il menace Constantinople, où il favorise en 1391 l'accession au trône de Manuel II qui lui paie tribut.

Les chrétiens d'Occident ont peur, et notamment le roi de Hongrie Sigismond, que l'expansion ottomane menace directement. Répondant à ses appels à la croisade, relayés par le pape, une armée de 20 000 croisés, français pour la plupart, s'ébranle sous la conduite du duc de Bourgogne, Jean sans Peur. La rencontre a lieu le 22 septembre 1396, à Nicopolis, et se conclut par une victoire sans appel de Bayezid, qui assoit la réputation d'invincibilité des Turcs.

Rien ne semble pouvoir résister à Bayezid, qui s'empare d'Athènes en 1397 et s'assure de nombreux vassaux jusqu'en Albanie.

1396

Bayezid Ier écrase les croisés

La défaite de l'armée commandée par Jean sans Peur et le roi Sigismond, à Nicopolis, au nord de la Bulgarie, ouvre la conquête des Balkans aux Turcs.

TAMERLAN

Le conquérant éphémère de l'Asie

L'« homme de fer boiteux » (c'est le sens du nom Timur Lang) est né en 1336 dans une famille de chefs turcs près de Samarkand. Ce n'est donc pas un Mongol, bien qu'il ait épousé en 1397 une descendante de Gengis Khan et qu'il ait maintenu la fiction d'un khan dont il ne se prétendait que l'exécutant. Ses armées sont d'ailleurs constituées de cavaliers nomades, où Mongols et Turcs se mêlent. Depuis son repaire de Samarkand, Tamerlan lance régulièrement des expéditions de razzias, d'abord sur les khanats mongols voisins, puis sur des États toujours plus éloignés. Son champ d'action s'étend de l'Inde jusqu'à l'Irak et la Syrie. À chaque fois, le pillage des villes s'accompagne de terribles massacres camouflés en guerre sainte et entretenant une peur qui facilite ses projets. C'est alors qu'il se met en route contre les Chinois que Tamerlan meurt, en 1405, sur le Syr-Daria.

▲ Tamerlan à la chasse, miniature extraite de l'*Histoire de l'Inde* de Manucci. Le « fléau tartare » constitua un empire plus vaste que celui de son prétendu ancêtre Gengis Khan, mais qui ne lui survivra pas.

L'Empire ottoman atteint un premier apogée qui en fait un concurrent direct de l'Empire byzantin. Profitant de l'absence de Manuel II parti en France à la recherche de subsides, le sultan semble sur le point de s'emparer de Constantinople qu'il convoite depuis longtemps. Mais voilà que se profile un autre conquérant, le redoutable Tamerlan.

… CONTRE TAMERLAN LE REDOUTABLE

Depuis 1370, Tamerlan a conduit des raids dévastateurs qui l'amènent toujours plus à l'ouest, jusqu'en Anatolie. Le choc est inévitable avec Bayezid. Entre les deux sultans (Tamerlan a pris ce titre en 1388), le ton monte vite à propos d'un émirat turc qu'ils se disputent. Imbu de sa force et sûr de sa victoire, Bayezid défie Tamerlan. Sa défaite n'en est que plus amère. Le 29 juillet 1402, dans la plaine de Tchibukova, près d'Ankara, les armées ottomanes, formées en partie d'auxiliaires chrétiens, sont écrasées par les cavaliers de Tamerlan, et le fier Bayezid fait prisonnier. Il n'y survivra pas une année. Enfermé dans une litière grillagée (dont la légende fera une cage de fer pour bête sauvage), assistant impuissant au triomphe de son ennemi, Bayezid meurt en captivité le 9 mars 1403. Il laisse quatre fils qui vont se disputer pendant des années un pouvoir ottoman très affaibli, les émirats turcs qu'il avait soumis ayant repris leur indépendance. C'est Mehmed Ier qui, en 1412, sortira vainqueur de cette guerre de succession. L'expansion ottomane reprendra de plus belle, pour aboutir à la formation du grand empire dont Soliman le Magnifique illustrera le nom au XVIe siècle.

► **Soliman le Magnifique** / 1526

CHRONOLOGIE

Naissance de Bayezid, fils de Murad. **1354**

Murad Ier émir des Ottomans. **1362**

Murad Ier bat les Bulgares. **1366**

Tamerlan roi de Transoxiane ; début de ses raids de pillage. **1370**

Murad Ier sultan des Ottomans. Il s'empare de Sofia. **1382**

Sigismond de Luxembourg devient roi de Hongrie. **1387**

Victoire des Ottomans sur les Serbes à Kosovo ; Bayezid sultan. **1389**

Manuel II devient empereur de Byzance avec le soutien de Bayezid. **1391**

Sac de Bagdad par les armées de Tamerlan. Bayezid achève de soumettre la Thessalie, la Bulgarie et la Serbie. **1394**

Bayezid Ier écrase les croisés. 1396

Bayezid prend Athènes. **1397**

Bayezid fait prisonnier par Tamerlan. **1402**

Mort de Bayezid Ier, le 9 mars. **1403**

CHRISTINE
DE PISAN

En cette fin du Moyen Âge où l'éducation féminine n'est pas à l'ordre du jour, Christine de Pisan a su se construire une culture solide et devenir la première femme de lettres à vivre de sa plume. Sans jamais se départir de son regard de femme.

▲ Inspirée de Boccace, *la Cité des Dames* est une utopie allégorique. Dans une cité gouvernée par Raison, Justice et Droiture, des femmes donnent la preuve qu'elles peuvent être les égales des hommes.

◄ Christine de Pisan est entrée en littérature comme on entre en religion, et, pour exercer ce métier d'homme, « de femme devint mâle » afin d'égaler les grands auteurs de son temps. Miniature extraite de *la Cité des Dames*.

NAISSANCE D'UNE FEMME DE LETTRES

Lorsqu'en 1368 Christine, née à Venise, arrive à la cour du roi Charles V, elle est âgée d'à peine quatre ans. Elle vient y rejoindre son père, Tommaso de Benvenuto, médecin et astrologue renommé, originaire de Pizzano, près de Bologne. Le roi sage est féru d'astrologie qu'il conçoit comme un moyen de prévision politique. De son père, Christine reçoit une éducation, ce qui est assez rare à l'époque pour une fille. Cette enfance heureuse se conclut par un beau mariage, vers 1379-1380 avec un des secrétaires du roi, Étienne Castel, qui appartient à la noblesse. Mais la jeune Christine doit bientôt subir de rudes épreuves. Elle perd son père adoré entre 1385 et 1390, puis son mari. À vingt-cinq ans, Christine se retrouve orpheline, veuve, mère de trois enfants, et en terre étrangère. La situation financière de la jeune femme devient vite délicate, et en 1392 elle doit vendre ses biens pour faire face aux dettes qui l'accablent.

Acculée à la misère, Christine aurait pu se remarier, comme tant d'autres. Elle décide de rester seule, comme l'exprime une de ses plus fameuses ballades : « Seulette suis et seulette je veux être, / Seulette m'a mon doux ami laissée, / Seulette suis, sans compagnon ni maître, / Seulette suis, dolente et courroucée. » Ce choix de la solitude convient parfaitement au travail intellectuel qu'elle entend désormais faire sien : se remettant à l'étude, elle veut vivre de sa plume. Ainsi apparaît la première femme de lettres professionnelle de la littérature française.

UNE FEMME ENGAGÉE

Bien qu'elle ait acquis une certaine maîtrise du latin, Christine de Pisan rédige en français qui a accédé, depuis Charles V, au rang de langue de savoir. Surtout, elle écrit pour les aristocrates français, auxquels elle dédie ses œuvres ou offre des recueils rassemblant celles-ci. Ce qui lui vaut respect, protections et subsides. Notamment des frères du défunt Charles V, comme Jean de Berry, bibliophile fort sensible à la beauté des manuscrits qui sortent de l'atelier de Christine : à la tête de quelques copistes, elle dicte en effet à ses enlumineurs des programmes iconographiques précis.

D'abord orientée vers la poésie, Christine de Pisan se lance progressivement dans la prose, genre plus noble qui lui permet d'aborder la morale ou la religion, la politique ou l'histoire. Mais elle se préoccupe aussi, et peut-être surtout, de la condition féminine. C'est ainsi qu'elle défend la vision courtoise de la femme, répondant par avance aux partisans du *Roman de la Rose*, dans l'*Épître au dieu d'Amour* (1399), ou qu'elle présente un plaidoyer pour la femme dans le *Dit de la Rose* en 1402. Elle montre dans le *Livre de la Cité des Dames* (1404-1405) que les femmes ne sont pas des êtres faibles, ni intellectuellement ni physiquement, puis elle propose un code de conduite féminin dans le *Trésor de la Cité des Dames* (1405). L'autobiographie n'est jamais bien loin chez une femme de lettres dont la vie illustre précisément ce à quoi peut parvenir une femme : la plus connue reste l'*Avision Christine*, où elle présente son enfance comme un âge d'or.

La reconnaissance

Son talent procure à Christine une audience qui lui permet de retrouver sa place dans la société : son fils Jean deviendra même, comme son défunt mari, secrétaire du roi. Elle parvient à se faire entendre sur des sujets politiques. C'est ainsi qu'elle se consacre de plus en plus aux questions de son temps. Elle lance des appels à la paix (*Lamentations sur les maux de la France*, *Livre de la paix*), participe au débat sur la réforme du royaume (*Livre du chemin de longue étude*, *Livre du corps de Policie*) et prodigue ses conseils aux gouvernants (*Épître à la reine Isabeau*, *Livre de Prudence* dédié au duc d'Orléans). C'est à elle que le duc de Bourgogne Philippe le Hardi fait appel pour décrire la vie exemplaire de Charles V, qui a impulsé la rénovation des lettres en France : comprenant l'italien, Christine est l'une des seules, parmi les intellectuels français du temps, à connaître les œuvres de l'humaniste Boccace ou encore celles de Dante.
Mais elle vieillit, tandis que la situation de la France empire : la guerre de Cent Ans dégénère en guerre civile entre Armagnacs et Bourguignons, et la moitié du royaume est occupée par les Anglais. Christine se retire dans un couvent de Poissy où sa fille est religieuse. Dans sa retraite, elle publie en 1429 un dernier poème pour célébrer une autre femme, qui a comme elle entrevu « la grant pitié du Royaume de France » : c'est le *Ditié de Jeanne d'Arc*. Christine de Pisan s'éteint peu après, en 1430.

Le *Roman de la Rose*

Avec plus de 300 manuscrits encore conservés, le *Roman de la Rose* apparaît comme un véritable « best-seller » du Moyen Âge. Vers 1230, un certain Guillaume de Lorris a composé un traité d'amour courtois, complété une quarantaine d'années plus tard par Jean de Meun dans une optique radicalement différente : en quelque 18 000 vers chargés de discours et de digressions, ce clerc bien renseigné sur les questions intellectuelles de son temps, exalte notamment l'amour libre et fait des artifices de la séduction féminine des descriptions passablement cyniques. Coupés de leur contexte, ces passages nourrissent, au début du XVe siècle, le premier débat de la littérature française, opposant défenseurs de Jean de Meun et ceux des femmes, parmi lesquels Christine de Pisan.

► **Charles V** / 1364
► **Jeanne d'Arc** / 1429

▲ *Le Jardin d'Amour*, miniature du *Roman de la Rose*. Christine provoqua une vive querelle en s'élevant contre la vision parfois avilissante que Jean de Meun donne de la femme dans la seconde partie du poème.

1402

Débat sur le *Roman de la Rose*

S'opposant aux défenseurs du *Roman de la Rose*, au ton très antiféministe, Christine de Pisan lance un plaidoyer en faveur des femmes, dans le *Dit de la Rose*.

CHRONOLOGIE

Naissance de Christine de Pisan à Venise. **1365**

Arrivée de Christine à Paris. **1368**

Mariage de Christine avec Étienne Castel. **1379-1380**

Mort de Charles V. **1380**

Christine de Pisan veuve. **1390**

Premier accès de folie de Charles VI. **1392**

Premier poème probable de Christine, célébrant son veuvage. **1394**

Épître au dieu d'Amour. **1399**

Livre de la mutation de Fortune. **1400-1402**

Débat sur le *Roman de la Rose* : Christine écrit le *Dit de la Rose*. **1402**

Livre du chemin de longue étude. Livre des faits et bonnes mœurs du sage roi Charles V. La Cité des Dames. Livre du corps de Policie. Épître à la reine Isabeau. Trésor de la Cité des Dames. Avision Christine. Livre de la Prod'ommie (plus tard remanié en *Livre de Prudence*). **1402-1407**

Lamentations sur les maux de la France. **1410**

Livre de la paix. **1412-1414**

Défaite française à Azincourt. **1415**

Traité de Troyes : Charles VI déshérite le Dauphin Charles et reconnaît le roi d'Angleterre Henri V comme son héritier. **1420**

Mort de Charles VI : Charles VII et Henri VI d'Angleterre proclamés concurremment rois de France. **1422**

Jeanne d'Arc libère Orléans ; *Ditié de Jeanne d'Arc*. **1429**

Mort de Christine de Pisan. **1430**

LADISLAS II
JAGELLON

Grand-duc de Lituanie, Ladislas Jagellon a réalisé avec la Pologne une union qui allait durer plusieurs siècles. Ainsi fut intégré à la chrétienté le dernier peuple européen encore païen, les Lituaniens, que Ladislas réussit à protéger des ambitions germaniques.

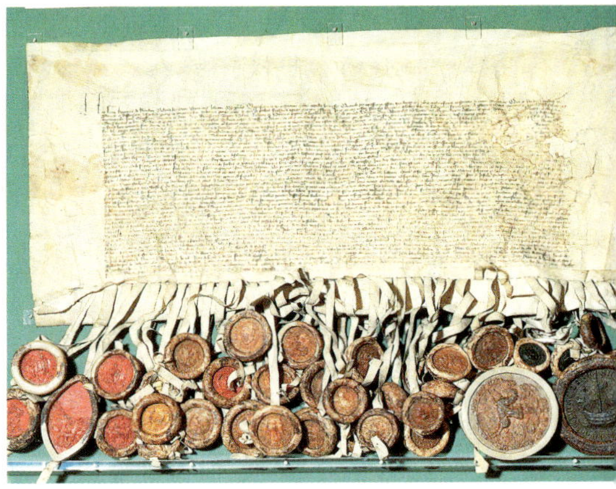

▲ Le traité de paix de Thorn, signé après la bataille de Tannenberg, freine brutalement les ambitions de l'ordre des chevaliers Teutoniques.

◄ Ladislas II Jagellon conduit ses troupes à la victoire. Mais la Lituanie n'en a pas fini avec les vicissitudes de l'histoire, et ce n'est qu'en 1990 que la république de Lituanie accédera vraiment à l'indépendance.

L'ennemi des Teutoniques

Le contentieux était fort lourd entre les deux adversaires qui s'affrontèrent le 15 juillet 1410 à Tannenberg (Grunwald dans la tradition historiographique polonaise). D'un côté, l'ordre des chevaliers Teutoniques, moines-soldats allemands voués à la croisade et qui constituaient le fer de lance de l'expansion germanique vers l'est depuis le XIIIe siècle. Ils avaient d'abord vaincu les Prussiens et installé sur place un puissant et riche État qui n'avait cessé de s'étendre, en interdisant à la Pologne tout accès à la Baltique. Puis ils s'étaient tournés vers les Lituaniens : le séjour d'hiver en Lituanie était devenu une mode auprès des nobles de toute l'Europe qui partageaient leur temps entre la chasse au gros gibier et la chasse aux derniers païens !
Les conversions de force devaient inévitablement susciter la réaction de Ladislas Jagellon. Jogaïla (c'était son nom en lituanien) était l'un des vingt et un enfants du grand-duc Olgierd de Lituanie (1341-1377), qui avait lui-même défait une croisade en 1344-1345. Son grand-père Gédymin (1316-1341) avait créé l'État lituanien : avec Vilnius pour capitale, cette vaste construction politique intégrait de petites principautés russes et était d'ailleurs en voie de russification. Lorsque Jogaïla devient à son tour grand-duc de Lituanie en 1377, il a encore en tête le raid meurtrier mené par les chevaliers Teutoniques dans ses États une quinzaine d'années plus tôt.

Grand-duc de Lituanie et roi de Pologne

Neuf ans après son accession au pouvoir, Jogaïla est l'auteur d'un coup de théâtre qui prend les Teutoniques au dépourvu. Il épouse la reine en titre de Pologne, Hedwige d'Anjou, après s'être fait baptiser sous le nom de Ladislas (Wtadystaw), qui précède désormais son nom de naissance. Après quoi, Ladislas est couronné roi de Pologne. Comment justifier la poursuite d'une croisade qui se ferait dès lors aux dépens d'un État chrétien ? Par ailleurs, les possessions de Ladislas Jagellon prennent en tenailles celles de l'ordre Teutonique et, en tant que roi de Pologne, il revendique la Pomérélie (autour de Gdansk), principal point d'exportation des blés teutoniques.
L'affrontement est inévitable et le grand maître des Teutoniques, Ulrich von Jungingen, s'y prépare. Mais il meurt lors de la bataille de Tannenberg, qui est une victoire totale pour Ladislas Jagellon : la Prusse est envahie par une armée polono-lituanienne grossie d'auxiliaires russes et tatars et qui fait tomber toutes les villes et tous les châteaux, à l'exception de Marienbourg. Le roi de Pologne n'exploite pas son succès et se contente, au traité de Thorn (ou Torun, 1411), d'exiger de l'Ordre une indemnité de guerre exorbitante.

Ladislas Jagellon peut se permettre une telle mansuétude. Si, après 1392, il laisse la Lituanie à son cousin, le grand-duc Vitold (Vytautas), l'union politique entre les deux États qu'il a rassemblés demeure ferme grâce aux bonnes relations qui unissent les souverains. En 1446, le fils puîné de Ladislas, Casimir, allait réunir à nouveau les deux couronnes. C'est que, malgré la mort d'Hedwige, Ladislas est parvenu à assurer la transmission du trône polonais à ses fils nés après son remariage avec Sophie Holszanska. La dynastie des Jagellons va ainsi dominer l'histoire de l'Europe centrale et orientale jusqu'au début du XVIe siècle.

La christianisation des derniers païens

Le deuxième titre de gloire de Ladislas Jagellon est d'avoir engagé l'évangélisation des Lituaniens, selon des méthodes radicalement différentes de celles qu'avaient utilisées les Teutoniques. Le baptême de Ladislas entraîne celui de la population l'année suivante, mais la christianisation se fait lentement : vers 1430, on ne comptait encore que 27 paroisses dans le diocèse de Vilnius, administrées par un clergé d'origine polonaise.
Désormais chrétiens, les Lituaniens se permettront même de contester devant le concile de Constance les manières musclées des chevaliers Teutoniques. C'est l'occasion de remettre en cause non seulement le principe d'une croisade contre des chrétiens, mais celui d'une croisade contre un État souverain. L'esprit des croisades était décidément bien loin.
On comprend que Ladislas Jagellon ait pu représenter l'une des figures de la résistance slave à l'expansion allemande vers l'est de l'Europe. C'est son fils Casimir qui allait porter l'estocade finale à l'État teutonique : à la seconde paix de Thorn (1466), la Pologne s'emparait de la plus grande partie de cette avant garde germanique.

La seconde bataille de Tannenberg (1914)

Entre le 23 et le 30 août 1914, Tannenberg est le théâtre d'une seconde bataille entre Allemands et Slaves, qui tourne cette fois à l'avantage des premiers. Devant l'effondrement du front oriental, l'état-major allemand a rappelé dans sa retraite le général Hindenburg qui, à la tête de la VIIIe armée, parvient à arrêter l'offensive russe. De ce qui peut apparaître comme la revanche de la première bataille de Tannenberg, Hindenburg – qui complétera sa victoire aux lacs Mazures en septembre 1914 – tire un immense prestige. Prestige qui lui vaudra d'être nommé commandant en chef des armées allemandes en 1916. Prestige qui restera intact malgré la défaite et qui lui permettra plus tard d'être élu puis réélu président de la République de Weimar.

1410

Bataille de Tannenberg

Le roi de Pologne Ladislas Jagellon bat les chevaliers Teutoniques et met fin à l'expansion germanique vers l'est.

CHRONOLOGIE

Naissance de Jogaïla, fils du grand-duc de Lituanie Olgierd. **1352**

Raid des chevaliers Teutoniques en Lituanie. **1361-1363**

Jogaïla grand-duc de Lituanie. **1377**

Charte de Kréva réglant l'union personnelle entre Pologne et Lituanie. **1385**

Après avoir reçu le baptême et épousé la reine Hedwige d'Anjou, Ladislas Jagellon est couronné roi de Pologne. **1386**

Conversion des Lituaniens. **1387**

Les chevaliers Teutoniques obtiennent du duc d'Opole le pays de Dobrin. **1392**

Les chevaliers Teutoniques obtiennent la Samogitie du grand-duc Vitold de Lituanie. **1398**

Mort d'Hedwige d'Anjou. **1399**

Les chevaliers Teutoniques reçoivent en gage du margrave de Brandebourg la Neumark qui interdit à la Pologne l'accès à la Baltique. **1402**

Bataille de Tannenberg. 1410

Paix de Thorn qui conserve à l'ordre Teutonique ses territoires, mais l'oblige à verser une indemnité de 6 millions de groschen. **1411**

Concile de Constance : Jan Hus est brûlé et les méthodes de l'ordre Teutonique sont contestées. **1415-1417**

Mort de Vitold de Lituanie : luttes intestines pour sa succession. **1430**

Mort de Ladislas Jagellon. **1434**

◄ Illustration des oriflammes perdues lors de la bataille de Tannenberg par les chevaliers Teutoniques, un ordre fondé à Saint-Jean-d'Acre peu après la prise de Jérusalem par Saladin, en 1187.

Jan Hus

Prédicateur populaire, Jan Hus gagne les élites tchèques à l'idée d'une réforme de l'Église. Si ses maladresses l'ont conduit à sa perte, ses conceptions donneront naissance à la seule hérésie officiellement reconnue par l'Église romaine.

◄ Héros du nationalisme tchèque, Jan Hus fut aussi l'annonciateur de la réforme protestante qui allait conduire au schisme le plus important de la chrétienté.

Un réformateur chrétien

Pourquoi Jan Hus s'est-il rendu au concile de Constance, où il devait trouver la mort ? Peut-être a-t-il cru pouvoir y exposer ses positions réformatrices : depuis son départ de Prague, il a émaillé sa route de prêches enflammés. Mais, à peine arrivé à Constance, il est arrêté, malgré le sauf-conduit que lui avait délivré l'empereur Sigismond. Le concile devant lequel il comptait exposer son point de vue se transforme en tribunal. Refusant d'abjurer ses idées, il est condamné pour hérésie et brûlé en place publique le 6 juillet 1415. Cette fin est bien à l'image de l'infatigable prédicateur confiant dans les pouvoirs de la parole, trop obstiné pour ne pas s'attirer de persistantes inimitiés, dépassé par les enjeux politiques des conflits qu'il a provoqués.

Jan Hus n'était pas de tempérament à éviter les dangers, mais il n'était pas non plus de taille à les surmonter. Né en Bohême vers 1369, il n'avait obtenu la maîtrise ès arts à l'université de Prague qu'en 1396 : à quelque vingt-sept ans, achever le premier cycle universitaire ne représentait guère une performance. Mais le jeune homme a mûri intellectuellement dans le climat de réforme religieuse qui se développe en Bohême depuis quelques décennies. Il lit attentivement Wycliffe, un universitaire d'Oxford connu pour ses positions très dures envers l'Église visible.

Agitateur malgré lui

En 1400, Hus reçoit la prêtrise, mais se montre choqué par les richesses ecclésiastiques. Affermi dans ses convictions, il devient deux ans plus tard le prédicateur de la chapelle de Bethléem. C'est dans ce lieu de culte, fondé en 1391 par et pour les Tchèques, qu'il va pouvoir propager ses idées réformatrices.

L'étudiant plutôt moyen se révèle un prédicateur talentueux et éloquent. Ses appels à une réforme radicale de l'Église qui passe par le retour à la pauvreté et à la pureté apostoliques rencontrent un écho de plus en plus grand dans la bonne société pragoise. L'université est bientôt gagnée par ses thèses et en fait son recteur.

D'autant que les positions théologiques du prédicateur de Bethléem cristallisent un certain nationalisme tchèque, exacerbé par les positions souvent dominatrices des Allemands. En 1409, les décrets de Kutnā Hora établis pour l'université de Prague réduisent à la portion congrue les Allemands, qui émigrent vers Leipzig. Hus appuie cette expulsion de fait, en même temps qu'il appelle à la traduction de la Bible en tchèque, souhaitant une réforme de l'orthographe pour promouvoir cette langue face au latin et à l'allemand.

◄ Condamné au bûcher, Jan Hus refusa de se rétracter, préférant l'obstination à la crainte d'avoir à mentir devant Dieu.

L'INSPIRATEUR D'UNE HÉRÉSIE NATIONALE

Les idées réformatrices de Jan Hus pénètrent aussi les classes populaires où la richesse et la domination du clergé sont mal perçues dans un climat de tensions sociales et économiques. L'agitation croissante vaut au prédicateur de perdre peu à peu ses appuis au sein d'un pouvoir désormais méfiant. En 1412, à la suite de trois jours d'émeutes sanglantes, le roi Wenceslas, qui jusque-là l'avait soutenu, lui ordonne de quitter la ville sur-le-champ.

Jan Hus se retire à la campagne. Mais, dans sa retraite forcée, il continue d'œuvrer pour la réforme. Il rassemble ses idées dans le traité *De Ecclesia (De l'Église)*, très inspiré de Wycliffe : Hus y condamne la hiérarchie ecclésiastique et réduit la doctrine catholique aux Écritures saintes, aux premiers textes conciliaires et aux Pères, rendant illégitime toute la tradition incarnée par l'Église. Pour accélérer la diffusion du texte, il en fait des lectures régulières en présence de 80 auditeurs chargés de les recopier et de les diffuser. C'est la publication de cet ouvrage qui provoque son excommunication et finalement sa mort.

Le martyre du prédicateur, loin d'affaiblir le mouvement, soulève de vives protestations en Bohême et accélère la propagation des thèses hussites. Si les extrémistes taborites, fortement imprégnés d'eschatologie, sont rapidement éliminés, un consensus se fait autour de thèses modérées, demandant pour les laïques le droit de communier sous les deux espèces du pain et du vin *(sub utraque specie)*. Après plusieurs guerres, l'Église romaine finit par admettre le droit à l'existence de cet utraquisme, c'est-à-dire d'une hérésie : il est vrai que, dans le hussitisme, c'est toute la Bohême qui s'est reconnue dans un sentiment national.

▼ Le théologien anglais John Wycliffe, partisan d'un retour à la pauvreté de l'Église, influença la révolte populaire des lollards contre l'aristocratie anglaise. Gravure du XIXe siècle.

JOHN WYCLIFFE

L'inspirateur de Jan Hus

Universitaire lui aussi (il enseignait à Oxford), John Wycliffe fut le principal inspirateur de Jan Hus. Pour lui, la seule Église est constituée de ceux que Dieu, de toute éternité, a destinés à être sauvés : les sacrements et cérémonies de l'Église officielle ou visible ne sont valables que si la Bible les atteste. Ces thèses, qui annoncent la Réforme protestante, ainsi qu'une conception nouvelle de la communion, valent à Wycliffe une condamnation pour hérésie qui le force à la retraite. Ses idées influenceront profondément un mouvement hérétique anglais, les lollards.

1415

Condamnation au bûcher

Malgré un sauf-conduit de l'empereur Sigismond, Jan Hus est arrêté et les membres du concile de Constance le condamnent pour hérésie. Il est brûlé en place publique le 6 juillet.

CHRONOLOGIE ◄

Naissance de Jan Hus. **vers 1369**

Grand Schisme ; mort de l'empereur Charles IV ; son fils aîné, Wenceslas, lui succède et reçoit la couronne de Bohême. **1378**

Le synode de Londres condamne comme hérétiques 24 propositions de Wycliffe. **1382**

Mort de Wycliffe. **1384**

Fondation de la chapelle de Bethléem à Prague. **1391**

Jan Hus maître ès arts de l'université de Prague ; à Nicopolis, Bayezid écrase les croisés appelés par le roi de Hongrie, Sigismond. **1396**

Jan Hus reçoit la prêtrise ; Wenceslas est déposé comme empereur mais reste roi de Bohême. **1400**

Jan Hus prédicateur de la chapelle de Bethléem. **1402**

Décrets de Kutnā Hora : les Allemands chassés de l'université de Prague. **1409**

Le roi de Hongrie, Sigismond, frère cadet de Wenceslas, est élu roi des Romains (futur empereur). **1410**

Jan Hus chassé de Prague. **1412**

Condamnation au bûcher de Jan Hus, qui meurt le 6 juillet. **1415**

HENRI LE NAVIGATEUR

Henri le Navigateur reste le symbole de la vocation maritime du Portugal, qui conduisit à la formation d'un vaste empire commercial. Mais il fut avant tout un homme d'affaires, intéressé par les profitables îles atlantiques et finançant l'exploration de l'Afrique.

Aujourd'hui encore, on peut goûter des spécialités culinaires portugaises en Chine : Macao, avec d'autres anciens comptoirs et territoires, garde le souvenir d'un empire colonial qui s'étendait sur l'Afrique, l'Asie et l'Amérique, et qui résultait d'une expansion maritime sans précédent. De cette expansion, les historiens du XIXe siècle ont crédité l'infant Henri, qu'ils ont surnommé le Navigateur. Et ce, bien qu'il n'ait que très peu navigué et n'ait franchi au mieux que le détroit de Gibraltar. Au moins Henri a-t-il su utiliser ses prodigieuses richesses et les connaissances de son temps pour impulser l'exploration portugaise de l'Afrique et l'exploitation des îles de l'Atlantique.

LE RICHE INFANT DU PORTUGAL

Né le 4 mars 1394, Henri est le troisième fils du roi du Portugal, Jean Ier, fondateur de la nouvelle dynastie des Aviz en 1385, et d'une princesse anglaise, Philippa de Lancastre. Il n'est donc pas destiné au trône et, durant sa longue vie, voit successivement régner son père, son frère aîné Duarte (à partir de 1433) et enfin son neveu, Alphonse V, monté sur le trône en 1438.

◄ Nourri de l'idéal féodal des croisades tout autant qu'attiré par l'appât du gain, Henri le Navigateur a permis au Portugal de s'ouvrir au monde.

Les nombreux biens concédés par son père font de lui un prince fort riche. Dès qu'il a atteint l'âge de quatorze ans, les Cortès, assemblée des représentants de la noblesse, du clergé et des villes, lui accordent des revenus considérables et il rassemble peu à peu de vastes possessions foncières autour de Viseu, au sud-est de Porto. C'est à Viseu que le prince Henri, alors âgé de vingt ans, donne des fêtes si somptueuses « que son entourage apparaissait à certains étrangers comme la cour du roi lui-même », écrit le chroniqueur Zurara. Ses revenus sont encore augmentés lorsqu'il devient, en 1420, régent et gouverneur de l'ordre du Christ, ordre militaire qui a récupéré les biens des templiers au Portugal. Il contrôle ainsi la ville de Tomar, siège principal de l'ordre, qu'il surnomme « ma ville » et dans laquelle se tiennent des foires profitables. L'année suivante, il acquiert des pêcheries sur le Tage, et, plus tard, il détiendra le monopole de la pêche au thon le long la côte méridionale de l'Algarve. Il dispose aussi de l'exclusivité sur la production de savon dans tous les territoires portugais et investit dans la fabrication et la teinture des textiles. L'infant Henri est donc d'abord un homme d'affaires avisé. Ce sont ses richesses qui lui permettront de financer ses ambitions africaines et de participer à l'expansion portugaise dans l'Atlantique, en armant de nombreux navires. Mais il n'oublie jamais ses intérêts et demande, par exemple, aux équipages des bateaux qu'il envoie en Afrique de capturer les phoques, dont l'huile est si précieuse pour ses fabriques de savon.

◄ Jean Ier, roi du Portugal, reçoit à sa cour John de Gaunt, duc de Lancastre. L'expansion coloniale ne pouvait détourner le Portugal des affaires européennes, et Jean Ier s'attacha à concilier les deux.

1425

Les Portugais à Madère

João Gonçalves Zarco et Tristão Vaz Teixeira prennent possession de Madère, au nom d'Henri le Navigateur.

« Le seigneur des îles »

Isolé à la pointe sud-ouest de la péninsule Ibérique et soumis à la pression de son puissant voisin castillan, le Portugal est contraint de se tourner vers la mer : dès le règne de Jean Ier, il entame donc une expansion maritime qui doit lui permettre de trouver de nouvelles terres agricoles et aussi de remonter aux sources de l'or du Soudan, dont l'approvisionnement s'est ralenti. Cette expansion offre, en outre, à la remuante noblesse portugaise de nouveaux terrains d'aventure et fait revivre les idéaux d'évangélisation, voire des rêves d'alliance, contre les musulmans, avec les chrétiens soumis au Prêtre Jean.

La prise de Ceuta en 1415 marque la première implantation portugaise en Afrique : Henri le Navigateur y est présent aux côtés de son père. Mais une installation plus durable sur la côte septentrionale d'Afrique se révèle impossible après la sévère défaite des Portugais à Tanger (1437).

En revanche, la conquête et la mise en valeur des îles de l'Atlantique rencontrent un succès évident. Les archipels de Madère et des Açores avaient été reconnus dès le XIVe siècle, mais c'est Henri qui va entreprendre leur colonisation. En 1425, deux gentilshommes de sa maison, João Gonçalves Zarco et Tristão Vaz Teixeira, prennent possession de Madère, jusque-là inoccupée. Dès son arrivée sur le trône, Duarte donne cet archipel en fief à son frère et les premiers colons s'installent aussitôt. En 1440, le fidèle Tristão Vaz Teixeira reçoit l'administration de l'île principale, où la culture des céréales a commencé et où l'on introduit la canne à sucre quelques années plus tard : Madère allait devenir pour des décennies le principal producteur de sucre au monde et enrichir encore le prince Henri, qui recevait un tiers de ce que l'archipel raffinait.

Le même phénomène va se reproduire aux Açores, tout aussi inhabitées que Madère.

Le roi Duarte et la saudade

Dans la tradition des rois savants, Duarte, le frère d'Henri le Navigateur, a écrit *le Loyal Conseiller*. Racontant comment il a « été malade de l'humeur mélancolique et comment [il en a] été guéri », le roi analyse le sentiment de *saudade*, mot sans équivalent « soit en latin, soit dans une autre langue » que le portugais. Sentiment de manque proche de la nostalgie, la *saudade* deviendra ensuite un des thèmes de prédilection de la culture portugaise, qui l'attribuera souvent à la grandeur perdue de son Empire portugais.

◄ Les expéditions atlantiques ne purent se faire que grâce aux travaux des cartographes. Au XVe siècle, les Portugais sont alors maîtres en la matière. Atlas catalan d'Abraham Cresques, 1375.

CHRONOLOGIE ◄

Naissance d'Henri, troisième fils du roi du Portugal Jean Ier d'Aviz. **1394**

Henri se voit concéder d'importants revenus par son père et les Cortès. **1408**

Prise de Ceuta, à laquelle Henri prend part. **1415**

Henri gouverneur de l'ordre du Christ. **1420**

Les Portugais à Madère. **1425**

Les Açores conquises par les Portugais. **1431**

Mort de Jean Ier : Duarte roi du Portugal ; Madère est donnée en fief à Henri. **1433**

Le navigateur portugais Gil Eanes double le cap Bojador. **1434**

Défaite portugaise devant Tanger ; Henri se retire dans son palais de Sagres. **1437**

Mort de Duarte : début du règne d'Alphonse V l'Africain, roi du Portugal. **1438**

Henri reçoit le droit de coloniser les Açores. **1439**

Les Portugais capturent leurs premiers esclaves noirs. **1441**

Fondation du comptoir portugais d'Arguin. **1443**

Les navigateurs portugais doublent le cap Vert. **1444**

Le régent Pierre, frère d'Henri, est tué à la bataille d'Alfarrobeira. **1449**

Mort d'Henri le Navigateur ; les Portugais atteignent le golfe de Guinée. **1460**

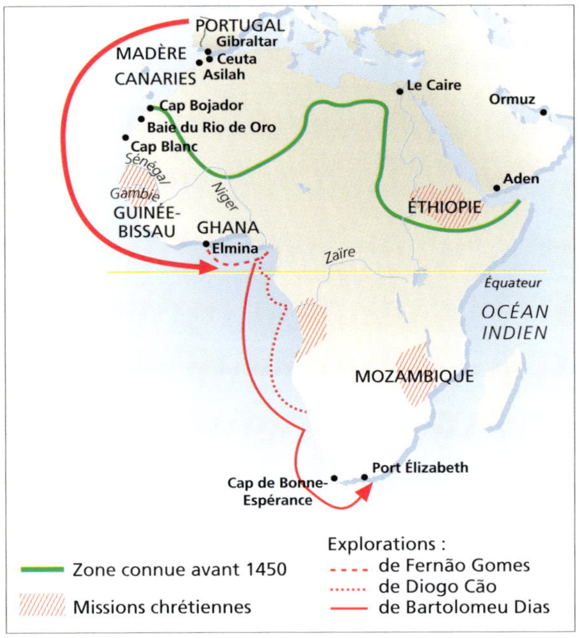

▼ Dès les débuts de la conquête portugaise des côtes de l'Afrique de l'Ouest, le commerce des esclaves noirs se développe et joue un rôle important dans l'économie atlantique. Navire esclavagiste, par Jérôme Bosch, XVe siècle.

Profitant de la minorité du roi Alphonse V, alors âgé de sept ans, Henri reçoit l'autorisation de les coloniser en 1439. Dix ans plus tard, la mort du régent Pierre, qui y avait des intérêts, laisse à l'infant la totalité de cet archipel. C'est à juste titre qu'Henri peut désormais évoquer son « autorité royale comme seigneur des îles ».

Le prince de Sagres

Quoiqu'il possède le château de Sagres depuis longtemps, Henri le Navigateur ne s'y installe durablement qu'après la défaite de Tanger en 1437. À la pointe sud-ouest du Portugal, face à l'océan, cette résidence symbolise les vastes horizons du prince. Non loin de là, à Lagos, se trouve le port d'où partent ses navires, fabriqués sur place, et où arrivent les produits et les esclaves qu'ils rapportent.

Le prince Henri a-t-il été pour autant l'organisateur de l'expansion lusitanienne, le maître d'œuvre de l'exploration des côtes africaines qui allait mener plus tard les Portugais jusqu'en Inde ? C'est ainsi que le présente l'historiographie du XIXe siècle, qui fait d'Henri le Navigateur un prince savant, entouré d'une équipe de scientifiques, d'astronomes et de cartographes. Selon le chroniqueur Zurara, il passait ses journées à travailler et ne s'accordait guère de sommeil afin d'accumuler des connaissances. Mais, s'il a fait venir à Sagres un cartographe de l'école catalane et s'il a peut-être favorisé l'amélioration de la caravelle, Henri a surtout joué un rôle économique en finançant les expéditions maritimes et en intéressant la bourgeoisie portugaise à ses entreprises commerciales.

Les débuts de la traite des Noirs

Dès 1441, les premiers esclaves maures et noirs arrivent à Lisbonne. Jusqu'en 1448, les explorateurs au service d'Henri le Navigateur en capturent exactement 927, parfois revendus sur le marché de Valence. Si des esclaves africains faisaient déjà partie des « importations » européennes depuis le monde musulman, la fondation du comptoir saharien d'Arguin (1443) accélère le mouvement : à la fin du siècle, près de 1 000 esclaves nouveaux atteignent chaque année la capitale du Portugal, qui compte alors près de 10 % de population servile. Le processus de la traite se diffuse le long des côtes africaines : le comptoir de São Jorge, installé en 1482 près de mines aurifères, échange même des esclaves razziés dans d'autres secteurs de la côte avec l'or du peuple forestier des Akan. Des esclaves noirs furent également envoyés pour travailler sur les exploitations sucrières des îles atlantiques, fleuron des « conquêtes » d'Henri le Navigateur.

Le conquérant de la Guinée ?

L'exploration des rivages du continent africain est restée secondaire aux yeux d'Henri, qui n'y consacre que quelques bateaux par an, et non des plus grands. Les navigateurs qu'il envoie ainsi en mission progressent lentement : ce n'est qu'en 1434 que le cap Bojador, qui constituait le point méridional extrême de la navigation antique, est enfin franchi ; deux ans plus tard, c'est le tour du Sahara. Il faut attendre 1441 pour que les voyages reprennent : cette année-là, Antão Gonçalves et Nuno Tristão atteignent le Rio de Oro, où sont capturés les premiers esclaves noirs. En 1460, année de la mort d'Henri, Pedro da Sintra touche enfin le golfe de Guinée (actuels Sierra Leone et Liberia). C'est seulement sous le règne de Jean II (1481-1495) que l'exploration des

◄ Le Prêtre Jean, souverain légendaire, apparaît dans les chroniques dès le XIIe siècle. Pour l'Église, son existence supposée laissait croire en une alliance qui aurait permis de prendre les musulmans à revers.

Le mythe du Prêtre Jean

Depuis le XIIe siècle, les Occidentaux imaginent qu'il existe, au-delà du monde musulman, dans les « Indes », un royaume chrétien, immensément riche et dirigé par un prêtre du nom de Jean : on a même fabriqué une fausse lettre dans laquelle ce Prêtre Jean leur propose une alliance. D'abord situé en Asie et un moment assimilé à l'Empire mongol, le royaume du Prêtre Jean finit par être « localisé » en Éthiopie : les cartes du XIVe siècle assignent à cet État chrétien, souvent victorieux de l'Égypte musulmane, un vaste espace au cœur du continent africain. Dès les débuts de leur exploration des côtes occidentales de l'Afrique, les explorateurs portugais ont cherché à obtenir des informations sur un pays qu'ils croyaient très proche. Prendre contact avec le Prêtre Jean sera l'un des objectifs des navigateurs, qui finiront par atteindre l'océan Indien.

côtes africaines s'accélérera de manière décisive pour finir par dépasser le cap de Bonne-Espérance.

Tout au long de cette exploration, les richesses de l'Afrique ont commencé à être exploitées pour le plus grand profit du prince Henri : l'or du Soudan, d'abord, dont l'Europe manque si cruellement, puis les épices, dont la maniguette, petite graine très poivrée qu'on appelait « graine de paradis » faute d'en connaître la provenance. Et, surtout, les esclaves. Henri le Navigateur participe directement à la traite qui amène à Lisbonne des milliers d'esclaves noirs et mauresques et qui deviendra un élément déterminant de l'économie atlantique.

S'ils ont bien été un moteur de l'expansion portugaise, les intérêts d'Henri se sont surtout concentrés sur l'exploitation économique des îles atlantiques. C'est le chroniqueur Gomes Eanes de Zurara qui, du vivant même du prince, fera de lui le conquérant de la Guinée qu'il n'a jamais été. Sans doute pour redorer le blason du Navigateur, qui n'est plus très bien en cour sur la fin de sa vie : il a, en effet, montré quelque indécision durant la guerre civile qui, pendant la minorité d'Alphonse V, a vu la victoire des Bragance sur son propre frère, le régent Pierre.

À partir de cette fausse réputation, et des rodomontades d'une bulle pontificale qui, sous l'influence d'Henri lui-même, évoque la conquête de la Guinée et l'exploration du « pôle antarctique », les historiens ultérieurs construiront la légende d'un croisé chevaleresque contre les musulmans. Celle-ci n'a pas plus de consistance que la légende du prince scientifique ou du Navigateur. Toutefois, c'est bien à Henri que l'on doit le peuplement et l'exploitation des îles atlantiques, qui ont habitué les Portugais à la navigation de haute mer.

► **Christophe Colomb** / 1492

▼ Monument érigé à Lisbonne en 1960 en souvenir d'Henri le Navigateur et des marins portugais. Dans la mémoire collective du Portugal, Henri demeure le prince qui a donné à son pays un empire aujourd'hui disparu.

JEANNE D'ARC

En à peine deux années, Jeanne d'Arc, qui cumulait pour ses contemporains les handicaps d'être jeune, femme et illettrée, réussit à lancer la reconquête du royaume sur les Anglais. Ce destin exceptionnel en fait une légende que nourrit sa fin sur le bûcher.

La bergère de Domrémy

L'extrême jeunesse de Jeanne d'Arc a beaucoup frappé ses contemporains. Lors de son procès, elle déclare être âgée d'environ dix-neuf ans. Selon les dires d'un conseiller de Charles VII, elle serait venue au monde lors de la nuit de l'Épiphanie, et tous les coqs de son village natal, Domrémy, se seraient alors mis à chanter. Son père, Jacques d'Arc, est un laboureur, c'est-à-dire un paysan d'une certaine aisance. Occupée aux tâches domestiques, la petite Jeanne file le chanvre ou la laine et de temps en temps mène les animaux à paître. C'est plus tard que les théologiens feront de Jeanne une bergère semblable au pasteur qui guide les chrétiens.

L'enfance laborieuse de la jeune paysanne est rythmée par les sermons du dimanche. Bien qu'elle participe aux fêtes villageoises autour d'un arbre dit « des fées » près duquel surgit une source miraculeuse, Jeanne paraît avoir manifesté dès son plus jeune âge une grande dévotion, et sa mère, la très pieuse Isabelle Romée, lui a appris le *Pater Noster*, l'*Ave Maria* et le *Credo*.

La prophétesse et le roi

Jeanne d'Arc grandit dans les troubles de la guerre de Cent Ans. La France est au plus mal, déchirée par la guerre civile entre Armagnacs et Bourguignons, et le traité de Troyes (1420) a donné la Couronne de France au roi d'Angleterre. Aux confins du Saint Empire, Domrémy est restée fidèle au dauphin Charles, le « roi de Bourges », qui n'a en ses mains qu'une petite partie du royaume : en 1425, les habitants doivent d'ailleurs quitter le bourg de Jeanne devant les pressions bourguignonnes. C'est alors que l'adolescente (elle a treize ans) commence à entendre des voix, celles de saint Michel, sainte Catherine et sainte Marguerite qui lui ordonnent de « bouter » (chasser) les Anglais hors de France et de faire sacrer Charles à Reims.

Après plusieurs visions, Jeanne est déterminée à se rendre auprès de Charles pour lui porter assistance. Elle réclame une escorte au capitaine de Vaucouleurs, Robert Baudricourt, escorte qu'elle finit par obtenir grâce au soutien des habitants de Domrémy. Armée d'une épée, habillée de vêtements d'homme prêtés par Baudricourt et montée sur un cheval pour l'achat duquel la population s'est cotisée, elle se met en route en janvier 1429.

Le 4 mars au soir, au château de Chinon, c'est un Charles d'abord très réticent qui la reçoit. L'époque est en effet aux prophétesses, comme Jeanne-Marie de Maillé, morte en 1414, ou Piéronne la Bretonne, brûlée la même année, qui prétendent transmettre au roi les avertissements de Dieu. Le roi, pour éprouver cette nouvelle candidate, s'est mêlé aux autres gentilshommes, mais Jeanne le reconnaît. Elle finit de le convaincre en lui adressant un « signe » mystérieux. Des théologiens de l'université

Les Anglais en ont fait une sorcière, alors que pour ► les Français elle est devenue une sainte. Si Jeanne d'Arc reste encore une énigme pour les historiens, son aventure a contribué à sauver le royaume de France.

1429

Charles VII sacré roi

Après avoir libéré Orléans assiégée, Jeanne d'Arc fait sacrer le « gentil dauphin » dans la cathédrale de Reims, le 17 juillet, réalisant ainsi ses deux premières prédictions.

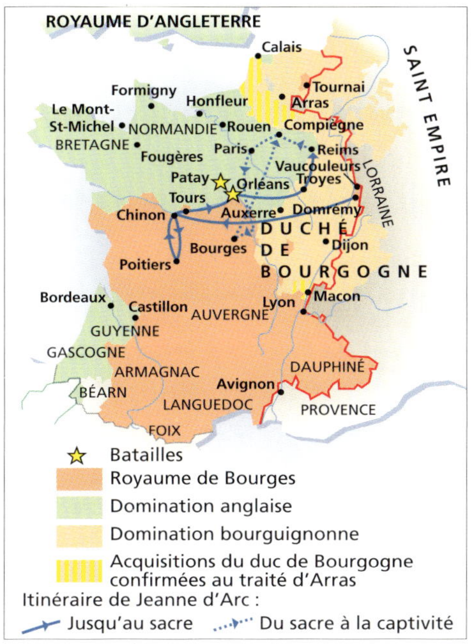

La pucelle d'Orléans

C'est en véritable capitaine que Jeanne quitte Chinon : sur ses indications, on lui a trouvé une épée dans une chapelle près de Tours, et elle arbore une bannière aux noms de « Jhesus Maria ». Son premier coup d'éclat sera la libération d'Orléans. Le 29 avril 1429, elle parvient à pénétrer dans la ville assiégée depuis des mois par les Anglais et qui, affamée, semblait perdue. Surmontant les sarcasmes des assiégeants et la méfiance des chefs de l'armée royale, Jeanne s'impose par son courage : l'épaule traversée d'un carreau d'arbalète, elle de Poitiers vérifient sa piété et des matrones en font de même pour sa virginité ; parallèlement, des franciscains sont dépêchés à Domrémy pour une enquête de moralité.

Tous les examens sont concluants : Jeanne d'Arc est une bonne chrétienne, qui n'a point commercé avec le diable. Lorsqu'elle prédit que les Anglais lèveront le siège d'Orléans, que le roi sera sacré à Reims, que Paris rentrera dans l'obéissance du roi et que le duc d'Orléans reviendra de sa captivité en Angleterre, il faut donc la prendre au sérieux. Et lui confier les moyens de réaliser sa mission, en l'autorisant à prendre part aux opérations militaires, bien qu'elle ait seulement dix-sept ans.

GILLES DE RAIS

Le Barbe-Bleue des contes

Gilles de Rais est aux côtés de Jeanne d'Arc lors de la victoire d'Orléans ; c'est encore lui que réclame la Pucelle blessée sous les murs de Paris ; en sa mémoire, il finance des pièces de théâtre. Mais, en 1440, l'évêque de Nantes l'accuse de sodomie et de magie noire : Gilles de Rais reconnaît avoir tué cent quarante jeunes garçons au cours de scènes d'orgie ; il est pendu et brûlé. La légende s'empare de ce grand seigneur dont elle fait le Barbe-Bleue des contes, tandis que Georges Bataille verra en lui une figure de la transgression.

◄ En septembre 1429, Jeanne et les troupes du roi de France tentent, sans succès, de reprendre Paris. Depuis 1423, les Parisiens ont fait allégeance au duc de Bedford, représentant du roi d'Angleterre.

CHRONOLOGIE ◄

Naissance de Jeanne d'Arc à Domrémy.	**1412**
Défaite française à Azincourt.	**1415**
Le dauphin Charles fait assassiner le duc de Bourgogne Jean sans Peur.	**1419**
Traité de Troyes : le roi d'Angleterre déclaré héritier de la Couronne de France.	**1420**
Mort de Charles VI : Charles VII, installé à Bourges, se proclame roi.	**1422**
Les habitants de Domrémy quittent leur bourg devant l'avance des troupes bourguignonnes ; Jeanne d'Arc entend pour la première fois des voix de saints.	**1425**
Jacques Cœur obtient l'adjudication du monnayage royal à Bourges.	**1427**
Jeanne d'Arc se rend une première fois à Vaucouleurs auprès de Robert de Baudricourt.	**1428**
Entrevue de Jeanne d'Arc et de Charles VII à Chinon ; Orléans est libérée ; **Charles VII sacré roi,** et Gilles de Rais fait maréchal de France ; Christine de Pisan écrit le *Ditié de Jeanne d'Arc* ; Jeanne d'Arc échoue sous les murs de Paris.	**1429**
Jeanne d'Arc est capturée à Compiègne puis vendue aux Anglais.	**1430**
Début de son procès (janvier) ; elle est condamnée à mort puis brûlée vive à Rouen, le 30 mai.	**1431**

JEANNE D'ARC AU CINÉMA

Dès les débuts du septième art, Jeanne d'Arc attire les cinéastes : Georges Méliès, le « magicien », lui consacre un premier film en 1900, suivi par Albert Capellani huit ans plus tard. La Grande Guerre suggère à Cecil B. De Mille un *Joan the Woman* (1916) très patriotique : le dernier plan montre un drapeau tricolore. À mesure que les historiens se détachent de la vulgate nationaliste sur la sainte patronne de la France, de grands metteurs en scène imposeront des images plus complexes de Jeanne d'Arc, servis par des actrices d'exception : mystique et intérieure chez Dreyer (*la Passion de Jeanne d'Arc* avec Renée Falconetti, 1928), fière et courageuse avec Ingrid Bergman, interprète de Victor Fleming puis de Roberto Rossellini, tandis que Robert Bresson construit un *Procès de Jeanne d'Arc* autour d'une héroïne pure et dépouillée. Déjà modernisée par Jacques Rivette (*Jeanne la Pucelle*), Jeanne l'est encore plus dans le récent film de Luc Besson, *Jeanne d'Arc* (1999). La figure de Jeanne d'Arc n'a donc jamais cessé d'épouser les mentalités du XXe siècle.

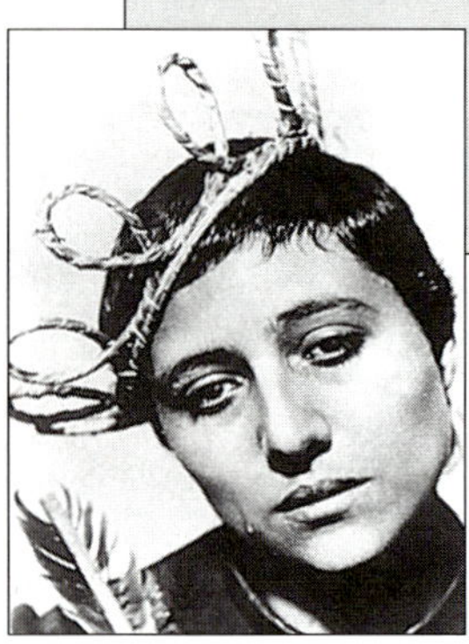

▲ Renée Falconetti interprète Jeanne d'Arc dans le film de Carl Dreyer (1928).

trouve encore la force d'aller planter sa bannière sur les fortins ennemis. C'est donc à elle qu'on impute le premier coup d'arrêt donné à la progression anglaise depuis bien longtemps. Du coup, soldats et capitaines se rallient à la pucelle d'Orléans, qui est désormais entourée d'un cercle de compagnons, dont Dunois, le bâtard du duc d'Orléans, et le sulfureux Gilles de Rais.
Sur la lancée de sa victoire, Jeanne d'Arc impose à l'entourage royal le voyage à Reims pour y faire sacrer Charles. Sur la route, les villes s'ouvrent facilement devant Charles VII, qui arrive à Reims le 16 juillet. Le lendemain, la seconde prédiction se réalise. Jeanne est là, aux côtés du « gentil dauphin » dont elle a fait un roi déterminé. Ce retournement spectaculaire répand rapidement le nom de Jeanne d'Arc. La poétesse Christine de Pisan écrit : « L'an mil quatre cent vingt et neuf / Reprit à luire le soleil. » Mais la chance va bientôt tourner.

L'ACCUSÉE DE ROUEN

En septembre 1429, c'est le premier d'une longue série d'échecs. L'assaut contre Paris est repoussé. Jeanne est blessée, et sa troisième prédiction n'est pas réalisée ; elle voudrait continuer le combat, mais le roi, à court d'armes et d'argent, rentre à Bourges, où il subit l'influence de Georges de La Trémoille, opposé à Jeanne. On décide d'occuper la Pucelle à une campagne sur la Loire, qui est à moitié réussie. Le roi anoblit Jeanne ainsi que sa famille, mais aimerait autant en rester là : plutôt que de s'épuiser à une reconquête qui semble impossible, il vaut mieux tenter de faire la paix avec les Bourguignons. On trouve même une autre prophétesse qui annonce que Dieu va favoriser la réconciliation.

Jeanne tourmentée par ses geôliers, sculpture ► anonyme vers 1430. Très vite, Jeanne la Pucelle sera l'objet d'un culte fervent dans le royaume de France.

À la fin du mois de mars 1430, Jeanne, avec une petite troupe de fidèles pour toute armée, retourne au combat de sa propre initiative pour ranimer le courage des villes franciliennes conquises huit mois plus tôt : elle va devoir en fait les défendre. Le 20 mai, les Bourguignons mettent le siège devant Compiègne. C'est là, trois jours plus tard, que la Pucelle est capturée par un archer picard. Elle est livrée à Jean de Luxembourg, qui la vend aux Anglais pour 10 000 livres tournois, sans que Charles VII cherche même à entrer dans la transaction. Jeanne est sacrifiée à l'objectif de la réconciliation. Pour elle, les conséquences sont dramatiques : sa chute représente le désaveu de sa mission divine et les Anglais voient en elle une sorcière qu'il faut tuer.
Les Anglais confient Jeanne à un tribunal ecclésiastique, présidé par l'évêque de Beauvais Pierre Cauchon, dont dépend Compiègne et qui est alors replié à Rouen. Ce théologien appartient au parti bourguignon, c'est donc un ennemi de Charles VII ; il peut espérer recevoir l'archevêché de Rouen dont les bénéfices sont les plus

élevés de France : il doit donc se faire l'homme des Anglais. Jeanne est condamnée d'avance.

Sainte Jeanne d'Arc

Les Anglais veulent un procès régulier : il ne le sera pas. L'enquête menée à Domrémy ou auprès des soldats a produit des témoignages si favorables à l'accusée que Cauchon la fait détruire. Jeanne refuse de répondre aux questions de ses juges, qui ne supportent pas qu'une pauvre fille leur tienne tête. Les audiences publiques sont d'ailleurs brutalement closes le 3 mars. Mais, même mise au secret, la pucelle persiste à porter des habits d'homme, disant qu'elle ne les enlèvera que lorsque Dieu le lui fera savoir. Elle n'avoue pas, même sous la menace de la torture, son imposture ; elle rappelle au contraire sa piété, raconte les voix, souligne son attachement au roi et à l'Église. Elle n'est assurément pas une sorcière.

Pourtant, le 23 mai 1431, les théologiens de la faculté de Paris retiennent tous les chefs d'accusation (port d'habits d'homme, imposture et sorcellerie, refus de soumission à l'Église) pour la déclarer idolâtre, invocatrice des démons, schismatique, menteuse et très suspecte d'hérésie. Au milieu de la lecture de la sentence, Jeanne, qui avait peut-être jusque-là espéré être sauvée par Dieu, abjure ses fautes. Condamnée à la prison perpétuelle, au pain et à l'eau, elle passe une robe de femme. Les Anglais sont furieux, mais Jeanne reprend le lendemain ses habits d'homme (les avait-on laissés par piège dans sa cellule ?) et se rétracte. Le 29 mai, elle est déclarée relapse en son hérésie. Son destin est scellé.

Livrée au bras séculier, Jeanne d'Arc est brûlée vive le 30 mai 1431, sur la place du Vieux-Marché, avant sa vingtième année, en invoquant ses saints, et en criant que leurs voix ne l'avaient pas trompée. Pour éviter tout culte en sa faveur, ses cendres sont dispersées dans la Seine. Une vingtaine d'années plus tard, Isabelle Romée obtient la révision du procès, qui est annulé en 1456. Jeanne est réhabilitée et entre dans la légende. Elle ne sera pourtant canonisée qu'en 1920.

► **Christine de Pisan** / 1402
► **Jacques Cœur** / 1451

◄ Jeanne au bûcher (miniature du XVe siècle). Pour les Anglais, le procès de celle qui avait permis que Charles VII fût sacré roi, devait démontrer qu'il s'agissait là d'un sacre illégitime.

▲ Figure héroïque de la reconquête du territoire français, Jeanne d'Arc est devenue, au gré des vicissitudes de l'histoire, le symbole du patriotisme et du nationalisme.

Le mythe de Jeanne d'Arc

Dès le XVe siècle, Jeanne d'Arc suscite la passion dans tous les camps. Christine de Pisan sort de sa retraite pour célébrer le nouvel espoir qu'elle a fait naître et Villon chante « Jeanne la bonne Lorraine ». Le duc de Bedford, qui dirige les armées anglaises, voit au contraire en elle un « limier du démon ». À la suite de sa réhabilitation, l'hérétique devient une bonne catholique et les ligueurs engagés dans les guerres de Religion en font leur figure de proue. D'où sans doute la méfiance des Lumières : pour Voltaire, c'est une « idiote » et Montesquieu considère son aventure comme une « pieuse fourberie ». C'est au XIXe siècle que Jeanne d'Arc s'impose comme le symbole nationaliste que l'on connaît encore aujourd'hui. Héroïne de l'émergence de la nation France pour l'historien romantique Michelet, elle est présentée comme le modèle à suivre par les tenants de la revanche contre l'Allemagne. La victoire française de 1918 est donc un peu la sienne : en même temps qu'elle la canonise, l'Église catholique l'élève au rang de patronne de la France.

JOHANNES GUTENBERG

Au nom de Gutenberg est attachée une invention appelée à révolutionner la culture de l'Occident : le livre imprimé. Entourée de secret, la mise au point de l'imprimerie a bénéficié des compétences d'orfèvre de Gutenberg et du marché que constituait l'Europe rhénane.

▲ La Bible de Gutenberg. Seules les neuf premières pages, comme cette page de prologue, comportent 40 lignes. La dixième en compte 41, toutes les autres 42, représentant au total 3 350 000 signes.

◄ À l'origine de la « galaxie Gutenberg », l'inventeur de l'imprimerie a bouleversé l'ordre des idées en Occident, permettant la diffusion de la pensée. Portrait par William Wilke, fin du XIXe siècle.

UN ORFÈVRE TALENTUEUX

L'invention de l'imprimerie ne doit rien au hasard : c'est l'aboutissement de décennies de travail patient au bout desquelles Gutenberg, à près de cinquante ans, met au point un procédé simple et efficace, celui des caractères mobiles. Johannes Gensfleisch (son surnom lui vient d'une maison à l'enseigne de « À la Bonne Montagne », *Zu Guten Bergen* en allemand) est né à Mayence entre 1397 et 1400. Son père, riche orfèvre, y exerce la fonction de maître des Monnaies auprès de l'archevêque local – puissant personnage puisqu'il compte parmi les sept Électeurs de l'empereur. Le jeune Johannes s'initie donc au traitement du métal sous toutes ses formes et se prépare à exercer le métier d'orfèvre à Mayence, lorsqu'un conflit entre le patriciat détenant le pouvoir municipal et les corporations d'artisans l'oblige à quitter la ville en 1428.

UNE INVENTION TRÈS SECRÈTE

Gutenberg s'installe à Strasbourg, où sa présence est attestée à partir de 1434. Dans cette ville, qui appartient alors au Saint Empire, il cherche à se faire une place parmi les orfèvres, jaloux de leur monopole, en expérimentant de nouveaux procédés pour la taille de pierres précieuses ou la fabrication des miroirs. Avec quelque succès, puisqu'il paraît jouir d'une certaine prospérité. À une date impossible à déterminer, Gutenberg décide d'utiliser ses talents de travailleur du métal pour la reproduction des textes. Le marché potentiel pour un livre fabriqué à de nombreux exemplaires existe dans les pays rhénans, où les artisans sont très alphabétisés. Or, le manuscrit reste cher : si l'adoption du papier a permis de substantielles économies par rapport au parchemin, la copie manuscrite entraîne des coûts fort importants. Certes, on sait depuis la fin du XIVe siècle comment graver sur bois, mais cette xylographie n'emploie que des planches fixes pour l'impression d'images de dévotion munies de textes très brefs.

Au lieu de chercher à reproduire un texte page par page, Gutenberg a l'idée d'isoler chacune des lettres qui le constituent. Il n'est d'ailleurs probablement pas le seul à travailler dans cette direction. Procope Waldfogel, orfèvre pragois installé en Avignon, ou Laurens Coster, à Haarlem, semblent avoir envisagé, peut-être même avant Gutenberg, des procédés de reproduction du livre, mais les documents ne permettent

Les incunables

Les historiens qualifient les livres imprimés avant 1501 d'« incunables », car l'art typographique était alors encore dans les langes (*incunabula* en latin). Leur mise en pages ressemble beaucoup à celle des manuscrits, et parfois ils sont même décorés à la main. La page de titre n'existe pas toujours, ce qui rend si difficile la datation des premières impressions de Gutenberg. Les caractères, qui reproduisent les abréviations des scribes, sont bien plus nombreux qu'aujourd'hui. Les tirages étaient faibles (quelques centaines d'exemplaires au mieux), le public pour ce produit encore cher restant limité. C'est à partir de 1530 que le livre prendra sa forme actuelle et que l'imprimerie aura une production de masse.

toutefois pas de déterminer la nature exacte de ces procédés demeurés inconnus.
C'est qu'en matière d'artisanat le secret est de rigueur. Les associés, dont Gutenberg sollicite les capitaux, exigent le silence sur l'éventuelle découverte. Tels Hans Riffe, André Dritzheim et André Heilmann à Strasbourg, ou encore Johann Fust, riche bourgeois mayençais, qui fournit à l'orfèvre des fonds substantiels. Gutenberg a en effet quitté Strasbourg dès 1444, alors que ses recherches étaient déjà bien avancées, et rejoint sa ville natale avant le mois d'octobre 1448. C'est là qu'il met la dernière touche à son invention.

Le premier imprimeur

Le procédé imaginé par Gutenberg est fort simple. Il s'agit de fondre des caractères en métal, mobiles et par conséquent réutilisables à volonté, qui imprimeront le texte à l'aide d'une presse. Avec un poinçon d'acier, on imprime une lettre en creux dans un petit bloc de cuivre ; dans cette matrice est introduit un alliage de métaux en fusion (plomb, étain, antimoine), permettant d'obtenir le nombre nécessaire de caractères, qui restent tous identiques. C'est sur ce principe que sont produits, vers 1450, les premiers livres sortis des presses de Gutenberg. En 1455, il donne son chef-d'œuvre, la fameuse Bible latine « à 42 lignes », dite « Bible de Gutenberg », le plus précieux des incunables.
La même année, Gutenberg doit cependant quitter son atelier : Fust lui a intenté un procès pour le remboursement de la somme prêtée lors de son installation, et l'inventeur de l'imprimerie doit abandonner son matériel typographique. Tandis que son ancien associé utilise avec profit ses presses, Gutenberg crée un nouvel atelier, qui se spécialise dans l'impression administrative. Il meurt en 1468, anobli par l'archevêque de Mayence, au terme d'une vie de recherche qui fit entrer l'Europe dans la modernité. Le livre imprimé a en effet accéléré la diffusion des idées nouvelles et il sera l'un des plus puissants vecteurs de la Réforme comme celui de l'humanisme.

▲ Une imprimerie au XVIe siècle. Très vite le métier d'imprimeur se développe, et les ateliers typographiques se multiplient en Allemagne et bientôt dans toute l'Europe. À Paris, les premiers livres imprimés arrivent en 1466.

vers 1450

Premiers livres imprimés

Grâce aux caractères en métal, mobiles, réutilisables à volonté, les premiers livres sortent des presses de l'atelier de Gutenberg, à Mayence.

Chronologie

- Naissance de Gutenberg, à Mayence. **1397-1400**
- Gutenberg quitte Mayence. **1428**
- Gutenberg à Strasbourg. **1434**
- Gutenberg membre de la guilde des orfèvres de Strasbourg. **1436**
- Gutenberg passe des contrats avec André Dritzheim, Hans Riffe et André Heilmann pour des procédés de polissage des pierres précieuses et de fabrication des miroirs ; à la mort d'André Dritzheim, Gutenberg fait démonter les pièces qui semblent avoir servi à l'imprimerie. **1438**
- Gutenberg quitte Strasbourg. **1444**
- Procope Waldfogel passe des contrats avec des juifs d'Avignon pour leur apprendre un « art d'écrire artificiellement ». **1444-1448**
- Gutenberg de retour à Mayence : il emprunte 150 florins à un certain Arnold Gelthuss. **1448**
- **Premiers livres imprimés.** **vers 1450**
- Johann Fust s'engage à fournir à Gutenberg 300 florins par an pour l'« œuvre de livres ». **1452**
- Gutenberg achève d'imprimer la Bible « à 42 lignes » ; Fust intente un procès à Gutenberg et confisque son matériel. **1455**
- Peter Schöffer, nouvel associé de Johann Fust, imprime le *Psautier* de Mayence. **1457**
- Mort de Gutenberg, à Mayence. **1468**

Jacques Cœur

Financier habile, Jacques Cœur incarne l'esprit d'entreprise des grands hommes d'affaires de la fin du Moyen Âge. Mais sa brusque chute montre la fragilité de fortunes qui dépendent étroitement de la faveur des princes.

▲ Le palais de Jacques Cœur à Bourges. Cette somptueuse demeure coûta l'équivalent du salaire de 40 manœuvres durant un siècle.

Une ascension fulgurante

L'arrestation de Jacques Cœur en 1451 brise une carrière exceptionnelle, celle d'un bourgeois richissime qui a pu s'élever par les affaires jusqu'au conseil du roi et qui a su utiliser la position politique ainsi acquise pour accroître sa fortune. Le premier atout de Jacques Cœur était sa ville natale, Bourges : dans une France coupée en deux par la guerre de Cent Ans, c'est un îlot de relative prospérité, grâce à la présence de la cour du duc de Berry puis de celle du roi Charles VII. La famille de Jacques vit elle-même confortablement des activités de marchand pelletier du père, et le jeune homme peut ainsi épouser en 1420 la fille du prévôt de Bourges, qui lui apporte en dot des rentes, des immeubles et les relations de son père, le principal officier du roi dans la ville.

Destiné au commerce, Jacques Cœur se présente bien vite comme un homme d'action, joueur, ambitieux, remuant. Il choisit de se lancer dans le commerce au long cours – mais fort lucratif – du drap et des peaux. En 1427, il obtient avec quelques autres l'adjudication de la frappe des monnaies royales en l'atelier de Bourges. Si les associés sont arrêtés deux ans plus tard pour avoir détourné à leur profit une partie non négligeable du métal précieux destiné au monnayage, Jacques Cœur n'est condamné qu'à une faible amende et on le confirme même dans ses fonctions.

C'est pourtant vers l'Orient que Jacques Cœur regarde. En 1432, il s'embarque pour les échelles du Levant afin d'apprécier les possibilités d'échanges et de nouer des relations commerciales. L'aventure de son retour en aurait dissuadé plus d'un de poursuivre dans cette direction… Naufragés à hauteur de Calvi, lui et ses compagnons se

◄ Plus puissant que le roi de France, Jacques Cœur symbolise la prospérité commerciale revenue après les affres de la guerre de Cent Ans.

1451

Arrestation de Jacques Cœur

Convaincu de lèse-majesté, le grand argentier du roi Charles VII est emprisonné.

voient dépouillés (jusqu'aux chausses) par des Corses peu scrupuleux qui ne les relâchent qu'après versement d'une rançon.

Le « ministre » des Finances

La réussite de Jacques Cœur est déjà éclatante lorsque Charles VII décide de faire appel à ses talents. Il le nomme maître des monnaies en 1436, puis argentier en 1439. Nouvelle occasion pour Jacques Cœur de développer ses affaires, mais qui le mènera finalement à sa perte. Le nouvel argentier doit en effet trouver les vêtements, les meubles, les bijoux, mais aussi le sucre, les épices, les armes ou les chevaux dont la cour a besoin. Disposant de ressources financières importantes, il devient en outre le banquier de la cour.

En développant ses propres réseaux pour remplir sa fonction, Jacques Cœur monte un véritable empire. Il commerce avec les pays du Levant, l'Espagne et l'Italie, où il installe de nombreux comptoirs. Il évite les intermédiaires et préfère acheter directement la matière première pour la faire travailler par ses hommes : Jacques Cœur négocie désormais sel, épices, étoffes et métaux précieux, exploite des mines, spécule sur l'or, arme des bateaux qui sillonnent la Méditerranée. Il voyage continuellement et réside autant à Tours, Lyon, Béziers ou Marseille qu'à Bourges.

En 1442, le roturier entre au conseil du roi et est anobli. Les missions de confiance se multiplient, jusqu'à lui permettre de jouer les premiers rôles dans une ambassade à Rome. Ses subsides alimentent les campagnes de Charles VII et il s'efforce de revaloriser la monnaie qui ne cesse de se déprécier. Il est devenu indispensable.

La chute du créancier de la cour

Riche et puissant, Jacques Cœur n'est plus guère un bourgeois. Il investit dans de grands domaines terriens et se fait construire de somptueux hôtels particuliers là où l'appellent ses affaires, dont le fameux et mirifique palais de Bourges, où il mène grand train. Il sait placer ses fils aussi bien que ses espèces : l'aîné devient ainsi archevêque de Bourges.

Tant de réussite irrite, surtout les Grands de la cour, qui ont contracté beaucoup de dettes auprès du parvenu. En 1450, la mort d'Agnès Sorel, la favorite royale, lui fait perdre son principal soutien à la cour. Une cabale se forme contre lui et il se voit intenter un procès pour malversations. Ses affaires sont épluchées, et il est facilement établi que l'argentier avait largement confondu les ressources du roi et ses biens propres. Jacques Cœur est convaincu de lèse-majesté et incarcéré en juillet 1451.

Il parvient cependant à s'échapper trois ans plus tard, et trouve refuge auprès du pape. Aventurier jusqu'à son dernier souffle, il trouve la mort à Chio en 1456, en participant à une mission contre les Ottomans.

CHARLES VII

Le roi de Bourges

Devenu Dauphin après la mort des quatre premiers fils de Charles VI, le jeune Charles s'exile très tôt dans son apanage berrichon. L'assassinat du duc de Bourgogne, Jean sans Peur, qu'il a commandité, lui vaut d'être déshérité : le traité de Troyes (1420) donne la France aux Anglais. Mais, à la mort de son père (1422), Charles se proclame roi et fixe sa capitale provisoire à Bourges. L'intervention de Jeanne d'Arc lui permet d'être sacré à Reims et de relancer l'offensive contre les Anglais. En une trentaine d'années, Charles VII parvient à reconquérir son royaume, grâce à la mise en place d'une armée permanente et efficace. Dans cette entreprise, les ressources de Jacques Cœur furent indispensables.

▲ Artisan du redressement politique et économique du royaume, Charles VII eut l'habileté de laisser Jacques Cœur gouverner les finances… avant de lui confisquer ses biens.

CHRONOLOGIE

Naissance de Jacques Cœur.	**vers 1395**
Assassinat du duc Louis d'Orléans : début de la guerre civile entre Armagnacs et Bourguignons.	**1407**
Les Bourguignons entrent dans Paris : le Dauphin Charles se réfugie à Bourges.	**1418**
Le Dauphin Charles fait assassiner le duc de Bourgogne, Jean sans Peur.	**1419**
Jacques Cœur épouse la fille du prévôt de Bourges ; traité de Troyes qui fait du roi d'Angleterre l'héritier de la couronne de France.	**1420**
Mort de Charles VI : Charles VII se proclame roi de France et fixe sa capitale à Bourges.	**1422**
Jacques Cœur obtient l'adjudication du monnayage royal à Bourges.	**1427**
Charles VII est sacré à Reims.	**1429**
Jeanne d'Arc brûlée à Rouen.	**1431**
Jacques Cœur se rend en Orient.	**1432**
Jacques Cœur maître des monnaies ; Charles VII reprend Paris, mais continue à résider à Bourges.	**1436**
Jacques Cœur argentier du roi.	**1439**
Jacques Cœur anobli.	**1442**
Mort d'Agnès Sorel, favorite du roi et protectrice de Jacques Cœur ; la bataille de Formigny permet à Charles VII de récupérer la Normandie.	**1450**
Arrestation de Jacques Cœur.	**1451**
Victoire de Castillon qui redonne la Guyenne aux Français.	**1453**
Mort de Jacques Cœur à Chio.	**1456**

François Villon

Provocante, amusante, colorée, parfois obscène, la poésie de Villon porte en elle la désespérance de son auteur. Cet étudiant joyeux devenu mauvais garçon a su créer un art personnel, dont la simplicité de sentiments et l'habileté langagière nous touchent encore aujourd'hui.

Le « pauvre petit escolier »

Né François de Montcorbier, Villon est issu du petit peuple parisien, dont ses poèmes conservent l'esprit insolent et la verdeur de langage. Peut-être orphelin de père, il est confié vers sept ans à un chanoine de Saint-Benoît-le-Bétourné, Guillaume de Villon. Celui que le poète considère comme son père et même davantage – il ira jusqu'à lui emprunter son nom – lui dispense le catéchisme et les rudiments d'instruction lui permettant bientôt d'entrer à la faculté des arts, où s'enseignent alors les disciplines littéraires et philosophiques. François y poursuit des études tout à fait honorables, puisqu'il est bachelier en 1449, licencié en 1452, avant d'être reçu maître ès arts.

L'écolier vit de peu mais aime à fréquenter les nombreuses tavernes du Quartier latin, à lutiner les filles qu'il y rencontre, à jouer et à boire. Comme tant d'autres étudiants, qui mènent avec arrogance « joyeuse vie » : l'année même où François complète ses diplômes, ses condisciples s'affrontent une fois de plus aux bourgeois parisiens lors de l'affaire du « Pet au diable ». Rien de grave jusqu'à ce soir de juin 1455 où François croise le chemin de Philippe Sermoise. Ce prêtre le prend à partie, le ton monte ; une dague surgit et blesse Villon ; quelques minutes plus

Poète et petit voleur, François Villon a su mêler dans ses poèmes trivialité et lyrisme, aspirations sensuelles et pessimisme intense, balançant entre immoralisme et foi religieuse profonde. Ce va-et-vient entre fantaisie et sens du tragique ainsi que sa remarquable maîtrise du langage en font un poète extrêmement moderne. Gravure sur bois (1497).

1462

La *Ballade des pendus*

Elle est composée par François Villon en prison alors qu'il a été condamné à mort pour l'agression d'un notaire du pape.

Le collège de Navarre

Le collège que « crochètent » Villon et ses compagnons est l'un des plus riches et des plus prestigieux de Paris. Fondé en 1304 par la reine Jeanne de Navarre pour des étudiants fréquentant l'université de Paris, il devient dans la deuxième moitié du XIVe siècle une pépinière de talents pour l'Église et l'État : le cardinal Pierre d'Ailly et son élève préféré, le prestigieux théologien Jean Gerson, en sont issus ; grâce à sa bibliothèque exceptionnelle, il a constitué le foyer d'un humanisme français qui a su se hisser au niveau de Pétrarque. Contrairement aux autres collèges parisiens, qui se contentent d'offrir le gîte et le couvert, celui de Navarre dispense en effet un enseignement complet ; sanglés dans leur uniforme noir, les navarristes forment un véritable clan parmi les étudiants parisiens.

tard, Sermoise, touché à l'aine, est laissé pour mort, tandis que l'étudiant court se mettre à l'abri non loin de Paris, sans doute à Bourg-la-Reine. Deux lettres de grâce le tirent de son exil, invoquant la bonne vie qu'a menée jusqu'alors le jeune homme. Villon n'a encore rien d'un mauvais garçon.

Le poète errant

À peine est-il rentré à Paris que Villon se rappelle à la justice. La nuit de Noël 1456, lui et quelques comparses s'introduisent dans le collège de Navarre pour en vider le coffre. Avant de quitter une nouvelle fois Paris son butin en poche, il compose sa première œuvre d'ampleur, le *Lais*, autrement dit le *Legs*. C'est une satire du genre médiéval du congé : invoquant une déception amoureuse qui lui ferait quitter Paris, le poète fait à ses amis et ennemis des dons imaginaires, tous illusoires, dérisoires ou injurieux, en relation avec un détail de la vie du destinataire. Ce coup d'essai est un coup de maître et Villon est bien décidé à tirer parti de ses dons poétiques.

Réfugié à Angers, chez un oncle religieux, François fréquente assidûment les cours du Val de Loire, tentant de se mettre sous la protection de quelque mécène. C'est d'abord auprès du roi René que Villon tente sa chance, puis à Bourges chez le duc de Bourbon avant de rencontrer à Blois la sympathie de Charles d'Orléans, prince lettré et poète qui lui fournit une petite pension et l'occasion d'écrire un poème resté célèbre, la *Ballade du concours de Blois*.

Tout cela ne nourrit pas notre homme, qui se transforme à l'occasion en petit voleur. C'est ainsi qu'on le retrouve emprisonné à Orléans en 1460, et qu'en 1461 il passe quelques mois dans les geôles de Meung-sur-Loire. Il croise sûrement la route des Coquillards, une célèbre bande de brigands écumant la région, puisqu'il compose des poèmes dans leur langue secrète, ajoutant encore un peu à sa légende sulfureuse.

La *Ballade des pendus*

En 1461, après quatre ans d'errance, Villon est de retour à Paris. Il conçoit quelque amertume à retrouver sa bien-aimée, Catherine Vausselles, dans les bras d'un autre, et commence la rédaction de son plus beau poème, le *Testament*. Si la formule est encore celle du *Lais*, le ton se fait plus mélancolique : Villon pleure sa jeunesse perdue, ses erreurs passées, la brièveté de la vie, la faiblesse de l'homme et la mort qui rôde autour de chacun.

Mais, bien vite, le poète est de nouveau incarcéré pour vol, avant de se retrouver dans une rixe où un notaire pontifical est blessé. Bien qu'il ne semble pas avoir participé à la bagarre, Villon est condamné et, cette fois, c'est à la mort qu'il doit se préparer. Pris d'angoisse dans sa prison du Châtelet, où il espère encore être sauvé par une procédure d'appel, Villon rédige l'émouvante *Ballade des pendus*, épitaphe des suppliciés. Mais Villon ne sera pas exécuté : la sentence est commuée en dix ans de bannissement.

C'est pour nous la fin du poète. Au début de l'année 1463, après avoir obtenu trois jours de délai, Villon disparaît pour toujours. Ses poésies, composées pour l'essentiel dans les six années où il connut l'errance et la prison, rencontreront dès leur parution, en 1489, un vif succès.

Chronologie

Naissance à Paris de François de Montcorbier, dit Villon.	**1431**
L'université de Paris est désormais soumise à la juridiction du Parlement.	**1446**
Villon est reçu bachelier ès arts, premier grade universitaire.	**1449**
Charles VII lance une grande réforme de l'université de Paris, qui est agitée de troubles graves à la suite de l'affaire du « Pet au diable » ; Villon est reçu licencié puis maître, grade le plus élevé de la faculté ès arts ; il écrit la *Ballade de bon conseil.*	**1452**
À la suite d'une querelle, Villon tue le prêtre Philippe Sermoise : il est contraint de fuir Paris ; composition des *Regrets de la belle heaumière.*	**1455**
Villon participe à un vol au collège de Navarre : il s'enfuit à nouveau après avoir écrit le *Lais.*	**1456**
Il séjourne dans le Val de Loire, où il compose beaucoup (les *Contredits de Franc Gontier*) et participe au « Concours de Blois ».	**1457-1459**
Villon est emprisonné à Orléans et écrit *la Double Ballade.*	**1460**
Emprisonné à Meung-sur-Loire, Villon écrit l'*Épître à ses amis* ; il revient à Paris et commence à écrire le *Testament.*	**1461**
Arrestation puis libération conditionnelle de Villon. Affaire Ferrebouc : Villon est condamné à mort ; il compose **la *Ballade des pendus*** ; gracié, il est banni de Paris pour dix années.	**1462**
Villon remanie peut-être son *Testament* ; on perd totalement sa trace.	**1463**
Première édition imprimée des œuvres de Villon.	**1489**

CHARLES
LE TÉMÉRAIRE

Charles le Téméraire a mis toute son audace et son énergie à construire entre la France et l'Empire un État retrouvant en partie la très ancienne Lotharingie. L'échec retentissant de ce projet sous les murs de Nancy allait conditionner les relations entre la France et les Habsbourg pendant un siècle.

▲ Orgueilleux et autoritaire, le Téméraire a cru pouvoir profiter des faiblesses du Saint Empire et de la France déchirée par la guerre de Cent Ans pour asseoir la suprématie de l'État bourguignon. S'il a échoué dans son entreprise, au moins a-t-il légué à la Bourgogne l'héritage d'un précieux mécénat culturel.

LA SOIF DE GLOIRE

Fils unique du duc de Bourgogne Philippe le Bon, Charles doit ronger son frein pendant trente-quatre ans, ayant pour seul viatique le comté de Charolais. Avec un père qui l'a eu tard, les relations sont houleuses : l'attachement exclusif que « Charolais » (comme on l'appelle encore) voue à sa mère, Isabelle de Portugal, lui fait prendre comme des insultes personnelles les frasques du duc.

La figure écrasante d'un père auréolé de prestige va pousser Charles le Téméraire à vouloir le surpasser à tout prix, en travaillant de manière acharnée à sa propre gloire. Son ambition est sans limites : « Une moitié d'Europe n'eût su le contenter », explique le chroniqueur Commynes. Mais il n'a pas les talents de négociateur de Philippe le Bon : ce sanguin aux yeux clairs est entêté, impatient et emporté, « aigre en son vouloir et aigu en ses mots », précise un autre historien du temps, Chastelain. Il compte avant tout sur la force des armes et sa soif de victoires se nourrit à la lecture des exploits d'Alexandre le Grand, lui aussi fils d'un Philippe, et dont il se fait un modèle.

En attendant de succéder à son père, Charles se fait la main dans l'art des complots et des guerres qui va constituer l'ordinaire de sa vie. En 1465, il participe à la ligue du Bien public formée par la haute noblesse contre la politique du nouveau roi de France Louis XI. Il en apparaît même comme le leader lorsque, à Montlhéry, il charge à la tête de ses troupes celles du roi : c'est le premier affrontement entre les deux hommes, et Louis XI ne l'oubliera pas.

LE « GRAND DUC D'OCCIDENT »

L'heure de Charles ne va pas tarder à sonner : en 1467, Philippe le Bon meurt. De son père, le nouveau duc hérite d'un ensemble impressionnant de territoires. La base en est constituée par l'apanage que Jean le Bon offrit à son fils Philippe le Hardi, le premier duc Valois de Bourgogne. Agrandis par le jeu des mariages (la Flandre fut ainsi apportée en dot à Philippe le Hardi) et par le hasard des guerres, ces États restent toutefois hétéroclites et ne forment pas une bande continue. Les deux pôles en sont la Bourgogne (duché et comté) et les Pays-Bas, enrichis par le commerce des draps de laine. À la tête de régions prospères, Charles le Téméraire est en mesure d'entretenir une cour brillante, dont les fêtes constituent des événements internationaux et dont l'étiquette s'impose aux princes européens ; celles qu'il donne en 1468 à Bruges pour son mariage avec sa troisième épouse Marguerite d'York, sœur du roi d'Angleterre Édouard IV, ne durent pas moins de neuf jours. Le duc poursuit aussi la politique de mécénat artistique et de patronage que son père a entamée et qui fait de la cour bourguignonne un des principaux pôles culturels européens du XVe siècle.

Enfin Charles le Téméraire s'attache à unifier l'administration de ses États et à organiser une armée efficace, quoique peu nombreuse, formée de compagnies permanentes utilisant largement l'artillerie.

L'« ÉTAT D'ENTRE-DEUX »

Dans les premières années, tout semble sourire à l'irrésistible Charles. Même le rusé Louis XI se laisse prendre. Voulant s'attirer les bonnes grâces du nouveau duc, il s'invite dans le château que celui-ci possède à Péronne (1468). Soucieux de casser l'alliance qui se profile, comme aux pires temps de la guerre de Cent Ans, entre l'Angleterre et la Bourgogne, le renard se jette dans la gueule du loup. Car, au même moment, ses émissaires, peut-être plus tôt que le roi ne l'avait prévu, soulèvent Liège contre le prince-évêque imposé par le duc. Tenant Louis XI à sa merci, Charles le Téméraire lui impose de nouvelles concessions. Humiliation suprême, le roi est contraint de l'accompagner jusqu'à Liège pour assister à la féroce répression menée contre ceux qui se sont soulevés en son nom !

Charles est alors au sommet de sa puissance. Il s'est fait reconnaître héritier du duc de Gueldre et obtient l'Alsace en échange d'un prêt aux Habsbourg d'Autriche. Son seul échec, devant Beauvais, en 1471, s'il a donné naissance à la légende de Jeanne Hachette qui aurait défendu la ville assiégée, reste sans grande conséquence.

Le duc de Bourgogne peut même espérer rassembler ses États, le traité de Nancy (1473) obligeant René II de Lorraine à ouvrir son duché à ses troupes. Ainsi en passe de reconstituer la Lotharingie, Charles se voit proposer par l'empereur Frédéric III l'érection de son duché en royaume. Sa fille, Marie, est courtisée par les plus grands princes, depuis Charles de Valois, frère de Louis XI, jusqu'à Maximilien d'Autriche, en passant par le fils du roi d'Aragon et celui

LOUIS XI

« L'universelle araigne »

De dix ans l'aîné de Charles le Téméraire, Louis se montre un Dauphin indiscipliné sous le long règne de son père, Charles VII. En 1456, il est même contraint de se réfugier auprès du duc Philippe le Bon, alors principal rival du roi de France qui aurait déclaré : « Mon cousin de Bourgogne nourrit le renard qui mangera ses poules. » Durant cet exil, Louis fait la connaissance de Charles, alors simple comte de Charolais. Devenu roi en 1461, il procède à une vaste épuration des organes de l'État. Louis XI se montre un diplomate retors, habile à tisser les alliances qui isolent les grands princes et à débaucher leurs principaux conseillers. Son règne est marqué par la récupération des apanages de Bourgogne et d'Anjou et par l'annexion de la Provence et du Roussillon. Ainsi s'est-il toujours attaché à « augmenter et accroître de tous côtés par grand soin, sollicitude et diligence » le pouvoir royal, comme il l'écrit dans le testament politique qu'il lègue, à sa mort, en 1483, à son fils Charles VIII.

▲ Louis XI, entre les allégories de Droiture et Raison, présente à Marie de Bourgogne les écus de Bourgogne. Louis XI espérait marier le Dauphin à la fille du Téméraire, mais c'est par les armes et la diplomatie qu'il parviendra à s'emparer du duché bourguignon.

1468

Charles le Téméraire piège Louis XI

Lors d'une entrevue dans son château de Péronne, le duc de Bourgogne, tenant le roi de France à sa merci, lui impose de signer un traité humiliant.

CHRONOLOGIE

Naissance à Dijon, le 10 novembre, de Charles, fils de Philippe le Bon et d'Isabelle de Portugal. **1433**

Praguerie : révolte des princes, dont le Dauphin Louis, contre le roi Charles VII. **1440**

Le Dauphin Louis est exilé en Dauphiné. **1447-1456**

Prise de Bordeaux par les Français, dernière bataille de la guerre de Cent Ans. **1453**

Séjour du Dauphin Louis en Brabant où il rencontre Charles, comte de Charolais. **1456-1461**

Louis XI roi de France. Édouard IV roi d'Angleterre. **1461**

Guerre du Bien Public ; bataille de Montlhéry. **1465**

Mort de Philippe le Bon : Charles le Téméraire duc de Bourgogne. **1467**

Charles épouse Marguerite d'York, sœur d'Édouard IV. Entrevue et traité de Péronne : **Charles le Téméraire piège Louis XI.** **1468**

Charles le Téméraire achète l'Alsace à Sigismond d'Autriche. **1469**

Échec du Téméraire devant Beauvais. **1471**

Traité de Nancy : la Lorraine ouverte aux troupes bourguignonnes. Entrevue de Trèves avec l'empereur Frédéric III. **1473**

Révolte de la Haute-Alsace contre Charles le Téméraire, qui entreprend le siège de Neuss. **1474**

Trêve de Picquigny : Louis XI obtient le retrait d'Édouard IV d'Angleterre. **1475**

Défaites de Grandson et de Morat. **1476**

Charles le Téméraire est tué devant Nancy le 5 janvier. Sa fille Marie épouse Maximilien de Habsbourg. **1477**

Le Hardi ou le Téméraire ?

Les témoins de son temps ont donné divers surnoms au duc de Bourgogne. Olivier de La Marche, son maître d'hôtel, l'appelle « le travaillant » en référence à son énergie. Son courage et son audace sont soulignés par d'autres et lui valent l'épithète de « Hardi » dans l'historiographie belge jusqu'à aujourd'hui. « Téméraire », qui apparaît sous la plume d'un universitaire parisien dès 1477, est plutôt le fait de ses contempteurs, notamment français : ce sobriquet s'applique bien aux dernières années de Charles, lorsque sa hardiesse a dégénéré en témérité.

du roi de Naples. Mais, dans la nuit du 24 au 25 novembre 1473, Frédéric III quitte sans prévenir Trèves, où se déroulaient les pourparlers avec le duc de Bourgogne. Le vent a tourné.

Un échec de grande portée

Charles le Téméraire n'a pas les moyens de sa politique. Son seul allié sûr est son beau-frère Édouard IV d'Angleterre, qui, en vertu d'un traité secret, débarque en France à l'été 1475. Mais le duc est alors occupé à développer son influence dans l'Empire et Louis XI n'a aucun mal à acheter le rembarquement des Anglais en signant, le 29 août, le traité de Picquigny qui met véritablement fin à la guerre de Cent Ans.

Les ambitions du « grand duc d'Occident » suscitent l'inquiétude de ses voisins. Les villes de Bâle et de Strasbourg craignent sa mainmise sur l'Alsace où la révolte éclate. La Confédération helvétique se sent elle aussi menacée par l'expansion bourguignonne. Quant à l'empereur, il entend garder son ancienne tutelle sur le comté de Bourgogne (Franche-Comté) et redoute les ambitions impériales, à peine cachées, du duc. À cette coalition faite d'intérêts opposés, Louis XI donne sa cohésion, en se contentant de fournir subsides et conseils et en profitant des erreurs répétées d'un Charles plus téméraire que jamais.

Tandis que le duc perd une année à assiéger en vain la petite ville de Neuss, sur le Rhin, qui s'était révoltée contre l'un de ses protégés, ses territoires sont envahis de tous côtés : les Suisses pénètrent en Franche-Comté, les armées françaises investissant le duché de Bourgogne. En 1476, Charles le Téméraire est battu à deux reprises par les Suisses, dont les fantassins munis de piques sont alors les plus redoutables en Europe et dont le patriotisme l'emporte sur des armées de mercenaires. Le 2 mars, les Suisses surprennent les Bourguignons au défilé de Grandson : outre 500 pièces d'artillerie, ils récupèrent le « Sancy », diamant du duc, son chapeau, son épée et la matrice de son sceau secret. La défaite infligée à Morat, près de Berne, le 22 juin 1476, est encore plus catastrophique pour le duc de Bourgogne : beaucoup de fuyards se noient dans

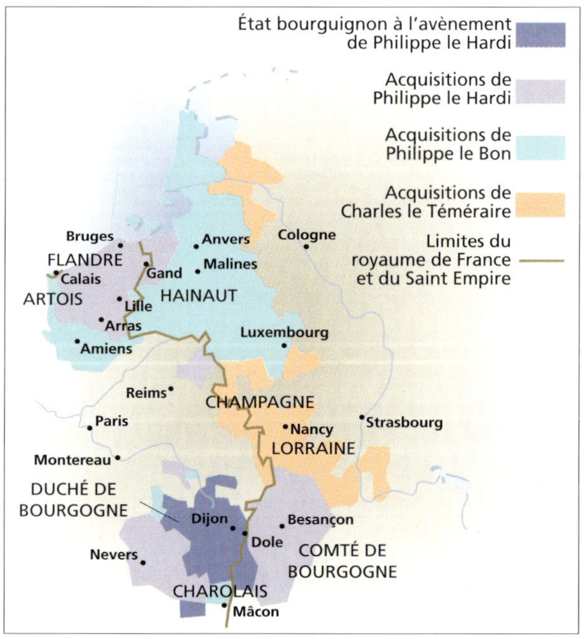

▲ *La Bataille de Nancy* (miniature des *Mémoires* de Commynes, XVIe siècle). Le dernier des Bourguignons y trouvera la mort en 1477 en tentant de reprendre la ville au duc de Lorraine.

◄ Charles le Téméraire préside une assemblée du parlement de Bourgogne, installé à Malines depuis 1473. Gouvernant son duché comme un royaume, Charles a mis sur pied des institutions qui assureront longtemps la puissance de l'État bourguignon au sein du royaume de France.

le lac et l'on relève au moins 8 000 morts, dont les restes sont déposés dans les ossuaires d'une chapelle commémorative.

C'est donc à la tête d'une armée d'à peine 2 000 combattants que Charles le Téméraire se présente, le 5 janvier 1477, sous les murs de Nancy. La capitale de la Lorraine vient d'être récupérée par René II, qui dispose de 15 000 hommes, dont de nombreux fantassins suisses. L'échec bourguignon est tellement prévisible qu'un des condottiere au service du Téméraire, le comte de Campobasso, fait défection au dernier moment. Les dépouilles du « grand duc d'Occident » sont partagées entre les vainqueurs : son casque est envoyé à Louis XI, son anneau donné au duc de Milan, sa tunique suspendue à la cathédrale de Strasbourg et sa coupe revient aux Bâlois. C'est donc nu que l'on retrouve un cadavre, au matin du 7 janvier 1477, stagnant dans la boue du lac Saint-Jean sur la glace duquel on s'était battu. Charles est tellement défiguré (une hallebarde lui a fendu le crâne jusqu'aux dents) qu'on fait venir un de ses médecins pour l'identifier : celui-ci le reconnaît, entre autres, à la blessure qu'il avait reçue à Montlhéry, la bataille qui semblait lui ouvrir tous les espoirs. Ainsi s'achevait le rêve d'un État bourguignon indépendant.

Charles le Téméraire ne laissant à sa mort qu'une héritière, Marie, Louis XI en profite pour récupérer le duché de Bourgogne, qui, à titre d'apanage, devait faire retour au royaume de France en l'absence de descendant masculin. Mais la Franche-Comté et la Flandre sont apportées en dot par Marie de Bourgogne à Maximilien de Habsbourg quelques mois après la mort du Téméraire. C'est le germe du conflit à venir entre la France et les Habsbourg : ces derniers, en effet, occuperont sans discontinuer le trône impérial, et le fils de Maximilien, Philippe le Beau, épousera Jeanne la Folle, fille d'Isabelle la Catholique et de Ferdinand d'Aragon qui avaient unifié l'Espagne. Charles Quint, l'arrière-petit-fils de Charles le Téméraire, réalisera finalement et dépassera même les ambitions de son ancêtre.

► **Charles Quint** / 1519

◄ *Jardin d'amour à la cour de Bourgogne*, huile sur toile du XVe siècle. Avec le concours des peintres flamands, Philippe le Bon puis Charles le Téméraire ont favorisé le rayonnement artistique de la Bourgogne.

L'ÉTIQUETTE DE LA COUR BOURGUIGNONNE

Dans son *État de la maison de Charles le Téméraire*, Olivier de La Marche, maître d'hôtel du duc, décrit ainsi le service du vin : « L'échanson va dans la salle, installe son gobelet au haut-bout de la table et du côté où est assis le prince. Il installe la tasse qu'il a apportée au bout opposé au gobelet. Il doit rester sans s'éloigner, pour surveiller ce qu'il a apporté. L'huissier de salle va au buffet, met ses bassins dessus et le sommelier installe sa vaisselle et doit surveiller le buffet à l'un des bouts, l'aide surveillant l'autre bout. Le barillier doit aller et venir pour aller chercher du vin supplémentaire pour la suite, si besoin est. Mais s'il en fallait pour la bouche du prince, il n'appartient à personne d'autre d'y aller qu'au sommelier ou à son aide. » Cette étiquette rigide, motivée par la peur des empoisonnements, manifeste aussi l'opulence du duc, qui peut mobiliser cinq serviteurs pour son seul vin. Appliqué durant les grands banquets, ce rituel de la table influence l'étiquette des cours européennes, dont celle des Habsbourg d'Espagne.

LAURENT DE MÉDICIS

Tyran sans titre, habile diplomate et brillant esprit, Laurent le Magnifique fut le modèle du prince de la Renaissance. Mais il ne sut pas gérer les affaires des Médicis et ne put se passer des institutions de la république de Florence.

◀ Laurent de Médicis, le Magnifique, doit sa renommée à son goût des arts et des lettres, plus qu'à son talent d'homme politique. La ville de Florence conserve le témoignage de ses magnificences.

LE MAÎTRE DE FLORENCE

Le 28 avril 1478 au matin, Laurent de Médicis et son jeune frère Julien assistent à la messe dans la cathédrale de Florence. Soudain, ils sont agressés par un groupe d'hommes en armes menés par Francesco Pazzi : Julien est tué, mais Laurent peut s'enfuir. Les conjurés tentent en vain de soulever le peuple florentin et la répression est terrible : l'archevêque de Pise, Francesco Salviati, est pendu aux fenêtres du Palazzo Vecchio et la plupart de ses complices sont massacrés.

Le jeune Laurent profite de l'affolement et de la confusion pour renforcer son autorité de manière décisive : en quelques années, les vieilles institutions communales sont vidées de leur pouvoir au profit de conseils de plus en plus restreints et peuplés de ses créatures. Ce rejeton d'une dynastie de marchands est devenu un prince. Le premier prince de la Renaissance.

L'IRRÉSISTIBLE ASCENSION DE LA FAMILLE MÉDICIS

Laurent était né pour être le maître de Florence. En 1434, son grand-père, Cosme, avait en effet pris le pouvoir, au terme de la longue et patiente ascension des Médicis. Le nom de ce clan prolifique de marchands était populaire depuis un siècle, depuis qu'en 1378 l'un des siens avait soutenu la révolte des travailleurs de la laine *(Ciompi)*. Ce qui n'avait pas empêché les Médicis de construire en parallèle une profitable société qui prêtait au pape et commerçait la laine dans toute l'Europe, et c'est cette fortune qui avait permis à Cosme de chasser les oligarques florentins. En quarante années de pouvoir, Cosme puis son fils Pierre avaient consolidé d'un même mouvement leur banque et leur emprise sur des institutions florentines de plus en plus contrôlées par des fidèles qui devaient tout aux Médicis. L'État florentin avait absorbé le territoire de cités voisines, comme Pise, sa vieille rivale, et, avec la paix de Lodi (1454), il était entré dans le club fermé des grandes puissances italiennes. Mais les Médicis avaient beau couvrir Florence d'églises et de palais, protéger artistes et écrivains, ils restaient des marchands dans une République fière de ses libertés, dont Cosme n'était que le principal citoyen.

LE PRINCE

Le décès prématuré de Pierre le Goutteux (1469) propulse Laurent au pouvoir, pour lequel il semble avoir toutes les qualités requises. Il est féru de diplomatie et a pu s'initier aux arcanes de la politique florentine. C'est le prince rêvé des humanistes qui peuplent la ville : instruit dans les lettres anciennes (il a même reçu des rudiments de

▲ *L'Adoration des mages*, par Botticelli. Protégé du prince, le grand peintre a représenté sous les traits des trois mages Cosme, Julien et Laurent de Médicis.

grec), il compose des sonnets d'amour et débat avec le philosophe Marsile Ficin. Les autres princes italiens voient en lui un égal – il s'est marié avec Clarice Orsini, d'une des plus grandes familles de l'aristocratie romaine. Mais la conjuration des Pazzi va montrer la fragilité de son pouvoir.
Banquiers rivaux des Médicis, les Pazzi ont l'oreille du pape Sixte IV qui, en 1474, fait de Francesco Pazzi le trésorier du Saint-Siège. Or, Laurent s'oppose aux ambitions du neveu du pape, Jérôme Riario, en Romagne. Ainsi se forme une coalition anti-médicéenne à laquelle se joint Francesco Salviati, dont le maître de Florence a retardé la nomination à l'archevêché de Pise. C'est cette coalition qui échoue le 28 avril 1478.

JÉRÔME SAVONAROLE

Le dominicain aux prêches enflammés

Selon l'humaniste Ange Politien, Laurent de Médicis aurait appelé à son chevet Jérôme Savonarole, qui l'aurait exhorté à la pénitence et à la résignation. Entre le prédicateur dominicain et le maître de Florence, les relations avaient été fluctuantes : c'est Laurent qui avait éloigné le dominicain avant de le rappeler à Florence sur les conseils de Pic de La Mirandole. Les prêches enflammés de Savonarole n'avaient pas épargné la cour du Magnifique, mais c'est surtout au pape Borgia, Alexandre VI, qu'il réservait ses attaques les plus violentes. La chute des Médicis permit au prieur de San Marco de mettre en pratique son projet de république puritaine. Trahi par ses soutiens florentins, il fut remis à l'Inquisition, qui le tortura et le condamna à mort en 1498.

Un bilan en demi-teinte

La violence de la répression contre les Pazzi entraîne Florence dans une guerre coûteuse avec la papauté, et bientôt c'est Venise qu'il faut affronter. Or, Laurent, plus prince que marchand, n'est pas très doué pour les affaires : privé de la clientèle pontificale, il ne peut empêcher les filiales de sa compagnie de faire faillite les unes après les autres. À court d'argent, « le Magnifique » doit multiplier les impôts au grand dam des Florentins irrités par ses dépenses somptuaires.
Laurent meurt en pleine gloire, à 43 ans. Il tient sous sa tutelle le pape Innocent VIII qui, en 1489, a élevé au cardinalat son fils Jean, le futur Léon X. À plusieurs reprises, il s'est révélé comme le maître du jeu politique italien. Son œuvre ne lui survivra que peu de temps. Deux ans après sa mort, le roi de France Charles VIII chasse son fils Pierre de Florence, qui s'offrira bientôt une république puritaine sous la conduite du prédicateur Jérôme Savonarole. Si leur banque disparaît corps et biens, les Médicis reviendront rapidement au pouvoir et pour plus de deux cents ans : jusqu'en 1737, ils allaient en effet se succéder de père en fils comme grands-ducs de Toscane.

◄ Savonarole tenta d'instaurer à Florence un régime théocratique, mais ses excès de puritanisme et ses attaques contre le pape le conduisirent à sa perte.

1478

Conjuration des Pazzi

Le 28 avril, Julien de Médicis est assassiné mais son frère Laurent parvient à s'enfuir. Après avoir maté la conjuration, Laurent renforce son autorité de manière décisive.

CHRONOLOGIE ◄

Naissance de Laurent, fils de Pierre de Médicis, dit Pierre le Goutteux, et de Lucrezia Tornabuoni, le 1er janvier. **1449**

Traité de Lodi instaurant la paix entre les grands États italiens. **1454**

Création d'un Conseil des Cent pour diriger Florence. **1458**

Mort de Cosme de Médicis, grand-père de Laurent : Pierre le Goutteux lui succède à la tête des institutions florentines. **1464**

Mort de Pierre le Goutteux : Laurent accède au pouvoir. **1469**

Création d'un Conseil majeur composé de partisans des Médicis. **1471**

Conjuration des Pazzi. 1478

Guerre entre Florence et la papauté. **1478-1480**

Création d'un Conseil des Soixante-Dix. **1480**

Jérôme Savonarole, lecteur au couvent dominicain de San Marco à Florence. **1482**

Guerre florentine contre Venise. **1482-1484**

Jean, fils de Laurent, devient cardinal ; Laurent rappelle Jérôme Savonarole à Florence. **1489**

Création d'un Conseil des Quatorze. **1490**

Jérôme Savonarole, prieur de San Marco. **1491**

Mort de Laurent le Magnifique, le 8 avril. **1492**

MATHIAS
CORVIN

Entré dans la légende après sa mort comme Mathias « le Juste », Mathias Corvin fut un souverain typique de la Renaissance, fastueux et cultivé. Il permit à la Hongrie de devenir une des grandes puissances européennes du temps.

UN ROI DE CRISE

Lorsque, en 1458, Mathias accède au trône de Hongrie, la situation du royaume est critique. Enrichi grâce à la découverte d'importants gisements de cuivre, d'or et d'argent, le pays est une proie tentante pour les Ottomans. Depuis plus d'un siècle déjà, la Hongrie doit résister à la pression de ces Turcs solidement implantés dans les Balkans, et qui, après la chute de Constantinople, en 1453, peuvent diriger leurs efforts vers l'Europe. C'est pour lutter contre ce danger toujours plus pressant que les rois de Hongrie ont dû multiplier les concessions. Il faut convaincre la noblesse de participer à la défense du royaume, celle-ci voyant ainsi son pouvoir s'accroître fortement. Pour faire face à ses lourdes dépenses, la monarchie s'endette et aliène une partie du domaine. L'autorité royale s'effrite peu à peu aux mains de monarques venus des familles les plus diverses. Un temps, le régent Jean Hunyadi est parvenu à rétablir la situation. C'est logiquement vers son fils, Mathias, que se tournent les milliers de nobles réunis à Buda en 1458 : la foule, massée sur le Danube gelé, plébiscite également le premier roi national depuis un siècle et demi.

UN MONARQUE ABSOLU

Mathias Corvin est ambitieux et, malgré son jeune âge – il n'a que dix-huit ans lorsqu'il est élu –, il va parvenir à asseoir son pouvoir, pourtant immédiatement menacé par une conjuration qui désigne comme anti-roi l'empereur Frédéric III. Le nouveau souverain achète la fidélité des nobles tentés de conspirer contre lui, s'attache à briser les liens de clientélisme entre petits

◄ *Mathias Corvin, roi de Pannonie* (gravure sur bois de Holzschnitt, 1575). Nombre d'érudits et d'artistes saluèrent ce roi humaniste, qui fonda non seulement une importante bibliothèque à Buda, mais aussi la première université de la ville et la première imprimerie.

1479

Traité d'Olmütz

Mathias Corvin obtient du roi de Bohême, Ladislas Jagellon, la Moravie, la Silésie et la Lusace : la Hongrie devient la première puissance d'Europe centrale.

Le premier apogée du royaume de Hongrie

Dans la mémoire nationale hongroise, Mathias Corvin a un concurrent de taille en la personne d'Étienne, roi de 1000 à 1038. Porté à la tête des tribus magyares en 997, Étienne fut le véritable fondateur du royaume de Hongrie.
Sa conversion précoce au christianisme lui permet de recevoir, le jour de Noël 1000, la couronne du pape Sylvestre II, qui appuie, avec le jeune empereur germanique Otton III, ses efforts pour constituer une Église nationale.
Canonisé à la fin du XIe siècle, saint Étienne devient le saint patron de la Hongrie. La dynastie des Árpád, à laquelle il appartient, durera jusqu'en 1301.

nobles et barons, et favorise la promotion de gens d'origine modeste dès lors tout dévoués à leur bienfaiteur. Mathias est désormais en mesure de pacifier ses relations extérieures : en 1463, Frédéric III lui rend la couronne hongroise, et le plus remuant des insoumis, le mercenaire tchèque Jiskra, accepte de rentrer enfin dans le rang.
Son autorité reconnue, Mathias Corvin restaure les ressources royales. Il met en place un impôt direct et réforme l'exploitation minière : les subsides ainsi dégagés lui permettent bientôt de former une armée permanente de mercenaires étrangers, la redoutable Armée noire. À partir de 1470, le roi ne prend plus la peine de consulter la Diète : il gouverne en souverain absolu.

La Hongrie, une grande puissance

Mathias reprend à son compte le projet de son père : repousser l'expansion ottomane. La tâche est ardue. S'il parvient dès 1463 à libérer le nord de la Bosnie, puis un peu plus tard la Moldavie, la Valachie et la Serbie, les Turcs demeurent toujours solidement implantés en Europe.
Faute de recevoir l'aide des autres souverains chrétiens, Mathias tente d'unifier l'Europe centrale. Il ne réussit pas à s'imposer comme roi de Bohême, mais en 1479, par le traité d'Olmütz, il obtient de Ladislas Jagellon la Moravie, la Silésie et la Lusace. La guerre qu'il mène à son vieil ennemi Frédéric III lui permet d'annexer toute la partie orientale de l'Autriche, y compris Vienne. Rêvant de l'Empire, Mathias doit cependant s'incliner en 1486 devant Maximilien de Habsbourg. À sa mort, en 1490, la Hongrie apparaît bien comme l'une des grandes puissances européennes.

Un souverain de la Renaissance

Le prestige de Mathias Corvin s'étendit bien au-delà de l'Europe centrale. Car ce lettré sut s'entourer d'humanistes dès le début de son règne. Sa cour, notamment à la suite de son mariage avec la fille du roi de Naples, accueillit nombre d'érudits et d'artistes italiens, au premier rang desquels le brillant philosophe Marsile Ficin. Le roi lui-même se faisait appeler à la mode romaine « Corvinus », nom latin qui rappelait le corbeau figurant dans ses armoiries. Il se fit pour l'occasion fabriquer une généalogie qui lui donnait pour ancêtre un mythique Romain, Valerius Corvinus, lui-même issu de la semence de Jupiter ! De même, il réunit plus de 2 000 livres dans sa bibliothèque, dont le tout premier livre imprimé en Hongrie, la *Chronique des Hongrois*.
Il ne reste plus rien du somptueux palais de Buda que Mathias Corvin fit embellir de statues de Verrocchio et de fresques de Botticelli. Dès 1526, le pays étant retombé dans l'instabilité, les Turcs envahiront la Hongrie, qui restera pendant plus d'un siècle sous domination ottomane. Le règne de Mathias Corvin fut bien pour la Hongrie un Âge d'or sans lendemain.

► **Ladislas II Jagellon** / 1410

CHRONOLOGIE

Naissance de Mathias, dit plus tard Corvin, le 3 mars, à Kolozsvar Cluj. Il est le fils du grand seigneur de Transylvanie Jean Hunyadi. **1440**

Jean Hunyadi est désigné comme régent du royaume. **1446**

À la mort de Ladislas V, qui régnait à la fois sur la Bohême et la Hongrie, Mathias est élu roi de Hongrie. **1458**

Mathias reprend la Bosnie aux Turcs et fait la paix avec l'empereur Frédéric III. **1463**

Il reprend la Moldavie et la Valachie aux Ottomans. **1467**

Il se fait couronner roi de Bohême. **1469**

Mathias parvient à briser le complot fomenté par deux de ses conseillers les plus proches, l'archevêque Jean Vitez et son neveu, le poète Jean le Pannonien. **1471**

Impression du premier livre en hongrois à Buda. **1473**

Mathias Corvin épouse en secondes noces Béatrice, fille du roi de Naples Ferdinand d'Aragon. **1476**

Traité d'Olmütz. 1479

Mathias reprend la Serbie aux Turcs. **1482**

Il conquiert Vienne. **1485**

L'élection de Maximilien de Habsbourg comme roi des Romains ruine les espérances impériales de Mathias Corvin. Il s'empare de la Styrie. **1486**

Mort à Vienne de Mathias Corvin, le 6 avril. Il n'a pu faire reconnaître les droits sur le trône de son fils illégitime, Jean. **1490**

Index des noms de lieux, de peuples et de personnages

Les chiffres en **gras** renvoient aux biographies des personnages.

INDEX DES ŒUVRES

Crédits photographiques

10g : Ambon de Klosterneuburg (Autriche). Ph. © E. Lessing / Magnum. / 10ht : Coll. Isaac Einhorn, Tel Aviv. Ph. © E. Lessing / Magnum. / 11g : Coll. Isaac Einhorn, Tel Aviv. Ph. © E. Lessing / Magnum. / 11bas : Musée national du Message biblique Marc Chagall, Nice Ph. © G. Blot / RMN © ADAGP 2000. / 12 : Musée du Louvre, Paris. Ph. © E. Lessing/Magnum. / 13ht : Ph. Gianni Dagli Orti © Arch. Larbor. / 13bas : Ph. G. Dagli-Orti © Arch. Larbor. / 14 : Musée national, Le Caire. Ph. © AKG Paris. / 15ht : Ph. © François Guénet / AKG Paris. / 15bas : Musée du Louvre, Paris. Ph. © Chuzeville / RMN. / 16g : Ph. G. Dagli Orti © Archives Larbor. / 16htd : Ph. © E. Lessing / Magnum. / 17 : Musée Égyptien, Le Caire. Ph. G. Dagli Orti © Archives Larbor. / 18htg : Musée Égyptien, Le Caire. Ph. © Archives Larbor. / 18basd : Musée du Louvre, Paris. Ph. Guiley-Lagache © Archives Larbor. / 19ht : Ph. © B. Sonneville © Archives Nathan. / 19bas : Musée du Louvre, Paris. Ph. © B. Hatala / RMN. / 20g : Coll. Judaïque Max Berger. Ph. © E. Lessing / Magnum. / 20/21 : Musée du Louvre, Paris. Ph. © Archives Larbor. / 21bas : Bibliothèque nationale de France. Ph. Coll. Archives Larbor. / 22g : British Library. Ph. © Akg. / 22/23 : Musée national du Message biblique-Chagall. Ph. © G. Blot / RMN © ADAGP, Paris 2000. / 23bas : Ph. © AKG. / 24 : Musée national du Bargello, Florence. Ph. Scala © Archives Larbor. / 25ht : Bibliothèque nationale de France, Paris. Ph. Coll. Archives Larbor. / 25bas : Bibliothèque nationale de France, Paris. Ph. Coll. Archives Larbor. / 26 : Musée du Louvre, Paris. Ph. H. Josse © Archives Larbor. / 27ht : Musée du Louvre, Paris. Ph. © Archives Larbor. / 27bas : Musée de l'Œuvre Notre-Dame, Strasbourg. Ph. © E. Lessing / Magnum. / 28g : Musée du Louvre, Paris. Ph. © AKG Paris. / 28htd : Musée du Bardo, Tunis. Ph. © Archives Larbor. / 29 : Musée archéologique, Mykonos. Ph. Coll Archives Larbor. / 30 : Palazzo Pubblico, Sienne. Ph. © Alinari / Giraudon. / 31ht : Ph. © AKG Paris. / 31bas : Musée du Louvre, Paris. Ph. © E. Lessing / Magnum. / 32ht : Musée du Louvre, Paris. Ph. H. Josse © Archives Larbor. / 32bas : Musée du Capitole, Rome. Ph. © E. Lessing / AKG Paris. / 33 : Ph. © Werner Forman / AKG Paris. / 34 : Vorderasiatisches Museum, Staatliche Museen, Berlin. Ph. © E. Lessing / Magnum. / 35ht : Musée du Louvre, Paris. Ph. © E. Lessing / Magnum. / 35bas : Musée du Louvre, Paris. Ph. © C. Jean / RMN. / 36 : Musée national du Château de Versailles. Ph. © RMN. / 37 : Musée du Louvre, Paris. Ph. © Chuzeville / RMN. / 38 : Musée du Louvre, Paris. Ph. H. Josse © Archives Larbor. / 40g : Bibliothèque nationale de France, Paris. Ph. © AKG Paris. / 40htd : Bibliothèque nationale de France, Paris. Ph. Coll. Archives Larbor. / 41 : Bibliothèque nationale de France, Paris. Ph. Coll. Archives Larbor. / 42g : Ph. © Silverstone / Magnum. / 42/43 : Musée de Katmandou, Népal. Ph. © J.-L. Nou / AKG Paris. / 43bas : Ph. © AKG Paris. / 44g : Ph. © AKG Paris. / 44/45 : Ph. © AKG Paris. / 45bas : Bibliothèque nationale de France, Paris. Ph. Coll. Archives Larbor. / 46g : Bibliothèque nationale de France, Paris. Ph. Coll. Archives Larbor. / 46/47 : Bibliothèque nationale de France, Paris. Ph. © AKG Paris. / 47 : State centrale museum, Pyong-Yang (Corée du Nord). Ph. © Werner Forman / AKG Paris. / 48g : Musée archéologique, Naples. Ph. R. Pedicini © Coll. Archives Larbor. / 48/49 : Ph. Coll. Archives Larbor. / 49 : Musée Narodowe, Varsovie. Ph. © E. Lessing / Magnum. / 50 : Musée du Louvre, département des Antiquités orientales, Paris. Ph. © E. Lessing / Magnum. / 51ht : British Museum, Londres. Coll. Archives Larbor. / 51bas : Ph. Coll. Archives Larbor / DR. / 52g : Ph. © AKG. / 52/53 : Ph. © E. Lessing / Magnum. / 53 : Musée des Arts asiatiques-Guimet, Paris. Ph. © Arnaudet / RMN. / 54g : British Museum, Londres. Ph. Coll. Archives Larbor. / 54/55 . Ph. Coll. Archives Larbor. / 55bas : Musée profane du Latran, Cité du Vatican. Ph. Sergio Rossi © Archives Larbor. / 56 : Musée archéologique national, Naples. Ph. G. Dagli Orti © Archives Larbor. / 58g : Musée Pio-Clementino, Cité du Vatican. Ph. Scala © Archives Larbor. / 58ht : Musée du Louvre, Paris. Ph. © E. Lessing / AKG Paris. / 59 : Bibliothèque nationale de France, Paris. Ph. Coll. Archives Larbor. / 60htg : Musée de l'Agora, Athènes. Ph. © G. Dagli Orti. / 60/61 : Ph. © AKG Paris. / 61bas : Ph. © Werner Forman / AKG Paris. / 62 : Bibliothèque nationale de France, Paris. Ph. Coll. Archives Larbor. / 64bas : Staatliche Museen, Berlin. Ph. © E. Lessing / Magnum. / 64/65 : Metropolitan Museum of Art, New York. Ph. © E. Lessing / Magnum. / 66g : Musée du Louvre, Paris. Ph. © Arnaudet / RMN. / 66htd : Bibliothèque nationale de France, Paris. Ph. Coll. Archives Larbor. / 67 : Musée archéologique national, Naples. Ph. G. Tomsich © Archives Larbor. / 68g : Musée du louvre, Paris. Ph. © AKG. / 68ht : conservé sur papyrus, fin Ier-début IIe siècle apr. J.-C. The British Museum, Londres. Ph. © AKG. Paris. / 69 : Bibliothèque nationale de France, Paris. Ph. Coll. Archives Nathan. / 70 : Musée d'Archéologie, Istanbul. Ph. Gengis Tacer © Archives Larbor. / 71ht : Ph. © British Library / AKG Paris. / 71bas : Bibliothèque nationale de France, Paris. Ph. © AKG Paris. / 72g : Musée du Louvre, Paris. Ph. © RMN. / 72/73 : Ph. © AKG Paris. / 73bas : Musée d'Archéologie, Istanbul; Ph. Gengis Tacer © Archives Larbor. / 74 : Bibliothèque nationale de France, Paris. Ph. Coll. Archives Larbor. / 75ht : Institut hellénique d'études byzantines, Venise. Ph. G. Dagli Orti © Archives Larbor. / 75bas : Musée du Louvre, Paris. Ph. © D. Arnaudet / RMN. / 76ht : Ph. © J.-L. NOU / AKG Paris. / 76bas : Ph. © J.-L. Nou / AKG Paris. / 77 : Musée d'Archéologie, Sarnath. Ph. © J.-L. Nou / AKG Paris. / 78/79 : Ph. © J.-L. Nou / AKG Paris. / 79bas : Ph. © J.-L. Nou / AKG Paris. / 80 : Ph. © AKG Paris. / 81 : Ph. © Y. Layma / Explorer. / 82htg : Bibliothèque nationale de France, Paris. Ph. Jeanbor © Archives Larbor. / 82basg : Ph. © AKG Paris. / 82/83 : Ph. © E. Lessing / Magnum. / 83basd : Ph. © Collection Viollet. / 84g : Musée national de la Céramique, Sèvres, Ph. © M. Beck-Coppola/RMN. / 84/85 : Séville, Place d'Espagne, Ph. © Annette Godefroid / AKG Paris. / 86ht : Musée du Louvre, Paris. Ph. © AKG Paris. / 86basd : Ph. © AKG Paris. / 87ht : Musée du Louvre, Paris. Ph. © Arnaudet/RMN. / 87basd : Coll. Archiv für Kunst und Geschichte, Berlin. Ph. © AKG Paris. / 88 : Musée de Francfort. Ph. Coll. Archives Larbor. / 88/89 : Bibliothèque nationale de France, Paris. Ph. Coll. Archives Larbor. / 89bas : Dessin P. Taëron - Archives Larousse. / 90g : Musée des Arts asiatiques-Guimet, Paris. Ph. © R. Lambert / RMN. / 90/91 : Ph. © B. Baumgartner / Explorer. / 91bas : Musée des Arts asiatiques - Guimet, Paris. Ph. © R. Lambert / RMN. / 92g : Musée des Arts asiatiques - Guimet, Paris. Ph. © R. Lambert / RMN. / 92htd : Musée des Arts asiatiques - Guimet, Paris. Ph. © T. Ollivier / RMN. / 93ht : Musée archéologique national, Pékin. Ph. © E. Lessing / Magnum. / 93bas : Musée archéologique national, Pékin. Ph. © E. Lessing / Magnum. / 94 : Musée d'Orsay, Paris. Ph. © K. Ignatiadis / RMN. / 96 : Musée des Beaux-Arts, Lille. Ph. © R.G. Ojeda / RMN. / 97ht : Ph. © AKG Paris. / 97bas : Musée national romain des Thermes. Ph. © E. Lessing /AKG Paris. / 98htg : Musée national archéologique, Naples. Ph. © E. Lessing / Magnum. / 98htd : Musée du Louvre, Paris. Ph. © H. Lewandowski / RMN. / 99ht : Ph. © AKG Paris. / 99bas : Ph. © Kipa. / 100g : Musée capitolinain, Rome. Ph. © AKG. / 100/101ht : Palazzo Madama, Rome. Ph. © AKG. / 100/101bas : Musée du Louvre, Paris. Ph. Arnaudet / RMN. / 101 : Musée archéologique, Venise. Ph. Coll. Archives Larbor. / 102ht : Musée du Louvre, Paris. Ph. © H. Lewandowski / RMN. / 102bas : Bibliothèque nationale de France, cabinet des Médailles, Paris. Ph. Coll. Archives Larbor. / 103ht : Musée archéologique national, Naples. Ph. © E. Lessing / Magnum. / 103bas : Musée Condé, Chantilly. Ph. H. Josse © Coll. Archives Larbor. / 104 : Musée Eugène-Delacroix, Paris. Ph. © J.G.Berizzi / RMN. / 105htg : Ph. © Coll. Viollet. / 105bas : Ph. © AKG Paris. / 106g : Kunsthhistorisches Museum, antikensammlung, Vienne. Ph. © J. Gopel / AKG. / 106ht : Ph. © AKG. / 107 : Musée du Louvre, Paris. Ph. © M. Beck-Coppola / RMN. / 108g : Musée du Louvre, Paris. Ph. © RMN. / 108/109 : Ph. © AKG. / 109g : Musée des Beaux-Arts, Valenciennes. Ph. © Ojeda / Le Mage / RMN. / 109d : Musée des Antiquités nationales, Saint-Germain-en-Laye. Ph. © G. Blot / J. Schormans / RMN. / 110g : Ph. © W. Forman / AKG. / 110ht : Bibliothèque nationale de France, cabinet des Médailles, Paris. Ph. Coll. Archives Larbor. / 111 : Musée du Louvre, département des Antiquités égyptiennes, Paris. Ph. © Chuzeville / RMN. / 112g : Musée du Louvre, Paris. Ph. © Chuzeville / RMN. / 112/113 : Musée du Louvre, département des Antiquités égyptiennes, Paris. Ph. © Chuzeville / RMN. / 113bas : Kunstmuseum, Dusseldorf. Ph. © E. Lessing / Magnum. / 113d : Ph. © Dalmas / Sipa. / 114g : Musées du Vatican. Ph. © AKG Paris. / 114/115 : Kunsthistorisches Museum, Vienne. Ph. E. Meyer © Archives Larbor. / 115bas : Ph. Coll. Archives Larbor. / 116 : Ph. G. Tomsich © Archives Larbor. / 117ht : Musée du Louvre, Paris. Ph. © Chuzeville / RMN. / 117bas : Römisch-Germanisches Zentralmuseum, Mainz. Ph. © E. Lessing / Magnum. / 118 : British Museum, Londres. Ph. © AKG Paris. / 118d : Musée du Louvre, Paris. Ph. Jeanbor © Archives Larbor. / 119 : Musée archéologique national, Naples.Ph. Scala © Archives Larbor. / 120 : Musée du Louvre, Paris. Ph. © Arnaudet / RMN. / 121 : Musée national archéologique, Naples. Ph. © E. Lessing / Magnum. / 122 : Sainte-Sophie, Istanbul. Ph. © E. Lessing / Magnum. / 123 : Graphische Sammlung Albertina, Vienne. Ph. © E. Lessing / Magnum. / 124g : Musée historique des Tissus, Lyon. Ph. Basset © Archives Larbor. / 124/125 : Ph. © E. Lessing / Magnum. / 125bas : Ph. © E. Lessing / Magnum. / 126bas : Musée national des Thermes, Rome. Ph. © E. Lessing / Magnum. / 126/127 : Musée d'Unterlinden, Colmar. Ph. © E. Lessing / Magnum. / 127bas : Musée des Beaux-Arts, Dijon. Ph. © E. Lessing / Magnum. / 128 : Musée du Louvre, Paris. Ph. © Archives Larbor. / 130g : Église San Esteban, Séville. Ph. © Archives Larbor. / 130/131 : Kunsthistorisches Museum, Vienne. Ph. © E. Lessing / Magnum. / 131bas : Bibliothèque nationale de France, Paris. Ph. Coll. Archives Larbor. / 132g : Ph. © E. Lessing / Magnum. / 132d : Musée archéologique national, Naples. Ph. © E. Lessing / Magnum. / 133ht : Ph. © E. Lessing / Magnum. / 133basg : Bibliothèque nationale de France, Paris. Ph. Coll. Archives Larbor. / 133basd : Basilique Saint-Victor, Marseille. Ph. © E. Lessing / Magnum. / 134basg : Ph. © AKG. / 134ht : Musée du Louvre, Paris. Ph. © Arnaudet / RMN. / 135 : Musée de la Civilisation gallo-romaine, Lyon. Ph. © E. Lessing / Magnum. / 136 : Musée du Louvre, Paris. Ph. © E. Lessing / Magnum. / 137ht : Ph. © Olympia / Sipa. / 137bas : Ph. © Nana Production / Sipa. / 138 : Musée du Louvre, Paris. Ph. © H. Lewandowski / RMN. / 140g : Musée du Louvre, Paris. Ph. Coll. Archives Larbor. / 140/141 : Ph. © Coll. Viollet. / 142 : Ph. © Roger-Viollet. / 143ht : Ph. © E. Lessing/Magnum. / 143basg : Ph. © Hilbich/AKG Paris. / 143basd : Ph. © M. Riboud/Magnum. / 144g : Musée de Picardie, Amiens. Ph. © J.-J. Schormans / RMN. / 144/145 : Kunsthistorisches Museum, Vienne. Ph. © E. Lessing / Magnum. / 146ht : Kunsthistorisches Museum, Vienne. Ph. © E. Lessing / Magnum. / 146bas : Musée du Louvre, Paris. Ph. © E. Lessing / Magnum. / 147htg : Musée d'Orsay, Paris. Ph. © H. Lewandowski / RMN. / 147htd : Collection particulière. Ph. Jeanbor © Archives Larbor. / 148 : Cabinet des Médailles, Bibliothèque nationale de France, Paris. Ph. © E. Lessing / Magnum. / 150g : Ph. © AKG Paris. / 150/151 : Ph. © B. Barbey / Magnum. / 151bas : Musée du Louvre, Paris. Ph. © H. Lewandowski / RMN. / 152 : Ph. © AKG Paris. / 154g : Palais des conservateurs, Rome. Ph. © E. Lessing / Magnum. / 154ht : Bibliothèque nationale de France, cabinet des Médailles, Paris. Ph. Coll. Archives Larbor. / 155ht : Musée du Louvre, département des Arts graphiques, Paris. Ph. © M. Bellot / RMN. / 155bas : Ph. G. Tomsich © Coll. Archives Larbor. / 156g : Ph. © AKG. / 156/157 : Oratoire St Silvestro, Rome. Ph. © AKG. / 157g : Bibliothèque nationale de France, Paris. Ph. Coll. Archives Larbor. / 157d : Église Sainte Constance, Rome. Ph. G. Tomsich © Coll. Archives Larbor. / 158g : Ph. © E. Lessing / Magnum. / 158/159 : Ph. © Cameraphoto / AKG Paris. / 160 : Bibliothèque nationale de France, Paris. Ph. Coll. Archives Larbor. / 161ht : Galerie des Offices, Florence. Ph. © S. Domingie / AKG Paris. / 161bas : Bibliothèque nationale de France, Paris. Ph. Coll. Archives Larbor. / 162g : Coll. Archiv für Kunst und Geschichte, Berlin. Ph. © AKG Paris. / 162/163 : Landesmuseum Ferdinandeum, Innsbruck. Ph. © E. Lessing / Magnum. / 163bas : National Museum, Budapest. Ph. © E. Lessing / Magnum. / 164/165 : Ph. © AKG Paris. / 165d : Westfälisches Schulmuseum, Dortmund. Ph. © AKG. / 165basg : Ph. © AKG Paris. / 166g : Musée des Beaux Arts, Amiens. Ph. J.-L. Boutillier © Coll. Archives Larbor. / 166ht : Musée d'Orsay, Paris. Ph. © H. Lewandowski / RMN. / 167 : Musée national des Châteaux de Versailles et de Trianon. Ph. © Arnaudet /J. Schormans / RMN. / 168ht : Bibliothèque nationale de France, Paris. Ph. Coll. Archives Nathan. / 168bas : British Library, Londres. Ph. © British Library / AKG. / 169 : Ph. © G. Chestnot / Sipa. / 170 : Sainte-Sophie, Istanbul. Ph. © E. Lessing / Magnum. / 171 : Musée du Moyen Âge - Cluny, Paris. Ph. © G. Blot / RMN. / 172htg : Musée des Beaux-Arts Valenciennes. Ph. © R.G. Ojeda / RMN. / 172bas : Musée des Beaux-Arts, Lille. Ph. © H. Lewandowski / RMN. / 172/173 : Ph. © H. Heine / AKG Paris. / 173bas : Ph. © E. Lessing / Magnum. / 174 : Ph. © S. Domingie / AKG Paris. / 175ht : Ph. © S. Chirol. / 175bas : Ph. Coll. Archives Larbor. / 176g : Sächsische Landesbibliothek, Dresde. Ph. © AKG Paris. / 176htd : Ph. © AKG Paris. / 177 : Ph. © Sabbat / Magnum. / 178basg : Ph. © R. Burri / Magnum. / 178/179 : Bibliothèque nationale de France, Paris. Ph. Coll. Archives Larbor. / 179 : Bibliothèque de Gazi Husref Bey, Sarajevo. Ph. L. Joubert © Archives Larbor. / 180ht : Ph. © E. Lessing / Magnum. / 180bas : Ph. © W. Forman / AKG Paris. / 181 : Bibliothèque nationale de France, Paris. Ph. Coll. Archives Larbor. / 182g : Bibliothèque nationale de France, Paris. Ph. Coll. Archives Larbor. / 182 : Ph. © G. Mermet / AKG Paris. / 183d : Musée du Louvre, Paris. Ph. © AKG Paris. / 184 : Musée national, Pékin. Ph. © E. Lessing / Magnum. / 186g : Musée du Louvre, Paris. Ph. © H. Josse / Archives Larbor. / 186ht : Kunsthistorisches Museum, Vienne. Ph. © AKG. / 188bas : Bibliothèque nationale de France, Paris. Ph. Coll. Archives Larbor. / 188/189 : Bibliothèque Saint-Gall. Ph. Coll. Archives Larbor. / 189ht : Musée du Louvre, Paris. Ph. © M. Beck-Coppola / RMN. / 189bas : Archives du Dôme, Modène. Ph. Coll. Archives Larbor. / 190 : Musée national des Châteaux de Versailles et de Trianon. Ph. © G. Blot / RMN. / 190htg : Archives nationales, Paris. Ph. Coll. Archives Larbor. / 191ht : Bibliothèque nationale de France, Paris. Ph. Coll. Archives Larbor. / 191m : Bibliothèque nationale de France, Paris. Ph. Coll. Archives Larbor. / 191bas : Ph. © AKG / Hilbich. / 192 : Bibliothèque nationale de France, Paris Ph. Coll. Archives Larbor. / 193ht : Ph. © AKG Paris. / 193bas : Archives Art et Histoire, Berlin, Ph. © AKG Paris. / 194g : Ph. © AKG Paris. / 194/195 : Ph. © Dubois / Pix. / 195bas : Bibliothèque nationale de France, Paris. Ph. Coll. Archives Nathan. / 196htg : Bibliothèque nationale de France, Paris. Ph. Coll. Archives Larbor. / 197ht : Musée national des Châteaux de Versailles et de Trianon. Ph. © G. Blot / RMN. / 197bas : Bibliothèque nationale de France, Paris. Ph. © AKG Paris. / 198g : Bayerisches Staatsbibliothek, Munich. Ph. Coll. Archives Larbor. / 198d : Bibliothèque nationale de France, Paris. Ph. coll. Archives Larbor. / 199 : Musée d'Histoire contemporaine, BDIC, Paris. Ph. © Archives Larbor / DR. / 199 : Ph.Scala © Archives Larbor. / 200 : Bibliothèque de Florence. Ph. G. Tomsich © Archives Larbor. / 201 : Bibliothèque universitaire, Bologne. Ph. Scala © Archives Larbor. / 202 : Trinity College, Cambridge. Ph. © AKG Paris. / 203g : Bibliothèque nationale de France, Paris. Ph. Coll. Archives Larbor. / 203d : Bibliothèque nationale de France, Paris. Ph. Coll. Archives Larbor. / 204 : Bibliothèque nationale, Madrid. Ph. Coll. Archives Larbor. / 206g : British Library (Ms. Cott. Claud. D. II fol. 33), Londres. Ph. © Bridgeman / Giraudon. / 206/207 : Centre Guillaume-le-Conquérant, Bayeux. Ph. © E. Lessing / Magnum. / 207bas : Tour de Londres. Ph. © E. Lessing / Magnum. / 208htg : Ph. © AKG Paris. / 208bas : British Library (Ms. royal 15 E IV fol. 236), Londres. Ph. © Bridgeman / Giraudon. / 208/209 : Centre Guillaume-le-Conquérant, Bayeux. Ph. © E. Lessing / Magnum. / 209d : Bodleian Library, Oxford. Ph. Coll. Archives Larbor. / 210g : Universitätsbibliothek, Leipzig. Ph. © AKG Paris. / 210/211 : Ph. © AKG Paris. / 211bas : Biblioteca Apostolica Vaticana, Cité du Vatican. Ph. Coll. Archives Larbor. / 212g : Musée national des Châteaux de Versailles et de Trianon. Ph. © G. Blot / RMN. / 212htd : Bibliothèque nationale de France, Paris. Ph. Coll. Archives Larbor. / 213 : Chapelle des Cordeliers, Nancy. Ph. © E. Lessing / Magnum. / 214 et 215 : Musée Condé, Chantilly. Ph. H. Josse © Archives Larbor. / 216 : Ph. © E. Lessing / AKG Paris. / 218 : Bibliothèque nationale de France, Paris. Ph. Coll. Archives Larbor. / 219 : Bibliothèque nationale de France, Paris. Ph. collection Archives Larbor. / 220g : Bibliothèque nationale de France, Paris. Ph. Collection Archives Larbor. / 220d : Bibliothèque nationale de France, Paris. Ph. Coll. Archives Nathan. / 221ht : Ph. © S. Chirol. / 221bas : Ph. © J.-F. Amelot / AKG Paris. / 222 : Musée national, Tokyo. Ph. © AKG Paris. / 224g : British Museum, Londres. Ph. Coll. Archives Larbor. / 224/225 : Bibliothèque nationale de France, Paris. Ph. © AKG Paris. / 226htg : Bibliothèque de Topkapi, Istanbul. Ph. G. Tomsich © Archives Larbor. / 226basd : Bibliothèque nationale de France, Paris. Ph. Coll. Archives Larbor. / 226/227 : Ph. © E. Lessing / Magnum. / 227bas : Bibliothèque nationale de France, Paris. Ph. Coll. Archives Larbor. / 228basg : Bibliothèque nationale de France, Paris. Ph. © AKG Paris. / 228htd : Ancienne Bibliothèque impériale de Gulistan, Téhéran. Ph. © W. Forman / AKG Paris. / 229 : Bibliothèque nationale de France, Paris. Ph. Coll. Archives Larbor. / 230g : Ancienne Bibliothèque impériale de Gulistan, Téhéran. Ph. © W. Forman / AKG Paris. / 230/231 : Bibliothèque nationale de France, Paris. Ph. Coll. Archives Larbor. / 231htd : Ph. © AKG Paris. / 231bas : Bibliothèque nationale de France, Paris. Ph. © AKG Paris. / 232g : Musée du Louvre, Paris. Ph. © E. Lessing / Magnum. / 232/233 : Ph. © AKG Paris. / 233bas : Basilique Saint-François, Assise. Ph. © S. Diller / AKG Paris. / 234g : Musée du Prado, Madrid. Ph. © E. Lessing / Magnum. / 234/235 : Musée du Louvre, Paris. Ph. H. Josse © Archives Larbor. / 235bas : Basilique Saint-François, Assise. Ph. © S. Diller / AKG Paris. / 236 : Archives nationales, Paris. Ph. © Archives Nathan. / 237 : Bibliothèque royale Albert Ier, Bruxelles. Ph. Coll. Archives Larbor. / 238ht : Musée national des Châteaux de Versailles et de Trianon. Ph. © RMN. / 238bas : Bibliothèque nationale de France, Paris. Ph. Coll. Archives Larbor. / 239ht : Bibliothèque de l'Arsenal, Paris. Ph. Coll. Archives Larbor. / 239bas : Bibliothèque nationale de France, Paris. Ph. Coll. Archives Larbor. / 240 : British Library, Londres. Ph. © The Bridgeman Art Library. / 241 : Ph. © E. Lessing / Magnum. / 242g : Biblioteca Apostolica Vaticana, Cité du Vatican. Ph. © AKG Paris. / 242htd : Stadtarchiv, Halle. Ph. © AKG Paris. / 243ht : Duomo, Catane. Ph. G. Tomsich © Archives Larbor. / 243bas : Cloître de l'abbaye S. Zeno, Bad Reichenhall. Ph. © AKG Paris. / 244htg : Hôtel de Ville, Asti. Ph. G. Tomsich © Archives Larbor. / 244bas : Ph. © E. Lessing / Magnum. / 244/245 : Ph. © von Linden / AKG Paris. / 245basd : Ph. © AKG Paris. / 246bas : Galerie des Offices, Florence. Ph. © S. Domingie / AKG. / 246/247 : Hôtel de Ville, Asti. Ph. G. Tomsich © Archives Larbor. / 247bas : Ph. © AKG Paris. / 248 : Musée du Louvre, Paris. Ph. H. Josse © Archives Larbor. / 249 : Bibliothèque nationale de France, Paris. Ph. Coll. Archives Larbor. / 250g : Archives nationales, Paris. Ph. J.-L. Charmet © Archives Larbor. / 250/251 : Bibliothèque du monastère de l'Escorial. Ph. Oronoz © Archives Larbor. / 252g : Bibliothèque nationale de France, Paris. Ph. Coll. Archives Larbor. / 252/253 : Ph. © F. Mayer / Magnum. / 253bas : Bibliothèque nationale de France, Paris. Ph. Coll. Archives Larbor. / 254g : Bibliothèque du musée Condé, Chantilly. Ph. H. Josse © Archives Larbor. / 254/255 : Ph. © E. Lessing / Magnum. / 255 : Bibliothèque nationale de France, Paris. Ph. Coll. Archives Larbor. / 256 : Bibliothèque nationale de France, Paris. Ph. Coll. Archives Larbor. / 257 : Bibliothèque nationale de France, Paris. Ph. Coll. Archives Larbor. / 258 : Ph. © AKG Paris. / 259ht : Bibliothèque nationale de France, Paris. Ph. Jeanbor © Archives Larbor. / 259bas : Bibliothèque nationale de France, Paris. Ph. Coll. Archives Larbor. / 260bas : Bibliothèque nationale de France, Paris. Ph. Coll. Archives Nathan. / 260/261 : Bibliothèque nationale de France, Paris. Ph. Coll. Archives Nathan. / 261 : Musée Correr, Venise. Ph. © E. Lessing / Magnum. / 262g : Musée du Louvre, Paris. Ph. H. Josse © Archives Larbor. / 262htd : Ph. © S. Domingie / AKG Paris. / 263 : Ph. © AKG Paris. / 264g : Musée national des Châteaux de Versailles et de Trianon. Ph. © G. Blot / RMN. / 264ht : Bibliothèque nationale de France, Paris. Ph. Coll. Archives Larbor. / 265 : Biblioteca Apostolica Vaticana. Ph. Coll. Archives Larbor. / 266ht : Bibliothèque nationale de France, Paris. Ph. Coll. Archives Larbor. / 266bas : Biblioteca Apostolica Vaticana. Ph. Coll. Archives Larbor. / 267ht : Musée du Louvre, Paris. Ph. © J.-G. Berizzi / RMN. / 267basd : Bibliothèque municipale, Tours. Ph. Coll. Archives Larbor. / 268g : Portraitgalerie, Schloss Ambras, Innsbruck. Ph. © E. Lessing / Magnum. / 268ht : Bibliothèque nationale de France, cabinet des Médailles, Paris. Ph. Coll. Archives Larbor. / 269ht : Bibliothèque Laurenziana, Florence. Ph. Scala © Coll. Archives Larbor. / 269bas : Tate Gallery, Londres, Ph. E. Tweedy © Coll. Archives Larbor. / 270g : Bibliothèque nationale de France, Paris. Ph. Coll. Archives Larbor. / 270/271 : Musée du Louvre, Paris. Ph. H. Josse © Coll. Archives Larbor. / 271 : City Museum of Art Gallery, Birmingham. Ph. J.-L. Charmet © Coll. Archives Larbor. / 272 : Ph. © Coll. Viollet. / 274g : Ph. Jeanbor © Archives Larbor. / 274htd : Bibliothèque nationale de France, Paris. Ph. © AKG Paris. / 275 : Bibliothèque municipale, Valenciennes. Ph. Coll. Archives Larbor. / 276 : Bibliothèque Trivulziana, Milan. Ph. Coll. Archives Larbor. / 277ht : Bibliothèque nationale de France, Paris. Ph. Coll. Archives Larbor. / 277bas : Bibliothèque nationale de France, Paris. Ph. Coll. Archives Larbor. / 278g : Ph. © AKG. / 278/279 : Ph. © E. Lessing / Magnum. / 279 : Bibliothèque nationale, Vienne . Ph. © AKG. / 280 : Bibliothèque nationale de France, Paris. Ph. Coll. Archives Larbor. / 281ht : Bibliothèque nationale de France, Paris. Ph. Coll. Archives Larbor. / 282bas : Bibliothèque nationale de France, Paris. Ph. Coll. Archives Larbor. / 282/283 : Bibliothèque nationale de France, Paris. Ph. Coll. Archives Larbor. / 283bas : Bibliothèque nationale de France, cabinet des Médailles, Paris. Ph. Coll. Archives Larbor. / 283ht : Bibliothèque nationale de France, cabinet des Médailles, Paris. Ph. Coll. Archives Larbor. / 284 : Bibliothèque de Topkapi, Istanbul. Ph. G. Tomsich © Archives Larbor. / 285 : Bibliothèque nationale de France, Paris. Ph. Coll. Archives Larbor. / 286g : Bibliothèque nationale de France, Paris. Ph. Coll. Archives Larbor. / 286ht : Bibliothèque du Musée Condé, Chantilly. Ph. H. Josse © Coll. Archives Larbor. / 287 : British Library, Londres. Ph. © British Library / AKG. / 288g : Musée Narodowe, Varsovie. Ph. © AKG Paris. / 288htd : Archives Glowne Akt Dawnych, Varsovie. Ph. © AKG Paris. / 289 : Bibliothèque Jagiellonska, Cracovie. Ph. © AKG Paris. / 290g : Ph. © AKG Paris. / 291ht : Bibliothèque polonaise, Paris. Ph. J.-L. Charmet © Archives Larbor. / 291bas : Ph. © AKG Paris. / 292g : Musée national d'Art ancien, Lisbonne. Ph. G. Dagli Orti © Archives Larbor. / 292/293 : British Library, Londres. Ph. © British Library / AKG Paris. / 293bas : Bibliothèque nationale de France, Paris. Ph. Coll. Archives Larbor. / 294g : Palais des Doges, Venise. Ph. © Cameraphoto / AKG Paris. / 294/295 : Bibliothèque nationale de France, Paris. Ph. Coll. Archives Larbor. / 295basd : Ph © Lapad / Viollet. / 296d : Bibliothèque nationale de France, Paris. Ph. Coll. Archives Larbor. / 297 : Bibliothèque nationale de France, Paris. Ph. Coll. Archives Larbor. / 298g : Ph. © Nana Productions / Sipa. / 298bas : Château de Plessis-Bouré. Ph. © Archives Larbor. / 298/299 : Bibliothèque nationale de France, Paris. Ph. Coll. Archives Larbor. / 300g : Gutenberg Museum, Mayence. Ph. © AKG Paris. / 300ht : Bibliothèque Nationale de France, Paris Ph. Coll. Archives Larbor. / 301 : Bibliothèque nationale de France, Paris Ph. Coll. Archives Larbor. / 302g : Bibliothèque nationale de France, Paris. Ph. © Coll. Viollet. / 302htd : Ph. © J. Benazet / Pix. / 303 : Musée du Louvre, Paris. Ph. H. Josse © Archives Larbor. / 304 : Bibliothèque nationale de France, Paris. Ph. Coll. Archives Larbor. / 306 : Musée des Beaux-Arts, Gand. Ph. © Lou / Coll. Archives Larbor. / 307 : Bibliothèque nationale de France. Ph. Coll. Archives Larbor. / 308g : Musées départementaux de Loire Atlantique, Nantes. Ph. Coll Archives Larbor. / 308/309 : Musée national du Château de Versailles. Ph. L. Joubert © Archives Larbor. / 309 : Musée national des Châteaux de Versailles et de Trianon. Ph. © G. Blot / RMN. / 310g : Palais Pitti, Florence. Ph. G. Tomsich © Archives Larbor. / 310/311 : Galerie des Offices, Florence. Ph. © E. Lessing / Magnum. / 311 : Couvent Saint-Marc, Florence. Ph. G. Tomsich © Archives Larbor.

Les portraits utilisés pour le fond de la couverture sont les portraits retravaillés graphiquement des notices de cet ouvrage.

---

n° de projet : 100 83 473 (I) 12 (CSBP150)

Achevé d'imprimer en avril 2001
par Mame Imprimeurs à Tours
Dépôt légal avril 2001
505025-01 – Avril 2001